JPT 입문자를 위한

NEW JPT 한권으로 끝내기 BASIC 450

이최여희, 양정순, 사토 요코, 송경주 공저

다락원

NEW JPT 한권으로 끝내기 450

지은이 이최여희, 양정순, 사토 요코, 송경주
펴낸이 정규도
펴낸곳 (주)다락원

초판 1쇄 발행 2009년 5월 30일
개정판 1쇄 발행 2023년 3월 22일
개정판 3쇄 발행 2024년 7월 2일

책임편집 이지현, 임혜련, 손명숙, 송화록
디자인 장미연, 최영란

다락원 경기도 파주시 문발로 211
내용문의: (02)736-2031 내선 460~465
구입문의: (02)736-2031 내선 250~252
Fax: (02)732-2037
출판등록 1977년 9월 16일 제 406-2008-000007호

ISBN 978-89-277-1274-9 14730
978-89-277-1273-2 (SET)

http://www.darakwon.co.kr

- 다락원 홈페이지를 방문하시면 상세한 출판 정보와 함께 동영상 강좌, MP3 자료 등 다양한 어학 정보를 얻으실 수 있습니다.
- 다락원 홈페이지를 방문하거나 QR코드를 스캔하면 MP3 파일 및 관련 자료를 다운로드 할 수 있습니다.

머리말

공부하는 데 빠르고 쉬운 길은 정말로 없는 것일까요?

새로운 언어를 배우고 그 능력을 측정하는 것은 쉬운 일은 아닙니다. JPT시험을 처음 도전하는 분들의 만족과 성공적인 결과에 다다를 수 있는 길잡이 교재의 선택이 이 상황을 어느 정도 해결하는데 도움이 될 것이라고 생각합니다.

공부하는 데 있어서 왕도가 없을지는 모르지만, 그 나름대로의 규칙과 방법은 항상 존재하는 법입니다. 이젠 학습자 여러분 스스로가 주인공이 되어 자신만의 방식을 만들어 가면서 공부하십시오. 이 책이 그 길을 안내해 주리라 기대합니다.

JPT에서는, 실제로 많이 사용되는 기본적인 어휘나 표현에 대한 평가, 기본적으로 꼭 알고 있어야 하는 문법적 내용들에 대해서는 반드시 출제됩니다. 따라서 일상생활에서 「아주 기본이 되는 어휘나 표현, 반드시 알아 두어야만 하는 문형이나 문법」 등에 집중해야 합니다.

또한 애매하게 알고 있는 문법 지식은 성적 향상에 결코 도움이 되지 않습니다. 일본어에 대한 정확한 문법 지식이 우선되지 않으면 아무리 많은 문제를 외운다 하여도 그것은 결코 '1회성 지식'에 지나지 않을 것이며 출제자가 조금만 응용하여 문제를 낸다면, 당황한 나머지 함정에 빠져 버리게 되고 말 것입니다. 이 책의 청해 파트는 사진묘사, 질의응답, 회화문, 설명문으로 구성되어 있고, 청해의 핵심을 파악할 수 있도록 핵심 어휘와 핵심 문장을 제시하였습니다. 독해 파트는 문제 유형을 품사별로 분류하여 각 품사별로 체계적인 학습을 위해 공략 문제와 실전 문제로 구성하였습니다. 마지막으로 실제 시험과 같이 구성된 실전 모의고사로 실력을 점검하고 실전에 대비 할 수 있습니다. 이는 높은 점수를 획득하는 데 큰 도움이 될 것입니다.

아무쪼록 본 교재로 JPT를 준비하는 여러분들의 실력 향상과 목표 도달에 도움이 되기를 바랍니다. 끝으로 이 교재가 나오기까지 고생하신 다락원 관계자 분들께 감사의 말씀을 드립니다.

포기하지 마십시오. 이제, 시작입니다!!

저자 일동

이 교재는?

한번 제대로 JPT에 뛰어들 분을 위한 교재입니다!

이제 막 초급을 끝내고 일본어 능력시험(JLPT)으로는 3급을, JPT로는 450점을 목표로 한 학습자를 위한 교재입니다. 하지만 단순한 JPT시험 교재가 아닙니다. JPT 시험에 제대로 뛰어들어서 얼마가 걸리든 900점대까지 가보겠다 하고 결심을 꽉꽉 굳힌 분을 위한 첫 도전 대비서입니다. 왜냐하면 이 교재 안에 있는 방대한 문제양에 힘들 수도 있기 때문입니다.

지금까지의 대충 넘기기식 JPT 대비서가 아닙니다!

기존의 점수대별 JPT 대비서를 보면 단순히 문제를 나열하고 그 문제를 푸는 팁이나 해설로 이루어진 것이 대부분입니다. 이런 형식은 JPT에 처음 도전하는 학습자에게 생소한 방식이며, 학습자를 전혀 고려하지 않은 방식입니다. 이 교재는 여타 교재와 전혀 다른 3단계 공략법을 통해 실제 문제에 쉽게, 제대로 다가갈 수 있도록 구성되어 있습니다.

청해파트의 특징을 살린 3단계 공략법!

청해는 전체 PART를 테마별로 나누어 ① **1단계** 워밍업인 **표현 다지기**, ② **2단계** 실전을 위한 받아쓰기 형식의 **실전 감각 익히기**, ③ **3단계 실전 문제 풀기**로 이루어져 있습니다. 이렇게 단계별로 문제에 접근하면서 실전 문제에 좀 더 쉽게 다가갈 수 있으며, 450점 레벨의 풍부한 문제를 접할 수 있습니다.

독해파트의 특징을 살린 3단계 공략법!

독해는 문법 항목이 PART5~7에 고루 분포되어 있는 것에 착안하여 그것을 하나로 묶고, 독해문인 PART8을 따로 떼어 놓았습니다.

PART5~7은 ① **1단계 기본 단어 혹은 문법 익히기**, ② **2단계**는 단골로 등장하는 **꼭 출제되는 구문 익히기**, ③ **3단계 실전 문제 풀기**로 이루어져 있습니다. 1단계에는 제시 단어를 외웠는지 바로바로 확인할 수 있는 실력 간단체크, 2단계에는 방금 다룬 문법 사항이 실제 문제에서는 어떤 형식으로 나오는지 풀어 보는 실전 감각 익히기 문제가 딸려 있습니다.

PART8 독해문은 JPT450 레벨에 자주 등장하는 테마를 다루며, ① **1단계**에서는 **자주 등장하는 어휘, 표현**, ② **2단계**에서는 **실전 감각 익히기**, ③ **3단계 실전 문제 풀기**로 이루어져 있습니다.

JPT란?

일본어 Communication 능력을 측정하는 시험

JPT는 급수별 시험인 일본어 능력시험(JLPT)의 여러 가지 문제점을 연구, 개선하여 개발한 시험입니다. 학문적인 일본어 지식의 정도를 측정하기보다는 언어의 본래 기능인 Communication 能力을 측정하기 위한 시험입니다. 따라서 사용빈도가 낮고 관용적, 학문적인 어휘는 배제하고, 도쿄를 중심으로 한 표준어가 중심이 되고 있습니다. 즉 JPT는 실용에 초점을 맞춘 일본어 능력 측정 시험이라고 할 수 있습니다.

수험자의 정확한 일본어 실력 평가

JPT는 청해와 독해로 구성되어 있으며, 이 두 가지 유형으로 Speaking 능력과 Writing 능력을 측정 가능하게 개발되어 있습니다. 각 PART별로 쉬운 문제에서 어려운 문제까지 난이도가 고르게 분포되어 있어, 수험자의 언어구사 능력을 정확하게 측정할 수 있습니다.

문항과 점수

JPT는 청해 100문항과 독해 100문항으로 구성되어 있으며, 각 점수를 합한 것이 총점이 됩니다. 각각의 최저 점수는 5점, 최고 점수는 495점으로, 총점은 최저 10점에서 최고 990점이 됩니다. 실제 JPT에서는 총 정답수로 채점되는 것이 아니라, 특정한 통계처리에 의해 상대평가 방식으로 채점됩니다.

시험의 구성 및 문제 유형

구분	유형	시간	문항수	배점
청해	PART 1: 사진묘사	45분	20문항	495점
	PART 2: 질의응답		30문항	
	PART 3: 회화문		30문항	
	PART 4: 설명문		20문항	
독해	PART 5: 정답찾기	50분	20문항	495점
	PART 6: 오문정정		20문항	
	PART 7: 공란메우기		30문항	
	PART 8: 독해		30문항	
		95분	200문항	990점

공략 3단계로 JPT 끝내기

PART 1-4

공략 1단계

표현다지기

짧은 표현 듣고 빈칸 채우기

시험에 출제됐던 문장을 익히는 워밍업 단계. 짧은 문장 안에 들어가는 단어나 표현을 음성을 들으며 채워 넣으면 된다. 단어를 넣은 다음 해석을 참고하여 외워 두자.

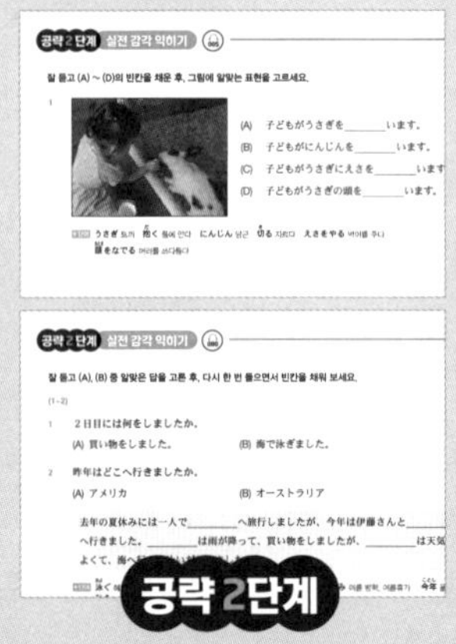

공략 2단계

실전 감각 익히기

문제 풀며 빈칸 채우기

문제 푸는 요령을 훈련하는 단계. 우선 음성을 들으며 정답을 고르고 빈칸을 채워 보자. 아래의 단어와 함께 여러 번 들으며 문장을 완전히 이해해 보자.

공략 3단계

실전 문제 풀기

미니테스트로 실전대비하기

실전과 같은 속도로 문제를 풀고 정답지에 마킹하는 연습을 한다.

PART 5-7

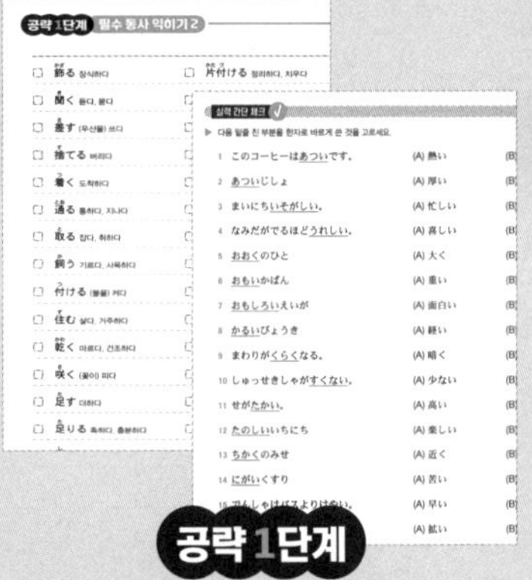

공략 1단계

단어 및 기본 문법 & 실력간단체크

각 문법 항목에서 기본적으로 외워야 할 단어를 제시한 부분이다. 외운 것을 바로 체크할 수 있는 실력 간단 체크도 실려 있다.

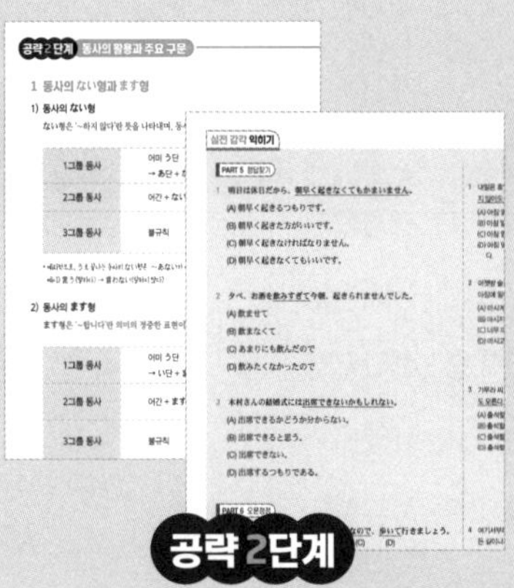

공략 2단계

문법의 활용과 주요 구문

문법의 기본 설명과 함께 시험에 꼭 출제되는 주요 구문을 정리해 놓았다. 문법 사항이 PART 5~7에서 각각 어떤 식으로 출제되는지 알 수 있는 실전 감각 익히기 문제도 실려 있다.

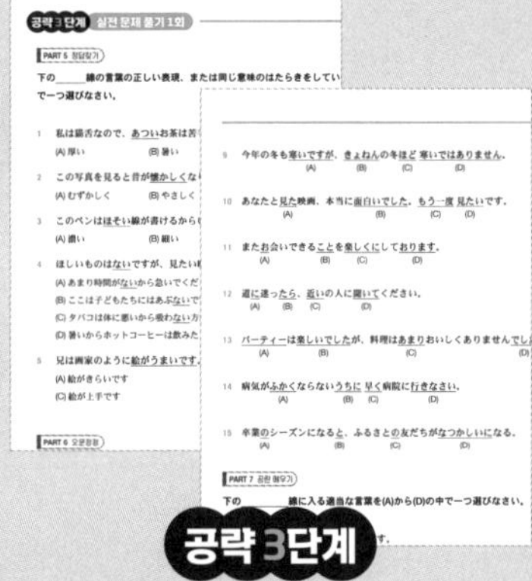

공략 3단계

실전 문제 풀기

앞에서 배운 문법 사항이 들어간 PART 5~7 문제를 1회로 구성하였다. 어디에 중점을 두고 문제를 풀어야 할지 정답을 고르는 감각이 점점 몸에 익혀질 것이다.

PART 8

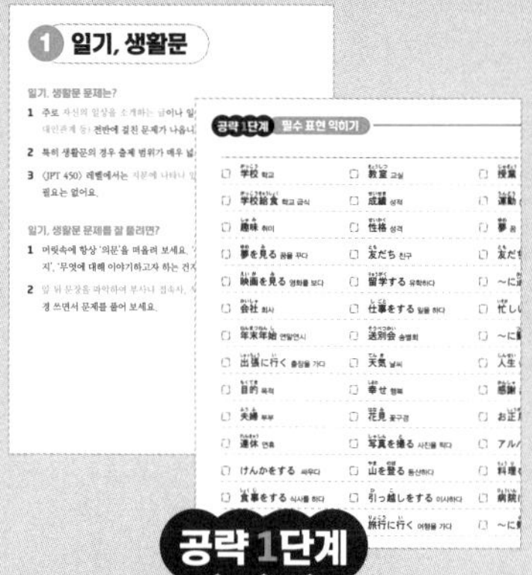

테마에 대한 체크 사항 & 어휘, 표현

JPT 450 레벨에서 출제되는 주제를 선별하여 출제되는 유형과 잘 풀기 위한 팁을 실어 놓았다. 또한 주제에 따른 알아 두어야 할 어휘, 표현도 함께 실어 놓았다.

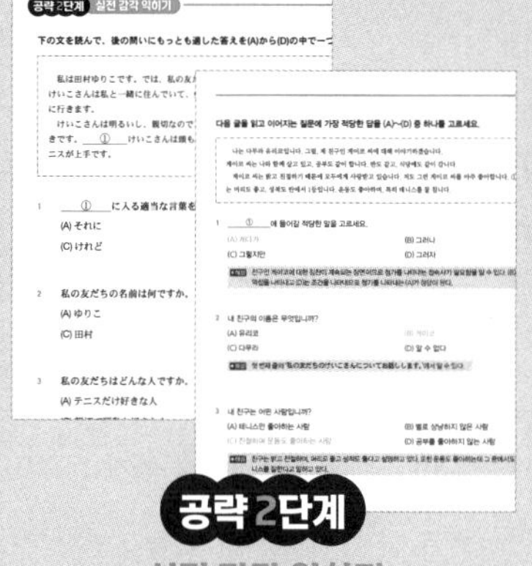

실전 감각 익히기

실전 문제를 풀기 전 문제 푸는 감각을 익히기 위한 연습문제가 실려 있다. 해설을 토대로 어떻게 문제를 풀어나가면 좋을지 그 감각을 익히도록 한다.

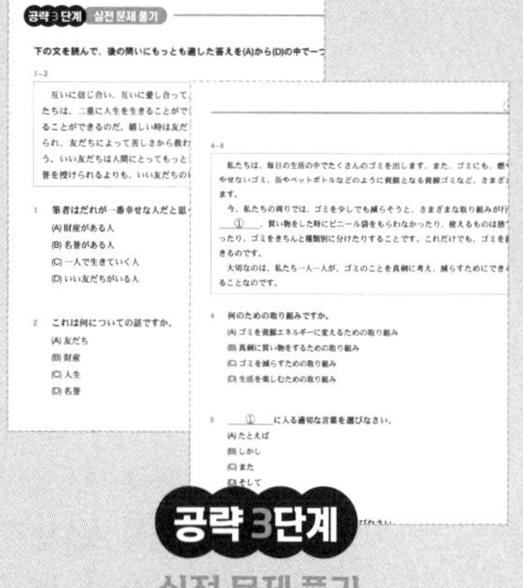

실전 문제 풀기

각 주제와 관련된 실전 문제를 직접 풀어볼 수 있다. 실전과 같이 시간을 정해 놓고 그 시간 안에 풀 수 있도록 훈련한다.

JPT 실전모의고사
JAPANESE
PROFICIENCY
TEST

실전모의고사

실제 JPT 시험에서 450점 이상을 맞을 수 있도록 450점 레벨의 문제로만 이루어진 모의고사를 실었다. 시간을 정해 두고 정답지에 실제로 마킹을 하며 문제를 풀어 보자.

해설집

청해와 독해의 공략 3단계, 실전모의테스트, 실전모의고사의 정답과 해설, 단어가 모두 실려 있다. 스크립트는 물론 문제도 함께 싣고, 후리가나를 달아 사전 없이 해설집만으로도 학습이 가능하다. 별책으로 제공.

목차

청해

독해

PART 5 정답찾기 / PART 6 오문정정 / PART 7 공란메우기

PART 8 독해

실전모의고사

청해 450 한권으로 끝내기

PART 1
사진묘사

1. 사람, 동물
2. 실내 장면
3. 실외 풍경

PART 2
질의응답

1. 의문사가 있는 경우
2. 의문사가 없는 경우
3. 시사, 비즈니스

PART 3
회화문

1. 일상생활
2. 관용어, 속담
3. 시사, 비즈니스

PART 4
설명문

1. 일상생활
2. 시사, 비즈니스

PART 1

사진묘사

PART1은 청해의 첫 도입부로, 사진이라는 시각적인 수단과 음성 언어를 통하여 응시자의 청취력 및 순간적인 판단력을 평가하기 위한 파트입니다. PART1에서는 사진 속 인물이나 동물에 대한 묘사, 집 안이나 사무실·가게·거리·공원·역 등의 풍경에 대한 묘사 문제가 나와요.

〈꼭 외워야 할 필수 표현〉을 통해 사람의 복장·동작·자세에 대한 어휘와 사물의 상태·건물·장소에 대한 어휘를 익히고, 공략 1, 2, 3단계를 통해 일본어 음성이 귀에 익숙해지도록 연습해 보세요.

1 사람, 동물

유형 공략

1 '서다', '앉다'와 같은 **기본적인 동작에 대한 표현**을 떠올리면서 등장한 인물이 어떤 동작을 취하고 있는지 살펴 보세요. 이때, 등장하지 않은 인물에 대한 언급이 있으면 대부분 오답일 가능성이 크니 주의하세요.

2 **인물이 있는 장소**가 침대인지, 소파인지 혹은 대합실인지 등을 명확하게 구분해야 해요.

3 사물을 이용한 문제가 출제되기도 하는데, 사진의 인물이 장난감을 갖고 노는지, 연필로 그림을 그리고 있는지 등 사람의 동작을 나타내는 표현과 연관지어 나옵니다.

4 동물이 등장하는 문제는 **2匹(にひき)のうさぎが草(くさ)を食(た)べています**(토끼 두 마리가 풀을 먹고 있습니다)와 같은 표현이 나옵니다. 사진 속에 어떤 **동물이 몇 마리 있는지, 그 동물이 무엇을 하고 있는지**를 주의 깊게 관찰해 보세요.

예제 **次の写真を見て、その内容に合っている表現を(A)から(D)の中で一つ選びなさい。** 

(A) 子(こ)どもが本(ほん)を読(よ)んでいます。 (책을 읽고) — 子ども → 아이, 어린이 / ~て(で)います ~하고 있습니다

(A) 아이가 책을 읽고 있습니다.

(B) 子どもがいすに座(すわ)っています。 (의자에 앉아)

(B) 아이가 의자에 앉아 있습니다.

(C) 子どもがテレビを見(み)ています。 (TV를 보고)

(C) 아이가 TV를 보고 있습니다.

(D) 子どもがベッドで寝(ね)ています。 (자고)

(D) 아이가 침대에서 자고 있습니다.

+해설 문제에서 제시된 사진은 아이들이 앉아서 책을 읽고 있는 모습이므로 정답은 (A)입니다. 이러한 문제는 사람의 동작을 나타내는 표현을 미리 익혀 두어야 정답을 골라내기가 쉬워요.

+단어 子(こ)ども 아이, 어린이　ベッド 침대

꼭 외워야 할 필수 표현

사람, 동물 002

사람의 외모

同じくらいの身長 비슷한 키

せが高い 키가 크다

せが低い 키가 작다

スタイルがいい 스타일이 좋다

太っている 살찌다

やせている 마르다

사람의 복장

サンダルを履く 샌들을 신다

靴を脱いでいる 신발을 벗고 있다

スーツを着ている 양복을 입고 있다

ズボンをはく 바지를 입다

セーターを着ている 스웨터를 입고 있다

制服を着ている 교복을 입고 있다

背広を着ている 양복을 입고 있다

長袖の服を着ている 소매가 긴 옷을 입고 있다

ネクタイを締める 넥타이를 매다(하다)

帽子を被る 모자를 쓰다

ひもを解いている 끈을 풀고 있다

眼鏡をかけている 안경을 쓰고 있다

指輪をしている 반지를 하고 있다

사람의 동작

• 자세

足をまっすぐにしている 다리를 곧게 펴고 있다

足を伸ばして座る 다리를 쭉 펴고 앉다

足を広げて立っている 다리를 벌리고 서 있다

頭を触っている 머리를 만지고 있다

頭をなでている 머리를 쓰다듬고 있다

顔を上げる 고개를 들다

肩車をする 목말을 태우다

壁に寄りかかっている 벽에 기대고 있다

口を開けている 입을 벌리고 있다

腰に手を当てている 허리에 손을 얹고 있다

正座をしている 정좌를 하고 있다

爪を切っている 손톱을 깎고 있다

手で持っている 손에 들고 있다

手をあげている 손을 들고 있다

手を握られている 손이 잡혀 있다

目が隠れている 눈을 가리고 있다

指を握っている 손가락을 쥐고 있다

ベンチに座っている 벤치에 앉아 있다

後ろ向きに立っている 뒤돌아 서 있다

下を向いて歩いている 아래를 보고 걷고 있다

別の方向を向いている 다른 방향을 향해 있다

向き合っている 서로 마주 보고 있다

• 교통

横断歩道を渡っている 횡단보도를 건너고 있다

改札口を通過している 개찰구를 통과하고 있다

階段を上っている 계단을 오르고 있다

きっぷを買っている 표를 사고 있다

自転車に乗っている 자전거를 타고 있다

車道を横断している 차도를 건너고 있다

順番待ちをしている 차례를 기다리고 있다

地下鉄から降りる 지하철에서 내리다

ハンドルを握っている 핸들을 쥐고 있다

二人乗りをしている 둘이 타고 있다

歩道橋を下りている 육교를 내려가고 있다

ホームに立っている 플랫폼에 서 있다

車椅子で移動している 휠체어로 이동하고 있다

旅客機に乗っている 여객기를 타고 있다

• 일상

あくびをする 하품을 하다

犬と一緒に走る 개와 함께 달리다

犬を追いかけている 개를 뒤쫓고 있다

うさぎにえさをやる 토끼에게 먹이를 주다

お風呂に入る 목욕을 하다

おんぶしている 어부바를 하고 있다

買い物をしている 쇼핑을 하고 있다

鏡に向かっている 거울 앞에 서 있다

患者を見舞っている 환자를 문병하고 있다

乾杯をしている 건배를 하고 있다

草を取っている 풀을 뽑고 있다

子どもが暴れている 아이가 날뛰고 있다

子どもを抱いている 아이를 안고 있다

食事をしている 식사를 하고 있다

タオルで拭いている 수건으로 닦고 있다

床に座らせる 바닥에 앉히다

飲み物を飲んでいる 음료를 마시고 있다

ミルクを飲ませている 우유를 먹이고 있다

眼鏡をかける 안경을 쓰다

歯磨きをする 양치하다

膝に乗せられる 무릎에 앉히다

立ち読みをしている 서서 책을 읽고 있다

勉強をしている 공부를 하고 있다

• 운동

かけっこをしている 달리기를 하고 있다

ゴールポストに向かって走る
골대를 향해 달리다

サッカーをしている 축구를 하고 있다

ジャンプしている 점프하고 있다

スキーをしている 스키를 타고 있다

テニスをしている 테니스를 치고 있다

バレーをしている 배구를 하고 있다

サーフィンをしている 서핑을 하고 있다

ボールを蹴っている 공을 차고 있다

ボールを打っている 공을 치고 있다

ボールを投げている 공을 던지고 있다

ラケットを握っている 라켓을 쥐고 있다

• 취미, 놀이

歌を歌っている 노래를 부르고 있다

海で泳いでいる 바다에서 수영하고 있다

絵の具を溶かしている 그림 물감을 풀고 있다

絵本を読んでいる 그림책을 읽고 있다

絵を描いている 그림을 그리고 있다

音楽を聞いている 음악을 듣고 있다

楽器を演奏している 악기를 연주하고 있다

ギターを弾いている 기타를 치고 있다

魚を釣っている 물고기를 낚고 있다

シーソーに乗っている 시소를 타고 있다

砂遊びをしている 모래놀이를 하고 있다

写真を撮っている 사진을 찍고 있다

テントを立てている 텐트를 세우고 있다

マイクを使っている 마이크를 사용하고 있다

ダンスをしている 춤을 추고 있다

ぬいぐるみを抱えている 봉제 인형을 안고 있다

ブランコを揺らしている 그네를 흔들고 있다

ピンポン玉を持っている 탁구공을 갖고 있다

山登りをしている 등산을 하고 있다

雪だるまを作る 눈사람을 만들다

雪合戦をしている 눈싸움을 하고 있다

ロープを引いている 줄을 당기고 있다

輪になって踊っている 원을 이루어 춤추고 있다

• 업무

ガソリンを入れている 기름을 넣고 있다

カバーを付けている 덮개를 씌우고 있다

カバーを外している 덮개를 벗기고 있다

キーボードを打っている 키보드를 치고 있다

洗車している 세차하고 있다

車を前向きに止める 차를 정면을 향해 세우다

ケータイを見ている 휴대 전화를 보고 있다

辞書を開いている 사전을 펴고 있다

スタンプを押している 스탬프를 찍고 있다

タイヤを交換する 타이어를 교환하다

タブレットを触っている 태블릿 PC를 만지고 있다

電話をかけている 전화를 걸고 있다

荷物を押している 짐을 밀고 있다

ノックしている 노크하고 있다

パソコンで作業をしている
컴퓨터로 작업을 하고 있다

パンフレットを折っている 팸플릿을 접고 있다

本を並べている 책을 진열하고 있다

めいしを交換している 명함을 교환하고 있다

• 가사

アイロンをかけている 다림질을 하고 있다

洗濯をしている 세탁을 하고 있다

服をたたむ 옷을 개다

布団をたたく 이불을 털다

ぞうきんをかける 걸레질을 하다

ふきんで拭く 행주로 닦다

窓を拭いている 창문을 닦고 있다

靴を磨く 구두를 닦다

おもちゃを片付ける 장난감을 정리하다

食器を洗っている 식기를 씻고 있다

重さを量っている 무게를 달고 있다

お湯を沸かしている 물을 끓이고 있다

ごまをすっている 깨를 빻고 있다

材料を混ぜている 재료를 섞고 있다

汁物を味わっている 국을 맛보고 있다

とうもろこしを蒸している 옥수수를 찌고 있다

炭火で焼いている 숯불로 굽고 있다

豆を炒っている 콩을 볶고 있다

フライ返しで返している 뒤집개로 뒤집고 있다

火をつけている 불을 붙이고 있다

本だなのとびらを閉めている 책장을 닫고 있다

カップを持ち上げる 컵을 들어 올리다

缶を踏んでいる 캔을 밟고 있다

ゴミを拾っている 쓰레기를 줍고 있다

ゴミを集めている 쓰레기를 모으고 있다

箱を壊している 상자를 부수고 있다

びんを割っている 병을 깨고 있다

なすを取っている 가지를 따고 있다

白菜を持っている 배추를 들고 있다

畑をたがやしている 밭을 갈고 있다

水をやっている 물을 주고 있다

野菜を育てている 채소를 키우고 있다

동물의 모습

勢いよく動いている 힘차게 움직이고 있다

馬が走っている 말이 달리고 있다

魚が泳いでいる 물고기가 헤엄치고 있다

木の上で寝ている 나무 위에서 자고 있다

草を食べている 풀을 먹고 있다

水の中から顔を出している
물 속에서 얼굴을 내밀고 있다

巣を作っている 둥지를 만들고 있다

鳥が枝にとまっている 새가 가지에 머무르고 있다

鳥が飛んでいる 새가 날고 있다

공략 1단계 표현 다지기

1 사람 003

음성을 듣고 ________ 안에 들어갈 적당한 말을 적어 넣으세요.

1 子(こ)どもが________に________をやっています。아이가 비둘기에게 먹이를 주고 있습니다.

2 女(おんな)の人(ひと)がピアノを________います。여자가 피아노를 치고 있습니다.

3 男(おとこ)の人(ひと)がタバコを________います。남자가 담배를 피우고 있습니다.

4 女(おんな)の子(こ)が写真(しゃしん)を________います。여자아이가 사진을 찍고 있습니다.

5 女(おんな)の子(こ)が顔(かお)を________います。여자아이가 얼굴을 씻고 있습니다.

6 子(こ)どもがごはんを________います。아이가 밥을 먹고 있습니다.

7 子(こ)どもが友(とも)だちと________います。아이가 친구와 이야기하고 있습니다.

8 子(こ)どもが________を________います。아이가 가지를 따고 있습니다.

9 男(おとこ)の人(ひと)が________を読(よ)んでいます。남자가 신문을 읽고 있습니다.

10 子(こ)どもが________で________います。아이가 장난감으로 놀고 있습니다.

11 ________で________いる人(ひと)です。우체국에서 일하고 있는 사람입니다.

12 男(おとこ)の人(ひと)が________を連(つ)れて________しています。남자가 개를 데리고 산책하고 있습니다.

13 ________に牛乳(ぎゅうにゅう)を________います。아기에게 우유를 먹이고 있습니다.

14 男(おとこ)の子(こ)が自転車(じてんしゃ)に________います。남자아이가 자전거를 타고 있습니다.

15 子(こ)どもたちがベンチに横一列(よこいちれつ)に________います。아이들이 벤치에 나란히 앉아 있습니다.

16 子(こ)どもが________で________をしています。아이가 모래밭에서 모래놀이를 하고 있습니다.

1 はと, えさ **2** 弾(ひ)いて **3** 吸(す)って **4** 撮(と)って **5** 洗(あら)って
6 食(た)べて **7** 話(はな)して **8** なす, 取(と)って **9** 新聞(しんぶん) **10** おもちゃ, 遊(あそ)んで
11 郵便局(ゆうびんきょく), 働(はたら)いて **12** 犬(いぬ), 散歩(さんぽ) **13** 赤(あか)ん坊(ぼう), 飲(の)ませて
14 乗(の)って **15** 座(すわ)って **16** 砂場(すなば), 砂遊(すなあそ)び

17 人々(ひとびと)が＿＿＿＿＿で＿＿＿＿＿います。 사람들이 대합실에서 기다리고 있습니다.

18 女(おんな)の人(ひと)が＿＿＿＿＿から＿＿＿＿＿います。 여자가 창문으로 들여다보고 있습니다.

19 玄関(げんかん)で靴(くつ)を＿＿＿＿＿います。 현관에서 신발을 벗고 있습니다.

20 男(おとこ)の人(ひと)が猫(ねこ)の＿＿＿＿＿を＿＿＿＿＿います。 남자가 고양이의 머리를 쓰다듬고 있습니다.

21 赤(あか)ん坊(ぼう)が＿＿＿＿＿います。 아기가 울고 있습니다.

22 女(おんな)の人(ひと)が＿＿＿＿＿います。 여자가 웃고 있습니다.

23 男(おとこ)の人(ひと)が＿＿＿＿＿をしています。 남자가 하품을 하고 있습니다.

24 学生(がくせい)たちが自転車(じてんしゃ)の＿＿＿＿＿をしています。 학생들이 자전거를 둘이서 타고 있습니다.

25 赤(あか)ん坊(ぼう)が＿＿＿＿＿で＿＿＿＿＿います。 아기가 요람에서 자고 있습니다.

26 二人(ふたり)の人(ひと)が＿＿＿＿＿をしています。 두 사람이 테니스를 치고 있습니다.

27 男(おとこ)の子(こ)が＿＿＿＿＿をしています。 남자아이가 축구를 하고 있습니다.

28 人々(ひとびと)が海(うみ)で＿＿＿＿＿います。 사람들이 바다에서 헤엄치고 있습니다.

29 女(おんな)の人(ひと)が食器(しょっき)を＿＿＿＿＿います。 여성이 식기를 정리하고 있습니다.

30 子(こ)どもが＿＿＿＿＿を＿＿＿＿＿います。 아이가 스탬프를 찍고 있습니다.

31 ＿＿＿＿＿をしています。 설거지를 하고 있습니다.

32 コーヒーを＿＿＿＿＿います。 커피를 타고 있습니다.

33 男(おとこ)の人(ひと)が窓(まど)を＿＿＿＿＿います。 남자가 창문을 닦고 있습니다.

34 男(おとこ)の人(ひと)が＿＿＿＿＿をしています。 남자가 청소를 하고 있습니다.

35 女(おんな)の人(ひと)がかさを＿＿＿＿＿います。 여자가 우산을 펴고 있습니다.

17 待合室(まちあいしつ), 待(ま)って　**18** 窓(まど), のぞいて　**19** 脱(ぬ)いで　**20** 頭(あたま), なでて
21 泣(な)いて　**22** 笑(わら)って　**23** あくび　**24** 二人乗(ふたりの)り　**25** ゆりかご, 寝(ね)て
26 テニス　**27** サッカー　**28** 泳(およ)いで　**29** 片付(かたづ)けて　**30** スタンプ, 押(お)して
31 皿洗(さらあら)い　**32** 入(い)れて　**33** 拭(ふ)いて　**34** 掃除(そうじ)　**35** 開(ひら)いて

2 동물 (004)

음성을 듣고 ________ 안에 들어갈 적당한 말을 적어 넣으세요.

1 庭(にわ)に________がいます。정원에 악어가 있습니다.

2 さるが木(き)に________います。원숭이가 나무에 오르고 있습니다.

3 海辺(うみべ)で________が________います。바닷가에서 개가 달리고 있습니다.

4 花屋(はなや)の前(まえ)に________がいます。꽃가게 앞에 비둘기가 있습니다.

5 ________が鼻(はな)で草(くさ)を________います。코끼리가 코로 풀을 잡고 있습니다.

6 ________が________を食(た)べています。하마가 당근을 먹고 있습니다.

7 馬(うま)が勢(いきお)いよく________います。말이 힘차게 달리고 있습니다.

8 猫(ねこ)が________います。고양이가 누워 있습니다.

9 かごの中(なか)でへびが________います。바구니 안에서 뱀이 움직이고 있습니다.

10 池(いけ)の中(なか)で魚(さかな)が________います。연못 안에서 물고기가 헤엄치고 있습니다.

11 2匹(にひき)のうさぎが________います。2마리의 토끼가 뛰어오르고 있습니다.

12 牛(うし)が草(くさ)を________います。소가 풀을 먹고 있습니다.

13 ________とひよこがいます。닭과 병아리가 있습니다.

14 海(うみ)に________がいます。바다에 고래가 있습니다.

15 鳥(とり)が空(そら)を________います。새가 하늘을 날고 있습니다.

16 しろくまが水(みず)の中(なか)から________います。북극곰이 물 속에서 얼굴을 내밀고 있습니다.

17 しかが木(き)の後(うし)ろに________います。사슴이 나무 뒤에 숨어 있습니다.

18 きりんが大(おお)きな木(き)の________にいます。기린이 큰 나무 옆에 있습니다.

19 ________が橋(はし)を________います。판다가 다리를 건너고 있습니다.

20 ________が木(き)の枝(えだ)に________います。새가 나뭇가지에 머물러 있습니다.

1 わに	2 登(のぼ)って	3 犬(いぬ), 走(はし)って	4 はと	5 ぞう, つかんで
6 かば, にんじん	7 走(はし)って	8 横(よこ)たわって	9 動(うご)いて	10 泳(およ)いで
11 はねて	12 食(た)べて	13 にわとり	14 くじら	15 飛(と)んで
16 顔(かお)を出(だ)して	17 隠(かく)れて	18 横(よこ)	19 パンダ, 渡(わた)って	20 鳥(とり), とまって

공략 2 단계 실전 감각 익히기 

잘 듣고 (A) ~ (D)의 빈칸을 채운 후, 그림에 알맞는 표현을 고르세요.

1

(A) 子どもがうさぎを＿＿＿＿います。

(B) 子どもがにんじんを＿＿＿＿います。

(C) 子どもがうさぎにえさを＿＿＿＿います。

(D) 子どもがうさぎの頭を＿＿＿＿います。

+단어 うさぎ 토끼　抱(だ)く 품에 안다　にんじん 당근　切(き)る 자르다　えさをやる 먹이를 주다
頭(あたま)をなでる 머리를 쓰다듬다

2

(A) パンダが橋を＿＿＿＿います。

(B) パンダが木の上で＿＿＿＿います。

(C) パンダが葉っぱを＿＿＿＿います。

(D) パンダが木の下で＿＿＿＿います。

+단어 橋(はし) 다리　渡(わた)る 건너다　寝(ね)る 자다　葉(は)っぱ 잎, 잎사귀　食(た)べる 먹다　草(くさ)を取(と)る 풀을 뽑다

3

(A) 子どもが雪の上を＿＿＿＿います。

(B) 子どもが＿＿＿＿をしています。

(C) 子どもが＿＿＿＿をしています。

(D) 子どもが＿＿＿＿を作っています。

+단어 転(ころ)がる 구르다　スキー 스키　雪合戦(ゆきがっせん) 눈싸움　雪(ゆき)だるま 눈사람　作(つく)る 만들다

4

(A) ＿＿＿＿＿を渡っています。

(B) ＿＿＿＿＿を上がっています。

(C) ＿＿＿＿＿を下りています。

(D) ＿＿＿＿＿を渡っています。

+단어 橋 다리 渡る 건너다 階段 계단 歩道橋 육교 横断歩道 횡단보도

5

(A) 鳥が木の枝を＿＿＿＿＿います。

(B) 鳥が木の枝に＿＿＿＿＿います。

(C) 鳥が巣を＿＿＿＿＿います。

(D) 鳥が電線から＿＿＿＿＿としています。

+단어 木の枝 나뭇가지 折る 꺾다, 접다 とまる 머무르다 巣を作る 새집을 만들다 電線 전깃줄 飛び立つ 날아가다, (하늘로) 날아오르다

6

(A) 赤ん坊の牛乳を＿＿＿＿＿います。

(B) 赤ん坊がベンチに＿＿＿＿＿います。

(C) 赤ん坊に牛乳を＿＿＿＿＿います。

(D) 赤ん坊が一人で牛乳を＿＿＿＿＿います。

+단어 赤ん坊 아기 牛乳 우유 買う 사다 ベンチ 벤치 座る 앉다 飲む 마시다

7

(A) 紅茶を＿＿＿＿ところです。

(B) ＿＿＿＿を片手で持っています。

(C) ティーポットの蓋を＿＿＿＿います。

(D) 片手でスプーンを＿＿＿＿います。

+단어 紅茶(こうちゃ) 홍차 カップ 컵 片手(かたて) 한 손 持(も)つ 들다 ティーポット 찻주전자 蓋(ふた) 뚜껑, 덮개 開(あ)ける 열다 スプーン 스푼 押(お)さえる 누르다

8

(A) 女の人が＿＿＿＿を握っています。

(B) 女の人が＿＿＿＿の画面を見ています。

(C) 女の人が窓から＿＿＿＿います。

(D) 女の人がコーヒーを＿＿＿＿います。

+단어 筆箱(ふでばこ) 필통 握(にぎ)る 쥐다 パソコン 컴퓨터 窓(まど) 창문 のぞく 엿보다, 들여다보다 コーヒー 커피

9

(A) 二人は自転車を＿＿＿＿ところです。

(B) 学生たちが自転車の＿＿＿＿をしています。

(C) 二人は＿＿＿＿自転車に乗っています。

(D) 二人は＿＿＿＿になって自転車に乗っています。

+단어 自転車(じてんしゃ) 자전거 直(なお)す 고치다 二人乗(ふたりの)り・二人乗(ににんの)り 2인승, 두 사람이 탐 横(よこ) 옆, 가로 並(なら)ぶ 늘어서다 縦(たて) 세로 一列(いちれつ)に 일렬로, 한 줄로

10

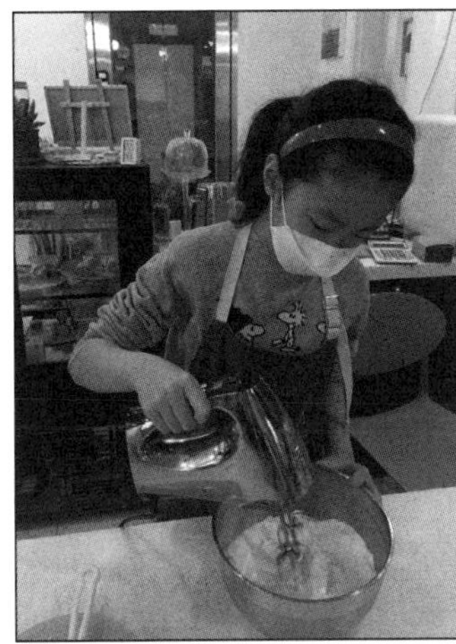

(A) はかりで重さを＿＿＿＿います。

(B) 電気ポットでお湯を＿＿＿＿います。

(C) ＿＿＿＿でクリームを作っています。

(D) マスクとエプロンをつけて食器を＿＿＿＿います。

+단어 はかり 저울 重さ(おも) 무게 量る(はか) (무게 등을) 재다 電気ポット(でんき) 전기 포트 お湯(ゆ) 뜨거운 물 沸かす(わ) 끓이다, 데우다 ハンドミキサー 핸드믹서 クリーム 크림 マスク 마스크 エプロン 앞치마 食器(しょっき) 식기 片付ける(かたづ) 정리하다

1	C	(A) 抱(だ)いて	(B) 切(き)って	(C) やって	(D) なでて
2	C	(A) 渡(わた)って	(B) 寝(ね)て	(C) 食(た)べて	(D) 草(くさ)を取(と)って
3	B	(A) 転(ころ)がって	(B) スキー	(C) 雪合戦(ゆきがっせん)	(D) 雪(ゆき)だるま
4	C	(A) 橋(はし)	(B) 階段(かいだん)	(C) 歩道橋(ほどうきょう)	(D) 横断歩道(おうだんほどう)
5	B	(A) 折(お)って	(B) とまって	(C) 作(つく)って	(D) 飛(と)び立(た)とう
6	D	(A) 買(か)って	(B) 座(すわ)って	(C) 飲(の)ませて	(D) 飲(の)んで
7	A	(A) 飲(の)んでいる	(B) カップ	(C) 開(あ)けて	(D) 押(お)さえて
8	B	(A) 筆箱(ふでばこ)	(B) パソコン	(C) のぞいて	(D) 飲(の)んで
9	C	(A) 直(なお)している	(B) 二人乗(ふたりの)り	(C) 横(よこ)に並(なら)んで	(D) 縦一列(たていちれつ)
10	C	(A) 量(はか)って	(B) 沸(わか)して	(C) ハンドミキサー	(D) 片付(かたづ)けて

정답은 해설집 ▶2쪽

次の写真を見て、その内容に合っている表現を(A)から(D)の中で一つ選びなさい。

1

(A)　(B)　(C)　(D)

2

(A)　(B)　(C)　(D)

3

(A) (B) (C) (D)

4

(A) (B) (C) (D)

5

(A) (B) (C) (D)

6

(A) (B) (C) (D)

7

(A) (B) (C) (D)

8

(A) (B) (C) (D)

9

(A) (B) (C) (D)

10

(A) (B) (C) (D)

2 실내 장면

유형 공략

1 제시된 사진을 보고 무슨 사물이 있는지 미리 파악하고, 그 사물이 어떤 상태에 놓여 있는지, 어디에 있는지 주의 깊게 살펴봐야 해요.

2 실내라고 해도 다양한 장소가 등장할 수 있으니 해당 **장소에 등장하는 생활용품에 대한 어휘**를 익혀 두세요. 예를 들어 **事務所(じむしょ)にパソコンがあります**(사무실에 컴퓨터가 있습니다)와 같이 해당 장소와 생활용품을 관련지어 단어를 익혀 보세요.

3 **うえ**(위), **した**(아래), **あいだ**(사이), **そと**(밖), **なか**(안), **みぎ**(오른쪽), **ひだり**(왼쪽) 등과 같이 **위치나 방향**을 나타내는 표현과 **さつ**(권), **ほん**(자루) 등과 같이 **사물을 세는 단위**도 중요해요. 또한 **시간**을 나타내는 표현이나 **가격**을 나타내는 표현도 정리해 두는 것이 좋아요.

예제 次の写真を見て、その内容に合っている表現を(A)から(D)の中で一つ選びなさい。  007

(A) 本(ほん)だなに雑誌(ざっし)が並(なら)んでいます。 — (A) 책장에 잡지가 나란히 있습니다.
잡지
→ 책장은 그림에서 보이지 않으므로 정답이 아니에요.

(B) テーブルの上(うえ)に雑誌(ざっし)があります。 — (B) 테이블 위에 잡지가 있습니다.
→ 위치를 나타내는 표현이 쓰이고 있어요.

(C) 部屋(へや)の中(なか)はおもちゃでいっぱいです。 — (C) 방 안은 장난감으로 가득합니다.
장난감

(D) たんすの上(うえ)にぬいぐるみが並(なら)んでいます。 — (D) 옷장 위에 봉제 인형이 나란히 있습니다.
봉제 인형

+해설 문제의 사진에서 테이블 위에 잡지가 놓여 있으므로 정답은 (B)에요. 이와 같은 문제는 사물을 나타내는 단어뿐만 아니라, 위치에 대한 표현도 알아야 해요. 사물을 세는 단위 및 숫자에 대해서도 알아두는 것이 좋아요.

+단어 **本(ほん)だな** 책장 **雑誌(ざっし)** 잡지 **並(なら)ぶ** 늘어서다, 나란히 서다 **テーブル** 테이블 **部屋(へや)** 방 **おもちゃ** 장난감 **いっぱい** 가득함 **たんす** 옷장 **ぬいぐるみ** 봉제 인형

꼭 외워야 할 필수 표현

실내 장면 008

집 안

かぎがかかっている 열쇠가 채워져 있다

家具が置かれている 가구가 놓여 있다

カーテンが閉じてある 커튼이 쳐져 있다

傘立てが置いてある 우산꽂이가 놓여 있다

掛け時計が掛かっている 벽시계가 걸려 있다

洗濯物がほしてある 빨래가 널려 있다

花瓶が倒れている 꽃병이 쓰러져 있다

皿が重ねられている 접시가 포개져 있다

写真立てが飾ってある 사진 액자가 장식되어 있다

スーツケースが開いている 여행 가방이 열려 있다

たなが置かれている 선반이 놓여 있다

チェーンが掛けられている 체인이 걸려 있다

ドアが開いたままである 문이 열린 채로 있다

ドアが開いている 문이 열려 있다

ドアが閉まっている 문이 잠겨 있다

ドライヤーが掛けてある 드라이어가 걸려 있다

服が広げてある 옷이 펼쳐져 있다

ふすまが閉まっている 장지문이 닫혀 있다

布団が敷かれている 이불이 깔려 있다

絵はがきが貼られている 그림 엽서가 붙어 있다

사무실

きってが貼ってある 우표가 붙어 있다

コピー機が置いてある 복사기가 놓여 있다

書類が入れてある 서류가 들어 있다

スマホが壊れている 스마트폰이 고장 나 있다

線が引かれている 선이 그어져 있다

縦書きで書いてある 세로쓰기로 쓰여 있다

横書きで書いてある 가로쓰기로 쓰여 있다

段ボールが積んである 상자가 쌓여 있다

チラシが置いてある 전단지가 놓여 있다

陳列されている 진열되어 있다

パンフレットが重ねてある
팸플릿이 포개져 있다

ひらがなで書かれている 히라가나로 적혀 있다

ポスターが巻いてある 포스터가 말려 있다

ホッチキスの針が入っている
스테이플러 심이 들어 있다

メモが貼ってある 메모가 붙어 있다

はさみが整理されている 가위가 정리되어 있다

사물의 상태

• 위치, 존재

椅子に掛けてある 의자에 걸려 있다

皿に盛られている 접시에 담겨 있다

クッキーが入っている 쿠키가 들어 있다

雑誌が縛ってある 잡지가 묶여 있다

積み重ねられている 층층이 쌓여 있다

バケツに水が溜まっている
양동이에 물이 고여 있다

引き出しの中にしまってある
서랍 안에 넣어져 있다

ひもで結ばれている 끈으로 묶여 있다

布団がたたんである 이불이 개어져 있다

野菜が積まれている 채소가 쌓여 있다

• 모습, 모양

空き缶がつぶしてある 빈 깡통이 찌부러져 있다

絵が描いてある 그림이 그려져 있다

傘が広げてある 우산이 펴져 있다

傘が閉じてある 우산이 접혀 있다

左右逆に置いてある 좌우 반대로 놓여 있다

食器が割れている 식기가 깨져 있다

縦に長い箱 세로로 긴 상자

段ボール製の本だな 골판지로 된 책장

荷物があふれ出ている 짐이 넘쳐나고 있다

葉っぱが載せてある 나뭇잎이 얹혀 있다

ペットボトルが転がっている
페트병이 굴러다니고 있다

• 의상, 잡화

生地が破れている 옷감이 찢어져 있다

財布が入っている 지갑이 들어 있다

ネクタイが掛けてある 넥타이가 걸려 있다

スリッパが立ててある 슬리퍼가 세워져 있다

花柄のワンピースがある 꽃무늬 원피스가 있다

水玉模様のアウター 물방울 무늬 겉옷

ボタンが留めてある 단추가 채워져 있다

ひもが結んである 끈이 매어져 있다

無地・しま模様のセーター
무늬 없는/줄무늬 스웨터

가게

おすすめのメニューである 추천 메뉴이다

売り場を紹介している 매장을 소개하고 있다

売り切れになる 매진되다, 다 팔리다

買い物カートが置いてある 쇼핑 카트가 놓여 있다

商品がディスプレイされている
상품이 진열되어 있다

食券の販売機が置いてある
식권 판매기가 놓여 있다

ビールがそろっている 맥주가 갖춰져 있다

ユニフォームが展示されている
유니폼이 전시되어 있다

광고, 안내, 표지 등

本日のお買い得である 오늘의 특가 상품이다

タイムセール中である 타임 세일 중이다

特価セールを行っている 특가 세일을 하고 있다

えさを販売している 먹이를 판매하고 있다

営業時間を案内している
영업시간을 안내하고 있다

お金を下ろす所である 현금을 인출하는 곳이다

タバコが吸える所である
담배를 피울 수 있는 곳이다

手が洗える所である 손을 씻을 수 있는 곳이다

定期券が買える所である
정기권을 살 수 있는 곳이다

おつりは５００円である 거스름 돈은 500엔이다

投入金額は５００円である 투입 금액은 500엔이다

おもちゃが用意されている
장난감이 준비되어 있다

会議室を案内している 회의실을 안내하고 있다

4階建てのビルである 4층 건물이다

眼鏡店を紹介している 안경점을 소개하고 있다

공략 1단계 표현 다지기

1 집안 009

음성을 듣고 ________ 안에 들어갈 적당한 말을 적어 넣으세요.

1 押入(おしい)れのとびらが__________います。 붙박이장 문이 닫혀 있습니다.

2 箱(はこ)の上(うえ)に皿(さら)が__________います。 상자 위에 접시가 포개어져 있습니다.

3 かさが__________あります。 우산이 접혀 있습니다.

4 窓(まど)に__________が__________います。 창문에 커튼이 달려 있습니다.

5 ピアノの上(うえ)に__________が飾(かざ)ってあります。 피아노 위에 사진 액자가 장식되어 있습니다.

6 台所(だいどころ)に__________があります。 부엌에 냉장고가 있습니다.

7 箱(はこ)の中(なか)に__________があります。 상자 안에 장난감이 있습니다.

8 コップの上(うえ)に__________があります。 컵 위에 스푼이 있습니다.

9 __________の中(なか)に__________があります。 싱크대 안에 스펀지가 있습니다.

10 かべに絵(え)はがきが__________あります。 벽에 그림 엽서가 붙어 있습니다.

11 皿(さら)の上(うえ)に__________が__________います。 접시 위에 생선회가 담겨 있습니다.

12 ベッドの上(うえ)に__________があります。 침대 위에 베개가 있습니다.

13 たたみの部屋(へや)に__________が敷(し)かれています。 다다미 방에 이불이 깔려 있습니다.

14 テーブルの上(うえ)に__________が__________います。 테이블 위에 컵이 나란히 있습니다.

15 かごの中(なか)に__________が__________います。 바구니 안에 세탁물이 들어 있습니다.

1 閉(し)まって	2 重(かさ)ねられて	3 閉(と)じて
4 カーテン, 掛(か)かって	5 写真立(しゃしんた)て	6 れいぞうこ
7 おもちゃ	8 スプーン	9 流(なが)し台(だい), スポンジ
10 貼(は)って	11 さしみ, 盛(も)られて	12 まくら
13 布団(ふとん)	14 コップ, 並(なら)んで	15 洗濯物(せんたくもの), 入(はい)って

2 사무실 (010)

음성을 듣고 __________ 안에 들어갈 적당한 말을 적어 넣으세요.

1 __________がきちんと整理されています。 가위가 제대로 정리되어 있습니다.

2 ケースの中に__________が入っています。 케이스 안에 상품이 들어 있습니다.

3 机の上に__________があります。 책상 위에 휴대 전화가 있습니다.

4 事務室の中に__________がたくさんあります。 사무실 안에 컴퓨터가 많이 있습니다.

5 パソコンの前にパンフレットが__________あります。 컴퓨터 앞에 팸플릿이 포개져 있습니다.

6 引き出しの中に__________があります。 서랍 안에 노트가 있습니다.

7 事務室に__________が置いてあります。 사무실에 복사기가 놓여 있습니다.

8 机の下に__________があります。 책상 아래에 팩스가 있습니다.

9 引き出しの中に__________の針が入っています。 서랍 안에 스테이플러 심이 들어 있습니다.

10 机の上に__________があります。 책상 위에 달력이 있습니다.

11 机の上に__________があります。 책상 위에 메모 용지가 있습니다.

12 ゴミ箱に__________が入っています。 휴지통에 서류가 들어 있습니다.

13 電話の横に__________があります。 전화기 옆에 명함이 있습니다.

14 かぎが__________います。 열쇠가 잠겨져 있습니다.

15 段ボールが__________あります。 골판지 상자가 쌓여 있습니다.

1 はさみ	**2** 商品(しょうひん)	**3** ケータイ	**4** パソコン
5 重(かさ)ねて	**6** ノート	**7** コピー機(き)	**8** ファックス
9 ホッチキス	**10** カレンダー	**11** メモ用紙(ようし)	**12** 書類(しょるい)
13 めいし	**14** 掛(か)かって	**15** 積(つ)んで	

3 가게 (011)

음성을 듣고 __________ 안에 들어갈 적당한 말을 적어 넣으세요.

1 箱に__________が入っています。 팩에 과자가 들어 있습니다.

2 __________模様のブラウスがあります。 물방울 무늬 블라우스가 있습니다.

3 商品が__________されています。 상품이 진열되어 있습니다.

4 __________にじゃがいもがあります。 채소 가게에 감자가 있습니다.

5 食券__________が置いてあります。 식권 판매기가 놓여 있습니다.

6 着物が__________います。 기모노가 전시되어 있습니다.

7 色とりどりの果物が__________います。 각양각색의 과일이 쌓여 있습니다.

8 いちごケーキが__________います。 딸기 케이크가 나란히 있습니다.

9 買い物__________が置いてあります。 쇼핑 카트가 놓여 있습니다.

10 __________を販売しています。 여행 기념품을 판매하고 있습니다.

11 新鮮な__________があります。 신선한 생선이 있습니다.

12 通帳の上に__________があります。 통장 위에 도장이 있습니다.

13 たなに__________があります。 선반에 장갑이 있습니다.

14 カートの上に__________があります。 카트 위에 잡지가 있습니다.

15 __________に本が並んでいます。 책장에 책이 진열되어 있습니다.

1 お菓子(かし)	2 水玉(みずたま)	3 ディスプレイ	4 八百屋(やおや)
5 販売機(はんばいき)	6 展示(てんじ)されて	7 積(つ)まれて	8 並(なら)んで
9 カート	10 おみやげ	11 魚(さかな)	12 はんこ
13 手袋(てぶくろ)	14 雑誌(ざっし)	15 本(ほん)だな	

4 광고, 안내, 표지 등 (012)

음성을 듣고 ________ 안에 들어갈 적당한 말을 적어 넣으세요.

1 ________を紹介(しょうかい)しています。 매장을 소개하고 있습니다.

2 近所(きんじょ)のコンビニを________います。 근처 편의점을 소개하고 있습니다.

3 タイム________中(ちゅう)です。 타임 세일 중입니다.

4 ________にあります。 신간 코너에 있습니다.

5 ATMではお金を________ことができます。 ATM으로 현금을 인출할 수 있습니다.

6 海外旅行(かいがいりょこう)の________があります。 해외여행 팸플릿이 있습니다.

7 ここは________コーナーです。 여기는 만화 코너입니다.

8 トイレは________にあります。 화장실은 2층에 있습니다.

9 特価(とっか)セールを________います。 특가 세일을 하고 있습니다.

10 営業時間(えいぎょうじかん)を________います。 영업시간을 안내하고 있습니다.

11 ________が書(か)いてあります。 영업시간이 쓰여 있습니다.

12 ここは________を下(お)ろす所(ところ)です。 여기는 돈을 찾는 곳입니다.

13 午前10時(ごぜんじゅうじ)まで飲(の)み物(もの)は________です。 오전 10시까지 음료는 공짜입니다.

14 おもちゃが________います。 장난감이 준비되어 있습니다.

15 ________が置(お)かれています。 모니터가 놓여 있습니다.

1 売(う)り場(ば)	2 紹介(しょうかい)して	3 セール	4 新刊(しんかん)コーナー
5 下(お)ろす	6 パンフレット	7 まんが	8 2階(にかい)
9 行(おこな)って	10 案内(あんない)して	11 営業時間(えいぎょうじかん)	12 お金(かね)
13 ただ	14 用意(ようい)されて	15 モニター	

5 역내 (013)

음성을 듣고 ________ 안에 들어갈 적당한 말을 적어 넣으세요.

1 喫煙室(きつえんしつ)を________しています。흡연실을 안내하고 있습니다.

2 ゴミ箱(ばこ)に________が入(はい)っています。휴지통에 표가 들어 있습니다.

3 ________が貼(は)ってあります。지도가 붙어 있습니다.

4 つりかわの形(かたち)は________です。손잡이의 모양은 둥급니다.

5 ________を案内(あんない)しています。플랫폼을 안내하고 있습니다.

6 ________があります。짐 보관용 로커가 있습니다.

7 緑(みどり)の窓口(まどぐち)はきっぷ________の向(む)こうにあります。녹색 창구는 매표소 맞은편에 있습니다.

8 ________が閉(し)まっています。개찰구가 닫혀 있습니다.

9 これは________きっぷです。이것은 왕복표입니다.

10 このきっぷで________に乗(の)れます。이 표로 지하철을 탈 수 있습니다.

11 投入(とうにゅう)________は500円(ごひゃくえん)です。투입 금액은 500엔입니다.

12 ________が買(か)える所(ところ)です。정기권을 살 수 있는 곳입니다.

13 ________に自動販売機(じどうはんばいき)があります。역 안에 자동판매기가 있습니다.

14 自動販売機(じどうはんばいき)の________口(ぐち)にゴミがあります。자판기 출구에 쓰레기가 있습니다.

15 電車(でんしゃ)の________が開(あ)いています。전철의 문이 열려 있습니다.

1 案内(あんない)	2 きっぷ	3 地図(ちず)	4 丸(まる)い
5 ホーム	6 コインロッカー	7 売(う)り場(ば)	8 改札口(かいさつぐち)
9 往復(おうふく)	10 地下鉄(ちかてつ)	11 金額(きんがく)	12 定期券(ていきけん)
13 駅(えき)の中(なか)	14 取(と)り出(だ)し	15 ドア	

공략 2 단계 실전 감각 익히기 

잘 듣고 (A) ~ (D)의 빈칸을 채운 후, 그림에 알맞는 표현을 고르세요.

1

(A) 皿の上に＿＿＿＿が＿＿＿＿います。

(B) てまきずしが＿＿＿＿られています。

(C) 同じネタのすしが＿＿＿＿ずつあります。

(D) いろいろな＿＿＿＿のすしがあります。

+단어 皿(さら) 접시　さしみ 회　盛(も)る 담다, 쌓다　てまきずし 재료를 다 펼쳐 놓고 직접 싸먹는 초밥
積(つ)み重(かさ)ねる 겹겹이 쌓다　ネタ 재료　いろいろな 다양한　種類(しゅるい) 종류

2

(A) 箱の上に＿＿＿＿があります。

(B) かごに＿＿＿＿が入っています。

(C) 缶の下に＿＿＿＿があります。

(D) 袋の中に＿＿＿＿が入っています。

+단어 箱(はこ) 상자　もち 떡　かご 바구니　缶(かん) 캔　クッキー 쿠키　袋(ふくろ) 봉투　あんパン 단팥빵

3

(A) ＿＿＿＿から始まります。

(B) 受付は＿＿＿＿までです。

(C) 近所の眼鏡店を＿＿＿＿います。

(D) ＿＿＿＿の変更を案内しています。

+단어 午前(ごぜん) 오전　始(はじ)まる 시작되다　受付(うけつけ) 접수　午後(ごご) 오후　近所(きんじょ) 근처　眼鏡店(めがねてん) 안경점　紹介(しょうかい) 소개
営業時間(えいぎょうじかん) 영업시간　変更(へんこう) 변경　案内(あんない) 안내

4

(A) ドアが________います。

(B) ________が掛かっています。

(C) かべに________が飾ってあります。

(D) ハンガーに________が掛かっています。

+단어 **ドア** 문 **開く** 열리다 **掛け時計** 벽시계, 괘종시계 **掛かる** 걸리다 **かべ** 벽 **飾る** 장식하다 **ハンガー** 옷걸이

5

(A) たくさんの________が重ねられています。

(B) 縦に________が置いてあります。

(C) 手紙はひもで________います。

(D) ________箱の上に本があります。

+단어 **封筒** 봉투 **重ねる** 겹쳐 놓다 **縦** 세로 **はし** 젓가락 **手紙** 편지 **ひも** 끈 **結ぶ** 묶다 **段ボール箱** 골판지 상자

6

(A) ________があります。

(B) ________にかばんがあります。

(C) 車内に________が置かれています。

(D) シートベルトをして________しています。

+단어 **ベビーシート** 베이비시트, 유아용 카시트 **助手席** 조수석 **車内** 차 안 **置く** 놓다, 두다 **シートベルト** 안전벨트 **運転** 운전

7

(A) タイム＿＿＿＿中です。

(B) 花壇に花が＿＿＿＿あります。

(C) 花は＿＿＿＿になっています。

(D) ＿＿＿＿に花が入れてあります。

+단어 **タイムセール** 타임 세일 **花壇(かだん)** 화단 **花(はな)** 꽃 **植(う)える** 심다 **売(う)り切(き)れ** 품절 **バケツ** 양동이, 물통

8

(A) ＿＿＿＿のスニーカーがあります。

(B) 箱の中にスニーカーが＿＿＿＿います。

(C) スニーカーの中に＿＿＿＿あります。

(D) スニーカーが＿＿＿＿置いてあります。

+단어 **ひもなし** 끈이 없음 **スニーカー** 운동화 **紙(かみ)** 종이 **左右(さゆう)** 좌우 **逆(ぎゃく)** 반대

9

(A) このきっぷで＿＿＿＿＿ます。

(B) このきっぷで＿＿＿＿＿を食べられます。

(C) このきっぷで＿＿＿＿＿バスに乗れます。

(D) このきっぷで＿＿＿＿＿ができます。

+단어 **きっぷ** 표 **映画(えいが)** 영화 **学食(がくしょく)** 대학의 구내 학생 식당 **一日中(いちにちじゅう)** 하루 종일 **旅行(りょこう)** 여행 **予約(よやく)** 예약

10 

(A) ________と________があります。

(B) 天ぷらの________があります。

(C) 皿に________が入っています。

(D) うなぎの上に________があります。

+단어 汁物(しるもの) 국 うどん 우동 天(てん)ぷら 튀김 弁当(べんとう) 도시락 漬物(つけもの) 절임, 장아찌 うなぎ 장어 はし 젓가락

1	D	(A) さしみ, 盛(も)られて	(B) 積(つ)み重(かさ)ね	(C) 2個(にこ)	(D) 種類(しゅるい)
2	B	(A) もち	(B) お菓子(かし)	(C) クッキー	(D) あんパン
3	B	(A) 午前(ごぜん) 9時(くじ)	(B) 午後(ごご) 6時(ろくじ)	(C) 紹介(しょうかい)して	(D) 営業時間(えいぎょうじかん)
4	D	(A) 開(あ)いて	(B) 掛(か)け時計(どけい)	(C)写真(しゃしん)	(D) 服(ふく)
5	C	(A) 封筒(ふうとう)	(B) はし	(C) 結(むす)ばれて	(D) 段(だん)ボール
6	B	(A) ベビーシート	(B) 助手席(じょしゅせき)	(C) 飲(の)み物(もの)	(D) 運転(うんてん)
7	D	(A) セール	(B) 植(う)えて	(C) 売(う)り切(き)れ	(D) バケツ
8	B	(A) ひもなし	(B) 入(はい)って	(C) 紙(かみ)が入(い)れて	(D) 左右逆(さゆうぎゃく)に
9	C	(A) 映画(えいが)が見(み)られ	(B) 学食(がくしょく)	(C) 一日中(いちにちじゅう)	(D) 旅行(りょこう)の予約(よやく)
10	C	(A) 汁物(しるもの), うどん	(B) 弁当(べんとう)	(C) 漬物(つけもの)	(D) はし

정답은 해설집 ▶4쪽

공략 3 단계 실전 문제 풀기

次の写真を見て、その内容に合っている表現を(A)から(D)の中で一つ選びなさい。

1

(A)　(B)　(C)　(D)

2

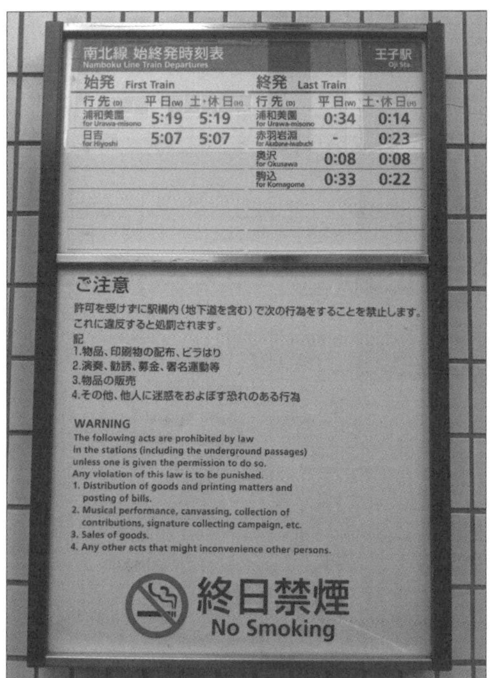

(A)　(B)　(C)　(D)

3

(A) (B) (C) (D)

4

(A) (B) (C) (D)

5 

(A) (B) (C) (D)

6 

(A) (B) (C) (D)

7 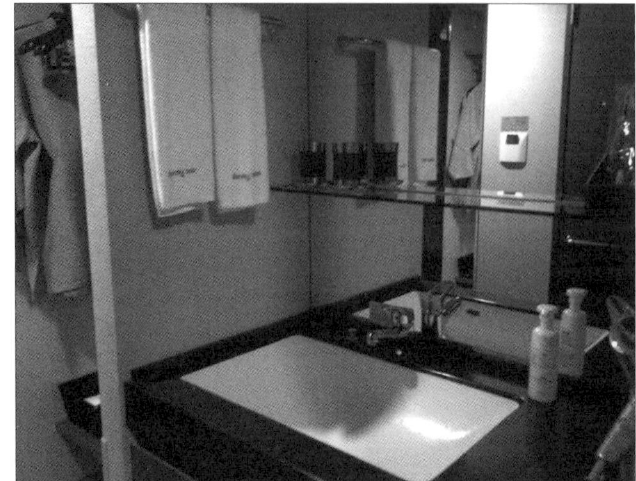

(A) (B) (C) (D)

8 

(A) (B) (C) (D)

9

(A) (B) (C) (D)

10

(A) (B) (C) (D)

3 실외 풍경

유형 공략

1 건물, 상점, 길거리, 횡단보도, 버스 정류장, 야외 등 사진에 나오는 장소가 어디인지 묻는 문제가 자주 출제되므로, '바다(海)', '산(山)', '공원(公園)', '은행(銀行)', '우체국(郵便局)' 등과 같은 **장소에 대한 어휘**를 익혀야 해요.

2 사진 속에서 눈에 띄는 건물, 예를 들면 '주차장(駐車場)', '역(駅)', '신사(神社)', '절(お寺)' 등을 미리 파악해 보세요. **駐車場にパトカーがあります**(주차장에 경찰차가 있습니다), **スーパーの前にバス停があります**(슈퍼마켓 앞에 버스 정류장이 있습니다)와 같은 표현이 나올 수 있으니 해당 장소 및 주변에 무엇이 있는지 잘 살펴봐야 합니다.

3 풍경의 특징에 대해서는 **花が咲いている**(꽃이 피어 있다), **雪が積もっている**(눈이 쌓여 있다)와 같은 표현이 자주 출제되므로 **자연물에 대한 단어**도 익혀 두세요.

예제 **次の写真を見て、その内容に合っている表現を(A)から(D)の中で一つ選びなさい。**  016

(A) きれいな海です。　　(A) 깨끗한 바다입니다.

(B) 川で泳いでいます。　　(B) 강에서 헤엄치고 있습니다.

풍경 문제에서 이런 세세한 표현은 오답일 가능성이 많아요.

(C) みずうみでつりをしています。　　(C) 호수에서 낚시를 하고 있습니다.

낚시를 하고

(D) 遠くに山々が見えます。　　(D) 멀리 많은 산이 보입니다.

사진이 '호수'라고 헷갈릴 수 있지만 뒤에 나오는 つり가 '낚시'라는 것만 알면 오답임을 알 수 있어요.

+해설 위에서 제시된 사진 속 장소는 바다이므로 정답은 (A)에요. '바다(海)', '강(川)', '호수(湖)', '산(山)'과 같이 기본적으로 장소에 대한 단어를 익혀야만 풀 수 있는 문제로, 사진을 보고 미리 장소를 파악하면 쉽게 정답을 고를 수 있어요.

+단어 **泳ぐ** 헤엄치다　**みずうみ** 호수　**つり** 낚시　**遠くに** 멀리　**山々** 많은 산　**見える** 보이다

꼭 외워야 할 필수 표현

실외 풍경 017

버스, 전철 등 탈 것

席が空いている 좌석이 비어 있다

出口は 3 箇所ある 출구는 세 군데 있다

電車が止まっている 전철이 서 있다

広い待合室である 넓은 대합실이다

ホームの真ん中にキオスクがある
플랫폼 한가운데 매점이 있다

4時に電車が出発する 4시에 전철이 출발한다

かわいいボートがある 귀여운 배가 있다

トラックが通っている 트럭이 지나가고 있다

バイクが倒れている 오토바이가 넘어져 있다

バイクが止まっている 오토바이가 멈춰 있다

バスが走っている 버스가 달리고 있다

ヘリコプターが飛んでいる 헬리콥터가 날고 있다

船が泊まっている 배가 정박해 있다

船が浮かんでいる 배가 떠 있다

歩道橋の下にトラックがある
육교 밑에 트럭이 있다

상점, 길거리 등

道が混んでいる 길이 붐비다

自動販売機が並んでいる
자동판매기가 늘어서 있다

立ち入り禁止 출입 금지

立ち読み禁止 서서 읽기 금지

立て看板がある 입간판이 있다

モニターが置かれている 모니터가 놓여 있다

下り階段がある 내려가는 계단이 있다

工事中である 공사 중이다

神社にたくさんの人がいる 신사에 사람이 많다

丸いマンホールがある 둥근 맨홀이 있다

ネットが掛けてある 그물이 쳐져 있다

屋根のない駐車場 지붕이 없는 주차장

자연, 풍경 등

雨にぬれている 비에 젖어 있다

美しい景色である 아름다운 경치다

枝が伸びている 가지가 뻗어 있다

穏やかな海である 평온한 바다다

落ち葉が飛んでいる 낙엽이 흩날리고 있다

川沿いに花が咲いている 강가에 꽃이 피어 있다

木が倒れている 나무가 쓰러져 있다

木に囲まれている 나무로 둘러싸여 있다

桜の並木道である 벚꽃 가로수 길이다

芝生が張られている 잔디가 뻗어 있다

遠くにお城が見える 멀리 성이 보인다

並木がある 가로수가 있다

賑やかな町である 번화한 마을이다

のどかな海岸 한가로운 해안

花が植えてある 꽃이 심어져 있다

花が枯れている 꽃이 시들어 있다

花が咲いている 꽃이 피어 있다

花が散っている 꽃이 지고 있다

まっすぐな道 똑바른 길

水が凍っている 물이 얼어 있다

水がたまっている 물이 고여 있다

水が流れている 물이 흐르고 있다

道が曲がっている 길이 굽어 있다

道が分かれている 길이 갈라져 있다

紅葉が美しい 단풍이 아름답다

野菜が育てられている 야채가 자라 있다

雪が積もっている 눈이 쌓여 있다

공략 1단계 표현 다지기

1 버스, 전철 등 탈 것 018

음성을 듣고 ________ 안에 들어갈 적당한 말을 적어 넣으세요.

1 電車(でんしゃ)の________は人(ひと)でいっぱいです。 전철 승강장은 사람으로 가득합니다.

2 地下鉄(ちかてつ)の________です。 지하철 입구입니다.

3 店(みせ)の前(まえ)に________が止(と)まっています。 가게 앞에 자전거가 세워져 있습니다.

4 バイクが________を通(とお)っています。 오토바이가 교차로를 지나가고 있습니다.

5 デパートの前(まえ)にタクシー________があります。 백화점 앞에 택시 타는 곳이 있습니다.

6 ________を案内(あんない)しています。 출구를 안내하고 있습니다.

7 電車(でんしゃ)に乗(の)る________です。 전철을 타는 곳입니다.

8 ________を取(と)り扱(あつか)う所(ところ)です。 분실물을 취급하는 곳입니다.

9 ________のない駐車場(ちゅうしゃじょう)です。 지붕이 없는 주차장입니다.

10 ________にカートが並(なら)んでいます。 공항에 카트가 나란히 있습니다.

11 ________へ行(い)くバスです。 절에 가는 버스입니다.

12 ボートが________います。 보트가 정박해 있습니다.

13 遠(とお)くから電車(でんしゃ)が________きます。 멀리서 전철이 다가오고 있습니다.

14 バスが________あります。 버스가 정차해 있습니다.

15 ________を案内(あんない)しています。 흡연실을 안내하고 있습니다.

1 ホーム	2 入(い)り口(ぐち)	3 自転車(じてんしゃ)	4 交差点(こうさてん)
5 乗(の)り場(ば)	6 出口(でぐち)	7 所(ところ)	8 忘(わす)れ物(もの)
9 屋根(やね)	10 空港(くうこう)	11 お寺(てら)	12 泊(と)まって
13 近(ちか)づいて	14 とめて	15 喫煙室(きつえんしつ)	

2 횡단보도, 버스 정류장, 도로 (019)

음성을 듣고 ＿＿＿＿＿ 안에 들어갈 적당한 말을 적어 넣으세요.

1 たくさんの車が＿＿＿＿＿います。많은 차들이 서 있습니다.

2 バスを＿＿＿＿＿所です。버스를 기다리는 곳입니다.

3 ＿＿＿＿＿に車がありません。도로에 차가 없습니다.

4 地面に＿＿＿＿＿がたくさんあります。땅에 낙엽이 많이 있습니다.

5 救急車が＿＿＿＿＿います。구급차가 지나가고 있습니다.

6 銀行の前に＿＿＿＿＿があります。은행 앞에 버스 정류장이 있습니다.

7 車が＿＿＿＿＿の前で止まっています。차가 정지선 앞에서 멈춰 있습니다.

8 たくさんの車が＿＿＿＿＿います。많은 차가 달리고 있습니다.

9 ＿＿＿＿＿に入ろうとしています。고속도로에 들어가려 합니다.

10 バス停に＿＿＿＿＿が来ています。버스 정류장에 버스가 와 있습니다.

11 ＿＿＿＿＿が赤に変わりました。신호가 빨간불로 바뀌었습니다.

12 ＿＿＿＿＿に信号があります。횡단보도에 신호등이 있습니다.

13 ＿＿＿＿＿に車が止まっています。사거리에 차가 서 있습니다.

14 ＿＿＿＿＿の建物があります。공사 중인 건물이 있습니다.

15 バス停の前に大きな＿＿＿＿＿があります。버스 정류장 앞에 큰 짐이 있습니다.

1 止(と)まって　2 待(ま)つ　3 道路(どうろ)　4 落(お)ち葉(ば)
5 通(とお)って　6 バス停(てい)　7 停止線(ていしせん)　8 走(はし)って
9 高速道路(こうそくどうろ)　10 バス　11 信号(しんごう)　12 横断歩道(おうだんほどう)
13 十字路(じゅうじろ)　14 工事中(こうじちゅう)　15 荷物(にもつ)

3 상점, 길거리, 주차장 등 020

음성을 듣고 ＿＿＿＿＿ 안에 들어갈 적당한 말을 적어 넣으세요.

1 道路(どうろ)に＿＿＿＿＿があります。 길에 가로수가 늘어서 있습니다.

2 道(みち)が＿＿＿＿＿います。 길이 붐비고 있습니다.

3 駐車場(ちゅうしゃじょう)に＿＿＿＿＿が止(と)まっています。 주차장에 경찰차가 주차되어 있습니다.

4 大(おお)きな＿＿＿＿＿ぶくろがあります。 커다란 쓰레기봉투가 있습니다.

5 丸(まる)い＿＿＿＿＿があります。 둥근 맨홀이 있습니다.

6 ＿＿＿＿＿でガソリンを入(い)れています。 주유소에서 주유를 하고 있습니다.

7 さまざまな料理(りょうり)が＿＿＿＿＿所(ところ)です。 다양한 요리를 즐길 수 있는 곳입니다.

8 道(みち)が大(おお)きく＿＿＿＿＿います。 길이 크게 굽어 있습니다.

9 ＿＿＿＿＿があります。 입간판이 있습니다.

10 ＿＿＿＿＿禁止(きんし)になっています。 출입 금지입니다.

11 高(たか)いビルが＿＿＿＿＿います。 높은 빌딩이 솟아 있습니다.

12 ゴミが＿＿＿＿＿そうです。 쓰레기가 넘칠 것 같습니다.

13 ＿＿＿＿＿な町(まち)です。 번화한 거리입니다.

14 この道(みち)は工事中(こうじちゅう)で＿＿＿＿＿ません。 이 길은 공사 중이라 지나갈 수 없습니다.

15 駐車場(ちゅうしゃじょう)の地面(じめん)に＿＿＿＿＿が書(か)いてあります。 주차장 바닥에 번호가 쓰여 있습니다.

1 並木(なみき)　**2** 混(こ)んで　**3** パトカー　**4** ゴミ
5 マンホール　**6** ガソリンスタンド　**7** 楽(たの)しめる　**8** 曲(ま)がって
9 立(た)て看板(かんばん)　**10** 立(た)ち入(い)り　**11** そびえて　**12** あふれ
13 賑(にぎ)やか　**14** 通(とお)れ　**15** 番号(ばんごう)

4 날씨, 공원, 캠핑장 등 야외 (021)

음성을 듣고 ________ 안에 들어갈 적당한 말을 적어 넣으세요.

1 ________公園(こうえん)です。 넓은 공원입니다.

2 すばらしい________です。 멋진 불꽃놀이입니다.

3 ________の花(はな)が散(ち)っています。 벚꽃이 져 있습니다.

4 ベンチの横(よこ)に________があります。 벤치 옆에 쓰레기통이 있습니다.

5 ________教会(きょうかい)があります。 멋진 교회가 있습니다.

6 木(き)が________います。 나무가 쓰러져 있습니다.

7 公園(こうえん)に________がたくさんあります。 공원에 낙엽이 많이 있습니다.

8 きれいなばらが________います。 예쁜 장미가 피어 있습니다.

9 ________があっちこっちに落(お)ちています。 나뭇잎이 여기저기에 떨어져 있습니다.

10 木(き)の下(した)に________が落(お)ちています。 나무 밑에 밤이 떨어져 있습니다.

11 ________を風船(ふうせん)が飛(と)んでいます。 하늘에 풍선이 날고 있습니다.

12 雪(ゆき)________があります。 눈사람이 있습니다.

13 人々(ひとびと)が________を楽(たの)しんでいます。 사람들이 꽃구경을 즐기고 있습니다.

14 雨(あめ)が降(ふ)って、道(みち)が________います。 비가 내려 길이 젖어 있습니다.

15 木(き)に________所(ところ)です。 나무로 둘러싸인 곳입니다.

1 広(ひろ)い	**2** 花火(はなび)	**3** 桜(さくら)	**4** ゴミ箱(ばこ)
5 すばらしい	**6** 倒(たお)れて	**7** 落(お)ち葉(ば)	**8** 咲(さ)いて
9 木(こ)の葉(は)	**10** くり	**11** 空(そら)	**12** だるま
13 花見(はなみ)	**14** ぬれて	**15** 囲(かこ)まれた	

5 자연, 풍경 등 (022)

음성을 듣고 ______ 안에 들어갈 적당한 말을 적어 넣으세요.

1 ______が積(つ)もっています。 눈이 쌓여 있습니다.

2 みごとな桜(さくら)の______です。 멋진 벚꽃 가로수 길입니다.

3 ______に花(はな)が咲(さ)いています。 강가를 따라 꽃이 피어 있습니다.

4 きれいな______です。 깨끗한 강입니다.

5 美(うつく)しく______した木々(きぎ)があります。 아름답게 단풍 든 나무들이 있습니다.

6 川(かわ)に______がかかっています。 강에 다리가 놓여 있습니다.

7 ______が咲(さ)いています。 해바라기가 피어 있습니다.

8 ______が飛(と)んでいます。 낙엽이 팔랑대고 있습니다.

9 ______でボートに乗(の)れます。 호수에서 보트를 탈 수 있습니다.

10 遠(とお)くに______が見(み)えます。 멀리 산이 보입니다.

11 山(やま)の上(うえ)に______が残(のこ)っています。 산 위에 눈이 남아 있습니다.

12 窓(まど)から______が見(み)えます。 창문으로 석양이 보입니다.

13 いろいろな花(はな)が______あります。 다양한 꽃이 심어져 있습니다.

14 ______がとても大(おお)きいです。 파도가 매우 큽니다.

15 ______で作(つく)られた家(いえ)です。 얼음으로 만들어진 집입니다.

1 雪(ゆき)	**2** 並木道(なみきみち)	**3** 川沿(かわぞ)い	**4** 川(かわ)
5 紅葉(こうよう)	**6** 橋(はし)	**7** ひまわり	**8** 落(お)ち葉(ば)
9 みずうみ	**10** 山(やま)	**11** 雪(ゆき)	**12** ゆうやけ
13 植(う)えて	**14** 波(なみ)	**15** 氷(こおり)	

공략 2 단계 실전 감각 익히기

잘 듣고 (A) ~ (D)의 빈칸을 채운 후, 그림에 알맞는 표현을 고르세요.

1

(A) 店の前に車が＿＿＿＿います。

(B) 店の前に＿＿＿＿があります。

(C) 入り口のそばに＿＿＿＿があります。

(D) 店の前に人が＿＿＿＿に並んでいます。

+단어 止(と)まる 멈추다 立(た)て看板(かんばん) 입간판 入(い)り口(くち) 입구 そば 옆 自転車(じてんしゃ) 자전거 一列(いちれつ) 한 줄 並(なら)ぶ 한 줄로 서다, 늘어서다

2

(A) ＿＿＿＿が咲いています。

(B) ＿＿＿＿に花が咲いています。

(C) ＿＿＿＿の花が飾ってあります。

(D) 地面に＿＿＿＿がたくさんあります。

+단어 野菊(のぎく) 들국화 咲(さ)く 피다 川沿(かわぞ)い 강가, 냇가 折(お)り紙(がみ) 종이접기 飾(かざ)る 꾸미다 地面(じめん) 땅, 지면 落(お)ち葉(ば) 낙엽

3

(A) ここは有名な＿＿＿＿道です。

(B) 道が＿＿＿＿います。

(C) トラックが＿＿＿＿います。

(D) たくさんの車が＿＿＿＿います。

+단어 並木(なみき) 가로수 混(こ)む 붐비다, 혼잡하다 トラック 트럭 通(とお)る 지나다 走(はし)る 달리다

4

(A) ホテルの________です。

(B) ホームは________にあります。

(C) ________を案内しています。

(D) ________センターを案内しています。

+단어 ホテル 호텔　ロビー 로비　ホーム 플랫폼, (기차역의) 승강장　~階(かい) ~층　案内(あんない)する 안내하다
お忘(わす)れ物(もの)センター 분실물센터

5

(A) 自転車に________人が見えます。

(B) 遠くに________が見えます。

(C) みずうみの________が美しいです。

(D) ________ができる公園です。

+단어 遠(とお)い 멀다　お城(しろ) 성　見(み)える 보이다　みずうみ 호수　風景(ふうけい) 풍경　水遊(みずあそ)び 물놀이　公園(こうえん) 공원

6

(A) お酒と________が並んでいます。

(B) ________の売り場を紹介しています。

(C) さまざまなうどん料理が________所です。

(D) メニューのサンプルが________されています。

+단어 お酒(さけ) 술　麺料理(めんりょうり) 면 요리　焼(や)きそば 야끼소바　売(う)り場(ば) 매장　紹介(しょうかい)する 소개하다　さまざまな 다양한
ディスプレイする 진열하다

7

(A) ________の枝を切っています。

(B) ________の建物があります。

(C) トラックの上に________があります。

(D) 道が________いて車がとまっています。

+단어 枝(えだ) 가지, 갈래　切(き)る 자르다　工事中(こうじちゅう) 공사 중　建物(たてもの) 건물　トラック 트럭　道(みち)が混(こ)む 길이 막히다

8

(A) モノレールがホームに________しています。

(B) モノレールのドアが________います。

(C) 人々がモノレールから________います。

(D) モノレールがホームに________ところです。

+단어 モノレール 모노레일　ドア 문　閉(し)まる 닫히다　降(お)りる 내리다

9

(A) ________の階段があります。

(B) 地下の食品________です。

(C) 道に________があります。

(D) 小さな木に________所です。

+단어 下(くだ)り 내려감　階段(かいだん) 계단　地下(ちか) 지하　食品売(しょくひんう)り場(ば) 식품 매장　ゴミ箱(ばこ) 쓰레기통　囲(かこ)む 두르다, 둘러싸다

10

(A) 入学式を＿＿＿＿＿います。

(B) ＿＿＿＿＿が立てられています。

(C) 校門の前で卒業写真を＿＿＿＿＿います。

(D) 学生が卒業証書を＿＿＿＿＿います。

+단어 入学式(にゅうがくしき) 입학식　行(おこな)う 행하다, 거행하다　はた 기, 깃발　立(た)てる 세우다　校門(こうもん) 교문　卒業写真(そつぎょうしゃしん) 졸업 사진　撮(と)る 찍다　卒業証書(そつぎょうしょうしょ) 졸업장　受(う)け取(と)る 받다

1	C	(A) 止(と)まって	(B) 立(た)て看板(かんばん)	(C) 自転車(じてんしゃ)	(D) 一列(いちれつ)
2	A	(A) 野菊(のぎく)	(B) 川沿(かわぞ)い	(C) 折(お)り紙(がみ)	(D) 落(お)ち葉(ば)
3	C	(A) 並木(なみき)	(B) 混(こ)んで	(C) 通(とお)って	(D) 走(はし)って
4	C	(A) ロビー	(B) 2階(にかい)	(C) ホーム	(D) お忘(わす)れ物(もの)
5	A	(A) 乗(の)っている	(B) お城(しろ)	(C) 風景(ふうけい)	(D) 水遊(みずあそ)び
6	D	(A) 麺料理(めんりょうり)	(B) 焼(や)きそば	(C) 楽(たの)しめる	(D) ディスプレイ
7	B	(A) 並木(なみき)	(B) 工事中(こうじちゅう)	(C) 自転車(じてんしゃ)	(D) 混(こ)んで
8	A	(A) 到着(とうちゃく)	(B) 閉(し)まって	(C) 降(お)りて	(D) 入(はい)ってくる
9	A	(A) 下(くだ)り	(B) 売(う)り場(ば)	(C) ゴミ箱(ばこ)	(D) 囲(かこ)まれた
10	B	(A) 行(おこな)って	(B) はた	(C) 撮(と)って	(D) 受(う)け取(と)って

정답은 해설집 ▶6쪽

次の写真を見て、その内容に合っている表現を(A)から(D)の中で一つ選びなさい。

1

(A) (B) (C) (D)

2

(A) (B) (C) (D)

3

きっぷ 定期券
Tickets Commuter Pass
车票 車票
승차권
こちらの券売機で
入場券を
Suica 発売中
定期券 きっぷ
チャージ

(A) (B) (C) (D)

4

当ビル1階
廻転寿司
まぐろ問屋
やざえもん
国際通り店
営業時間/11:00~22:00
AlettA

(A) (B) (C) (D)

5

(A) (B) (C) (D)

6

(A) (B) (C) (D)

7

(A) (B) (C) (D)

8

(A) (B) (C) (D)

9

(A) (B) (C) (D)

10

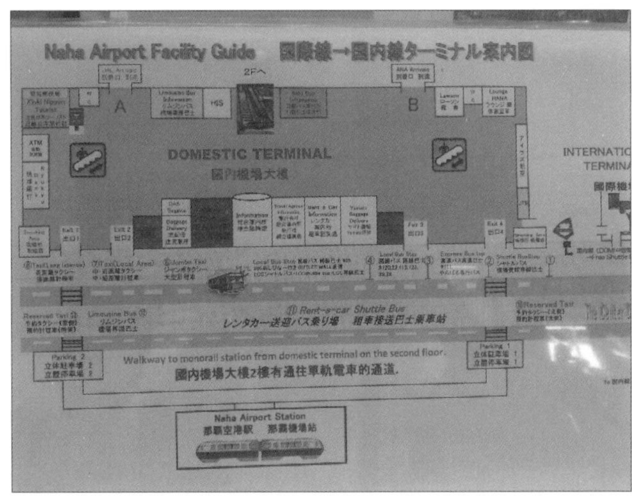

(A) (B) (C) (D)

PART 1 사진묘사 실전모의테스트(20문항)

정답은 해설집 ▶9쪽

I 次の写真を見て、その内容に合っている表現を(A)から(D)の中で一つ選びなさい。

1

(A)　(B)　(C)　(D)

2

(A)　(B)　(C)　(D)

3

(A) (B) (C) (D)

4

(A) (B) (C) (D)

5

(A)　(B)　(C)　(D)

6

(A)　(B)　(C)　(D)

7

(A) (B) (C) (D)

8

(A) (B) (C) (D)

9

(A) (B) (C) (D)

10

(A) (B) (C) (D)

11

(A) (B) (C) (D)

12

(A) (B) (C) (D)

13

(A) (B) (C) (D)

14

(A) (B) (C) (D)

15

(A) (B) (C) (D)

16

(A) (B) (C) (D)

17

(A) (B) (C) (D)

18

(A) (B) (C) (D)

19

(A) (B) (C) (D)

20

(A) (B) (C) (D)

PART 2

질의응답

PART 2는 질문에 대한 적절한 응답을 찾는 짧은 회화문 문제가 나옵니다. 연이어 이어지는 문장의 의미를 파악하고 질문의 포인트를 잡는 순간적인 판단 능력을 요구하는 문제들로 구성되어 있어요.

질문을 들을 때 어떤 의문사가 쓰였는지 주의 깊게 듣고 그에 맞는 대답을 고를 수 있어야 합니다.

의문사가 없는 경우 화자의 어조에 신경 쓰며 들어 보세요. 또한 관용적인 표현과 비즈니스 표현들도 나오므로 평소에 잘 익혀 두는 것이 좋아요.

1 의문사가 있는 경우

유형 공략

1 何(なに・なん), どこ, どの, どんな, どれ, だれ, いつ, いくら 등의 **의문사**를 중점적으로 들어야 해요. **何(なに・なん)**의 경우는 **何がありますか**(무엇이 있습니까), **何をしていますか**(무엇을 하고 있습니까), **何日**, **何曜日** 등과 같이 여러 가지 의문을 제시할 수 있으므로 반드시 사물만 대답이 될 수 있는 것이 아니라 **동작, 시간 등 다방면에 걸쳐 정답을 요구할 수도 있다**는 점을 기억하세요.

2 何(なに・なん), どこ, だれ, どう와 같은 경우는 **はい**와 **いいえ**의 대답을 할 수 없는 질문이 나올 수 있으므로 주의하세요.

3 どこ의 경우는 **장소**를 묻는 질문이 많으며, **どこにもありません**(아무 데도 없습니다), **どこへも行きません**(아무 데도 가지 않습니다) 등의 응답 표현도 익혀야 해요.

4 그 밖에 **どれ는 주로 これ, それ, あれ**의 대답을 요구하고, **どちら는 주로 선택, 방향**의 대답을 요구합니다.

5 どう는 **どうですか**, **どうしましたか**, **どうしますか**와 같이 **상태 및 진행 상황 등 다양한 대답을 요구**할 수 있으므로 들려주는 문장의 단어를 꼼꼼히 체크해서 풀도록 합시다.

6 いつ의 경우는 주로 **시간**을 묻는 질문이 많은데, 이때 **시제에 유의**하여 답을 골라 보세요.

7 だれ의 경우는 **인물**에 대한 질문을 하는 것으로, **どんな人**(어떤 사람)의 대답과 구분할 수 있어야 해요.

예제 **次の言葉の返事として、もっとも適したものを(A)から(D)の中で一つ選びなさい。**

きってはどこで買いますか。　　우표는 어디에서 삽니까?

'어디서'를 캐치했다면 응답 중 장소가 나오는 것을 주의 깊게 들어야 해요.

(A) 今、７時３０分です。　　(A) 지금 7시 30분입니다.

(B) 郵便局で買います。　　(B) 우체국에서 삽니다.

장소를 나타내는 조사 で가 나왔어요. 郵便局ですよ라고만 해도 맞는 답이에요.

(C) 雨が降っています。　　(C) 비가 내리고 있습니다.

(D) 明日、出発します。　　(D) 내일 출발합니다.

+해설 문제를 듣고 무엇을 묻는 문제인지 파악하세요. 먼저 **どこ**라는 의문사가 나왔으므로 장소에 대한 대답을 떠올려야 해요. 따라서 '어디에서'라는 질문에 적당한 답은 **(B) 郵便局で買います**이에요. 그 밖에 시간 표현 및 날씨 표현도 알아 두는 편이 좋아요.

+단어 **きって** 우표　**買う** 사다　**郵便局** 우체국　**雨が降る** 비가 오다　**出発する** 출발하다

의문사가 있는 경우 027

何(なに・なん)

1 A 何を探しているんですか。 무엇을 찾고 있습니까?

B 青色のジャケットを探しているんです。 파란색 재킷을 찾고 있습니다.

2 A 八百屋では何を売っていますか。 채소 가게에서는 무엇을 팝니까?

B とうもろこしはもちろんさつまいもも売っています。 옥수수는 물론 고구마도 팔고 있습니다.

3 A これは何の本ですか。 이것은 무슨 책입니까?

B それは日本語の本です。 그것은 일본어 책입니다.

4 A 会社まで何で行きますか。 회사까지 어떻게 갑니까?

B 自転車で行きます。 자전거로 갑니다.

5 A 日曜日に何をしましたか。 일요일에 무엇을 했습니까?

B 掃除をしたり、洗濯をしたりしました。 청소를 하거나 빨래를 하거나 했습니다.

6 A 夏休みに何をしますか。 여름 방학에 무엇을 할 것입니까?

B 海外旅行に行くつもりです。 해외여행을 갈 생각입니다.

7 A ちょっと暑くないですか。今、何度ですか。 좀 덥지 않아요? 지금 몇 도에요?

B えっと…、28度ですよ。 음, 28도입니다.

8 A ゆきちゃんが何をしているか見てきてくれる？ 유키가 무엇을 하고 있는지 보고 와 줄래?

B うん、いいよ。ゆきはスマホで動画を見ながらご飯を食べているよ。
응, 좋아. 유키는 스마트폰으로 영상을 보면서 밥 먹고 있어.

どこ

9 A 休みの時、どこかへ行きますか。 휴가 때 어딘가 갑니까?

B どこへも行きません。 아무 데도 안 갑니다.

10 A 花売り場はどこにありますか。 꽃 매장은 어디에 있습니까?

B このビルの１階にあります。 이 빌딩의 1층에 있습니다.

どの

11 A どの人が高橋さんの妹さんですか。 어느 사람이 다카하시 씨의 여동생입니까?

B 黄色いワンピースを着ている人です。 노란색 원피스를 입은 사람입니다.

12 A 高橋さんの弟はどの子ですか。 다카하시 씨의 남동생은 어느 아이입니까?

B 青いシャツを着ている子です。 파란 셔츠를 입은 아이입니다.

どんな

13 A なくした財布はどんな財布ですか。 잃어버린 지갑은 어떤 지갑입니까?

B 小さくて黄色い財布です。 작고 노란 지갑입니다.

14 A 木村さんはどんな方ですか。 기무라 씨는 어떤 분입니까?

B 優しくて親切な方です。 상냥하고 친절한 분입니다.

15 A どんな浴衣が買いたいですか。 어떤 유카타를 사고 싶습니까?

B 花柄のものを考えています。 꽃무늬 유카타를 생각하고 있습니다.

どれ

16 A 駅までどれくらいかかりますか。 역까지 어느 정도 걸립니까?

B 歩いて10分くらいかかります。 걸어서 10분 정도 걸립니다.

17 A 田中さんの車はどれですか。 다나카 씨의 차는 어느 것입니까?

B あの銀色の車ですよ。 저 은색 차에요.

どちら

18 A ひよこの絵とちょうの絵と、どちらがいいですか。 병아리 그림과 나비 그림 중 어느 쪽이 좋습니까?

B ひよこのをください。 병아리 쪽(그림)을 주세요.

どう

19 A 山田先生の授業はどうでしたか。 야마다 선생님의 수업은 어땠습니까?

B おもしろかったです。 재미있었습니다.

なぜ

20 A なぜアルバイトをするんですか。 왜 아르바이트를 하는 겁니까?
B 趣味(しゅみ)の写真撮影(しゃしんさつえい)のためです。 취미인 사진 촬영 때문입니다.

だれ

21 A これはだれのノートですか。 이것은 누구의 노트입니까?
B それは田村(たむら)さんのノートです。 그것은 다무라 씨의 노트입니다.

22 A 花嫁(はなよめ)さんの後(うし)ろに立(た)っている人(ひと)はだれですか。 신부 뒤에 서 있는 사람은 누구입니까?
B 私(わたし)の妹(いもうと)です。 제 여동생입니다.

いつ

23 A お父(とう)さんの休(やす)みは、いつからいつまでなの？ 아버지의 휴가는 언제부터 언제까지야?
B ４日(よっか)から９日(ここのか)までだよ。 4일부터 9일까지야.

24 A いつ出発(しゅっぱつ)するつもりですか。 언제 출발할 생각입니까?
B １時間後(いちじかんご)に出発(しゅっぱつ)するつもりです。 1시간 후에 출발할 생각입니다.

いくら

25 A このセーター、いくらだった？ 이 스웨터, 얼마였어?
B 6000円(ろくせんえん)だった。今(いま)セール中(ちゅう)だよ。 6000엔이었어. 지금 세일 중이야.

26 A こちらの大(おお)きいオレンジはいくらですか。 이쪽의 큰 오렌지는 얼마입니까?
B ひとつ100円(ひゃくえん)で、みっつで２５０円(にひゃくごじゅうえん)です。 1개 100엔이고, 3개에 250엔입니다.

いくつ

27 A お子(こ)さんはいくつですか。 자녀분은 몇 살입니까?
B 今年(ことし)、７歳(ななさい)になりました。 올해 7살이 되었습니다.

공략 1단계 표현 다지기

1 의문문(何) 028

음성을 듣고 ________ 안에 들어갈 적당한 말을 적어 넣으세요.

1 A ここまで________来ましたか。 여기까지 무엇으로 왔습니까?
  B ________で来ました。 지하철로 왔습니다.

2 A ________で何を買いましたか。 백화점에서 무엇을 샀습니까?
  B 白い________を買いました。 하얀색 블라우스를 샀습니다.

3 A 高橋さんは今、何をしていますか。 다카하시 씨는 지금 무엇을 하고 있습니까?
  B ________です。 전화 중입니다.

4 A ひまな時、何をしますか。 한가할 때, 무엇을 합니까?
  B ________の本を読んだり、________を見たりします。 만화책을 읽거나 영화를 보거나 합니다.

5 A 動物園で________見ましたか。 동물원에서 무엇을 보았습니까?
  B ________や________などを見ました。 원숭이나 코끼리 등을 보았습니다.

6 A 昨日、________まで何をしましたか。 어제 밤늦게까지 무엇을 했습니까?
  B 夜11時まで会社で________しました。 밤 11시까지 회사에서 야근했습니다.

7 A お父さんが何をしているか________きてくれる？ 아빠가 무엇을 하고 있는지 보고 와 줄래?
  B ビールを飲み________テレビを見ているよ。 맥주를 마시면서 텔레비전을 보고 있어.

8 A 明日、友だちに________何をするつもりですか。 내일 친구와 만나면 무엇을 할 생각입니까?
  B イタリアン________でピザを食べるつもりです。 이탈리안 레스토랑에서 피자를 먹을 생각입니다.

9 A この手紙は何で________ますか。 이 편지는 무엇으로 보냅니까?
  B ________で送ります。 항공편으로 보냅니다.

10 A 紅茶を飲みながら________を食べますか。 홍차를 마시면서 무엇을 먹습니까?
  B ________を食べます。 과자를 먹습니다.

1 何(なに)で, 地下鉄(ちかてつ) **2** デパート, ブラウス **3** 電話中(でんわちゅう)
4 まんが, 映画(えいが) **5** 何(なに)を, さる, ぞう **6** 夜遅(よるおそ)く, 残業(ざんぎょう)
7 見(み)て, ながら **8** 会(あ)ったら, レストラン **9** 送(おく)り, 航空便(こうくうびん)
10 何(なに), お菓子(かし)

11 A ＿＿＿＿＿を引(ひ)いたら何(なに)をしますか。감기에 걸리면 무엇을 합니까?

B ＿＿＿＿＿と寝(ね)ます。푹 잡니다.

12 A ＿＿＿＿＿家族(かぞく)ですか。가족은 몇 명입니까?

B ＿＿＿＿＿家族(かぞく)です。5명입니다.

13 A キムさんは＿＿＿＿＿ですか。김 씨는 무슨 띠입니까?

B ＿＿＿＿＿年(どし)です。돼지띠입니다.

14 A 家(いえ)に帰(かえ)ってから何(なに)をしますか。집에 가면 무엇을 합니까?

B 音楽(おんがく)を＿＿＿＿＿たり、テレビを＿＿＿＿＿たりします。음악을 듣거나 텔레비전을 보거나 합니다.

15 A 横浜(よこはま)へ＿＿＿＿＿、何(なに)をしましたか。요코하마에 가서 무엇을 했습니까?

B 中華料理(ちゅうかりょうり)を＿＿＿＿＿ました。중화요리를 먹었습니다.

16 A 机(つくえ)の上(うえ)に何(なに)がありますか。책상 위에 무엇이 있습니까?

B ＿＿＿＿＿と本(ほん)とコップがあります。가위와 책과 컵이 있습니다.

17 A ＿＿＿＿＿で何(なに)が買(か)いたいですか。채소 가게에서 무엇을 사고 싶습니까?

B 白菜(はくさい)と＿＿＿＿＿が買(か)いたいです。배추와 양파를 사고 싶습니다.

18 A ＿＿＿＿＿は何(なに)にしますか。점심은 무엇으로 할까요?

B すしとうどんにします。초밥과 우동으로 하겠습니다.

19 A ＿＿＿＿＿に何(なに)をもらいましたか。선물로 무엇을 받았습니까?

B ＿＿＿＿＿をもらいました。지갑을 받았습니다.

20 A 伊藤(いとう)さんは今(いま)、何(なに)を＿＿＿＿＿いますか。이토 씨는 지금 무엇을 만들고 있습니까?

B ＿＿＿＿＿料理(りょうり)を作(つく)っています。한국 요리를 만들고 있습니다.

11 風邪(かぜ), ぐっすり	**12** 何人(なんにん), 5人(ごにん)	**13** 何年(なにどし), いのしし
14 聞(き)い, 見(み)	**15** 行(い)って, 食(た)べ	**16** はさみ
17 八百屋(やおや), たまねぎ	**18** 昼(ひる)ごはん	**19** プレゼント, 財布(さいふ)
20 作(つく)って, 韓国(かんこく)		

2 의문문(ど) 029

음성을 듣고 ＿＿＿＿＿ 안에 들어갈 적당한 말을 적어 넣으세요.

1 A 昨日の映画は＿＿＿＿＿でしたか。어제 영화는 어땠습니까?
B ＿＿＿＿＿です。지루했습니다.

2 A きっては＿＿＿＿＿で売っていますか。우표는 어디에서 팝니까?
B ＿＿＿＿＿で売っています。우체국에서 팝니다.

3 A 韓国の冬と日本の冬と、＿＿＿＿＿が寒いですか。한국의 겨울과 일본의 겨울 중 어느 쪽이 춥습니까?
B 韓国の方が日本より寒いと＿＿＿＿＿。한국 쪽이 일본보다 춥다고 생각합니다.

4 A 木村さんのかさは＿＿＿＿＿ですか。기무라 씨의 우산은 어느 것입니까?
B あの黒いの、＿＿＿＿＿ですよ。저 까만 것, 저거예요.

5 A あと＿＿＿＿＿で終わりますか。앞으로 어느 정도면 끝납니까?
B ＿＿＿＿＿終わります。이제 곧 끝납니다.

6 A どんな花瓶ですか。어떤 꽃병입니까?
B ＿＿＿＿＿て＿＿＿＿＿花瓶です。하얗고 예쁜 꽃병입니다.

7 A 中村さんは＿＿＿＿＿人ですか。나카무라 씨는 어떤 사람입니까?
B 真面目で＿＿＿＿＿人です。성실하고 상냥한 사람입니다.

8 A 家から会社までどれくらいかかりますか。집에서 회사까지 어느 정도 걸립니까?
B ＿＿＿＿＿ぐらいかかります。1시간 정도 걸립니다.

9 A 成田空港から新宿まで、＿＿＿＿＿行きますか。나리타 공항에서 신주쿠까지 어떻게 갑니까?
B 新宿行きの＿＿＿＿＿で行きます。신주쿠행 리무진 버스로 갑니다.

10 A 林さんの妹さんはどこに立っていますか。하야시 씨의 여동생은 어디에 서 있습니까?
B 左から＿＿＿＿＿です。왼쪽에서 두 번째입니다.

1 どう, つまらなかった　**2** どこ, 郵便局(ゆうびんきょく)　**3** どちら, 思(おも)います　**4** どれ, あれ
5 どれくらい, もうすぐ　**6** 白(しろ)く, きれいな　**7** どんな, やさしい　**8** 1時間(いちじかん)
9 どう, リムジンバス　**10** 二人目(ふたりめ)

11 A お子さんを連れてどこへ行きますか。자녀분을 데리고 어디에 갑니까?

B 子どもを＿＿＿＿＿まで送りに行きます。아이를 어린이집까지 바래다주러 갑니다.

12 A ところで、社員寮の部屋はどうですか。그런데 회사 기숙사의 방은 어떻습니까?

B 少し狭いけど、日あたりもよくて、＿＿＿＿＿部屋です。조금 좁지만 볕도 잘 들어 밝은 방입니다.

13 A このおもちゃはどうすれば＿＿＿＿＿ますか。이 장난감은 어떻게 하면 움직입니까?

B 赤い＿＿＿＿＿を押すと動きます。빨간 버튼을 누르면 움직입니다.

14 A どこに＿＿＿＿＿いましたか。어디에 살고 있었습니까?

B 埼玉に＿＿＿＿＿住んでいました。사이타마에 3년간 살았습니다.

15 A すみません。お手洗いは＿＿＿＿＿ですか。실례합니다. 화장실은 어디입니까?

B 薬屋の＿＿＿＿＿にあります。약국 옆에 있습니다.

16 A 家から学校まで＿＿＿＿＿行きますか。집에서 학교까지 어떻게 갑니까?

B バスに乗って行きます。버스를 타고 갑니다.

17 A どんな本をよく読みますか。어떤 책을 자주 읽습니까?

B 政治と＿＿＿＿＿の本を読みます。정치와 경제 책을 읽습니다.

18 A 冬休みに、＿＿＿＿＿行きますか。겨울 방학에 어딘가에 갑니까?

B いいえ、＿＿＿＿＿行きません。아니요, 아무 데도 안 갑니다.

19 A 岡田さんは＿＿＿＿＿国に行きたいですか。오카다 씨는 어느 나라에 가고 싶습니까?

B フランスです。博物館を＿＿＿＿＿したいです。프랑스입니다. 박물관을 견학하고 싶습니다.

20 A 全ての引き出しの中を＿＿＿＿＿てみましたか。모든 서랍 안은 찾아 봤습니까?

B はい。でも、＿＿＿＿＿ありませんでした。예. 하지만 아무 데도 없었습니다.

11 保育園(ほいくえん) **12** 明(あか)るい **13** 動(うご)き, ボタン **14** 住(す)んで, 3年間(さんねんかん)
15 どこ, となり **16** どうやって **17** 経済(けいざい) **18** どこかへ, どこへも
19 どの, 見学(けんがく) **20** 探(さが)し, どこにも

3 의문문(だれ) 030

음성을 듣고 ________ 안에 들어갈 적당한 말을 적어 넣으세요.

1 A だれに________を書(か)いていますか。누구에게 편지를 쓰고 있습니까?
B 日本(にほん)の________に書(か)いています。일본 친구에게 편지를 쓰고 있습니다.

2 A だれが部屋(へや)の________を閉(し)めましたか。누가 방의 창문을 닫았습니까?
B 中村(なかむら)さんが________ました。나카무라 씨가 닫았습니다.

3 A これはだれの________ですか。이것은 누구의 안경입니까?
B それは________のですよ。그것은 제 것입니다.

4 A ________はだれの本(ほん)ですか。이것은 누구의 책입니까?
B ________はあゆみさんの本(ほん)です。그것은 아유미 씨의 책입니다.

5 A 黒(くろ)い服(ふく)を着(き)ている人(ひと)は________ですか。검은 옷을 입은 사람은 누구입니까?
B 黒(くろ)い________を着(き)て眼鏡(めがね)をかけている人(ひと)は鈴木(すずき)さんです。
검정 양복을 입고 안경을 쓴 사람은 스즈키 씨입니다.

6 A これはだれの________ですか。이것은 누구의 넥타이입니까?
B ________のです。아버지의 것입니다.

7 A この________はだれのですか。이 스카프는 누구의 것입니까?
B ________のなら山田先生(やまだせんせい)のです。하얀 것이라면 야마다 선생님의 것입니다.

8 A これはだれの________ですか。이것은 누구의 수첩입니까?
B 花子(はなこ)さんのです。하나코 씨의 것입니다.

9 A 中村(なかむら)さんという人(ひと)はだれですか。나카무라 씨라고 하는 사람은 누구입니까?
B 私(わたし)の________時代(じだい)の友(とも)だちです。제 대학교 때의 친구입니다.

10 A 写真(しゃしん)の________にいる人(ひと)はだれですか。사진 한가운데 있는 사람은 누구입니까?
B 私(わたし)の弟(おとうと)です。제 남동생입니다.

1 手紙(てがみ), 友(とも)だち **2** 窓(まど), 閉(し)め **3** 眼鏡(めがね), 私(わたし) **4** これ, それ **5** だれ, スーツ **6** ネクタイ, 父(ちち) **7** スカーフ, 白(しろ)い **8** 手帳(てちょう) **9** 大学(だいがく) **10** 真(ま)ん中(なか)

11 A だれが＿＿＿＿＿＿にいますか。누가 사무실에 있습니까?

B 木村(きむら)さんがいます。기무라 씨가 있습니다.

12 A 今(いま)、歌(うた)を＿＿＿＿＿＿いる人(ひと)はだれですか。지금 노래를 부르고 있는 사람은 누구입니까?

B ＿＿＿＿＿＿の川上(かわかみ)さんです。옆집에 사는 가와카미 씨입니다.

13 A ここで＿＿＿＿＿＿を待(ま)っていますか。여기서 누구를 기다리고 있습니까?

B 友(とも)だちを＿＿＿＿＿＿います。친구를 기다리고 있습니다.

14 A 海外(かいがい)＿＿＿＿＿＿はだれと一緒(いっしょ)に行(い)きますか。해외여행은 누구와 함께 갑니까?

B 妻(つま)と子(こ)どもと一緒(いっしょ)に行(い)きます。아내와 아이와 함께 갑니다.

15 A 部屋(へや)の中(なか)に＿＿＿＿＿＿いますか。방 안에 누군가 있습니까?

B いいえ、＿＿＿＿＿＿いません。아니요, 아무도 없습니다.

16 A 今度(こんど)の＿＿＿＿＿＿はだれが行(い)きますか。이번 출장은 누가 갑니까?

B 中村(なかむら)さんが行(い)く予定(よてい)です。나카무라 씨가 갈 예정입니다.

17 A ＿＿＿＿＿＿の前(まえ)に立(た)っている人(ひと)はだれですか。슈퍼마켓 앞에 서 있는 사람은 누구입니까?

B みどりさんと貴子(たかこ)さんです。미도리 씨와 다카코 씨입니다.

18 A 人事課(じんじか)の＿＿＿＿＿＿はだれですか。인사과의 과장님은 누구입니까?

B あそこに＿＿＿＿＿＿いる方(かた)です。저기에 앉아 있는 분입니다.

19 A だれの薬(くすり)を買(か)いましたか。누구의 약을 샀습니까?

B ＿＿＿＿＿＿の薬(くすり)を買(か)いました。할머니의 약을 샀습니다.

20 A だれが＿＿＿＿＿＿に入院(にゅういん)しましたか。누가 병원에 입원했습니까?

B 直木(なおき)さんが入院(にゅういん)したそうです。나오키 씨가 입원했다고 합니다.

11 事務室(じむしつ)	12 歌(うた)って, となり	13 だれ, 待(ま)って	14 旅行(りょこう)
15 だれか, だれも	16 出張(しゅっちょう)	17 スーパー	18 課長(かちょう), 座(すわ)って
19 そぼ	20 病院(びょういん)		

4 의문문(いつ・いくら・いくつ) 031

음성을 듣고 ______ 안에 들어갈 적당한 말을 적어 넣으세요.

1 A いつまで日本(にほん)にいますか。 언제까지 일본에 있습니까?
B 3泊4日(さんぱくよっか)だから、______までいます。 3박 4일이니까 내일까지 있습니다.

2 A ______課長(かちょう)に話(はな)すつもりですか。 언제 과장님에게 이야기할 생각입니까?
B 課長(かちょう)が______きたら話(はな)そうと思(おも)います。 과장님이 돌아오면 이야기하려고 합니다.

3 A ______いくらですか。 1박에 얼마입니까?
B 朝食付(ちょうしょくつ)きで______です。 아침 식사 포함해서 만 엔입니다.

4 A ______はいつですか。 휴일는 언제입니까?
B 日曜日(にちようび)______です。 일요일뿐입니다.

5 A ______はいつからですか。 회의는 언제부터입니까?
B 明日(あした)の______10時(じゅうじ)からです。 내일 오전 10시부터입니다.

6 A ______の日(ひ)はいつですか。 어린이날은 언제입니까?
B 5月(ごがつ)______です。 5월 5일입니다.

7 A だいこん1本(いっぽん)となす2本(にほん)、______いくらですか。 무 1개와 가지 2개, 전부해서 얼마입니까?
B 550円(ごひゃくごじゅうえん)です。 550엔입니다.

8 A その______のブラウスはいくらですか。 그 꽃무늬 블라우스는 얼마입니까?
B このブラウスは______です。 이 블라우스는 3만 엔입니다.

9 A この______のスカートはいくらですか。 이 무늬 없는 스커트는 얼마입니까?
B そのスカートは______です。 그 스커트는 5,500엔입니다.

10 A このポロシャツはいくらですか。 이 폴로 셔츠는 얼마입니까?
B 赤(あか)と緑(みどり)の______のは3600円(さんぜんろっぴゃくえん)です。 빨강과 초록 체크 셔츠는 3,600엔입니다.

1 明日(あした)	2 いつ, 戻(もど)って	3 1泊(いっぱく), 1万円(いちまんえん)
4 休(やす)み, だけ	5 会議(かいぎ), 午前(ごぜん)	6 こども, 5日(いつか)
7 全部(ぜんぶ)で	8 花柄(はながら), 3万円(さんまんえん)	9 無地(むじ), 5,500円(ごせんごひゃくえん)
10 チェック		

11 A この________はいくらですか。이 사전은 얼마입니까?
B ________で、1000円で買いました。헌책방에서 1,000엔에 샀습니다.

12 A きっぷを________ください。いくらですか。표를 한 장 주세요. 얼마입니까?
B ________で600円です。편도에 600엔입니다.

13 A ________のキャラクターのきってはいくらですか。애니메이션 캐릭터 우표는 얼마입니까?
B ________です。1,000엔입니다.

14 A ________はいつですか。여름 휴가는 언제입니까?
B 7月31日________8月2日________です。7월 31일부터 8월 2일까지입니다.

15 A トイレは________ありますか。화장실은 몇 개 있습니까?
B この階には________あります。이 층에는 3개 있습니다.

16 A いつロサンゼルスに________ますか。언제 로스앤젤레스에 도착합니까?
B たぶん________だと思います。아마 3일 후라고 생각합니다.

17 A お子さんは________ですか。자녀분은 몇 살입니까?
B 娘は________で、息子は4歳です。딸은 6살이고, 아들은 4살입니다.

18 A ________はいつですか。생일은 언제입니까?
B 2月________です。2월 8일입니다.

19 A 日本語はいつから________していますか。일본어는 언제부터 공부했습니까?
B 3年前からです。3년 전부터입니다.

20 A ________にスリッパがいくつありますか。현관에 슬리퍼가 몇 개 있습니까?
B ________あります。여섯 켤레 있습니다.

11 辞書(じしょ), 古本屋(ふるほんや)	**12** 1枚(いちまい), 片道(かたみち)	**13** アニメ, 1,000円(せんえん)
14 夏休(なつやす)み, から, まで	**15** いくつ, 3(みっ)つ	**16** 着(つ)き, 3日後(みっかご)
17 おいくつ, 6歳(ろくさい)	**18** 誕生日(たんじょうび), 8日(ようか)	**19** 勉強(べんきょう)
20 玄関(げんかん), 6足(ろくそく)		

공략 2 단계 실전 감각 익히기

잘 듣고 빈칸을 채운 후, (A) ~ (D) 중 질문에 맞는 대답을 고르세요.

1　山田さんのぼうしは__________ですか。

(A) 私の__________は安いです。

(B) かわいい__________がほしいです。

(C) これは私の__________です。

(D) 黄色い__________がついたものです。

+단어 ぼうし 모자　かわいい 귀엽다　人形(にんぎょう) 인형　ほしい 갖고 싶다　黄色(きいろ)い 노랗다　花(はな) 꽃
つく 달라붙다, 따라붙다, 덧붙다

2　週末に見た__________はどうでしたか。

(A) __________かったです。

(B) わがままな__________です。

(C) __________かったです。

(D) __________してくれよ。

+단어 週末(しゅうまつ) 주말　わがまま 제멋대로임　おもしろい 재미있다　どうにか 어떻게든　~てくれる ~해 주다

3　得意な__________は何ですか。

(A) __________です。

(B) 本を__________ことです。

(C) __________を聞きます。

(D) __________を買いました。

+단어 得意(とくい)だ 자신 있다　スポーツ 스포츠　水泳(すいえい) 수영　読(よ)む 읽다　音楽(おんがく) 음악　聞(き)く 듣다　ラケット 라켓

4　このブラウスは________ですか。

(A) ________円です。

(B) ________買いました。

(C) ________ 1日でした。

(D) ________ものがあります。

+단어 ブラウス 블라우스　いくら 얼마　買(か)う 사다　一日(ついたち) 1일, 초하루　同(おな)じだ 같다

5　________で何を買いましたか。

(A) きれいな________があります。

(B) ________が買いたいです。

(C) ________を買いました。

(D) まんがの________を読みました。

+단어 八百屋(やおや) 채소 가게　きれいだ 예쁘다, 깨끗하다　ばら 장미　カメラ 카메라　だいこん 무　まんが 만화

6　これは________の本ですか。

(A) それは________のです。

(B) いいえ、________の本です。

(C) はい、________買いました。

(D) それは________ではありません。

+단어 英語(えいご) 영어　もう 이미, 벌써　消(けし)ゴム 지우개

7　冬________に何をしますか。

(A) 休みが________ません。

(B) ________に行きます。

(C) 友だちと________ました。

(D) ________から休みです。

+단어 冬休(ふゆやす)み 겨울 방학, 겨울 휴가　休(やす)みが取(と)れない 휴가를 얻을 수 없다　スキー 스키　遊(あそ)ぶ 놀다

8 どんな＿＿＿＿＿がほしいですか。

(A) 財布に＿＿＿＿＿を入れます。

(B) この財布は＿＿＿＿＿です。

(C) 大きくて＿＿＿＿＿財布です。

(D) 財布は＿＿＿＿＿の中にあります。

+단어 **財布**(さいふ) 지갑 **お金**(かね) 돈 **入れる**(い) 넣다 **安い**(やす) 싸다 **黒い**(くろ) 검다

9 会社まで＿＿＿＿＿で来ますか。

(A) ＿＿＿＿＿で来ます。

(B) 1時間＿＿＿＿＿ます。

(C) 2回＿＿＿＿＿ます。

(D) 電車が＿＿＿＿＿います。

+단어 **地下鉄**(ちかてつ) 지하철 **～時間**(じかん) ～시간 **かかる** (시간이) 걸리다, (비용이) 들다 **2回**(にかい) 두 번
乗り換える(のりかえる) 환승하다, 갈아타다 **電車**(でんしゃ) 전철

10 家に＿＿＿＿＿から何をしますか。

(A) 家は＿＿＿＿＿です。

(B) ＿＿＿＿＿に帰ります。

(C) ＿＿＿＿＿で来ました。

(D) ＿＿＿＿＿を見たりします。

+단어 **帰る**(かえ) 돌아가다 **遠い**(とお) 멀다 **自転車**(じてんしゃ) 자전거

11 お手洗いは＿＿＿＿＿ですか。

(A) ＿＿＿＿＿を洗っています。

(B) ＿＿＿＿＿は近いです。

(C) ＿＿＿＿＿５分かかります。

(D) ＿＿＿＿＿売り場のそばにあります。

+단어 お手洗い(てあらい) 화장실 洗う(あらう) 씻다 バス停(てい) 버스 정류장 近い(ちかい) 가깝다 歩く(あるく) 걷다 ネクタイ 넥타이 売り場(うりば) 매장 そば 옆

12 お誕生日は＿＿＿＿＿ですか。

(A) ＿＿＿＿＿１2日です。

(B) ＿＿＿＿＿、午後２時です。

(C) ＿＿＿＿＿は遅かったです。

(D) ＿＿＿＿＿はありません。

+단어 お誕生日(たんじょうび) 생일 午後(ごご) 오후 遅い(おそい) 늦다 プレゼント 선물

13 この無地の＿＿＿＿＿はいくらですか。

(A) それは少し＿＿＿＿＿ですね。

(B) それは＿＿＿＿＿円ですよ。

(C) 今＿＿＿＿＿いるものです。

(D) スカーフはあそこで＿＿＿＿＿います。

+단어 無地(むじ) 무늬가 없음 スカート 스커트, 치마 少し(すこし) 조금 じみだ 수수하다 はやる 유행하다 スカーフ 스카프 売る(うる) 팔다

14 お子さんは＿＿＿＿＿ですか。

(A) 息子は＿＿＿＿＿です。

(B) 私は＿＿＿＿＿です。

(C) 兄弟は＿＿＿＿＿います 。

(D) 息子は＿＿＿＿＿います 。

+단어 お子(こ)さん (남의) 아이　いくつ 몇 살　息子(むすこ) 아들　一人(ひとり)っ子(こ) 외동이, 독자　兄弟(きょうだい) 형제

15 これは＿＿＿＿＿のスーツケースですか。

(A) 木村さんが＿＿＿＿＿ました。

(B) それは木村さん＿＿＿＿＿。

(C) 木村さんは＿＿＿＿＿帰りました。

(D) 木村さんは＿＿＿＿＿に来ます。

+단어 スーツケース 슈트 케이스, 여행 가방　もう 이미, 벌써

1	D	どれ	(A) ぼうし	(B) 人形(にんぎょう)	(C) かばん	(D) 花(はな)
2	C	映画(えいが)	(A) 大(おお)き	(B) 人(ひと)	(C) おもしろ	(D) どうにか
3	A	スポーツ	(A) 水泳(すいえい)	(B) 読(よ)む	(C) 音楽(おんがく)	(D) ラケット
4	A	いくら	(A) 1万(いちまん)	(B) みっつ	(C) 4月(しがつ)	(D) 同(おな)じ
5	C	八百屋(やおや)	(A) ばら	(B) カメラ	(C) だいこん	(D) 本(ほん)
6	A	だれ	(A) 私(わたし)	(B) 英語(えいご)	(C) もう	(D) 消(け)しゴム
7	B	休(やす)み	(A) 取(と)れ	(B) スキー	(C) 遊(あそ)び	(D) 明日(あした)
8	C	財布(さいふ)	(A) お金(かね)	(B) 安(やす)い	(C) 黒(くろ)い	(D) かばん
9	A	何(なに)	(A) 地下鉄(ちかてつ)	(B) かかり	(C) 乗(の)り換(か)え	(D) 来(き)て
10	D	帰(かえ)って	(A) 遠(とお)い	(B) 7時(しちじ)	(C) 自転車(じてんしゃ)	(D) テレビ
11	D	どこ	(A) 手(て)	(B) バス停(てい)	(C) 歩(ある)いて	(D) ネクタイ
12	A	いつ	(A) 8月(はちがつ)	(B) 今(いま)	(C) 昨日(きのう)	(D) プレゼント
13	B	スカート	(A) じみ	(B) 1万(いちまん)	(C) はやって	(D) 売(う)って
14	A	おいくつ	(A) 7歳(ななさい)	(B) 一人(ひとり)っ子(こ)	(C) 3人(さんにん)	(D) 1人(ひとり)
15	B	だれ	(A) 買(か)い	(B) のです	(C) もう	(D) 3時(さんじ)

공략 3 단계 실전 문제 풀기 033

次の言葉の返事として、もっとも適したものを(A)から(D)の中で一つ選びなさい。

1 答えを答案用紙に書き入れなさい。 Ⓐ Ⓑ Ⓒ Ⓓ

2 答えを答案用紙に書き入れなさい。 Ⓐ Ⓑ Ⓒ Ⓓ

3 答えを答案用紙に書き入れなさい。 Ⓐ Ⓑ Ⓒ Ⓓ

4 答えを答案用紙に書き入れなさい。 Ⓐ Ⓑ Ⓒ Ⓓ

5 答えを答案用紙に書き入れなさい。 Ⓐ Ⓑ Ⓒ Ⓓ

6 答えを答案用紙に書き入れなさい。 Ⓐ Ⓑ Ⓒ Ⓓ

7 答えを答案用紙に書き入れなさい。 Ⓐ Ⓑ Ⓒ Ⓓ

8 答えを答案用紙に書き入れなさい。 Ⓐ Ⓑ Ⓒ Ⓓ

9 答えを答案用紙に書き入れなさい。 Ⓐ Ⓑ Ⓒ Ⓓ

10 答えを答案用紙に書き入れなさい。 Ⓐ Ⓑ Ⓒ Ⓓ

11 答えを答案用紙に書き入れなさい。 Ⓐ Ⓑ Ⓒ Ⓓ

12 答えを答案用紙に書き入れなさい。 Ⓐ Ⓑ Ⓒ Ⓓ

13 答えを答案用紙に書き入れなさい。 Ⓐ Ⓑ Ⓒ Ⓓ

14 答えを答案用紙に書き入れなさい。 Ⓐ Ⓑ Ⓒ Ⓓ

15 答えを答案用紙に書き入れなさい。 Ⓐ Ⓑ Ⓒ Ⓓ

2 의문사가 없는 경우

유형 공략

1 일상적으로 정해진 **관용적인 인사말**은 꼭 익혀 두세요.

2 의문사가 없기 때문에 **말하는 사람의 어조에 유의**하며 들어야 해요.

3 의문사가 없는 질의 응답 표현에는 주로 **물건의 상품평, 의뢰, 권유, 부탁, 허가, 제3의 인물의 이야기, 몸 상태 및 질병에 관한 이야기, 예약, 여행** 등이 화제가 되므로 이와 관련된 회화 표현을 익혀 두세요.

4 **～てもいい**(～해도 좋다), **～てください**(～해 주세요) **～そうだ**(～인 듯하다, ～라고 한다), **～ようだ**(～인 것 같다), **～てはいけない**(～해서는 안 된다), **～ほうがいい**(～하는 편이 좋다), **～たい**(～하고 싶다), **～ませんか**(～않을래요?) 등의 표현도 자주 연습해서 익히도록 하세요.

예제 **次の言葉の返事として、もっとも適したものを(A)から(D)の中で一つ選びなさい。** 

お客様(きゃくさま)、お探(さが)しの物(もの)はありますか。 — 손님, 찾으시는 물건은 있습니까?

질문에 맞는 응답을 찾는 문제이므로 의문사가 있는 문제보다 조금 어렵게 느껴질 수 있어요.

(A) 空(そら)を見(み)つめています。 — (A) 하늘을 바라보고 있습니다.

(B) なくした物(もの)はありません。 — (B) 잃어버린 물건은 없습니다.

(C) いいえ、ただ見(み)ているだけです。 — (C) 아니요, 그냥 보는 것뿐입니다.

관용적 표현이므로 통째로 외워 두는 것이 좋아요.

(D) 財布(さいふ)を引(ひ)き出(だ)しの中(なか)で見(み)つけました。 — (D) 지갑을 서랍 안에서 찾았습니다.

+해설 예제는 손님과 점원 사이의 대화로, 점원이 손님에게 찾는 물건이 있는지를 물어보고 있습니다. 이에 대한 대답으로 적당한 것은 (C) **いいえ、ただ見ているだけです**(아니요, 그냥 보는 것뿐입니다)이에요. 그 밖의 선지에 있는 중요 단어들도 익혀 두세요.

+단어 **お客様(きゃくさま)** 손님 **お探(さが)し物(もの)** 찾으시는 물건 **見(み)つめる** 바라보다, 응시하다 **なくす** 잃어버리다 **引(ひ)き出(だ)し** 서랍 **見(み)つける** 찾다, 발견하다

꼭 외워야 할 필수 표현

의문사가 없는 경우 035

기본 인사

1 A もう9時(くじ)ですね。帰(かえ)らなければ。 벌써 9시네요. 집에 가지 않으면 (안되겠네요).
B それじゃ、気(き)をつけてね。 그럼, 조심해서 가.

2 A あけましておめでとう。今年(ことし)もよろしく。 새해 복 많이 받아. 올해도 잘 부탁해.
B こちらこそどうぞよろしくお願(ねが)いします。 저야말로 잘 부탁 드립니다.

3 A 日本(にほん)の生活(せいかつ)にはもう慣(な)れましたか。 일본 생활은 좀 익숙해졌습니까?
B だいぶ慣(な)れました。 꽤 익숙해졌습니다.

4 A 木村(きむら)さん、元気(げんき)になったんですね。 기무라 씨, 건강해졌군요.
B ええ、おかげさまで。 예, 덕분에.

5 A 日本語(にほんご)が上手(じょうず)になりましたね。 일본어가 능숙해졌네요.
B まだまだです。勉強(べんきょう)すればするほど難(むずか)しくなります。 아직 멀었습니다. 공부하면 할수록 어려워집니다.

허가, 금지

6 A この本(ほん)、ちょっと見(み)てもいいですか。 이 책, 잠깐 봐도 될까요?
B はい、どうぞ。 예, 보세요.

7 A 二度(にど)と遅(おく)れてはいけませんよ。 두 번 다시 늦어서는 안됩니다.
B はい、分(わ)かりました。 예, 알겠습니다.

8 A 公園(こうえん)で遊(あそ)んでもいいですか。 공원에서 놀아도 되나요?
B はい、でも遅(おそ)くまではだめですよ。 예, 하지만 늦게까지는 안 됩니다.

주문

9 A ご注文(ちゅうもん)は？ 주문 하시겠습니까?
B サンドイッチと紅茶(こうちゃ)をください。 샌드위치와 홍차 주세요.

10 A すみません。ナイフとフォークありますか。 저기요, 나이프와 포크 있습니까?
B はい、ございます。少々(しょうしょう)お待(ま)ちください。 예, 있습니다. 잠시 기다려 주십시오.

11 A アイスクリームとコーヒー、お願(ねが)いできますか。 아이스크림과 커피 주세요.
B はい。少々(しょうしょう)お待(ま)ちください。 예, 잠시 기다려 주십시오.

몸 상태

12 A 花粉がすごいですね。 꽃가루가 심하네요.

B 鼻水が止まらなくて大変です。 콧물이 멈추지 않아서 큰일입니다.

13 A 旅行は楽しかったですか。 여행은 즐거웠습니까?

B ええ、でも少し疲れました。 예, 그러나 조금 피곤합니다.

14 A お酒は強いですか。 술은 셉니까?

B 大学の時は強かったですが、今は弱くなりました。 대학생 때는 셌지만, 지금은 약해졌어요.

예약, 여행

15 A 金曜日の10時に予約したいのですが。 금요일 10시에 예약하고 싶은데요.

B かしこまりました。少々お待ちください。 알겠습니다. 잠시 기다려 주세요.

16 A 水曜日の10時は空いていますか。 수요일 10시는 비어 있습니까?

B すみません。午前中はもういっぱいです。 죄송합니다. 오전 중에는 이미 꽉 차있습니다.

17 A 予約した山田です。チェックインお願いします。 예약한 야마다입니다. 체크인 부탁합니다.

B こちらにお名前とご住所をご記入ください。 여기에 이름과 주소를 써 주세요.

18 A ヨーロッパ旅行に行こうと思っています。 유럽 여행을 가려고 합니다.

B それは楽しみですね。 그건 즐겁겠군요.

19 A ずいぶん日焼けしましたね。海で泳ぎましたか。 꽤 탔네요. 바다에서 수영했습니까?

B いいえ、ホテルのプールで泳ぎました。 아니요, 호텔 수영장에서 수영했습니다.

20 A ホテルまでの交通は便利ですか。 호텔까지 교통은 편리합니까?

B いいえ、駅から遠いです。 아니요, 역에서 멉니다.

제 3의 인물, 전문, 추량

21 A 山田さんが会社をやめました。 야마다 씨가 회사를 그만두었습니다.

B 本当ですか。信じられませんね。 정말로? 믿을 수 없네요.

22 A このポスターがよさそうですね。 이 포스터가 좋을 것 같네요.

B じゃ、このポスターにしましょう。 그럼, 이 포스터로 합시다.

23 A あの店のしょうゆラーメンがおいしいそうです。 저 가게의 간장 라면이 맛있다고 합니다.

B 今度、食べに行きましょう。 다음에 먹으러 갑시다.

권유, 조언

24 A 最近人気の日本の映画を見に行きませんか。 최근에 인기 있는 일본 영화를 보러 가지 않을래요?

B その映画はもう見ました。 그 영화는 이미 보았습니다.

25 A ねえ、土曜日と日曜日はやめた方がいいんじゃない？
있잖아, 토요일과 일요일은 빼는 편이 좋지 않아?

B そうだね。じゃ、土日は入れないようにしよう。 그러네. 그럼 토, 일은 넣지 않도록 하자.

26 A その荷物を持ちましょうか。 그 짐 들어 드릴까요?

B ありがとうございます。 감사합니다.

27 A コーヒーでも飲みましょうか。 커피라도 마실까요?

B いいですね。私はアイスにします。 좋네요. 저는 아이스 커피로 할게요.

28 A 今日、コンパに行きませんか。 오늘 모임에 가지 않겠습니까?

B 今日はちょっと無理です。 오늘은 안 되겠습니다.

기념일, 날씨

29 A 母の日の準備はもうできましたか。 어버이날 준비는 이미 끝냈습니까?

B ええ、だいたい済みました。 네, 거의 다 끝냈습니다.

30 A 林さん、今度の同窓会に参加する？ 하야시 씨, 이번 동창회에 참가해?

B 君が参加するなら、僕も参加する。 네가 참가하면 나도 참가할래.

31 A ご両親によく手紙を書きますか。 부모님께 자주 편지를 씁니까?

B 年に一回ねんがじょうを出します。 일 년에 한 번 연하장을 보냅니다.

32 A いきなり雨が降って困ったなあ。 갑자기 비가 와서 곤란하네.

B 私、かさ持ってるから、一緒に行きましょう。 제가 우산을 가져왔으니까 같이 갑시다.

33 A 明日からは晴れるそうです。 내일부터는 맑다고 합니다.

B それはよかった。ずっとじめじめとしていたから。 그거 다행이다. 계속 축축했었으니까.

34 A 今日も一日中雨ですね。 오늘도 하루 종일 비가 오네요.

B 湿気が多くてじめじめしています。 습기가 많아서 축축합니다.

공략 1단계 표현 다지기

1 기본 인사 036

음성을 듣고 ______ 안에 들어갈 적당한 말을 적어 넣으세요.

1 A ______。 잘 가.
  B では、また。 그럼, 또 봐.

2 A 本当(ほんとう)にお世話(せわ)になりました。 정말로 신세 졌습니다.
  B いいえ、______。 아니요, 저야말로.

3 A いっていらっしゃい。 잘 다녀와.
  B はい、______。 예, 다녀오겠습니다.

4 A ______。 다녀왔습니다.
  B お帰(かえ)りなさい。 어서와요.

5 A また会(あ)いましょう。 또 만납시다.
  B それじゃ、______ね。 그럼, 조심해서 가.

6 A ______。 죄송합니다.
  B 大丈夫(だいじょうぶ)です。 괜찮습니다.

7 A ______さまでした。 잘 먹었습니다.
  B どういたしまして。 천만에요.

8 A 合格(ごうかく)しましたね。______。 합격했군요. 축하해요.
  B ええ、おかげさまで。 예, 덕분에.

9 A ______。私(わたし)は人事課(じんじか)の鈴木(すずき)と申(もう)します。 처음 뵙겠습니다. 저는 인사과의 스즈키라고 합니다.
  B 私(わたし)は田村(たむら)です。どうぞよろしくお願(ねが)いします。 저는 다무라입니다. 잘 부탁합니다.

10 A お久(ひさ)しぶりですね。 오랜만이에요.
  B お______ないですね。 하나도 안 변했네요.

1 じゃあね	**2** こちらこそ	**3** いってきます	**4** ただいま	**5** 気(き)をつけて
6 すみません	**7** ごちそう	**8** おめでとうございます	**9** はじめまして	**10** 変(か)わり

2 허가, 금지 037

음성을 듣고 ＿＿＿＿＿ 안에 들어갈 적당한 말을 적어 넣으세요.

1 A ここで写真(しゃしん)を＿＿＿＿＿いいですか。 여기서 사진을 찍어도 됩니까?
B はい、いいですよ。 예, 됩니다.

2 A タバコを＿＿＿＿＿いいですか。 담배를 피워도 됩니까?
B いいえ、室内(しつない)はだめです。 아니요, 실내는 안 됩니다.

3 A お水(みず)を＿＿＿＿＿いいですか。 물을 마셔도 됩니까?
B はい、どうぞ。 예, 드세요.

4 A 動物園(どうぶつえん)のさるにえさを＿＿＿＿＿ください。 동물원의 원숭이에게 먹이를 주지 말아 주세요.
B はい、分(わ)かりました。 예, 알겠습니다.

5 A 門限(もんげん)は11時(じゅういちじ)までですから、＿＿＿＿＿いけませんよ。
통금 시간은 11시까지니까, 늦어서는 안 됩니다.
B はい、11時前(じゅういちじまえ)までに帰(かえ)ります。 예, 11시 전까지 돌아오겠습니다.

6 A この川(かわ)で泳(およ)いでもいいですか。 이 강에서 수영해도 됩니까?
B いいえ、＿＿＿＿＿から泳(およ)いではいけません。 아니요, 깊으니까 수영하면 안 됩니다.

7 A 図書館(としょかん)で友(とも)だちと話(はな)してもいいですか。 도서관에서 친구와 이야기해도 됩니까?
B いいえ、＿＿＿＿＿してはいけません。 아니요, 시끄럽게 해서는 안 됩니다.

8 A ここでケータイを使(つか)ってはだめです。 이곳에서 휴대 전화를 사용해서는 안 됩니다.
B はい、すぐ＿＿＿＿＿を切(き)ります。 예, 바로 전원을 끄겠습니다.

9 A もうお腹(なか)がいっぱいです。 이제 배가 부릅니다.
B ＿＿＿＿＿食(た)べなくてもいいですよ。 무리하게 먹지 않아도 돼요.

10 A この箱(はこ)のペンを使(つか)ってもいいですか。 이 상자에 있는 펜을 써도 됩니까?
B はい、＿＿＿＿＿使(つか)ってください。 예, 자유롭게 쓰세요.

1 撮(と)っても	**2** 吸(す)っても	**3** 飲(の)んでも	**4** やらないで	**5** 遅(おく)れては
6 深(ふか)い	**7** うるさく	**8** 電源(でんげん)	**9** 無理(むり)に	**10** 自由(じゆう)に

3 물건, 상품 038

음성을 듣고 ________ 안에 들어갈 적당한 말을 적어 넣으세요.

1 A この水着(みずぎ)は今(いま)________います。이 수영복은 지금 유행하고 있습니다.
  B かっこいい。これにします。멋지네. 이것으로 할게요.

2 A 山田(やまだ)さんの車(くるま)は________なあ。야마다 씨의 차는 멋지네.
  B 私(わたし)もあんな車(くるま)がほしい。나도 저런 차를 갖고 싶어.

3 A このヒールは高(たか)いですね。이 구두는 굽이 높네요.
  B ________のもありますよ。낮은 것도 있어요.

4 A カタログを見(み)せてください。카탈로그를 보여 주세요.
  B 少々(しょうしょう)________ください。잠깐 기다려 주세요.

5 A カップラーメンは簡単(かんたん)にできますか。컵라면은 간단히 만들 수 있습니까?
  B はい、________で3分(さんぷん)もあればできます。예, 전자레인지로 3분 정도면 됩니다.

6 A この万年筆(まんねんひつ)のペン先(さき)は細(ほそ)いですか。이 만년필의 펜촉은 얇습니까?
  B いいえ、________太(ふと)いです。아니요, 약간 굵습니다.

7 A このブラウスは2万円(にまんえん)です。이 블라우스는 2만 엔입니다.
  B ちょっと________ですね。좀 비싸네요.

8 A 赤(あか)いスカートはありませんか。빨간 치마는 없습니까?
  B 申(もう)し訳(わけ)ございませんが、________ありません。죄송하지만, 이것밖에 없습니다.

9 A ________パソコンですね。새 컴퓨터군요.
  B うん、昨日(きのう)買(か)ったの。응, 어제 샀어.

10 A カメラを________きましたか。카메라를 가지고 왔습니까?
  B いいえ、忘(わす)れてきてしまいました。아니요, 깜빡 잊고 와 버렸습니다.

1 はやって	2 かっこいい	3 低(ひく)い	4 お待(ま)ち	5 レンジ
6 少(すこ)し	7 高(たか)い	8 これしか	9 新(あたら)しい	10 持(も)って

4 교통, 부상, 몸 상태 (039)

음성을 듣고 ________ 안에 들어갈 적당한 말을 적어 넣으세요.

1 A 目(め)が赤(あか)いですよ。 눈이 빨개요.
B 全然(ぜんぜん)________なかったんです。 전혀 잠을 못 잤어요.

2 A 足(あし)の________が折(お)れたんですか。 다리뼈가 부러진 겁니까?
B いいえ、________は折(お)れませんでした。 아니요, 뼈는 부러지지 않았습니다.

3 A 咳(せき)が________んです。 기침이 심합니다.
B ________を飲(の)んでください。 기침약을 먹으세요.

4 A ずいぶん、ごはんを残(のこ)しましたね。 꽤 밥을 남겼군요.
B ________がないんです。 식욕이 없어요.

5 A このごろ、鈴木(すずき)さんを見(み)かけませんね。 요즘 스즈키 씨가 안 보이네요.
B ________で入院(にゅういん)したそうですよ。 교통사고로 입원했다고 합니다.

6 A この近(ちか)くに地下鉄(ちかてつ)の________はありますか。 이 근처에 지하철역은 있습니까?
B はい、この道(みち)を________行(い)くとあります。 예, 이 길을 곧장 가면 있습니다.

7 A ________の事故(じこ)がありましたか。 전철 사고가 있었습니까?
B はい。それで________が________んです。 예. 그래서 전철이 오지 않는 것입니다.

8 A ________へ行(い)くバスはありますか。 공항에 가는 버스는 있습니까?
B はい、デパートの前(まえ)に________があります。 예, 백화점 앞에 버스 정류장이 있습니다.

9 A 歌舞伎座(かぶきざ)の________駅(えき)を教(おし)えてください。 가부키좌에서 가장 가까운 역을 알려 주세요.
B ________の東銀座駅(ひがしぎんざえき)が一番近(いちばんちか)いです。 아사쿠사선의 히가시긴자역이 가장 가깝습니다.

10 A ________いるのに、バスが来(き)ませんね。 급한데 버스가 안 오네요.
B じゃ、________に乗(の)っていきましょうか。 그럼, 택시를 타고 갈까요?

1 眠(ねむ)れ	**2** 骨(ほね), 骨(ほね)	**3** ひどい, 咳止(せきど)め
4 食欲(しょくよく)	**5** 交通事故(こうつうじこ)	**6** 駅(えき), まっすぐ
7 電車(でんしゃ), 電車(でんしゃ), 来(こ)ない		**8** 空港(くうこう), バス停(てい)
9 最寄(もよ)り, 浅草線(あさくさせん)		**10** 急(いそ)いで, タクシー

5 시간, 예약, 여행 040

음성을 듣고 ________ 안에 들어갈 적당한 말을 적어 넣으세요.

1 A ________は木曜日(もくようび)ですか。송별회는 목요일입니까?
B いいえ、木曜日(もくようび)ではなく________です。아니요, 목요일이 아니고 금요일입니다.

2 A お________様(さま)ですか。한 분이십니까?
B いいえ、________です。아니요, 두 명입니다.

3 A ________とベッドの部屋(へや)がございますが。다다미와 침대 방이 있습니다만.
B ________の方(ほう)にします。다다미로 하지요.

4 A ________でよろしいですか。편도 맞으신가요?
B いいえ、________にしてください。아니요, 왕복으로 해 주세요.

5 A ________していないんですが、泊(と)まれますか。예약하지 않았는데, 숙박할 수 있습니까?
B はい、すぐご________できます。예, 곧 준비할 수 있습니다.

6 A ご予約(よやく)のお部屋(へや)は________ルームでしょうか。예약하신 방은 싱글룸입니까?
B いいえ、________ルームです。아니요, 트윈룸입니다.

7 A 伊豆(いず)の________はありますか。이즈의 팸플릿은 있습니까?
B はい、________にございます。예, 프런트에 있습니다.

8 A 名古屋(なごや)________を予約(よやく)したいんですが。나고야행을 예약하고 싶은데요.
B ７時４５分(しちじよんじゅうごふん)のがあります。7시 45분 것이 있습니다.

9 A フェリーツアーは________ありますか。페리 투어는 매일 있습니까?
B いいえ、________と日曜日(にちようび)だけです。아니요, 토요일과 일요일뿐입니다.

10 A 出発(しゅっぱつ)の時間(じかん)は________ましたか。출발 시간은 바뀌었습니까?
B はい。________に変(か)わりました。예. 8시 반으로 바뀌었습니다.

1 送別会(そうべつかい), 金曜日(きんようび)	2 一人(ひとり), 二人(ふたり)	3 たたみ, たたみ
4 片道(かたみち), 往復(おうふく)	5 予約(よやく), 用意(ようい)	6 シングル, ツイン
7 パンフレット, フロント	8 行(ゆ)き	9 毎日(まいにち), 土曜日(どようび)
10 変(か)わり, 8時半(はちじはん)		

6 제3의 인물, 전문, 추량 041

음성을 듣고 __________ 안에 들어갈 적당한 말을 적어 넣으세요.

1 A 近くの__________にいい品があると言われたんです。 근처의 가게에 좋은 물건이 있다고 하던데요.
B じゃ、その店へ行ってみましょう。 그럼 그 가게에 가 봅시다.

2 A 1位になりました。 __________夢のようです。 1위를 했습니다. 마치 꿈만 같아요.
B 本当ですか。 __________ございます。 정말요? 축하해요.

3 A どうも__________を引いたようです。 아무래도 감기에 걸린 것 같습니다.
B __________を買ってきましょうか。 약을 사 올까요?

4 A このラーメン屋は__________そうです。 이 라면 가게는 맛있다고 합니다.
B だから__________がたくさん並んでいるんだね。 그래서 사람이 많이 줄을 서 있구나.

5 A 木村さんが退院したそうです。 기무라 씨가 퇴원했다고 하네요.
B はい、けがは思ったよりも__________ようです。 예, 상처는 생각보다 가벼웠던 것 같습니다.

6 A 中村さん、最近__________そうですね。 나카무라 씨, 최근에 꽤 바쁜 것 같네요.
B ええ、__________がたくさんあるんですよ。 예, 일이 많이 있어서요.

7 A 高橋さんのお子さんが__________したそうです。 다카하시 씨의 아이가 합격했다고 합니다.
B __________ことですね。 축하할 일이군요.

8 A 高田さんはよく映画を__________行きますね。 다카다 씨는 자주 영화를 보러 가는군요.
B そうですね。週に__________見るそうです。 맞아요. 일주일에 두 번 본다고 하네요.

9 A 田中さんは__________を買ったそうです。 다나카 씨는 아파트를 샀다고 합니다.
B そうですか。私も買いたいんです。 그래요? 저도 사고 싶네요.

10 A 加藤さんが会社を__________そうです。 가토 씨가 회사를 그만뒀다고 하네요.
B __________ですか。信じられませんね。 정말이에요? 믿기지 않네요.

1 お店(みせ)
2 まるで, おめでとう
3 風邪(かぜ), 薬(くすり)
4 おいしい, 人(ひと)
5 軽(かる)かった
6 忙(いそが)し, 仕事(しごと)
7 合格(ごうかく), めでたい
8 見(み)に, 二回(にかい)
9 マンション
10 やめた, 本当(ほんとう)

7 권유, 조언 042

음성을 듣고 ＿＿＿＿＿ 안에 들어갈 적당한 말을 적어 넣으세요.

1 A 昨日から頭が＿＿＿＿＿んです。 어제부터 머리가 아픕니다.
B 薬を飲んで早く寝た＿＿＿＿＿がいいですよ。 약을 먹고 빨리 자는 편이 좋아요.

2 A ＿＿＿＿＿には入らない方がいいですか。 목욕은 하지 않는 편이 좋나요?
B はい、熱のある時は＿＿＿＿＿です。 예, 열이 있을 때는 안 됩니다.

3 A コーヒーでも＿＿＿＿＿ましょうか。 커피라도 타 드릴까요?
B それじゃ、お願いします。 그럼, 부탁합니다.

4 A 休みの時、一緒に海に行かない？ 쉬는 날에 함께 바다에 안 갈래?
B ＿＿＿＿＿ならいいよ。 당일치기라면 좋아.

5 A 今週の土曜日、沖縄へ行こうと思ってるんだ。 이번 주 토요일에 오키나와에 가려고 해.
B ＿＿＿＿＿きっぷを予約した方がいいですよ。 미리 표를 예약하는 편이 좋아요.

6 A テニスが＿＿＿＿＿にならないの。 테니스 실력이 잘 늘지 않네.
B 毎日練習したら＿＿＿＿＿なりますよ。 매일 연습하면 잘 될 거예요.

7 A 足が＿＿＿＿＿痛くて歩くのが大変です。 다리가 심하게 아파서 걷는 것이 힘듭니다.
B お＿＿＿＿＿さんに見せた方がいいですよ。 의사 선생님에게 가는 편이 좋겠어요.

8 A ＿＿＿＿＿が買いたいんですが、なかなかいいのが見つかりません。
카메라를 사고 싶은데 좀처럼 좋은 것이 보이지 않아요.
B あそこの店には＿＿＿＿＿いいのがあります。 저기 있는 가게에는 꽤 좋은 것이 있어요.

9 A 外で遊んでいる子どもが＿＿＿＿＿です。 밖에서 놀고 있는 아이가 시끄럽습니다.
B 窓を＿＿＿＿＿方がいいんじゃない？ 창문을 닫는 게 좋지 않겠어?

10 A この部屋、＿＿＿＿＿ますね。 이 방, 너무 덥네요.
B ストーブを＿＿＿＿＿、窓を開けましょう。 난로를 끄고 창문을 열죠.

1 痛(いた)い, 方(ほう) **2** お風呂(ふろ), だめ **3** 入(い)れ **4** 日帰(ひがえ)り
5 あらかじめ **6** 上手(じょうず), うまく **7** ひどく, 医者(いしゃ) **8** カメラ, けっこう
9 うるさい, 閉(し)めた **10** 暑(あつ)すぎ, 消(け)して

8 기념일, 날씨 (043)

음성을 듣고 ________ 안에 들어갈 적당한 말을 적어 넣으세요.

1 A ________に、特別(とくべつ)なものを食(た)べますか。설에 특별한 것을 먹습니까?
B はい、おせち________を食(た)べます。예, 오세치 요리를 먹습니다.

2 A 子(こ)どもたちが________をまいていますね。아이들이 콩을 뿌리고 있네요.
B ええ、________ですから。네, 세쓰분이니까요.

3 A 成人(せいじん)の日(ひ)には、女(おんな)の人(ひと)は________を着(き)なければなりませんか。
성인의 날에 여성은 기모노를 입어야만 합니까?
B いいえ、そんなことはありません。아니요, 그렇지는 않습니다.

4 A ________はやみましたか。눈은 그쳤습니까?
B いいえ、________やんでいません。아니요, 아직 그치지 않았습니다.

5 A 雨(あめ)がよく________ますね。비가 자주 내리는군요.
B ええ、________ですからね。예, 장마니까요.

6 A 梅雨(つゆ)の時期(じき)は________ですか。장마 시기는 깁니까?
B はい、________くらい続(つづ)きます。예, 1개월 정도 계속됩니다.

7 A ________の時(とき)、天気(てんき)はよかったんですか。휴가 때, 날씨는 좋았습니까?
B はい、________晴(は)れていました。예, 계속 맑았습니다.

8 A 明日(あした)は________が降(ふ)りますか。내일은 눈이 내립니까?
B はい、明日(あした)は雪(ゆき)が降(ふ)る________。예, 내일은 눈이 내린다고 합니다.

9 A 九州(きゅうしゅう)に________が来(き)たそうです。규슈에 태풍이 왔다고 합니다.
B 被害(ひがい)は________ですか。피해는 어떤가요?

10 A 日本(にほん)の秋(あき)は________いですか。일본의 가을은 춥습니까?
B いいえ、________くありません。________です。아니요, 춥지 않습니다. 선선합니다.

1 お正月(しょうがつ), 料理(りょうり) **2** 豆(まめ), 節分(せつぶん) **3** 着物(きもの) **4** 雪(ゆき), まだ
5 降(ふ)り, 梅雨(つゆ) **6** 長(なが)い, 一ヶ月(いっかげつ) **7** 休(やす)み, ずっと **8** 雪(ゆき), そうです
9 台風(たいふう), どう **10** 寒(さむ), 寒(さむ), すずしい

잘 듣고 빈칸을 채운 후, (A) ~ (D) 중 질문에 맞는 대답을 고르세요.

1 ＿＿＿＿＿＿ございます。

(A) ＿＿＿＿＿＿、どうぞ。

(B) お＿＿＿＿＿＿なさい。

(C) ＿＿＿＿＿＿いたしまして。

(D) それじゃ、＿＿＿＿＿＿します。

+단어 お先(さき)に 먼저　どうぞ 하세요, 드세요, 타세요(상대에게 무언가를 권하거나 허락할 때 쓰는 말)
おかえりなさい 어서 오세요　どういたしまして 천만에요　失礼(しつれい)します 실례하겠습니다

2 木村さんは大学に＿＿＿＿＿＿そうです。

(A) それは＿＿＿＿＿＿なことですね。

(B) 大学の＿＿＿＿＿＿は４月にあります。

(C) 本当に＿＿＿＿＿＿ことですね。

(D) ＿＿＿＿＿＿で４年間日本語を勉強しました。

+단어 大学(だいがく) 대학　落(お)ちる 떨어지다　残念(ざんねん)だ 유감이다　入学式(にゅうがくしき) 입학식　おめでたい 경사스럽다　日本語(にほんご) 일본어
勉強(べんきょう)する 공부하다

3 ＿＿＿＿＿＿を手伝ってください。

(A) ＿＿＿＿＿＿するのは無理です。

(B) この皿を＿＿＿＿＿＿のですね。

(C) 皿は割れ＿＿＿＿＿＿です。

(D) ＿＿＿＿＿＿はどこにありますか。

+단어 皿洗(さらあら)い 설거지　手伝(てつだ)う 도와주다　洗車(せんしゃ) 세차　無理(むり) 무리　皿(さら) 접시　洗(あら)う 씻다　割(わ)れる 깨지다
～やすい ～하기 쉽다　灰皿(はいざら) 재떨이

4　**体の＿＿＿＿＿が悪そうですね。**

(A) ＿＿＿＿＿へ行きます。

(B) ＿＿＿＿＿が食べたい。

(C) ＿＿＿＿＿を引きました。

(D) ＿＿＿＿＿をもらいました。

+단어 **体**(からだ) 몸, 신체　**調子が悪い**(ちょうしがわるい) 몸 상태가 안 좋다, 컨디션이 안 좋다　**銀行**(ぎんこう) 은행　**うどん** 우동
風邪を引く(かぜをひく) 감기에 걸리다　**指輪**(ゆびわ) 반지　**もらう** 받다

5　**3時ごろ、遊びに＿＿＿＿＿いいですか。**

(A) はい、＿＿＿＿＿行きましょう。

(B) はい、＿＿＿＿＿と遊ぶのが好きです。

(C) はい、＿＿＿＿＿はこれからしません。

(D) はい、日曜日なら＿＿＿＿＿けっこうです。

+단어 **～ごろ** ~쯤　**遊びに行く**(あそびにいく) 놀러 가다　**一緒に**(いっしょに) 함께　**夜遊び**(よあそび) 밤에 놀러 다니는 것
これから 이제부터, 앞으로　**日曜日**(にちようび) 일요일　**けっこうです** 괜찮습니다

6　**＿＿＿＿＿ください。**

(A) お＿＿＿＿＿なさい。

(B) ＿＿＿＿＿を見ます。

(C) ＿＿＿＿＿さまですか。

(D) めんどう＿＿＿＿＿です。

+단어 **ごめんください** 실례합니다, 계세요(남의 집 방문 시)　**おやすみなさい** 안녕히 주무세요
めんどうを見る(み) 돌보다　**どちらさまですか** 누구십니까?　**めんどうくさい** 귀찮다

7 **タバコを＿＿＿＿＿いいですか。**

(A) タバコは＿＿＿＿＿に悪いです。

(B) いいえ、室内では＿＿＿＿＿です。

(C) はい、タバコは＿＿＿＿＿吸います。

(D) タバコを＿＿＿＿＿ことはありません。

+단어 **タバコを吸(す)う** 담배를 피우다 **健康(けんこう)** 건강 **室内(しつない)** 실내 **だめだ** 안 된다 **たまに** 때때로
동사의 **た**형**+ことはない** ~한 적은 없다

8 **わあ！ おいしそうですね。ちょっと＿＿＿＿＿いいですか。**

(A) はい、＿＿＿＿＿。

(B) はい、＿＿＿＿＿。

(C) はい、＿＿＿＿＿だか。

(D) はい、＿＿＿＿＿となく。

+단어 **どうも** 고마워요(뒤에 ありがとう가 생략되어 있음) **なんだか** 왠지 **なんとなく** 어쩐지, 무심코

9 **靴が少し＿＿＿＿＿です。**

(A) お客さんに＿＿＿＿＿です。

(B) ＿＿＿＿＿のは体にいいです。

(C) 少し＿＿＿＿＿があるのを持ってきます。

(D) 靴の＿＿＿＿＿にクッションを入れたらどうですか。

+단어 **ゆるい** 느슨하다, 헐겁다 **お客(きゃく)さん** 손님 **ぴったり** 딱 **ぬるい** 미지근하다 **余裕(よゆう)** 여유
持(も)つ 들다, 가지다 **クッション** 쿠션

10 忙しそうですね。__________しましょうか。

(A) はい、そのままお__________します。

(B) 家族と友だちに__________たいです。

(C) もうすぐ終わりますから、__________です。

(D) __________がないので、手伝うことはできません。

+단어 忙しい 바쁘다　お手伝いする 도와 드리다　そのまま 그대로　お伝えする 전해 드리다　家族 가족　~に会う ~를 만나다　もうすぐ 이제 곧　終わる 끝나다　時間 시간　동사의 기본형+ことができない ~할 수 없다

11 __________で遊んでいてもいいですか。

(A) 芝生で__________をしました。

(B) 芝生で遊んでは__________よ。

(C) この__________には芝生があります。

(D) 芝生に花が__________いますね。

+단어 芝生 잔디, 잔디밭　サッカー 축구　~て(で)はいけない ~해서는 안 된다　公園 공원　花が咲く 꽃이 피다

12 __________は楽しかったですか。

(A) いいえ、__________です。

(B) いいえ、__________ではありません。

(C) いいえ、__________です。

(D) いいえ、__________なかったです。

+단어 動物園 동물원　楽しい 즐겁다　元気だ 건강하다　つまらない 지루하다, 하찮다　やさしい 상냥하다

13 空が__________いますね。

(A) どうも__________が降るようです。

(B) はい、__________空だったんです。

(C) 天気がよかったから__________に行きました。

(D) ええ、太陽の光が__________すぎるんです。

+단어 **空**(そら) 하늘 **くもる** 흐리다 **どうも〜ようだ** 아무래도 ~할 것 같다 **雨が降る**(あめ ふ) 비가 내리다 **青い**(あお) 파랗다
天気がいい(てんき) 날씨가 좋다 **遠足**(えんそく) 소풍 **太陽**(たいよう) 태양, 해 **光**(ひかり) 빛 **まぶしい** 눈부시다 **〜すぎる** 너무 ~하다

14 ホテルの__________はしましたか。

(A) ホテルが__________です。

(B) __________くらいですか。

(C) はい、__________です。

(D) いいえ、__________です。

+단어 **ホテル** 호텔 **予約**(よやく) 예약 **日帰り**(ひがえ) 당일치기 **まだ** 아직

15 全然__________ないですね。

(A) __________がほしいからです。

(B) __________がないからです。

(C) __________はありません。

(D) お腹が__________からです。

+단어 **全然**(ぜんぜん) 전혀 **車**(くるま) 차 **ほしい** 갖고 싶다 **食欲がない**(しょくよく) 식욕이 없다 **レストラン** 레스토랑
お腹が空く(なか す) 배가 고프다

1	C	ありがとう	(A) お先(さき)に	(B) かえり
			(C) どう	(D) 失礼(しつれい)
2	A	落(お)ちた	(A) 残念(ざんねん)	(B) 入学式(にゅうがくしき)
			(C) おめでたい	(D) 大学(だいがく)
3	B	皿洗(さらあら)い	(A) 洗車(せんしゃ)	(B) 洗(あら)う
			(C) やすい	(D) 灰皿(はいざら)
4	C	調子(ちょうし)	(A) 銀行(ぎんこう)	(B) うどん
			(C) 風邪(かぜ)	(D) 指輪(ゆびわ)
5	D	行(い)っても	(A) 一緒(いっしょ)に	(B) 友(とも)だち
			(C) 夜遊(よあそ)び	(D) いつでも
6	C	ごめん	(A) やすみ	(B) めんどう
			(C) どちら	(D) くさい
7	B	吸(す)っても	(A) 健康(けんこう)	(B) だめ
			(C) たまに	(D) 吸(す)った
8	A	食(た)べても	(A) どうぞ	(B) どうも
			(C) なん	(D) なん
9	D	ゆるい	(A) ぴったり	(B) ぬるい
			(C) 余裕(よゆう)がある	(D) つま先(さき)
10	C	お手伝(てつだ)い	(A) 伝(つた)え	(B) 会(あ)い
			(C) いい	(D) 時間(じかん)
11	B	芝生(しばふ)	(A) サッカー	(B) いけません
			(C) 公園(こうえん)	(D) 咲(さ)いて
12	C	動物園(どうぶつえん)	(A) 高(たか)かった	(B) 元気(げんき)
			(C) つまらなかった	(D) やさしく
13	A	くもって	(A) 雨(あめ)	(B) 青(あお)い
			(C) 遠足(えんそく)	(D) まぶし
14	D	予約(よやく)	(A) 多(おお)い	(B) 何日(なんにち)
			(C) 日帰(ひがえ)り	(D) まだ
15	B	食(た)べ	(A) 車(くるま)	(B) 食欲(しょくよく)
			(C) レストラン	(D) 空(す)いた

정답은 해설집 ▶18쪽

次の言葉の返事として、もっとも適したものを(A)から(D)の中で一つ選びなさい。

1 答えを答案用紙に書き入れなさい。 Ⓐ Ⓑ Ⓒ Ⓓ

2 答えを答案用紙に書き入れなさい。 Ⓐ Ⓑ Ⓒ Ⓓ

3 答えを答案用紙に書き入れなさい。 Ⓐ Ⓑ Ⓒ Ⓓ

4 答えを答案用紙に書き入れなさい。 Ⓐ Ⓑ Ⓒ Ⓓ

5 答えを答案用紙に書き入れなさい。 Ⓐ Ⓑ Ⓒ Ⓓ

6 答えを答案用紙に書き入れなさい。 Ⓐ Ⓑ Ⓒ Ⓓ

7 答えを答案用紙に書き入れなさい。 Ⓐ Ⓑ Ⓒ Ⓓ

8 答えを答案用紙に書き入れなさい。 Ⓐ Ⓑ Ⓒ Ⓓ

9 答えを答案用紙に書き入れなさい。 Ⓐ Ⓑ Ⓒ Ⓓ

10 答えを答案用紙に書き入れなさい。 Ⓐ Ⓑ Ⓒ Ⓓ

11 答えを答案用紙に書き入れなさい。 Ⓐ Ⓑ Ⓒ Ⓓ

12 答えを答案用紙に書き入れなさい。 Ⓐ Ⓑ Ⓒ Ⓓ

13 答えを答案用紙に書き入れなさい。 Ⓐ Ⓑ Ⓒ Ⓓ

14 答えを答案用紙に書き入れなさい。 Ⓐ Ⓑ Ⓒ Ⓓ

15 答えを答案用紙に書き入れなさい。 Ⓐ Ⓑ Ⓒ Ⓓ

3 시사, 비즈니스

유형 공략

1 사업상 **처음 만난 사람과 나누는 인사 표현 및 관용적인 어투**를 익혀 두면 좋습니다.

2 **일의 진행 및 경기 현황**을 나타내는 단어를 외워 두세요.

3 회사에서 주로 일어나는 상황인 **부재중일 때의 전화, 전화 내용의 전달, 야근, 회의 시간, 출장, 사무실 일** 등과 관련된 표현을 익혀 두세요.

4 사내에서 사용되는 어휘와 상하 관계에 따른 표현도 익혀야 합니다.

예제 **次の言葉の返事として、もっとも適したものを(A)から(D)の中で一つ選びなさい。**

葉山さんが転勤するそうですね。 — 하야마 씨가 전근한다고 하네요.

転勤する(전근하다)라는 단어를 모르면 풀기 힘들어요.

(A) 出張が多い方です。 — (A) 출장이 많은 편입니다.

(B) 日本に来て３年になりました。 — (B) 일본에 온 지 3년이 되었습니다.

(C) 本当に会社をやめるんですか。 — (C) 정말로 회사를 그만두는 것입니까?

문제와 같은 전문의 そうだ가 쓰였어요.

(D) 来月からアメリカに行くそうですね。 — (D) 다음 달부터 미국에 간다고 하네요.

+해설 문제에서 '전근하다(転勤する)'라는 단어를 캐치할 수 있어야 풀 수 있어요. 문제에 대한 대답으로 적당한 것은 (D) **来月からアメリカに行くそうですね**이에요. (A)는 출장(出張)에 관한 대답이고, (B)는 일본에 어느 정도 있었는지에 대한 대답으로 볼 수 있으며, (C)는 회사를 그만두게 되는 것(会社をやめる)을 의미해요. '~라고 한다'라는 전문의 표현인 '~そうだ'를 익혀야 합니다.

+단어 **出張** 출장 **会社** 회사 **やめる** 그만두다 **来月** 다음 달 **アメリカ** 미국

꼭 외워야 할 필수 표현

시사, 비즈니스 047

일의 진행, 경기 현황

1 A アメリカからの見積書はいつ届きましたか。 미국에서 견적서는 언제 도착했습니까?
B 昨日の午前11時頃、届きました。 어제 오전 11시경에 도착했습니다.

2 A 私のめいしです。どうぞ。 여기, 제 명함입니다.
B すみません。私は今、めいしを持っていません。 죄송합니다. 저는 지금 명함을 가지고 있지 않습니다.

3 A この製品のデザインは素晴らしいですね。 이 제품의 디자인은 훌륭하네요.
B はい、それに丈夫です。 예, 게다가 튼튼합니다.

4 A 会議は何時から始まりますか。 회의는 몇 시부터 시작합니까?
B 3時から始まります。 3시부터 시작합니다.

5 A 明日のセミナーに出られないかもしれません。 내일 세미나에 못 갈지도 모릅니다.
B 何か都合でも悪くなったんですか。 뭔가 상황이라도 안 좋아졌습니까?

6 A この報告書は就職に関するアンケートの結果です。 이 보고서는 취직에 관한 설문 조사 결과입니다.
B 結果はどうなりましたか。 결과는 어떻게 되었습니까?

7 A 新しいインスタントラーメンに対する反応は？ 새로운 인스턴트 라면에 대한 반응은?
B とてもいいです。 매우 좋습니다.

8 A 最近、自動車のゆしゅつがくはどうですか。 최근 자동차의 수출액은 어떻습니까?
B ゆしゅつがくは減少しています。 수출액은 감소하고 있습니다.

의뢰, 부탁, 계약

9 A コピー機を使わせてください。 복사기를 쓸게요.
B はい、どうぞ。 예, 쓰세요.

10 A これを鈴木さんに渡してくれない？ 이걸 스즈키 씨에게 전해 줄래?
B 人事課の鈴木さんですね。 인사과의 스즈키 씨지요?

11 A こちらにはんこを押してください。 여기에 도장을 찍어 주세요.
B はんこの代わりにサインしてもいいですか。 도장 대신에 사인해도 됩니까?

12 A 報告書を出してください。 보고서를 내 주세요.

B はい、明日までに用意します。 예, 내일까지 준비하겠습니다.

13 A 明日、事務所に寄ってもよろしいですか。 내일 사무실에 들러도 됩니까?

B はい、けっこうです。 예, 괜찮습니다.

14 A 会議室の予約、取り消してほしいって。 회의실 예약을 취소해 달라고 하던대.

B 困るなあ。 곤란한데.

15 A 契約はどうなっていますか。 계약은 어떻게 되고 있습니까?

B うまく進んでいます。 잘 진행되고 있습니다.

16 A 会議の時間をみんなに知らせておいてください。 회의 시간을 모두에게 알려 주세요.

B はい、伝えておきます。 예, 전달해 두겠습니다.

17 A この資料をコピーしてくれる？ 이 자료를 복사해 줄래?

B 何枚必要ですか。 몇 장 필요합니까?

기타

18 A 銀行はまだ開いていますか。 은행은 아직 열려 있습니까?

B いいえ、もう５時ですから、閉まっています。 아니요, 벌써 5시니까 닫혀 있습니다.

19 A 有給休暇は一年に何日ですか。 유급 휴가는 일 년에 며칠입니까?

B 私の会社は１０日間です。 저희 회사는 열흘간입니다.

20 A 最近、地震がよく起きますね。 최근에 지진이 자주 일어나네요.

B そうですね。今週も何回もありましたね。 그렇네요. 이번 주에도 몇 번이나 있었지요.

21 A この商品は子ども向けです。 이 상품은 어린이용입니다.

B 本当にかわいいですね。 정말 귀엽네요.

22 A ボーナスは10日に出るそうだよ。 보너스는 10일에 나온대.

B ボーナスをもらったら両親へプレゼントをおくろうと思っています。
보너스를 받으면 부모님께 선물을 보내려고 합니다.

23 A 鈴木さんの会社は何の会社ですか。 스즈키 씨의 회사는 무슨 회사입니까?

B 貿易会社です。 무역회사입니다.

24 A 今日も残業ですか。 오늘도 야근입니까?

B はい、そうです。 예, 그렇습니다.

25 A バイトの経験はありますか。 아르바이트 경험은 있습니까?

B いいえ、バイトをしたことはありません。 아니요, 아르바이트를 한 적은 없습니다.

26 A 毎日このようにお忙しいのですか。 매일 이렇게 바쁘십니까?

B はい、月末はもっと忙しくなります。 예, 월말은 훨씬 바빠집니다.

27 A このプリンター、紙がすぐに詰まるんです。 이 프린터기, 종이가 바로 걸려요.

B 急いでる時に限っていつも…。 하필이면 급할 때 항상….

공략 1단계 표현 다지기

1 일의 진행, 경기 현황 

음성을 듣고 ________ 안에 들어갈 적당한 말을 적어 넣으세요.

1 A プレゼンの__________はできましたか。 프레젠테이션 준비는 되었습니까?
  B いいえ、まだです。 아니요, 아직입니다.

2 A 何か__________でもありましたか。 무슨 좋은 일이라도 있었습니까?
  B ええ、売り上げが__________になりました。 네, 매상이 2배가 되었습니다.

3 A このごろ__________はどうですか。 요즘 경기는 어떻습니까?
  B __________悪くもありません。 좋지도 나쁘지도 않습니다.

4 A このコンピューターの__________はいかがですか。 이 컴퓨터의 평판은 어떠합니까?
  B お客さんからの__________がすごいです。 손님의 반응이 대단합니다.

5 A カメラの__________はどうですか。 카메라 수출은 어떻습니까?
  B __________少なくなっています。 점점 적어지고 있습니다.

6 A 仕事は__________いっていますか。 일은 잘 되어 가고 있습니까?
  B __________はありません。 나쁘지는 않습니다.

7 A 契約書は__________しましたか。 계약서는 복사했습니까?
  B いいえ、これから__________します。 아니요, 지금부터 복사하겠습니다.

8 A __________はできましたか。 견적서는 완성됐습니까?
  B はい、もう出しました。 예, 벌써 냈습니다.

9 A __________はいつから始まりますか。 제작은 언제부터 시작합니까?
  B 10月から始めます。 10월부터 시작합니다.

10 A イギリスからの__________はいつ届きましたか。 영국에서 견본은 언제 도착했습니까?
  B 昨日の午前11時頃、届きました。 어제 오전 11시경에 도착했습니다.

1 準備(じゅんび)	2 いいこと, 2倍(にばい)	3 景気(けいき), よくも
4 評判(ひょうばん), 反応(はんのう)	5 ゆしゅつりょう, どんどん	6 うまく, 悪(わる)く
7 コピー, コピー	8 見積書(みつもりしょ)	9 製作(せいさく)
10 見本(みほん)		

2 의뢰, 부탁, 계약 049

음성을 듣고 ＿＿＿＿＿ 안에 들어갈 적당한 말을 적어 넣으세요.

1 A ＿＿＿＿＿の時間(じかん)をちゃんと覚(おぼ)えてください。약속 시간을 확실히 기억해 주세요.
B はい、絶対(ぜったい)＿＿＿＿＿ないようにします。예, 절대 잊지 않도록 하겠습니다.

2 A こちらに＿＿＿＿＿を押(お)してください。여기에 도장을 찍어 주세요.
B ＿＿＿＿＿の代(か)わりに＿＿＿＿＿してもいいですか。도장 대신에 사인해도 됩니까?

3 A 退勤(たいきん)する前(まえ)に＿＿＿＿＿を＿＿＿＿＿ください。퇴근하기 전에 전원을 꺼 주세요.
B はい、そうします。예, 그렇게 하겠습니다.

4 A コピーは＿＿＿＿＿しますか。복사는 몇 장 하나요?
B ＿＿＿＿＿ずつお願(ねが)いします。4장씩 해 주세요.

5 A 4時(よじ)までには＿＿＿＿＿きてください。4시까지는 돌아와 주세요.
B はい、＿＿＿＿＿ないようにします。예, 늦지 않도록 하겠습니다.

6 A 新(あたら)しい＿＿＿＿＿を紹介(しょうかい)してください。새로운 상품을 소개해 주세요.
B はい、これから発表(はっぴょう)します。예, 지금부터 발표하겠습니다.

7 A この＿＿＿＿＿を検討(けんとう)してください。이 보고서를 검토해 주세요.
B はい、数字(すうじ)だけでいいですか。예, 숫자만 봐도 됩니까?

8 A 鈴木(すずき)さん、この書類(しょるい)はどうしますか。스즈키 씨, 이 서류는 어떻게 하나요?
B ＿＿＿＿＿に渡(わた)してください。총무부에 건네 주세요.

9 A カタログを送(おく)ってください。카탈로그를 보내 주세요.
B はい、＿＿＿＿＿で送(おく)ってもいいですか。예, 우편으로 보내도 됩니까?

10 A ＿＿＿＿＿はいつまでですか。보고서는 언제까지입니까?
B 来週(らいしゅう)の＿＿＿＿＿までに出(だ)してください。다음 주 수요일까지 내 주세요.

1 約束(やくそく), 忘(わす)れ　**2** はんこ, はんこ, サイン　**3** 電源(でんげん), 消(け)して
4 何枚(なんまい), 4枚(よんまい)　**5** 戻(もど)って, 遅(おく)れ　**6** 商品(しょうひん)
7 報告書(ほうこくしょ)　**8** 総務部(そうむぶ)　**9** 郵便(ゆうびん)
10 レポート, 水曜日(すいようび)

3 기타 (050)

음성을 듣고 ________ 안에 들어갈 적당한 말을 적어 넣으세요.

1 A 今年(ことし)の________は何(なん)ですか。올해의 목표는 무엇입니까?
B 仕事(しごと)のモチベーションを________ことです。일에 대한 의욕을 높이는 것입니다.

2 A 最近(さいきん)、________がよく起(お)きますね。최근에 지진이 자주 일어나네요.
B そうですね。今週(こんしゅう)も何回(なんかい)もありましたね。맞아요. 이번 주에도 몇 번이나 있었지요.

3 A ________も利用(りよう)カードが作(つく)れますか。외국인도 이용 카드를 만들 수 있습니까?
B もちろんです。물론입니다.

4 A この商品(しょうひん)は子(こ)ども________です。이 상품은 어린이용입니다.
B 本当(ほんとう)にかわいいですね。정말 귀엽네요.

5 A 今(いま)の会社(かいしゃ)は入(はい)って、何年目(なんねんめ)ですか。지금의 회사는 들어온 지 몇 년입니까?
B もう________になりました。벌써 3년째가 되었습니다.

6 A 一人暮(ひとりぐら)しは何(なに)が________ですか。혼자 살면 무엇이 불편합니까?
B 料理(りょうり)を________ことです。요리를 만드는 일입니다.

7 A ________によく行(い)きますか。회식을 자주 갑니까?
B よく行(い)きます。자주 갑니다.

8 A 朝(あさ)________を食(た)べない人(ひと)が多(おお)いですね。아침밥을 먹지 않는 사람이 많네요.
B はい、私(わたし)も忙(いそが)しい時(とき)は食(た)べません。예. 저도 바쁠 때는 먹지 않습니다.

9 A ________メールがたくさんありますよね。스팸 메일이 많이 있군요.
B はい、メールを削除(さくじょ)するのも大変(たいへん)です。예, 메일을 지우는 것도 큰일이에요.

10 A ________のあるスポーツは何(なん)ですか。인기 있는 스포츠는 무엇입니까?
B 野球(やきゅう)とサッカーです。야구와 축구입니다.

1 目標(もくひょう), 高(たか)める　**2** 地震(じしん)　**3** 外国人(がいこくじん)　**4** 向(む)け
5 3年目(さんねんめ)　**6** 不便(ふべん), 作(つく)る　**7** 飲(の)み会(かい)　**8** ごはん
9 迷惑(めいわく)　**10** 人気(にんき)

공략 2 단계 실전 감각 익히기 

잘 듣고 빈칸을 채운 후, (A) ~ (D) 중 질문에 맞는 대답을 고르세요.

1　会社まで＿＿＿＿＿くらいかかりますか。

(A) 電車がバスより＿＿＿＿＿です。

(B) 電車で＿＿＿＿＿もかかります。

(C) ＿＿＿＿＿電車で出勤しています。

(D) 乗り換えが＿＿＿＿＿ぐらいあります。

+단어 かかる (시간이) 걸리다　電車(でんしゃ) 전철　便利(べんり)だ 편리하다　毎日(まいにち) 매일　出勤(しゅっきん) 출근　乗(の)り換(か)え 환승

2　ご＿＿＿＿＿はいくらですか。

(A) ＿＿＿＿＿万ぐらいです。

(B) ＿＿＿＿＿は出していません。

(C) ＿＿＿＿＿ぐらいかかります。

(D) 来年、＿＿＿＿＿になります。

+단어 予算(よさん) 예산　予算案(よさんあん) 예산안　来年(らいねん) 내년　はたち 스무 살, 20세

3　日本では＿＿＿＿＿の夜、何を食べますか。

(A) ＿＿＿＿＿はおいしいです。

(B) ＿＿＿＿＿の時に食べます。

(C) 年越し＿＿＿＿＿を食べます。

(D) ＿＿＿＿＿は好きではありません。

+단어 大晦日(おおみそか) 섣달그믐　お正月(しょうがつ) 정월, 설날　年越(としこ)しそば 도시코시소바(섣달그믐에 먹는 메밀국수)
みそ 미소(일본식 된장)

4 今日は私が＿＿＿＿＿ますよ。

(A) それじゃ、お＿＿＿＿＿に。

(B) それは、＿＿＿＿＿。

(C) それじゃ、気を＿＿＿＿＿。

(D) そういうことで、君が＿＿＿＿＿ことはないでしょう。

+단어 おごる 한턱내다 お大事(だいじ)に 몸조리 잘하세요 気(き)をつけて 조심해서 (가세요) 君(きみ) 자네, 너, 당신
おこる 화내다 동사의 기본형+ことはない ~할 필요는 없다

5 事務所に入ったらコートを＿＿＿＿＿ください。

(A) はい、＿＿＿＿＿ました。

(B) シャツを着＿＿＿＿＿動けません。

(C) フード付きコートは＿＿＿＿＿です。

(D) このコートは＿＿＿＿＿買いましたか。

+단어 事務所(じむしょ) 사무소 コートを脱(ぬ)ぐ 코트를 벗다 着(き)すぎる 너무 많이 입다 動(うご)く 움직이다
フード付(つ)きコート 모자 달린 코트 不便(ふべん)だ 불편하다

6 一週間に会議を＿＿＿＿＿しますか。

(A) 週に＿＿＿＿＿します。

(B) 会議室は＿＿＿＿＿です。

(C) ＿＿＿＿＿はありません。

(D) ＿＿＿＿＿と会議をします。

+단어 一週間(いっしゅうかん) 일주일 会議(かいぎ) 회의 会議室(かいぎしつ) 회의실 問題(もんだい) 문제 課長(かちょう) 과장(님)

7 __________ごろ会社に戻りますか。

(A) 片道で__________円です。

(B) 会社から__________です。

(C) 駅から__________かかります。

(D) たぶん、__________ごろになります。

+단어 戻る(もどる) 돌아오다 片道(かたみち) 편도 遠い(とおい) 멀다 駅(えき) 역 たぶん 아마, 대개

8 __________を送ってください。

(A) はい、__________に送ります。

(B) はい、__________は明日です。

(C) はい、__________を見送りました。

(D) はい、__________は見つかりませんでした。

+단어 見積書(みつもりしょ) 견적서 送る(おくる) 보내다 今日中(きょうじゅう) 오늘 중 見送る(みおくる) 배웅하다 書類(しょるい) 서류 見つかる(みつかる) 발견되다

9 木村さん、__________は１ヶ月にどれくらいありますか。

(A) __________３日です。

(B) __________にはありません。

(C) 大阪へ__________行きます。

(D) １ヶ月に__________あります。

+단어 出張(しゅっちょう) 출장 １ヶ月(いっかげつ) 1개월 ２泊３日(にはくみっか) 2박 3일 主に(おもに) 주로 大阪(おおさか) 오사카(지명)

10 契約の＿＿＿＿＿はもうできましたか。

(A) ＿＿＿＿＿を契約しました。

(B) ＿＿＿＿＿はした方がいいです。

(C) 書類は＿＿＿＿＿できていません。

(D) ＿＿＿＿＿体操はしなければなりません。

+단어 契約(けいやく) 계약 準備(じゅんび) 준비 できる 다 되다, 완성되다 アパート 공동 주택 予約(よやく) 예약 まだ 아직 体操(たいそう) 체조 ～なければならない ～해야만 한다, ～하지 않으면 안 된다

11 ＿＿＿＿＿で送ってもいいですか。

(A) はい、＿＿＿＿＿です。

(B) ＿＿＿＿＿送りました。

(C) ＿＿＿＿＿は要りませんよ。

(D) 友だちから＿＿＿＿＿をもらいました。

+단어 メール 메일 送(おく)る 보내다 コンピューター 컴퓨터 要(い)る 필요하다 もらう 받다

12 新しいスマホの＿＿＿＿＿はどうですか。

(A) ＿＿＿＿＿がすごいです。

(B) このスマホは＿＿＿＿＿です。

(C) ダウンロードは＿＿＿＿＿です。

(D) 子ども向けの＿＿＿＿＿です。

+단어 スマホ 스마트폰 評判(ひょうばん) 평판 反応(はんのう) 반응 すごい 굉장하다 軽(かる)い 가볍다 ダウンロード 다운로드 ただ 공짜, 무료 子(こ)ども向(む)け 어린이용

13 **電話があったら、＿＿＿＿＿しておいてください。**

(A) はい、＿＿＿＿＿しておきます。

(B) はい、ちゃんと＿＿＿＿＿おきます。

(C) はい、今日は＿＿＿＿＿から２回ありました。

(D) はい、事務所には＿＿＿＿＿があります。

+단어 **電話がある** 전화가 오다　**～ておく** ～해 두다　**検討** 검토　**ちゃんと** 정확하게, 제대로　**書く** 쓰다　**部長** 부장(님)　**メモ用紙** 메모 용지

14 **製作は＿＿＿＿＿から始まりますか。**

(A) これは＿＿＿＿＿のものです。

(B) 金曜日に＿＿＿＿＿しました。

(C) 今週の＿＿＿＿＿からです。

(D) ＿＿＿＿＿に始まりました。

+단어 **製作** 제작　**始まる** 시작되다　**昨年** 작년　**金曜日** 금요일　**今週** 이번 주　**火曜日** 화요일

15 **健康の＿＿＿＿＿何をしていますか。**

(A) ＿＿＿＿＿で薬を買いました。

(B) 本をよく＿＿＿＿＿ます。

(C) お酒を＿＿＿＿＿ことです。

(D) できるだけ＿＿＿＿＿ようにしています。

+단어 **健康** 건강　**～のために** ～을 위해서　**ネット** 네트(워크), 인터넷　**薬** 약　**お酒** 술　**できるだけ** 가능한 한　**歩く** 걷다　**～ようにする** ～하도록 하다

1	B	どれ	(A) 便利(べんり)	(B) 1時間(いちじかん)
			(C) 毎日(まいにち)	(D) 3回(さんかい)
2	A	予算(よさん)	(A) 10(じゅう)	(B) 予算案(よさんあん)
			(C) 20分(にじゅっぷん)	(D) はたち
3	C	大晦日(おおみそか)	(A) うどん	(B) お正月(しょうがつ)
			(C) そば	(D) みそ
4	B	おごり	(A) 大事(だいじ)	(B) ありがとう
			(C) つけて	(D) おこる
5	A	脱(ぬ)いで	(A) 分(わ)かり	(B) すぎて
			(C) 不便(ふべん)	(D) どこで
6	A	何回(なんかい)	(A) 3回(さんかい)	(B) 2階(にかい)
			(C) 問題(もんだい)	(D) 課長(かちょう)
7	D	何時(なんじ)	(A) 450(よんひゃくごじゅう)	(B) 遠(とお)い
			(C) 30分(さんじゅっぷん)	(D) 4時(よじ)
8	A	見積書(みつもりしょ)	(A) 今日中(きょうじゅう)	(B) 会議(かいぎ)
			(C) 社員(しゃいん)	(D) 書類(しょるい)
9	D	出張(しゅっちょう)	(A) 2泊(にはく)	(B) 1月(いちがつ)
			(C) 主(おも)に	(D) 2、3回(にさんかい)
10	C	準備(じゅんび)	(A) アパート	(B) 予約(よやく)
			(C) まだ	(D) 準備(じゅんび)
11	A	メール	(A) いい	(B) 昨日(きのう)
			(C) コンピューター	(D) メール
12	A	評判(ひょうばん)	(A) 反応(はんのう)	(B) 軽(かる)い
			(C) ただ	(D) メール
13	B	メモ	(A) 検討(けんとう)	(B) 書(か)いて
			(C) 部長(ぶちょう)	(D) メモ用紙(ようし)
14	C	いつ	(A) 昨年(さくねん)	(B) 製作(せいさく)
			(C) 火曜日(かようび)	(D) 4月(しがつ)
15	D	ために	(A) ネット	(B) 読(よ)み
			(C) 飲(の)む	(D) 歩(ある)く

정답은 해설집 ▶22쪽

次の言葉の返事として、もっとも適したものを(A)から(D)の中で一つ選びなさい。

1 答えを答案用紙に書き入れなさい。 Ⓐ Ⓑ Ⓒ Ⓓ

2 答えを答案用紙に書き入れなさい。 Ⓐ Ⓑ Ⓒ Ⓓ

3 答えを答案用紙に書き入れなさい。 Ⓐ Ⓑ Ⓒ Ⓓ

4 答えを答案用紙に書き入れなさい。 Ⓐ Ⓑ Ⓒ Ⓓ

5 答えを答案用紙に書き入れなさい。 Ⓐ Ⓑ Ⓒ Ⓓ

6 答えを答案用紙に書き入れなさい。 Ⓐ Ⓑ Ⓒ Ⓓ

7 答えを答案用紙に書き入れなさい。 Ⓐ Ⓑ Ⓒ Ⓓ

8 答えを答案用紙に書き入れなさい。 Ⓐ Ⓑ Ⓒ Ⓓ

9 答えを答案用紙に書き入れなさい。 Ⓐ Ⓑ Ⓒ Ⓓ

10 答えを答案用紙に書き入れなさい。 Ⓐ Ⓑ Ⓒ Ⓓ

11 答えを答案用紙に書き入れなさい。 Ⓐ Ⓑ Ⓒ Ⓓ

12 答えを答案用紙に書き入れなさい。 Ⓐ Ⓑ Ⓒ Ⓓ

13 答えを答案用紙に書き入れなさい。 Ⓐ Ⓑ Ⓒ Ⓓ

14 答えを答案用紙に書き入れなさい。 Ⓐ Ⓑ Ⓒ Ⓓ

15 答えを答案用紙に書き入れなさい。 Ⓐ Ⓑ Ⓒ Ⓓ

정답은 해설집 ▶26쪽

Ⅱ 次の言葉の返事として、もっとも適したものを(A)から(D)の中で一つ選びなさい。

21 答えを答案用紙に書き入れなさい。

22 答えを答案用紙に書き入れなさい。

23 答えを答案用紙に書き入れなさい。

24 答えを答案用紙に書き入れなさい。

25 答えを答案用紙に書き入れなさい。

26 答えを答案用紙に書き入れなさい。

27 答えを答案用紙に書き入れなさい。

28 答えを答案用紙に書き入れなさい。

29 答えを答案用紙に書き入れなさい。

30 答えを答案用紙に書き入れなさい。

31 答えを答案用紙に書き入れなさい。

32 答えを答案用紙に書き入れなさい。

33 答えを答案用紙に書き入れなさい。

34 答えを答案用紙に書き入れなさい。

35 答えを答案用紙に書き入れなさい。

36 答えを答案用紙に書き入れなさい。

37 答えを答案用紙に書き入れなさい。

38 答えを答案用紙に書き入れなさい。

39 答えを答案用紙に書き入れなさい。

40 答えを答案用紙に書き入れなさい。

41 答えを答案用紙に書き入れなさい。

42 答えを答案用紙に書き入れなさい。

43 答えを答案用紙に書き入れなさい。

44 答えを答案用紙に書き入れなさい。

45 答えを答案用紙に書き入れなさい。

46 答えを答案用紙に書き入れなさい。

47 答えを答案用紙に書き入れなさい。

48 答えを答案用紙に書き入れなさい。

49 答えを答案用紙に書き入れなさい。

50 答えを答案用紙に書き入れなさい。

PART 3

회화문

PART 3는 짧은 회화문을 들으며 그 회화가 진행되고 있는 장면, 대화 내용 등의 개괄적 혹은 구체적인 정보나 사실을 정확하게 청취하는 능력과 결론을 추론해 내는 능력을 평가하기 위한 파트입니다.

대화 속의 어휘가 중요한 포인트가 될 수 있으니 시사·정보 전달·회사 생활 등에 관련된 어휘를 익혀 두세요. 또한 관용구와 속담도 등장하니 같이 익혀 두세요.

1 일상생활

유형 공략

1 일상생활 회화문에서는 주로 **물건과 사물, 사건과 사고, 날씨 및 건강 상태**에 대해 나옵니다. 이에 관련된 단어를 정리해서 외우도록 하세요.

2 대화에 등장하는 **의문사**가 무엇인지 잘 듣고, **말하는 사람의 어조** 또한 잘 파악하며 들어야 합니다.

3 제시된 질문의 요지를 재빨리 파악하여 들려주는 회화의 내용을 짐작하는 것이 제일 중요해요. 또한 **회화에 등장하는 대상이 모두 정답에 해당되는 것은 아니라는 것**에 주의하면서 문제를 풀어 보세요.

예제 **次の会話をよく聞いて、後の問いにもっとも適したものを(A)から(D)の中で一つ選びなさい。**

'무엇'에 주의해서 들어야 해요.

明日(あした)の朝(あさ)ごはんは何(なん)ですか。 — 내일 아침밥은 무엇입니까?

(A) パンとミルク — (A) 빵과 우유
(B) パンとバター — (B) 빵과 버터
(C) ごはんとパン — (C) 밥과 빵
(D) オレンジとコーヒー — (D) 오렌지와 커피

女　明日(あした)の朝ごはんは何にしようか。 — 여: 내일 아침밥은 뭘로 할까?
男　パンとミルクにしよう。 → 여기서 빵과 우유 메모! — 남: 빵과 우유로 하자.
女　バターとジャムとどっちがいい？ — 여: 버터와 잼 중 어느 게 좋아?
男　ジャムの方(ほう)がいいな。 → 여기서 잼 메모! — 남: 잼이 좋아.

+해설 예제에서 제시된 질문은 '아침 식사가 무엇인지'를 묻는 것이므로 '何(무엇)'에 해당되는 대상을 주의 깊게 들어야 해요. 하지만 의문사 何와 더불어 どっち(どちら)(어느 쪽), ～方がいい(～편이 좋다)를 캐치하지 못하면 답이 헷갈릴 수 있습니다. 또한 문제의 대화에서 나오는 パン(빵), ミルク(우유), バター(버터), ジャム(잼)가 모두 정답에 해당하는 것이 아니라는 것에 유의하며, 가타카나 단어도 익혀 두세요.

+단어 **朝(あさ)ごはん** 아침밥 **パン** 빵 **ミルク** 우유 **バター** 버터 **～にする** ～으로 하다 **ジャム** 잼 **どっち** 어느 쪽

꼭 외워야 할 필수 표현

일상생활 055

몸 상태

1 A 顔色が悪いですね。 안색이 안 좋네요.
B 二日酔いです。 숙취입니다.

2 A 寒気がしたりします。 한기가 들기도 합니다.
B あたたかいものでも飲んでください。 따뜻한 거라도 마시세요.

3 A 昨日からお腹が痛いんです。 어제부터 배가 아픕니다.
B 昨日、何を食べましたか。 어제 무엇을 먹었습니까?

4 A どうして足が痛いんですか。 왜 다리가 아픈 겁니까?
B 昨日歩きすぎたからです。 어제 너무 많이 걸었기 때문입니다.

5 A どうしたの？ 왜 그래?
B 花粉症のせいでずっとくしゃみが出るんだ。 꽃가루 알레르기 때문에 자꾸 재채기가 나와.

6 A ストレスがたまったら、どうしますか。 스트레스가 쌓이면 어떻게 합니까?
B 寝たり本を読んだりします。 잠을 자거나 책을 읽거나 합니다.

7 A 田中さん、よくタバコを吸いますね。 다나카 씨, 자주 담배를 피네요.
B ええ、１日１箱は吸います。 예, 하루 한 갑은 핍니다.

사물, 장소

8 A ごはん、どうしようかな。 밥, 어떻게 할까?
B 出前はどう？ 시켜먹는 건 어때?

9 A このネクタイ、父には似合わないと思わない？ 이 넥타이, 아버지께 안 어울린다고 생각하지 않아?
B ええ、ちょっと派手すぎだね。 음, 좀 너무 화려하네.

10 A 黒いコート知らない？ 검정 코트 못 봤어?
B クリーニングに出していますよ。 세탁소에 보냈어요.

11 A この店はなぜ有名ですか。 이 가게는 왜 유명합니까?
B 味がいいからです。 맛이 좋기 때문입니다.

12 A 安く買える店はありませんか。 싸게 살 수 있는 가게는 없습니까?
B あそこの店が安いそうです。 저기 있는 가게가 싸다고 합니다.

13 A すみません。ふくろはありますか。 저기요, 봉투는 있습니까?
B 紙ぶくろとビニールぶくろがあります。 종이 봉투와 비닐 봉투가 있습니다.

14 A 日本旅行のおみやげはどこで買いましたか。 일본 여행 기념품은 어디에서 샀습니까?
B 浅草で買いました。 아사쿠사에서 샀습니다.

15 A ちょっと高いと思わない？ 좀 비싸다고 생각하지 않아?
B デザインがいいからいいよ。 디자인이 좋으니까 괜찮아.

16 A このレストランは何時まで営業していますか。 이 레스토랑은 몇 시까지 영업합니까?
B このレストランは２４時間営業です。 이 레스토랑은 24시간 영업합니다.

날씨

17 A 明日の天気はどうですか。 내일 날씨는 어떻습니까?
B 雨のち晴れです。 비가 온 뒤 맑게 갭니다.

18 A 日本の梅雨はいつから始まりますか。 일본의 장마는 언제부터 시작됩니까?
B 6月上旬からです。 6월 상순부터입니다.

19 A もう９月なのにまだ暑いですね。 벌써 9월인데 아직 덥네요.
B はい、そうですね。 예, 그렇네요.

20 A 秋になるとどうなりますか。 가을이 되면 어떻게 됩니까?
B 涼しくなります。 선선해집니다.

사건, 사고, 사람

21 A 寝過ごして終点の駅まで行ってきたよ。 잠들어 버려서 종점 역까지 갔다 왔어.
B とんでもないところまで行っちゃったんだね。 어처구니 없는 곳까지 가 버렸네.

22 A あ、借りた本、持ってくるのを忘れちゃった。 아, 빌렸던 책을 갖고 오는 걸 깜빡했어.
B ああ、今度でもいいです。 아, 다음이라도 괜찮습니다.

23 A その足、どうしたの。 그 다리, 어떻게 된 거야?
B 犬にかまれたんだ。 개한테 물렸어.

24 A どうして遅れましたか。 왜 늦었습니까?

B バスがなかなか来なかったからです。 버스가 좀처럼 오지 않았기 때문입니다.

25 A 昨日貸した本を持ってきましたか。 어제 빌려준 책 가지고 왔습니까?

B どうしよう。電車に置き忘れてしまいました。 어떡하죠. 전철에 두고 와 버렸어요.

26 A どうして道が込んでいますか。 왜 길이 막히는 거죠?

B 昨日、雪が降ったからです。 어제 눈이 내렸기 때문입니다.

27 A 昨日のニュースを見ましたか。어제 뉴스를 봤습니까?

B はい、ニュースによると、高さ 3 メートルのつなみが起きたそうです。

예. 뉴스에 의하면, 높이 3미터의 해일이 발생했다고 합니다.

1 몸 상태 056

음성을 듣고 ________ 안에 들어갈 적당한 말을 적어 넣으세요.

1 この頃、__________がありません。요즘 기운이 없습니다.

2 頭も__________し、喉も__________です。머리도 아프고, 목도 아픕니다.

3 どうも__________があるようです。아무래도 열이 있는 것 같습니다.

4 朝から__________が悪いんです。아침부터 몸 상태가 나쁩니다.

5 苦しそうで__________が悪いです。고통스러워 보이고 안색이 나쁩니다.

6 昨日の晩より熱が__________います。어젯밤보다 열이 올라갔습니다.

7 食べすぎて、お腹を__________ました。너무 많이 먹어서 배탈이 났습니다.

8 風邪を引いて熱が出たので、__________をかきました。감기에 걸려 열이 나서 땀을 흘렸습니다.

9 __________が出るので、よく眠れません。기침이 나와서 잘 잘 수 없습니다.

10 飲みすぎて__________悪いです。술을 많이 마셔서 속이 안 좋습니다.

11 先週から少し風邪__________です。지난주부터 조금 감기 기운이 있습니다.

12 甘い物を食べたら、__________ができます。단것을 먹으면 충치가 생깁니다.

13 花粉症のせいで__________が出ます。꽃가루 알레르기 때문에 재채기가 나옵니다.

14 __________が出て仕事ができなかったんです。콧물이 나와서 일을 할 수 없었습니다.

15 __________がたまったらぐっすり寝ます。스트레스가 쌓이면 푹 잡니다.

16 すごい人込みで__________そうです。엄청난 인파로 토할 것 같습니다.

17 __________が痛くて何も食べれません。이가 아파서 아무것도 먹을 수 없습니다.

18 夏は体が__________です。여름에는 몸이 나른합니다.

19 食べすぎて__________が痛いです。과식해서 배가 아픕니다.

20 朝、起きると__________がします。아침에 일어나면 한기가 듭니다.

1 元気(げんき)	2 痛(いた)い, 痛(いた)い	3 熱(ねつ)	4 具合(ぐあい)	5 顔色(かおいろ)
6 上(あ)がって	7 こわし	8 汗(あせ)	9 せき	10 気持(きも)ち
11 気味(ぎみ)	12 虫歯(むしば)	13 くしゃみ	14 鼻水(はなみず)	15 ストレス
16 吐(は)き	17 歯(は)	18 だるい	19 お腹(なか)	20 寒気(さむけ)

2 사물, 장소, 위치 057

음성을 듣고 __________ 안에 들어갈 적당한 말을 적어 넣으세요.

1 この__________は派手すぎて、父には似合わない。 이 넥타이는 너무 화려해서 아버지께는 안 어울려.

2 さまざまな種類の__________を販売しています。 여러 종류의 아이템을 판매하고 있습니다.

3 このモニターはサイズも__________です。 이 모니터는 크기도 큽니다.

4 画面の__________はいいです。 화면의 밝기는 좋습니다.

5 日本旅行の__________が買いたいです。 일본 여행 기념품을 사고 싶습니다.

6 デザインもいい__________です。 디자인도 좋은 샌들입니다.

7 おしゃれな__________です。 멋진 스커트입니다.

8 辞書アプリに__________も英語も入っています。 사전 앱에 한국어도 영어도 들어 있습니다.

9 この__________の電池はここでは売っていません。 이 손목시계의 건전지는 여기에서는 안 팝니다.

10 このスマホで写真が__________撮れます。 이 스마트폰으로 사진을 예쁘게 찍을 수 있습니다.

11 __________でかみのけを切ります。 미용실에서 머리카락을 자릅니다.

12 おもちゃ屋で__________のおもちゃを買いました。 장난감 가게에서 손자의 장난감을 샀습니다.

13 図書館へ本を__________に行きます。 도서관에 책을 빌리러 갑니다.

14 区役所で__________を作ります。 구청에서 신분증을 만듭니다.

15 空港の近くのホテルで__________があります。 공항 근처 호텔에서 송별회가 있습니다.

1 ネクタイ	**2** アイテム	**3** 大(おお)きい	**4** 明(あか)るさ
5 おみやげ	**6** サンダル	**7** スカート	**8** 韓国語(かんこくご)
9 腕時計(うでどけい)	**10** きれいに	**11** 美容室(びようしつ)	**12** まご
13 借(か)り	**14** 身分証明書(みぶんしょうめいしょ)		**15** 送別会(そうべつかい)

3 날씨 058

음성을 듣고 __________ 안에 들어갈 적당한 말을 적어 넣으세요.

1 __________風(かぜ)が吹(ふ)いています。 시원한 바람이 붑니다.

2 __________が来(く)るそうです。 태풍이 온다고 합니다.

3 春(はる)になると__________なります。 봄이 되면 따뜻해집니다.

4 今日(きょう)も__________雨(あめ)でした。 오늘도 하루 종일 비가 내렸습니다.

5 明日(あした)は雨(あめ)のち__________です。 내일은 비 온 뒤 맑습니다.

6 夏(なつ)は__________です。 여름은 덥습니다.

7 きれいな__________で、天気(てんき)もいいです。 깨끗한 파란 하늘이고 날씨도 좋습니다.

8 外(そと)の__________は３３度(さんじゅうさんど)で、高(たか)いです。 밖의 기온은 33도로 높습니다.

9 空(そら)が少(すこ)し__________なってきました。 하늘이 조금 어두워졌습니다.

10 __________が高(たか)いです。 습도가 높습니다.

11 __________雨(あめ)です。 소나기입니다.

12 冬(ふゆ)は__________です。 겨울은 춥습니다.

13 雪(ゆき)が__________います。 눈이 내리고 있습니다.

14 __________が鳴(な)っています。 천둥이 치고 있습니다.

15 日本(にほん)の__________は６月(ろくがつ)から始(はじ)まります。 일본의 장마는 6월부터 시작합니다.

16 __________です。 꽃샘추위입니다.

17 __________ができました。 고드름이 생겼습니다.

18 だんだん__________なります。 점점 밝아집니다.

19 __________暗(くら)くなります。 점점 어두워집니다.

20 __________が深(ふか)いです。 안개가 짙습니다.

1 涼(すず)しい	2 台風(たいふう)	3 暖(あたた)かく	4 一日中(いちにちじゅう)	5 晴(は)れ
6 暑(あつ)い	7 青空(あおぞら)	8 気温(きおん)	9 暗(くら)く	10 湿度(しつど)
11 にわか	12 寒(さむ)い	13 降(ふ)って	14 かみなり	15 梅雨(つゆ)
16 花(はな)冷(び)え	17 つらら	18 明(あか)るく	19 どんどん	20 きり

4 사건, 사고, 사람 (059)

음성을 듣고 __________ 안에 들어갈 적당한 말을 적어 넣으세요.

1 __________から落ちました。 계단에서 떨어졌습니다.

2 わりと__________は軽かったです。 의외로 상처는 가벼웠습니다.

3 子どもの__________事故が増えてきています。 어린이의 교통사고가 늘어나고 있습니다.

4 ２３日、１6時２３分頃、__________がありました。 23일 16시 23분경, 지진이 있었습니다.

5 近くで__________がありました。 근처에서 화재가 있었습니다.

6 山火事の__________はタバコだそうです。 산불의 원인은 담배라고 합니다.

7 高さ３メートル以上の__________が予想されます。 높이 3미터 이상의 해일이 예상됩니다.

8 時々電車が線路から__________事故も起きます。 때때로 전철이 선로를 이탈하는 사고도 발생합니다.

9 __________雨で道路が川のようになりました。 심한 비로 도로가 강처럼 되었습니다.

10 昨日の__________で、道が込んでいます。 어제의 폭설로 길이 막힙니다.

11 山田さんはこの__________で10年間働いています。 야마다 씨는 이 병원에서 10년간 일하고 있습니다.

12 __________の勉強のために１年間学校を休むことが多いです。
어학 공부를 위해 1년간 학교를 쉬는 경우가 많습니다.

13 気候や食べ物が変わると、__________を__________ことが多いです。
기후나 먹는 것이 변하면 건강이 나빠지는 경우가 많습니다.

14 電車にかさを__________ました。 전철에 우산을 두고 내렸습니다.

15 地図を見ながら行きましたけど、道に__________ました。 지도를 보면서 갔지만 길을 잃었습니다.

1 階段(かいだん)	**2** けが	**3** 交通(こうつう)	**4** 地震(じしん)	**5** 火事(かじ)
6 原因(げんいん)	**7** つなみ	**8** 外(はず)れる	**9** 激(はげ)しい	**10** 大雪(おおゆき)
11 病院(びょういん)	**12** 語学(ごがく)	**13** 体(からだ), こわす	**14** 置(お)き忘(わす)れ	**15** 迷(まよ)い

공략 2 단계 실전 감각 익히기 

잘 듣고 (A), (B) 중 알맞은 답을 고른 후, 다시 한 번 들으면서 빈칸을 채워 보세요.

1 コーヒーに何を入れますか。

(A) ミルク (B) さとう

女 コーヒー＿＿＿＿＿どうですか。

男 はい、ありがとうございます。

女 ミルクとさとうはどうしましょうか。

男 ＿＿＿＿＿は要りませんが、＿＿＿＿＿は少しだけ入れてください。

+단어 入(い)れる 넣다 ミルク 우유 さとう 설탕 いっぱい 한 잔 要(い)る 필요하다

2 1000円札を何に替えましたか。

(A) 100円玉 (B) 500円玉

男 1000円札を＿＿＿＿＿ください。

女 分かりました。＿＿＿＿＿に替えましょうか。

男 いいえ、500円玉＿＿＿＿＿に替えてください。

女 少々お待ちください。

+단어 札(さつ) 지폐 替(か)える 바꾸다 崩(くず)す 잔돈으로 바꾸다 500円玉(ごひゃくえんだま) 500엔짜리 동전

3 この会話が行われている場所はどこですか。

(A) 美容院 (B) 病院

女 いらっしゃいませ。

男 短く＿＿＿＿＿してください。

女 この長さでよろしいですか。

男 もう1センチぐらい＿＿＿＿＿してください。

+단어 行(おこな)われる 행해지다, 이루어지다 場所(ばしょ) 장소 美容院(びよういん) 미용실 カット 커트

4 **何をあげようと思っていますか。**

(A) おみやげ (B) 荷物

男 ＿＿＿＿＿は多いですか。

女 いいえ、多くはありませんが、どうしてですか。

男 ＿＿＿＿＿をあげたいと思いましてね。

女 それはどうもありがとうございます。

+단어 **あげる** 주다 **おみやげ** 기념 선물 **荷物**(にもつ) 짐

5 **本は何日間借りられますか。**

(A) 3日 (B) 10日

女 本を借りたいのですが、一回に＿＿＿＿＿まで借りられますか。

男 1回に＿＿＿＿＿までです。

女 何日間借りられますか。

男 ＿＿＿＿＿借りられます。

+단어 **何日間**(なんにちかん) 며칠간 **借**(か)**りる** 빌리다 **10日**(とおか) 10일 **何冊**(なんさつ) 몇 권

6 **林さんはなぜ気持ちが悪いのですか。**

(A) 食べすぎたから (B) 飲みすぎたから

女 林さん、＿＿＿＿＿が悪いですが、どうしたんですか。

男 昨日、たくさん＿＿＿＿＿を＿＿＿＿＿、気持ちが悪いです。

女 ＿＿＿＿＿ありますけど、飲みますか。

男 いいえ、今はただゆっくり休みたいです。

+단어 **なぜ** 왜 **気持**(きも)**ちが悪**(わる)**い** 속이 안 좋다 **食**(た)**べすぎる** 과식하다 **飲**(の)**みすぎる** 과음하다 **顔色**(かおいろ)**が悪**(わる)**い** 안색이 나쁘다 **お酒**(さけ) 술 **薬**(くすり) 약 **ゆっくり** 천천히, 푹 **休**(やす)**む** 쉬다

7 **出かける時、何を持って行きますか。**

(A) かさ　　(B) ぼうし

女　久しぶりにいい＿＿＿＿＿＿だね。

男　でも、午後からは雨が＿＿＿＿＿＿そうだよ。

女　そう。じゃあ、＿＿＿＿＿＿を持っていかなくちゃ。

+단어 **出かける(で)** 외출하다　**持つ(も)** 들다, 휴대하다　**かさ** 우산　**ぼうし** 모자　**久しぶり(ひさ)** 오랜만　**天気(てんき)** 날씨　**午後(ごご)** 오후　**～なくちゃ** ～해야 돼(뒤에 いけない 생략)

8 **なぜ入院しましたか。**

(A) 交通事故があったから　　(B) 階段から落ちたから

女　このごろ、木村さんをあまり＿＿＿＿＿＿ないですね。

男　木村さん、入院したんですよ。

女　本当に？ どうしてですか。

男　道で＿＿＿＿＿＿にあったそうです。

+단어 **入院(にゅういん)** 입원　**交通事故(こうつうじこ)** 교통사고　**階段(かいだん)** 계단　**落ちる(お)** 떨어지다　**見かける(み)** 눈에 띄다

9 **女の人が選んだのはどちらですか。**

(A) オレンジ色のスカート　　(B) みどりのスカート

男　＿＿＿＿＿＿色のスカート、どう？

女　私、オレンジ色はあまり……。

男　じゃ、この＿＿＿＿＿＿のはどう？

女　あ、こっちの方がいいね。

+단어 **選ぶ(えら)** 고르다　**オレンジ色(いろ)** 오렌지색　**みどり** 녹색　**あまり** 별로, 그다지　**～方がいい(ほう)** ～쪽이 좋다

10 りんごは二つでいくらですか。

(A) 500円　　(B) 1000円

男　果物屋で何を買いましたか。

女　＿＿＿＿＿と＿＿＿＿＿を買いました。

男　いくらでしたか。

女　メロンは＿＿＿＿＿で、りんごは＿＿＿＿＿でした。

+단어 りんご 사과　果物屋(くだものや) 과일 가게　メロン 멜론

3 회화문

1 B　いっぱい, ミルク, さとう
2 B　崩(くず)して, 100円(ひゃくえん), 2個(にこ)
3 A　カット, 短(みじか)く
4 A　荷物(にもつ), おみやげ
5 B　何冊(なんさつ), 3冊(さんさつ), 10日間(とおかかん)
6 B　顔色(かおいろ), お酒(さけ), 飲(の)んで, 薬(くすり)
7 A　天気(てんき), 降(ふ)る, かさ
8 A　見(み)かけ, 事故(じこ)
9 B　オレンジ, みどり
10 B　メロン, りんご, 700円(ななひゃくえん), 500円(ごひゃくえん)

정답은 해설집 ▶34쪽

공략 3 단계 실전 문제 풀기 061

次の会話をよく聞いて、後の問いにもっとも適したものを(A)から(D)の中で一つ選びなさい。

1 全部でいくらですか。

(A) ３００円
(B) ６００円
(C) ９００円
(D) １２００円

2 妹はどこに立っていますか。

(A) 花嫁の前に立っています。
(B) 花嫁の左側に立っています。
(C) 花嫁の後ろに立っています。
(D) 花嫁の右側に立っています。

3 何時に会いますか。

(A) ９時
(B) ９時３０分
(C) １０時
(D) １０時３０分

4 なぜごはんを残しましたか。

(A) のどが痛いから
(B) 食欲がないから
(C) お腹が痛いから
(D) ごはんがくさっているから

5 鈴木さんはなぜ入院しましたか。

(A) 体がよわいから
(B) 風邪を引いたから
(C) 階段から落ちたから
(D) ストレスがたまったから

6 林さんのスーツケースはどれですか。

(A) 黒いスーツケース
(B) 白いスーツケース
(C) 茶色のスーツケース
(D) みどり色のスーツケース

7 暇な時、何をしますか。

(A) 本を読みます。
(B) 買い物をします。
(C) 音楽を聞きます。
(D) じゃがいもをつぶします。

8 お母さんはなぜ怒っていますか。

(A) テレビを見すぎたから
(B) お使いに行かなかったから
(C) パソコンをやりすぎたから
(D) パソコンをつけたまま出かけたから

9 天気はどうなりそうですか。

(A) 今、雨が降っているが、午後からは晴れます。
(B) だんだん寒くなってきます。
(C) 梅雨だからこれからもずっと雨です。
(D) 雨が降るかもしれませんが、すぐやみます。

10 **加藤さんは冬休みに、何をする予定ですか。**

(A) 海へ行きます。
(B) スキーをします。
(C) テニスをします。
(D) まだ決めていません。

11 **木村さんに何を頼みましたか。**

(A) お金を下ろすこと
(B) きってを買うこと
(C) 手紙を出すこと
(D) きっぷを拾うこと

12 **鈴木さんからは何をもらいましたか。**

(A) 財布
(B) 指輪
(C) 化粧品
(D) ばらの花

13 **この人の具合はどうですか。**

(A) 熱もあるし、せきもします。
(B) 熱はないけど、せきはします。
(C) 熱もあるし、鼻水も出ます。
(D) せきはしないけど、鼻水は出ます。

14 **木村さんの子どもはどの子ですか。**

(A) 白いズボンをはいている子
(B) 赤いズボンをはいている子
(C) 水色のシャツを着ている子
(D) グレーのシャツを着ている子

15 **海外に行く時、要らないのはどれですか。**

(A) 会話の本
(B) ガイドブック
(C) キャッシュカード
(D) クレジットカード

2 관용어, 속담

유형 공략

1 관용어 및 속담이 들어 있는 회화문은 **전반적인 내용을 이해**할 수 있어야 합니다.

2 관용어 및 속담을 이해하지 못하면 문제에 대한 답을 유추하기 어려우므로 속담 및 관용구의 다양한 표현을 익혀 두세요.

예제 次の会話をよく聞いて、後の問いにもっとも適したものを(A)から(D)の中で一つ選びなさい。

二人(ふたり)はこれから何(なに)をしますか。 — 두 사람은 앞으로 무엇을 합니까?

(A) 花見(はなみ)をします。 — (A) 꽃구경을 합니다.

(B) ずっと歩(ある)きます。 — (B) 계속 걷습니다.

(C) 何かを食(た)べます。 — (C) 무언가를 먹습니다.

(D) だんごを作(つく)ります。 — (D) 경단을 만듭니다.

男　お腹(なか)すいた。何か食べましょう。

女　もう少(すこ)し歩くと、きれいな花が見られますよ。

男　「花よりだんご」という言葉(ことば)もあるじゃないですか。

女　それじゃ、しかたないですね。

꽃보다 경단은 '금강산도 식후경'이라는 뜻!

어쩔 수 없다는 말은 꽃을 보지 않고 밥을 먹겠다는 뜻이에요.

남: 배고파. 뭔가 먹읍시다.

여: 조금 더 걸으면 예쁜 꽃을 볼 수 있어요.

남: '금강산도 식후경'이라는 말도 있잖아요.

여: 그럼 어쩔 수 없네요.

+해설 이 문제에서 花よりだんご(금강산도 식후경)라는 속담을 아는 것이 관건이에요. 또한 전반적인 회화의 내용을 이해하지 못하면 정답을 유추하기 힘들어요. 그러기 위해서는 お腹(なか)がすく(배고프다), しかたない(어쩔 수 없다) 등의 표현을 익혀야 해요. 그밖에 花見(꽃구경), だんご(경단) 등의 어휘도 공부해 두세요.

+단어 **これから** 이제부터, 앞으로　**花見(はなみ)** 꽃구경　**歩(ある)く** 걷다　**だんご** 경단　**作(つく)る** 만들다　**言葉(ことば)** 말　**しかた(が)ない** 어쩔 수 없다

꼭 외워야 할 필수 표현

관용어, 속담 063

신체

1 A 田中さんは耳が痛いことを言うよね。 다나카 씨는 듣기 거북한 말을 하네.
B 弱点をつかれて、聞いていてつらいよ。 약점을 찌르니까 듣고 있자니 괴로워요.

2 A その時、口を出さなかったらよかったのに。 그때 말참견하지 않았으면 좋았을 텐데.
B いまさら言ってもあとの祭りだよ。 이제 와서 말해 봤자 소 잃고 외양간 고치기지.

3 A 山田部長がそばにいると仕事がやりにくくてしかたないんだ。
야마다 부장님이 옆에 있으면 일하기 어려워서 견딜 수가 없어.
B 目の上の(たん)こぶだね。 눈엣가시구나.

4 A 花子さんは成績もいいし、男の人にもすごくもてているね。
하나코 씨는 성적도 좋고, 남자에게도 꽤 인기 있네.
B でも、いつも鼻にかけていて印象はよくない。 하지만 항상 으스대고 있어서 인상이 안 좋아.

5 A お兄ちゃん、絶対に誰にも言わないから話してよ。 오빠, 절대로 아무에게도 말하지 않을 테니까 말해줘.
B おまえは口が軽いからいやだ。 너는 입이 가벼우니까 싫어.

6 A 彼女はうそがばれても涼しい顔をしているよ。 그녀는 거짓이 탄로 났는데도 시치미 떼고 있어.
B 今までかなりの人をだましてきたらしいね。 지금까지 꽤 많은 사람을 속여 온 듯 해.

7 A あんなこと言われて、顔から火が出るほど恥ずかしかったよ。
그런 말을 들어서, 얼굴이 화끈거릴 정도로 창피했잖아.
B これから内緒の話は言わないようにする。 이제부터 비밀 이야기는 안 할게.

8 A 山田さんは顔が広いよね。 야마다 씨는 발이 넓지요?
B はい、会社で知らない人がいないほどです。 예, 회사에서 모르는 사람이 없을 정도예요.

9 A 日本語の試験はどうだった？ 일본어 시험은 어땠어?
B 手も足も出ないほど難しかったよ。 손도 대지 못할 정도로 어려웠어.

동물, 식물

10 A この子はお父さんに似ていますか。 이 아이는 아버지를 닮았나요?

B はい、瓜二つですよ。 예, 쏙 빼 닮았어요.

11 A おこづかいが上がってよかったね。 용돈 올라서 좋겠네.

B 上がってもすずめの涙だよ。 올라도 새 발의 피야.

12 A 運動神経のいい山田さんがリレーで転んだそうです。
운동 신경이 좋은 야마다 씨가 이어달리기에서 넘어졌다고 합니다.

B さるも木から落ちるんだよ。 원숭이도 나무에서 떨어지는 거야.

13 A ずいぶん忙しそうだね。 꽤 바빠 보이네.

B 猫の手も借りたいほどだよ。 고양이 손이라도 빌리고 싶을 정도야.

14 A あの二人は会う度に口げんかをするね。 저 두 사람은 만날 때마다 말다툼을 하네.

B 犬猿の仲なんだよ。 견원지간이야.

15 A あの子はいつも落ち着いていておとなしいですね。 저 아이는 늘 침착하고 어른스럽네요.

B 猫をかぶっているんです。 그런 척하고 있는 거예요.

기타

16 A こんなに少ないおこづかいで、パソコンはいつ買えるかな。
이렇게 적은 용돈으로 컴퓨터를 언제 살 수 있을까?

B ちりも積もれば山となるという言葉もあるじゃない。 티끌 모아 태산이라는 말도 있잖아.

17 A 葉山さんはいつも口だけだよ。 하야마 씨는 항상 말 뿐이야.

B 「言うはやすく行うは難し」だからね。 말하는 것은 쉽고 행동하는 것은 어렵다고 하잖아.

18 A どうしよう。 仕事がうまく進まないんだ。 어떡하지? 일이 잘 진전되지 않아.

B 大変ですね。壁にぶつかって。 힘들겠네요. 벽에 부딪쳐서.

19 A やっぱり、専門家は違いますね。 역시 전문가는 다르군요.

B だからもちはもち屋と言うんだよ。 그래서 떡은 떡집에서 해야 한다고 하잖아.

20 A うわあ、すてきな車。 우아, 멋진 차다.

B でも、ぼくたちには高嶺の花だなあ。 하지만 우리에게는 그림의 떡이야.

공략 1단계 표현 다지기

1 관용어 064

음성을 듣고 ______ 안에 들어갈 적당한 말을 적어 넣으세요.

1 세상에 널리 알려지다, 유명해지다 → 顔(かお)が______

2 아는 사람이 많다 → 顔(かお)が______

3 매우 바쁘다 → 目(め)が______

4 원치 않은 일을 당하다 → ひどい目(め)に______

5 자만하다 → 鼻(はな)に______

6 애타게 기다리다 → 首(くび)を______

7 손이 많이 가다 → 手(て)が______

8 본성을 숨기고 얌전한 듯이 보이다, 양의 탈을 쓰다 → 猫(ねこ)を______

9 부끄러워서 얼굴이 화끈해지다 → 顔(かお)から______が出(で)る

10 벽에 부딪치다, 어떤 장애물에 가로막히다 → 壁(かべ)に______

11 오래 걷거나 해서 다리가 뻣뻣해지다 → 足(あし)が______になる

12 마음에 들다, 자신의 취향에 맞다 → 気(き)に______

13 얼굴에 먹칠하다, 창피를 당하다 → 顔(かお)に______を塗(ぬ)る

14 눈엣가시, 옆에서 방해가 되는 것 → 目(め)の上(うえ)の______

15 관심이나 흥미가 자주 바뀌다, 변덕스럽다 → 気(き)が______

16 상대의 뜻대로 되다, 속아 넘어가다 → 手(て)に______

17 문제를 해결할 방법이 없어서 곤란하다 → 手(て)も足(あし)も______

18 자신의 약점을 찔러서 듣기 거북하다 → ______が痛(いた)い

19 일하는 도중 쓸데없는 이야기를 해서 시간을 보내다 → 油(あぶら)を______

20 요행을 바라다 → 山(やま)を______

1 売(う)れる	2 広(ひろ)い	3 回(まわ)る	4 あう	5 かける
6 長(なが)くする	7 かかる	8 かぶる	9 火(ひ)	10 ぶつかる
11 ぼう	12 入(い)る	13 どろ	14 こぶ	15 多(おお)い
16 乗(の)る	17 出(で)ない	18 耳(みみ)	19 売(う)る	20 かける

2 속담 065

음성을 듣고 ＿＿＿＿＿ 안에 들어갈 적당한 말을 적어 넣으세요.

1 비록 어렵더라도 참고 견디면 성공한다 → 石の＿＿＿＿＿にも三年

2 하늘이 무너져도 솟아날 구멍이 있다 → 捨てる＿＿＿＿＿あれば拾う＿＿＿＿＿あり

3 티끌 모아 태산 → ちりも積もれば＿＿＿＿＿となる

4 원숭이도 나무에서 떨어진다 → さるも木から＿＿＿＿＿

5 행차 뒤의 나팔, 소 잃고 외양간 고치기 → ＿＿＿＿＿の祭り

6 작심삼일 → ＿＿＿＿＿坊主

7 새 발의 피 → すずめの＿＿＿＿＿

8 오십보백보 → 五十歩＿＿＿＿＿

9 달과 자라, 하늘과 땅 만큼의 차이 → ＿＿＿＿＿とすっぽん

10 돌다리도 두드려 보고 건너다 → 石橋を＿＿＿＿＿渡る

11 옥에 티, 완벽하고 훌륭하지만 조그만 흠이 있음 → 玉に＿＿＿＿＿

12 청출어람, 제자가 선생님보다 뛰어남 → 青は藍より＿＿＿＿＿藍より青し

13 폭풍 전의 고요함 → あらしの＿＿＿＿＿のしずけさ

14 급할수록 돌아가라 → ＿＿＿＿＿回れ

15 호랑이도 제 말 하면 온다 → ＿＿＿＿＿をすれば影がさす

16 낮말은 새가 듣고 밤말은 쥐가 듣는다 → かべに＿＿＿＿＿ありしょうじに＿＿＿＿＿あり

17 금강산도 식후경 → ＿＿＿＿＿よりだんご

18 떡은 역시 떡집, 무슨 일이나 전문가가 있음 → ＿＿＿＿＿はもち屋

19 말하는 것보다 행동하는 것이 어렵다 → 言うは＿＿＿＿＿行うは難し

20 젖은 손으로 좁쌀 쥐기, 간단하게 이익을 얻음 → ぬれ手に＿＿＿＿＿

1 上(うえ)	2 神(かみ), 神(かみ)	3 山(やま)	4 落(お)ちる	5 あと
6 三日(みっか)	7 涙(なみだ)	8 百歩(ひゃっぽ)	9 月(つき)	10 たたいて
11 きず	12 出(い)でて	13 前(まえ)	14 急(いそ)がば	15 うわさ
16 耳(みみ), 目(め)	17 花(はな)	18 もち	19 やすく	20 あわ

잘 듣고 (A), (B) 중 알맞은 답을 고른 후, 다시 한 번 들으면서 빈칸을 채워 보세요.

1 お母さんはどう思っていますか。

(A) うれしい　　(B) はずかしい

女　昨日の＿＿＿＿＿どうだった？
男　それが、本当に難しくてね…。
女　０点？ 顔から＿＿＿＿＿が＿＿＿＿＿だわ。
男　お母さん、次はがんばるよ！

+단어 うれしい 기쁘다　はずかしい 부끄럽다, 창피하다　テスト 테스트, 시험　難(むずか)しい 어렵다　顔(かお)から火(ひ)が出(で)る 부끄러워서 낯이 화끈거리다　次(つぎ) 다음　がんばる 힘내다, 열심히 하다

2 なぜ気が多い人だと思っていますか。

(A) よく遊んでいるから　　(B) 決定をすぐ変えるから

女　じゃ、赤いのにしよう。
男　赤いのに＿＿＿＿＿ね。
女　やっぱり、青いのがいいかも。
男　君は本当に気が＿＿＿＿＿ね。

+단어 気(き)が多(おお)い 변덕이 심하다　遊(あそ)ぶ 놀다　決定(けってい) 결정　変(か)える 바꾸다

3 合格したことをどう思っていますか。

(A) 信じられないと思っています。　(B) あたりまえだと思っています。

男　おめでとう！ ＿＿＿＿＿しましたよ。
女　本当に？
男　名前がちゃんと書いてありましたよ。
女　私の＿＿＿＿＿を＿＿＿＿＿ください。

+단어 合格(ごうかく) 합격　信(しん)じる 믿다　あたりまえ 당연함　おめでとう 축하해　ちゃんと 정확히, 틀림없이　ほっぺたをつねる 뺨을 꼬집다

3 회화문

4 **給料はどうですか。**

(A) 多い (B) 少ない

男 ＿＿＿＿＿、おめでとう！
女 ありがとう。
男 ＿＿＿＿＿も上がったそうだね。
女 でも、すずめの＿＿＿＿＿だよ。

+단어 **給料**(きゅうりょう) 급료 **昇進**(しょうしん) 승진 **上**(あ)**がる** 오르다 **すずめの涙**(なみだ) 새 발의 피, 아주 적음

5 **山田さんにふさわしい言葉は何ですか。**

(A) 石橋をたたいて渡る (B) 石の上にも三年

女 まだ終わっていないんですか。
男 何回も＿＿＿＿＿よ。
女 山田さんは本当に＿＿＿＿＿な方ですね。
男 ええ、＿＿＿＿＿深い人です。

+단어 **ふさわしい** 어울리다, 적합하다 **石橋**(いしばし)**をたたいて渡**(わた)**る** 돌다리도 두드려 보고 건너다 **石**(いし)**の上**(うえ)**にも三年**(さんねん) 오래 참고 견디면 성공한다 **まだ** 아직 **終**(お)**わる** 끝나다 **やり直**(なお)**す** 다시 하다 **慎重**(しんちょう) 신중함 **注意深**(ちゅういぶか)**い** 주의 깊다

6 **山田さんの仕事はどうなっていますか。**

(A) うまく進んでいる。 (B) うまく進んでいない。

女 山田さん、仕事は見つけましたか。
男 はい、＿＿＿＿＿から働いています。
女 新しい仕事はどうですか。
男 それが、壁に＿＿＿＿＿います。

+단어 **仕事**(しごと) 일 **うまく** 잘 **進**(すす)**む** 나아가다, 진행되다 **見**(み)**つける** 발견하다, 찾다 **先週**(せんしゅう) 지난주 **新**(あたら)**しい** 새롭다 **壁にぶつかる** 벽에 부딪치다

7 **会話の内容と合っているのは何ですか。**

(A) ひろみさんはひまです。　(B) ひろみさんは忙しいです。

男　もしもし、ひろみさん？ ちょっと＿＿＿＿＿ことがあるんだけど。

女　ごめん。私があとで電話する。今、目が＿＿＿＿＿ほどバタバタしているの。

男　うん、分かった。

+단어 **会話**(かいわ) 회화, 대화　**内容**(ないよう) 내용　**合う**(あう) 맞다, 일치하다　**ひまだ** 한가하다　**～けど** ~이지만　**あとで** 나중에　**電話する**(でんわする) 전화하다　**目が回る**(めがまわる) 눈이 돌 정도로 바쁘다　**バタバタ** 분주하게 뛰어 다니는 모양

8 **鈴木さんは茶色のかばんをどう思っていますか。**

(A) いいと思っています。　(B) あまりよくないと思っています。

女　鈴木さん、気に＿＿＿＿＿ものはありますか。

男　はい、あります。

女　＿＿＿＿＿ですか。

男　茶色のかばんです。

+단어 **茶色**(ちゃいろ) 갈색　**あまり** 매우(긍정문), 그다지(부정문)　**気に入る**(きにいる) 마음에 들다

9 **会話の内容と合っているのはどちらですか。**

(A) 鈴木さんが落ちたのは当然です。 (B) 鈴木さんが落ちたのは意外です。

女　鈴木さんが＿＿＿＿＿そうです。

男　信じられないことですね。

女　＿＿＿＿＿も木から＿＿＿＿＿んですよ。

男　なるほど。

+단어 **落ちる**(おちる) 떨어지다　**当然**(とうぜん) 당연함　**意外**(いがい) 의외　**信じる**(しんじる) 믿다　**さるも木から落ちる**(き, お) 원숭이도 나무에서 떨어진다　**なるほど** 과연

3 회화문

10 **女の人はどう思っていますか。**

(A) 大きな差があると思っている。　(B) ほとんど差がないと思っている。

女　テストはどうだった？

男　＿＿＿＿＿点だったけれど、ひろしより＿＿＿＿＿点も高かったよ。

女　＿＿＿＿＿だよ。

+단어 **大(おお)きな** 큰　**差(さ)** 차이　**ほとんど** 거의　**～より** ~보다　**高(たか)い** 높다
五十歩百歩(ごじっぽひゃっぽ) 오십보백보, 다소 차이는 있지만 거의 같음

1 B　テスト, 火(ひ), 出(で)そう
2 B　決(き)まり, 多(おお)い
3 A　合格(ごうかく), ほっぺた, つねって
4 B　昇進(しょうしん), 給料(きゅうりょう), 涙(なみだ)
5 A　やり直(なお)しさせられた, 慎重(しんちょう) , 注意(ちゅうい)
6 B　先週(せんしゅう), ぶつかって
7 B　聞(き)きたい, 回(まわ)る
8 A　入(い)った, どれ
9 B　落(お)ちた, さる, 落(お)ちる
10 B　55(ごじゅうご), 5(ご), 五十歩百歩(ごじっぽひゃっぽ)

공략 3 단계 실전 문제 풀기 067

次の会話をよく聞いて、後の問いにもっとも適したものを(A)から(D)の中で一つ選びなさい。

1 テストはどうでしたか。

(A) やさしかったです。
(B) むずかしかったです。
(C) おもしろかったです。
(D) おそろしかったです。

2 女の人はお母さんが何をしていると思っていますか。

(A) 店で油を買っている。
(B) 掃除をしている。
(C) ごはんを食べながらテレビを見ている。
(D) 途中でむだ話をして時間をつぶしている。

3 男の人はどんなタイプの人ですか。

(A) 三日坊主
(B) かしこい人
(C) 口が重い人
(D) てるてる坊主

4 木村さんはどんな人ですか。

(A) 足が広い
(B) 顔が広い
(C) 鼻が高い
(D) 猫をかぶる

5 田中さんの欠点はどれですか。

(A) 口が軽い
(B) 気が多い
(C) 気が短い
(D) 頭がかたい

6 なぜ一休みしますか。

(A) 足が疲れたから
(B) 顔が痛くなったから
(C) 腕が疲れたから
(D) 目が痛くなったから

7 木村さんの妹はどんな人ですか。

(A) とても美しい人
(B) 猫を飼っている人
(C) 本性を隠している人
(D) おとなしくない人

8 山田さんの奥さんはどんな人ですか。

(A) 口が重い
(B) 口がかたい
(C) 口が軽い
(D) 口がうまい

9 林さんはどうするつもりですか。

(A) 山に登って勉強する。
(B) 勉強をしないで寝る。
(C) 夜遅くまでいっしょうけんめい勉強する。
(D) 試験に出そうなところだけ勉強する。

10 男の人は何と言いましたか。

(A) 猫に小判
(B) 蛙の子は蛙
(C) 月とすっぽん
(D) さるも木から落ちる

3 시사, 비즈니스

유형 공략

1 비즈니스 상황에서 많이 쓰이는 단어를 익히고, 회화가 이루어지고 있는 상황을 이해해야 합니다.

2 시사, 정보 전달, 구직, 회의 내용 및 일하는 내용에 관한 문제가 출제되므로 이와 관련된 표현을 익혀 두세요.

3 450점대에 필요한 비즈니스 표현으로서 **おる・いらっしゃる・まいる・申**(もう)**し上**(あ)**げる・いたす**와 직접적으로 묻지 않고 우회적으로 묻는 **~ていただきます・~ませんか・~ましょうか** 및 **ご連絡先**(れんらくさき), **お電話**(でんわ)와 같이 **お**와 **ご**의 사용법 정도는 알고 있어야 해요. (자세한 것은 334쪽 경어 참조)

4 질문을 먼저 보고 회화의 내용을 짐작하여 문제지에서 질문의 응답이 될 만한 것을 체크하면서 문제를 풀어 보세요.

예제 **次の会話をよく聞いて、後の問いにもっとも適したものを(A)から(D)の中で一つ選びなさい。** 

バイトの経験はどれくらいですか。　　아르바이트 경험은 어느 정도입니까?

(A) 6時間です。　　(A) 6시간입니다.

(B) 6日間です。　　(B) 6일간입니다.

(C) 6週間です。　　(C) 6주간입니다.

(D) 6ヶ月です。　　(D) 6개월입니다.

듣을 때 기간에 포커스를 맞춰 들으면 답을 찾기가 훨씬 수월해져요.

女　バイトの経験(けいけん)はありますか。　　여: 아르바이트 경험은 있습니까?

男　はい、あります。　　남: 예, 있습니다.

女　どこでですか。　　여: 어디에서입니까?

男　マックで6ヶ月ぐらいです。　　남: 맥도날드에서 6개월 정도입니다.

6개월만 캐치하면 답은 바로 보여요!

+해설 제시된 질문의 요지를 빨리 파악하는 것이 제일 중요합니다. 질문에 **どれくらい**가 있는 것으로 보아, '어느 정도'라는 기간을 물어 보는 것임을 알 수 있으므로, 들려주는 회화에서 기간에 대해 주의 깊게 듣고, 올바른 정답을 찾으세요. 또한 시간 표현도 익혀 두어야 해요.

+단어 **バイト** 아르바이트　**経験**(けいけん) 경험　**マック** 맥도날드(マクドナルド의 준말)

꼭 외워야 할 필수 표현

시사, 비즈니스 069

1 A 道に迷ったらどうしますか。 길을 잃으면 어떻게 합니까?
B 交番に行ってください。 파출소에 가세요.

2 A 日本は島が多いですか。 일본은 섬이 많습니까?
B はい、多いです。 예, 많습니다.

3 A 日本で一番高い山は何ですか。 일본에서 가장 높은 산은 무엇입니까?
B 富士山です。 후지산입니다.

4 A 日本の花は何ですか。 일본의 꽃은 무엇입니까?
B 桜です。 벚꽃입니다.

5 A 日本の首都はどこですか。 일본의 수도는 어디입니까?
B 東京です。 도쿄입니다.

6 A バス料金がまた値上げになったよ。 버스 요금이 또 올랐어.
B こんなに高くなったら、どこにも行けませんね。 이렇게 비싸지면 아무 데도 못 가겠네요.

7 A 日本は地震が多い方ですか。 일본은 지진이 많이 일어나는 편입니까?
B はい、そうですね。 예, 그렇습니다.

8 A 会社に入る前に面接はありましたか。 회사에 들어오기 전에 면접은 있었습니까?
B はい、２回ありました。 예, 2번 있었습니다.

9 A 新製品について話したいのですが。 신제품에 관해서 이야기하고 싶습니다만.
B あとにしてくださいませんか。 나중에 해 주시지 않겠습니까?

10 A 営業部から来たファイルはどうしますか。 영업부에서 온 파일은 어떻게 합니까?
B ファイル名を変更してください。 파일명을 변경해 주세요.

11 A ダウンロードしたファイルはどうしますか。 다운로드한 파일은 어떻게 합니까?
B 削除してください。 삭제해 주세요.

12 A 山田さん、ファイルはどこにありますか。 야마다 씨, 파일은 어디에 있나요?
B 引き出しに入れておきました。 서랍에 넣어 두었어요.

13 A 定年になったら何をするつもりですか。 정년이 되면 무엇을 할 생각입니까?

B 田舎に行こうと思っています。 시골에 가려고 합니다.

14 A いつ会社をやめましたか。 언제 회사를 그만두었습니까?

B 先週やめました。 지난주에 그만두었습니다.

15 A ２時からの会議の資料は？ 2시부터 있을 회의 자료는?

B これです。 コピーしておきました。 이것입니다. 복사해 두었습니다.

16 A この製品の売り上げはどうですか。 이 제품의 매상은 어떻습니까?

B 去年に比べて、いいです。 작년에 비해서 좋습니다.

17 A 毎日会社に行きますか。 매일 회사에 갑니까?

B いいえ、土曜日と日曜日は行きません。 아니요, 토요일과 일요일은 가지 않습니다.

18 A 鈴木さん、転勤するんですか。 스즈키 씨, 전근하는 건가요?

B はい、だから引っ越すことになりました。 예, 그래서 이사하게 되었습니다.

공략 1단계 표현 다지기

1 정보 전달 070

음성을 듣고 ＿＿＿＿＿＿ 안에 들어갈 적당한 말을 적어 넣으세요.

1 入国(にゅうこく)＿＿＿＿＿＿は観光(かんこう)です。입국 목적은 관광입니다.

2 ＿＿＿＿＿＿証明書(しょうめいしょ)が必要(ひつよう)です。신분증명서가 필요합니다.

3 日本(にほん)は＿＿＿＿＿＿が高(たか)い方(ほう)です。일본은 물가가 비싼 편입니다.

4 道(みち)に＿＿＿＿＿＿時(とき)は交番(こうばん)に行(い)ってください。길을 잃었을 때는 파출소에 가세요.

5 ＿＿＿＿＿＿はタバコを吸(す)わないでください。식사 중에는 담배를 피우지 말아 주세요.

6 ボランティア＿＿＿＿＿＿をするつもりです。봉사 활동을 할 생각입니다.

7 名前(なまえ)と＿＿＿＿＿＿ナンバーを書(か)きます。이름과 여권 번호를 씁니다.

8 日本国内(にほんこくない)には＿＿＿＿＿＿が２０００箇所以上(かしょいじょう)あります。일본 국내에는 온천이 2,000여 곳 이상 있습니다.

9 ＿＿＿＿＿＿たり、食(た)べ物(もの)を＿＿＿＿＿＿たりしないでください。이야기하거나 음식을 먹지 마세요.

10 ＿＿＿＿＿＿にイカやキャベツや卵(たまご)などを入(い)れます。오코노미야키에 오징어나 양배추, 계란 등을 넣습니다.

1 目的(もくてき)	2 身分(みぶん)	3 物価(ぶっか)	4 迷(まよ)った
5 食事中(しょくじちゅう)	6 活動(かつどう)	7 パスポート	8 温泉(おんせん)
9 話(はな)し, 食(た)べ	10 お好(この)み焼(や)き		

2 비즈니스 071

음성을 듣고 __________ 안에 들어갈 적당한 말을 적어 넣으세요.

1 私は__________におります。 저는 영업부에 있습니다.

2 貿易会社に__________です。 무역회사에서 일하고 싶습니다.

3 一日、何時間__________ますか。 하루에 몇 시간 일합니까?

4 ファイル名を変えて__________をします。 파일명을 바꿔서 저장합니다.

5 メールを__________してください。 메일을 확인해 주세요.

6 ともかく、__________を調べます。 어쨌든 재고를 조사하겠습니다.

7 __________して3年になりました。 입사한 지 3년이 되었습니다.

8 __________をダウンロードしてください。 파일을 다운로드해 주세요.

9 製品の__________について申し上げます。 제품의 견본에 대해 말씀 드리겠습니다.

10 今度の出張は__________になりました。 이번 출장은 취소되었습니다.

11 コンピューター__________の仕事をしています。 컴퓨터와 관련된 일을 하고 있습니다.

12 会議のことで、ご__________したいことがあります。 회의에 관한 일로 상담하고 싶은 것이 있습니다.

13 お__________と思いますが、お願い申し上げます。 바쁘실 것으로 생각되지만 부탁 드립니다.

14 仕事にも__________きて、楽しく働いています。 일에도 익숙해져서 즐겁게 일하고 있습니다.

15 会議の時間ですが、午後4時に__________されました。 회의 시간 말인데요, 오후 4시로 변경되었습니다.

1 営業部(えいぎょうぶ)	**2** 勤(つと)めたい	**3** 働(はたら)き	**4** 保存(ほぞん)
5 確認(かくにん)	**6** 在庫(ざいこ)	**7** 入社(にゅうしゃ)	**8** ファイル
9 見本(みほん)	**10** キャンセル	**11** 関係(かんけい)	**12** 相談(そうだん)
13 忙(いそが)しい	**14** 慣(な)れて	**15** 変更(へんこう)	

공략 2 단계 실전 감각 익히기 072

잘 듣고 (A), (B) 중 알맞은 답을 고른 후, 다시 한 번 들으면서 빈칸을 채워 보세요.

1　どうして電話をしなかったんですか。

(A) 会議があったからです。　　(B) 電話を持っていなかったからです。

女　昨日、＿＿＿＿＿を待っていたんですよ。

男　すみません。

女　どうして＿＿＿＿＿をしてくれなかったんですか。

男　ずっと＿＿＿＿＿があったからです。

+단어 どうして 어째서　電話(でんわ) 전화　会議(かいぎ) 회의　持(も)つ 가지다, 들다　待(ま)つ 기다리다　ずっと 쭉, 계속

2　営業は何時からですか。

(A) 午前8時からです。　　(B) 午前9時からです。

男　営業はもう終わりましたか。

女　はい、終わりました。

男　＿＿＿＿＿は何時から何時までですか。

女　朝＿＿＿＿＿から、夜＿＿＿＿＿までです。

+단어 営業(えいぎょう) 영업　何時(なんじ) 몇 시　午前(ごぜん) 오전　終(お)わる 끝나다　～から～まで ~부터 ~까지　朝(あさ) 아침　夜(よる) 밤

3　ファイルを確認してからどうしますか。

(A) ファイルを消します。　　(B) ダウンロードします。

男　営業部からの＿＿＿＿＿、確認しましたか。

女　まだですが、今、確認します。

男　＿＿＿＿＿してから、ファイルを＿＿＿＿＿してください。

女　はい、分かりました。

+단어 ファイル 파일　確認(かくにん) 확인　消(け)す 지우다　ダウンロード 다운로드　営業部(えいぎょうぶ) 영업부　分(わ)かる 알다, 이해하다

4 バイトは何時間しますか。

(A) 3時間　　(B) 4時間

女 ＿＿＿＿＿はどうですか。

男 とても楽しいです。

女 何時から何時まで＿＿＿＿＿いますか。

男 ＿＿＿＿＿から＿＿＿＿＿まで働いています。

+단어 バイト 아르바이트　とても 매우　楽しい 즐겁다　働く 일하다

5 どんな会社に勤めようとしていますか。

(A) 貿易会社　　(B) 銀行

女 卒業したら何をするつもりですか。

男 この前までは＿＿＿＿＿で働きたかったですが、今はほかの＿＿＿＿＿に勤めたいと思っています。

女 どんな会社に＿＿＿＿＿ですか。

男 ＿＿＿＿＿に勤めたいです。

+단어 勤める 근무하다　貿易会社 무역회사　銀行 은행　卒業 졸업　ほかの 다른, 딴　どんな 어떤

6 日本は今年何位ですか。

(A) 4位　　(B) 7位

男 田中さん、昨日テレビで「世界で本をよく読む国民ベスト10」を発表していましたね。

女 私は見ませんでした。日本は＿＿＿＿＿でしたか。

男 去年は＿＿＿＿＿だったけど、今年は＿＿＿＿＿順位が＿＿＿＿＿そうです。

+단어 今年 올해, 금년　何位 몇 위　世界 세계　国民 국민　ベスト 베스트　発表 발표　去年 작년　順位 순위　落ちる 떨어지다

7　田中さんは今何をしていますか。

(A) 仕事を探しています。　　(B) 楽しく会社で働いています。

女　田中さん、仕事に＿＿＿＿＿楽しく働いていますか。

男　あのう、実は私、１ヶ月前に＿＿＿＿＿ました。

女　え？ では、今何をしていますか。

男　仕事を＿＿＿＿＿います。

+단어 探す(さが) 찾다　慣れる(な) 익숙해지다　実は(じつ) 실은　やめる 그만두다

8　今月の出張は何回ですか。

(A) 3回　　(B) 7回

男　また出張ですよ。

女　今月に入ってからよくありますね。

男　ええ、＿＿＿＿＿は＿＿＿＿＿しかなかったんですが、＿＿＿＿＿は今回でもう＿＿＿＿＿です。

女　それは大変ですね。

+단어 今月(こんげつ) 이번 달　出張(しゅっちょう) 출장　また 또, 다시　入る(はい) 들어오다　よく 자주　先月(せんげつ) 지난달　～しかない ~밖에 없다　今回(こんかい) 이번　～目(め) ~째

9　山田さんが戻ってきたら何を伝えますか。

(A) セミナーの時間変更　　(B) セミナーの場所変更

男　もしもし、伊藤ですけど、山田さんいますか。

女　山田さんは出かけましたけど、＿＿＿＿＿の＿＿＿＿＿ですか。

男　今月のゼミなんですが、＿＿＿＿＿はそのままで、＿＿＿＿＿が11時に＿＿＿＿＿になったと伝えてください。

女　山田さんが戻ってきたら、そのように伝えます。

+단어 戻る(もど) 돌아오다　伝える(つた) 전하다　セミナー 세미나　変更(へんこう) 변경　場所(ばしょ) 장소　出かける(で) 외출하다　用(よう) 용건　そのまま 그대로

10 どうして会社に早く行きますか。

(A) 会議があるため　　(B) プレゼントを買うため

女　まだ5時だよ。もう＿＿＿＿＿＿に行くの？

男　うん、＿＿＿＿＿＿があるんだ。＿＿＿＿＿＿の前に＿＿＿＿＿＿の練習をしようと思って。

女　あ、そう。がんばってね。

+단어 早い(はや) 이르다, 빠르다　会議(かいぎ) 회의　プレゼント 선물　プレゼン 프레젠테이션　練習(れんしゅう) 연습

1 A　電話(でんわ), 電話(でんわ), 会議(かいぎ)

2 B　営業時間(えいぎょうじかん), 9時(くじ), 8時(はちじ)

3 B　ファイル, 確認(かくにん), ダウンロード

4 A　バイト, 働(はたら)いて, 4時(よじ), 7時(しちじ)

5 A　銀行(ぎんこう), 会社(かいしゃ), 勤(つと)めたい, 貿易会社(ぼうえきがいしゃ)

6 B　何位(なんい), 4位(よんい), 3(みっ)つ, 落(お)ちた

7 A　慣(な)れて, やめ, 探(さが)して

8 B　先月(せんげつ), 3回(さんかい), 今月(こんげつ), 7回目(ななかいめ)

9 A　何(なん), 用(よう), 場所(ばしょ), 時間(じかん), 変更(へんこう)

10 A　会社(かいしゃ), 会議(かいぎ), 会議(かいぎ), プレゼン

공략 3 단계 실전 문제 풀기 073

次の会話をよく聞いて、後の問いにもっとも適したものを(A)から(D)の中で一つ選びなさい。

1 ここはどこですか。

(A) 駅
(B) 病院
(C) 空港
(D) 学校

2 会話の内容と合っているのはどれですか。

(A) 木村さんはほかの会社を探しています。
(B) 木村さんは入社してから15年たちました。
(C) 木村さんは会社をやめようと思っています。
(D) 木村さんは定年後にボランティア活動をします。

3 上司はどんな人ですか。

(A) 働きすぎる人
(B) お酒の好きな人
(C) 時間にうるさい人
(D) 後輩にやさしい人

4 渡辺さんに何を渡しますか。

(A) ノート
(B) カード
(C) チケット
(D) ガイドブック

5 会社へ来られる日はいつですか。

(A) 月曜日
(B) 木曜日
(C) 金曜日
(D) 日曜日

6 山田さんが行ったところはどこですか。

(A) イギリス
(B) ホンコン
(C) オーストラリア
(D) シンガポール

7 ファイルはどこにありますか。

(A) 中村さんの机の上
(B) 山田部長の机の上
(C) 中村さんの机の引き出し
(D) 山田部長の机の引き出し

8 お客さんは全員で何人ですか。

(A) 1人
(B) 2人
(C) 3人
(D) 4人

9 今月、残業はどれくらいありますか。

(A) 週に1回あります。
(B) 週に3、4回あります。
(C) 毎日あります。
(D) 全然ありません。

10 きゅうりは１本いくらですか。

(A) ５０円
(B) １００円
(C) ２００円
(D) ３００円

11 宿泊カードに何を記入しますか。

(A) 名前と住所
(B) 名前と電話番号
(C) 名前と旅行の日程
(D) 名前とパスポート番号

12 何時のチケットを予約しましたか。

(A) １時
(B) １時３０分
(C) ２時
(D) ２時３０分

13 社員旅行はどこへ行きますか。

(A) 大阪
(B) 奈良
(C) 東京
(D) 京都

14 次回の会議はいつですか。

(A) ２月５日
(B) ２月８日
(C) ２月10日
(D) ２月13日

15 注文したのはどれですか。

(A) すし
(B) うどん
(C) カツ丼
(D) ラーメン

실전모의테스트(30문항) 

정답은 해설집 ▶50쪽

Ⅲ 次の会話をよく聞いて、後の問いにもっとも適したものを(A)から(D)の中で一つ選びなさい。

51 男の人が買いたいのはどれですか。

(A) まんがの本
(B) 日本の小説
(C) ビジネスの本
(D) 英語のガイドブック

52 どんなハイヒールを探していますか。

(A) 安いハイヒール
(B) デザインのいいハイヒール
(C) 今流行っているハイヒール
(D) ５センチぐらいの高さのハイヒール

53 男の人は何を買いに行きますか。

(A) ワイン
(B) ビール
(C) コーラ
(D) ウイスキー

54 鈴木さんは何をしに図書館へ行きますか。

(A) 勉強しに行きます。
(B) 本を返しに行きます。
(C) 本を借りに行きます。
(D) 友だちに会いに行きます。

55 今一番難しいのはどれですか。

(A) 漢字を書くこと
(B) カタカナを書くこと
(C) ひらがなを覚えること
(D) カタカナを覚えること

56 たかしさんの電話番号はどれですか。

(A) ３２２０－００１２
(B) ３３２５－７８１２
(C) ３３９９－７８１９
(D) １２２５－０８１２

57 日本の大学に入るために何をしていますか。

(A) 経済の勉強をしています。
(B) 貿易の勉強をしています。
(C) 英語の勉強をしています。
(D) 日本語の勉強をしています。

58 ２人は映画を見る前に何をしますか。

(A) 食事をします。
(B) 家に帰ります。
(C) 買い物をします。
(D) 飲み物を買います。

59 このラーメン屋はなぜいつも混んでいますか。

(A) 量が多いから
(B) 駅から近いから
(C) 家から遠いから
(D) 値段が安いから

60 金曜日にはなぜ電車に乗りますか。

(A) 道が混むから
(B) 旅行に行くから
(C) 飲み会があるから
(D) デパートに行くから

61 日本国内には温泉がいくつありますか。

(A) ５００箇所以下
(B) 1,０００箇所以下
(C) 1,５００箇所以下
(D) 2,０００箇所以上

62 キムさんは何人家族ですか。

(A) ２人
(B) ３人
(C) ４人
(D) ５人

63 女の人のかばんは何色ですか。

(A) 黄色
(B) 茶色
(C) 水色
(D) 紺色

64 男の人は夜遅くまで何をしましたか。

(A) DVDを見ました。
(B) ゲームをしました。
(C) ラジオを聞きました。
(D) 掃除をしました。

65 加藤さんのお姉さんはどの人ですか。

(A) 眼鏡をかけた人
(B) かばんを持っている人
(C) 派手なワンピースを着ている人
(D) フリルワンピースを着ている人

66 高木さんはいつ入院しましたか。

(A) １週間前
(B) ２週間前
(C) １ヶ月前
(D) ２ヶ月前

67 帰りは何月何日ですか。

(A) 12月２4日
(B) 12月２7日
(C) 12月３0日
(D) 12月３1日

68 会話の内容と合っているのはどれですか。

(A) いろいろな動物の生活を描いた作品です。
(B) ペットショップを紹介しています。
(C) ベストセラーは「犬の家族」です。
(D) 犬が家族の一員となっていく様子が描かれている本です。

69 男の人は今度の金曜日に何をしますか。

(A) パクさんを招待します。
(B) パクさんの家を訪問します。
(C) 遠いからどこへも行きません。
(D) 渡辺さんの家でパーティーをします。

70 疲れをとるために何をしますか。

(A) ゆっくり話します。
(B) ゆっくり休みます。
(C) ゆっくり歩きます。
(D) ゆっくり食べます。

71 鈴木さんの具合はどうですか。

(A) 熱があります。
(B) のどが痛いです。
(C) 目が痛いです。
(D) 吐き気がします。

72 会話の内容と合うことわざはどれですか。

(A) 青は藍より出でて藍より青し
(B) ちりも積もれば山となる
(C) 捨てる神あれば拾う神あり
(D) かべに耳あり、しょうじに目あり

73 何線に乗り換えますか。

(A) JR線
(B) 京王線
(C) 都営線
(D) 小田急線

74 落とした財布はどんなものですか。

(A) 丸くて茶色の財布
(B) 長くて赤い財布
(C) 大きくて黒い財布
(D) 小さくて金色の財布

75 何を頼みましたか。

(A) ファッション新聞とコーヒー
(B) ファッション雑誌とコーヒー
(C) ファッション新聞とジュース
(D) ファッション雑誌とジュース

76 加藤さんの住んでいる所について正しくないのはどれですか。

(A) 値段が安い
(B) 部屋が広い
(C) 駅から近い
(D) 少しうるさい

77 金曜日に何をしますか。

(A) 送別会をします。
(B) 同窓会をします。
(C) デパートで会います。
(D) 駅前で本を買います。

78 日本の夏の天気はどうですか。

(A) 寒い
(B) 涼しい
(C) 暖かい
(D) 湿気が多い

79 中村さんはどこへ行きますか。

(A) 銀行
(B) 花屋
(C) スーパー
(D) デパート

80 ゆうこさんは一年の中でどの季節が一番好きですか。

(A) 春
(B) 夏
(C) 秋
(D) 冬

PART 4

설명문

PART 4는 뉴스, 일상생활 정보, 광고 등의 설명문을 듣고 질문에 답하는 형식으로, 청해 문제 중 가장 어려운 부분에 속합니다. 긴 설명문을 읽어 주고 그것을 바탕으로 3~4개의 질문을 제시함으로써 상당한 수준의 종합적인 일본어 능력을 평가하고 있어요.

설명문을 듣고 나서 문제를 풀면 내용을 잊어버리거나 중요 내용을 놓칠 수 있으니 문제를 먼저 파악한 후 지문을 듣도록 하세요. 숫자나 장소, 기간 등을 헷갈리게 하여 오답을 유도하는 문제도 나오니 집중해서 메모를 하며 들어 보세요.

1 일상생활

유형 공략

1 음성을 듣기 전에 **질문을 먼저 파악**하고 앞으로 제시될 지문의 내용을 짐작해 보세요.

2 시간, 숫자, 날짜 등의 **문제의 포인트를 찾아** 지문의 내용을 메모하며 질문지의 내용과 비교하면서 풀어 보세요.

3 인물의 됨됨이, 성격, 주변의 생활 정보 및 전화 통화 내용과 같은 **일상생활 단어**를 충분히 습득하도록 합시다.

예제 **次の文章をよく聞いて、後の問いにもっとも適したものを(A)から(D)の中で一つ選びなさい。**

高橋(たかはし)さんに何を伝えますか。 → 전하는 내용에 집중하여 들을 것! 시간과 해야 할 일에 귀를 기울이세요!

(A) 明日(あした)経理課に行くこと
(B) 明日(あした)経理課(けいりか)に電話(でんわ)すること
(C) 申し込み用紙をコピーすること
(D) 申し込み用紙にサインすること

다카하시 씨에게 무엇을 전달합니까?

(A) 내일 경리과에 갈 것
(B) 내일 경리과에 전화할 것
(C) 신청 용지를 복사할 것
(D) 신청 용지에 사인할 것

★ 음성을 듣기 전에 보기에 나온 단어를 일본어로 미리 떠올려 보세요.
経理課(けいりか) 경리과, 申(もう)し込(こ)み 신청, 用紙(ようし) 용지…

社員旅行(しゃいんりょこう)の申(もう)し込(こ)みのことですが、高橋さんが昨日(きのう)申し込みをしました。その時(とき)、用紙(ようし)にサインをしませんでした。ですから今日(きょう)の6時(ろくじ)までに経理課の窓口(まどぐち)に来て、サインするように伝(つた)えてください。

이 문제를 푸는 열쇠에요. 메모를 해두는 것이 중요하답니다.

사원 여행 신청에 대한 것인데요, 다카하시 씨가 어제 신청을 했습니다. 그때 용지에 사인을 하지 않았습니다. 그러니까 오늘 6시까지 경리과 창구에 와서 사인하도록 전해 주세요.

+해설 '다카하시 씨에게 무엇을 전달하는가'를 묻고 있으므로 들려주는 지문에서 '무엇'에 해당되는 단어를 잘 캐치하여 메모해 보세요.

+단어 **伝(つた)える** 전달하다 **経理課(けいりか)** 경리과 **申(もう)し込(こ)み** 신청 **用紙(ようし)** 용지 **サイン** 사인 **社員旅行(しゃいんりょこう)** 사원 여행 **窓口(まどぐち)** 창구

꼭 외워야 할 필수 표현

일상생활 076

인물 소개

頭(あたま)がいい 머리가 좋다

おしゃべりな人(ひと) 수다스러운 사람

おしゃれをする 멋을 부리다

おてんば 말괄량이

おとなしい 어른스럽다, 얌전하다

かしこい 현명하다, 영리하다

我慢強(がまんづよ)い 참을성이 많다

かわいらしい 귀엽다, 사랑스럽다

気(き)まぐれ 변덕스러움, 변덕쟁이

気難(きむずか)しい 까다롭다, 신경질적이다

口(くち)が重(おも)い 과묵하다

しつこい 끈질기다, 집요하다

ずるい 교활하다, 엉큼하다

性格(せいかく)が明(あか)るい 성격이 밝다

性格(せいかく)がいい 성격이 좋다

性格(せいかく)が悪(わる)い 성격이 나쁘다

センスがいい 센스가 좋다

そそっかしい 덜렁대다

たよりになる 의지가 되다

鼻(はな)が高(たか)い 콧대가 높다, 우쭐하다

まじめだ 성실하다, 진지하다

無口(むくち)な人(ひと) 과묵한 사람

もてる (주로 이성에게) 인기가 있다

ユーモアがある 유머가 있다

わがままだ 제멋대로 굴다, 버릇없다

생활 정보 안내

• 음식, 요리

味(あじ)が薄(うす)い 맛이 싱겁다

味見(あじみ)をする 맛을 보다

甘味(あまみ)がある 단맛이 있다

口(くち)に合(あ)う 입에 맞다

しおからい 짜다

生臭(なまぐさ)い 비린내가 나다

バランスが取(と)れる 균형 잡히다

ボリュームがある 양이 많다

和風(わふう) 일본식, 일본풍

• 교육

言(い)い訳(わけ)をする 변명을 하다

ネットで調(しら)べる 인터넷에서 조사하다

覚(おぼ)えが早(はや)い 이해가 빠르다

子育(こそだ)てが楽(らく)になる 육아가 편해지다

子(こ)どもを預(あず)ける 아이를 맡기다

手塩(てしお)にかける 몸소 돌보아 기르다

日本語(にほんご)を教(おし)える 일본어를 가르치다

ピアノを習(なら)う 피아노를 배우다

• 운동

検査(けんさ)する 검사하다

ダイエットする 다이어트하다

手伝(てつだ)いをする 도와주다

手続(てつづ)き 수속, 절차

入会(にゅうかい)の案内(あんない) 입회 안내, 가입 안내

• 상점

値段(ねだん)を比(くら)べる 가격을 비교하다

日用品(にちようひん)がそろっている 생활용품이 갖춰져 있다

評判がいい 평판이 좋다

評判が高い 평판이 높다

物価が高い 물가가 비싸다

ポイントがたまる 포인트가 쌓이다

• 주거

インテリアが華やかだ 인테리어가 화려하다

静かな住宅街である 조용한 주택가이다

日当たりがいい 채광이 좋다

1人で暮す 혼자 살다

眺めがいい 전망·경치가 좋다

家賃が高い 집세가 비싸다

• 안내

お知らせ 알림, 통지

観光案内 관광 안내

求人広告 구인 광고

車内放送 차내 방송

• 교통

一方通行になっている 일방통행으로 되어 있다

ガソリンが切れる 기름이 떨어지다

各駅に停車する 매 역마다 정차하다

片道・往復のチケット 편도·왕복 티켓

終電に間に合わない 막차 시간에 늦다

スピードを落とす 속도를 떨어뜨리다

ターミナルから出る 터미널에서 나오다

通行止めになる 통행금지가 되다

定期券を買う 정기권을 사다

電車に乗り遅れる 전철을 놓치다

バスに乗りかえる 버스로 갈아타다

ルールを守る 규칙을 지키다

전화 통화

• 전화 종류

いたずら電話 장난 전화

間違い電話 잘못 걸린 전화

国際電話 국제 전화

問い合わせの電話 문의 전화

るすばん電話 자동 응답 전화

• 전화 응대

電話がかかってくる 전화가 걸려오다

電話に出る 전화를 받다

電話を切る 전화를 끊다

返信がない 회신이 없다

いい返事をもらう 좋은 대답을 얻다

また連絡する 다시 연락하다

공략 1단계 표현 다지기

1 인물 소개 077

음성을 듣고 __________ 안에 들어갈 적당한 말을 적어 넣으세요.

1 橋本(はしもと)さんはいつも__________働(はたら)いています。 하시모토 씨는 항상 성실하게 일하고 있습니다.

2 彼(かれ)は口(くち)が__________です。 그는 과묵합니다.

3 中山(なかやま)さんは__________な人(ひと)です。 나카야마 씨는 수다스러운 사람입니다.

4 木村(きむら)さんは__________がいい人(ひと)です。 기무라 씨는 센스가 좋은 사람입니다.

5 山田(やまだ)さんは__________ます。 야마다 씨는 이성에게 인기가 있습니다.

6 葉山(はやま)さんは__________人(ひと)です。 하야마 씨는 상냥한 사람입니다.

7 __________なところがありますが、__________です。 변덕스러운 부분이 있지만, 사랑스럽습니다.

8 山田(やまだ)さんは性格(せいかく)が__________、__________です。 야마다 씨는 성격이 밝고 활동적입니다.

9 月(つき)のような__________をしています。 달과 같은 얼굴을 하고 있습니다. (살쪘다는 의미)

10 鈴木(すずき)さんは料理(りょうり)が__________です。 스즈키 씨는 요리를 잘 못합니다.

11 木村(きむら)さんは外国語(がいこくご)が__________です。 기무라 씨는 외국어를 잘합니다.

12 中村(なかむら)さんは__________になる人(ひと)です。 나카무라 씨는 의지가 되는 사람입니다.

13 宮本(みやもと)さんのお子(こ)さんはとても__________子(こ)です。 미야모토 씨의 자녀분은 매우 영리한 아이입니다.

14 田中(たなか)さんは年(とし)より__________見(み)えます。 다나카 씨는 나이에 비해 늙어 보입니다.

15 幼稚園(ようちえん)では__________子(こ)ですが、家(いえ)では__________な子(こ)です。

유치원에서는 좋은 아이지만, 집에서는 제멋대로인 아이입니다.

1 まじめに	2 重(おも)い	3 おしゃべり	4 センス
5 もて	6 やさしい	7 気(き)まぐれ, かわいらしい	8 明(あか)るくて, 活動的(かつどうてき)
9 顔(かお)	10 下手(へた)	11 上手(じょうず)	12 たより
13 かしこい	14 老(ふ)けて	15 いい, わがまま	

2 생활 정보 안내 (078)

음성을 듣고 ＿＿＿＿＿ 안에 들어갈 적당한 말을 적어 넣으세요.

1 ポイント＿＿＿＿＿を作(つく)ります。 포인트 카드를 만듭니다.

2 これは＿＿＿＿＿やすいものです。 이것은 깨지기 쉬운 물건입니다.

3 ＿＿＿＿＿手袋(てぶくろ)をはめて皿洗(さらあら)いをします。 고무 장갑을 끼고 설거지를 합니다.

4 燃(も)えるゴミは＿＿＿＿＿と＿＿＿＿＿です。 타는 쓰레기는 월요일과 수요일입니다.

5 アプリで＿＿＿＿＿を＿＿＿＿＿方法(ほうほう)です。 앱으로 계좌를 만드는 방법입니다.

6 取(と)り消(け)し＿＿＿＿＿を押(お)してください。 취소 버튼을 눌러 주세요.

7 ＿＿＿＿＿や＿＿＿＿＿も一緒(いっしょ)に楽(たの)しめます。 식사나 목욕도 함께 즐길 수 있습니다.

8 料金(りょうきん)は＿＿＿＿＿と＿＿＿＿＿によって違(ちが)います。 요금은 무게와 크기에 따라 다릅니다.

9 荷物(にもつ)は＿＿＿＿＿少(すく)なくした方(ほう)がいいですよ。 짐은 될 수 있는 한 적게 하는 편이 좋아요.

10 運動(うんどう)は＿＿＿＿＿のないダイエットのために必要(ひつよう)です。 운동은 무리가 없는 다이어트를 위해 필요합니다.

11 はじめての方(かた)は入会(にゅうかい)の＿＿＿＿＿をお願(ねが)いいたします。 처음이신 분은 가입 수속을 부탁드립니다.

12 14歳未満(じゅうよんさいみまん)の方(かた)は＿＿＿＿＿の＿＿＿＿＿が必要(ひつよう)です。 14세 미만인 분은 보호자 동반이 필요합니다.

13 職場(しょくば)で軽(かる)い＿＿＿＿＿をするのは健康(けんこう)にもいいです。
직장에서 가벼운 체조를 하는 것은 건강에도 좋습니다.

14 まくらの＿＿＿＿＿は天気(てんき)のいい日(ひ)に干(ほ)した方(ほう)がいいです。
베갯속은 날씨가 좋은 날에 말리는 편이 좋습니다.

15 ＿＿＿＿＿のために、＿＿＿＿＿のとれた食事(しょくじ)をします。 건강을 위해 균형 잡힌 식사를 합니다.

1 カード	2 こわれ	3 ゴム	4 月曜日(げつようび), 水曜日(すいようび)
5 口座(こうざ), 開(ひら)く	6 ボタン	7 食事(しょくじ), お風呂(ふろ)	8 重(おも)さ, 大(おお)きさ
9 なるべく	10 無理(むり)	11 手続(てつづ)き	12 保護者(ほごしゃ), 同伴(どうはん)
13 体操(たいそう)	14 中身(なかみ)	15 健康(けんこう), バランス	

3 전화 통화 (079)

음성을 듣고 ＿＿＿＿＿ 안에 들어갈 적당한 말을 적어 넣으세요.

1 ＿＿＿＿＿が増えています。민폐 전화가 늘고 있습니다.

2 ＿＿＿＿＿の２番にお願いします。내선 2번으로 부탁합니다.

3 ＿＿＿＿＿電話がよくあります。잘못 걸린 전화가 자주 있습니다.

4 では、ご＿＿＿＿＿をお願いします。그럼, 전언 부탁합니다.

5 ＿＿＿＿＿メッセージを確認します。받은 메시지를 확인합니다.

6 いい＿＿＿＿＿をお待ちしております。좋은 대답을 기다리고 있습니다.

7 先日お送りした＿＿＿＿＿の見本についてです。요전에 보내 드린 제품의 견본에 관해서입니다.

8 ＿＿＿＿＿などのデータが消えてしまいました。연락처 등의 데이터가 지워져 버렸습니다.

9 メッセージはまだ＿＿＿＿＿いないそうです。메시지는 아직 읽지 않았다고 합니다.

10 お＿＿＿＿＿の番号は３６７９－９８０２です。문의하신 번호는 3679-9802입니다.

11 電話に出られない＿＿＿＿＿に使うと便利です。전화를 받을 수 없는 경우에 사용하면 편리합니다.

12 ＿＿＿＿＿電話番号から電話がかかってきます。모르는 전화번호로 전화가 걸려 옵니다.

13 サンプル検査をしてからまた＿＿＿＿＿いたします。샘플 검사를 하고 나서 다시 연락 드리겠습니다.

14 WIFIを使って＿＿＿＿＿で電話できます。와이파이를 사용해서 무료로 전화할 수 있습니다.

15 夜中に＿＿＿＿＿電話がかかってきたことがあります。한밤중에 장난 전화가 걸려온 적이 있습니다.

1 迷惑電話(めいわくでんわ)	**2** 内線(ないせん)	**3** 間違(まちが)い	**4** 伝言(でんごん)
5 受(う)け取(と)った	**6** お返事(へんじ)	**7** 製品(せいひん)	**8** 連絡先(れんらくさき)
9 読(よ)まれて	**10** 問(と)い合(あ)わせ	**11** 場合(ばあい)	**12** 知(し)らない
13 ご連絡(れんらく)	**14** 無料(むりょう)	**15** いたずら	

잘 듣고 (A), (B) 중 알맞은 답을 고른 후, 다시 한 번 들으면서 빈칸을 채워 보세요.

(1~2)

1 ２日目には何をしましたか。

(A) 買い物をしました。 (B) 海で泳ぎました。

2 昨年はどこへ行きましたか。

(A) アメリカ (B) オーストラリア

去年の夏休みには一人で＿＿＿＿へ旅行しましたが、今年は伊藤さんと＿＿＿＿へ行きました。＿＿＿＿は雨が降って、買い物をしましたが、＿＿＿＿は天気がよくて、海へ行って泳いだりしました。

+단어 泳ぐ(およぐ) 헤엄치다　昨年(さくねん) 작년　オーストラリア 호주　去年(きょねん) 작년　夏休み(なつやすみ) 여름 방학, 여름휴가　今年(ことし) 올해　天気(てんき)がいい 날씨가 좋다

(3~4)

3 ８０６便は何時に東京に着きますか。

(A) 17時２０分 (B) ２１時

4 名古屋を経由するのは何ですか。

(A) ８０６便 (B) ９０２便

＿＿＿＿は15時３０分にソウルを出て、17時２０分に大阪に着きます。＿＿＿＿は17時２０分にソウルを出て名古屋を＿＿＿＿して２1時に東京に到着します。

+단어 東京(とうきょう) 도쿄(지명)　着く(つく) 도착하다　名古屋(なごや) 나고야(지명)　経由(けいゆ) 경유　出る(でる) (~에서) 나오다　大阪(おおさか) 오사카(지명)　到着(とうちゃく) 도착

(5~6)

5 この人はなぜ乗り過ごしてしまうことがありますか。

(A) ゲームがおもしろすぎて　(B) 本に夢中になって

6 この内容に合っているのは何ですか。

(A) 電車の中でまんがや新聞を読む。 (B) 本がおもしろくて笑ったりする。

私は電車の中で、＿＿＿＿＿、＿＿＿＿＿などよく本を読みます。＿＿＿＿＿になってときどき乗り過ごしてしまうこともあります。読んでいる本が＿＿＿＿＿笑い出してしまったこともあります。

+단어 乗り過ごす(のりすごす) 하차 역을 지나치다　夢中になる(むちゅうになる) 열중하다　電車(でんしゃ) 전철　まんが 만화　新聞(しんぶん) 신문　雑誌(ざっし) 잡지　小説(しょうせつ) 소설　笑い出す(わらいだす) 웃음을 터트리다

(7~8)

7 木村さんはどんな人ですか。

(A) 口が重い人　(B) まじめな人

8 正しいのはどちらですか。

(A) 木村さんは頭がいいです。　(B) 木村さんは年よりです。

今年の新入りの木村さんは＿＿＿＿＿で、かしこい人です。年よりわかく見えるし、センスもあってもてます。しかし、口は＿＿＿＿＿方です。

+단어 口が重い(くちがおもい) 과묵하다　まじめだ 성실하다　正しい(ただしい) 옳다, 맞다　頭がいい(あたまがいい) 머리가 좋다　年より(としより) 노인　新入り(しんいり) 신입　かしこい 똑똑하다, 현명하다　~より ~보다　わかい 젊다　センス 센스　もてる (주로 이성에게) 인기가 있다　口が軽い(くちがかるい) 입이 가볍다

(9~10)

9　土曜日に何をしましたか。

(A) 家でテレビを見たりしました。　(B) 天気がよくて遠くの遊園地に行きました。

10　土曜日の天気はどうでしたか。

(A) 一日中雨でした。　(B) いきなり雨が降りました。

土曜日の朝、天気がよくて、うちの近くにある＿＿＿＿＿を散歩しました。急に＿＿＿＿＿きて家に帰りました。そして家で本を読んだり、＿＿＿＿＿を見たりしました。

+단어 **遊園地**(ゆうえんち) 유원지　**一日中**(いちにちじゅう) 하루 종일　**いきなり** 갑자기　**近く**(ちか) 근처　**公園**(こうえん) 공원　**散歩する**(さんぽ) 산책하다　**急に**(きゅう) 갑자기　**そして** 그리고

(11~12)

11　韓国に帰ったらどんな仕事をしたがっていますか。

(A) コンピューター関係の仕事　(B) 日本との貿易を続けられる仕事

12　この人は日本にいつ来ましたか。

(A) 5年前　(B) 3ヶ月前

日本に来て＿＿＿＿＿になりました。日本では＿＿＿＿＿関係の仕事をしています。来年＿＿＿＿＿に韓国に帰ろうと思っています。韓国に帰っても、＿＿＿＿＿仕事を続けようと思っています。

+단어 **仕事**(しごと) 일　**したがる** 하고 싶어 하다　**コンピューター** 컴퓨터　**関係**(かんけい) 관계　**貿易**(ぼうえき) 무역　**続ける**(つづ) 계속하다　**来年**(らいねん) 내년　**同じ**(おな) 같은

(13~14)

13 どこで集まりますか。

(A) 上野駅の中央口　　(B) 日光駅の中央口

14 何を配りますか。

(A) チケットとなふだ　　(B) チケットとごはん

今年の社員旅行は＿＿＿＿＿に決めました。今週の土曜日の朝、８時に＿＿＿＿＿の中央口に集まってください。その時にチケットと＿＿＿＿＿を配りますから、遅れないようにしてください。

+단어 集まる(あつまる) 모이다　中央口(ちゅうおうぐち) 중앙 출구　日光(にっこう) 닛코(지명)　配る(くばる) 나누어주다, 배포하다　なふだ 명찰
社員旅行(しゃいんりょこう) 사원 여행　決める(きめる) 정하다　遅れる(おくれる) 늦다, 지각하다　～ないようにする ~하지 않도록 하다

(15~16)

15 引っ越しのおくりものに挙げていないのは何ですか。

(A) お菓子　　(B) おはし

16 お世話になった人にはいつごろあいさつをしますか。

(A) 引っ越し当日の２、３日前　　(B) 引っ越し１週間後

お世話になった近所の人には引っ越し＿＿＿＿＿の２、３日前までに、引っ越し先には当日か、遅くとも１週間＿＿＿＿＿にあいさつをします。おくりものとしてはせっけん、お菓子、タオルなどの＿＿＿＿＿がいいです。

+단어 引っ越し(ひっこし) 이사　おくりもの 선물　挙げる(あげる) (예로서) 들다　おはし 젓가락　あいさつ 인사
当日(とうじつ) 당일　～先(さき) ~처, 곳(장소)　遅くとも(おそくとも) 늦어도　以内(いない) 이내　せっけん 비누　日用品(にちようひん) 생활용품

(17~18)

17 カードは何歳から作れますか。

(A) 16歳以上　　(B) 30歳以上

18 300円を使うと何ポイントたまりますか。

(A) 1ポイント　　(B) 3ポイント

16歳以上の方ならどなたでもご＿＿＿＿＿いただけます。手続きは簡単で、その日から＿＿＿＿＿が付きます。100円ごとに＿＿＿＿＿ポイントをプレゼントします。

+단어 以上(いじょう) 이상　ポイント 포인트　たまる 쌓이다　どなた 어느 분　入会(にゅうかい) 입회, 가입　手続(てつづ)き 수속　簡単(かんたん)だ 간단하다　付(つ)く 붙다　～ごとに ~마다　プレゼント 선물

(19~20)

19 燃えないゴミはいつ出しますか。

(A) 水曜日　　(B) 金曜日

20 ゴミ袋に何を書かなければなりませんか。

(A) 名前　　(B) 住所

燃えるゴミは＿＿＿＿＿曜日と＿＿＿＿＿曜日の2回で、燃えないゴミは＿＿＿＿＿曜日1回だけです。ゴミは必ず決められた場所に8時30分までに出してください。袋には必ず＿＿＿＿＿を書いてください。

+단어 燃(も)えない 타지 않는　ゴミ袋(ぶくろ) 쓰레기봉투　書(か)く 쓰다　名前(なまえ) 이름　住所(じゅうしょ) 주소　燃(も)える 타다　～回(かい) ~회　必(かなら)ず 반드시　場所(ばしょ) 장소　必(かなら)ず 꼭

1 A	2 A	アメリカ, オーストラリア, 2日目(ふつかめ), 3日目(みっかめ)
3 B	4 A	902便(きゅうひゃくにびん), 806便(はっぴゃくろくびん), 経由(けいゆ)
5 B	6 B	雑誌(ざっし), 小説(しょうせつ), 夢中(むちゅう), おもしろすぎて
7 B	8 A	まじめ, 軽(かる)い
9 A	10 B	公園(こうえん), 雨(あめ)が降(ふ)って, テレビ
11 A	12 A	5年(ごねん), コンピューター, 3月(さんがつ), 同(おな)じ
13 A	14 B	日光(にっこう), 上野駅(うえのえき), ひるごはん
15 B	16 A	当日(とうじつ), 以内(いない), 日用品(にちようひん)
17 A	18 B	入会(にゅうかい), ポイント, 1(いち)
19 B	20 A	月(げつ), 水(すい), 金(きん), 名前(なまえ)

정답은 해설집 ▶62쪽

공략 3 단계 실전 문제 풀기 

次の文章をよく聞いて、後の問いにもっとも適したものを(A)から(D)の中で一つ選びなさい。

(1~3)

1 石田さんは今、どこに住んでいますか。

(A) 韓国
(B) 日本
(C) 東京
(D) 中国

2 石田さんの家は何人家族ですか。

(A) 3人
(B) 4人
(C) 5人
(D) 6人

3 石田さんは何のために来ていますか。

(A) 観光
(B) 運動
(C) 勉強
(D) 見学

(4~7)

4 この人は何に乗っていますか。

(A) 電車
(B) バス
(C) 新幹線
(D) 飛行機

5 途中で止まる駅はいくつですか。

(A) 一つ
(B) 二つ
(C) 三つ
(D) 四つ

6 終点はどこですか。

(A) 東京
(B) 京都
(C) 新大阪
(D) 名古屋

7 3号車はどんな車両ですか。

(A) 禁煙席
(B) 指定席
(C) 食堂車
(D) 自由席

(8~10)

8 今井さんが引っ越しをしたのはいつですか。

(A) 先週
(B) 今週
(C) 先月
(D) 今月

9 今井さんはどこへ引っ越しましたか。

(A) 東京
(B) 神戸
(C) 横浜
(D) 福岡

10 この人はどんな家が好きですか。

(A) マンション
(B) 一戸建て
(C) アパート
(D) 二階建て

2 시사, 비즈니스

유형 공략

1 주어지는 음성을 듣기 전에 질문을 먼저 파악하고, 앞으로 제시될 지문의 내용을 짐작해 보세요.

2 **시간, 숫자, 날씨, 날짜 등의 문제의 포인트**를 찾아 들려주는 지문의 내용을 메모하며, 질문의 내용과 비교하며 풀어 보세요.

3 날씨, 지진과 같은 **자연재해·경제·정치 등의 뉴스, 비즈니스 장면, 문학 및 에세이**에서 자주 사용되는 단어를 충분히 공부하세요.

예제 **次の文章をよく聞いて、後の問いにもっとも適したものを(A)から(D)の中で一つ選びなさい。**

火事(かじ)が起(お)こったのはいつですか。

(A) 昨日(きのう)の朝

(B) 昨日(きのう)のゆうがた

(C) 今日(きょう)の朝

(D) 今日(きょう)のゆうがた

언제인지 시간에 주의해서 들어 보세요!

화재가 일어난 것은 언제입니까?

(A) 어제 아침

(B) 어제 저녁

(C) 오늘 아침

(D) 오늘 저녁

사건, 사고 뉴스는 보통 앞부분에 일어난 때가 등장하는 경우가 많아요.

今日(きょう)のゆうがた、近所(きんじょ)のアパートで火事がありました。今日(きょう)6時すぎ、野村(のむら)さんしょゆうの2階だてアパートの103号室から火が出て、2階部分(ぶぶん)の113平方(へいほう)メートルが焼(や)けました。

오늘 저녁, 근처 공동 주택에서 화재가 일어났습니다. 오늘 6시가 지난 무렵, 노무라 씨 소유의 2층짜리 공동 주택의 103호실에서 불이 나, 2층 부분 113㎡가 불탔습니다.

+해설 질문은 '화재가 일어난 때'를 묻는 것이므로 들려주는 지문에서 시간 표현을 파악하여 메모해 두세요. 하지만 들려주는 숫자가 모두 답이 되는 것은 아니니 혼동하지 않도록 유의하세요.

+단어 **火事(かじ)** 화재 **朝(あさ)** 아침 **ゆうがた** 저녁 **近所(きんじょ)** 근처 **アパート** 공동 주택 **しょゆう** 소유 **2階建(にかいだ)て** 2층 건물 **焼(や)ける** 타다

꼭 외워야 할 필수 표현

시사, 비즈니스 083

뉴스, 시사

일기 예보

大雨にそなえる 큰 비에 대비하다

にわか雨にあう 소나기를 만나다

梅雨が始まる 장마가 시작되다

気温が高い 기온이 높다

湿気が多い 습기가 많다

じめじめとしている 축축하다

波が高い 파도가 높다

雪が積もる 눈이 쌓이다

자연재해

火が出る 불이 나다

洪水が発生する 홍수가 발생하다

地震が起こる 지진이 일어나다

震度が大きい 진도가 크다

台風が発生する 태풍이 발생하다

뉴스

経済ニュース 경제 뉴스

政治ニュース 정치 뉴스

スポーツニュース 스포츠 뉴스

ニュースを伝える 뉴스를 전달하다

비즈니스

경기, 매상

売り上げが上がる 매상이 오르다

売り切れになる 매진이 되다

よく売れている 잘 팔리고 있다

わりびきになる 할인이 되다

景気がいい 경기가 좋다

景気が悪い 경기가 나쁘다

今年から予算が減る 올해부터 예산이 감소하다

ゆしゅつが多い 수출이 많다

買う人が増える 사는 사람이 늘다

회사 생활

会社をやめる 회사를 그만두다

契約する 계약하다

書類を受け取る 서류를 받다

出張先から戻る 출장지에서 돌아오다

出張に出かける 출장을 가다

日程を知らせる 일정을 알리다

見本を示す 샘플을 보여 주다

見積書を作る 견적서를 뽑다

めいしを渡す 명함을 건네다

問題を報告する 문제를 보고하다

履歴書 이력서

お辞儀をする 머리를 숙여 인사하다

조직, 구성원

営業課 영업과

経理課 경리과

人事課 인사과

문학, 에세이

いい経験になる 좋은 경험이 되다

いねむりをする 앉아서 졸다

美しさに驚く 아름다움에 놀라다

絵本 그림책

思い出になる 추억이 되다

小説を読む 소설을 읽다

送別会 송별회

大学時代 대학 시절

たからもの 보물

手紙を書く 편지를 쓰다

ながめがいい 전망이 좋다

日記をつける 일기를 쓰다

引っ越すことになる 이사하게 되다

昼寝をする 낮잠 자다

プレゼントを準備する 선물을 준비하다

平和な町 평화로운 거리

ベストセラー 베스트셀러

めずらしいものを見る 신기한 것을 보다

夢を見る 꿈을 꾸다

공략 1단계 표현 다지기

1 뉴스, 시사 084

음성을 듣고 ________ 안에 들어갈 적당한 말을 적어 넣으세요.

1 ________が________始(はじ)めました。환자 수가 줄기 시작했습니다.

2 1月1日(いちがつついたち)________で一千万人(いっせんまんにん)です。1월 1일 현재, 일 천만 명입니다.

3 最近(さいきん)、海外旅行者数(かいがいりょこうしゃすう)が________きました。최근 해외여행객 수가 증가했습니다.

4 今朝(けさ)は雨(あめ)ですが、午後(ごご)からは________ます。오늘 아침에는 비가 내리지만 오후부터 그칩니다.

5 この________は300年前(さんびゃくねんまえ)に建(た)てられました。이 절은 300년 전에 지어졌습니다.

6 タバコは子(こ)どもの健康問題(けんこうもんだい)を________ます。담배는 어린이의 건강 문제를 일으킵니다.

7 京都(きょうと)には日本(にほん)の伝統的(でんとうてき)な________があります。교토에는 일본의 전통적인 분위기가 있습니다.

8 人口(じんこう)________の時代(じだい)を________います。인구 감소 시대를 맞이하고 있습니다.

9 ________で電車(でんしゃ)が________います。대설로 인해 전철이 멈춰 있습니다.

10 ________より気温(きおん)が________所(ところ)が多(おお)いです。평년보다 기온이 높은 곳이 많습니다.

11 ________が日本(にほん)に________きます。태풍이 일본에 다가오고 있습니다.

12 地震(じしん)で________に________ました。지진으로 인해 좌우로 흔들렸습니다.

13 ________のせいで道(みち)が________います。큰비 때문에 길이 막히고 있습니다.

14 生産台数(せいさんだいすう)が________以上(いじょう)に________ました。생산 대수가 2배 이상으로 늘었습니다.

15 工場(こうじょう)を建(た)てると、地域(ちいき)の________が________なります。공장을 지으면 지역 경제가 풍요로워집니다.

1 患者数(かんじゃすう), 減(へ)り	2 現在(げんざい)	3 増(ふ)えて
4 やみ	5 お寺(てら)	6 起(お)こし
7 ふんいき	8 減少(げんしょう), 迎(むか)えて	9 大雪(おおゆき), 止(と)まって
10 平年(へいねん), 高(たか)い	11 台風(たいふう), 近(ちか)づいて	12 左右(さゆう), 揺(ゆ)れ
13 大雨(おおあめ), 混(こ)んで	14 2倍(にばい), 増(ふ)え	15 経済(けいざい), 豊(ゆた)かに

4 설명문

2 비즈니스 (085)

음성을 듣고 __________ 안에 들어갈 적당한 말을 적어 넣으세요.

1 __________をお送(おく)りします。 카탈로그를 보내 드립니다.

2 不景気(ふけいき)で__________が減(へ)りました。 불경기로 예산이 감소했습니다.

3 __________が多少(たしょう)__________ました。 매상이 다소 상승했습니다.

4 主(おも)に__________をゆしゅつしています。 주로 자동차를 수출하고 있습니다.

5 __________が主力(しゅりょく)__________商品(しょうひん)です。 전기제품이 주력 수입 상품입니다.

6 __________で働(はたら)くことはできません。 관광 비자로는 일할 수 없습니다.

7 __________は前(まえ)の年(とし)に__________10(じゅっ)%増(ふ)えました。 판매 수는 전년에 비해 10% 늘었습니다.

8 人気(にんき)のおもちゃが__________になりました。 인기 장난감이 매진되었습니다.

9 10(じゅっ)パーセント__________になっております。 10퍼센트 할인됩니다.

10 __________の取引先(とりひきさき)と__________します。 신규 거래처와 계약합니다.

11 __________を受(う)け取(と)ったことを__________します。 서류를 받은 것을 보고합니다.

12 __________の人(ひと)と__________します。 첫 대면 하는 사람과 악수합니다.

13 __________が不安定(ふあんてい)なのでお金(かね)を__________います。 수입이 불안정해서 돈을 저축하고 있습니다.

14 __________をアプリで__________ことができます。 견적서를 앱으로 만들 수 있습니다.

15 去年(きょねん)の夏(なつ)ごろから__________が__________きました。 작년 여름부터 수출이 감소해 왔습니다.

1 カタログ	2 予算(よさん)	3 売(う)り上(あ)げ, 上(あ)がり
4 車(くるま)	5 電気製品(でんきせいひん), ゆにゅう	6 観光(かんこう)ビザ
7 販売数(はんばいすう), 比(くら)べて	8 売(う)り切(き)れ	9 オフ
10 新規(しんき), 契約(けいやく)	11 書類(しょるい), 報告(ほうこく)	12 初対面(しょたいめん), 握手(あくしゅ)
13 収入(しゅうにゅう), 貯(た)めて	14 見積書(みつもりしょ), 作(つく)る	15 ゆしゅつ, 減(へ)って

3 문학, 에세이 086

음성을 듣고 ________ 안에 들어갈 적당한 말을 적어 넣으세요.

1 私(わたし)の________は絵本(えほん)です。 나의 보물은 그림책입니다.

2 日本(にほん)の________に驚(おどろ)きました。 일본의 아름다움에 놀랐습니다.

3 ________で旅行(りょこう)したいと思(おも)っています。 가족끼리 여행을 하고 싶습니다.

4 ________がいい所(ところ)です。 전망이 좋은 곳입니다.

5 ________に白(しろ)い花(はな)がたくさん咲(さ)いています。 들판에 흰 꽃이 많이 피어 있습니다.

6 ________でブローチを________います。 핸드메이드 브로치를 만들고 있습니다.

7 ________のために________に行(い)くことになりました。 연수를 위해 해외로 가게 되었습니다.

8 温泉(おんせん)に________ながら、山(やま)を________ことができます。 온천을 하면서 산을 볼 수 있습니다.

9 朝(あさ)________と小(ちい)さな声(こえ)で________をします。 아침에 일어나면 작은 소리로 인사를 합니다.

10 初(はじ)めての外国生活(がいこくせいかつ)なので________です。 처음 하는 외국 생활이라 불안합니다.

11 朝(あさ)ごはんを________会社(かいしゃ)に行(い)きます。 아침밥을 거르고 회사에 갑니다.

12 今(いま)は________なり、窓(まど)から________が見(み)えます。 지금은 따뜻해져서 창문에서 벚꽃이 보입니다.

13 ________12月(じゅうにがつ)になるとプレゼントの________で忙(いそが)しいです。
매년 12월이 되면 선물 준비로 바쁩니다.

14 いい________になるような________にします。 좋은 추억이 될 만한 송별회를 하겠습니다.

15 ペットと________ことができる________が増(ふ)えています。
반려동물과 살 수 있는 아파트가 늘고 있습니다.

1 たからもの	2 美(うつく)しさ	3 家族(かぞく)
4 ながめ	5 野原(のはら)	6 ハンドメイド, 作(つく)って
7 研修(けんしゅう), 海外(かいがい)	8 入(はい)り, 見(み)る	9 起(お)きる, あいさつ
10 不安(ふあん)	11 抜(ぬ)いて	12 暖(あたた)かく, 桜(さくら)
13 毎年(まいとし), 準備(じゅんび)	14 思(おも)い出(で), 送別会(そうべつかい)	15 暮(く)らす, マンション

4 설명문

잘 듣고 (A), (B) 중 알맞은 답을 고른 후, 다시 한 번 들으면서 빈칸을 채워 보세요.

(1~2)

1 エリさんはなぜ日本に行くことになりましたか。

(A) 夫の技術研修 (B) 夫の語学研修

2 エリさんはどんなことを心配していますか。

(A) 日本での生活 (B) 飛行機に乗ること

夫の＿＿＿＿研修のために、エリさんは＿＿＿＿と一緒に日本へ行くことになりました。小さい子どもを連れて行くので、日本での生活を＿＿＿＿しています。

+단어 夫(おっと) 남편 技術(ぎじゅつ) 기술 研修(けんしゅう) 연수 語学(ごがく) 어학 心配(しんぱい) 걱정 生活(せいかつ) 생활 ～のために ~을 위해서 連(つ)れて行(い)く 데려가다

(3~4)

3 地震が起ったのはいつですか。

(A) 午前７時ごろ (B) 午後７時ごろ

4 この内容について正しいのは何ですか。

(A) 地震は強かった。 (B) 地震は弱かった。

昨日、＿＿＿＿７時ごろ、震度４の大きな地震があったそうです。かなり＿＿＿＿揺れたようで、たなの上の物が落ちたりして、けがをした人もいたようです。

+단어 地震(じしん) 지진 起(おこ)る 일어나다 内容(ないよう) 내용 強(つよ)い 강하다 弱(よわ)い 약하다 震度(しんど) 진도 かなり 꽤 揺(ゆ)れる 흔들리다 落(お)ちる 떨어지다 けがをする 다치다

(5~6)

5 今年の３月は去年の３月より何パーセント減りましたか。

(A) ３％ (B) ４％

6 主力ゆしゅつ商品は何ですか。

(A) 自動車やテレビなど (B) 自転車やカメラなど

去年の夏ごろから＿＿＿＿＿が減ってきました。今年の３月は去年の３月より＿＿＿＿＿減ってしまいました。とくに主力ゆしゅつ商品である自動車、＿＿＿＿＿、＿＿＿＿＿などがかなり減少しました。

+단어 今年(ことし) 올해 去年(きょねん) 작년 パーセント 퍼센트 減(へ)る 감소하다 主力(しゅりょく) 주력 ゆしゅつ 수출 商品(しょうひん) 상품 自動車(じどうしゃ) 자동차 自転車(じてんしゃ) 자전거 カメラ 카메라 夏(なつ) 여름 とくに 특히 減少(げんしょう) 감소

(7~8)

7 女の子の出生率は前年に比べると何パーセント低いですか。

(A) 0.9％ (B) 1.4％

8 人口減少の原因は何ですか。

(A) 地域の経済 (B) 収入が不安定

人口＿＿＿＿＿時代を迎えています。今年の出生率は前年に比べると、女の子は＿＿＿＿＿％、男の子は＿＿＿＿＿％低くなっています。
＿＿＿＿＿の低下の原因として＿＿＿＿＿にかかる費用や＿＿＿＿＿な収入などがあります。

+단어 出生率(しゅっしょうりつ) 출생률 人口(じんこう) 인구 原因(げんいん) 원인 地域(ちいき) 지역 経済(けいざい) 경제 収入(しゅうにゅう) 수입 不安定(ふあんてい) 불안정 時代(じだい) 시대 迎(むか)える 맞이하다 低(ひく)くなる 낮아지다 低下(ていか) 저하 子育(こそだ)て 아이 키우기 費用(ひよう) 비용

4 설명문

(9~10)

9 仕事場で大切なことは何ですか。

(A) 朝のあいさつ (B) 残業をすること

10 この内容に合っているのはどちらですか。

(A) お辞儀などの動作もあいさつである。

(B) あいさつには「おはよう」という言葉だけある。

あいさつには「おはよう」のような＿＿＿＿＿や、お辞儀などの＿＿＿＿＿のやりとりがあります。仕事場では日常の＿＿＿＿＿が大切です。とくに朝の＿＿＿＿＿あいさつは、周りをさわやかにしてくれます。

+단어 **仕事場**(しごとば) 일터 **大切だ**(たいせつだ) 중요하다 **あいさつ** 인사 **残業**(ざんぎょう) 잔업, 야근 **お辞儀**(おじぎ) 머리 숙여 인사함 **動作**(どうさ) 동작 **言葉**(ことば) 말 **～だけ** ～만, ～뿐 **やりとり** 주고 받음 **日常**(にちじょう) 일상 **明るい**(あかるい) 밝다 **周り**(まわり) 주위 **さわやかだ** 상쾌하다, 산뜻하다

(11~12)

11 送別会のプレゼントで女性に喜ばれるのは何ですか。

(A) 花束 (B) 手帳

12 送別会のプレゼントで男性に喜ばれるのは何ですか。

(A) 写真 (B) 手帳

送別会でのプレゼントは性別や世代、趣味によりますが、女性に喜ばれるプレゼントは＿＿＿＿＿と＿＿＿＿＿です。男性の場合は、＿＿＿＿＿と＿＿＿＿＿だそうです。

+단어 **送別会**(そうべつかい) 송별회 **プレゼント** 선물 **女性**(じょせい) 여성 **喜ぶ**(よろこぶ) 기뻐하다, 좋아하다 **花束**(はなたば) 꽃다발 **手帳**(てちょう) 수첩 **写真**(しゃしん) 사진 **性別**(せいべつ) 성별 **世代**(せだい) 세대 **趣味**(しゅみ) 취미 **～による** ～에 따르다

(13~14)

13 この人は何を送りますか。

(A) 財布 (B) 香水

14 なぜうれしかったのですか。

(A) クリスマスカードをもらったから

(B) クリスマスカードが作れたから

お久しぶりです。お元気ですか。＿＿＿＿＿ありがとうございます。その上、プレゼントとして＿＿＿＿＿までもらってすごくうれしかったです。お礼に、この前ホンコンへ行って買ってきた＿＿＿＿＿をお送りします。

+단어 送る(おくる) 보내다 財布(さいふ) 지갑 香水(こうすい) 향수 うれしい 기쁘다 クリスマスカード 크리스마스 카드 もらう 받다 久しぶり(ひさしぶり) 오랜만임 その上(うえ) 게다가 ホンコン 홍콩

(15~16)

15 この人は今どこに住んでいますか。

(A) 京都 (B) 東京

16 この内容に合っているのは何ですか。

(A) 休学をしようと思っている。 (B) 東京や海外へ旅行したがっている。

今までずっと東京から＿＿＿＿＿ことがなかったから、今年は京都＿＿＿＿＿海外へ旅行したいと思っています。そのために一年間学校を＿＿＿＿＿、アルバイトをしようと思っています。

+단어 京都(きょうと) 교토(지명) 東京(とうきょう) 도쿄(지명) 休学(きゅうがく) 휴학 海外(かいがい) 해외 旅行(りょこう) 여행 今(いま)まで 지금까지 ずっと 쭉, 계속 離れる(はなれる) 떠나다, 벗어나다 あるいは 또는 休む(やすむ) 쉬다 アルバイト 아르바이트

4 설명문

(17~18)

17　病気を発見する一番いい手がかりは何ですか。

(A) 熱　　(B) せき

18　熱が出た時、何に気をつけますか。

(A) くしゃみをしているか　　(B) 吐き気はないか

赤んぼうはどこが悪いと言えないので、＿＿＿＿が病気を発見する＿＿＿＿になることが多いです。熱が出た時には、＿＿＿＿は出てないか、＿＿＿＿はないかということに気をつけなければなりません。

+단어 病気(びょうき) 병　発見(はっけん)する 발견하다　手(て)がかり 단서　熱(ねつ) 열　せき 기침　気(き)をつける 조심하다　くしゃみ 재채기　吐(は)き気(け) 구역질　赤(あか)んぼう 아기

(19~20)

19　自動振り替えができるのは何ですか。

(A) 電話代の支払い　　(B) カードの支払い

20　銀行で申し込めばいつから開始されますか。

(A) 翌日　　(B) 翌月

自動振り替えは電気、電話、水道などの＿＿＿＿を銀行の口座から＿＿＿＿に支払うことです。銀行で申し込めば＿＿＿＿から開始されます。

+단어 自動振(じどうふ)り替(か)え 자동 이체　支払(しはら)う 지불하다　申(もう)し込(こ)む 신청하다　開始(かいし) 개시　翌日(よくじつ) 다음 날　翌月(よくげつ) 다음 달　電気(でんき) 전기　水道(すいどう) 수도　料金(りょうきん) 요금

1 A	2 A	技術(ぎじゅつ), 夫(おっと), 心配(しんぱい)
3 B	4 A	午後(ごご), 強(つよ)く
5 B	6 A	ゆしゅつ, 4％(よんパーセント), テレビ, カメラ
7 A	8 B	減少(げんしょう), 0.9, 1.4, 出生率(しゅっしょうりつ), 子育(こそだ)て, 不安定(ふあんてい)
9 A	10 A	言葉(ことば), 動作(どうさ), あいさつ, 明(あか)るい
11 A	12 B	花束(はなたば), 写真(しゃしん), アルバム, 手帳(てちょう)
13 B	14 A	クリスマスカード, 財布(さいふ), 香水(こうすい)
15 B	16 A	離(はな)れた, あるいは, 休(やす)んで
17 A	18 B	熱(ねつ), 手(て)がかり, せき, 吐(は)き気(け)
19 A	20 B	料金(りょうきん), 自動的(じどうてき), 翌月(よくげつ)

공략 3 단계 실전 문제 풀기 088

次の文章をよく聞いて、後の問いにもっとも適したものを(A)から(D)の中で一つ選びなさい。

(1~3)

1 **これは何について話していますか。**

(A) 天気予報
(B) 求人広告
(C) 車内放送
(D) 観光案内

2 **明日の天気はどうですか。**

(A) 雨
(B) 晴れ
(C) くもり
(D) くもりのち雨

3 **明日は今日と比べてどうですか。**

(A) 暑い
(B) 暖かい
(C) 気温が高い
(D) 気温が低い

(4~7)

4 **今、韓国の季節はどれですか。**

(A) 春
(B) 夏
(C) 秋
(D) 冬

5 **男の人はどうしてデパートでセーターを買いませんでしたか。**

(A) 高かったので
(B) 忙しかったので
(C) あまりにも安かったので
(D) 気に入らなかったので

6 **男の人はなぜこれから勉強しますか。**

(A) 韓国語が難しいから
(B) 韓国語のテストがあるから
(C) 韓国語がうまく話せないから
(D) 韓国文化のテストがあるから

7 **セーターはいつ買いましたか。**

(A) おととい
(B) 今日
(C) 昨日
(D) 明日

(8~10)

8 **何についての説明ですか。**

(A) 初対面
(B) あいさつ
(C) 韓国と日本
(D) 韓国人と日本人

9 **韓国では男性と男性が会った時どうしますか。**

(A) 握手をする。
(B) 何にも言わない。
(C) ただ笑っている。
(D) 初対面ならお辞儀だけで済ませる。

10 **日本では男性と男性が会った時どうしますか。**

(A) 握手をする。
(B) かたを叩く。
(C) 手を上げる。
(D) お辞儀だけで済ませる。

Ⅳ 次の文章をよく聞いて、後の問いにもっとも適したものを(A)から(D)の中で一つ選びなさい。

(81~83)

81 この人はなぜおどろきましたか。

(A) 1キロもやせたから
(B) 2キロもやせたから
(C) 3キロもやせたから
(D) 4キロもやせたから

82 この人はダイエットのために何をしましたか。

(A) 毎朝、運動をしました。
(B) りんごだけを食べました。
(C) 朝ごはんを食べませんでした。
(D) 夕ごはんを食べませんでした。

83 この人はこれからどうしようと思っていますか。

(A) 楽なので続けていこうと思っています。
(B) やせたけど、もうやりたくないと思っています。
(C) あまりやせないけど、続けていこうと思っています。
(D) いやではないけど、もうやりたくないと思っています。

(84~87)

84 林さんの好きなプリンはどこにありますか。

(A) テレビの上
(B) れいぞうこの中
(C) テーブルの上
(D) 引き出しの中

85 こいぬのえさはどこにありますか。

(A) れいぞうこの中
(B) テーブルの上
(C) パントリーの中
(D) 自動えさやり機

86 1日何回こいぬにえさをやりますか。

(A) 1回
(B) 2回
(C) 3回
(D) 4回

87 何かあったら、どうしますか。

(A) 家に帰ります。
(B) メールを送ります。
(C) メモしておきます。
(D) 電話をします。

(88~90)

88 なぜゴミが増えつづけているのですか。

(A) 車がないから
(B) 景気がよくないから
(C) 古くなったらすぐ捨てるから
(D) 物をたくさん作ったから

89 リサイクルができないのはどれですか。

(A) 缶
(B) ビン
(C) ビニール袋
(D) ペットボトル

90 ゴミ問題を解決するためにやっていることはどれですか。

(A) 物を買わないこと
(B) リサイクルすること
(C) 新しいものを買うこと
(D) きれいに掃除すること

(91~94)

91 ピラミッドは、いつ作られましたか。

(A) 紀元前21～18世紀に
(B) 紀元前24～21世紀に
(C) 紀元前27～23世紀に
(D) 紀元前33～30世紀に

92 もっとも大きいピラミッドの高さは何メートルですか。

(A) 高さ127メートル
(B) 高さ147メートル
(C) 高さ172メートル
(D) 高さ174メートル

93 クフ王のピラミッドについてまだ分かっていないことはどれですか。

(A) ピラミッドがなぜ作られたのか
(B) ピラミッドがどこに作られたのか
(C) ピラミッドはだれが作ったのか
(D) ピラミッドがいつごろ作られたのか

94 クフ王のピラミッドの内部にあるのはどれですか。

(A) 絵
(B) 文字
(C) 飾り
(D) 通路

(95~97)

95 この人のショックの原因は何ですか。

(A) 卒業式の写真
(B) 恋人と別れたこと
(C) 高校時代の成績
(D) 大学入試の失敗

96 この人はなぜ入院しましたか。

(A) ３年間遊びすぎたから
(B) 部屋が暗くなったから
(C) 夜遅くまで勉強したから
(D) 食べ物が食べられなくなったから

97 今の季節は何ですか。

(A) 春
(B) 夏
(C) 秋
(D) 冬

(98~100)

98 今日は何月何日ですか。

(A) 12月24日
(B) 12月25日
(C) 12月30日
(D) 12月31日

99 なぜサンタさんは毎年１２月になると忙しくなりますか。

(A) プレゼントを売るから
(B) プレゼントを拾うから
(C) プレゼントをもらうから
(D) プレゼントを準備するから

100 サンタさんは日本語の教科書をだれにおくる予定ですか。

(A) 日本に住んでいるゆきさん
(B) 韓国に住んでいるイさん
(C) イギリスに住んでいるジョンさん
(D) ブラジルに住んでいるアンナさん

독해 450 한권으로 끝내기

PART 5~7

정답찾기 | 오문정정
공란메우기

1. い 형용사
2. な 형용사
3. 동사 1
4. 동사 2
5. 동사 3
6. 조사 1
7. 조사 2
8. 조동사
9. 형식명사와 명사
10. 부사, 접속사
11. 경어, 의성어 · 의태어
12. 관용구, 속담
13. 조건 표현
14. '수'와 관련된 표현

PART 8

독해

1. 일기, 생활문
2. 편지, 팩스
3. 광고, 안내문

PART 5~7

정답찾기
오문정정
공란메우기

PART 5는 한자와 한자의 음, 훈에 대한 올바른 이해를 바탕으로 한 한자 표기 능력과 문법과 어휘를 활용한 일본어 문장 작성의 기초적인 능력을 평가하고 있습니다. 이를 통해 전반적인 일본어 지식을 평가하려 한답니다.

PART 6는 문장 안에서 문법적으로 틀린 곳이나 뜻이 부적절한 부분을 찾는 문제가 나옵니다. 이 파트에서는 정확한 문법 지식을 가지고 문제를 푸는 것이 중요하니 평소 기초 문법을 탄탄히 다져놓도록 하세요.

PART 7은 불완전한 문장의 앞 뒤 내용을 정확히 파악해 완전한 문장으로 완성시킬 수 있는가를 평가하는 파트예요. 이를 통해 표현력과 문법 그리고 간접적인 작문 능력을 평가하고 있습니다. 문법뿐만 아니라 관용어, 의성어, 의태어 등 다양한 어휘를 익혀 두어야 쉽게 풀 수 있어요.

1 PART 5 정답찾기

유형 공략

1 PART 5 정답찾기 에서는 한자를 읽는 방법 찾기, 제시된 히라가나에 적합한 한자 고르기, 같은 의미·용법 찾기 문제가 나와요.

2 평소에 한자를 음으로 읽는지 뜻으로 읽는지를 생각하며 외우는 것이 중요합니다. 또한 비슷한 한자들은 헷갈리지 않게 주의하세요.

3 단어 공부를 할 때 그 단어가 갖는 여러 가지 의미도 함께 외워 두는 습관을 가지도록 합시다.

4 같은 의미·용법 찾기 문제는 문장을 하나하나 읽어가며 풀어야 하므로 시간 관리가 중요합니다. 평소 문제를 풀 때 한 문제당 10초를 넘기지 않도록 시간 체크 훈련을 해 보는 것도 좋아요.

예제 下の＿＿＿＿＿線の言葉の正しい表現、または同じ意味のはたらきをしている言葉を(A)から(D)の中で一つ選びなさい。

한자 읽기

1 今度(こんど)の夏休(なつやす)みは８月(はちがつ)<u>８日</u>から８月(はちがつ)10日(とおか)までです。

(A) はちか　　(B) はつか

(C) よっか　　(D) ようか

+해설 이번 여름 방학은 8월 8일 부터 8월 10일 까지 입니다.
8日(ようか)는 읽기 어려운 날짜 중 하나로, 4日(よっか)와 헷갈리기 쉬우므로 주의하세요. (B)의 はつか는 20일이에요.

+단어 今度(こんど) 이번　夏休み(なつやすみ) 여름 방학, 여름휴가

한자 쓰기

2 来月(らいげつ)から貿易会社(ぼうえきがいしゃ)で<u>はたらく</u>ことになりました。

(A) 仕く　　(B) 勤く

(C) 動く　　(D) 働く

+해설 다음 달부터 무역회사에서 일하게 되었습니다.
はたらく는 '일하다'라는 뜻으로, '움직이다'라는 뜻의 動(うご)く와 구분지어 외워 둬야 해요.

+단어 来月(らいげつ) 다음달　貿易会社(ぼうえきがいしゃ) 무역회사　～ことになる ~하게 되다　動く(うごく) 움직이다

같은 의미

3 ゆうべ、友(とも)だちに来(こ)られて勉強(べんきょう)できませんでした。

(A) ゆうべ、友だちと一緒(いっしょ)に勉強しました。

(B) ゆうべ、約束(やくそく)もなく友だちが来(き)ました。

(C) ゆうべ、友だちの家(いえ)に行(い)きました。

(D) ゆうべ、友だちを招待(しょうたい)しました。

+해설 어젯밤에 친구가 오는 바람에 공부를 할 수 없었습니다.

(A) 어젯밤에 친구와 함께 공부를 했습니다.

(B) 어젯밤에 약속도 없이 친구가 왔습니다.

(C) 어젯밤에 친구의 집에 갔습니다.

(D) 어젯밤에 친구를 초대했습니다.

に来られて는 남으로부터 피해를 입는 수동태로, '귀찮음, 성가심, 괴로움'을 나타내요. 여기서는 부르지도 않았는데 친구가 와서 공부를 못했다는 의미랍니다.

+단어 **ゆうべ** 어젯밤 **勉強(べんきょう)する** 공부하다 **約束(やくそく)** 약속 **招待(しょうたい)する** 초대하다

2 PART 6 오문정정

유형 공략

1 PART 6 오문정정 에서는 하나의 문장 안에서 문법상 또는 의미상 틀린 부분을 찾아내는 문제가 나와요.

2 문제를 풀 때 우선 문장을 쭉 읽으면서 전체적인 의미를 생각해 본 후, 말이 되지 않는 부분을 바로 체크하면서 풀어 보세요. 문장의 의미에 문제가 없다면 그동안 익혀 둔 문법 지식을 동원하여 문법적 오류를 체크하면 된답니다.

예제 下の＿＿＿＿＿線の(A), (B), (C), (D)の言葉の中で正しくない言葉を一つ選びなさい。

어휘

1 遠(とお)くからわざと来(き)てくださって、ありがとうございます。
(A) 遠く (B) わざと (C) くださって (D) ございます

+해설 멀리서부터 특별히 와 주셔서 감사합니다.
わざと는 '일부러, 고의로'라는 부정적인 의미로 쓰이고, わざわざ는 '일부러, 특별히'라는 긍정적인 의미로 쓰입니다.
이 문장은 멀리서부터 시간을 내 일부러 와준 것에 대해 감사함을 표하고 있는 문장이므로, 부정적인 의미인 わざと를 わざわざ로 고쳐야 올바른 문장이에요.

+단어 遠(とお)い 멀다　わざと 일부러, 고의로

문법

2 昨日(きのう)までは寒いでしたが、今日(きょう)は散歩(さんぽ)するにはいい天気(てんき)です。
(A) までは (B) 寒いでした (C) するには (D) いい

+해설 어제까지는 추웠지만, 오늘은 산책하기 좋은 날씨입니다.
앞에 과거를 나타내는 昨日(어제)가 있으므로 い형용사의 과거형이 와야 합니다. 寒い의 과거 정중형은 寒かったです이에요.

+단어 ～まで ～까지　寒(さむ)い 춥다　散歩(さんぽ) 산책　天気(てんき) 날씨

3 PART 7 공란메우기

유형 공략

1 PART 7 공란메우기 에서는 빈칸에 가장 적절한 표현을 찾는 문제가 나옵니다.

2 빈칸의 앞 뒤 내용을 파악하여 완전한 문장을 만들어 내는 능력이 필요하니 평소에 문법뿐만 아니라 정형화된 표현들, 자주 사용되는 표현들을 익혀 두도록 해요.

예제 **下の＿＿＿＿線に入る適当な言葉を(A)から(D)の中で一つ選びなさい。**

어휘

1 外(そと)は寒(さむ)いですから生地(きじ)の＿＿＿＿服(ふく)を着(き)た方(ほう)がいいですよ。

(A) ふとい 굵다　(B) おもい 무겁다

(C) あつい 두껍다　(D) うすい 얇다

+해설 밖은 추우니까 두꺼운 옷을 입는 편이 좋아요.

+단어 **外**(そと) 밖 **生地**(きじ) 옷감, 천 **服**(ふく) 옷 **着**(き)**る** 입다 **～方**(ほう)**がいい** ～하는 편이 좋다

문법

2 すみませんが、ここでタバコを＿＿＿＿いいですか。

(A) すいても　(B) すうても

(C) すんでも　(D) すっても

+해설 죄송하지만, 여기서 담배를 피워도 되겠습니까?
吸う(피우다)의 て형은 すって이에요.

+단어 **すみません** 죄송합니다 **タバコを吸**(す)**う** 담배를 피우다 **～てもいい** ～해도 된다(허가)

1 い형용사

사물의 성질이나 상태를 나타내는 말을 '형용사'라고 하는데, 일본어의 형용사에는 'い형용사'와 'な형용사' 두 가지가 있다. 형용사는 대부분 정해져 있는 형태로 변화하므로 그 변화 형태(형용사의 기본 활용)를 반드시 외워 두어야 한다.

い형용사의 정중한 과거형은 「어간+かったです」이다. 이것은 다음과 같은 형태로 출제될 수 있다.

ex

昨日(きのう)はとても寒(さむ)いでした。(×)
昨日(きのう)はとても寒(さむ)かったです。(○)
어제는 매우 추웠습니다.

명사와 な형용사는 과거형을 만들 때 「명사·な형용사+でした」 형태로 나타내지만, い형용사는 과거형을 먼저 만든 다음 정중형 です를 붙여 寒かったです와 같이 표현한다.

예외적인 형태에 대해서도 반드시 알고 있어야 한다. 예를 들어 多い(많다)를 사용하여 '많은 사람'이라고 할 때, 사람(人)을 수식하는 多い는 ~い의 형태가 아니라 ~く 형태의 多く가 된다. 즉, 多い人가 아니라 多くの人가 된다는 점에 유의하여야 한다.

ex

週末(しゅうまつ)は多(おお)い人が遊(あそ)びに出(で)かけます。(×)
週末(しゅうまつ)は多(おお)くの人が遊(あそ)びに出(で)かけます。(○)
주말에는 많은 사람이 놀러 나갑니다.

또한, やさしい, はやい와 같이 읽는 법은 같지만 여러 한자를 쓰고, 또 그 한자에 따라 의미가 달라지는 い형용사에 대해서도 한 번 더 관심을 갖기 바란다.

ex

易(やさ)しい問題(もんだい) : 쉬운 문제 (쉽다)
優(やさ)しい先生(せんせい) : 상냥한 선생님 (상냥하다, 친절하다)
バスより速(はや)い : 버스보다 빠르다 (속도가 빠르다)
早(はや)い時間(じかん) : 이른 시간 (시간적으로 빠르다)

공략 1단계 필수 い형용사 익히기

大(おお)きい 크다	↔	小(ちい)さい 작다
長(なが)い 길다	↔	短(みじか)い 짧다
高(たか)い 높다	↔	低(ひく)い 낮다
多(おお)い 많다	↔	少(すく)ない 적다
遠(とお)い 멀다	↔	近(ちか)い 가깝다
重(おも)い 무겁다	↔	軽(かる)い 가볍다
広(ひろ)い 넓다	↔	狭(せま)い 좁다
太(ふと)い 굵다	↔	細(ほそ)い 가늘다
厚(あつ)い 두껍다	↔	薄(うす)い 얇다
甘(あま)い 달다	↔	苦(にが)い 쓰다
おいしい・うまい 맛있다	↔	まずい 맛없다
辛(から)い 맵다		すっぱい 시다
黒(くろ)い 검다	↔	白(しろ)い 희다
青(あお)い 파랗다		赤(あか)い 빨갛다
明(あか)るい 밝다	↔	暗(くら)い 어둡다
新(あたら)しい 새롭다	↔	古(ふる)い 낡다
強(つよ)い 세다	↔	弱(よわ)い 약하다
速(はや)い 빠르다	↔	遅(おそ)い 느리다
早(はや)い 이르다	↔	遅(おそ)い 늦다

暑(あつ)い 덥다	↔	寒(さむ)い 춥다
熱(あつ)い 뜨겁다	↔	冷(つめ)たい 차갑다
暖(あたた)かい 따뜻하다	↔	涼(すず)しい 서늘하다
厳(きび)しい 엄하다	↔	優(やさ)しい 상냥하다
痛(いた)い 아프다		冷(つめ)たい 냉정하다
嬉(うれ)しい 기쁘다	↔	悲(かな)しい 슬프다
楽(たの)しい 즐겁다	↔	苦(くる)しい 괴롭다
寂(さび)しい 쓸쓸하다		怖(こわ)い 무섭다
いい・よい 좋다	↔	悪(わる)い 나쁘다
易(やさ)しい 쉽다	↔	難(むずか)しい 어렵다
高(たか)い 비싸다	↔	安(やす)い 싸다
珍(めずら)しい 드물다		忙(いそが)しい 바쁘다
面白(おもしろ)い 재밌다	↔	つまらない 재미없다
懐(なつ)かしい 그립다		素晴(すば)らしい 굉장하다
うらやましい 부럽다		恥(は)ずかしい 창피하다
深(ふか)い 깊다	↔	浅(あさ)い 얕다
激(はげ)しい 격심하다		美(うつく)しい 아름답다
険(けわ)しい 험하다		眠(ねむ)い 졸리다
詳(くわ)しい 상세하다		汚(きたな)い 더럽다

실력 간단 체크 √

▶ 다음 밑줄 친 부분을 한자로 바르게 쓴 것을 고르세요.

1	このコーヒーはあついです。	(A) 熱い	(B) 暑い
2	あついじしょ	(A) 厚い	(B) 暑い
3	まいにちいそがしい。	(A) 忙しい	(B) 亡しい
4	なみだがでるほどうれしい。	(A) 喜しい	(B) 嬉しい
5	おおくのひと	(A) 大く	(B) 多く
6	おもいかばん	(A) 重い	(B) 思い
7	おもしろいえいが	(A) 面白い	(B) 面百い
8	かるいびょうき	(A) 経い	(B) 軽い
9	まわりがくらくなる。	(A) 暗く	(B) 音く
10	しゅっせきしゃがすくない。	(A) 少ない	(B) 小ない
11	せがたかい。	(A) 高い	(B) 大い
12	たのしいいちにち	(A) 楽しい	(B) 薬しい
13	ちかくのみせ	(A) 近く	(B) 遠く
14	にがいくすり	(A) 苦い	(B) 古い
15	でんしゃはバスよりはやい。	(A) 早い	(B) 速い
16	ひろいへや	(A) 拡い	(B) 広い
17	ふかいうみ	(A) 探い	(B) 深い
18	むずかしいえいご	(A) 難しい	(B) 雄しい
19	にほんごはやさしい。	(A) 優しい	(B) 易しい
20	やさしいにほんごのせんせい	(A) 優しい	(B) 易しい

1 (A)	2 (A)	3 (A)	4 (B)	5 (B)	6 (A)	7 (A)	8 (B)	9 (A)	10 (A)
11 (A)	12 (A)	13 (A)	14 (A)	15 (B)	16 (B)	17 (B)	18 (A)	19 (B)	20 (A)

공략 2 단계 기본 활용과 주요 구문

1 い형용사의 기본 활용

1) い형용사의 기본형과 명사 수식형

い형용사의 기본형은 어미가 ～い로 끝나며, 명사를 수식하는 형태도 ～い가 된다.

ex あかいりんご 빨간 사과

あおいそら 파란 하늘

このりんごはあかい。이 사과는 빨갛다.

秋(あき)のそらはあおい。가을 하늘은 파랗다.

실전 감각 익히기

PART 5 정답찾기

1 もうすぐ秋ですね。秋は果物がうまい季節です。

(A) 彼は歌がうまい。

(B) 彼女とうまくいっている。

(C) 妹はピアノがうまい。

(D) この料理、うまいですね。

PART 6 오문정정

2 このせまいの道をまっすぐ行くと、右に病院があります。
(A) せまいの (B) まっすぐ (C) と (D) に

PART 7 공란 메우기

3 弟の趣味は＿＿＿＿＿映画を見ることです。

(A) こわくて (B) こわい

(C) こわいの (D) こわく

1 이제 곧 가을이네요. 가을은 과일이 맛있는 계절입니다. ▶ (D)

(A) 그는 노래를 잘한다.

(B) 그녀와 잘 되어 간다.

(C) 여동생은 피아노를 잘 친다.

(D) 이 요리, 맛있네요.

2 이 좁은 길을 곧장 가면, 오른쪽에 병원이 있습니다. ▶ (A) → せまい

い형용사는 명사를 수식할 때 기본형 그대로 수식한다.

3 남동생의 취미는 무서운 영화를 보는 것입니다. ▶ (B)

2) い형용사의 부정형(ない형)

い형용사의 부정형은 ～くない(~하지 않다), 정중한 표현은 ～くないです(～くありません)이다. 예외적으로 좋다(いい, よい)는 よい를 주로 활용한다. 예를 들면 よくない(좋지 않다), よかった(좋았다), よく(좋게, 잘), よければ(좋다면) 등과 같은 형태로 쓰인다.

やさし	い	쉽다
	くない	쉽지 않다
	くないです	쉽지 않습니다
	くありません	

ex この時計(とけい)は高(たか)くないです。이 시계는 비싸지 않습니다.

▶ 다음 い형용사를 부정형(~하지 않다)으로 바꾸세요.

1 むずかしい → ____________　　2 いい → ____________

3 さびしい → ____________　　4 つよい → ____________

+정답 1 むずかしくない　2 よくない　3 さびしくない　4 つよくない

실전 감각 익히기

PART 5 정답찾기

1 今日もさむいですが、昨日ほどさむくありません。

(A) 暑く　(B) 涼く

(C) 寒く　(D) 冷く

1 오늘도 춥지만, 어제만큼 춥지 않습니다. ▶ (C)

PART 6 오문정정

2 日本語は面白いです(A) が、(B) あまり(C) やさしいではありません(D)。

2 일본어는 재미있지만, 그다지 쉽지 않습니다.
▶ (D) → やさしくありません

い형용사의 정중 부정형은 ～くありません이다.

PART 7 공란 메우기

3 この黒いコートは高くも＿＿＿＿＿ないけど、色が気に入らないので買いたくない。

(A) やすくも　(B) あまくも

(C) ふるくも　(D) やさしくも

3 이 검은 코트는 비싸지도 싸지도 않지만, 색이 마음에 들지 않아 사고 싶지 않다. ▶ (A)

～くも～くもない는 '~하지도 ~하지도 않다'라는 구문이다.

3) い형용사의 과거형(た형)

'~었(았)다'라는 과거형의 경우는 **~かった**가 되며, 정중한 표현은 **~かったです**가 된다.

やさし	い	쉽다
	かった	쉬웠다
	かったです	쉬웠습니다

ex 昨日(きのう)はとても寒(さむ)かったです。 어제는 매우 추웠습니다.

▶ 다음 い형용사를 과거형(~었다)으로 바꾸세요.

1 おもしろい → ____________ 2 いそがしい → ____________

3 なつかしい → ____________ 4 おいしい → ____________

+정답 1 おもしろかった 2 いそがしかった 3 なつかしかった 4 おいしかった

실전 감각 익히기

PART 5 정답찾기

1 このごろはさむかったり<u>あつかったり</u>して、風邪をひきやすいです。

(A) 暖かったり (B) 熱かったり

(C) 寒かったり (D) 暑かったり

1 요즈음은 추웠다 <u>더웠다</u> 해서, 감기에 걸리기 쉽습니다. ▶ (D)

날씨가 더울 때는 暑(あつ)い를 씀

PART 6 오문정정

2 昨日<u>の</u>(A)コンパは<u>おいしい</u>(B)食べ物もたくさんありました<u>し</u>(C)、本当に<u>楽しいでした</u>(D)。

2 어제 모임은 맛있는 음식도 많이 있었고, 정말 <u>즐거웠습니다</u>.

▶ (D) → 楽(たの)しかったです

い형용사의 정중 과거형은 ~かったです이다.

PART 7 공란 메우기

3 昨日見たのはスポーツ映画だったが、本当に____________。

(A) おもしろい (B) おもしろいでした

(C) おもしろいです (D) おもしろかったです

3 어제 본 것은 <u>스포츠</u> 영화였는데, 정말로 <u>재미있었습니다</u>. ▶ (D)

4) い형용사의 부사형과 중지형(て형)

'~하게'라는 의미의 い형용사의 부사형은 ～く이며, '~이고, 이며, 이어서'라는 의미의 중지형(て형)은 ～くて가 된다. 중지형 ～くて는 두 문장을 이을 때 사용한다.

やさし	い	쉽다
	く	쉽게
	くて	쉽고, 쉬워서

* 多い(많다)나 近い(가깝다), 遠い(멀다)는 多く, 近く, 遠く가 부사형이 아니라 多くの人(많은 사람), 近くの本屋(근처 서점), 遠くの空(먼 하늘)와 같이 명사형이 된다는 점에 유의해야 한다. 이 세 가지가 가장 많이 출제된다.

ex 日本語(にほんご)はやさしくて、おもしろい。 일본어는 쉽고, 재미있다.

▶ 다음 い형용사를 부사형(~하게)과 중지형(~이고)으로 바꾸세요.

1 うすい → ______, ______　　2 ちいさい → ______, ______

3 あかるい → ______, ______　　4 きたない → ______, ______

+정답 1 うすく, うすくて　2 ちいさく, ちいさくて　3 あかるく, あかるくて　4 きたなく, きたなくて

실전 감각 익히기

PART 5 정답찾기

1 良子さんの部屋は南向きで、とても<u>あかるくて</u>きれいです。

(A) 明るくて　(B) 赤るくて

(C) 暗るくて　(D) 暖るくて

1 요시코 씨의 방은 남향이라 매우 <u>밝고</u> 깨끗합니다. ▶ (A)

・南向(みなみむ)き : 남향

PART 6 오문정정

2 <u>学食</u>は<u>おいしいで</u> <u>やすい</u>ので、<u>週に</u>3、4回行っています。
(A) (B) (C) (D)

2 학교 식당의 식사는 맛있고 싸서, 일주일에 서너 번 갑니다.
▶ (B) → おいしくて

PART 7 공란 메우기

3 家の______公園は静かできれいなので、私は毎朝、運動に行きます。

(A) 近い　(B) 近く

(C) 近くて　(D) 近くの

3 집 <u>근처</u> 공원은 조용하고 깨끗하기 때문에 나는 매일 아침 운동하러 갑니다. ▶ (D)

近い는 명사를 수식할 때 「近くの+명사」의 형태가 된다. '근처'라는 뜻.

5) い형용사의 가정형과 변화형

い형용사의 가정형은 **~ければ**(~하면)이며, '~하게 되다(~해지다)'라는 변화를 나타낼 경우에는 **~くなる**가 된다.

やさし	い	쉽다
	ければ	쉬우면
	くなる	쉬워지다

ex 日本語(にほんご)がやさしければ、私(わたし)も勉強(べんきょう)してみたい。 일본어가 쉽다면, 나도 공부해 보고 싶다.
日本語(にほんご)がやさしくなる。 일본어가 쉬워진다.

▶ 다음 い형용사를 가정형(~하면)으로 바꾸세요.

1 おもしろい → ＿＿＿＿＿＿
2 すくない → ＿＿＿＿＿＿
3 きたない → ＿＿＿＿＿＿
4 ふかい → ＿＿＿＿＿＿
5 いい → ＿＿＿＿＿＿
6 たのしい → ＿＿＿＿＿＿

▶ 다음 い형용사를 변화형(~해지다)으로 바꾸세요.

7 いそがしい → ＿＿＿＿＿＿
8 はやい → ＿＿＿＿＿＿
9 ひろい → ＿＿＿＿＿＿
10 ふかい → ＿＿＿＿＿＿
11 やさしい → ＿＿＿＿＿＿
12 いい → ＿＿＿＿＿＿

+정답 **1** おもしろければ **2** すくなければ **3** きたなければ **4** ふかければ **5** よければ **6** たのしければ **7** いそがしくなる **8** はやくなる **9** ひろくなる **10** ふかくなる **11** やさしくなる **12** よくなる

실전 감각 익히기

PART 5 정답찾기

1 この店は品物もよければ、値段もやすくていい。

(A) この店の品物はいいけど、値段がたかい。

(B) この店の品物はあまりよくない。

(C) この店の品物も値段も気に入る。

(D) この店の品物はよくないけど、値段はやすい。

PART 6 오문정정

2 明日天気がよいければ、ドライブに でも 行きましょう。
(A) (B) (C) (D)

3 日本語の勉強を始めて6ヵ月になりましたが、少しずつ おもしろいになってきました。
(A) (B) (C) (D)

PART 7 공란 메우기

4 部屋が＿＿＿＿＿なったので、掃除をしなければなりません。

(A) きれいに (B) きたなく

(C) ふかく (D) おもいに

5 セールで野菜の値段が20％ぐらい＿＿＿＿＿なった。

(A) やさしく (B) よく

(C) やすく (D) たかく

---

1 이 가게는 물건도 좋고 가격도 싸서 좋다. ▶ (C)

(A) 이 가게의 물건은 좋지만, 가격이 비싸다.

(B) 이 가게의 물건은 별로 좋지 않다.

(C) 이 가게의 물건도 가격도 마음에 든다.

(D) 이 가게의 물건은 좋지 않지만, 가격은 싸다.

～も～ば、～も는 '~도 ~하고 ~도'라는 구문이다.

2 내일 날씨가 좋으면 드라이브라도 하러 갑시다. ▶ (A) → よければ

いい(좋다)의 가정형은 よければ이다. ドライブにでも는 '드라이브라도'라는 뜻으로, 뒤에 行く가 있어 조사 に가 쓰였다.

3 일본어 공부를 시작한 지 6개월이 되었는데, 조금씩 재미있어지기 시작했습니다. ▶ (D) → おもしろく

い형용사의 변화형은 ～くなる이다.

4 방이 더러워졌기 때문에, 청소를 해야 합니다. ▶ (B)

5 바겐 세일로 채소 가격이 20% 정도 싸졌다. ▶ (C)

6) い형용사의 명사형과 ～がる

(1) い형용사의 명사형

① '색'을 나타내는 い형용사는 어간만으로 명사가 된다.

赤(あか)い 빨갛다 → 赤(あか) 빨강

黄色(きいろ)い 노랗다 → 黄色(きいろ) 노랑

② い형용사 어간 + け

寒(さむ)い 춥다 → 寒気(さむけ) 오한, 한기

眠(ねむ)い 졸리다 → 眠気(ねむけ) 졸음

③ い형용사 어간 + さ

寒(さむ)い 춥다 → 寒(さむ)さ 추위

高(たか)い 높다 → 高(たか)さ 높이

長(なが)い 길다 → 長(なが)さ 길이

④ い형용사 어간 + み

甘(あま)い 달다 → 甘(あま)み 단맛

楽(たの)しい 즐겁다 → 楽(たの)しみ 즐거움, 기대

⑤ 多い, 近い, 遠い의 경우 多く, 近く, 遠く가 명사형이 될 수 있다.

多(おお)い 많다 → 多(おお)く 많음, 대부분

近(ちか)い 가깝다 → 近(ちか)く 근처, 가까운 곳

遠(とお)い 멀다 → 遠(とお)く 먼 곳

(2) い형용사의 어간 + がる

い형용사의 어간에 ～がる를 붙이면 '～해 하다, 제 3자가 그렇게 느끼다'라는 의미를 나타낸다.

嬉(うれ)しい 기쁘다 → 嬉(うれ)しがる 기뻐하다

悔(くや)しい 억울하다 → 悔(くや)しがる 억울해하다

寂(さび)しい 외롭다, 쓸쓸하다 → 寂(さび)しがる 외로워하다

실전 감각 익히기

PART 5 정답찾기

1 夕べ、せきが出たり寒気がしたりして全然寝られなかった。

(A) さむき　(B) あつき

(C) さむけ　(D) あつけ

PART 6 오문정정

2 あそこに新しく できた橋のながいはどれくらいありますか。
(A) 新しく (B) できた (C) ながい (D) あります

3 私は時々父とテニスの試合をしますが、父は負けるととてもくやしいです。
(A) と (B) します (C) 負ける (D) くやしいです

PART 7 공란 메우기

4 今度の夏休みはみんな忙しいから、＿＿＿＿＿遊園地にでも行ってこよう。

(A) 遠くて　(B) 近く

(C) 遠く　(D) 近くの

5 両親は私が東京大学に合格したことを聞いて＿＿＿＿＿います。

(A) かなしがって　(B) うれしがって

(C) さびしがって　(D) ほしがって

---

1 어젯밤, 기침이 나기도 하고 오한이 들기도 해서 전혀 못 잤다. ▶ (C)

2 저기 새로 생긴 다리의 길이는 어느 정도 됩니까? ▶ (C) → ながさ

ながい(길다)의 명사형은 ながさ(길이)이며, (D)의 ある는 '그만한 수량이 되다(나가다)'라는 뜻으로 쓰였다.

3 나는 때때로 아버지와 테니스 시합을 하는데, 아버지는 지면 매우 분해합니다. ▶ (D) → くやしがります

- 試合(しあい) : 시합
- 負(ま)ける : 지다
- くやしい : 분하다

4 이번 여름휴가 때는 모두 바쁘니까, 근처 유원지라도 갔다 오자. ▶ (D)

5 부모님은 내가 도쿄 대학에 합격했다는 소식을 듣고 기뻐하고 있습니다. ▶ (B)

(A) 슬퍼하고
(B) 기뻐하고
(C) 쓸쓸해하고
(D) 갖고 싶어 하고

2 시험에 꼭 출제되는 주요 구문

1) ～くありません=～くないです ～하지 않습니다

ex 私(わたし)の部屋(へや)は広(ひろ)くありません。내 방은 넓지 않습니다.

2) ～くなかった ～하지 않았다

ex 今日(きょう)はあまり寒(さむ)くなかった。오늘은 별로 춥지 않았다.

3) ～くなる ～해지다

ex これからだんだん寒(さむ)くなります。이제부터 점점 추워질 겁니다.

4) ～くも～くもない ～지도 ～지도 않다

ex 兄(あに)の部屋(へや)は狭(せま)くも広(ひろ)くもありません。오빠 방은 좁지도 넓지도 않습니다.

5) どんなに～くても 아무리 ～해도

ex どんなに忙(いそが)しくても友(とも)だちの結婚式(けっこんしき)には行(い)かなければなりません。
아무리 바빠도 친구 결혼식에는 가야 합니다.

6) ～かったです ～했습니다

ex 昨日(きのう)はとても寒(さむ)かったです。어제는 매우 추웠습니다.

7) ～と思(おも)う ～라고 생각하다

ex 漢字(かんじ)の試験(しけん)はいつも難(むずか)しいと思(おも)う。한자 시험은 늘 어렵다고 생각한다.

PART 5 정답찾기

下の______線の言葉の正しい表現、または同じ意味のはたらきをしている言葉を(A)から(D)の中で一つ選びなさい。

1 私は猫舌なので、あついお茶は苦手です。

(A) 厚い　(B) 暑い　(C) 暖い　(D) 熱い

2 この写真を見ると昔が懐かしくなります。

(A) むずかしく　(B) やさしく　(C) なつかしく　(D) すばらしく

3 このペンはほそい線が書けるからいいです。

(A) 濃い　(B) 細い　(C) 太い　(D) 長い

4 ほしいものはないですが、見たい映画はあります。

(A) あまり時間がないから急いでください。

(B) ここは子どもたちにはあぶないです。

(C) タバコは体に悪いから吸わない方がいいでしょう。

(D) 暑いからホットコーヒーは飲みたくないです。

5 兄は画家のように絵がうまいです。

(A) 絵がきらいです　(B) 絵が下手です

(C) 絵が上手です　(D) 絵が好きです

PART 6 오문정정

下の________線の(A), (B), (C), (D)の言葉の中で正しくない言葉を一つ選びなさい。

6 昨日までは(A) 暑いでした(B)が、今日は遊びに行くに(C)はいい(D)天気です。

7 友だちと旅行をしよう(A)と思っている(B)が、忙しいで(C) 行けそうもない(D)。

8 雨が降りだし(A)そうだから早く(B) 帰った方(C)が いいだと(D)思います。

정답은 해설집 ▶74쪽

9 今年の冬も寒いですが、きょねんの冬ほど 寒いではありません。
(A) 寒いですが　(B) きょねん　(C) ほど　(D) 寒いではありません

10 あなたと見た映画、本当に面白いでした。もう一度 見たいです。
(A) 見た　(B) 面白いでした　(C) もう一度　(D) 見たい

11 またお会いできることを楽しくにしております。
(A) お会い　(B) こと　(C) 楽しくに　(D) おります

12 道に迷ったら、近いの人に聞いてください。
(A) に　(B) たら　(C) 近い　(D) 聞いて

13 パーティーは楽しいでしたが、料理はあまりおいしくありませんでした。
(A) パーティー　(B) 楽しいでしたが　(C) あまり　(D) でした

14 病気がふかくならないうちに 早く病院に行きなさい。
(A) ふかく　(B) うちに　(C) 早く　(D) 行きなさい

15 卒業のシーズンになると、ふるさとの友だちがなつかしいになる。
(A) の　(B) と　(C) の　(D) なつかしい

PART 7 공란 메우기

下の＿＿＿＿＿線に入る適当な言葉を(A)から(D)の中で一つ選びなさい。

16 富士山の＿＿＿＿＿は3,776mです。
(A) たかい　(B) たかみ　(C) たかさ　(D) たかく

17 昨日の試験は＿＿＿＿＿が、今日の試験はとても難しかった。
(A) やすい　(B) やさしい　(C) やすかった　(D) やさしかった

18 私は都合が＿＿＿＿＿行けません。
(A) わるい　(B) わるくて　(C) いい　(D) よくて

19 サッカーのことならこのクラスで彼が一番＿＿＿＿＿です。
(A) うれしい　(B) くわしい　(C) たのしい　(D) くるしい

20 この教室はあまり＿＿＿＿＿ないから、電気は消してもいいですよ。
(A) あかるく　(B) うるさく　(C) くらく　(D) くろく

PART 5 정답찾기

下の＿＿＿線の言葉の正しい表現、または同じ意味のはたらきをしている言葉を(A)から(D)の中で一つ選びなさい。

1 漢方薬はとても苦くて飲みにくいです。

(A) くるしくて (B) あまくて (C) にがくて (D) からくて

2 佐藤さんはあおいシャツを着ています。

(A) 赤い (B) 白い (C) 青い (D) 黄色い

3 田中先生は朝から険しい顔をしています。

(A) はげしい (B) けわしい (C) ひどしい (D) きびしい

4 あの人はいつも暗い顔をしています。

(A) 人に見せない悪い面があります (B) 暗いのでよく見えません
(C) 悲しく見えます (D) 顔を作っています

5 これはやすいだけではなくて質もいいです。

(A) この店は値段もやすいし、味もいいです。
(B) 勉強や仕事にも便利で書きやすいペンを紹介してください。
(C) 佐藤先生の説明は分かりやすいです。
(D) この本は字が大きくて、読みやすいです。

PART 6 오문정정

下の＿＿＿＿線の(A), (B), (C), (D)の言葉の中で正しくない言葉を一つ選びなさい。

6 あそこまで(A)行くには(B)車より(C)高速バスの方が早い(D)そうです。

7 この部屋は窓を(A)開けると(B)遠くで(C)海が(D)見えます。

8 田中君は背が大きくて(A)ハンサムだから(B)、きっと(C)女の人に人気があるでしょう(D)。

9 先週は天気がとてもよかったですが、今日の天気はあまりいくないです。
(A) とても (B) が (C) の (D) いくない

10 日本語は漢字もよみがなも とても 難しいだと思います。
(A) も (B) も (C) とても (D) 難しいだ

11 家の近い本屋をさがしてみたが、その本は売っていなかった。
(A) 近い (B) さがして (C) その (D) 売っていなかった

12 あの桜の木はあまり ふといではないです。ほそいです。
(A) の (B) あまり (C) ふといではない (D) ほそいです

13 この店はきれいでサービスもいいだから、近所の人に人気があります。
(A) きれいで (B) いいだから (C) に (D) あります

14 クーラーをつけたのに部屋の中はなかなか すずしいになりませんでした。
(A) を (B) のに (C) なかなか (D) すずしいに

15 この問題はやすいので、たぶん10分ぐらいでできるでしょう。
(A) やすい (B) たぶん (C) で (D) でしょう

PART 7 공란 메우기

下の________線に入る適当な言葉を(A)から(D)の中で一つ選びなさい。

16 このチョコレートは________カロリーも少ないらしいです。
(A) 甘いなくて (B) 甘いでも (C) 甘くても (D) 甘くなくて

17 ここで勉強をしている________学生は日本文化に関心があります。
(A) みんな (B) たくさん (C) 多くの (D) 多い

18 部屋が________から、掃除してください。
(A) きたない (B) きびしい (C) くるしい (D) しぶい

19 やさしい質問だったのに答えられなくてとても________です。
(A) たのしかった (B) むずかしかった (C) まずかった (D) はずかしかった

20 この部屋の________は、6帖ぐらいです。
(A) 広み (B) 広い (C) 広け (D) 広さ

2 な형용사

사물의 성질이나 상태를 나타내는 말을 형용사라고 하고, 일본어에는 い형용사와 な형용사의 두 가지 형용사가 있다고 앞서 언급하였다. な형용사도 い형용사와 마찬가지로 대부분 정해진 형태로 변화하므로 그 기본적인 활용만 외워 두면 무난히 점수를 얻을 수 있다.

な형용사는 명사와 활용이 비슷해서 비교적 쉽게 접근할 수 있지만, 명사 수식형의 경우는 ~な가 되므로 주의해야 한다. 이것이 な형용사로 부르는 이유이기도 하다.

ex

にわにはきれい花(はな)が咲(さ)いています。(×)
にわにはきれいな花(はな)が咲(さ)いています。(◯)
마당에는 예쁜 꽃이 피어 있습니다.

きれい(예쁨, 깨끗함)는 な형용사이기 때문에 명사 수식형은 **きれいな**가 되어야 한다. 하지만, **きれい花**라고 되어 있으면 **きれい**가 **い**로 끝나기 때문에 **い**형용사로 오해하는 경우가 많다. **い**형용사는 기본형과 명사를 수식하는 형태가 같으므로 '예쁜 꽃'을 **きれい花**라고 생각하게 되는 것이다. 또한 사전에도 **な**형용사는 **だ**를 뺀 형태로 실려 있으므로 더욱 더 오해를 사게 되는 것 같다. 되도록이면 **きれいだ**, **しずかだ**와 같은 형식으로 외워 두는 것이 좋다.

な형용사의 경우도 예외적인 형태는 있다. 예를 들어 **同(おな)じだ**(같다)의 명사 수식형은 **な**형용사의 활용 규칙에 따르면 **おなじな**가 되어야 하지만, 올바른 형태는 **おなじ**이므로 주의가 필요하다. 450 단계에서는 **同じだ** 하나만 외워 두자.

ex

昔(むかし)も今(いま)も同(おな)じな英語(えいご)の教育(きょういく) (×)
昔(むかし)も今(いま)も同(おな)じ英語(えいご)の教育(きょういく) (◯)
예나 지금이나 똑같은 영어 교육.

な형용사의 경우도 **い**형용사와 같이 오문정정 문제에 자주 출제되며, 활용형을 숙지하고 있으면 정답을 찾는데 많은 시간을 필요로 하지 않을 것이다. 역시 활용형에 대한 이해력과 응용력이 관건이다.

공략 1단계 필수 な형용사 익히기

☐ 綺麗(きれい)だ 예쁘다, 깨끗하다	☐ 静(しず)かだ 조용하다	☐ 賑(にぎ)やかだ 번화하다, 시끌벅적하다
☐ 新鮮(しんせん)だ 신선하다	☐ 柔(やわ)らかだ 부드럽다	☐ 真面目(まじめ)だ 성실하다, 진지하다
☐ 素直(すなお)だ 순진하다, 솔직하다	☐ 親切(しんせつ)だ 친절하다	☐ 穏(おだ)やかだ 온화하다
☐ 大事(だいじ)だ 소중하다, 중요하다	☐ 大丈夫(だいじょうぶ)だ 괜찮다, 상관없다	☐ 丈夫(じょうぶ)だ 튼튼하다
☐ 大切(たいせつ)だ 중요하다	☐ 大変(たいへん)だ 큰일이다, 대단하다	☐ 元気(げんき)だ 건강하다
☐ 盛(さか)んだ 번성하다, 유행하다	☐ 貧乏(びんぼう)だ 가난하다	☐ 豊(ゆた)かだ 풍부하다
☐ のどかだ 한가롭다	☐ 好(す)きだ 좋아하다	☐ 嫌(きら)いだ 싫어하다
☐ 残念(ざんねん)だ 유감이다	☐ 変(へん)だ 이상하다	☐ 上手(じょうず)だ 잘하다, 능숙하다
☐ 得意(とくい)だ 잘하다, 자신 있다	☐ 下手(へた)だ 서툴다	☐ 苦手(にがて)だ 못하다, 싫어하다
☐ 便利(べんり)だ 편리하다	☐ 不便(ふべん)だ 불편하다	☐ 立派(りっぱ)だ 훌륭하다
☐ 同(おな)じだ 똑같다		

실력 간단 체크 √

▶ 다음 밑줄 친 부분을 한자로 바르게 쓴 것을 고르세요.

		(A)	(B)
1	きれいなはな	(A) 機麗な	(B) 綺麗な
2	サッカーがさかんだ。	(A) 盛んだ	(B) 墟んだ
3	しずかなきょうしつ	(A) 静かな	(B) 晴かな
4	じょうぶなからだ	(A) 元気な	(B) 丈夫な
5	しんせつなかんこくじん	(A) 新切な	(B) 親切な
6	だいじなゆびわ	(A) 大切な	(B) 大事な
7	にぎやかなまち	(A) 華やかな	(B) 賑やかな
8	びんぼうなせいかつ	(A) 貧乏な	(B) 賓乏な
9	べんりなコンピューター	(A) 更利な	(B) 便利な
10	まじめながくせい	(A) 珍面目な	(B) 真面目な
11	おなじかばん	(A) 洞じ	(B) 同じ
12	すうがくはにがてだ。	(A) 古手だ	(B) 苦手だ
13	すなおなひと	(A) 素直な	(B) 率直な
14	りっぱなせんせい	(A) 立波な	(B) 立派な
15	しんせんなさかな	(A) 新善な	(B) 新鮮な
16	おだやかなひ	(A) 穏やかな	(B) 和やかな
17	じょうずにはなせる。	(A) 下手に	(B) 上手に
18	にくはきらいだ。	(A) 兼いだ	(B) 嫌いだ
19	へんなおとこ	(A) 変な	(B) 便な
20	やわらかなところ	(A) 柳らかな	(B) 柔らかな

1 (B)	2 (A)	3 (A)	4 (B)	5 (B)	6 (B)	7 (B)	8 (A)	9 (B)	10 (B)
11 (B)	12 (B)	13 (A)	14 (B)	15 (B)	16 (A)	17 (B)	18 (B)	19 (A)	20 (B)

1 な형용사의 기본 활용

1) な형용사의 기본형과 명사 수식형(연체형)

な형용사는 어미가 ～だ로 끝나며, 명사 수식형은 ～な가 된다. い형용사는 사전에 실려 있는 형태가 기본형과 동일하지만, な형용사의 경우는 だ를 뺀 형태로 실려 있으므로 주의할 필요가 있다. 또한 同じだ의 명사 수식형은 同じ가 되므로 주의한다.

静か	だ	조용하다
	なまち	조용한 마을

ex 同じ辞書(おなじしょ) 똑같은 사전
真面目な人(まじめなひと) 성실한 사람
この辞書(じしょ)とその辞書(じしょ)は同(おな)じだ。 이 사전과 그 사전은 똑같다.
あの人(ひと)は真面目(まじめ)だ。 그 사람은 성실하다.

실전 감각 익히기

PART 5 정답찾기

1 私は英語はへただが、日本語はじょうずだよ。

(A) 得意　(B) 上手　(C) 下手　(D) 苦手

PART 6 오문정정

2 木村先生は親切人なので学生たちに人気があります。
(A) 親切　(B) 人なので　(C) に　(D) が

PART 7 공란 메우기

3 毎日料理を作って食べるのは＿＿＿＿ことなので、日曜日は外食をします。

(A) 大事　(B) 大変　(C) 大事だ　(D) 大変な

1 나는 영어는 못하지만, 일본어는 잘해. ▶ (B)
上手(잘함)의 반대말은 下手(서툶)

2 기무라 선생님은 친절한 사람이라서 학생들에게 인기가 있습니다.
▶ (A) → 親切な

3 매일 요리를 만들어 먹는 것은 힘든 일이라서 일요일은 외식을 합니다.
▶ (D)

2) な형용사의 부정형(ない형)

'~하지 않다'라는 부정형은 ~ではない이며, 정중한 표현은 ~ではありません이다. ~ではありません은 회화체에서는 ~じゃありません으로도 사용된다. な형용사의 부정형은 명사의 부정형과 형태가 동일하다.

静か	だ	조용하다
	ではない	조용하지 않다
	ではないです	조용하지 않습니다
	ではありません	

ex この机(つくえ)は丈夫(じょうぶ)ではありません。이 책상은 튼튼하지 않습니다.
あの学生(がくせい)は真面目(まじめ)ではないです。그 학생은 성실하지 않습니다.

▶ 다음 な형용사를 부정형(~하지 않다)으로 바꾸세요.

1 すきだ → ____________ 2 すなおだ → ____________

3 まじめだ → ____________ 4 じょうずだ → ____________

+정답 1 すきではない 2 すなおではない 3 まじめではない 4 じょうずではない

실전 감각 익히기

PART 5 정답찾기

1 この魚はしんせんではないので、買わない方がいいです。

(A) 新仙 (B) 親切 (C) 親鮮 (D) 新鮮

PART 6 오문정정

2 肉は何でも(A)好きですが(B)、野菜はあまり(C) 好きだ(D)ではありません。

PART 7 공란 메우기

3 部屋は広いけど、あまり__________ありません。

(A) きれいでは (B) きれくは

(C) きれいだでは (D) きれいには

1 이 생선은 신선하지 않기 때문에, 사지 않는 편이 좋습니다. ▶ (D)

2 고기는 무엇이든 좋아하지만, 채소는 별로 좋아하지 않습니다. ▶ (D) → 好き

3 방은 넓지만, 그다지 깨끗하지 않습니다. ▶ (A)

3) な형용사의 과거형(た형)

'~었(았)다'라는 な형용사의 과거형(た형)은 ~だった이며, 정중한 표현은 ~でした가 된다.

静か	だ	조용하다
	だった	조용했다
	でした	조용했습니다

ex 高校生(こうこうせい)の時(とき)、数学(すうがく)が苦手(にがて)だった。 고등학생 때 수학을 못했다.

10年前(じゅうねんまえ)、この町(まち)は賑(にぎ)やかでした。 10년 전, 이 거리는 번화했습니다.

▶ 다음 な형용사를 과거형(~었다)으로 바꾸세요.

1 にぎやかだ → ____________ 2 べんりだ → ____________

3 さかんだ → ____________ 4 ゆたかだ → ____________

+정답 1 にぎやかだった 2 べんりだった 3 さかんだった 4 ゆたかだった

실전 감각 익히기

PART 5 정답찾기

1 昔はすもうが盛んだったが、今は野球の方が人気があります。

(A) 今はすもうが野球より人気があります。

(B) 今はすもうも野球も人気がありません。

(C) 今は野球が盛んです。

(D) 今はすもうが盛んです。

PART 6 오문정정

2 ここは交通が便利だったでしたが、今は バスがなくなり 不便になりました。

(A) 便利だったでした (B) 今は (C) バスが (D) 不便になりました

PART 7 공란 메우기

3 となりの教室は________が、急にうるさくなった。

(A) しずかで (B) しずかに

(C) しずか (D) しずかだった

1 예전에는 스모가 한창 유행했지만, 지금은 야구 쪽이 인기가 있습니다. ▶ (C)

(A) 지금은 스모가 야구보다 인기가 있습니다.

(B) 지금은 스모도 야구도 인기가 없습니다.

(C) 지금은 야구가 유행입니다.

(D) 지금은 스모가 유행입니다.

2 이곳은 교통이 편리했었는데, 지금은 버스가 없어져서 불편해졌습니다. ▶ (A) → 便利でした

3 옆 교실은 조용했었는데, 갑자기 시끄러워졌다. ▶ (D)

4) な형용사의 부사형과 중지형(て형)

な형용사의 부사형은 ～に이며, '~이고/이며/이어서'라는 의미의 중지형(て형)은 ～で가 된다.

静か	だ	조용하다
	に	조용하게
	で	조용하고, 조용해서

ex 新幹線(しんかんせん)に乗(の)ったら楽(らく)に行(い)けます。 신칸센을 타면 편하게 갈 수 있습니다.

この教室(きょうしつ)は静(しず)かで、きれいだ。 이 교실은 조용하고 깨끗하다.

▶ 다음 な형용사를 부사형(~하게)과 중지형(~이고)으로 바꾸세요.

1 きれいだ → ____________ 2 やわらかだ → ____________

3 のどかだ → ____________ 4 だいじだ → ____________

+정답 1 きれいに, きれいで 2 やわらかに, やわらかで 3 のどかに, のどかで 4 だいじに, だいじで

실전 감각 익히기

PART 5 정답찾기

1 今、赤ん坊を寝かしていますので、静かにしてください。

(A) にぎやかに (B) おだやかに

(C) しずかに (D) ゆたかに

PART 6 오문정정

2 これは私が心をこめて作ったプレゼントですからだいじでしてください。
(A) が (B) こめて (C) だいじで (D) してください

PART 7 공란 메우기

3 このルームは__________広いです。それに、静かですから気に入りました。

(A) きたないで (B) きれいで

(C) きれくて (D) きたなく

1 지금 아기를 재우고 있으니 조용히 해 주세요. ▶ (C)
・寝(ね)かす : 재우다

2 이것은 제 마음의 선물이니 소중히 여겨 주세요. ▶ (C) → だいじに

3 이 방은 깨끗하고 넓습니다. 게다가 조용하기 때문에 마음에 듭니다. ▶ (B)
・気(き)に入(い)る : 마음에 들다

5) な형용사의 가정형과 변화형

な형용사의 가정형은 ~なら(ば)이며, '~하게 되다(~해지다)'라고 변화를 나타낼 경우는 ~になる가 된다.

静か	だ	조용하다
	なら(ば)	조용하면
	になる	조용해지다

ex この教室(きょうしつ)が静(しず)かなら(ば)、ここにしましょう。이 교실이 조용하다면, 이곳으로 합시다.
会議室(かいぎしつ)が静(しず)かになる。회의실이 조용해지다.

▶ 다음 な형용사를 가정형(~하면)과 변화형(~해지다)으로 바꾸세요.

1 じょうずだ → ____________ 2 ふべんだ → ____________

3 きらいだ → ____________ 4 じょうぶだ → ____________

+정답 1 じょうずなら(ば), じょうずになる 2 ふべんなら(ば), ふべんになる
3 きらいなら(ば), きらいになる 4 じょうぶなら(ば), じょうぶになる

실전 감각 익히기

PART 5 정답찾기

1 私は山の方が好きですけど、もし山が<u>嫌い</u>なら海にしてもいいです。

(A) きれい (B) さむい

(C) きらい (D) よわい

1 나는 산 쪽이 좋지만, 혹시 산이 싫다면 바다로 해도 됩니다. ▶ (C)

PART 6 오문정정

2 子どもたち(A)はクラスが同じだ(B)なら、すぐ(C) 親しく(D)なります。

2 아이들은 반이 같으면 금세 친해집니다. ▶ (B) → 同じ
・親(した)しい : 친하다

PART 7 공란 메우기

3 朝から何時間も掃除をしたので部屋が__________なりました。

(A) きれいだ (B) きれいく

(C) きれいで (D) きれいに

3 아침부터 몇 시간이나 청소를 해서 방이 깨끗해졌습니다. ▶ (D)

2 시험에 꼭 출제되는 주요 구문

1) **～です** ～합니다

ex この部屋は静かです。 이 방은 조용합니다.

2) **～では・じゃありません** ～하지 않습니다

ex そのアパートはあまりきれいではありません。 그 공동 주택은 그다지 깨끗하지 않습니다.

3) **～だった** ～했다

ex 昨日も今日も同じだった。 어제도 오늘도 똑같았다.

4) **～なので** ～라서(이유의 ～のでは ～なので로 접속함)

ex 木村くんは真面目なので、成績はいつもクラスでトップです。
기무라는 성실해서 성적은 언제나 반에서 톱입니다.

5) **～に** ～하게

ex 静かに聞いてください。 조용히 들어 주세요.

6) **～になる** ～해지다, ～하게 되다

ex １年間勉強して上手になりました。 1년간 공부해서 능숙해졌습니다.

정답은 해설집 ▶77쪽

PART 5 정답찾기

下の______線の言葉の正しい表現、または同じ意味のはたらきをしている言葉を(A)から(D)の中で一つ選びなさい。

1 最近、オーディション番組がとてもさかんになっています。

(A) 新に (B) 盛ん (C) 誠ん (D) 成ん

2 日本留学については真面目に考える必要があります。

(A) しんめんもく (B) まこと (C) きちょうめん (D) まじめ

3 この町は東京ほどにぎやかではありません。

(A) 繁やか (B) 賑やか (C) 華やか (D) 健やか

4 ごはんを食べる時は嫌いなものも食べなくてはいけない。

(A) けんいな (B) きらいな (C) きれいな (D) きろいな

5 このパソコンはとてもべんりで、使いやすいです。

(A) 更利 (B) 便利 (C) 便伊 (D) 便理

6 私は料理が下手で、作れるものはサラダしかありません。

(A) かしゅ (B) じょうず (C) へた (D) したて

7 私は音楽が好きなので一日中音楽ばかり聞いています。

(A) ついたちちゅう (B) いちにちじゅう (C) いちにちなか (D) ついたちなか

8 この辺はあまりにぎやかではありません。

(A) この辺はすなおです (B) この辺はゆたかです
(C) この辺はうるさいです (D) この辺はしずかです

9 安くて楽に行くなら、飛行機より電車の方がいいでしょう。

(A) 飛行機の方が楽です (B) 電車はたかくてふべんです
(C) 電車の方がたかくないです (D) 飛行機がべんりでやすいです

10 あなたのきらいな食べ物は何ですか。

(A) すきな (B) だいすきな (C) いやな (D) このみの

PART 6 오문정정

下の＿＿＿＿＿線の(A), (B), (C), (D)の言葉の中で正しくない言葉を一つ選びなさい。

11 佐藤さんの妹さんは、性格も いいし、とてもきれい人です。
(A) (B) (C) (D)

12 割れやすい食器ですから、安全に所に置いてください。
(A) (B) (C) (D)

13 この辺りのホテルはどこも静かに きれいです。
(A) (B) (C) (D)

14 少し高くても私の好きものがあれば、買って帰るつもりです。
(A) (B) (C) (D)

15 読みやすく きれい字で書いて出してください。
(A) (B) (C) (D)

16 何もかも隠さずに 正直を 話してください。
(A) (B) (C) (D)

17 これが口で言うほど簡単にことかどうかまず自分でやってみることだ。
(A) (B) (C) (D)

18 私の夢は好きにことをしながら生きることです。
(A) (B) (C) (D)

19 コーヒーの 好きの人にコーヒーを飲ませないようにすることは難しい。
(A) (B) (C) (D)

20 木村さんはだれに でも 親切でしてあげるから人気があります。
(A) (B) (C) (D)

PART 7 공란 메우기

下の＿＿＿＿＿線に入る適当な言葉を(A)から(D)の中で一つ選びなさい。

21 あそこにいる、あなたと＿＿＿＿＿服を着ている人が木村さんですか。

(A) おなじ (B) おなじな (C) おなじく (D) おなじの

22 あそこは＿＿＿＿＿デパートなので、平日もたくさんの人でにぎやかです。

(A) ゆうめいに (B) ゆうめい (C) ゆうめいだ (D) ゆうめいな

23 どうぞ、＿＿＿＿＿見学なさってください。

(A) ご大事に (B) ご自由に (C) ご楽に (D) ご大層に

24 日本の車は高いですが、とても＿＿＿＿＿です。

(A) じょうぶ (B) へた (C) へん (D) おだやか

25 交通が＿＿＿＿＿てもかまいませんから、早く自分の家がほしい。

(A) 不便なく (B) 便利でなく (C) 不便になく (D) 便利でない

26 小声で話しましょう。周りが＿＿＿＿＿のでよく聞こえますよ。

(A) しずかな (B) しずか (C) しずかに (D) しずかで

27 あなたにもらったしんじゅのネックレスは＿＿＿＿＿しています。

(A) だいじく (B) だいじに (C) だいじな (D) だいじだ

28 最近＿＿＿＿＿ので、ネットフリックスを楽しんでいます。

(A) ひまそう (B) ひま (C) ひまに (D) ひまな

29 昨日、桜で有名な目黒川に行きました。桜が本当に＿＿＿＿＿。

(A) きれかったです (B) きれいでした (C) きれいだです (D) きれだったです

30 佐藤さんは英語も中国語も＿＿＿＿＿話します。

(A) じょうず (B) じょうずだ (C) じょうずな (D) じょうずに

3 동사 1

동사 파트의 경우 동사의 활용에 대한 이해와 음편 규칙 암기는 필수이며, 그 외에도 무의지 동사나 수수동사, 착용에 관한 동사, 가능 동사 만드는 법, 진행이나 상태의 표현 등도 꼭 알아 두어야 한다.

우선 동사 1 에서는 동사의 활용에 대해 익히도록 한다. 동사의 활용 중 특히 **ない**형과 **ます**형은 많이 쓰이므로 충분히 연습해 둘 필요가 있다. 또한 '~하지 마세요(**~ないでください**)', '~하지 않고(**~ないで**)'와 같은 표현을 문형 형태로 외워 두면 기억에도 오래 남고, 문제도 비교적 수월하게 풀 수 있다.

ex

授業時間(じゅぎょうじかん)には寝(ね)らないでください。 (×)

授業時間(じゅぎょうじかん)には寝(ね)ないでください。 (○)

수업 시간에는 자지 마세요.

朝(あさ)ごはんも食(た)べなくて学校(がっこう)へ来(き)た。 (×)

朝(あさ)ごはんも食(た)べないで学校(がっこう)へ来(き)た。 (○)

아침밥도 먹지 않고 학교에 왔다.

寝る는 2그룹 동사(1단 동사)이므로, **ない**형은 「어간+**ない**」가 된다. 따라서 '자지 마세요'는 **寝ないでください**가 되어야 한다. **食べる**역시 2그룹 동사이므로 「어간+**ない**」가 되어 '먹지 않고'는 **食べないで**가 되는 것이다. 예문에서 「**食べなくて**」는 '먹지 않아서(이유)'라는 의미이므로 문장에 맞지 않다. 따라서 **~ないで**(~하지 않고)와 **~なくて**(~하지 않아서)의 차이를 숙지할 필요가 있다.

동사 활용에서는 동사의 종류에 따라 활용 형태가 달라지므로, 단어를 외울 때 동사의 종류를 확인하며 외우는 습관을 갖도록 할 것, 그리고 활용형과 관련된 문장의 형태로 예문을 외워 둘 것 등을 염두에 두고 공부하면 큰 도움이 될 것이다.

공략 1단계 필수 동사 익히기 1

□ 開(あ)く 열리다	□ 開(あ)ける 열다	□ 洗(あら)う 씻다
□ 歩(ある)く 걷다	□ 入(い)れる 넣다	□ 植(う)える (식물 등을) 심다
□ 受(う)ける 받다, (시험을) 보다	□ 動(うご)く 움직이다	□ 歌(うた)う 노래하다
□ 打(う)つ 치다, 때리다	□ 移(うつ)す 옮기다	□ 写(うつ)す 베끼다, 촬영하다
□ 売(う)る 팔다	□ 行(おこな)う 행하다, 시행하다	□ 教(おし)える 가르치다
□ 押(お)す 누르다, 밀다	□ 落(お)ちる 떨어지다	□ 踊(おど)る 춤추다
□ 泳(およ)ぐ 헤엄치다, 수영하다	□ 降(お)りる 내리다	□ 帰(かえ)る 돌아가다
□ 書(か)く 쓰다	□ 答(こた)える 대답하다	□ 吸(す)う (담배를) 피우다
□ 座(すわ)る 앉다	□ 立(た)つ 서다	□ 食(た)べる 먹다
□ 作(つく)る 만들다	□ 出(で)る 나가다, 나오다	□ 会(あ)う 만나다
□ 遊(あそ)ぶ 놀다	□ 生(う)まれる 태어나다	□ 送(おく)る 보내다
□ 上(あ)がる 오르다, 올라가다	□ 明(あ)ける (날이) 밝다	□ 空(あ)ける 비우다, (시간을) 내다
□ 変(か)える 바꾸다	□ 変(か)わる 바뀌다	□ 下(さ)がる 내려가다
□ 合(あ)う 맞다, 일치하다	□ 当(あ)たる 맞다, 들어맞다	□ 生(い)きる 살다
□ 急(いそ)ぐ 서두르다	□ 祈(いの)る 빌다, 기원하다	□ 遅(おく)れる 늦어지다
□ 驚(おどろ)く 놀라다	□ 覚(おぼ)える 외우다, 배우다, 느끼다	□ 終(お)わる 끝나다
□ 知(し)る 알다	□ 空(す)く (속이) 비다	□ 疲(つか)れる 지치다
□ 届(とど)く 닿다, 도착하다	□ 届(とど)ける 보내다, (관청 등에) 신고하다	

실력 간단 체크 √

▶ 다음 밑줄 친 한자를 바르게 읽은 것을 고르세요.

1 窓(まど)を開けている。 (A) ひらけて (B) あけて

2 お腹(なか)が空く。 (A) すく (B) あく

3 子(こ)どもが庭(にわ)で遊んでいる。 (A) あそんで (B) とんで

4 山(やま)に木(き)を植える。 (A) はえる (B) うえる

5 体(からだ)が動く。 (A) うごく (B) はたらく

6 アクセサリーを売っている。 (A) かって (B) うって

7 授業時間(じゅぎょうじかん)に遅れる。 (A) おくれる (B) おそれる

8 はんこを押す。 (A) おす (B) さす

9 電車(でんしゃ)から降りる。 (A) ふりる (B) おりる

10 勉強(べんきょう)が終わる。 (A) さわる (B) おわる

▶ 다음 밑줄 친 부분을 한자로 바르게 쓴 것을 고르세요.

11 友(とも)だちにあう。 (A) 会う (B) 合う

12 顔(かお)をあらう。 (A) 先う (B) 洗う

13 道(みち)をいそぐ。 (A) 急ぐ (B) 忙ぐ

14 幸運(こううん)をいのる。 (A) 願る (B) 祈る

15 文字(もじ)をうつ。 (A) 討つ (B) 打つ

16 荷物(にもつ)をうつす。 (A) 写す (B) 移す

17 ノートをうつす。 (A) 写す (B) 移す

18 日本語(にほんご)をおしえる。 (A) 校える (B) 教える

19 花(はな)びらがおちる。 (A) 落ちる (B) 絡ちる

20 海(うみ)でおよぐ。 (A) 氷ぐ (B) 泳ぐ

1 (B)	**2** (A)	**3** (A)	**4** (B)	**5** (A)	**6** (B)	**7** (A)	**8** (A)	**9** (B)	**10** (B)
11 (A)	**12** (B)	**13** (A)	**14** (B)	**15** (B)	**16** (B)	**17** (A)	**18** (B)	**19** (A)	**20** (B)

1 동사의 ない형과 ます형

1) 동사의 ない형

ない형은 '~하지 않다'란 뜻을 나타내며, 동사의 종류에 따라 다음과 같이 활용한다.

1그룹 동사	어미 う단 → あ단 + ない	行く 가다 → 行かない 가지 않다
2그룹 동사	어간 + ない	食べる 먹다 → 食べない 먹지 않다
3그룹 동사	불규칙	来る 오다 → 来ない 오지 않다 する 하다 → しない 하지 않다

* 예외적으로, う로 끝나는 동사의 ない형은 ~あない가 아니라 ~わない가 된다.
예시) 言う(말하다) → 言わない(말하지 않다)

2) 동사의 ます형

ます형은 '~합니다'란 의미의 정중한 표현이며, 동사의 종류에 따라 다음과 같이 활용한다.

1그룹 동사	어미 う단 → い단 + ます	行く 가다 → 行きます 갑니다
2그룹 동사	어간 + ます	食べる 먹다 → 食べます 먹습니다
3그룹 동사	불규칙	来る 오다 → 来ます 옵니다 する 하다 → します 합니다

2 시험에 꼭 출제되는 주요 구문

1) 동사의 ない형 주요 구문

(1) ～ないで : ~하지 않고(연결)

ex 朝ごはんも食べないで学校へ来た。 아침밥도 먹지 않고 학교에 왔다.

(2) ～ずに : ~하지 않고(연결)

ex 明日は忘れずに持ってきます。 내일은 잊지 않고 가지고 오겠습니다.

(3) ～なくて : ~하지 않아서(이유)

ex 野菜を食べなくて叱られた。 채소를 먹지 않아서 혼났다.

(4) ～ないでください : ~하지 마세요

ex 危ないから、あの海には行かないでください。 위험하니까 그 바다에는 가지 마세요.
授業時間には遅れないでください。 수업 시간에는 늦지 마세요.

(5) ～なければならない : ~하지 않으면 안 된다, ~해야 한다

ex 12時までには家へ帰ってこなければならない。 12시까지는 집에 돌아와야 한다.

(6) ～なくてはいけない : ~하지 않으면 안 된다, ~해야 한다

ex 朝ごはんは必ず食べなくてはいけない。 아침밥은 반드시 먹어야 한다.

(7) ～なくてもいい : ~하지 않아도 된다

ex 漢字は書かなくてもいい。 한자는 쓰지 않아도 된다.
明日は日曜日だから会社に行かなくてもいい。 내일은 일요일이니까 회사에 가지 않아도 된다.

(8) ～なくてもかまわない : ~하지 않아도 상관없다

ex この部屋は掃除をしなくてもかまわない。 이 방은 청소를 하지 않아도 상관없다.

(9) ～ない方がいい : ~하지 않는 것이 좋다

ex 体に悪いから、タバコは吸わない方がいい。 몸에 해로우니까 담배는 피우지 않는 것이 좋다.

(10) ～ないかもしれない : ~하지 않을지도 모른다

ex 彼は昨日、雨に降られて風邪をひいたらしいので、今日は来ないかもしれない。
그는 어제 비를 맞아 감기에 걸린 듯하니 오늘은 오지 않을지도 모른다.

2) 동사의 ます형 주요 구문

(1) ～はじめる : ~하기 시작하다

ex 今週(こんしゅう)からは花(はな)も咲(さ)きはじめました。 이번 주부터는 꽃도 피기 시작했습니다.

(2) ～だす : ~하기 시작하다

ex 一人(ひとり)で遊(あそ)んでいた子(こ)どもが犬(いぬ)を見(み)ると急(きゅう)に泣(な)きだした。
혼자 놀고 있던 아이가 개를 보자 갑자기 울기 시작했다.

(3) ～つづける : 계속해서 ~하다

ex 子(こ)どもが朝(あさ)からテレビを見(み)つづけている。 아이가 아침부터 TV를 계속 보고 있다.

(4) ～おわる : 다 ~하다

ex 書(か)きおわったら出(だ)してください。 다 썼으면 제출해 주세요.

(5) ～なおす : 다시 ~하다

ex この漢字(かんじ)は書(か)きなおしてください。 이 한자는 다시 써 주세요.

(6) ～すぎる : 너무 ~하다

ex 夕(ゆう)べ、お酒(さけ)を飲(の)みすぎて頭(あたま)が痛(いた)い。 어젯밤에 술을 너무 많이 마셔서 머리가 아프다.

(7) ～たい : ~하고 싶다(희망)

ex 暑(あつ)いので、冷(つめ)たいものが飲(の)みたい。 더워서 차가운 것을 마시고 싶다.

(8) ～なさい : ~하세요

ex これから試験(しけん)を行(おこな)いますから、静(しず)かにしなさい。 지금부터 시험을 시행할 테니까 조용히 하세요.

(9) ～ましょう : ~합시다

ex 明日(あした)、映画(えいが)を見(み)に行(い)きましょう。 내일 영화를 보러 갑시다.

(10) ～やすい : ~하기 쉽다

ex この漢字(かんじ)は大(おお)きくて読(よ)みやすいです。 이 한자는 커서 읽기 쉽습니다.

(11) ～にくい : ~하기 어렵다

ex この問題(もんだい)は難(むずか)しくて分(わ)かりにくいです。 이 문제는 어려워서 이해하기 어렵습니다.

(12) ～方(かた) : ~하는 법

ex この料理(りょうり)には特別(とくべつ)なは食(た)べ方(かた)があります。 이 요리는 특별한 먹는 방법이 있습니다.

실전 감각 익히기

PART 5 정답찾기

1 明日は休日だから、朝早く起きなくてもかまいません。

(A) 朝早く起きるつもりです。

(B) 朝早く起きた方がいいです。

(C) 朝早く起きなければなりません。

(D) 朝早く起きなくてもいいです。

2 夕べ、お酒を飲みすぎて今朝、起きられませんでした。

(A) 飲ませて

(B) 飲まなくて

(C) あまりにも飲んだので

(D) 飲みたくなかったので

3 木村さんの結婚式には出席できないかもしれない。

(A) 出席できるかどうか分からない。

(B) 出席できると思う。

(C) 出席できない。

(D) 出席するつもりである。

PART 6 오문정정

4 ここからは自転車では走るにくい道なので、歩いて行きましょう。
(A) (B) (C) (D)

5 明日、試験があるのに、一日中ゲームばかり してつづけています。
(A) (B) (C) (D)

6 約束時間はもう30分もすぎたのに3人しか 集まりなかった。
(A) (B) (C) (D)

1 내일은 휴일이니까 아침 일찍 일어나지 않아도 상관없습니다. ▶ (D)

(A) 아침 일찍 일어날 생각입니다.
(B) 아침 일찍 일어나는 게 좋습니다.
(C) 아침 일찍 일어나야 합니다.
(D) 아침 일찍 일어나지 않아도 됩니다.

2 어젯밤 술을 너무 많이 마셔서 오늘 아침에 일어나지 못했습니다. ▶ (C)

(A) 마시게 해서
(B) 마시지 않아서
(C) 너무 마셔서
(D) 마시고 싶지 않았기 때문에

3 기무라 씨의 결혼식에는 출석 못할지도 모른다. ▶ (A)

(A) 출석할 수 있을지 어떨지 모른다.
(B) 출석할 수 있다고 생각한다.
(C) 출석할 수 없다.
(D) 출석할 생각이다.

4 여기서부터는 자전거로는 달리기 힘든 길이니까 걸어서 갑시다.
▶ (B) → 走り
❶ 동사의 ます형+にくい는 '~하기 어렵다'

5 내일 시험이 있는데도 하루 종일 게임만 계속하고 있습니다.
▶ (D) → しつづけて

6 약속 시간은 벌써 30분이나 지났는데 3명밖에 안 모였다.
▶ (D) → 集まらなかった

7 重要なことなのに分からないんですか。絶対に授業中は寝らないでください。
(A) 重要な (B) なのに (C) 絶対に (D) 寝らないで

7 중요한 일인데 모르는 겁니까? 절대 수업 중에는 자지 마세요.
▶ (D) → 寝ないで

PART 7 공란 메우기

8 最近、手紙はあまり＿＿＿＿＿＿なりました。それは手紙より電話の方がずっと早いからです。

(A) 書かないに (B) 書かなく
(C) 書かないで (D) 書かない

8 최근에 편지는 그다지 쓰지 않게 되었습니다. 그것은 편지보다 전화 쪽이 훨씬 빠르기 때문입니다. ▶ (B)

9 この新しいスマホの＿＿＿＿＿＿方を知っていますか。

(A) 使う (B) 使わ
(C) 使い (D) 使え

9 이 새로운 스마트폰의 사용법을 아시나요? ▶ (C)
동사의 ます형+方(かた)는 '~하는 법'.

10 お腹をこわしたので、今は何も＿＿＿＿＿＿方がいい。

(A) 食べた (B) 食べない
(C) 食べなくて (D) 食べて

10 배탈이 났기 때문에 지금은 아무것도 먹지 않는 편이 좋다. ▶ (B)
・お腹(なか)をこわす : 배탈 나다

11 とつぜん、発車のベルが＿＿＿＿＿＿だして、びっくりしました。

(A) 鳴り (B) 要り
(C) 売り (D) 乗り

11 갑자기 발차(를 알리는) 벨이 울리기 시작해서 깜짝 놀랐습니다. ▶ (A)
・ベルが鳴(な)る : 벨이 울리다
・びっくりする : 깜짝 놀라다

3 동사 활용표

일본어 동사에는 1그룹 동사(5단 동사), 2그룹 동사(1단 동사), 3그룹 동사(변격 동사)가 있고, 그 동사들은 각각 다음의 7가지 형태로 활용을 한다.

- **종지형** : 기본형을 말한다.
- **연체형** : 연체형은 뒤에 오는 명사를 꾸며 주는 형태를 말한다.
- **미연형** : '**ない**형'이라고도 하며 '~하지 않다'라는 뜻을 나타낸다.
- **연용형** : '**ます**형'이라고도 하며 '~입니다'라는 뜻의 정중한 표현이다.
- **가정형, 명령형, 의지형** : 각각 '~라면', '~해라', '~해야지'라는 뜻을 나타낸다. 의지형을 미연형에 포함시키는 경우도 있다.

	1그룹 동사	2그룹 동사	3그룹 동사	
종지형 (기본형)	行く 가다	食べる 먹다	来る 오다	する 하다
연체형 (명사 수식형)	行く時 갈 때	食べる時 먹을 때	来る時 올 때	する時 할 때
미연형 (ない형)	行かない 가지 않다	食べない 먹지 않다	来ない 오지 않다	しない 하지 않다
연용형 (ます형)	行きます 갑니다	食べます 먹습니다	来ます 옵니다	します 합니다
가정형 (ば형)	行けば 가면	食べれば 먹으면	来れば 오면	すれば 하면
명령형	行け 가라	食べろ 먹어라	来い 와라	しろ・せよ 해라
의지형	行こう 가야지	食べよう 먹어야지	来よう 와야지	しよう 해야지

정답은 해설집 ▶79쪽

공략 3 단계 실전 문제 풀기

PART 5 정답찾기

下の＿＿＿線の言葉の正しい表現、または同じ意味のはたらきをしている言葉を(A)から(D)の中で一つ選びなさい。

1 一日中雨が降っているのを見ると、今日の天気予報はあたったらしい。

(A) 辺った (B) 当った (C) 宛った (D) 充った

2 お金を拾ったら近くの交番にとどけましょう。

(A) 送け (B) 勤け (C) 移け (D) 届け

3 入学式はオンラインで10時からおこなわれます。

(A) 行われます (B) 開われます (C) 催われます (D) 通われます

4 言いたいことははっきり言わなければならない。

(A) 言わない方がいいことは言ってはいけない
(B) 言いたいことでもわざわざ言わなくてもいい
(C) 言いたいことなら言わなくてはいけない
(D) 言っても言わなくてもいいことは言わない方がいい

5 去年のことだけど、覚えているんです。

(A) はじめて会ったけど、彼女に親しみを覚えた。
(B) パソコンならすぐ覚えられます。
(C) やっと仕事を覚えました。
(D) あのレストラン、覚えていますか。

PART 6 오문정정

下の＿＿＿線の(A), (B), (C), (D)の言葉の中で正しくない言葉を一つ選びなさい。

6 もうすぐ(A)大学の入学試験を見る(B)ので、夜も寝ないで(C)勉強しています(D)。

7 ここ(A)は危ない(B)ですから(C)、ここで遊ぶ(D)ないでください。

8 まだ(A)時間がありますから(B)、そんなに(C) 急いでも(D)間に合いますよ。

9 はやく食べるとお腹をこわすからゆっくり食べりなさい。
(A) (B) (C) (D)

10 歌をすることはできますが、ピアノは上手に ひけません。
(A) (B) (C) (D)

11 今朝、はやく 起きないで、学校に 遅刻してしまいました。
(A) (B) (C) (D)

12 父がきびしくて、9時までに家に帰りなければなりません。
(A) (B) (C) (D)

13 外国語と するのは勉強すればするほど難しくなると思います。
(A) (B) (C) (D)

14 今、ちょっと寒いので、ホットコーヒーが 飲むたいです。
(A) (B) (C) (D)

15 明日は重要なテストがあるから、具合が悪くても学校へ行きなければなりません。
(A) (B) (C) (D)

PART 7 공란 메우기

下の＿＿＿＿＿線に入る適当な言葉を(A)から(D)の中で一つ選びなさい。

16 どこかにスマホを＿＿＿＿＿が、それがどこか分かりません。
(A) 落ちました (B) 落としました (C) 移しました (D) 動かしました

17 私は今朝あさねぼうをしたので、顔も＿＿＿＿＿学校へ来ました。
(A) 洗って (B) 洗いないで (C) 洗わないで (D) 洗あないで

18 どうしたらいいでしょう。コーヒーにさとうを＿＿＿＿＿ました。
(A) はいるすぎ (B) いれるすぎ (C) はいりすぎ (D) いれすぎ

19 このくつは私にはちょっと小さくて＿＿＿＿＿にくいです。
(A) あるか (B) あるき (C) あるく (D) あるこう

20 それは先生によって＿＿＿＿＿が違うからでしょう。
(A) おしえかた (B) おしえるかた (C) おしえたい (D) おしえるたい

4 동사 2

여기서는 동사의 음편에 대해 익히도록 한다. 음편이란 1그룹 동사(5단 동사)에만 일어나는 현상으로, 1그룹 동사 다음에 **～て**(~하고, ~해서), **～た**(~하였다), **～たり**(~하기도 하고, ~하거나), **～たら**(~하면)가 올 때 발음하기 편하도록 음(音)이 변하는 현상을 말한다.

음편형에는 3가지 규칙이 있는데 그 규칙을 암기하는 것이 중요하다.

ex

ノートに日本語(にほんご)を書(か)きたりしています。(×)
ノートに日本語(にほんご)を書(か)いたりしています。(◯)
노트에 일본어를 쓰거나 하고 있습니다.

昨日(きのう)は図書館(としょかん)で本(ほん)を読(よ)みた。(×)
昨日(きのう)は図書館(としょかん)で本(ほん)を読(よ)んだ。(◯)
어제는 도서관에서 책을 읽었다.

彼(かれ)は何(なに)も言(い)わないで、部屋(へや)の中(なか)を行(い)きたり来(き)たりしている。(×)
彼(かれ)は何(なに)も言(い)わないで、部屋(へや)の中(なか)を行(い)ったり来(き)たりしている。(◯)
그는 아무말도 하지 않고 방 안을 왔다 갔다 하고 있다.

書く(쓰다)는 음편 규칙상 **く**가 **い**로 변해야 하므로, **書きたり**는 틀린 표현이다. 규칙에 맞게 **書いたり**로 바꿔 주어야 한다. **読む**(읽다) 역시 규칙상 **む**가 **ん**으로 변해야 하므로 **読みた**는 **読んだ**로 바꿔 주어야 한다. 다만, **行く**(가다)의 경우에는 음편 규칙의 적용을 받지 않고 특수하게 **行ったり**로 바뀌므로 주의해야 한다.

또한 **～てください**(~해 주세요), **～たことがある**(~한 적이 있다) 등과 같은 **て**형, **た**형과 관련된 문형을 외워 두는 것도 매우 중요하다. 물론 이러한 문형들 앞에 사용된 1그룹 동사는 음편이 일어난다는 사실이 전제되어야 함은 당연하다. 이렇게 관련 문형을 외워 두면 오문정정, 공란 메우기 등 어떤 유형으로 출제되더라도 바로바로 정답을 찾아낼 수 있을 것이다.

공략 1단계 필수 동사 익히기 2

- ☐ 飾(かざ)る 장식하다
- ☐ 片付(かたづ)ける 정리하다, 치우다
- ☐ 通(かよ)う 다니다, 왕래하다
- ☐ 聞(き)く 듣다, 묻다
- ☐ 切(き)る 자르다
- ☐ 探(さが)す 찾다
- ☐ 差(さ)す (우산을) 쓰다
- ☐ 触(さわ)る 닿다, 손을 대다
- ☐ 閉(し)める 닫다
- ☐ 捨(す)てる 버리다
- ☐ 訪(たず)ねる 방문하다
- ☐ 尋(たず)ねる 묻다
- ☐ 着(つ)く 도착하다
- ☐ 出(で)かける 나가다, 외출하다
- ☐ 手伝(てつだ)う 도와주다, 거들다
- ☐ 通(とお)る 통하다, 지나다
- ☐ 飛(と)ぶ 날다
- ☐ 止(と)まる 멈추다, 서다
- ☐ 取(と)る 잡다, 취하다
- ☐ 撮(と)る (사진을) 찍다
- ☐ 買(か)う 사다
- ☐ 飼(か)う 기르다, 사육하다
- ☐ 暮(く)らす 지내다, 생활하다
- ☐ 消(け)す (불을) 끄다, 지우다
- ☐ 付(つ)ける (불을) 켜다
- ☐ 付(つ)く (불이) 켜지다, 붙다
- ☐ 覚(さ)める (잠이) 깨다, 눈이 뜨이다
- ☐ 住(す)む 살다, 거주하다
- ☐ 泊(と)まる 묵다, 숙박하다
- ☐ 勤(つと)める 근무하다
- ☐ 乾(かわ)く 마르다, 건조하다
- ☐ 効(き)く (약이) 듣다
- ☐ 壊(こわ)れる 깨지다, 고장 나다
- ☐ 咲(さ)く (꽃이) 피다
- ☐ 冷(さ)める 식다
- ☐ 済(す)む 완료되다, 끝나다
- ☐ 足(た)す 더하다
- ☐ 引(ひ)く 빼다
- ☐ 建(た)つ (건물이) 서다
- ☐ 足(た)りる 족하다, 충분하다
- ☐ 出来(でき)る 만들어지다, 할 수 있다
- ☐ 着(き)る 입다
- ☐ 締(し)める 죄다, 매다
- ☐ 付(つ)ける 붙이다, 기입하다
- ☐ 勝(か)つ 이기다
- ☐ 負(ま)ける 지다
- ☐ 借(か)りる 빌리다
- ☐ 貸(か)す 빌려주다
- ☐ 比(くら)べる 비교하다
- ☐ 困(こま)る 곤란하다, 난처하다
- ☐ 誘(さそ)う 유혹하다, 불러내다
- ☐ 違(ちが)う 다르다
- ☐ 伝(つた)える 전하다
- ☐ 努(つと)める 노력하다
- ☐ 調(しら)べる 조사하다

실력 간단 체크 √

▶ 다음 밑줄 친 한자를 바르게 읽은 것을 고르세요.

		(A)	(B)
1	ペットを飼っている。	(A) かって	(B) くって
2	学校(がっこう)に通っている。	(A) とおって	(B) かよって
3	友(とも)だちから借りる。	(A) さりる	(B) かりる
4	喉(のど)が乾く。	(A) かるく	(B) かわく
5	電気(でんき)を消す。	(A) けす	(B) さす
6	コーヒーが冷める。	(A) つめる	(B) さめる
7	ひたいに触る。	(A) さわる	(B) ふれる
8	ドアを閉める。	(A) しめる	(B) とめる
9	資料(しりょう)を調べる。	(A) くらべる	(B) しらべる
10	１に２を足すと３になる。	(A) そくす	(B) たす

▶ 다음 밑줄 친 부분을 한자로 바르게 쓴 것을 고르세요.

		(A)	(B)
11	たてものがたつ。	(A) 勝つ	(B) 建つ
12	この薬(くすり)は頭痛(ずつう)によくきく。	(A) 聞く	(B) 効く
13	落(お)とし物(もの)をさがす。	(A) 探す	(B) 深す
14	かさをさす。	(A) 差す	(B) 射す
15	目(め)がさめる。	(A) 冷める	(B) 覚める
16	その問題(もんだい)とはちがう。	(A) 違う	(B) 緯う
17	泥(どろ)がズボンにつく。	(A) 着く	(B) 付く
18	貿易会社(ぼうえきがいしゃ)につとめる。	(A) 努める	(B) 勤める
19	ホテルにとまる。	(A) 泊まる	(B) 止まる
20	写真(しゃしん)をとる。	(A) 取る	(B) 撮る

1 (A)	**2** (B)	**3** (B)	**4** (B)	**5** (A)	**6** (B)	**7** (A)	**8** (A)	**9** (B)	**10** (B)
11 (B)	**12** (B)	**13** (A)	**14** (A)	**15** (B)	**16** (A)	**17** (B)	**18** (B)	**19** (A)	**20** (B)

공략 2 단계 동사의 음편형과 주요 구문

1 동사의 음편형

음편이란 1그룹 동사에만 일어나는 현상으로, 1그룹 동사 다음에 **～て**(~하고), **～た**(~하였다), **～たり**(~하기도 하고), **～たら**(~하면)가 올 때 발음하기 편하도록 음(音)이 변하는 현상을 말한다.

す로 끝나는 동사	話す → 話して, 話した, 話したり, 話したら 探す → 探して, 探した, 探したり, 探したら
く(ぐ)로 끝나는 동사	書く → 書いて, 書いた, 書いたり, 書いたら 泳ぐ → 泳いで, 泳いだ, 泳いだり, 泳いだら
う, つ, る로 끝나는 동사	言う → 言って, 言った, 言ったり, 言ったら 待つ → 待って, 待った, 待ったり, 待ったら 座る → 座って, 座った, 座ったり, 座ったら
ぬ, ぶ, む로 끝나는 동사	死ぬ → 死んで, 死んだ, 死んだり, 死んだら 遊ぶ → 遊んで, 遊んだ, 遊んだり, 遊んだら 読む → 読んで, 読んだ, 読んだり, 読んだら

+참고 行く의 경우, く로 끝나는 동사이지만 예외적으로 行いて가 아닌 行って로 변한다.

실전 감각 익히기

PART 5 정답찾기

1 私は水泳が大好きで、学生時代は海でおよいだこともあります。

(A) 泳いだ (B) 水いだ (C) 氷いだ (D) 永いだ

PART 6 오문정정

2 先月、日本に留学中の妹に会いに日本へ行きて来ました。
(A) に (B) の (C) 会いに (D) 行きて

PART 7 공란 메우기

3 家で12時に会うことにしましたから、11時半までに＿＿＿＿＿ください。

(A) かえてきて (B) かえりきて

(C) かえってきて (D) かえりにきて

1 저는 수영을 매우 좋아해서 학생 때는 바다에서 수영한 적도 있습니다. ▶ (A)

2 지난달, 일본에 유학 중인 여동생을 만나러 일본에 갔다 왔습니다. ▶ (D) →行って

3 집에서 12시에 만나기로 했으니까 11시 반까지는 돌아오세요. ▶ (C)

2 시험에 꼭 출제되는 주요 구문

1) ~ている・ある ~되어 있다 (상태)

ex 桜の花が咲いている。 벚꽃이 피어 있다. (~が 자동사 + ている)

こくばんに字が書いてある。 칠판에 글씨가 쓰여 있다. (~が 타동사 + てある)

2) ~てから ~하고 나서

ex 宿題をしてから寝ます。 숙제를 하고 나서 잡니다.

3) ~てください ~해 주세요, ~하세요

ex 果物も買ってきてください。 과일도 사다 주세요.

ここに名前と住所を書いてください。 여기에 이름과 주소를 써 주세요.

4) ~てくる ~해 오다, ~하게 되다

ex 思春期になって男女の差が出てくる。 사춘기가 되어서 남녀 차가 생기게 된다.

5) ~てしまう ~해 버리다

ex 車は急に止まってしまった。 차는 갑자기 멈춰 버렸다.

6) ~てほしい ~(해 주기) 바라다

ex 一緒に行ってほしい。 함께 가주기 바라.

7) ~てみる ~해 보다 (시도)

ex もう一度覚えてみましょう。 한 번 더 외워 봅시다.

8) ～てもいい ～해도 된다

ex ここでたばこを吸(す)ってもいいですか。 이곳에서 담배를 피워도 됩니까?

9) ～てはいけない ～하면 안 된다

ex だれにたいしてもうそをついてはいけない。 누구에게도 거짓말을 하면 안 된다.

10) ～たあと(で) ～한 후(에)

ex 資料(しりょう)を調(しら)べたあと、レポートを書(か)くつもりです。 자료를 조사한 후, 리포트를 쓸 생각입니다.

11) ～たことがある ～한 적이 있다(경험)

ex 私(わたし)も大阪(おおさか)に住(す)んだことがあります。 저도 오사카에 산 적이 있습니다.

12) ～たまま ～한 채(로)

ex 朝早(あさはや)く出(で)かけたまま、戻(もど)ってこない。 아침 일찍 나간 채(로), 돌아오지 않는다.

13) ～たり～たりする ～하기도 하고 ～하기도 하다

ex テレビを見(み)たり音楽(おんがく)を聞(き)いたりします。 TV를 보기도 하고 음악을 듣기도 합니다.

14) ～たばかりだ 막 ～하다

ex 今(いま)、着(つ)いたばかりです。 지금 막 도착했습니다.

정답은 해설집 ▶81쪽

공략 3 단계 실전 문제 풀기

PART 5 정답찾기

下の＿＿＿線の言葉の正しい表現、または同じ意味のはたらきをしている言葉を(A)から(D)の中で一つ選びなさい。

1 兄はバスで会社に通っています。
(A) むかって (B) かよって (C) もどって (D) わたって

2 出かける前に必ず電気を消してください。
(A) くずして (B) さして (C) けして (D) はずして

3 まだまだ使えるからすてるのは惜しい。
(A) 待てる (B) 持てる (C) 捨てる (D) 拾てる

4 授業中、分からないことがある時は、先生に聞いてみたらどうですか。
(A) 質問したら (B) 会ったら (C) 行ったら (D) 訪問したら

5 パスポート番号を知らせてください。
(A) パスポート番号を決めてください
(B) パスポート番号を直してください
(C) パスポート番号を写してください
(D) パスポート番号を教えてください

PART 6 오문정정

下の＿＿＿＿線の(A), (B), (C), (D)の言葉の中で正しくない言葉を一つ選びなさい。

6 この通り(A)には、新しく(B) できった(C) ビルがたくさん(D)並んでいます。

7 やってしまう(A)あとでそんなこと(B)言ったっていまさら(C) どうにもならないよ(D)。

8 学校の(A)前にある(B)公園にきれいな(C)花が咲きて(D)います。

9 心配ごとでも(A)あるのか(B)、父は家の(C)中を来たり行ったり(D)している。

10 私は駅まで 歩くて10分ぐらいかかるアパートで暮しています。
(A) (B) (C) (D)

11 日本の福岡にいる友達に手紙を書きて出しましたが、まだ返事が来ません。
(A) (B) (C) (D)

12 この仕事が終わって後、家に帰って ゆっくり 休みたいと思います。
(A) (B) (C) (D)

13 私はふつう午前６時ごろ 起きて、朝ごはんを食べってから会社へ向かいます。
(A) (B) (C) (D)

14 良子さんは間違えて私のかさを持って行きしまった。
(A) (B) (C) (D)

15 毎日２時間もかかりて会社に通っています。
(A) (B) (C) (D)

PART 7 공란 메우기

下の＿＿＿＿＿線に入る適当な言葉を(A)から(D)の中で一つ選びなさい。

16 もう一度＿＿＿＿＿てから、書きなおしてください。

(A) 考える (B) 考え (C) 考えり (D) 考えっ

17 しまった！ 冬休みにずっと家にいたら、5キロも＿＿＿＿＿。

(A) やせてしまった (B) おくれてしまった
(C) ふとってしまった (D) なくしてしまった

18 先週、＿＿＿＿＿ばかりのパソコンが壊れてしまいました。

(A) 買う (B) 買い (C) 買った (D) 買っている

19 私は大阪で有名な芸能人に＿＿＿＿＿ことがあります。

(A) 会う (B) 会い (C) 会って (D) 会った

20 車が急に＿＿＿＿＿しまってびっくりしました。

(A) 止まり (B) 止まって (C) 止まった (D) 止まらない

5 동사 3

이 과에서는 존재를 나타내는 동사, 자동사와 타동사, 착용에 관한 동사, 무의지 동사, 수수동사, 가능 동사 만드는 법, 진행이나 상태의 표현 등에 대해 공부한다. 특히 진행이나 상태의 표현은 출제 빈도가 상당히 높은 편이기 때문에 반드시 외워 두어야 한다.

ex

右(みぎ)の引(ひ)き出(だ)しはいつも鍵(かぎ)がかけています。(×)
右(みぎ)の引(ひ)き出(だ)しはいつも鍵(かぎ)がかけてあります。(○)
오른쪽 서랍은 늘 자물쇠가 잠겨 있습니다.

일반적으로 '상태'를 나타내는 표현은 「자동사+**ている**」나 「타동사+**てある**」가 되어야 한다. 따라서 타동사인 **かける**는 **かけている**가 아니라 **かけてある**가 되어야 한다. 만일 **かかる**라는 자동사를 사용한다면 **~ている**를 써서 **かかっている**라고 하면 된다.

또한 동사 파트에서는 한자 찾기와 히라가나 읽기 등 어휘 문제도 자주 출제되므로, 필수 동사를 중심으로 외워 두어야 한다. 특히 **降りる**와 **降る**, **着る**와 **着く** 처럼 같은 한자지만 읽는 법이나 의미가 달라지는 경우는 더욱 신경을 써야 한다.

ex

降
バスから降(お)りる。 버스에서 내리다.
雨(あめ)が降(ふ)る。 비가 오다.

着
着物(きもの)を着(き)る。 기모노를 입다.
空港(くうこう)に着(つ)く。 공항에 도착하다.

어떻게 보면 다른 품사에 비해 동사가 가장 공부할 것도 많고 복잡해 보이지만, 결국은 활용과 음편이라는 틀 안에서 조금씩 변하는 것이므로 동사의 활용과 음편형을 철저히 암기한 후 문형과 숙어 위주로 공부하면 좋은 성적을 얻을 수 있을 것이다.

공략 1단계 필수 동사 익히기 3

- □ 倒(たお)れる 쓰러지다
- □ 投(な)げる 던지다
- □ 飲(の)む 마시다
- □ 乗(の)る 타다
- □ 運(はこ)ぶ 운반하다, 옮기다
- □ 走(はし)る 달리다
- □ 働(はたら)く 일하다
- □ 話(はな)す 이야기하다
- □ 払(はら)う 지불하다
- □ 引(ひ)く 잡아끌다, 당기다
- □ 弾(ひ)く (악기를) 연주하다, 치다
- □ 拾(ひろ)う 줍다
- □ 持(も)つ 들다
- □ 戻(もど)る 되돌아가다
- □ 呼(よ)ぶ 부르다
- □ 読(よ)む 읽다
- □ 寄(よ)る 다가가다, 들르다
- □ 渡(わた)る 건너다
- □ 直(なお)す 고치다, 수선하다
- □ 治(なお)す 치료하다
- □ 泣(な)く 울다
- □ 鳴(な)く (새, 벌레 등이) 울다
- □ 似(に)る 닮다
- □ 眠(ねむ)る 잠들다
- □ 寝(ね)る 자다
- □ 晴(は)れる 날이 개다
- □ 開(ひら)く 열리다, 펴지다
- □ 増(ふ)える 증가하다, 늘어나다
- □ 吹(ふ)く (바람 등이) 불다
- □ 太(ふと)る 살찌다
- □ 降(ふ)る (비, 눈 등이) 내리다
- □ 間(ま)に合(あ)う 시간에 대다
- □ 焼(や)く 굽다, 태우다
- □ 休(やす)む 쉬다
- □ 汚(よご)れる 더러워지다
- □ 分(わか)れる 나누어지다
- □ 別(わか)れる 헤어지다
- □ 割(わ)れる 깨지다
- □ 脱(ぬ)ぐ 벗다
- □ はめる (반지를) 끼다
- □ かぶる (모자를) 쓰다
- □ 習(なら)う 배우다
- □ 慣(な)れる 익숙해지다
- □ 負(ま)ける 지다
- □ 間違(まちが)える 틀리다
- □ 待(ま)つ 기다리다
- □ 迎(むか)える 맞이하다
- □ 忘(わす)れる 잊다
- □ 破(やぶ)る 부수다, 어기다
- □ 占(し)める 차지하다

실력 간단 체크 √

▶ 다음 밑줄 친 한자를 바르게 읽은 것을 고르세요.

1 かさを開く。 (A) あく (B) ひらく

2 ごみを拾っている。 (A) ひろって (B) すてって

3 ビルが倒れる。 (A) たおれる (B) こわれる

4 さじを投げる。 (A) にげる (B) なげる

5 全然(ぜんぜん)眠れなかった。 (A) ねれ (B) ねむれ

6 駅前(えきまえ)で待つ。 (A) もつ (B) まつ

7 魚(さかな)を焼く。 (A) やく (B) たく

8 負けるゲーム (A) まける (B) おける

9 英語(えいご)の本(ほん)を読む。 (A) よむ (B) どくむ

10 くつを脱ぐ。 (A) はぐ (B) ぬぐ

▶ 다음 밑줄 친 부분을 한자로 바르게 쓴 것을 고르세요.

11 大都市(だいとし)の人口(じんこう)がふえる。 (A) 憎える (B) 増える

12 子(こ)どもがなく。 (A) 鳴く (B) 泣く

13 新(あたら)しい仕事(しごと)になれる。 (A) 慣れる (B) 貫れる

14 父(ちち)ににている。 (A) 似て (B) 以て

15 お皿(さら)がわれる。 (A) 壊れる (B) 割れる

16 荷物(にもつ)をはこぶ。 (A) 運ぶ (B) 移ぶ

17 観光(かんこう)ビザではたらく。 (A) 働く (B) 動く

18 電車(でんしゃ)は線路(せんろ)をはしる。 (A) 徒る (B) 走る

19 あらかじめお金(かね)をはらう。 (A) 仏う (B) 払う

20 午後(ごご)からはれるそうだ。 (A) 晴れる (B) 清れる

1 (B)	2 (A)	3 (A)	4 (B)	5 (B)	6 (B)	7 (A)	8 (A)	9 (A)	10 (B)
11 (B)	12 (B)	13 (A)	14 (A)	15 (B)	16 (A)	17 (A)	18 (B)	19 (B)	20 (A)

공략 2 단계 필수 동사 표현

1 시험에 자주 출제되는 동사

1) 존재(있다)를 나타내는 いる와 ある

일본어에서는 '사람'인지 '사물'인지에 따라 '존재'를 나타내는 동사가 달라진다.

	사람이나 동물 등	사물이나 식물 등
있다 있습니다	いる います	ある あります
없다 없습니다	いない いません＝いないです	ない ありません＝ないです

실전 감각 익히기

PART 5 정답찾기

1 佐藤先生はきれいでやさしいから、人気がある。

(A) 宿題があるかどうか分からない。

(B) これは日本語の辞書である。

(C) 公園に木が植えてある。

(D) 昔、ある日のことでした。

PART 6 오문정정

2 田中さんと図書館の前で会うことにしたけど、彼はそこになかった。
(A) と　(B) で　(C) けど　(D) なかった

PART 7 공란 메우기

3 きっぷが＿＿＿＿＿人だけ入ることができます。

(A) いて　(B) いる

(C) あって　(D) ある

1 사토 선생님은 예쁘고 상냥해서 인기가 있다. (존재) ▶ (A)

(A) 숙제가 있는지 어떤지 모르겠다. (존재)

(B) 이건 일본어 사전이다.(~이다)

(C) 공원에 나무가 심어져 있다. (상태)

(D) 옛날 어느 날의 일이었습니다. (어느)

2 다나카 씨와 도서관 앞에서 만나기로 했는데, 그는 그곳에 없었다.
▶ (D) → いなかった

3 표가 있는 사람만 들어갈 수 있어요.
▶ (D)

2) 착용에 관한 동사

'옷을 입다'라는 표현은 상반신인지 하반신인지에 따라 달라지므로 잘 구분하여 알아 두어야 한다.

- **着る(き)** : 입다(상반신)
  - セーター : 스웨터
  - シャツ : 셔츠
  - コート : 코트
  - ワンピース : 원피스
  - 上着(うわぎ) : 웃옷
  - 着物(きもの) : 기모노
  - 洋服(ようふく) : 양복
- **かぶる** : 쓰다
  - ぼうし : 모자
  - 仮面(かめん) : 가면
- **はめる** : 끼다
  - 手袋(てぶくろ) : 장갑
  - 指輪(ゆびわ) : 반지
  - ボタン : 버튼, 단추
- **かける** : 끼다, 하다
  - 眼鏡(めがね) : 안경
  - マスク : 마스크
- **脱ぐ(ぬ)** : 벗다 (상반신, 하반신에 관계없이 '벗다'에는 모두 **脱ぐ**를 사용)
- **はく** : 입다(하반신), 신다
  - ズボン : 바지
  - スカート : 스커트
  - 靴下(くつした) : 양말
  - 靴(くつ) : 구두
- **締める(し)** : 매다
  - ネクタイ : 넥타이
  - 帯(おび) : 띠
  - ベルト : 벨트
- **外す(はず)** : 벗다, 빼다, 풀다
  - 眼鏡(めがね) : 안경
  - ネクタイ : 넥타이

실전 감각 익히기

PART 5 정답찾기

1 室内ではコートとぼうしはぬいでください。

(A) 被いで　　(B) 着いで

(C) 脱いで　　(D) 外いで

1 실내에서는 코트와 모자는 벗어 주세요. ▶ (C)

❶ 모자를 벗을 때에도 동사 脱ぐ를 쓴다.

PART 6 오문정정

2 寝る時は眼鏡を かぶった方がいいと思います。
(A) 는 / (B) 眼鏡を / (C) かぶった / (D) いい

2 잘 때는 안경을 벗는 게 좋다고 생각합니다. ▶ (C) → **外した**

PART 7 공란 메우기

3 夕べは疲れすぎて靴を＿＿＿＿＿まま寝てしまいました。

(A) はいた　　(B) はめた

(C) きた　　(D) しめた

3 어젯밤은 너무 피곤해서 신발을 신은 채 잠들어 버렸습니다. ▶ (A)

3) 자동사와 타동사

자동사란 우리말의 '~이/가'에 해당하는 격조사 **が**가 앞에 오는 동사를 말하고, 타동사란 한국어의 '~을/를'에 해당하는 목적격 조사 **を**가 앞에 오는 동사를 말한다. 타동사는 자동사보다 동작성이 강하다고 할 수 있다.

- ドアが開(あ)く。 문이 열리다. (자동사)
- ドアを開(あ)ける。 문을 열다. (타동사)

- 人(ひと)が集(あつ)まる。 사람이 모이다. (자동사)
- 人(ひと)を集(あつ)める。 사람을 모으다. (타동사)

자동사(**自動詞**)		타동사(**他動詞**)	
始(はじ)まる	시작되다	始(はじ)める	시작하다
閉(し)まる	닫히다	閉(し)める	닫다
決(き)まる	결정되다	決(き)める	결정하다
集(あつ)まる	모이다	集(あつ)める	모으다
止(と)まる	멈추다, 서다	止(と)める	멈추게 하다, 세우다
開(あ)く	열리다	開(あ)ける	열다
続(つづ)く	계속되다	続(つづ)ける	계속하다
並(なら)ぶ	늘어서다	並(なら)べる	늘어놓다
立(た)つ	서다	立(た)てる	세우다
育(そだ)つ	자라다	育(そだ)てる	키우다
入(はい)る	들어가다	入(い)れる	넣다
聞(き)こえる	들리다	聞(き)く	듣다
見(み)える	보이다	見(み)せる	보게 하다
起(お)きる	일어나다	起(お)こす	깨우다
出(で)る	나오다	出(だ)す	내다
覚(さ)める	잠이 깨다	覚(さ)ます	잠을 깨우다
治(なお)る	낫다, 치료되다	治(なお)す	치료하다, 고치다
消(き)える	꺼지다	消(け)す	끄다, 지우다
動(うご)く	움직이다	動(うご)かす	움직이게 하다
あがる	오르다	あげる	올리다, (예로서) 들다

실전 감각 익히기

PART 5 정답찾기

1 肉がかたくならないうちに火を止めてください。

(A) やめて (B) だめて

(C) とめて (D) さめて

2 すみません。車が故障して全然うごきません。

(A) 働きません (B) 動きません

(C) 歩きません (D) 走きません

PART 6 오문정정

3 私は東京でうまれて東京で育てましたが、両親は二人とも地方の出身です。
(A) は (B) うまれて (C) 育てましたが (D) とも

4 サングラスを外すと、彼の印象はがらりと変えた。
(A) 外す (B) 印象 (C) がらりと (D) 変えた

PART 7 공란 메우기

5 ここは新都市だから新しいマンションがたくさん＿＿＿＿＿＿。

(A) ならんでいます (B) ならんであります

(C) ならびです (D) ならべます

6 雨が降らないうちは、水不足が＿＿＿＿＿＿。

(A) つづきます (B) なおります

(C) きえます (D) とまります

1 고기가 딱딱해지기(질겨지기) 전에 불을 꺼 주세요. ▶ (C)
・火(ひ)を止(と)める : 불을 끄다

2 미안합니다. 차가 고장 나서 전혀 움직이지 않습니다. ▶ (B)
働(はたら)く와 혼동하지 말 것.

3 나는 도쿄에서 태어나 도쿄에서 자랐지만, 부모님은 두 분 다 지방 출신입니다. ▶ (C) → 育ちましたが

4 선글라스를 벗자, 그의 인상은 확 바뀌었다. ▶ (D) → 変わった
・サングラスを外(はず)す : 선글라스를 벗다
・印象(いんしょう) : 인상
・がらりと : 확, 싹
・変(か)える : 바꾸다

5 이곳은 신도시라서 새 아파트가 많이 늘어서 있습니다. ▶ (A)
～がならんでいます ＝～がならべてあります

6 비가 오기 전에는 물 부족이 계속될 겁니다. ▶ (A)
・～ないうちは : ～하기 전에는
・水不足(みずぶそく) : 물 부족

4) 상태를 나타내는 표현

'~이 ~한 상태에 있다, ~되어 있다'라는 상태의 표현은 자동사인지 타동사인지에 따라 ~ているい ~てある를 사용해서 표현한다. 따라서 기본적으로 자동사인지 타동사인지를 구별할 수 있어야 한다.「~を 타동사 + ている」는 '진행'을 나타낸다.

~が 자동사 + ている	ドアが開(あ)く 문이 열리다 → ドアが開(あ)いている 문이 열려 있다 * 바람 등에 의해 자연적으로 문이 열린 상태
~が 타동사 + てある	ドアを開(あ)ける 문을 열다 → ドアが開(あ)けてある 문이 열려 있다 * 누군가가 일부러 열어 두어서 문이 열려 있는 상태

실전 감각 익히기

PART 5 정답찾기

1 ガラスが割れています。

(A) 本を読んでいます。

(B) ボタンがとれています。

(C) 橋を渡っています。

(D) 今、書いているのは何ですか。

PART 6 오문정정

2 壁にはカレンダーと大きな家族写真がかけています。
(A) にはカ (B) 大きな (C) が (D) います

3 山の上につつじがたくさん咲いてありました。
(A) の (B) に (C) たくさん (D) ありました

PART 7 공란 메우기

4 兄は父より母の方に＿＿＿＿＿。

(A) にます (B) にました

(C) にてあります (D) にています

1 유리가 깨져 있습니다. (상태) ▶ (B)

(A) 책을 읽고 있습니다. (진행)
(B) 단추가 떨어져 있습니다. (상태)
(C) 다리를 건너고 있습니다. (진행)
(D) 지금 쓰고 있는 것은 무엇입니까? (진행)

2 벽에는 달력과 커다란 가족사진이 걸려 있습니다. ▶ (D) → あります

3 산 위에 철쭉이 많이 피어 있었습니다. ▶ (D) → いました

4 형은 아버지보다 어머니를 닮았습니다. ▶ (D)

5) 수수동사

한국어에서는 내가 남에게 준 것이든 남이 나에게 준 것이든 '주다'라는 표현을 사용한다. 하지만 일본어의 경우 누가 준 것이냐에 따라 동사를 다르게 사용하므로, 내가 준 것인지(**あげる**), 남이 준 것인지(**くれる**)를 명확히 해 두어야 한다. JPT에서 '수수동사' 문제는 이 부분을 집중적으로 묻는다.

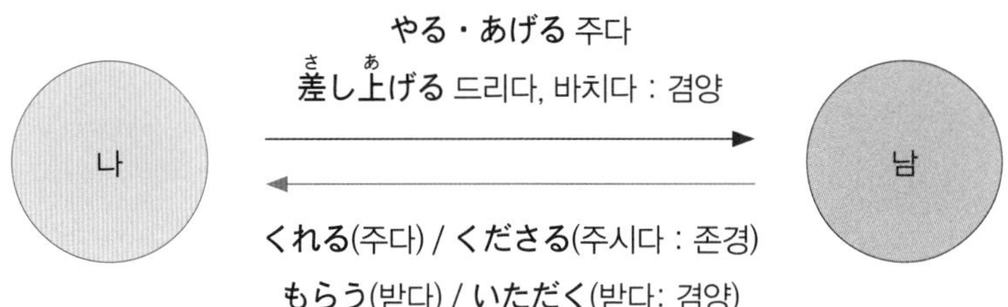

ex 私は田中さんに英語の辞書を**あげました**。 나는 다나카 씨에게 영어사전을 주었습니다.
田中さんは私に日本語の本を**くれました**。 다나카 씨는 나에게 일본어 책을 주었습니다.
私は田中さんに(から)日本語の本を**もらいました**。 나는 다나카 씨에게 일본어 책을 받았습니다.

수수동사에 て가 붙어 보조동사로 사용할 때는 위에서 제시된 의미와 함께 행위의 이동을 나타내어 '~해 주다'로 해석된다. 그 가운데 **~てもらう**는 그대로 직역하면 '~해 받다'가 되지만, 이 표현은 어색하므로 주어와 상대의 위치를 바꾸어 '~해 주다'로 해석하는 것이 좋다. 즉 「**~に~てもらう**」는 「**~が~てくれる**」와 바꿔 쓸 수 있다.

~に~てもらう＝~が~てくれる

ex 私は先生に教え**てもらった**。 나는 선생님께 가르쳐 받았다.
＝ 先生が私に教え**てくれた**。 선생님께서 나에게 가르쳐 주었다.
私は父にスマホを買っ**てもらった**。 나는 아버지께 스마트폰을 사 받았다.
＝ 父が私にスマホを買っ**てくれた**。 아버지가 나에게 스마트폰을 사 주었다.

실전 감각 익히기

PART 5 정답찾기

1 私はお兄さんに新しいカメラを買ってもらいました。

(A) 私がカメラを買ってきました。

(B) 私は兄にカメラを買ってあげました。

(C) 兄は私にカメラをもらいました。

(D) 兄は私にカメラを買ってくれました。

1 나는 형에게 새 카메라를 사 받았습니다. ▶ (D)

(A) 내가 카메라를 사 왔습니다.

(B) 나는 형에게 카메라를 사 주었습니다.

(C) 형은 나에게 카메라를 받았습니다.

(D) 형은 나에게 카메라를 사 주었습니다.

PART 6 오문정정

2 私は中村さんに韓国文化の本を買って くれました。
(A) に (B) の (C) 買って (D) くれました

3 彼が私に見せてあげたのは家族写真だった。
(A) が (B) に (C) あげた (D) だった

2 나는 나카무라 씨에게 한국 문화 책을 사 주었습니다.
▶ (D) → あげました

내가 남에게 해줄 때는 あげる를 쓴다.

3 그가 나에게 보여준 것은 가족사진이었다. ▶ (C) → くれた

PART 7 공란 메우기

4 明日は山田さんの誕生日だから、彼に________プレゼントを買いました。

(A) あげて (B) あげる

(C) くれて (D) くれる

4 내일은 야마다 씨의 생일이라서 그에게 줄 선물을 샀습니다. ▶ (B)

5 小さいころ、母はよく昔話を聞かせて________。

(A) くれた (B) しまった

(C) みせた (D) おいた

5 어렸을 때 어머니는 자주 옛날 이야기를 들려 주었다. ▶ (A)

・昔話(むかしばなし) : 옛날 이야기

6) 借(か)りる・貸(か)す・返(かえ)す

- **借りる** : 타인의 물건이나 지혜, 힘 등을 빌리다
- **貸す** : 물건이나 지혜, 힘 등을 빌려주다
- **返す** : 원래의 상태로 돌려주다, 되돌리다

ex だいぶぬれましたね。傘(かさ)を貸(か)してあげましょう。 꽤 많이 젖었네요. 우산을 빌려 드릴게요.

ありがとうございます。それでは、その傘(かさ)をお借(か)りします。
감사합니다. 그럼, 그 우산을 좀 빌리겠습니다.

来週(らいしゅう)の月曜日(げつようび)までに返(かえ)してください。 다음 주 월요일까지 돌려 주세요.

실전 감각 익히기

PART 5 정답찾기

1 この雑誌は<u>佐藤さんに借りたものです</u>。
(A) 佐藤さんに貸してあげたものです。
(B) 佐藤さんに貸してもらったものです。
(C) 佐藤さんに見せてあげたものです。
(D) 佐藤さんに返してもらったものです。

PART 6 오문정정

2 これ、<u>読みたかった</u>(A)んです。<u>ちょっと</u>(B)このまんが<u>の</u>(C)本を<u>かえしても</u>(D)いいですか。

PART 7 공란 메우기

3 読んだ本はもとの場所へ＿＿＿＿＿＿おいてください。
(A) かえし (B) かえして
(C) かえす (D) かえさ

1 이 잡지는 <u>사토 씨에게 빌린 것입니다</u>. ▶ (B)
(A) 사토 씨에게 빌려준 것입니다.
(B) 사토 씨에게 빌려 받은 것입니다.
(C) 사토 씨에게 보여준 것입니다.
(D) 사토 씨에게 돌려 받은 것입니다.

2 이거 읽고 싶었어요. 잠깐 이 만화책을 <u>빌려도</u> 됩니까?
▶ (D) → かりても

3 읽은 책은 원래 자리로 <u>돌려</u> 놔 주세요. ▶ (B)

5 동사3

7) 가능 동사 만드는 법

공통	동사 기본형 + ことができる	走(はし)る 달리다 休(やす)む 쉬다	→ 走(はし)ることができる 달릴 수 있다 → 休(やす)むことができる 쉴 수 있다
1그룹 동사	어미 う단 → え단 + る	書(か)く 쓰다 飲(の)む 마시다	→ 書(か)ける 쓸 수 있다 → 飲(の)める 마실 수 있다
2그룹 동사	어간 + られる	見(み)る 보다 起(お)きる 일어나다	→ 見(み)られる 볼 수 있다 → 起(お)きられる 일어날 수 있다
3그룹 동사	불규칙	来(く)る 오다 する 하다	→ 来(こ)られる 올 수 있다 → できる 할 수 있다

실전 감각 익히기

PART 5 정답찾기

1 明日の朝早いですが、５時に起きられますか。

(A) 私は、さしみは食べられません。

(B) 先生は毎日８時ごろ学校へ来られます。

(C) 部屋の掃除をして母にほめられた。

(D) 昨日、雨にふられて風邪をひきました。

PART 6 오문정정

2 週末なら大丈夫ですが、月曜日は授業があって行かられません。
(A) なら (B) が (C) あって (D) 行かられません

PART 7 공란 메우기

3 漢字は＿＿＿＿＿ができますが、書くことはちょっと。

(A) 読める (B) 読む

(C) 読めること (D) 読むこと

---

1 내일 아침은 이릅니다만(서둘러야 합니다만), 5시에 일어날 수 있습니까? (가능) ▶ (A)

(A) 나는 회는 먹지 못합니다. (가능)

(B) 선생님은 매일 8시쯤 학교에 오십니다. (존경)

(C) 방 청소를 해서 어머니께 칭찬받았다. (수동)

(D) 어제, 비를 맞아 감기에 걸렸습니다. (수동)

2 주말이라면 괜찮지만, 월요일은 수업이 있어서 갈 수 없습니다.
▶ (D) → 行けません

3 한자는 읽을 수는 있지만, 쓰는 것은 좀(힘듭니다). ▶ (D)

～ことができる: ~할 수 있다

8) する가 관용적으로 사용되는 표현

においがする 냄새가 나다	味(あじ)がする 맛이 나다
声(こえ)がする 목소리가 나다	音(おと)がする 소리가 나다
気(き)がする 기분이 들다	感(かん)じがする 느낌이 들다
野球(やきゅう)をする 야구를 하다	サッカーをする 축구를 하다
テニスをする 테니스를 하다	卓球(たっきゅう)をする 탁구를 하다
スキーをする 스키를 타다	

+참고 '스포츠'에도 동사 する가 사용된다.

실전 감각 익히기

PART 5 정답찾기

1 これ、私が新しく考えた料理なんですが、どんなあじがするか食べてみてください。

(A) 味 (B) 匂 (C) 未 (D) 香

PART 6 오문정정

2 今度の(A)冬休みは友だちとスキー場に(B) 行って(C)スキーをのる(D)つもりです。

3 このラーメン、おいしい(A) けど(B)、なんだか変な(C)においが出ません(D)か。

PART 7 공란 메우기

4 週末は公園を散歩したり、近くの運動場でテニスを__________します。

(A) 打つ (B) 打ったり (C) する (D) したり

1 이거 제가 새로 만든 요리입니다만, 어떤 맛이 나는지 드셔 보세요.
▶ (A)

2 이번 겨울 방학은 친구와 스키장에 가서 스키를 탈 생각입니다.
▶ (D) → する

3 이 라면 맛있기는 한데, 뭔가 이상한 냄새가 나지 않습니까?
▶ (D) → しません

4 주말에는 공원을 산책하거나 근처 운동장에서 테니스를 치거나 합니다. ▶ (D)

5 동사3

2 혼동하기 쉬운 동사

1) 上がる와 登る

둘 다 위쪽으로의 이동을 나타내지만, 上がる는 도착하는 데 중점을 두고 있고 登る는 위쪽으로 이동하는 과정에 더 중점을 두고 있다.

ex 二階へ上がると広い海が見えます。2층에 올라가면 넓은 바다가 보입니다.
今度の週末は家族づれで山に登るつもりです。이번 주말에는 가족과 함께 산에 오를 생각입니다.

2) 言う와 話す

言う는 일방적으로 말하는 것인데 비해, 話す는 말하는 사람과 듣는 사람이 서로 대화하는 데 중점을 두고 있다.

ex これは英語で何と言いますか。이것은 영어로 뭐라고 합니까?
授業時間には日本語で話してください。수업 시간에는 일본어로 이야기하세요.

3) 生きる와 住む

生きる는 생명과 관련하여 살아 있음을 의미하며, 住む는 생활하는 장소에 중점을 두어 '~에 살다'라는 의미를 나타낸다.

ex 私は生きるために食べる。나는 살기 위해 먹는다.
私は東京に住んでいます。저는 도쿄에 살고 있습니다.

4) 思う와 考える

둘 다 '생각하다'라는 의미이지만 思う는 감정적이고 주관적인 생각을 나타내고, 考える는 논리적이고 객관적인 생각을 나타낸다.

ex 母のことを思うと涙が出そうになる。어머니를 생각하면 눈물이 날 것 같다.
あの問題についてどう考えていますか。그 문제에 대해서 어떻게 생각하고 있습니까?

5) 下りる와 下がる

下りる는 사람 등이 이동하여 내려감을 나타내고, 下がる는 동작이 아닌 위치의 이동을 나타낸다.

ex ようやく山から下りてきた。간신히 산에서 내려왔다.
ズボンが下がらないようにベルトをしなさい。바지가 흘러내리지 않도록 벨트를 하세요.

6) 帰る와 戻る

둘 다 '돌아오다(가다)'라는 의미이지만 帰る는 본래 있던 곳으로 돌아가기 위해 출발한다는 데 중점을 두고 있고, 戻る는 도착한다는 데 중점을 두고 있다.

ex もうそろそろ家へ帰りましょう。이제 슬슬 집으로 돌아갑시다.
田中さんは5時ごろ戻ってくるはずです。다나카 씨는 5시쯤 돌아올 겁니다.

7) 壊れる・潰れる・崩れる

壊れる 고장나다, 부서지다, 깨지다
潰れる 찌부러지다, 망하다
崩れる 무너지다, 잔돈으로 바꿀 수 있다

ex 中の物が壊れないように気をつけてください。 내용물이 깨지지 않게 조심하세요.
あそこの潰れた箱は全部集めてください。 저기 있는 찌부러진 상자는 전부 모아 주세요.
壁がいつ崩れるか分からない。벽이 언제 무너질지 알 수 없다.

8) 知る와 分かる

知る는 '알다'라는 의미로, 학습을 통해 얻은 지식적인 측면에 중점을 두고 있다. 分かる는 '이해하다'라는 의미로, 지식적인 측면보다는 어떤 일에 대한 내용이나 그 사정을 더 깊이 이해한다는 데 중점을 두고 있다.

ex 林さんの住所を知っていますか。하야시 씨의 주소를 알고 있습니까?
この本は難しくて、分かりにくい。이 책은 어려워서 이해하기 어렵다.

9) やる와 する

둘 다 '하다'라는 의미이지만, やる가 する에 비해 주체의 의지가 강하다고 볼 수 있고 스스럼없는 사이에서 사용된다.

ex 私にはちょっと無理だが、やるだけやってみよう。나에게는 좀 무리지만, 하는 데까지 해 보자.
日曜日の朝はいつも友だちとテニスをします。일요일 아침은 항상 친구와 테니스를 칩니다.

PART 5 정답찾기

下の＿＿＿線の言葉の正しい表現、または同じ意味のはたらきをしている言葉を(A)から(D)の中で一つ選びなさい。

1 お客さんが来るので、母は料理をつくっています。

(A) 働って (B) 使って (C) 動って (D) 作って

2 申し訳ありませんが、少々おまちください。

(A) 持ち (B) 待ち (C) 侍ち (D) 寺ち

3 ガス代はコンビニではらうことができます。

(A) 払う (B) 仏う (C) 支う (D) 枝う

4 これは割れやすい物だから、気をつけてはこんでください。

(A) 箱んで (B) 運んで (C) 移んで (D) 雲んで

5 庭には花もたくさん咲いています。

(A) 先生に手紙を書いています。

(B) 小さな子どもが泣いています。

(C) 中村さんはだれかと話しています。

(D) 右の引き出しは大きくて、鍵がついています。

PART 6 오문정정

下の＿＿＿線の(A), (B), (C), (D)の言葉の中で正しくない言葉を一つ選びなさい。

6 私は佐藤さんに(A)韓国語の(B)本を(C) 貸してくれました(D)。

7 このすきやき、おいしそうですが(A)、どんな(B)味が出るか(C) 食べてみましょう(D)。

8 あなたが(A)手に(B) もっている(C)写真を見えて(D)ください。

9 まだ(A)仕事が残って(B)いるので、パソコン(C)がつけています(D)。

정답은 해설집 ▶83쪽

10 先生は、いろんな例をあがって私たちが分かるまで説明してくださいました。
(A) (B) (C) (D)

11 今度の休みには日本へ旅行する計画を立った。
(A) (B) (C) (D)

12 今年は休みの日が多いので、二日つづいて遊べる日も多いでしょう。
(A) (B) (C) (D)

13 まだ読まないので、もう少しこの本を借りていてもいいですか。
(A) (B) (C) (D)

14 私の誕生日のプレゼントとして彼氏が財布を買ってもらいました。
(A) (B) (C) (D)

15 こんな暑い日には上着をはずして いた方が涼しいですよ。
(A) (B) (C) (D)

PART 7 공란 메우기

下の＿＿＿＿＿線に入る適当な言葉を(A)から(D)の中で一つ選びなさい。

16 金持ちだからといって幸せとは＿＿＿＿＿。

(A) 言わません (B) 言えません (C) 話しません (D) 話せません

17 風邪を引いて１週間も薬を＿＿＿＿＿、まだ治っていません。

(A) のみましたが (B) たべましたが (C) はりましたが (D) つかいましたが

18 スーパーで＿＿＿＿＿レシートを見ると、何を買ったか分かります。

(A) あげた (B) もらった (C) あげる (D) くれて

19 自信が＿＿＿＿＿ので、その仕事を私にさせてください。

(A) ある (B) あり (C) いる (D) います

20 あなたは自転車に＿＿＿＿＿ことができますか。

(A) 乗った (B) 乗り (C) 乗って (D) 乗る

PART 5 정답찾기

下の＿＿＿＿線の言葉の正しい表現、または同じ意味のはたらきをしている言葉を(A)から(D)の中で一つ選びなさい。

1　中国人は世界人口の約2割をしめています。

(A) 占めて　(B) 締めて　(C) 閉めて　(D) 知めて

2　人との約束を簡単にやぶってはいけないと思います。

(A) 壊って　(B) 忘って　(C) 破って　(D) 割って

3　あの先輩たちは全然話しませんから、仲が悪いかもしれない。

(A) 仲が悪くない　(B) 仲がいい

(C) 仲がよさそうだ　(D) 仲が悪い可能性がある

4　あなたはどうしてこの服が気に入らないんですか。

(A) すきなん　(B) いやなん　(C) すばらしいん　(D) すてきなん

5　新宿で中央線に乗り換えることができます。

(A) 新宿でバスに乗ります

(B) 新宿でバスは乗れません

(C) 中央線に乗り換えられます

(D) 中央線は高くありません

PART 6 오문정정

下の＿＿＿＿＿線の(A), (B), (C), (D)の言葉の中で正しくない言葉を一つ選びなさい。

6　となりの部屋で(A)物音がした(B)ようですけど(C)、何か音が聞きません(D)か。

7　このジム(A)では音楽を聞いたり(B)、テレビを見たりしながら(C)楽しく運動するもの(D)ができます。

8　昨日、姉は私を(A)美術館に(B)つれて行って(C) やりました(D)。

9 赤いミニスカートを着て、彼女は恋人に会いに出かけました。
(A) (B) (C) (D)

10 田中さんのご主人は背も高くて ハンサムで英語もフランス語もよくします。
(A) (B) (C) (D)

11 昨日、デパートで友だちが私の誕生日プレゼントを買ってあげました。
(A) (B) (C) (D)

12 すみませんが、ちょっと電話を借りて もらえませんか。
(A) (B) (C) (D)

13 今年の冬は去年よりもっと寒くて風も強い気にします。
(A) (B) (C) (D)

14 この街は夜は静かで、人がひとりもありません。
(A) (B) (C) (D)

15 開店時間の前、店の前に多くの人が並べて います。
(A) (B) (C) (D)

PART 7 공란 메우기

下の＿＿＿＿線に入る適当な言葉を(A)から(D)の中で一つ選びなさい。

16 あなたの顔はお父さんとお母さんとどちらに＿＿＿＿か。

(A) にています (B) にます (C) にっています (D) にるです

17 家に着いた時に雨が降って＿＿＿＿、洗濯物が濡れないですんだ。

(A) やって (B) あげて (C) もらって (D) くれて

18 ピーという音が＿＿＿＿まで動かないでください。

(A) する (B) します (C) 聞く (D) 聞きます

19 家から２時間もかかる会社で毎日＿＿＿＿います。

(A) とおって (B) はたらいて (C) かよって (D) つうじて

20 ＿＿＿＿人は暑さに弱いそうです。

(A) 太く (B) 太っている (C) 太り (D) 太いた

6 조사 1

실제 생활에서 일본어의 조사는 자주 생략된다. 하지만, JPT에서는 생각보다 조사의 비중이 크다. 중요한 조사의 경우는 각각의 쓰임을 충분히 이해한 후 쓰임에 따른 문장을 암기하는 것이 매우 중요하다. 의미만 암기해 두면 실제 문장 안에서 어떤 용법으로 쓰인 것인지 구별해 내기가 쉽지 않기 때문이다.

조사 で의 경우, 그 쓰임은 '장소, 수단, 이유, 재료'가 있다고 외울 것이 아니라, 아래와 같이 문장으로 외워 두어야 오래 기억되고 문장 안에서의 쓰임도 쉽게 구별할 수 있다.

+참고 図書館で勉強をする。 도서관에서 공부를 한다. (장소)
バスで学校へ来ました。 버스로 학교에 왔습니다. (수단)
昨日は病気で欠席しました。 어제는 아파서 결석했습니다. (이유)
この人形は木で作りました。 이 인형은 나무로 만들었습니다. (재료)

또한 **で**와 **から**는 둘 다 '재료, 원료'를 나타내는 용법이 있는데, **から**는 완성된 물건에서 원래의 재료를 찾아내기 힘든 화학적 변화를 나타낼 때 사용한다는 차이가 있다.

ex

紙は木から作られたものです。 종이는 나무로(나무를 원료로 하여) 만들어진 것입니다.

この人形は紙で作ったものです。 이 인형은 종이로 만든 것입니다.

한편, 한국어와 비교했을 때 헷갈리는 조사도 있는데, 그런 경우는 조사와 동사를 세트로 외워 두면 편하다. 아래 예문의 경우, 한국어로 '~에서(에)'이므로 で가 쓰인다고 생각하기 쉽지만, で가 아니라 に를 사용해야 한다. 따라서 '~에서(에) 근무하다'는 **~に勤めている**로, '~에서(에) 살다'는 **~に住んでいる**로 숙어처럼 외워 두는 게 좋다.

ex

貿易会社で勤めている。(×)
貿易会社に勤めている。(○)
무역회사에서(에) 근무하고 있다.

東京で住んでいる。(×)
東京に住んでいる。(○)
도쿄에서(에) 살고 있다.

공략 1단계 필수 조사 익히기 1

1 が

① 주격(~이/가) ② 능력의 대상(~을/를) ③ 역접(~지만, ~인데)

(1) '대상'을 나타내는 조사 ~を(~을/를) 대신에 ~が를 사용할 때가 있는데, ~がほしい(~을 갖고 싶다), ~ができる(~을 할 수 있다), ~が好きだ(~을 좋아한다), ~がきらいだ(~을 싫어한다)가 있다.

실력 간단 체크 √

▶ ①~③ 중 다음 문장에서 쓰인 용법을 알맞게 골라 ( )에 쓰세요.

1 運動場(うんどうじょう)に学生(がくせい)がいます。( )
운동장에 학생이 있습니다.

2 雪(ゆき)は降(ふ)りますが、あまり寒(さむ)くありません。( )
눈은 내리지만, 그다지 춥지 않습니다.

3 私(わたし)は日本語(にほんご)と英語(えいご)ができます。( )
나는 일본어와 영어를 할 줄 압니다.

+정답 1 ① 2 ③ 3 ②

+단어 **運動場**(うんどうじょう) 운동장 **学生**(がくせい) 학생 **雪**(ゆき) 눈

2 か

① 의문(~까?) ② 불확실(~인지) ③ 선택(~이나)

실력 간단 체크 √

▶ ①~③ 중 다음 문장에서 쓰인 용법을 알맞게 골라 ( )에 쓰세요.

1 教室(きょうしつ)の中(なか)にだれかいますか。( )
교실 안에 누군가 있습니까?

2 授業(じゅぎょう)が終(お)わった後(あと)、テニスか卓球(たっきゅう)をします。( )
수업이 끝난 후, 테니스나 탁구를 칩니다.

3 みんな理解(りかい)しましたか。( )
모두 이해했습니까?

+정답 1 ② 2 ③ 3 ①

+단어 **教室**(きょうしつ) 교실 **授業**(じゅぎょう) 수업 **終わる**(おわる) 끝나다 **後**(あと) 뒤, 다음, 후 **テニス** 테니스 **卓球**(たっきゅう) 탁구 **理解する**(りかいする) 이해하다

3 から

① 출발점(~부터, ~에서) ② 경과 지점(~을 통해서, ~에서)
③ 재료, 원료(~로: 화학적 변화) ④ 주관적인 이유, 원인(~이니까, ~라서)

실력 간단 체크 √

▶ ①~④ 중 다음 문장에서 쓰인 용법을 알맞게 골라 (　　)에 쓰세요.

1 豆腐(とうふ)は大豆(だいず)から作(つく)ります。(　)
두부는 콩으로 만듭니다.

2 家(いえ)から会社(かいしゃ)まで一時間(いちじかん)かかります。(　)
집에서 회사까지 1시간 걸립니다.

3 窓(まど)から海(うみ)が見(み)えます。(　)
창문을 통해 바다가 보입니다.

4 明日(あした)はせっかくの休(やす)みだから、ドライブにでも行(い)きましょう。(　)
내일은 모처럼의 휴일이니까 드라이브라도 갑시다.

+정답 1 ③　2 ①　3 ②　4 ④

+단어 **豆腐**(とうふ) 두부　**大豆**(だいず) 콩　**会社**(かいしゃ) 회사　**窓**(まど) 창문　**海**(うみ) 바다　**せっかく** 모처럼　**休み**(やすみ) 휴일

4 で

① 장소(~에서) ② 수단, 방법(~로)
③ 재료(~로) ④ 원인, 이유(~으로)

실력 간단 체크 √

▶ ①~④ 중 다음 문장에서 쓰인 용법을 알맞게 골라 (　　)에 쓰세요.

1 私(わたし)はバスで学校(がっこう)へ来(き)ます。(　)
저는 버스로 학교에 옵니다.

2 サッカー選手(せんしゅ)たちが運動場(うんどうじょう)でサッカーをしています。(　)
축구 선수들이 운동장에서 축구를 하고 있습니다.

3 昨日(きのう)、病気(びょうき)で会社(かいしゃ)を休(やす)みました。(　)
어제, 병으로 회사를 쉬었습니다.

4 このテーブルはガラスで作(つく)りました。(　)
이 테이블은 유리로 만들었습니다.

+정답 1 ② 2 ① 3 ④ 4 ③

+단어 学校(がっこう) 학교 サッカー 축구 選手(せんしゅ) 선수 運動場(うんどうじょう) 운동장 病気(びょうき) 병 休(やす)む 쉬다 ガラス 유리

5 と

① 공동 작용의 대상(~와/과) ② 변화의 결과(~이)
③ 기본형에 접속(~하니) ④ 조건이나 가정(~하면)

실력 간단 체크 √

▶ ①~④ 중 다음 문장에서 쓰인 용법을 알맞게 골라 ( )에 쓰세요.

1 彼(かれ)は友(とも)だちと暮(く)らしています。( )
그는 친구와 지내고 있습니다.

2 夜(よる)から雨(あめ)は雪(ゆき)となりました。( )
밤부터 비는 눈이 되었습니다.

3 雨(あめ)が降(ふ)ると、いつも水(みず)があふれる。( )
비가 오면, 언제나 물이 넘친다.

4 空(そら)を見(み)ると、月(つき)が出(で)ていました。( )
하늘을 보니, 달이 떠 있었습니다.

+정답 1 ① 2 ② 3 ④ 4 ③

+단어 暮(く)らす 살다, 지내다 夜(よる) 밤 あふれる 넘치다 空(そら) 하늘 月(つき) 달

6 に

① 존재 장소(~에) ② 구체적인 시간이나 날짜(~에)
③ 상대, 대상(~에게) ④ 목적(~하러) ⑤ 변화

(1) 구체적인 시간이나 날짜를 나타낼 때, 말하는 시점에서 '절대적인 때'를 의미하는 경우에 쓰인다. 말하는 시점에서 '상대적인 때'를 의미하는 경우 に가 붙지 않는다.

に가 붙지 않는 경우

ex 今朝(けさ)、遅刻(ちこく)して先生(せんせい)に叱(しか)られました。 오늘 아침, 지각해서 선생님께 야단맞았습니다.
毎日(まいにち)、1時間(いちじかん)ぐらい日本語(にほんご)の勉強(べんきょう)をします。 매일 1시간 정도 일본어 공부를 합니다.

(2) 목적을 나타내는 용법으로 쓰일 때는 **동작성 명사·동사의 ます형 + に** 형태로 쓰인다.

실력 간단 체크 √

▶ ①~⑤ 중 다음 문장에서 쓰인 용법을 알맞게 골라 (　　)에 쓰세요.

1 明日(あした)、映画(えいが)を見(み)に行(い)きませんか。(　)
내일 영화를 보러 가지 않을래요?

2 机(つくえ)の上(うえ)にケータイがあります。(　)
책상 위에 휴대 전화가 있습니다.

3 昨日(きのう)、先生(せんせい)に手紙(てがみ)を書(か)きました。(　)
어제 선생님께 편지를 썼습니다.

4 駅(えき)の前(まえ)で午後(ごご)3時(さんじ)に会(あ)いましょう。(　)
역 앞에서 오후 3시에 만납시다.

5 卒業後(そつぎょうご)は先生(せんせい)になりたいです。(　)
졸업 후에는 선생님이 되고 싶습니다.

+정답 1 ④　2 ①　3 ③　4 ②　5 ⑤

+단어 **映画(えいが)** 영화　**手紙(てがみ)** 편지　**駅(えき)** 역　**午後(ごご)** 오후　**卒業(そつぎょう)** 졸업　**~になる** ~이 되다

7 し

① 열거(~하고, ~하며)

(1) 예문

ex 高橋(たかはし)さんは頭(あたま)もいいし、性格(せいかく)もいい。 다카하시 씨는 머리도 좋고, 성격도 좋다.
今日(きょう)は雨(あめ)も降(ふ)っているし、風(かぜ)も吹(ふ)いている。 오늘은 비도 내리고 있고, 바람도 불고 있다.

공략 2 단계 빈출 구문 익히기

1) ~とか~とか ~라든가 ~라든가 (비슷한 사물이나 동작을 예로 들어 말할 때)

ex 私は映画とか芝居とかいうものは、あまり好きじゃありません。
나는 영화라든가 연극 같은 것은 별로 좋아하지 않습니다.

2) ~かどうか ~인지 어떤지

ex 田中さんはこのごろ忙しくて、今日、来るかどうか分かりません。
다나카 씨는 요즈음 바빠서 오늘 올지 어떨지 모르겠습니다.

3) ~からには ~한 이상에는

ex 日本へ来たからには、日本の食べ物を食べた方がいいでしょう。
일본에 온 이상, 일본 음식을 먹는 게 좋겠지요.

4) ~からといって ~라고 해서

ex 有名だからといって、そんなことを言うなんて。 유명하다고 해서 그런 말을 하다니.

5) ~と思う ~라고 생각하다

ex 今度の夏休みには日本へ行こうと思っています。 이번 여름 방학에는 일본에 가려고 생각하고 있습니다.

6) ~という ~라고 하는

ex これは日本語で何という魚ですか。 이것은 일본어로 뭐라고 하는 생선입니까?

7) ~に会う ~을/를 만나다

ex 明日、友だちに会うつもりです。 내일 친구를 만날 생각입니다.

8) ~に住んでいる ~에(서) 살다

ex 私も学校の近くに住んでいます。 저도 학교 근처에 삽니다.

9) ~に勤めている ~에서 근무하다

ex 兄は貿易会社に勤めています。 형은 무역회사에서 근무합니다.

10) **～に着く** ～에 도착하다

ex 空港に着いたら電話してください。공항에 도착하면 전화해 주세요.

11) **～に似ている** ～을/를 닮았다

ex 私は母より父に似ています。저는 어머니보다 아버지를 닮았습니다.

12) **～に乗る** ～을/를 타다

ex あそこからならタクシーに乗った方がはやい。거기서부터라면 택시를 타는 게 빠르다.

13) **～に反対する** ～을/를 반대하다

ex 公園は戦争に反対している人でいっぱいだった。공원은 전쟁을 반대하는 사람들로 가득했다.

14) **～に曲がる** ～로 돌다

ex あそこで右に曲がってください。저기에서 오른쪽으로 돌아 주세요.

15) **～に迷う** ～을/를 헤매다, 방황하다

ex 道に迷って30分も遅刻してしまった。길을 잃어 30분이나 지각하고 말았다.

16) **～に向かう** ～을/를 향하다

ex 正面に向かって座っている。정면을 향해 앉아 있다.

실전 감각 익히기

PART 5 정답찾기

1 公園にいる人たちは戦争に反対している。

(A) 戦争がいいと思います。

(B) 戦争は悪いと思ったことはありません。

(C) 戦争をしないでほしいと思っている。

(D) 戦争を見たことがない。

1 공원에 있는 사람들은 전쟁에 반대하고 있다. ▶ (C)

(A) 전쟁이 좋다고 생각합니다.

(B) 전쟁이 나쁘다고 생각한 적은 없습니다.

(C) 전쟁을 하지 말기 바란다.

(D) 전쟁을 본 적이 없다.

2 これは明日、母に出す手紙です。

(A) 今はこんなに大きい都市ではなく田舎に住んでいます。

(B) 夏休みの旅行のためにバスのきっぷを買いに行きます。

(C) 大学の友だちに日本旅行のおみやげをあげました。

(D) 一人で勉強するために図書館に行きます。

2 이것은 내일 어머니께 붙일 편지입니다. (상대, 대상) ▶ (C)

(A) 지금은 이렇게 큰 도시가 아닌 시골에서 살고 있습니다. (장소)

(B) 여름 방학 여행을 위해 버스표를 사러 갑니다. (목적)

(C) 대학 친구에게 일본 여행 기념품을 주었습니다. (상대, 대상)

(D) 혼자 공부하기 위해 도서관에 갑니다. (장소)

PART 6 오문정정

3 金さん(A)に日本語を教えて(B)くださった先生は田中太郎といい(C) 日本の方だ(D)そうです。

3 김 씨에게 일본어를 가르쳐 주신 선생님은 다나카 타로라는 일본 분이라고 합니다. ▶ (C) → という

4 冬は寒くて(A)動くこと(B)がいやだし(C)、何といっても秋が一番いいだと(D)思います。

4 겨울은 추워서 움직이기도 싫고, 뭐니뭐니 해도 가을이 가장 좋다고 생각합니다. ▶ (D) → いいと

PART 7 공란 메우기

5 高橋さんは高校を出て、去年から名古屋の工場に__________います。

(A) 勤めて (B) 働くて

(C) 動いて (D) 努めて

5 다카하시 씨는 고등학교를 나와, 작년부터 나고야의 공장에서 근무하고 있습니다. ▶ (A)

6 頭がいい__________授業をサボるわけにはいかない。

(A) かどうか (B) からといって

(C) からには (D) とか

6 머리가 좋다고 해서 수업을 빼먹을 수는 없다. ▶ (B)

PART 5 정답찾기

下の＿＿＿線の言葉の正しい表現、または同じ意味のはたらきをしている言葉を(A)から(D)の中で一つ選びなさい。

1 この机は木でできています。

(A) 車で行くなら、30分で十分です。
(B) 毎日、仕事で忙しい。
(C) 昨日、病気で学校を休みました。
(D) 氷で作品を作るなんて、すごいですね。

2 明日、映画を見に行きませんか。

(A) 机の上にケータイがあります。
(B) 駅の前で午後３時に会いましょう。
(C) 昨日、先生に手紙を書きました。
(D) 一緒に買い物に行きましょう。

3 学校までバスで来ます。

(A) 子どもたちが庭で遊んでいます。
(B) 車でどのくらいかかりますか。
(C) 田中さんは本を読んでいます。
(D) これは雑誌で、あれは教科書です。

PART 6 오문정정

下の＿＿＿線の(A), (B), (C), (D)の言葉の中で正しくない言葉を一つ選びなさい。

4 私も結婚する前、銀行で勤めたことがあります。
(A) (B) (C) (D)

5 私の好きなパン屋は駅の近くであります。
(A) (B) (C) (D)

6 今は忙しいので、あとに ゆっくり話しましょう。
(A) (B) (C) (D)

7 デパートの前に道に迷っていますが、ここからはどう行けばいいですか。
(A) (B) (C) (D)

8 熱がありますから今日はお風呂で 入らないでください。
(A) (B) (C) (D)

9 私は4月から日本の会社で勤めることになりました。
(A) (B) (C) (D)

10 ラジオのニュースに聞いた話では彼は自殺ではないという。
(A) の (B) に (C) では (D) と

11 今度の夏休みにはいっしょうけんめいに勉強しようにに思っています。
(A) の (B) には (C) に (D) に

12 こうなったよりには、みんなで力を合わせてやるしかない。
(A) より (B) で (C) 合わせて (D) し

13 今110号室の講義室に日本の文化を教えている人が中村先生です。
(A) の (B) に (C) 教えている (D) が

PART 7 공란 메우기

下の＿＿＿＿線に入る適当な言葉を(A)から(D)の中で一つ選びなさい。

14 すみません。 ホットコーヒー＿＿＿＿いちごケーキをください。
(A) は (B) から (C) と (D) まで

15 日本語はおもしろくて簡単だ＿＿＿＿、好きです。
(A) ので (B) のに (C) で (D) から

16 体の調子が悪くて明日、学校へ行ける＿＿＿＿どうか心配です。
(A) か (B) とか (C) から (D) が

17 仕事が終わってから、飲み屋に行ってビール＿＿＿＿しょうちゅうでも飲みましょう。
(A) か (B) も (C) を (D) で

18 日本では電車の中＿＿＿＿電話をかけてはいけません。
(A) に (B) へ (C) の (D) で

19 こづかいは食費＿＿＿＿交通費とかに使ってしまった。
(A) が (B) から (C) とか (D) の

20 田中さんはギターも弾ける＿＿＿＿、歌も上手な人です。
(A) に (B) し (C) て (D) で

공략 3 단계 실전 문제 풀기 2회

PART 5 정답찾기

下の＿＿＿線の言葉の正しい表現、または同じ意味のはたらきをしている言葉を(A)から(D)の中で一つ選びなさい。

1　家から学校まで1時間かかります。

(A) 窓から海が見えます。

(B) 豆腐は大豆から作ります。

(C) 東京タワーからだと遠くありませんか。

(D) 明日はせっかくの休みだから、ドライブにでも行きましょう。

2　暇な時は散歩かドライブをします。

(A) 私は、どうして彼がそんなことを言ったのか分からない。

(B) その人が本当にいい人かどうか分からない。

(C) 食後にはコーヒーか紅茶を飲みます。

(D) 日本に行ったことがありますか。

PART 6 오문정정

下の＿＿＿＿線の(A), (B), (C), (D)の言葉の中で正しくない言葉を一つ選びなさい。

3　ここは(A)週末が(B)なると混みますから(C)、平日の方(D)がいいと思います。

4　おととい、友だちは(A)一緒に(B)怖い映画を(C)見に(D)行きました。

5　子どもの(A)ころから(B)公園に(C)遊ぶのが(D)好きでした。

6　成田空港で(A) 着いたら(B) すぐに(C)チェックインしてください(D)。

7　大阪まで安く(A)行くなら(B)電車を(C)乗ると(D)いいですよ。

8　二つ目の(A)かどを(B)右を(C)曲がってください。ここで(D)けっこうです。

9 わがしゃ にはいろいろな電気製品を作っています。
(A) わがしゃ (B) には (C) 電気製品 (D) 作っています

10 前はさしみを嫌いでしたが、今は好きになりました。
(A) 前は (B) を (C) が (D) 好きに

11 会議は301号室で10時で はじまります。
(A) は (B) で (C) で (D) はじまります

12 ふつう、タクシーを乗りません。日本のタクシーは高いですから。
(A) を (B) の (C) 高い (D) から

PART 7 공란 메우기

下の________線に入る適当な言葉を(A)から(D)の中で一つ選びなさい。

13 うちの会社の昼休みは12時________1時までです。
(A) には (B) では (C) から (D) しか

14 そこから行く________バスに乗るしかない。
(A) かは (B) かも (C) では (D) には

15 最近、カフェ________仕事をしている人をよく見かけます。
(A) で (B) に (C) が (D) か

16 タピオカのミルクティーは一杯________350円です。
(A) の (B) し (C) で (D) か

17 今年のクリスマスまでに彼女________ほしいです。
(A) が (B) を (C) か (D) で

18 私は新幹線________乗る時は、必ず駅弁を買います。
(A) を (B) で (C) に (D) の

19 毎日、私は電車で学校________通っています。
(A) の (B) に (C) から (D) のに

20 この料理、なんだか変な味________しませんか。
(A) が (B) か (C) と (D) で

7 조사 2

[조사 1]에서 서술한 바와 같이 조사는 그 쓰임만 잘 알고 있으면 시험에서 좋은 점수를 받을 수 있는 파트이다. 하지만, 다른 한편으로는 미묘한 차이로 인해 혼란을 겪을 수도 있기 때문에 몇몇 조사에 대해서는 특별히 신경을 쓰도록 해야 한다.

まで와 **までに**의 경우를 통해 알아보자. **まで**는 어느 시점까지 동작이나 상태가 계속되고 있음을 나타내는 데 비해, **までに**는 '늦어도 그 시점까지는 꼭(최종 기한에 중점을 둠)'이라는 의미를 나타낸다.

ex

家(いえ)から会社(かいしゃ)まで歩(ある)いて来(き)ます。 집에서 회사까지 걸어서 옵니다.

あの本(ほん)は14日(じゅうよっか)までに返(かえ)してください。 그 책은 14일까지는 꼭 반납해 주세요.

공략 1단계 필수 조사 익히기 2

1 の

① 소유(~의) ② 소유물(~의 것)
③ 동격(~인) ④ 주격 조사 「が」 대신(~이/가)

실력 간단 체크 √

▶ ①~④ 중 다음 문장에서 쓰인 용법을 알맞게 골라 ( )에 쓰세요.

1 この財布(さいふ)は中村(なかむら)さんのですか。( )
이 지갑은 나카무라 씨의 것입니까?

2 それは私(わたし)のかばんです。( )
그것은 제 가방입니다.

3 木村(きむら)さんの作(つく)ってくれたアイスクリームは本当(ほんとう)においしかったです。( )
기무라 씨가 만들어 준 아이스크림은 정말로 맛있었습니다.

4 日本語(にほんご)の先生(せんせい)の佐藤(さとう)さんです。( )
일본어 선생님인 사토 씨입니다.

+정답 1 ② 2 ① 3 ④ 4 ③

+단어 財布(さいふ) 지갑 かばん 가방 作(つく)る 만들다 本当(ほんとう)に 정말로 先生(せんせい) 선생님

2 は

① 주제, 주체(~은/는) ② 대비(~는 ~는)

실력 간단 체크 √

▶ ①~② 중 다음 문장에서 쓰인 용법을 알맞게 골라 ( )에 쓰세요.

1 日本語(にほんご)はおもしろいです。( )
일본어는 재미있습니다.

2 野菜(やさい)は好(す)きですが、肉(にく)は好(す)きじゃありません。( )
채소는 좋아하지만, 고기는 좋아하지 않습니다.

3 私(わたし)は行(い)こうと思(おも)います。( )
저는 가려고 생각합니다.

+정답 1 ① 2 ② 3 ①

+단어 おもしろい 재밌다 野菜(やさい) 야채, 채소 好(す)きだ 좋아하다 肉(にく) 고기 思(おも)う 생각하다

7 조사 2

3 へ

① 동작의 진행 방향(~에, ~으로)　② 대상(~에, ~에게)

실력 간단 체크 √

▶ ①~② 중 다음 문장에서 쓰인 용법을 알맞게 골라 (　)에 쓰세요.

1 日本(にほん)にいる友(とも)だちへ手紙(てがみ)を出(だ)しました。(　)
일본에 있는 친구에게 편지를 부쳤습니다.

2 日曜日(にちようび)なのに学校(がっこう)へ行(い)きました。(　)
일요일인데도 학교에 갔습니다.

+정답 1 ②　2 ①

+단어 **手紙(てがみ)を出(だ)す** 편지를 부치다　**日曜日(にちようび)** 일요일　**学校(がっこう)** 학교　**行(い)く** 가다

4 も

① 열거(~도)　② 강조(~이나)

실력 간단 체크 √

▶ ①~② 중 다음 문장에서 쓰인 용법을 알맞게 골라 (　)에 쓰세요.

1 英語(えいご)はもちろんのこと、日本語(にほんご)も上手(じょうず)です。(　)
영어는 물론, 일본어도 잘합니다.

2 雨(あめ)は一週間(いっしゅうかん)も降(ふ)りつづきました。(　)
비는 일주일이나 계속해서 내렸습니다.

+정답 1 ①　2 ②

+단어 **英語(えいご)** 영어　**もちろん** 물론　**日本語(にほんご)** 일본어　**上手(じょうず)だ** 능숙하다, 잘하다　**雨(あめ)が降(ふ)る** 비가 내리다　**一週間(いっしゅうかん)** 일주일

5 より

① 비교의 기준(~보다)　　② 출발점, 시간 (~부터 = から)

실력 간단 체크 √

▶ ①~② 중 다음 문장에서 쓰인 용법을 알맞게 골라 (　)에 쓰세요.

1 私(わたし)は夏(なつ)より冬(ふゆ)の方(ほう)が好(す)きです。(　)
나는 여름보다 겨울을 더 좋아합니다.

2 新宿駅(しんじゅくえき)の東口(ひがしぐち)より出発(しゅっぱつ)することになっています。(　)
신주쿠역의 동쪽 출구에서 출발하게 됩니다.

+정답 **1** ① **2** ②

+단어 **夏(なつ)** 여름 **冬(ふゆ)** 겨울 **出発(しゅっぱつ)する** 출발하다 **~ことになる** ~하게 되다

6 を

① 목적, 대상(~을/를)　　② 이동 장소(~을/를)

(1) 이동 장소를 의미하는 용법을 나타낼 때, 뒤에 이동 동사(出る, 走る, 飛ぶ, 渡る 등)가 온다.

실력 간단 체크 √

▶ ①~② 중 다음 문장에서 쓰인 용법을 알맞게 골라 (　)에 쓰세요.

1 飛行機(ひこうき)は空(そら)を飛(と)びます。(　)
비행기는 하늘을 납니다.

2 私(わたし)は毎日(まいにち)、本(ほん)を読(よ)みます。(　)
나는 매일 책을 읽습니다.

+정답 **1** ② **2** ①

+단어 **飛行機(ひこうき)** 비행기 **飛(と)ぶ** 날다 **毎日(まいにち)** 매일 **読(よ)む** 읽다

7 まで

① 범위의 한정(~까지)

(1) 예문

ex ここから空港(くうこう)まで2時間(にじかん)ぐらいかかります。

여기에서 공항까지 2시간 정도 걸립니다.

8 や

① 나열(~랑, ~나)

(1) 여러 개 중에서 몇 개만 나열할 때 쓰인다.

(2) 예문

ex 机(つくえ)の上(うえ)に本(ほん)やノートやケータイなどがあります。

책상 위에 책이랑 노트랑 휴대 전화 등이 있습니다.

공략 2 단계 빈출 구문 익히기

1) ~のこと ~에 관한 일, 것

ex 私(わたし)のことをお話(はな)しします。 저에 관해서 말씀 드리겠습니다.

2) ~のに ~ 하는 데에

ex 秋(あき)は本(ほん)を読(よ)むのにいい季節(きせつ)です。 가을은 책을 읽기에 좋은 계절입니다.

のに는 역접을 나타내기도 한다.

ex いっしょうけんめいに勉強(べんきょう)したのに、成績(せいせき)は上(あ)がらなかった。 열심히 공부했는데, 성적은 오르지 않았다.

3) ~までに ~까지는 꼭, ~안으로(최종 기한에 중점을 둠)

ex 来週(らいしゅう)の火曜日(かようび)までに返(かえ)してください。 다음 주 화요일까지는 꼭 돌려 주세요.

4) ~までもない ~할 필요도 없다, ~할 것까지도 없다

ex そんなこと、言(い)うまでもない。 그런 건 말할 필요도 없다.

5) ~や~や~など ~랑 ~랑 ~등(열거)

ex 机(つくえ)の上(うえ)には本(ほん)やノートや辞書(じしょ)などがあります。 책상 위에는 책이랑 노트랑 사전 등이 있습니다.

6) ~よりほか(は)ない ~하는 수밖에 없다

ex 今度(こんど)の試合(しあい)で勝(か)つためには練習(れんしゅう)するよりほかはない。 이번 시합에서 이기기 위해서는 연습할 수밖에 없다.

7) ~を降(お)りる ~에서 내리다

ex バスを降(お)りてタクシーに乗(の)る。 버스에서 내려 택시를 탄다.

'~에서 내리다'라는 의미를 나타낼 때 조사 を 대신 조사 から를 사용하기도 한다.

실전 감각 익히기

PART 5 정답찾기

1 今朝学校に行く時、バスを降りて電車に乗って行きました。

(A) バスと電車に乗りました。

(B) 学校まで歩いて行きました。

(C) タクシーに乗って行きました。

(D) バスを降りて電車に乗りませんでした。

1 오늘 아침 학교에 갈 때, 버스에서 내려 전철을 타고 갔습니다. ▶ (A)

(A) 버스와 전철을 탔습니다.

(B) 학교까지 걸어서 갔습니다.

(C) 택시를 타고 갔습니다.

(D) 버스에서 내려 전철을 타지 않았습니다.

2 漢字を覚えるには何回も書くよりほかない。

(A) 書くしか方法がない

(B) 書かなくてもいい

(C) 書くまでもない

(D) 書いたりする

2 한자를 외우려면 몇 번이나 쓸 수밖에 없다. ▶ (A)

(A) 쓰는 수밖에 방법이 없다

(B) 쓰지 않아도 된다

(C) 쓸 필요도 없다

(D) 쓰거나 한다

- **漢字(かんじ)** : 한자
- **覚(おぼ)える** : 외우다, 기억하다

PART 6 오문정정

3 友だちと(A)紅葉狩りに(B)行くに(C)4時間も(D)かかりました。

3 친구와 단풍 구경을 가는 데에 4시간이나 걸렸습니다. ▶ (C) → のに

- **紅葉狩(もみじが)り** : 단풍 구경

4 朝6時出発ですから(A)、出発の(B)前からに(C)集まってください(D)。

4 아침 6시 출발이니까, 출발 전 까지는 꼭 모여 주세요. ▶ (C) → までに

PART 7 공란 메우기

5 暇な時は日本の新聞______雑誌などを読みます。

(A) の　(B) も

(C) や　(D) は

5 한가할 때는 일본 신문이나 잡지 등을 읽습니다. ▶ (C)

6 5機の飛行機が一列になって空______飛んでいます。

(A) に　(B) と

(C) の　(D) を

6 5대의 비행기가 한 줄로 하늘을 날고 있습니다. ▶ (D)

공략 3 단계 실전 문제 풀기

PART 5 정답찾기

下の______線の言葉の正しい表現、または同じ意味のはたらきをしている言葉を(A)から(D)の中で一つ選びなさい。

1 この財布は中村さんのですか。

(A) それは私のかばんです。

(B) 日本語の先生の佐藤さんです。

(C) あの車は私のではなくて、父のです。

(D) 木村さんの作ってくれたアイスクリームは本当においしかったです。

2 私は毎朝、コーヒーを飲みます。

(A) 飛行機は空を飛びます。

(B) 毎日7時ごろ家を出ます。

(C) 電車が線路を走っています。

(D) 友だちにメールを送りました。

3 そんなに遠くないし、タクシーに乗るまでもない。

(A) タクシーに乗った方がいい

(B) タクシーに乗ったことがある

(C) タクシーに乗ってもいい

(D) タクシーに乗る必要がない

PART 6 오문정정

下の________線の(A), (B), (C), (D)の言葉の中で正しくない言葉を一つ選びなさい。

4 雨に(A)降る日はだれかと(B)デートでも(C) したい(D)ですね。

5 日曜日なのに(A)私は(B)図書館で(C)行かなければ(D)ならない。

6 窓ぎわに(A) 立って(B)いる髪の(C)長い人が(D)だれですか。

7 電車で(A)降りて、駅で(B)駅員に(C)道を(D)聞いてみました。

8 新聞は(A)よく読みますが(B)、雑誌も(C)あまり読みません(D)。

9 たまには空で飛ぶ鳥のように自由な生き方を夢見る。
(A) (B) (C) (D)

10 子どもたちは横断歩道で渡る時、手を上げた方がいいです。
(A) (B) (C) (D)

11 中国語と日本語はもちろんでこと、韓国語も漢字を覚えなければなりません。
(A) (B) (C) (D)

12 この財布は先生ものですか、中村さんのですか。
(A) (B) (C) (D)

13 この秘密をあなたよりだけ話すけど、誰にも言わないようにして。
(A) (B) (C) (D)

PART 7 공란 메우기

下の＿＿＿＿＿線に入る適当な言葉を(A)から(D)の中で一つ選びなさい。

14 先生＿＿＿＿＿作ってくださったスパゲッティは本当においしかった。
(A) は (B) に (C) の (D) も

15 そのワンピース、すてきですね。私もそんな＿＿＿＿＿を着てみたいです。
(A) に (B) が (C) の (D) で

16 1か月間、頑張ってダイエットした＿＿＿＿＿、全然やせませんでした。
(A) ので (B) のに (C) から (D) まで

17 テストは1時からです。12時50分＿＿＿＿＿教室に入ってください。
(A) や (B) を (C) では (D) までに

18 朝から雪が降りつづけて、30センチ＿＿＿＿＿つもりました。
(A) も (B) へ (C) に (D) の

19 山田さんは昨日から何＿＿＿＿＿食べないで泣いてばかりいる。
(A) が (B) など (C) のに (D) も

20 パソコンの使い方＿＿＿＿＿ことなら、木村さんに聞いた方がいいと思います。
(A) が (B) か (C) の (D) で

8 조동사

JPT에서는 조동사의 역할이 매우 중요하다. 조동사를 단어 외우듯 의미만 외웠다가는 문제를 풀 때 큰 어려움을 겪을 수 있다. JPT를 준비하는 학습자라면 조동사는 반드시 '의미→접속→예문'의 순서대로 외워 두기 바란다.

실전에서는 조동사의 의미를 묻는 문제가 출제될 수도 있고, 접속 형태를 묻는 문제가 출제될 수도 있다. 특히 접속 형태를 묻는 문제는 단어의 의미를 모르더라도 형태만으로도 쉽게 정답을 찾아낼 수 있기 때문에 접속 형태를 예문과 함께 암기해 두는 것이 좋다. 조동사 **そうだ**를 통해 「PART 5 정답찾기」 문제를 살펴 보자.

문제 유형 맛보기 | PART 5 정답 찾기

午後から雨が降るそうです。

(A) あの店のケーキは本当においしいそうです。

(B) お酒は飲まない方がよさそうです。

(C) 二人は楽しそうに話し合っています。

(D) ズボンのボタンがとれそうですよ。

오후부터 비가 온다고 합니다. ▶ (A)

(A) 그 가게의 케이크는 정말로 맛있다고 합니다.

(B) 술은 마시지 않는 게 좋을 것 같습니다.

(C) 두 사람은 즐거운 듯 서로 이야기하고 있습니다.

(D) 바지 단추가 떨어질 것 같아요.

문제에서 '~라고 한다'는 의미의 전문(**伝聞**)이 쓰였으므로 답도 전문의 용법을 찾으면 된다. (A)~(D)의 의미를 확실히 모른다 하더라도 전문의 **そうだ**는 기본형에 붙으므로, 기본형에 접속되어 있는 **そうだ**를 찾으면 된다.

이를 통해 조동사는 의미 못지 않게 접속 형태 또한 매우 중요함을 알 수 있다. 다시 한 번 기억해 두자. '의미→접속→예문'의 순서를!

공략 1단계 필수 조동사 익히기

1 전문(伝聞)의 조동사 ~そうだ

의미	~라고 한다
접속	[동사·い/な형용사의 기본형] + **そうだ**

(1) ~によると~そうだ(~에 의하면 ~라고 한다)와 같은 형태로 자주 쓰인다.

(2) 예문

ex 天気予報によると、今日は雨が降るそうだ。일기예보에 의하면, 오늘은 비가 온다고 한다.

日本語の勉強はおもしろいそうです。일본어 공부는 재미있다고 합니다.

英語は下手だそうです。영어는 서툴다고 합니다.

2 양태(様態)의 조동사 ~そうだ

의미	~인 것 같다
접속	[동사의 **ます**형, い/な형용사 어간] + **そうだ**

(1) 예외: いい・よい 좋다 → よさそうだ 좋을 것 같다

ない 없다 → なさそうだ 없을 것 같다

(2) 예문

ex 空を見ると、今にも雨が降りそうだ。하늘을 보니, 당장에라도 비가 올 것 같다.

それはおもしろそうですね。그것은 재미있을 것 같네요.

このたんすはかなり丈夫そうです。이 장롱은 꽤 튼튼할 것 같습니다.

3 비유, 예시, 불확실한 단정의 조동사 ～ようだ

의미	～인 것 같다
접속	[동사·い/な형용사의 명사 수식형, 명사+の] + ようだ

(1) ～みたいだ는 ～ようだ와 같은 의미의 회화체 표현이다.

(2) 예문

ex まるで人形のようだ。 마치 인형 같다. (비유)

私は佐藤さんのような人が好きです。 나는 사토 씨 같은 사람을 좋아합니다. (예시)

風邪を引いたようだ。 감기에 걸린 것 같다. (불확실한 단정)

+참고 君みたいな人が成功するんだ。 자네같은 사람이 성공하는 거야.

4 추측의 조동사 ～らしい

의미	～인 것 같다, 라고 한다, ～답다
접속	[동사·い형용사의 기본형, な형용사 어간, 명사] + らしい

(1) 단정할 수는 없지만 거의 확실하다고 생각할 때, 간접적인 정보를 근거로 추측할 때, 확정하기를 꺼려할 때 사용한다.

(2) 조동사로서 추측을 나타내는 것 이외에 접미어로서 '~답다'라는 의미를 나타내기도 한다.

(3) 예문

ex 教室の中にだれかいるらしい。 교실 안에 누군가 있는 것 같다.

この街は、夜は静からしい。 이 거리는 밤에는 조용한 것 같다.

木村先生は本当に先生らしい先生です。 기무라 선생님은 정말로 선생님다운 선생님입니다.

5 사역의 조동사 ~(さ)せる

의미	~하게 하다, ~하게 시키다		
접속	동사의 ない형 + (さ)せる		
	1그룹 동사	어미를 あ단으로 + せる	読ませる
	2그룹 동사	어간 + させる	食べさせる
	3그룹 동사	불규칙	させる・来(こ)させる

(1) 특수한 표현으로 ~(さ)せていただく(~하도록 허락 받다, ~하겠다)도 있다.

(2) 예문

ex 先生(せんせい)は学生(がくせい)に本(ほん)を読(よ)ませたり、字(じ)を書(か)かせたりします。
선생님은 학생에게 책을 읽게 하기도 하고, 글씨를 쓰게 하기도 합니다.

それでしたら、林(はやし)さんにも連絡(れんらく)させていただきます。
그렇다면 하야시 씨에게도 연락하겠습니다.

6 수동, 존경, 가능, 자발의 조동사 ~(ら)れる

의미	수동, 존경, 가능, 자발		
접속	동사의 ない형 + (ら)れる		
	1그룹 동사	어미를 あ단으로 + れる	呼(よ)ばれる
	2그룹 동사	어간 + られる	ほめられる
	3그룹 동사	불규칙	される・来(こ)られる

(1) '가능'의 의미를 나타낼 때는 가능 동사의 형태로도 표현할 수 있다. (동사 3 가능 동사 만드는 법 참고)

(2) 예문

ex 昨日(きのう)、先生(せんせい)に叱(しか)られた。 어제, 선생님께 야단맞았다. (수동)

先生(せんせい)はいつも9時(くじ)に学校(がっこう)へ来(こ)られます。 선생님은 언제나 9시에 학교에 오십니다. (존경)

だれか答(こた)えられる人(ひと)、手(て)を上(あ)げてみて。 누군가 대답할 수 있는 사람, 손들어 봐요. (가능)

昔(むかし)のことが思(おも)い出(だ)される。 옛날 일이 생각난다. (자발)

+참고 大人(おとな)になったら、お酒(さけ)が飲(の)めます。 어른이 되면 술을 마실 수 있습니다. (가능 동사)

7 희망의 조동사 ～たい

의미	～하고 싶다
접속	동사의 **ます**형 + **たい**

(1) **～たい** 앞에는 목적격 조사로 **を・が** 모두 올 수 있다.

(2) 제 3자의 희망을 표현할 때는 **～たがる**를 써서 '～하고 싶어 하다'를 나타낸다.

(3) 예문

ex 日本(にほん)へ行(い)きたい。 일본에 가고 싶다.

映画(えいが)が見(み)たい。 영화를 보고 싶다.

中村(なかむら)さんは日本(にほん)へ行(い)きたがっている。 나카무라 씨는 일본에 가고 싶어 한다.

8 조동사

실력 간단 체크 √

▶ 다음 (A), (B) 중 예문의 밑줄 친 부분과 같은 용법이 쓰인 문장을 고르세요.

1 小学生の殺人事件の犯人はとなりの男だったそうだ。
(A) 田中さんもお金がなさそうです。
(B) ニュースによると、今日、東京都で地震があったそうです。

2 明日はだいぶ寒いようだ。
(A) 風邪をひいたようだ。
(B) 氷のように冷たい。

3 教室の中にだれかいるらしい。
(A) 田中さんは先生らしい先生です。
(B) この街は、夜は静からしい。

▶ 다음 (A), (B) 중 밑줄에 들어갈 적당한 표현을 고르세요.

		(A)	(B)
4	あのネックレスは母も________ていました。	(A) 買いたく	(B) 買いたがっ
5	聞けば、彼はとなりの人とは________そうです。	(A) 親し	(B) 親しい
6	前からあの本が________たいと言ってたよ。	(A) よみ	(B) よむ
7	天気予報によると、今日は雪が________そうだ。	(A) ふり	(B) ふる
8	私も山田さん________人が好きです。	(A) ような	(B) のような
9	林さんの顔は何かわけが________な顔でした。	(A) ありそう	(B) あってそう
10	掃除や洗濯は私に________ください。	(A) こさせて	(B) させて
11	道で知らない人に足を________こともある。	(A) ふむたり	(B) ふまれた
12	子どもに動物を________のもいいと思います。	(A) 育つさせる	(B) 育てさせる
13	冬休みにあなたは何が________ですか。	(A) したい	(B) したがって
14	友だちに急に________勉強はできなかった。	(A) きさせて	(B) こられて
15	今日の午後は天気が________ですね。	(A) よさそう	(B) よそう

1 (B) **2** (A) **3** (B) **4** (B) **5** (B) **6** (A) **7** (B) **8** (B) **9** (A) **10** (B)
11 (B) **12** (B) **13** (A) **14** (B) **15** (A)

공략 2 단계 빈출 구문 익히기

1) **〜が・を〜たい** 〜을/를 〜하고 싶다

ex さしみが食べたい。생선회를 먹고 싶다.

2) **まるで〜のようだ** 마치 〜인 것 같다

ex まるで人形のようだ。마치 인형 같다.

3) **まるで〜みたいだ** 마치 〜인 것 같다

ex まるで氷みたいだ。마치 얼음 같다.

〜みたいだ는 동사·い형용사·명사의 기본형에 접속하고, **な**형용사는 어간에 접속한다. 특히 **〜ようだ**와 달리 명사에 접속할 때 '**の**'가 오지 않는다는 것에 주의하여야 한다.

4) **〜に〜(ら)れる** 〜에게 〜받다, 〜에게 〜당하다

ex 先生にほめられる。선생님께 칭찬받다.

雨に降られてびっしょり濡れました。비를 맞아 흠뻑 젖었습니다.

수동은 '〜로부터 〜일을 당하다'란 느낌이므로 상대(대상)를 나타내는 조사 **に**를 동반하는 경우가 많다.

5) **〜を〜(さ)せる** 〜을/를 〜시키다, 〜을/를 〜하게 하다

ex 人を待たせてはいけない。다른 사람을 기다리게 해서는 안 된다.

6) **〜(さ)せていただく** 〜하겠다

ex これから、紹介させていただきます。지금부터 소개하겠습니다.

실전 감각 익히기

PART 5 정답찾기

1 掃除をしてお母さんにほめられた。

(A) 先生は毎朝、６時ごろ運動に来られます。

(B) 問題がやさしくて、だれでも答えられると思う。

(C) 宿題を忘れて先生に叱られた。

(D) ５時はあまりにも早いので起きられるかどうか分からない。

2 これから、作品を紹介させていただきます。

(A) 作品を紹介します。

(B) 作品を紹介してください。

(C) 作品の紹介はしたくありません。

(D) 作品を紹介しなくてもいいですか。

PART 6 오문정정

3 林さんによると、あの店のステーキは柔らかくておいしそうです。
(A) に (B) と (C) の (D) おいし

4 あなたは歌がじょうずですね。まるで本物の歌手のみたいです。
(A) は (B) じょうず (C) の (D) のみたい

PART 7 공란 메우기

5 子どもたちは＿＿＿＿そうにまんがの本を読んでいる。

(A) おもしろ (B) おもしろい

(C) おもしろく (D) おもしろくて

6 木村さんは今日も私に何も言わなかった。まだ＿＿＿＿らしい。

(A) おこり (B) おこっている

(C) おこっても (D) おこったり

1 청소를 해서 어머니께 칭찬받았다. (수동) ▶ (C)

(A) 선생님은 매일 아침 6시쯤 운동하러 오십니다. (존경)
(B) 문제가 쉬워서 누구든 대답할 수 있다고 생각한다. (가능)
(C) 숙제를 깜박해서 선생님께 야단맞았다. (수동)
(D) 5시는 너무 이르기 때문에 일어날 수 있을지 어떨지 모르겠다. (가능)

2 지금부터 작품을 소개해 드리겠습니다. ▶ (A)

(A) 작품을 소개하겠습니다.
(B) 작품을 소개해 주세요.
(C) 작품 소개는 하고 싶지 않습니다.
(D) 작품을 소개하지 않아도 됩니까?

3 하야시 씨에 의하면, 그 가게의 스테이크는 부드럽고 맛있다고 합니다. ▶ (D) → おいしい

4 당신은 노래를 잘하는 군요. 마치 진짜 가수 같아요. ▶ (D) → みたい

❶ 歌手みたいです는 歌手のようです로 바꿔 쓸 수 있다.

5 아이들은 재미있다는 듯이 만화책을 읽고 있다. (양태) ▶ (A)

6 기무라 씨는 오늘도 나에게 아무 말도 하지 않았다. 아직 화가 나 있는 것 같다. ▶ (B)

정답은 해설집 ▶91쪽

공략 3 단계 실전 문제 풀기 1회

PART 5 정답찾기

下の______線の言葉の正しい表現、または同じ意味のはたらきをしている言葉を(A)から(D)の中で一つ選びなさい。

1 田中さんは最近、結婚して幸せだそうです。

(A) この店のケーキはおいしそうです。 (B) K-POPは世界中で人気があるそうです。

(C) 今にも雨が降りそうです。 (D) 佐藤さんは頭がよさそうです。

2 あのコーヒーショップで私は松村さんを２時間も待たせた。

(A) 私は松村さんを２時間は十分に待てる (B) 松村さんは私を２時間ぐらい待つことにした

(C) 私は松村さんを２時間以上待った (D) 松村さんは私を２時間待った

3 あたりには、もう、春の気配が感じられる。

(A) 蚊に刺されて赤くなった。 (B) 彼は100メートルを10秒で走れるそうだ。

(C) 先生はいつもやさしく教えられる。 (D) 寒い日にはふるさとの母のことが心配される。

PART 6 오문정정

下の______線の(A), (B), (C), (D)の言葉の中で正しくない言葉を一つ選びなさい。

4 平気な(A)顔をして(B)人を待たされる(C)のは失礼(D)ですね。

5 高い(A)そうなレストランだったので(B) 入ろう(C)としたが(D)、けっきょく入りませんでした。

6 風邪を(A)引いたので(B)明日の(C)授業をやすみして(D)くださいませんか。

7 私は変な(A)ことを言って(B)、みんなに(C) 笑いられました(D)。

8 仕事(A)が落ち着いたら(B)、旅行(C)に行くたい(D)ところは日本です。

9 すみません。お腹が痛いので、トイレを使われてください。
(A) (B) (C) (D)

10 いつもにこにこしているから、彼女は幸せなみたいです。
(A) (B) (C) (D)

11 果物にはビタミンCが多く含まられていて健康にいいです。
(A) (B) (C) (D)

12 とかいでは洋式トイレが多いですが、田舎では和式トイレも使わられています。
(A) (B) (C) (D)

13 明日はちょっと忙しいので、私の代わりに金さんを行かさせます。
(A) (B) (C) (D)

PART 7 공란 메우기

下の________線に入る適当な言葉を(A)から(D)の中で一つ選びなさい。

14 前はきらいだった野菜が、最近________ようになりました。

(A) 食べる (B) 食べた (C) 食べられる (D) 食べられた

15 昨日は春________暖かい日だったが、今日は寒い。

(A) らしい (B) そうな (C) のみたいな (D) ような

16 急用ができたので、今日は早く________ください。

(A) 帰りて (B) 帰られて (C) 帰り (D) 帰らせて

17 私は弟に________と思って、この本を買いました。

(A) 読みたい (B) 読ませよう (C) 読みたがる (D) 読まれる

18 チョコレートの________甘い物が食べたいです。

(A) らしい (B) そうに (C) みたい (D) ような

19 いつも兄が弟をたたいて________。

(A) 泣かせる (B) 泣かられる (C) 泣かさせる (D) 泣きたい

20 昨日、買ったばかりのパソコンを弟に________泣きたくなった。

(A) こわさせて (B) こわして (C) こわされて (D) こわれて

공략 3 단계 실전 문제 풀기 2회

PART 5 정답찾기

下の＿＿＿線の言葉の正しい表現、または同じ意味のはたらきをしている言葉を(A)から(D)の中で一つ選びなさい。

1 明日は雪が降りそうです。

(A) 降るそうです
(B) 必ず降ります
(C) ぜったい降ります
(D) 降るかもしれません

2 今日は家で休みたいです。

(A) 夏休みに東京ディズニーシーへ遊びに行ってみたいです。
(B) 最近、彼女は幸せみたいです。
(C) 何か冷たいものはありませんか。
(D) あそこで事故があったみたいです。

PART 6 오문정정

下の＿＿＿＿線の(A), (B), (C), (D)の言葉の中で正しくない言葉を一つ選びなさい。

3 韓国と(A)日本の(B)サッカーの決勝戦がいよいよ(C)明日開かられる(D)。

4 これは去年(A)、わが社(B) によって(C) 建てれた(D)ビルです。

5 前は漢字が(A)書けませんでした(B)が、今は書ける(C)ようにしました(D)。

6 最近は男性も(A)女性も同じく(B)ように昇進させる(C)会社が増えてきた(D)。

7 私も遊びに(A)行きたいですが(B)、あまり(C)時間がないそうです(D)。

8 日本に来て(A)１年に(B)なるので、もう日本語で(C)話せるのようになりました(D)。

9 田中さんは小さい頃、父を死なれてとても困ったと 言っていました。
(A) (B) (C) (D)

10 もし私が親だったら、子どもにピアノを習いたいです。
(A) (B) (C) (D)

11 顔色が悪いですね。熱もあってそうだから会社を休んだ方がいいですよ。
(A) (B) (C) (D)

12 私には 小さくなったワンピースを子どもに 着らせてみました。
(A) (B) (C) (D)

PART 7 공란 메우기

下の＿＿＿＿＿線に入る適当な言葉を(A)から(D)の中で一つ選びなさい。

13 私はおいしそうな料理を見ると＿＿＿＿＿。

(A) 食べたくなります (B) 食べないでください
(C) 食べてはいけません (D) 食べるかもしれません

14 女の子は私にもらったおもちゃが気に＿＿＿＿＿ようだ。

(A) 入るの (B) 入った (C) 入り (D) 入れ

15 お腹がいっぱいだったので、ひとつしか＿＿＿＿＿でした。

(A) 食べられません (B) 食べさせ (C) 食べられ (D) 食べさせません

16 このドラマの最終話がどうなるのか、多くの人が＿＿＿＿＿います。

(A) 知って (B) 知らないで (C) 知らされて (D) 知りたがって

17 男の子は女の子に虫を見せて、女の子をびっくり＿＿＿＿＿。

(A) した (B) してた (C) された (D) させた

18 林さんは昨日も遅刻して、先生に注意＿＿＿＿＿が、今日も遅刻しました。

(A) しました (B) されました (C) します (D) されます

19 雨に＿＿＿＿＿風邪を引いてしまいました。

(A) 降られて (B) 降って (C) 降り (D) 降らせて

20 インスタ好きの友達はいつもごはんの写真を＿＿＿＿＿います。

(A) 撮らないで (B) 撮らせて (C) 撮りたがって (D) 撮られて

9 형식명사와 명사

형식명사란, 말 그대로 형식적인 명사를 의미한다. 형식명사에서 주의해야 할 부분은 해당 단어가 형식명사로 쓰인 것인지 본래 명사의 의미로 쓰인 것인지를 구분하는 일이다. 그런 다음 형식명사로 쓰였다면 어떤 형태의 형식명사인지, 무슨 의미로 쓰인 것인지를 찾아내는 방법으로 접근한다.

ところ는 명사로 쓰일 경우 '장소'를 나타내지만, 형식명사로서는 '진행'이나 '완료'를 나타내기도 한다. 아래와 같이 **ところ**의 경우는 **~ているところ**(진행), **~たところ**(완료)라는 형태만으로도 힌트가 되기도 한다.

ex

昨日、先生のところへ行って来ました。 어제 선생님 댁에 다녀 왔습니다. (장소)

今、宿題をしているところです。 지금 숙제를 하고 있는 중입니다. (진행)

今、帰ってきたところです。 지금 막 돌아왔습니다. (완료)

또한 틀리기 쉬운 형식명사 **もの**의 경우도 마찬가지이다. **もの**가 명사로 쓰이면 '구체적인 사물' 즉, '물건'을 나타내지만, 형식명사로서의 **もの**는 '내용을 강조'하거나 '감동이나 희망'을 나타내기도 한다.

ex

かばんの中にいろいろなものがある。 가방 안에 여러 가지 물건이 있다. (물건)

この町には10年ぶりに来てみたけど、本当に賑やかになったものだ。
이 마을에는 10년만에 와 봤지만, 정말로 번화가가 되었다. (강조)

한편 **こと**의 경우는 **仕事**와 많이 혼동하기도 하는데, **こと**를 단순히 '일'이라고 알고 있으면 실수하기 쉽다. '일, 업무'를 나타내는 명사는 **仕事**이며, **こと(事)**는 추상적인 의미를 나타낼 때 사용한다. 예를 들어 '일이 바쁘다'라고 이야기하고 싶을 때 **ことが忙しい**라고 하면 틀린 표현이고, **仕事が忙しい**라고 해야 맞다.

ex

自分がやったことは自分で責任をとるべきだ。
자기가 한 일은 스스로 책임을 져야 한다. (추상적인 일)

日本語は高校の時、習ったことがある。 일본어는 고등학교 때 배운 적이 있다. (경험)

+참고 仕事が忙しくてゴルフには行けません。 일이 바빠서 골프모임에는 갈 수 없습니다. (일, 업무)

공략 1단계 필수 명사 익히기

1 명사

☐ 上着(うわぎ) 웃옷, 상의	☐ 着物(きもの) 기모노	☐ 果物(くだもの) 과일
☐ 食べ物(たべもの) 먹을 것, 음식	☐ 野菜(やさい) 야채, 채소	☐ 空港(くうこう) 공항
☐ 研究室(けんきゅうしつ) 연구실	☐ 食堂(しょくどう) 식당	☐ 出口(でぐち) 출구
☐ 横断歩道(おうだんほどう) 횡단보도	☐ 往復(おうふく) 왕복	☐ 乗り物(のりもの) 탈 것
☐ 楽器(がっき) 악기	☐ 辞書(じしょ) 사전	☐ 自動販売機(じどうはんばいき) 자동판매기
☐ 貴重品(きちょうひん) 귀중품	☐ 天気(てんき) 날씨	☐ 雨(あめ) 비
☐ 曇り(くもり) 흐림	☐ 梅雨(つゆ) 장마	☐ 晴れ(はれ) 맑음
☐ 雪(ゆき) 눈	☐ 会議(かいぎ) 회의	☐ 仕事(しごと) 일
☐ 会社(かいしゃ) 회사	☐ 不景気(ふけいき) 불경기	☐ 作業(さぎょう) 작업
☐ 貿易会社(ぼうえきがいしゃ) 무역회사	☐ 作家(さっか) 작가	☐ 影響(えいきょう) 영향
☐ 興味(きょうみ) 흥미	☐ 協力(きょうりょく) 협력	☐ 空気(くうき) 공기
☐ 怪我(けが) 상처, 부상	☐ 副作用(ふくさよう) 부작용	☐ 試合(しあい) 시합
☐ 住所(じゅうしょ) 주소	☐ 重大(じゅうだい) 중대	☐ 重要(じゅうよう) 중요
☐ 授業(じゅぎょう) 수업	☐ 小説(しょうせつ) 소설	☐ 情報(じょうほう) 정보
☐ 税金(ぜいきん) 세금	☐ 政治(せいじ) 정치	☐ 洗濯(せんたく) 세탁
☐ 操作(そうさ) 조작	☐ 注意(ちゅうい) 주의	☐ 中心(ちゅうしん) 중심
☐ 注文(ちゅうもん) 주문	☐ 電気(でんき) 전기	☐ 動作(どうさ) 동작
☐ 到着(とうちゃく) 도착	☐ 努力(どりょく) 노력	☐ 人気(にんき) 인기
☐ 人間(にんげん) 인간	☐ 発見(はっけん) 발견	☐ 命令(めいれい) 명령
☐ 用事(ようじ) 볼일, 용건	☐ 用心(ようじん) 조심	☐ 悪口(わるくち) 욕

+참고 悪口는 わるぐち라고도 읽는다.

실력 간단 체크 √

▶ 다음 밑줄 친 한자를 바르게 읽은 것을 고르세요.

1 いい天気　(A) てんき　(B) でんき

2 ６ばん出口　(A) でくち　(B) でぐち

3 悪口をいう。　(A) わるいくち　(B) わるくち

4 人気がある。　(A) にんき　(B) いんき

5 洗濯をする。　(A) せたく　(B) せんたく

6 電気をけす。　(A) でんき　(B) てんき

7 怪我をする。　(A) けが　(B) きず

8 税金がたかい。　(A) せいきん　(B) ぜいきん

9 作業がおわる。　(A) さぎょう　(B) さくぎょう

10 小説をよむ。　(A) そうせつ　(B) しょうせつ

▶ 다음 밑줄 친 부분을 한자로 바르게 쓴 것을 고르세요.

11 ちゅうもんする。　(A) 注文　(B) 注問

12 じゅぎょうがはじまる。　(A) 授業　(B) 受業

13 どりょくしている。　(A) 能力　(B) 努力

14 ちゅうしんにたつ。　(A) 中心　(B) 仲心

15 ようじがある。　(A) 余事　(B) 用事

16 しあいがある。　(A) 試合　(B) 詩合

17 じしょをかう。　(A) 事書　(B) 辞書

18 かいしゃにつとめる。　(A) 会社　(B) 社会

19 しごとでいそがしい。　(A) 時事　(B) 仕事

20 おうだんほどうをわたる。　(A) 横断走道　(B) 横断歩道

1 (A)	2 (B)	3 (B)	4 (A)	5 (B)	6 (A)	7 (A)	8 (B)	9 (A)	10 (B)
11 (A)	12 (A)	13 (B)	14 (A)	15 (B)	16 (A)	17 (B)	18 (A)	19 (B)	20 (B)

2 외래어

☐ シャツ 셔츠	☐ スカート 스커트, 치마	☐ セーター 스웨터
☐ アイスクリーム 아이스크림	☐ カレー 카레	☐ コーヒー 커피
☐ サラダ 샐러드	☐ デザート 디저트	☐ ハンバーガー 햄버거
☐ コーナー 코너	☐ アパート 공동 주택	☐ カフェ 카페
☐ デパート 백화점	☐ プール 수영장	☐ レストラン 레스토랑
☐ エスカレーター 에스컬레이터	☐ エレベーター 엘리베이터	☐ タクシー 택시
☐ チケット 티켓	☐ カーテン 커튼	☐ カメラ 카메라
☐ カレンダー 달력	☐ ギター 기타	☐ コンピューター 컴퓨터
☐ テーブル 테이블	☐ ピアノ 피아노	☐ テレビ 텔레비전
☐ プレゼント 선물	☐ ラジオ 라디오	☐ インターネット 인터넷
☐ カラオケ 노래방	☐ ゲーム 게임	☐ コンサート 콘서트
☐ コンパ 모임, 회식	☐ スキー 스키	☐ スポーツ 스포츠
☐ ツアー 투어, 여행	☐ パーティー 파티	☐ アルバイト 아르바이트
☐ アンケート 설문 조사	☐ コピー 복사	☐ サービス 서비스
☐ セール 세일	☐ マスコミ 언론	☐ リストラ 정리해고, 명예퇴직
☐ レポート 리포트, 보고서	☐ アイディア 아이디어	☐ イメージ 이미지
☐ デザイン 디자인	☐ ニュース 뉴스	☐ マナー 매너

실력 간단 체크 √

▶ 다음 한국어에 해당하는 일본어 가타카나의 바른 표기를 고르세요.

1 아이디어 (A) アイデアー (B) アイディア

2 커피 (A) コーヒー (B) コピー

3 리포트, 보고서 (A) レポト (B) レポート

4 매너 (A) メナー (B) マナー

5 스포츠 (A) スポーツ (B) スポツ

6 컴퓨터 (A) コンピュター (B) コンピューター

7 백화점 (A) デパト (B) デパート

8 뉴스 (A) ニュース (B) ニュースー

9 엘리베이터 (A) エリベータ (B) エレベーター

10 인터넷 (A) インターネット (B) インータネット

11 언론 (A) マスコミ (B) マスコン

12 택시 (A) タッシ (B) タクシー

13 티켓 (A) ティケート (B) チケット

14 공동 주택 (A) アパート (B) アパト

15 게임 (A) ゲーム (B) ゲム

9 형식명사와 명사

1 (B) 2 (A) 3 (B) 4 (B) 5 (A) 6 (B) 7 (B) 8 (A) 9 (B) 10 (A)
11 (A) 12 (B) 13 (B) 14 (A) 15 (A)

1 こと

1) こと 일, 것(추상적인 내용, 일반적인 상식)

ex 私(わたし)の趣味(しゅみ)は音楽(おんがく)を聞(き)くことです。 내 취미는 음악을 듣는 것입니다.

2) ～のこと ～에 관한 일

ex QCというのは品質管理(ひんしつかんり)のことです。 QC라고 하는 것은 품질 관리에 관한 것입니다.

3) ～ことだ ～해야 한다, ～하는 게 좋다(최상의 행위)

ex 疲(つか)れたら無理(むり)をしないで休(やす)むことです。 피곤하면 무리를 하지 말고 쉬어야 합니다.

4) ～たことがある ～한 적이 있다(경험)

ex 私(わたし)は日本(にほん)へ行(い)ったことがあります。 저는 일본에 간 적이 있습니다.

5) ～ことになる ～하게 되다(본인의 의지와 관계없이 결정된 사항이나 내용)

ex 来週(らいしゅう)の水曜日(すいようび)から始(はじ)めることになりました。 다음 주 수요일부터 시작하게 되었습니다.

6) ～ことにする ～하기로 하다(말하는 사람 본인의 의지)

ex 今度(こんど)は行(い)かないことにしました。 이번에는 가지 않기로 했습니다.

2 もの

1) もの(物) 물건, 것(구체적인 사물)

ex 中村さんの部屋にはいろいろなものがある。 나카무라 씨의 방에는 여러 가지 물건이 있다.

2) ~ものだ ~인 것이다(내용 강조)

ex 便利な世の中になったものだ。 편리한 세상이 된 것이다.

3) ~ものだ ~하는 것이 보통이다(당연, 보편적)

ex 学生なら勉強はするものだ。 학생이라면 공부는 해야 한다.

4) ~もの ~한 걸요(이유, 변명)

ex そんなこと知らないもの。 그런 것 모르는 걸요.

3 つもり와 予定

1) ~つもりだ ~(할) 생각이다(말하는 사람의 주관적인 의지가 강함)

ex 卒業したら日本に留学するつもりです。 졸업하면 일본에 유학 갈 생각입니다.

2) ~予定だ ~(할) 예정이다

ex 飛行機は４時に着く予定です。 비행기는 4시에 도착할 예정입니다.

4 とおり

1) とおり(通り) 길, 통로

ex このとおりはいつも混雑している。 이 길은 늘 혼잡하다.

2) ~たとおりに ~대로, ~한 그대로

ex 習ったとおりに作ってみなさい。 배운 대로 만들어 보세요.

실전 감각 익히기

PART 5 정답찾기

1 今度の週末は久しぶりにコンサートに行くつもりです。

(A) 行った方がいいと思います。

(B) 行かなくてもいいです。

(C) 行きたくありません。

(D) 行こうと思っています。

1 이번 주말에는 오랜만에 콘서트에 갈 생각입니다. ▶ (D)

(A) 가는 편이 낫다고 생각합니다.
(B) 가지 않아도 됩니다.
(C) 가고 싶지 않습니다.
(D) 가려고 생각하고 있습니다.

2 中村さんの部屋にはいろいろなものがある。

(A) この料理にはいいものが使われたそうだ。

(B) 彼のことは私も知りたいもの。

(C) 便利な世の中になったものだ。

(D) 何でも習っておくものだ。

2 나카무라 씨의 방에는 여러 가지 물건이 있다. (물건, 것) ▶ (A)

(A) 이 요리에는 좋은 것이 사용되었다고 한다. (것)
(B) 그에 관한 것은 저도 알고 싶은 걸요. (이유, 변명)
(C) 편리한 세상이 되었다. (내용 강조)
(D) 무엇이든 배워 두어야 한다. (당연, 보편적)

PART 6 오문정정

3 アメリカには何回か(A) 行って(B)来ましたが(C)、日本には1回も行ったもの(D)がありません。

3 미국에는 몇 번인가 갔다 왔습니다만, 일본에는 한번도 간 적이 없습니다. ▶ (D) → こと

💡 ～たことがある(~한 적이 있다)는 경험을 나타낸다.

4 みなさん、これから(A)先生に(B) 習いとおり(C)に作って(D)みましょう。

4 여러분, 지금부터 선생님께 배운 대로 만들어 봅시다. ▶ (C) → **習ったとおり**

5 大学を(A)卒業したら銀行に(B) 就職する(C) つもります(D)。

5 대학을 졸업하면 은행에 취직할 생각입니다. ▶ (D) → **つもりです**

6 10年間、一人で(A)外国で(B)生活したもの(C)はいい思い出になりました(D)。

6 10년 동안 혼자서 외국에서 생활한 것은 좋은 추억이 되었습니다. ▶ (C) → こと

💡 もの는 '물건, 것'으로 해석되어 구체적인 사물을 나타낼 때 쓰인다.

실전 감각 익히기

PART 7 공란 메우기

7 先生にほめられたんですか。だれでもほめられるとうれしい________ですよね。

(A) ため (B) もの

(C) つもり (D) ところ

8 先月行って来たので、今月は行かない________にしました。

(A) こと (B) もの

(C) ところ (D) はず

9 会社の前のカフェで午後３時に会う________にしましょう。

(A) こと (B) もの

(C) ところ (D) はず

10 今日は友だちに会ってドライブに出かける________です。

(A) こと (B) よてい

(C) とおり (D) もの

7 선생님께 칭찬 받았어요? 누구나 칭찬 받으면 기쁜 법이지요. (당연, 보편적) ▶ (B)

8 지난달에 갔다 왔기 때문에 이번 달에는 가지 않기로 했습니다. ▶ (A)

～ことにする(~하기로 하다)는 말하는 사람 본인의 의지를 나타낸다.

9 회사 앞 카페에서 오후 3시에 만나는 것으로 합시다. ▶ (A)

10 오늘은 친구와 만나서 드라이브하러 나갈 예정입니다. ▶ (B)

5 ところ

1) ところ(所) 곳, 장소

ex 便利(べんり)なところに住(す)んでいるね。 편리한 곳에 살고 있네.

2) ~ているところ ~하고 있는 중(진행)

ex 今(いま)、食事(しょくじ)をしているところです。 지금, 식사를 하고 있는 중입니다.

3) ~たところ 지금 막 ~한 참(~한 직후라는 느낌이 강함)

ex 今(いま)、終(お)わったところだからすぐ出(で)てくるはずだ。 지금 막 끝난 참이니까 금방 나올 것이다.

4) ところ 상황, 형편

ex 今(いま)のところははっきり分(わ)かりません。 지금으로서는 명확히 알 수 없습니다.

6 ため(に)

1) ため 위함, 이익

ex ためになる本(ほん) 유익한 책

2) ~ために ~위하여(목적)

ex あまり食(た)べたくないが、生(い)きるために食(た)べる。 별로 먹고 싶지 않지만, 살기 위해 먹는다.

3) ~ために ~때문에(이유)

ex 忙(いそが)しかったために、飲(の)み会(かい)に参加(さんか)できなかった。 바빴기 때문에 회식에 참가할 수 없었다.

7 はず

1) ~はずだ 당연히 ~할 것이다

ex 田中さんも知っているはずです。 다나카 씨도 당연히 알고 있을 것입니다.

2) ~はずは(が)ない ~할 리는(가) 없다

ex あの人が落ちるなんて、そんなはずはない。 그 사람이 떨어지다니, 그럴 리는 없다.

8 わけ

1) わけ(訳) 의미, 뜻

ex 田中さんはわけの分からないことばかり言っている。 다나카 씨는 영문 모를 말만 하고 있다.

2) ~わけだ ~하는 것은 당연하다

ex それなら笑うわけだ。 그렇다면 웃을 만도 하다.

3) ~わけがない ~할 리가 없다

ex そんな旅行に父が同意するわけがない。 그런 여행에 아버지가 동의할 리가 없다.

4) ~わけにはいかない (그렇게 간단히) ~할 수는 없다

ex 風邪を引いたからといって学校を休むわけにはいかない。 감기에 걸렸다고 해서 학교를 쉴 수는 없다.

실전 감각 익히기

PART 5 정답찾기

1 とったばかりの魚なので、新鮮じゃないわけがない。

(A) 新鮮じゃないと思う。

(B) 新鮮じゃないかもしれない。

(C) 新鮮じゃないはずがない。

(D) 新鮮なはずがない。

2 あの人が大学試験に落ちるなんて、そんなはずはない。

(A) 必ず落ちると思う。

(B) おそらく落ちるかもしれない。

(C) 落ちるわけがない。

(D) 落ちるはずだ。

PART 6 오문정정

3 英語の試験は、今終わるところだからもうすぐ出られるはずです。
(A) の (B) 終わる (C) だから (D) はず

4 ここではたばこを吸えない わけになっているので、吸いたければ喫煙室を利用してください。
(A) では (B) 吸えない (C) わけ (D) 吸いたければ

5 アメリカへ留学することに英語の勉強をしています。
(A) へ (B) ことに (C) の (D) して

6 12時には来るわけなのに友だちはまだ来ない。
(A) には (B) わけなのに (C) は (D) 来ない

---

1 방금 막 잡은 생선이라서, 신선하지 않을 리가 없다. ▶ (C)

(A) 신선하지 않다고 생각한다.
(B) 신선하지 않을지도 모른다.
(C) 신선하지 않을 리가 없다.
(D) 신선할 리가 없다.

2 그 사람이 대학 입시에 떨어지다니, 그럴 리는 없다. ▶ (C)

(A) 반드시 떨어진다고 생각한다.
(B) 아마 떨어질 지도 모른다.
(C) 떨어질 리가 없다.
(D) 당연히 떨어질 것이다.

3 영어 시험은 지금 막 끝났으니까 이제 곧 나갈 수 있을 겁니다.
▶ (B) → **終わった**

4 여기에서는 담배를 피울 수 없게 되어 있으니까, 피우고 싶다면 흡연실을 이용해 주세요. ▶ (C) → **こと**

- **~ことになっている** : ~하게 되어 있다
- **喫煙室(きつえんしつ)** : 흡연실

5 미국에 유학하기 위해서 영어 공부를 하고 있습니다. (목적)
▶ (B) → **ために**

6 12시에는 (당연히) 올 텐데 친구는 아직 오지 않는다.
▶ (D) → **はずなのに**

실전 감각 익히기

PART 7 공란 메우기

7 体の調子が悪くてあまり食べたくなかったんですが、生きる_________食べました。

(A) つもりに (B) ものに

(C) ことに (D) ために

8 うそつきの彼の話だから信じる_________。

(A) わけだ (B) ことになる

(C) つもりだ (D) わけにはいかない

9 お忙しい_________わざわざおいでくださいましてどうもありがとうございます。

(A) ことを (B) ものを

(C) つもりを (D) ところを

10 駅からも近いし、デパートもあるし、便利な_________に住んでいるなあ。

(A) ところ (B) つもり

(C) とおり (D) ため

7 몸 상태가 나빠서 별로 먹고 싶지 않았지만, 살기 위해 먹었습니다. (목적) ▶ (D)

8 거짓말쟁이인 그 사람이 한 이야기니까 믿을 수는 없어. ▶ (D)

9 바쁘신 중에 일부러 와 주셔서 정말로 감사합니다. (상황, 형편) ▶ (D)

10 역에서도 가깝지, 백화점도 있지, 편리한 곳에 사는군. (장소) ▶ (A)

공략 3 단계 실전 문제 풀기

PART 5 정답찾기

下の＿＿＿線の言葉の正しい表現、または同じ意味のはたらきをしている言葉を(A)から(D)の中で一つ選びなさい。

1 明日はようじがありますから、飲み会には参加できません。

(A) 余事　(B) 用事　(C) 幼児　(D) 幼時

2 あのしょくどうの駐車場は広いのでとても便利です。

(A) 食道　(B) 食物　(C) 食堂　(D) 飲堂

3 どんな薬にも副作用がありますので、気をつけた方がいいです。

(A) ふさくよう　(B) ふくさよう　(C) ふくさくよう　(D) ふさくじ

4 このごろ晴れの日が続いています。

(A) むれ　(B) はれ　(C) どれ　(D) みだれ

5 今、朝ごはんを食べているところです。

(A) 今までどんなところを旅行しましたか。

(B) もうちょっとでぶつかるところでした。

(C) 今、掃除しているところです。

(D) 今日習ったところをよく復習しておいてください。

PART 6 오문정정

下の＿＿＿＿線の(A), (B), (C), (D)の言葉の中で正しくない言葉を一つ選びなさい。

6 私は朝が弱い(A)ですから(B)、朝早く(C)起きるもの(D)はできません。

7 木村さんが(A)そんなもの(B)をするなんて(C) 信じられません(D)。

8 あの事故のこと(A) なら(B)田中さんも知って(C)いるつもり(D)です。

9 先輩の言いとおり(A)に勉強したら(B)、本当に試験に(C)合格できました(D)。

10 何が原因であったのか、今のはずははっきり分かりません。
(A) (B) (C) (D)

11 明日は恋人と 一緒に映画を見に行くとおりです。
(A) (B) (C) (D)

12 この公園に来ると、いつも昔のが 思い出されます。
(A) (B) (C) (D)

13 今週の金曜日、日本からお客さんが来るつもりです。
(A) (B) (C) (D)

14 昔、私が住んでいたものは 静かで きれいなまちでした。
(A) (B) (C) (D)

15 最近太ったので、やせるためにジムに通うものにしました。
(A) (B) (C) (D)

PART 7 공란 메우기

下の＿＿＿＿＿線に入る適当な言葉を(A)から(D)の中で一つ選びなさい。

16 絶対に試験に合格すると約束したのだから、ここであきらめる＿＿＿＿＿にはいきません。
(A) もの (B) はず (C) こと (D) わけ

17 私の夢は有名なユーチューバーになる＿＿＿＿＿です。
(A) の (B) はず (C) こと (D) もの

18 私は歌が下手ですが、＿＿＿＿＿は楽しいです。
(A) カラオケ (B) アンケート (C) エレベーター (D) コーヒー

19 私も今、来た＿＿＿＿＿ですから、よく分かりません。
(A) こと (B) ために (C) よてい (D) ところ

20 新しくできた＿＿＿＿＿に住んでいます。
(A) コンパ (B) デパート (C) カレンダー (D) アパート

10 부사, 접속사

부사, 접속사의 경우는 의미만 알아 두어도 큰 문제는 없다. 하지만 좀 더 신경을 쓴다면, 긍정 표현과 함께 쓰였는지 부정 표현과 함께 쓰였는지를 구별해 두는 것이 좋다.

부사의 경우는 긍정·부정과 더불어 추측이나 가정·희망 표현 등과 같이 쓰이는 경우도 있으니 암기할 때 의식적으로 그룹을 만들어 외우면 편하다.

ex

① **まるで~(の)ようだ** 마치 ~와 같다(비유 표현)
まるで猫(ねこ)の目(め)のようだ。 마치 고양이 눈 같다.

② **たぶん~だろう** 아마 ~일 것이다(추측 표현)
たぶん遅(おく)れるだろう。 아마 늦어지겠지.

③ **あまり~ない** 그다지 ~하지 않다(부정 표현)
あまり難(むずか)しくない。 그다지 어렵지 않다.

접속사의 경우는 접속사가 앞뒤 문장이 반대되는 내용이 올 때 사용되는지, 이유·원인·조건 등을 나타낼 때 사용되는지 아니면 새로운 내용을 추가할 때 사용되는지를 생각하며 공부하는 것이 좋다.

공략 1단계 필수 표현 익히기

1 부사

□ あいにく 마침, 공교롭게도	□ あらかじめ 미리	□ いつのまにか 어느새
□ いつも 언제나	□ しばらく 잠시	□ すでに 이미
□ たちまち 순식간에	□ たまに 가끔	□ だんだん 점점
□ ついに 드디어, 마침내	□ ときどき 때때로	□ ほとんど 거의, 대부분
□ ますます 점점	□ また 또, 또한	□ まだ 아직
□ もう 이미, 벌써, 이제, 더	□ もうすぐ 이제 곧	□ やがて 이윽고
□ ずいぶん 꽤, 훨씬	□ ずっと 훨씬	□ すべて 전부, 모두
□ たいへん 대단히	□ とても 매우, 도저히	□ なかなか 꽤, 좀처럼
□ まったく 전적으로, 전혀	□ もっと 더, 더욱	□ わりあいに 비교적
□ いっぱい 가득, 많이	□ おおぜい (사람이) 많이	□ かなり 꽤, 제법
□ すこし 조금	□ だいぶ 상당히	□ たくさん 많이
□ ちょっと 조금	□ わずか 조금, 불과	□ しっかり 단단히, 확고히
□ すっかり 완전히, 깨끗이	□ そろそろ 이제, 슬슬	□ はっきり 확실히
□ ゆっくり 천천히	□ わざと 고의로(부정적)	□ わざわざ 일부러(긍정적)
□ やっと 겨우, 간신히	□ やはり 역시	□ ぜひ 꼭

+참고 ぜひ는 ~ください, ~お願いします 등과 호응한다.

실력 간단 체크 √

▶ 다음 (A), (B) 중 밑줄에 들어갈 적당한 부사를 고르세요.

		(A)	(B)
1	＿＿＿＿行くまでもない。	(A) わざと	(B) わざわざ
2	私(わたし)は＿＿＿＿７時(しちじ)に家(うち)を出(で)ます。	(A) とても	(B) いつも
3	学校(がっこう)の図書館(としょかん)には本(ほん)が＿＿＿＿ある。	(A) いっぱい	(B) おおぜい
4	運動場(うんどうじょう)に人(ひと)が＿＿＿＿集(あつ)まっている。	(A) まったく	(B) おおぜい
5	ここで＿＿＿＿お待(ま)ちください。	(A) しばらく	(B) すでに
6	あの人(ひと)の顔(かお)は＿＿＿＿覚(おぼ)えている。	(A) しっかり	(B) ゆっくり
7	思(おも)ったより＿＿＿＿難(むずか)しい。	(A) ずっと	(B) やっと
8	＿＿＿＿帰(かえ)りましょう。	(A) それほど	(B) そろそろ
9	今年(ことし)の夏(なつ)は＿＿＿＿あつかった。	(A) たいへん	(B) ほとんど
10	日本語(にほんご)が＿＿＿＿上手(じょうず)になりますね。	(A) たまに	(B) だんだん
11	このまんがの本(ほん)は＿＿＿＿おもしろい。	(A) なかなか	(B) たちまち
12	＿＿＿＿映画(えいが)を見(み)に行(い)く。	(A) まったく	(B) ときどき
13	今日(きょう)も＿＿＿＿地震(じしん)がありました。	(A) まだ	(B) また
14	＿＿＿＿着(つ)くでしょう。	(A) もっと	(B) もうすぐ
15	昨日(きのう)の試合(しあい)で＿＿＿＿勝(か)ちました。	(A) やっと	(B) やがて

1 (B) **2** (B) **3** (A) **4** (B) **5** (A) **6** (A) **7** (A) **8** (B) **9** (A) **10** (B)
11 (A) **12** (B) **13** (B) **14** (B) **15** (A)

2 주의해야 할 부사

□ あまり 그다지, 별로	□ けっして 결코	□ すこしも 조금도
□ ぜんぜん 전혀	□ ちっとも 조금도	□ べつに 별로
□ まったく 전혀	□ まるで 마치	□ おそらく 아마, 필시
□ たしか 아마, 확실히	□ たぶん 아마도	□ まさか 설마
□ いくら 아무리	□ たとえ 비록	□ まんがいち 만약에, 만일
□ もし 만약	□ ぜひ 부디, 꼭	□ せめて 적어도, 하다못해
□ どうぞ 부디, 어서	□ とにかく 어쨌든	

+참고 まるで는 ～ようだ와 호응하며, もし는 ～なら, ～ば와 호응한다.

3 접속사

□ けれども 그렇지만	□ しかし 그러나	□ でも 그렇지만
□ すると 그러자, 그러면	□ そして 그리고	□ それから 그리고, 그 다음에
□ それで 그래서, 그러므로	□ それでは 그러면	□ だから 그래서, 그러므로
□ または 또는	□ そのうえ 더구나, 게다가	□ それに 게다가
□ さて 그럼, 그건 그렇다 치고	□ では・じゃ 그러면	□ ところで 그건 그렇고

+참고 けれども는 けれど, けど로도 씀

실력 간단 체크 √

▶ 다음 (A), (B) 중 밑줄에 들어갈 적당한 부사를 고르세요.

1 あのころの思い出は＿＿＿＿忘れられない。 (A) どうぞ (B) けっして

2 日本語は＿＿＿＿分かりません。 (A) ぜんぜん (B) せめて

3 ＿＿＿＿日本へ行きたい。 (A) いくら (B) ぜひ

4 ＿＿＿＿勉強しない。 (A) たとえ (B) ちっとも

5 ＿＿＿＿好きなものはない。 (A) どうか (B) べつに

6 この本は＿＿＿＿面白くない。 (A) あまり (B) やっと

7 ＿＿＿＿やってみよう。 (A) もし (B) とにかく

8 彼は＿＿＿＿来ないだろう。 (A) まるで (B) たぶん

9 ＿＿＿＿泣いても知らないよ。 (A) いくら (B) どうぞ

10 ＿＿＿＿人形のようにきれいだ。 (A) まさか (B) まるで

11 ＿＿＿＿そんなことはないだろう。 (A) まさか (B) わずか

▶ 다음 (A), (B) 중 밑줄에 들어갈 적당한 접속사를 고르세요.

12 この財布、気に入った＿＿＿＿高い。 (A) または (B) けれど

13 ＿＿＿＿これから会議を始めます。 (A) でも (B) それでは

14 明日＿＿＿＿あさって会うつもりです。 (A) または (B) だから

15 彼はうそをつく。＿＿＿＿信じられない。 (A) しかし (B) だから

16 ＿＿＿＿あの人はどうなったの。 (A) ところで (B) けれども

17 行きたくない。＿＿＿＿行かなければならない。 (A) では (B) でも

18 ドアが開いた。＿＿＿＿中から女が出て来た。 (A) それで (B) すると

19 彼は頭がいい。＿＿＿＿勉強はしない。 (A) または (B) しかし

20 頭がいたい。＿＿＿＿熱もある。 (A) すると (B) それに

1 (B)	2 (A)	3 (B)	4 (B)	5 (B)	6 (A)	7 (B)	8 (B)	9 (A)	10 (B)
11 (A)	12 (B)	13 (B)	14 (A)	15 (B)	16 (A)	17 (B)	18 (B)	19 (B)	20 (B)

공략 2 단계 빈출 부사와 호응표현

1 必ず・きっと・ぜひ

必ず(반드시)는 필연성이 가장 강한 표현이며 100% 확신을 갖고 있음을 나타낸다. **きっと**(꼭)는 **必ず**보다 확신이 없으며, 단순 사실에 근거한 추측 표현이 올 수 있다. **ぜひ**(부디, 꼭)는 말하는 사람의 희망이나 의뢰를 나타낼 때 사용한다.

1) 必ず 반드시

ex この薬を飲めば必ず治ります。이 약을 먹으면 반드시 낫습니다.

2) きっと 꼭

ex 結婚式にはきっと行きます。결혼식에는 꼭 가겠습니다.

3) ぜひ 부디, 꼭

ex ぜひお願いします。부디 부탁드리겠습니다.

2 わざと・わざわざ

わざと나 **わざわざ**는 한국어로 그 의미를 구별하기가 매우 어렵다. 다만, **わざと**는 고의성이나 악의가 있을 때, 또는 자기 이익을 도모하기 위해 '고의적으로'라는 뜻이 숨어 있다. 반면 **わざわざ**는 남을 배려하는 마음으로 '성의껏'이란 뜻을 내포하고 있다.

1) わざと 고의로 , 일부러

ex わざと何もないふりをする。일부러 아무것도 없는 체를 하다.

2) わざわざ 일부러 , 특별히

ex わざわざおいでくださってありがとうございます。일부러 와 주셔서 감사합니다.

3 부사와 호응표현

1) **あまり～ない** 그다지 ~하지 않다

ex この本はあまり面白くない。이 책은 그다지 재미있지 않다.

2) **いくら～ても** 아무리 ~해도

ex いくら泣いても私は知らないよ。아무리 울어봤자 나는 몰라.

3) **ぜんぜん～ません** 전혀 ~하지 않습니다

ex 日本語はぜんぜん分かりません。일본어는 전혀 모릅니다.

4) **たぶん～だろう** 아마도 ~이겠지

ex 彼は今日来ると言っていたけれど、たぶん来ないだろう。
그는 오늘 온다고 했는데, 아마 오지 않겠지.

5) **まるで～(の)ようだ** 마치 ~와 같다

ex 彼女はまるで人形のようにきれいです。그녀는 마치 인형처럼 예쁩니다.

실전 감각 익히기

PART 5 정답찾기

1 彼は今日来ると言ったけれど、たぶん来ないだろう。

(A) 彼はきっと来る。

(B) 彼は必ず来るはずだ。

(C) おそらく彼は来ないだろう。

(D) ぜひ彼が来てほしい。

1 그는 오늘 온다고 말했지만, 아마 오지 않겠지. ▶ (C)

(A) 그는 꼭 온다.
(B) 그는 반드시 올 것이다.
(C) 아마 그는 안 올 것이다.
(D) 꼭 그가 왔으면 한다.

PART 6 오문정정

2 いくつ待っていてもだれも来なかったので、腹がたちました。
(A) いくつ (B) ても (C) も (D) ので

2 아무리 기다려도 아무도 오지 않았기 때문에 화가 났습니다.
▶ (A) → いくら

3 お忙しいのにわざとお見送りくださいましてありがとうございます。
(A) お (B) の (C) わざと (D) まして

3 바쁘실텐데 일부러 배웅해 주셔서 감사합니다. ▶ (C) → わざわざ

わざと는 부정적 의미를 나타낼 때 쓰이고, わざわざ는 긍정적 의미를 나타낼 때 쓰인다.

PART 7 공란 메우기

4 私はスポーツの中で野球には＿＿＿＿＿＿興味がありません。

(A) ぜひ (B) あまり

(C) せめて (D) まさか

4 저는 스포츠 중에서 야구에는 그다지 흥미가 없습니다. ▶ (B)

5 夕べ、赤ちゃんに泣かれて＿＿＿＿＿＿寝られませんでした。

(A) いくら (B) たぶん

(C) たとえ (D) ぜんぜん

5 어젯밤, 아기가 울어서 전혀 자지 못했습니다. ▶ (D)

10 부사, 접속사

PART 6 오문정정

下の＿＿＿＿線の(A), (B), (C), (D)の言葉の中で正しくない言葉を一つ選びなさい。

1 私たちのためにA 彼女はわざとB 空港までC むかえに来てD くれました。

2 彼は背も高くてA、スタイルもよくてB、そこでC モデルのD ようです。

3 私はおA 酒はすこしB 飲みますけどC、タバコはやはりD 吸いません。

4 わずかA 彼が試験にB 落ちるとはC、想像もできないことD ですね。

5 申し訳A ございません。まるでB 田中は今、席をC 外してD おります。

6 木村さんは美人だしA、さてB 性格もいいのでC みんなにD 人気があります。

7 小さいころA の思い出はB 大人にC なってもどうぞD 忘れられません。

8 コーヒーはA 飲みます。それでB 紅茶C は好きじゃないD から飲みません。

9 最後のA 問題はなかなかB 難しくてあまりC 考えてもD 分かりません。

10 ゆうべA、私のB 家から遠くないC ところでまだD 地震がありました。

정답은 해설집 ▶96쪽

PART 7 공란 메우기

下の＿＿＿＿＿線に入る適当な言葉を(A)から(D)の中で一つ選びなさい。

11 10年ぶりに田舎に帰ったら、町が＿＿＿＿＿変わっていました。

(A) ぜひ (B) すっかり (C) わざと (D) せめて

12 この薬を飲めば＿＿＿＿＿なおります。

(A) ぜひ (B) かならず (C) もう (D) たまに

13 もうこんな時間ですね。＿＿＿＿＿帰りましょう。

(A) すっかり (B) まったく (C) そろそろ (D) わざと

14 私は日本語があまり上手ではないので、もっと＿＿＿＿＿話してください。

(A) ゆっくり (B) たとえ (C) けっして (D) ちっとも

15 ＿＿＿＿＿あの事件はどうなりましたか。

(A) やがて (B) あらかじめ (C) ほとんど (D) ところで

16 彼は親の言うことを＿＿＿＿＿聞かないので、いつも怒られます。

(A) もっとも (B) ちっとも (C) ゆっくり (D) かなり

17 小さい弟とゲームをしている時は、＿＿＿＿＿負けてあげる時がある。

(A) わりあい (B) さて (C) わざと (D) しっかり

18 前の試験は簡単すぎたから、＿＿＿＿＿次の試験は難しくなるだろう。

(A) わずか (B) けっして (C) まったく (D) きっと

19 カナダにいる友だちに手紙を書きました。＿＿＿＿＿すぐ返事が来ました。

(A) すると (B) それでは (C) ところで (D) かなり

20 ＿＿＿＿＿練習しても上手になりません。

(A) いくら (B) たちまち (C) やっと (D) まるで

11 경어, 의성어·의태어

한국어나 일본어는 경어가 발달해 있어 외국어로서 한국어나 일본어를 공부하는 사람들은 난관에 부딪히기도 한다. 특히 두 나라의 경어 의식에는 차이가 있기 때문에 그 차이를 이해하는 것이 무엇보다 중요하다.

ex

お父様(とうさま)は貿易会社(ぼうえきがいしゃ)に勤(つと)めていらっしゃいます。(×)

저희 아버님은 무역회사에 근무하고 계십니다.

위 예문에서 한국어 표현은 그다지 문제가 없어 보이지만, 일본어 표현만으로 보자면 큰 문제가 나타난다. 일본어의 경어에서 남에게 이야기할 때, 본인을 포함하여 본인의 가족이나 본인 쪽 사람에 대해서는 경어를 사용하지 않기 때문이다.

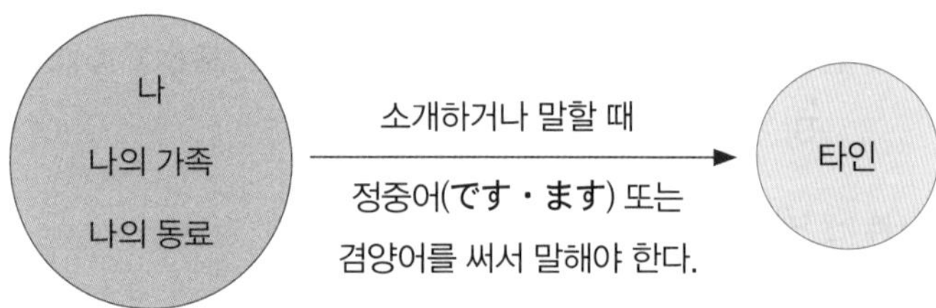

따라서 위 예문은 다음과 같이 바꿔 써야 한다.

ex

父(ちち)は貿易会社(ぼうえきがいしゃ)に勤(つと)めています・おります。(○)

저희 아버지는 무역회사에 근무하고 있습니다.

이렇게 일본어는 '나'를 기준으로 '나의 쪽' 사람인지 아닌지에 따라 경어를 나누어 사용한다. 나와 나의 가족이나 동료가 아닌, 상대방이나 상대방의 가족, 상대방 회사 사람에 대해서는 경어 사용을 잊으면 안 된다.

한 가지 더, 일본어 경어는 일반적으로 ① 존경어(상대방이나 화제에 등장한 인물을 높이는 말씨), ② 겸양어(자신을 낮추어 말함으로써 상대방을 간접적으로 높이는 말씨), ③ 정중어(공손하게 표현하는 말씨)로 나누어 사용하기 때문에 각각의 경어 표현이나 사용 장면에 특히 주의할 필요가 있다.

의성어·의태어는 시험에서 차지하는 비중이 그다지 크지 않아 가볍게 여기는 경향이 많은 듯 하다. 하지만, 의미를 모르고 있으면 전혀 손을 댈 수 없기 때문에 시험에 자주 출제되는 단어나 일상생활에서 자주 쓰이는 단어를 중심으로 확실히 외워 둘 필요가 있다.

다만, 단어만으로는 연상이 잘 안 되어 외우기 힘드므로 단어와 그에 연결되는 동사 등을 세트로 만들어 숙어처럼 암기해 두는 게 좋다. 예를 들어, **とぼとぼ**(터벅터벅), **すくすく**(무럭무럭), **すやすや**(새근새근)의 경우, 아래와 같은 방법으로 공부하면 외우기도 쉬워지고 좀 더 오래 기억될 수 있다.

ex

一人(ひとり)でとぼとぼと歩(ある)いた。 혼자 터벅터벅 걸었다.

子(こ)どもはすくすく育(そだ)った。 아이는 무럭무럭 자라났다.

赤(あか)ちゃんがすやすや眠(ねむ)っている。 아기가 새근새근 자고 있다.

또한, 운동이나 공포, 불안 등으로 가슴이 뛰는 모양을 나타내는 **どきどき**(두근두근)나, 기쁨, 기대 등으로 마음이 설레는 모양을 나타내는 **わくわく**(두근두근)와 같이 비슷한 표현은 같은 그룹으로 묶어 느낌의 차이를 이해하며 외우는 게 좋다.

ex

今(いま)、試合(しあい)が終(お)わったばかりで、まだ胸(むね)がどきどきする。
지금 시합이 막 끝나서, 아직 가슴이 두근거린다.

わくわくしながら遠足(えんそく)の日(ひ)を待(ま)つ。 설레는 마음으로 소풍가는 날을 기다린다.

1 경어

1) 존경어

상대방이나 화제에 등장한 인물의 행동을 높이는 말씨이다.

기본형	존경어
行(い)く 가다	いらっしゃる・おいでになる 가시다
来(く)る 오다	いらっしゃる・おいでになる・お見(み)えになる 오시다
いる 있다	いらっしゃる・おいでになる 계시다
言(い)う 말하다	おっしゃる 말씀하시다
する 하다	なさる 하시다
くれる 주다	くださる 주시다
見(み)る 보다	ご覧(らん)になる 보시다
食(た)べる 먹다・飲(の)む 마시다	めしあがる 드시다
知(し)る 알다	ご存(ぞん)じだ 아시다

2) 정중어

사물을 미화하거나 공손하게 표현하는 말씨이다.

① あります 있습니다 → ございます

ex 社長(しゃちょう)のかばんはあそこにございます。사장님의 가방은 저기에 있습니다.

② です 입니다 → でございます

ex 先日(せんじつ)、わたくしが申(もう)し上(あ)げたカタログがこちらでございます。
일전에 제가 말씀드린 카탈로그가 이것입니다.

3) 겸양어

자신의 행동을 낮추어 말함으로써 상대방을 간접적으로 높여 주는 말씨이다.

기본형	겸양어
行く 가다 · 来る 오다	参る 가다
いる 있다	おる 있다
言う 말하다	申す · 申し上げる 말씀드리다
する 하다	いたす 하다
会う 만나다	お目にかかる 만나뵙다
聞く 묻다	伺う 여쭙다
もらう 받다	いただく 받다
見る 보다	拝見する 보다
知る 알다 · 思う 생각하다	存じる 알다, 생각하다

2 의성어·의태어

1) 얼굴 표정과 관련된 표현

① にこにこ : 생글생글, 싱글벙글(기분 좋게 웃는 모양)

ex いつもにこにこ笑っている。 언제나 생글생글 웃고 있다.

② にやにや : 히죽히죽 웃는 모양

ex 何かいいことでもあったのか、にやにやしている。 뭔가 좋은 일이라도 있는지 히죽거리고 있다.

③ くすくす : 킥킥(소리 죽여 웃는 모양)

ex あの二人はさっきからくすくす笑っている。 저 두 사람은 아까부터 킥킥거리며 웃고 있다.

2) 동작과 관련된 표현

① うつらうつら・うとうと : 꾸벅꾸벅(조는 모양)

ex おいしいラーメンを食べる夢を見ながら、うつらうつらとしていた。
맛있는 라면을 먹는 꿈을 꾸면서, 꾸벅꾸벅 졸고 있었다.

② うろうろ : 어슬렁어슬렁(이리저리 헤매다니는 모양) / 허둥지둥(당황하는 모양)

ex ここでうろうろしていると疑われるよ。 여기서 어슬렁거리고 있으면 의심 받아.
犬は出口を探してうろうろしていた。 개는 출구를 찾아 허둥지둥하고 있었다.

③ とぼとぼ：터벅터벅(힘없이 걷는 모양)

ex 一人(ひとり)でとぼとぼと歩(ある)いていく。혼자서 터벅터벅 걸어가다.

④ のろのろ：느릿느릿, 꾸물꾸물(동작, 진행이 굼뜬 모양)

ex 電車(でんしゃ)がのろのろと走(はし)る。전철이 느릿느릿 달린다.

⑤ ぶらぶら：어슬렁어슬렁(목적 없이 걷는 모양) / 빈둥빈둥(하는 일 없이 지내는 모양)

ex 一人(ひとり)で公園(こうえん)をぶらぶら歩(ある)いていた。혼자서 공원을 어슬렁거리며 걷고 있었다.

大学(だいがく)を出(で)てもう２年間(にねんかん)もぶらぶらしている。대학을 나와 벌써 2년이나 빈둥거리고 있다.

⑥ ぶるぶる：벌벌(벌벌 떠는 모양)

ex 恐(おそ)ろしくてぶるぶるとふるえる。두려워서 벌벌 떨다.

3) 마음 상태와 관련된 표현

① うきうき：신이 나서 마음이 들뜬 모양

ex 祭(まつ)りで町(まち)の子(こ)どもたちはうきうきしている。축제로 마을 아이들은 들떠 있다.

② どきどき：두근두근, 울렁울렁(운동, 공포, 불안 등으로 가슴이 뛰는 모양)

ex 怖(こわ)い映画(えいが)を見(み)ると胸(むね)がどきどきする。무서운 영화를 보면 가슴이 두근거린다.

③ わくわく：두근두근(기쁨, 기대 등으로 마음이 설레는 모양)

ex わくわくしながらクリスマスのプレゼントを待(ま)つ。설레는 마음으로 크리스마스 선물을 기다린다.

4) 몸 상태와 관련된 표현

① がんがん：지끈지끈(머리가 몹시 아픈 모양) / 잔소리를 시끄럽게 하는 모양

ex 風邪(かぜ)を引(ひ)いて頭(あたま)ががんがんする。감기에 걸려서 머리가 지끈거린다.

大声(おおごえ)でがんがん説教(せっきょう)をしている。큰 소리로 꽥꽥대며 설교를 하고 있다.

② すくすく：쑥쑥, 무럭무럭(기운차게 뻗어가는 모양)

ex 子(こ)どもは病気(びょうき)もしないで、すくすく育(そだ)った。아이는 병에도 안 걸리고 무럭무럭 자랐다.

③ すっきり：산뜻한 모양

ex よく寝(ね)たので頭(あたま)がすっきりした。잘 자서 머리가 상쾌해졌다.

④ むかむか：메슥메슥(속이 울렁거리는 모양)

ex 話(はなし)を聞(き)いただけでむかむかする。말만 들어도 속이 메슥거린다.

5) 상태 및 상황과 관련된 표현

① ぐっすり : 푹(깊은 잠을 자는 모양)

ex 夕べはぐっすり寝た。 어젯밤은 푹 잤다.

② すやすや : 새근새근(편안히 잠자는 모양)

ex 赤ちゃんがすやすや眠っている。 아기가 새근새근 자고 있다.

③ がやがや : 왁자지껄, 시끌벅적(시끄럽게 떠드는 모양)

ex 学生たちが運動場で、がやがや騒いでいる。 학생들이 운동장에서 왁자지껄 떠들고 있다.

④ がらがら : 텅텅 비어 있는 모양

ex 日曜日なので、電車はがらがらだった。 일요일이라서 전철은 텅텅 비어 있었다.

⑤ ぎりぎり : 간신히, 겨우(시간 등에 여유가 없는 모양)

ex 電車の時間にぎりぎりで間に合った。 전철 시간에 겨우 맞췄다.

⑥ ざあざあ : 쏴아(비가 시원스레 내리는 모양)

ex 雨がざあざあ降っている。 비가 쏴아 하고 내리고 있다.

⑦ さらさら : 술술, 졸졸(막힘없이 나아가는 모양 = すらすら) / 보송보송(물기가 없는 모양)

ex 小川の水がさらさらと流れている。 냇물이 졸졸 흐르고 있다.

さらさらとしたコットンの感じがとても気持ちいいです。 보송보송한 면의 느낌이 아주 기분 좋습니다.

⑧ つるつる : 매끈매끈, 반들반들(표면이 매끈한 모양)

ex つるつるになるまで磨く。 반들거릴 때까지 닦다.

⑨ はらはら : 팔랑팔랑(나뭇잎 등이 떨어지는 모양) / 조마조마(조바심 나는 모양)

ex 桜がはらはらと散る。 벚꽃이 팔랑팔랑 지다.

はらはらしながらサーカスを見る。 조마조마하면서 서커스를 본다.

⑩ ぴかぴか : 번쩍번쩍(광택이 나는 모양)

ex ぴかぴかした靴をはいている。 번쩍번쩍 윤이 나는 구두를 신고 있다.

실력 간단 체크 √

▶ 해석을 보고 밑줄에 들어갈 적당한 표현을 (A), (B) 중에서 고르세요.

1 学校に＿＿＿＿＿。 학교에 가신다. (A) いらっしゃる (B) 参る

2 田中と＿＿＿＿＿。 다나카라고 한다. (A) おっしゃる (B) 申す

3 朝ごはんを＿＿＿＿＿。 아침을 드시다. (A) いただく (B) めしあがる

4 テレビを＿＿＿＿＿。 TV를 보시다. (A) 拝見する (B) ご覧になる

5 よく＿＿＿＿＿。 잘 알고 계시다. (A) ご存じだ (B) 存じる

6 勉強を＿＿＿＿＿。 공부를 하시다. (A) いたす (B) なさる

7 明日は家に＿＿＿＿＿。 내일은 집에 있겠다. (A) おる (B) いらっしゃる

8 先生に＿＿＿＿＿。 선생님을 만나뵙다. (A) お目にかかる (B) ご覧になる

9 あさって＿＿＿＿＿。 모레 오신다. (A) おいでになる (B) お目にかかる

10 ここに＿＿＿＿＿。 여기에 있습니다. (A) いたします (B) ございます

▶ 다음 밑줄에 들어갈 적당한 의성어나 의태어를 (A), (B) 중에서 고르세요.

11 道が分からなくて＿＿＿＿＿した。 (A) うろうろ (B) うきうき

12 疲れて＿＿＿＿＿と眠った。 (A) ぐっすり (B) すっきり

13 手が＿＿＿＿＿ふるえて字が書けない。 (A) ぶらぶら (B) ぶるぶる

14 教室の中は＿＿＿＿＿していた。 (A) がらがら (B) がやがや

15 ＿＿＿＿＿間に合った。 (A) がんがん (B) ぎりぎり

16 初めて船に乗ったので＿＿＿＿＿する。 (A) むかむか (B) つるつる

17 ＿＿＿＿＿している間に家に着いた。 (A) うとうと (B) にこにこ

18 彼は＿＿＿＿＿育って大学生になった。 (A) さらさら (B) すくすく

19 頭が＿＿＿＿＿するので早く帰りたい。 (A) がらがら (B) がんがん

20 ＿＿＿＿＿しながら遠足の日を待つ。 (A) つるつる (B) わくわく

1 (A)	2 (B)	3 (B)	4 (B)	5 (A)	6 (B)	7 (A)	8 (A)	9 (A)	10 (B)
11 (A)	12 (A)	13 (B)	14 (B)	15 (B)	16 (A)	17 (A)	18 (B)	19 (B)	20 (B)

공략 2 단계 존경·겸양 표현 만들기

1 존경 표현

1) お + 동사의 ます형 + になる
ご + 한자어 + になる ～하시다

ex お父さんは明日、お帰りになりますか。 아버님은 내일 돌아가십니까?
初めてご使用になる時は、説明書をお読みください。 처음 사용하실 때는 설명서를 읽어 주세요.

2) お + 동사의 ます형 + ください
ご + 한자어 + ください ～하세요

ex こちらで少々お待ちください。 여기서 잠시만 기다려 주십시오.
このクラスは田山先生がご担当ください。 이 반은 다야마 선생님이 담당해 주세요.

3) お + 동사의 ます형 + です ～하십니다

ex 先生、何をお読みですか。 선생님, 무엇을 읽으십니까?

2 겸양 표현

1) お + 동사의 ます형 + する・いたす
ご + 한자어 + する・いたす ～하다

ex あのう、先生にお聞きしたいことがあるんですが。 저, 선생님께 여쭙고 싶은 것이 있는데요.
私がご案内いたします。こちらへどうぞ。 제가 안내해 드리겠습니다. 이 쪽으로 오십시오.

2) お + 동사의 ます형 + もらう・いただく
ご + 한자어 + もらう・いただく ～해 받다(～해 주시다)

ex しばらくお待ちいただけませんか。 잠시만 기다려 주실 수 없을까요?
いつも弊社のサービスをご利用いただきありがとうございます。
항상 저희 회사 서비스를 이용해 주셔서 감사합니다.

실전 감각 익히기

PART 5 정답찾기

1 どうぞご遠慮なく、お飲みになってください。

(A) 飲んでください。

(B) 飲むことになりました。

(C) 飲まないでください。

(D) 飲みたくなりました。

1 자, 사양치 마시고, 드세요. ▶ (A)

(A) 마시세요.
(B) 마시게 되었습니다.
(C) 마시지 마세요.
(D) 마시고 싶어졌습니다.

PART 6 오문정정

2 あのこと(A)は、私には(B)よく分かりませんから(C)、高橋さんにお任せに(D)なります。

2 그 일은 저는 잘 모르니까 다카하시 씨에게 맡기겠습니다.
▶ (D) → お任(まか)せします

내가 상대방에게 맡기는 것이므로 任せる(맡기다)의 겸양 표현인 お任せする를 써야 한다.

3 受講をご希望の方(A)は電話か(B) ファックスで(C) お申し込みて(D)ください。

3 수강을 희망하시는 분은 전화나 팩스로 신청해 주세요.
▶ (D) → お申し込み

・受講(じゅこう) : 수강
・お申(もう)し込(こ)み : 신청

PART 7 공란 메우기

4 ぜひ一度お酒の席にでも＿＿＿＿＿たいと思っているんですが。

(A) お招きになり　(B) お招きし

(C) お招きにして　(D) お招き

4 꼭 한 번 술자리에라도 초대하고 싶다고 생각하고 있습니다만. ▶ (B)

자신이 초대하는 것이므로 겸양 표현을 써야 한다. 招(まね)く → お招きする

5 少々＿＿＿＿＿。申し訳ございませんが、赤いワンピースは売り切れでございます。

(A) お待ちになります　(B) お待ちにしてください

(C) お待ちください　(D) 待ちなさい

5 잠시만 기다려 주세요. 죄송합니다만, 빨간색 원피스는 다 팔렸습니다.
▶ (C)

・売(う)り切(き)れ : 다 팔림

공략 3 단계 실전 문제 풀기

PART 5 정답찾기

下の＿＿＿線の言葉の正しい表現、または同じ意味のはたらきをしている言葉を(A)から(D)の中で一つ選びなさい。

1 佐藤先生は今、研究室にいらっしゃいますか。
(A) 部長は毎日、7時に会社へいらっしゃいます。
(B) ここまでは遠かったんですね。よくいらっしゃいました。
(C) お家にお母さんはいらっしゃるんでしょうか。
(D) 来週の土曜日、出張にいらっしゃいます。

2 コーヒーも紅茶もございます。先生は何をお飲みになりますか。
(A) これからだんだん寒くなります。
(B) 今まで本当にお世話になりました。
(C) 私の夢はユーチューバーになることです。
(D) これは吉田先生がお書きになった本です。

PART 6 오문정정

下の＿＿＿＿線の(A), (B), (C), (D)の言葉の中で正しくない言葉を一つ選びなさい。

3 すみません(A)。こちらに(B)お名前とご(C)住所をお書いて(D)ください。

4 先生の申す(A)ことは注意して聞いた(B)方が(C)いいと(D)思います。

5 これ、私が出張に(A)行って撮った(B)写真ですが(C)、拝見して(D)ください。

6 課長のかばん(A)はここにまいります(B) ので(C)、心配しないで(D)ください。

7 はじめまして(A)。私は田中と(B) おっしゃいます(C)。どうぞ(D)よろしく。

8 またお会いになる ことを楽しみにしております。
(A) (B) (C) (D)

9 申し訳ございません。ここは禁煙なので、タバコはご遠慮してください。
(A) (B) (C) (D)

10 向こうにお着きしたら すぐにチェックインしてください。
(A) (B) (C) (D)

11 卒業後の進路について先生のご意見を伺いたいとご存じます。
(A) (B) (C) (D)

12 私も見たかったんですが、先生はあの映画をもう拝見しましたか。
(A) (B) (C) (D)

13 お食事は洋食に いたしますか、和食になさいますか。
(A) (B) (C) (D)

14 先生はいろんな例をあげて私たちが分かるまで説明してあげます。
(A) (B) (C) (D)

15 国へ帰ったら、ご両親によろしくお伝えしてください。
(A) (B) (C) (D)

PART 7 공란 메우기

下の＿＿＿＿＿線に入る適当な言葉を(A)から(D)の中で一つ選びなさい。

16 休日だったので、＿＿＿＿＿のバスに乗って帰りました。

(A) とぼとぼ (B) ぴかぴか (C) がらがら (D) がんがん

17 いらっしゃいませ。どうぞ、お＿＿＿＿＿ください。

(A) あがり (B) きて (C) あがって (D) きまして

18 この日本語の本は私が先生に＿＿＿＿＿ものです。

(A) いたした (B) くださった (C) いただいた (D) くれた

19 **実は田中社長に＿＿＿＿＿伺いたいことがありますが。**

(A) ご存じして (B) おいでになって (C) ご覧になって (D) お目にかかって

20 **彼女は、今日、彼とデートのようで＿＿＿＿＿しているね。**

(A) うきうき (B) ぎりぎり (C) くよくよ (D) つるつる

21 **遠いところをわざわざ＿＿＿＿＿くださいまして、ありがとうございます。**

(A) いらっしゃい (B) おいで (C) まいり (D) おみえして

22 **木村はただいま席を外して＿＿＿＿＿。**

(A) ございます (B) いらっしゃいます (C) まいります (D) おります

23 **どうぞ、ご自由に見学＿＿＿＿＿ください。**

(A) もうして (B) なさって (C) くださって (D) いたして

24 **先生、もう昼ごはんは＿＿＿＿＿ましたか。**

(A) ご覧になり (B) いただき (C) めしあがり (D) お食べ

25 **昨日頭が痛かったので、薬を飲んで早く寝たら、今朝は＿＿＿＿＿起きられた。**

(A) ざあざあ (B) さらさら (C) すっきり (D) すやすや

26 **先生、明日、時間が＿＿＿＿＿お目にかかりたいんですが。**

(A) おりましたら (B) おありでしたら
(C) おありしたら (D) いらっしゃいましたら

27 **橋本先生、最近先生が＿＿＿＿＿ご本のことで、お伺いしたいんですが。**

(A) お書きいたす (B) 書いておる (C) お書きした (D) お書きになった

28 **私の両親はあとで＿＿＿＿＿。**

(A) まいります (B) おります (C) いらっしゃいます (D) なさいます

29 **今年大学を卒業した息子は、仕事が見つからなくて、家で＿＿＿＿＿している。**

(A) わくわく (B) ぶらぶら (C) すやすや (D) ぎりぎり

30 **先生は何をお飲みに＿＿＿＿＿か。**

(A) できます (B) くださいます (C) します (D) なります

12 관용구, 속담

관용구나 속담은 의미만 이해하고 있으면 별 무리는 없는 파트이다. 각각의 관용구나 속담이 갖고 있는 기본적인 의미를 이해한 후 어떤 상황에서 그 표현이 사용되었는지를 눈여겨 봐 둘 필요가 있다. 관용구, 속담에 관한 문제는 많이 출제되는 것은 아니지만, 매번 시험에서 빠지지 않고 출제되는 파트이니 주의를 기울이도록 하자.

관용구나 속담은 아래의 문제와 같이 정답 찾기에서 의미를 묻는 문제가 출제될 수도 있고 공란 메우기에서 빈칸에 알맞은 말 넣기로 출제될 수도 있으니 문제 출제 유형을 염두에 두고 암기해 두는 게 좋다.

문제 유형 맛보기 | PART 5 정답 찾기 | 의미를 묻는 문제

木村さんは口が重い人です。

(A) おとこらしい　　(B) おしゃべり

(C) 口数が少ない　　(D) ふとっている

기무라 씨는 과묵한 사람입니다. ▶ (C)

(A) 남자다운　　(B) 수다쟁이

(C) 말수가 적은　　(D) 뚱뚱한

문제 유형 맛보기 | PART 7 공란메우기 | 알맞은 속담 찾아 넣기

このごろは＿＿＿＿ほど忙しいです。

(A) 手も足も出ない

(B) 猫の手も借りたい

(C) 根も葉もない

(D) 喉から手が出る

요즘은 고양이 손이라도 빌리고 싶을 만큼 매우 바쁩니다. ▶ (B)

(A) 엄두가 안 난다 (손도 발도 나오지 않는다)

(B) 매우 바쁘다 (고양이 손이라도 빌리고 싶다)

(C) 아무런 근거가 없다 (뿌리도 잎도 없다)

(D) 너무 갖고 싶어서 견디기 힘들다 (목에서 손이 나오다)

공략 1단계 필수 표현 익히기

1 관용구

- ☐ あいづちを打(う)つ 맞장구치다
- ☐ 足(あし)が棒(ぼう)になる 오래 걷거나 서 있어서 다리가 뻣뻣해지다
- ☐ 足(あし)を洗(あら)う 손을 씻다, 나쁜 일에서 손을 떼다
- ☐ 汗(あせ)をかく 땀을 흘리다, 식은 땀이 나다
- ☐ 頭(あたま)が低(ひく)い 겸손하다
- ☐ 頭(あたま)がかたい 앞뒤가 꽉 막히다, 고지식하다
- ☐ お腹(なか)をこわす 배탈이 나다
- ☐ 大目(おおめ)に見(み)る 너그러이 봐주다
- ☐ 顔色(かおいろ)が悪(わる)い 안색이 나쁘다
- ☐ 顔(かお)が広(ひろ)い 발이 넓다, 아는 사람이 많다
- ☐ 顔(かお)から火(ひ)が出(で)る (부끄러워서) 얼굴이 화끈거리다
- ☐ 顔(かお)が売(う)れる 잘 알려지다, 유명해지다
- ☐ 顔(かお)が立(た)つ 면목이 서다, 체면이 서다
- ☐ 風邪(かぜ)を引(ひ)く 감기에 걸리다
- ☐ 肩(かた)を持(も)つ 편들다
- ☐ かみなりが落(お)ちる 윗사람에게 큰 소리로 야단맞다
- ☐ 気(き)が早(はや)い 성급하다
- ☐ 気(き)が短(みじか)い 성질이 급하다
- ☐ 口(くち)に合(あ)う 입에 맞다
- ☐ 口(くち)を利(き)く 말을 하다
- ☐ 口(くち)が重(おも)い 과묵하다, 말수가 적다
- ☐ 口(くち)がかたい 입이 무겁다
- ☐ 口(くち)が軽(かる)い 입이 가볍다
- ☐ 口(くち)にのぼる 입에 오르내리다, 화제나 소문의 대상이 되다
- ☐ 首(くび)になる 해고당하다
- ☐ 首(くび)を長(なが)くして待(ま)つ 목이 빠지게 기다리다, 몹시 기다리다
- ☐ 腰(こし)が重(おも)い 엉덩이가 무겁다, 좀처럼 행동에 옮기지 않는다
- ☐ さじを投(な)げる 포기하다, 가망이 없다
- ☐ 寒気(さむけ)がする 한기가 들다
- ☐ 舌(した)をまく 혀를 내두르다, 매우 감탄하다
- ☐ したつづみを打(う)つ 입맛을 다시다, 음미하다
- ☐ 手(て)がかかる 손이 많이 가다, 시간이나 노력이 들다
- ☐ 猫(ねこ)をかぶる 시치미를 떼다, 얌전한 체하다
- ☐ 歯(は)が立(た)たない (상대가 너무 강해서) 당해낼 수 없다
- ☐ 拍車(はくしゃ)をかける 박차를 가하다
- ☐ 鼻(はな)に付(つ)く 싫어지다, 싫증나다
- ☐ 鼻(はな)にかける 내세우다, 뽐내다
- ☐ 腹(はら)を立(た)てる 화를 내다
- ☐ 身(み)につける 몸에 익히다
- ☐ 耳(みみ)に触(さわ)る 귀에 거슬리다
- ☐ 耳(みみ)にたこができる 귀에 못이 박히다
- ☐ 耳(みみ)をうたがう 귀를 의심하다
- ☐ 耳(みみ)をすます 귀를 기울이다, 집중해서 듣다
- ☐ 胸(むね)がいっぱいになる 가슴이 벅차다
- ☐ 目(め)がない 사족을 못 쓰다
- ☐ 目(め)が回(まわ)る 눈코 뜰 새 없다, 매우 바쁘다
- ☐ 目(め)と鼻(はな)の間(あいだ) 엎어지면 코 닿을 데
- ☐ 目(め)を通(とお)す 대충 훑어보다
- ☐ 目(め)をつぶる 눈감아 주다, 못 본 체하다

2 속담

☐ 悪事千里を走る
악행은 천 리를 달린다, 나쁜 행동은 소문도 빨리 난다

☐ 後の祭り 때 늦은 축제, 소 잃고 외양간 고치기

☐ 雨降って地固まる
비 온 뒤에 땅이 굳어진다, 어려운 일을 겪고 나면 더 강해진다

☐ 嵐の前の静けさ
폭풍 전의 고요함, 소란이 일어나기 전의 고요

☐ 石の上にも三年 참고 지내면 좋은 일이 온다

☐ 石橋をたたいて渡る 돌다리도 두드려 보고 건넌다

☐ 急がば回れ 바쁠수록 돌아가라

☐ 一寸の虫にも五分の 魂 지렁이도 밟으면 꿈틀한다

☐ 井の中の蛙大海を知らず 우물 안 개구리

☐ 馬の耳に念仏 쇠귀에 경 읽기

☐ 噂をすれば影がさす 호랑이도 제 말 하면 온다

☐ 絵にかいた餅 그림의 떡(=たかねの花)

☐ 飼い犬に手を噛まれる 믿는 도끼에 발등 찍힌다

☐ 蛙の子は蛙 부전자전

☐ 壁に耳あり、障子に目あり
낮말은 새가 듣고, 밤말은 쥐가 듣는다

☐ かわいい子には旅をさせよ
사랑하는 자식에게 여행을 시켜라, 고생을 알게 하라

☐ さるも木から落ちる 원숭이도 나무에서 떨어진다

☐ 知らぬが仏 모르는 게 약

☐ すずめの涙 새 발의 피

☐ すずめ百までおどり忘れず
참새는 백 살까지 춤을 잊지 않는다, 세 살 버릇 여든까지 간다

☐ 住めば都 정들면 고향

☐ ちりも積もれば山となる 티끌 모아 태산

☐ 手も足も出ない
엄두가 나지 않는다, 어떻게 해 볼 도리가 없다

☐ 灯台下暗し 등잔 밑이 어둡다

☐ 時は金なり 시간은 금이다

☐ どんぐりの背比べ 도토리 키재기

☐ 泣き面に蜂 설상가상

☐ 猫に小判 고양이에게 금화, 돼지 목에 진주

☐ 猫の手も借りたい
고양이 손이라도 빌리고 싶다, 매우 바쁘다

☐ 根も葉もない 아무런 근거가 없다

☐ 喉から手が出る
목에서 손이 나오다, 너무 갖고 싶어서 견디기 힘들다

☐ 喉もと過ぎればあつさを忘れる
목구멍만 넘어가면 뜨거움을 잊는다
화장실 갈 때 마음 다르고 올 때 마음 다르다

☐ 花よりだんご 금강산도 식후경

☐ 人のうわさも７５日
세상 소문도 75일, 소문도 그리 오래 가지 않는다

☐ 火のない所に煙は立たぬ 아니 땐 굴뚝에 연기 날까

☐ 百聞は一見にしかず 백문이 불여일견

☐ 負けるが勝ち 지는 것이 이기는 것

☐ 三つ子の魂百まで 세 살 버릇 여든까지 간다

☐ もちはもち屋
떡은 떡집, 무슨 일이든 전문가에게 맡기는 게 상책이다

☐ 類は友を呼ぶ 유유상종, 끼리끼리 모인다

공략 2 단계 관용구, 속담 익히기

다음 밑줄에 들어갈 적당한 말을 (A), (B) 중 고르세요.

1 類は＿＿＿＿＿を呼ぶ。 (A) とも (B) ひと
유유상종

2 ＿＿＿＿＿の手も借りたい。 (A) ねこ (B) いぬ
매우 바쁘다

3 ＿＿＿＿＿をもつ。 (A) て (B) かた
편들다

4 石の上にも＿＿＿＿＿ (A) 10年 (B) 3年
참고 지내면 좋은 일이 온다

5 人のうわさも＿＿＿＿＿ (A) 35日 (B) 75日
소문도 그리 오래 가지는 않는다

6 ＿＿＿＿＿が広い。 (A) かお (B) あし
발이 넓다, 아는 사람이 많다

7 壁に耳あり、障子に＿＿＿＿＿あり。 (A) くち (B) め
낮말은 새가 듣고, 밤말은 쥐가 듣는다

8 ＿＿＿＿＿が悪い。 (A) かお (B) かおいろ
안색이 나쁘다

9 ちりも積もれば＿＿＿＿＿となる。 (A) やま (B) うみ
티끌 모아 태산

10 三つ子の魂＿＿＿＿＿まで (A) はちじゅう (B) ひゃく
세 살 버릇 여든까지 간다

1 (A)	**2** (A)	**3** (B)	**4** (B)	**5** (B)
6 (A)	**7** (B)	**8** (B)	**9** (A)	**10** (B)

11 お腹(なか)を＿＿＿＿＿。　(A) こわれる　(B) こわす

배탈이 나다

12 のどから＿＿＿＿＿が出(で)る。　(A) ゆび　(B) て

너무 갖고 싶어서 견디기 힘들다

13 根(ね)も＿＿＿＿＿もない。　(A) は　(B) み

아무런 근거가 없다

14 花(はな)より＿＿＿＿＿　(A) もち　(B) だんご

금강산도 식후경

15 ＿＿＿＿＿になる。　(A) くび　(B) あたま

해고당하다

16 ＿＿＿＿＿の耳(みみ)に念仏(ねんぶつ)　(A) うま　(B) うし

쇠귀에 경읽기

17 ＿＿＿＿＿を洗(あら)う。　(A) て　(B) あし

나쁜 일에서 손을 떼다

18 口(くち)が＿＿＿＿＿。　(A) おもい　(B) すくない

말수가 적다

19 すずめの＿＿＿＿＿　(A) なみだ　(B) ち

새 발의 피

20 ＿＿＿＿＿を投(な)げる。　(A) はし　(B) さじ

포기하다, 가망이 없다

11 (B)	**12** (B)	**13** (A)	**14** (B)	**15** (A)
16 (A)	**17** (B)	**18** (A)	**19** (A)	**20** (B)

정답은 해설집 ▶100쪽

공략 3 단계 실전 문제 풀기

PART 5 정답찾기

下の______線の言葉の正しい表現、または同じ意味のはたらきをしている言葉を(A)から(D)の中で一つ選びなさい。

1　二人は一日中、口を利かなかった。

(A) 口げんかをした　(B) 何も食べなかった

(C) 何も飲まなかった　(D) 話さなかった

PART 6 오문정정

下の______線の(A), (B), (C), (D)の言葉の中で正しくない言葉を一つ選びなさい。

2　金部長は気がほそい(A)からあまり(B) 待たせる(C)と、かみなりがおちます(D)よ。

3　口(A)から手(B)がでるほどほしいもの(C)があるが、高くて(D)買えません。

4　先生は本当に足(A)が広い(B)ですね。このまちで(C)先生を知らない(D)人はいないでしょう。

5　日本の食べ物(A)の中で(B)、なっとうだけ(C)ははし(D)に合いません。

PART 7 공란 메우기

下の______線に入る適当な言葉を(A)から(D)の中で一つ選びなさい。

6　彼はいつも会社に遅刻して______になってしまった。

(A) だめ　(B) やめ　(C) くび　(D) あたま

7　あの先生はいつも女子の______を持つので、男子に嫌われている。

(A) 足　(B) 口　(C) 肩　(D) 目

8　山本さんは人がよすぎてだれに対しても頭が______です。

(A) たかい　(B) ひくい　(C) かたい　(D) うるさい

9　______も木から落ちるって、あの人のことじゃないかな。

(A) いぬ　(B) ねこ　(C) ぶた　(D) さる

13 조건 표현と・ば・たら・なら

조건을 나타내는 말에는 と・ば・たら・なら가 있는데, 이 표현들은 나름대로 각각의 특징을 갖지만 의미상 서로 겹치는 부분도 있어서 구별하여 사용하는 것이 쉽지 않다. 따라서 각 표현들의 주된 용법과 의미를 이해한 후, 해당 예문 암기를 통해 그 차이를 구별해 문제를 푸는 것이 좋다.

- **と**의 경우는 '~면, 자연히 ~하게 되다'와 같이, 당연한 결과를 나타낼 때 사용한다. 따라서 と 다음에는 명령문이나 지시문은 올 수 없다. 주로 자연현상이나 진리, 습관, 필연적 결과 등을 나타낸다.

ex

だれでも年(とし)をとると、昔(むかし)のことがなつかしくなるものだ。
누구나 나이를 먹으면, 옛일이 그리워지기 마련이다.

- **ば**는 '~면, ~하다'와 같이 어떤 사실을 전제 조건으로 하여 가정할 때 주로 사용하며 속담이나 관용구에도 많이 쓰인다.

ex

のどもと過(す)ぎればあつさを忘(わす)れる。
목구멍만 넘어가면 뜨거움을 잊는다, 화장실에 들어갈 때 마음 다르고 나올 때 마음 다르다.

- **たら**는 일반적인 진리나 법칙을 서술하기 보다는 특정 개별적인 사항에 대해 서술하는 경우에 많이 쓰인다. 다른 조건 표현에 비해 문말의 제한이 적으므로, 의지나 권유, 부드러운 명령 등의 표현이 올 수 있다.

ex

向(む)こうに着(つ)いたら、電話(でんわ)してください。 그곳에 도착하면, 전화해 주세요.

- **なら**는 상대방의 이야기에 근거하여 '(만일) ~면 (~하다)'란 의미를 나타내며, 화제 제시나 조언, 의지, 권유, 명령 등의 표현이 올 수 있다.

ex

すしなら、あの店(みせ)が安(やす)くておいしい。 초밥이라면, 저 가게가 싸고 맛있다.

공략 1단계 필수 조건 표현 익히기

1 と

1) 접속

と는 동사·い형용사·な형용사의 기본형에 접속하고, 명사는 명사+だ/です의 형태로 접속한다. と는 주로 보통형에 접속하지만, 정중한 말씨에는 ～ですと, ～ますと의 형태로도 많이 사용된다.

동사	行くと、見ると	가면, 보면
い형용사	安いと、忙しいと	싸면, 바쁘면
な형용사	ひまだと、上手だと	한가하다면, 잘한다면
명사 술어	雨だと、時間だと	비라면, 시간이라면

2) 의미

「と」가 가정 조건을 나타내는 경우는 '~면·~하니 (자연히 ~하게 되다)'와 같이, 어떤 조건에서는 그 결과 이외에 다른 결과는 있을 수 없다는 의미를 나타낸다. 따라서 と 다음에는 명령문이나 지시문이 올 수 없으며, 주로 자연 현상이나 진리, 습관, 필연적 결과 등을 나타낸다.

3) 예문

ex 春になると花が咲き、冬になると雪が降る。 봄이 되면 꽃이 피고, 겨울이 되면 눈이 온다.

暑いと、汗をよくかく。 더우면 땀을 자주 흘린다.

駅から近くて静かだと、家賃は高いですよ。 역에서 가깝고 조용하다면, 집세는 비싸요.

今の時間だと電車は混んでいませんね。 지금 시간이라면 전철은 붐비지 않겠네요.

2 ば

1) 접속

ば는 동사와 형용사, 명사 술어의 가정형에 접속한다.

동사	行けば	가면
い형용사	高ければ	비싸면
な형용사	静かであれば	조용하다면
명사 술어	男性であれば	남성이라면

2) 의미

'~면, ~하다'와 같이 어떤 사실을 전제 조건으로 하여 가정할 때 주로 사용한다. と와 같이 논리적 사실을 말할 때나 필연적 결과를 나타낼 때 사용하며, 속담이나 관용구에도 많이 쓰인다.

3) 예문

ex のどもと過(す)ぎればあつさを忘(わす)れる。
목구멍만 넘어가면 뜨거움을 잊는다. 화장실에 들어갈 때 마음 다르고 나올 때 마음 다르다.

私(わたし)は天気(てんき)がよければ、いつも近(ちか)くの公園(こうえん)を散歩(さんぽ)します。
저는 날씨가 좋으면, 늘 근처 공원을 산책합니다.

この教室(きょうしつ)が静(しず)かであれば、ここに決(き)めましょう。 이 교실이 조용하다면, 이곳으로 정합시다.

その人(ひと)が男性(だんせい)であれば問題(もんだい)になりません。 그 사람이 남성이라면 문제가 되지 않습니다.

3 たら

1) 접속

~たら는 본래 ~た에서 파생된 말이므로, 접속 방법은 ~た와 같다. 하지만 의미는 '~(하)면'으로, 과거형으로 해석하지 않으므로 주의해야 한다.

동사	行(い)ったら、したら	가면, 하면
い형용사	安(やす)かったら	싸면
な형용사	必要(ひつよう)だったら	필요하다면
명사 술어	平日(へいじつ)だったら	평일이라면

2) 의미

たら에는 と·ば·なら와 겹치는 용법이 많다. たら는 일반적인 진리나 법칙을 서술하기 보다는 특정 개별적인 사항에 대해 서술할 때 주로 쓰인다. 다른 조건 표현에 비해 문말의 제한이 적으므로, 의지나 권유, 부드러운 명령 등의 표현이 올 수 있다. 일반적으로 회화체에 많이 쓰이며, 과학적인 보고서나 논문과 같은 문장체에는 ば·と가 쓰인다.

3) 예문

ex 向こうに着いたら、電話してください。 그곳에 도착하면, 전화해 주세요.

暑かったら、窓を開けてもいいです。 더우면 창문을 열어도 됩니다.

この化粧品が必要だったら、私が買ってきます。 이 화장품이 필요하다면, 제가 사 오겠습니다.

週末だったら行けるんだけど、平日はちょっと困ります。 주말이라면 갈 수 있지만, 평일은 좀 곤란합니다.

4 なら

1) 접속

なら는 동사·い형용사의 기본형에 접속하며, な형용사와 명사는 어간에 접속한다.

동사	行くなら、するなら	간다면, 한다면
い형용사	安いなら	싸다면
な형용사	必要なら	필요하다면
명사	すしなら	초밥이라면

2) 의미

상대방의 이야기에 근거하여 '(만일) ~면 (~하다)'란 의미를 나타내며, 화제 제시나 조언, 의지, 권유, 명령 등의 표현이 올 수 있다.

3) 예문

ex 留学するなら、東京大学の方がいいですよ。 유학할 거라면, 도쿄 대학 쪽이 좋아요.

そんなに高いなら買わない方がいいんじゃないの？ 그렇게 비싸다면 사지 않는 게 낫지 않아?

いやならいやだと、はっきり言いなさいよ。 싫으면 싫다고 분명히 말해.

すしなら、あの店が安くておいしい。 초밥이라면, 저 가게가 싸고 맛있다.

공략 2 단계 빈출 구문 익히기

1) **～と、～ものだ** ～하면, ～하기 마련이다

ex だれでも年をとると、昔のことがなつかしくなるものだ。 누구나 나이를 먹으면, 옛일이 그리워지기 마련이다.

2) **～ば～ほど** ～하면 ～할수록

ex 日本語は勉強すればするほど難しくなります。 일본어는 공부하면 할수록 어려워집니다.

3) **～さえ～ば** ～만 ～하면

ex お金さえあれば、どこにでも行ける。 돈만 있으면, 어디든지 갈 수 있다.

4) **～も～ば、～も** ～도 ～하거니와 ～도

ex お金もなければ、時間もない。 돈도 없거니와 시간도 없다.

5) **～たら、～てください** ～하면 ～해 주세요

ex 空港に着いたら、電話してください。 공항에 도착하면, 전화해 주세요.

6) **～なら、～の方がいい** ～라면 ～쪽이 좋다(조언)

ex 電気製品を買うなら、ここより秋葉原の方がいいですよ。
전자 제품을 살 거라면, 여기보다 아키하바라 쪽이 좋아요.

실전 감각 익히기

PART 5 정답찾기

1 最近、私はお金もなければ、時間もない。

(A) お金はありますが、時間はありません。

(B) お金も時間もありません。

(C) お金はありませんが、時間はあります。

(D) お金も時間もあります。

1 최근 나는 돈도 없거니와 시간도 없다. ▶ (B)

(A) 돈은 있지만, 시간은 없습니다.

(B) 돈도 시간도 없습니다.

(C) 돈은 없지만, 시간은 있습니다.

(D) 돈도 시간도 있습니다.

PART 6 오문정정

2 仕事さえ ないければ、早く家に帰ることができる。
(A) さえ (B) ないければ (C) に (D) こと

2 일만 없으면, 빨리 집에 갈 수 있다. ▶ (B) → **なければ**

3 運転の練習をすると、もっと静かなところの方がいいでしょう。
(A) の (B) を (C) と (D) ところ

3 운전 연습을 할 거라면 좀 더 조용한 곳이 좋겠지요. ▶ (C) → **なら**

~なら、~の方がいいは '~라면 ~쪽이 좋다'는 의미로, 조건 なら의 용법 중 조언하는 용법이다.

PART 7 공란 메우기

4 日本語は勉強＿＿＿＿するほど難しくなります。

(A) すれば (B) したら

(C) すると (D) するなら

4 일본어는 공부하면 할수록 어려워집니다. ▶ (A)

5 もし道に迷ったら、近くの人に＿＿＿＿ください。

(A) 聞いてみる (B) 聞いてみた

(C) 聞いてみると (D) 聞いてみて

5 혹시 길을 잃으면, 근처 사람에게 물어 보세요. ▶ (D)

13 조건 표현

공략 3 단계 실전 문제 풀기

PART 5 정답찾기

下の＿＿＿線の言葉の正しい表現、または同じ意味のはたらきをしている言葉を(A)から(D)の中で一つ選びなさい。

1 車があれば、行くんだけど。

(A) 車があっても行けない (B) 車がないから行けない

(C) 車は故障している (D) 車がなくてもいい

2 私はお酒さえあればほかには何もいりません。

(A) お酒はあまり好きじゃありません (B) お酒は飲みたくありません

(C) 一緒にお酒を飲みましょう (D) お酒だけ必要です

PART 6 오문정정

下の＿＿＿線の(A), (B), (C), (D)の言葉の中で正しくない言葉を一つ選びなさい。

3 点数が(A)もうちょっと高いたら(B)、あの(C)大学に合格できた(D)のに。

4 電気製品を買ったら(A)、東京の(B)秋葉原が一番(C)いいと(D)思います。

5 旅行に(A) 行きたい(B)ですが、今の(C)私にはお金もなくて(D)時間もない。

6 赤い(A)ボタンを(B)押すなら(C)、コーヒーが出ます(D)。

PART 7 공란 메우기

下の＿＿＿線に入る適当な言葉を(A)から(D)の中で一つ選びなさい。

7 もしあなたが日本に留学＿＿＿大阪より東京の方がいいと思いますよ。

(A) してから (B) して (C) するなら (D) すると

8 家族で食事を＿＿＿あの店が安くておいしいですよ。

(A) するなら (B) したら (C) してから (D) すると

14 '수'와 관련된 표현

일본어에서 조수사는 다른 파트에 비해 그다지 중요하지 않다고 생각할 수도 있겠지만, 조수사를 잘못 사용하게 되면 표현이 우스워지기 때문에 정확히 알아 두는 것이 좋다.

ex

本(ほん)、三人(さんにん) (×) → 本(ほん)、三冊(さんさつ) (◯)
책 세 명 / 책 세 권

えんぴつ、二冊(にさつ) (×) → えんぴつ、二本(にほん) (◯)
연필 두 권 / 연필 두 자루

한국어에도 '책 한 권', '학생 두 명', '종이 세 장'과 같이 수량을 나타내는 말에 붙는 조수사가 자연스럽게 사용되고 있으므로, 일본어 조수사에 대한 공부는 의외로 간단하다고 할 수 있다. 각각의 조수사가 무엇을 셀 때 사용되는 것인지, 그리고 어떻게 발음하는 것인지만 신경 써서 외워 두면 된다. 출제 유형은 다음과 같다.

문제 유형 맛보기 | PART 5 정답 찾기 | 조수사 읽기 문제

本屋で日本語の辞書を三冊買ってきました。

(A) さんまい (B) さんがい
(C) さんぼん (D) さんさつ

서점에서 일본어 사전을 세 권 사 왔습니다. ▶ (D)

(A) 세 장 (B) 3층
(C) 세 자루 (D) 세 권

문제 유형 맛보기 | PART 7 공란메우기 | 적절한 조수사 넣기

教室は＿＿＿＿にあります。

(A) 一階 (B) 一台
(C) 一杯 (D) 一枚

교실은 ＿＿＿＿에 있습니다. ▶ (A)

(A) 1층 (B) 한 대
(C) 한 잔 (D) 한 장

1 날짜 표현(월, 일, 시간)

1) 月(がつ) ~월

一月 1월	二月 2월	三月 3월	四月 4월	五月 5월
いちがつ	にがつ	さんがつ	しがつ	ごがつ
六月 6월	七月 7월	八月 8월	九月 9월	十月 10월
ろくがつ	しちがつ	はちがつ	くがつ	じゅうがつ
十一月 11월	十二月 12월	何月 몇 월		
じゅういちがつ	じゅうにがつ	なんがつ		

2) 日(にち) ~일

一日 1일	二日 2일	三日 3일	四日 4일	五日 5일
ついたち	ふつか	みっか	よっか	いつか
六日 6일	七日 7일	八日 8일	九日 9일	十日 10일
むいか	なのか	ようか	ここのか	とおか
十一日 11일	十二日 12일	十三日 13일	十四日 14일	十五日 15일
じゅういちにち	じゅうににち	じゅうさんにち	じゅうよっか	じゅうごにち
十六日 16일	十七日 17일	十八日 18일	十九日 19일	二十日 20일
じゅうろくにち	じゅうしちにち	じゅうはちにち	じゅうくにち	はつか
二十一日 21일	二十二日 22일	二十三日 23일	二十四日 24일	二十五日 25일
にじゅういちにち	にじゅうににち	にじゅうさんにち	にじゅうよっか	にじゅうごにち
二十六日 26일	二十七日 27일	二十八日 28일	二十九日 29일	三十日 30일
にじゅうろくにち	にじゅうしちにち	にじゅうはちにち	にじゅうくにち	さんじゅうにち
三十一日 31일		何日 며칠		
さんじゅういちにち		なんにち		

3) 時(じ) ~시

一時 1시	二時 2시	三時 3시	四時 4시	五時 5시
いちじ	にじ	さんじ	よじ	ごじ
六時 6시	七時 7시	八時 8시	九時 9시	十時 10시
ろくじ	しちじ	はちじ	くじ	じゅうじ
十一時 11시	十二時 12시	何時 몇 시		
じゅういちじ	じゅうにじ	なんじ		

4) 分(ふん・ぷん) ~분

一分 1분	二分 2분	三分 3분	四分 4분	五分 5분
いっぷん	にふん	さんぷん	よんぷん	ごふん
六分 6분	七分 7분	八分 8분	九分 9분	十分 10분
ろっぷん	ななふん	はちふん	きゅうふん	じゅっぷん
十五分 15분	二十分 20분	二十五分 25분	三十分 30분	三十五分 35분
じゅうごふん	にじゅっぷん	にじゅうごふん	さんじゅっぷん	さんじゅうごふん
四十分 40분	四十五分 45분	五十分 50분	五十五分 55분	何分 몇 분
よんじゅっぷん	よんじゅうごふん	ごじゅっぷん	ごじゅうごふん	なんぷん

2 때를 나타내는 표현

1) ~曜日(ようび) ~요일

ようび 曜日 요일	げつようび 月曜日 월요일	かようび 火曜日 화요일	すいようび 水曜日 수요일	もくようび 木曜日 목요일	きんようび 金曜日 금요일	どようび 土曜日 토요일	にちようび 日曜日 일요일

2) 기타

ひ 日 일, 날	おととい 一昨日 그제	きのう 昨日 어제	きょう 今日 오늘	あした 明日 내일	あさって 明後日 모레	まいにち 毎日 매일
あさ 朝 아침	あさ おとといの朝 그제 아침	きのう あさ 昨日の朝 어제 아침	け さ 今朝 오늘 아침	あした あさ 明日の朝 내일 아침	あさ あさっての朝 모레 아침	まいあさ 毎朝 매일 아침
ばん 晩 저녁	ばん おとといの晩 그제 저녁	きのう ばん 昨日の晩 어제 저녁	こんばん 今晩 오늘 저녁	あした ばん 明日の晩 내일 저녁	ばん あさっての晩 모레 저녁	まいばん 毎晩 매일 저녁
しゅう 週 주	せんせんしゅう 先々週 지지난주	せんしゅう 先週 지난주	こんしゅう 今週 이번 주	らいしゅう 来週 다음 주	さらいしゅう 再来週 다다음 주	まいしゅう 毎週 매주
とし 年 년, 해	おととし 一昨年 재작년	きょねん さくねん 去年・昨年 작년	ことし 今年 올해	らいねん 来年 내년	さらいねん 再来年 내후년	まいとし まいねん 毎年・毎年 매년

3 조수사

1) ~つ 물건의 수를 세는 단위 (~개)

一つ 1개	二つ 2개	三つ 3개	四つ 4개	五つ 5개	
ひとつ	ふたつ	みっつ	よっつ	いつつ	
六つ 6개	七つ 7개	八つ 8개	九つ 9개	十 10개	いくつ 몇 개
むっつ	ななつ	やっつ	ここのつ	とお	いくつ

2) 人(にん) 사람을 세는 단위 (~명)

一人 1명	二人 2명	三人 3명	四人 4명	五人 5명	
ひとり	ふたり	さんにん	よにん	ごにん	
六人 6명	七人 7명	八人 8명	九人 9명	十人 10명	何人 몇 명
ろくにん	ななにん	はちにん	きゅうにん	じゅうにん	なんにん

3) 枚(まい) 종이나 수건, 셔츠, 나무판자 등 얇은 것을 세는 단위 (~장)

一枚 1장	二枚 2장	三枚 3장	四枚 4장	五枚 5장	
いちまい	にまい	さんまい	よんまい	ごまい	
六枚 6장	七枚 7장	八枚 8장	九枚 9장	十枚 10장	何枚 몇 장
ろくまい	ななまい	はちまい	きゅうまい	じゅうまい	なんまい

4) 本(ほん, ぼん, ぽん) 연필, 병, 우산 등 가늘고 긴 것을 세는 단위 (~자루, ~병)

一本 1병	二本 2병	三本 3병	四本 4병	五本 5병	
いっぽん	にほん	さんぼん	よんほん	ごほん	
六本 6병	七本 7병	八本 8병	九本 9병	十本 10병	何本 몇 병
ろっぽん	ななほん	はちほん	きゅうほん	じゅっぽん	なんぼん

5) 冊(さつ) 책이나 노트 등을 세는 단위 (~권)

一冊 1권	二冊 2권	三冊 3권	四冊 4권	五冊 5권	
いっさつ	にさつ	さんさつ	よんさつ	ごさつ	
六冊 6권	七冊 7권	八冊 8권	九冊 9권	十冊 10권	何冊 몇 권
ろくさつ	ななさつ	はっさつ	きゅうさつ	じゅっさつ	なんさつ

6) 階(かい, がい) 건물 층수를 세는 단위 (~층)

一階 1층	二階 2층	三階 3층	四階 4층	五階 5층	
いっかい	にかい	さんがい	よんかい	ごかい	
六階 6층	七階 7층	八階 8층	九階 9층	十階 10층	何階 몇 층
ろっかい	ななかい	はちかい	きゅうかい	じゅっかい	なんがい

7) 台(だい) 자동차, 텔레비전, 기계 등을 세는 단위 (~대)

一台 1대	二台 2대	三台 3대	四台 4대	五台 5대	
いちだい	にだい	さんだい	よんだい	ごだい	
六台 6대	七台 7대	八台 8대	九台 9대	十台 10대	何台 몇 대
ろくだい	ななだい	はちだい	きゅうだい	じゅうだい	なんだい

8) 杯(はい, ばい, ぱい) 물, 차, 밥 등을 세는 단위 (~잔, ~공기)

一杯 1잔	二杯 2잔	三杯 3잔	四杯 4잔	五杯 5잔	
いっぱい	にはい	さんばい	よんはい	ごはい	
六杯 6잔	七杯 7잔	八杯 8잔	九杯 9잔	十杯 10잔	何杯 몇 잔
ろっぱい	ななはい	はっぱい	きゅうはい	じゅっぱい	なんばい

9) 匹(ひき, びき, ぴき) 곤충, 물고기, 작은 동물 등을 세는 단위 (~마리)

一匹 1마리	二匹 2마리	三匹 3마리	四匹 4마리	五匹 5마리	
いっぴき	にひき	さんびき	よんひき	ごひき	
六匹 6마리	七匹 7마리	八匹 8마리	九匹 9마리	十匹 10마리	何匹 몇 마리
ろっぴき	ななひき	はっぴき	きゅうひき	じゅっぴき	なんびき

10) 그 외 조수사

軒(けん) 건물, 집 등을 셀 때 (~채)
足(そく) 구두, 양말 등을 셀 때 (~켤레)
着(ちゃく) 양복 등을 셀 때 (~벌)
頭(とう) 코끼리 등 덩치가 큰 동물을 셀 때 (~마리)
輪(りん) 꽃송이를 셀 때 (~송이)
列(れつ) 늘어서 있는 줄을 셀 때 (~줄, ~열)
羽(わ) 새 등을 셀 때 (~마리)

4 가격

100円	200円	300円	400円	500円	600円
ひゃくえん	にひゃくえん	さんびゃくえん	よんひゃくえん	ごひゃくえん	ろっぴゃくえん
700円	800円	900円	1000円	2000円	3000円
ななひゃくえん	はっぴゃくえん	きゅうひゃくえん	せんえん	にせんえん	さんぜんえん
4000円	5000円	6000円	7000円	8000円	9000円
よんせんえん	ごせんえん	ろくせんえん	ななせんえん	はっせんえん	きゅうせんえん
一万円 1만 엔	十万円 10만 엔	百万円 100만 엔	一千万円 1000만 엔	一億円 1억 엔	
いちまんえん	じゅうまんえん	ひゃくまんえん	いっせんまんえん	いちおくえん	

공략 2 단계 빈출 표현 익히기

다음 밑줄 친 한자를 바르게 읽은 것을 고르세요.

1 今日(きょう)は12月(じゅうにがつ)4日です。 (A) しにち (B) よっか
오늘은 12월 4일입니다.

2 母(はは)の誕生日(たんじょうび)は9月1日(ついたち)でした。 (A) くがつ (B) きゅうげつ
어머니의 생신은 9월 1일이었습니다.

3 教室(きょうしつ)の中(なか)には一人います。 (A) ひとり (B) ひとにん
교실 안에는 한 명 있습니다.

4 机(つくえ)の上(うえ)に本(ほん)が一冊ある。 (A) いちさつ (B) いっさつ
책상 위에 책이 1권 있다.

5 いすの下(した)に猫(ねこ)が二匹いる。 (A) にひき (B) にびき
의자 아래에 고양이가 2마리 있다.

6 教室(きょうしつ)は三階にある。 (A) さんかい (B) さんがい
교실은 3층에 있다.

7 昨日(きのう)は土曜日でした。 (A) どようび (B) とようび
어제는 토요일이었습니다.

8 今年、大学(だいがく)に入学(にゅうがく)しました。 (A) ことし (B) おととし
올해, 대학에 입학했습니다.

9 これは一万円です。 (A) いちおく (B) いちまん
이것은 1만 엔입니다.

10 学校(がっこう)まで10分ぐらいかかります。 (A) じゅうぶん (B) じゅっぷん
학교까지 10분 정도 걸립니다.

1 (B)	**2** (A)	**3** (A)	**4** (B)	**5** (A)
6 (B)	**7** (A)	**8** (A)	**9** (B)	**10** (B)

다음 밑줄에 들어갈 적당한 말을 (A), (B) 중 고르세요.

1 夕べ、________から12時まで勉強しました。 (A) くじ (B) くじかん
어제 저녁, 9시부터 12시까지 공부했습니다.

2 ________から会議を始めます。 (A) おととい (B) あした
내일부터 회의를 시작합니다.

3 木村さんは________ですか。 (A) なんさい (B) いくら
기무라 씨는 몇 살입니까?

4 昨日は________でしたか。 (A) なんじ (B) なんようび
어제는 무슨 요일이었습니까?

5 授業は________に終わります。 (A) じゅうごぶん (B) じゅうごふん
수업은 15분에 끝납니다.

6 高橋さんは駅前で________待っていました。 (A) いちじ (B) にじかん
다카하시 씨는 역앞에서 2시간 기다렸습니다.

7 今月は________です。 (A) しがつ (B) よんがつ
이번 달은 4월입니다.

8 店の前に車が________あります。 (A) ろくばい (B) ろくだい
가게 앞에 차가 6대 있습니다.

9 この書類を________コピーしてください。 (A) にまい (B) にはい
이 서류를 2장 복사해 주세요.

10 このコートは________円です。 (A) はちせん (B) はっせん
이 코트는 8000엔입니다.

1 (A)	**2** (B)	**3** (A)	**4** (B)	**5** (B)
6 (B)	**7** (A)	**8** (B)	**9** (A)	**10** (B)

정답은 해설집 ▶101쪽

공략 3 단계 실전 문제 풀기

PART 5 정답찾기

下の＿＿＿線の言葉の正しい表現、または同じ意味のはたらきをしている言葉を(A)から(D)の中で一つ選びなさい。

1 今日は２４日ですから、結婚式まではあと３日ですね。

(A) 結婚式は２４日です
(B) 結婚式は２１日です
(C) 結婚式は２７日です
(D) 結婚式は今日です

PART 6 오문정정

下の＿＿＿線の(A), (B), (C), (D)の言葉の中で正しくない言葉を一つ選びなさい。

2 かさを２枚(A) 持って(B)来ましたから(C) 必要な(D)人は言ってください。

3 今日(A)本屋で(B)英語の本と(C)日本語の本を２台(D)ずつ買いました。

4 ふでばこの(A)中に(B)ボールペンとえんぴつが３杯(C) 入って(D)います。

PART 7 공란 메우기

下の＿＿＿線に入る適当な言葉を(A)から(D)の中で一つ選びなさい。

5 去年の海の日は＿＿＿でした。

(A) ななげつじゅうきゅうにち
(B) ななげつじゅうくにち
(C) しちがつじゅうきゅうにち
(D) しちがつじゅうくにち

6 私は猫を＿＿＿飼っています。

(A) いちひき (B) いっぴき (C) ひとひき (D) いちぴき

7 すみませんが、ビールを＿＿＿ください。

(A) さんまい (B) さんさつ (C) さんぼん (D) さんさい

8 この店、お客さんが＿＿＿もいませんね。

(A) ひとにん (B) ひとり (C) いちひと (D) いちじん

PART 5~7 실전모의테스트(70문항)

정답은 해설집 ▶103쪽

V **下の＿＿＿線の言葉の正しい表現、または同じ意味のはたらきをしている言葉を(A)から(D)の中で一つ選びなさい。**

101 祖母は目が悪くて、あついレンズの眼鏡をかけています。

(A) 暑い　(B) 熱い
(C) 厚い　(D) 浅い

102 私は写真をとるのが好きです。

(A) 取る　(B) 撮る
(C) 執る　(D) 捕る

103 田中さんは今、ピアノをひきながら歌を歌っています。

(A) 引き　(B) 弾き
(C) 牽き　(D) 退き

104 この野菜はしんせんではなかったので、買いませんでした。

(A) 親善　(B) 親切
(C) 親鮮　(D) 新鮮

105 高橋さんはようじがあって出席しないそうです。

(A) 余事　(B) 用事
(C) 幼児　(D) 仕事

106 この道路はせまくて運転しにくいです。

(A) 細くて　(B) 小くて
(C) 狭くて　(D) 広くて

107 彼の部屋はいつも汚いです。

(A) きれい　(B) すくない
(C) きたない　(D) あぶない

108 今、勉強中ですので、静かにしてください。

(A) にぎやかに　(B) おだやかに
(C) しずかに　(D) ゆたかに

109 明日は休日だから、あさってまでに返してください。

(A) かして　(B) へんして
(C) かえして　(D) ふりかえして

110 私は外国語の中で日本語に興味があります。

(A) きょうみ　(B) こうみ
(C) きょみ　(D) ぎょうみ

111 明日はあさ早いので、今、帰らないといけません。

(A) 早く出る　(B) おそく出る
(C) 忙しくない　(D) たいへんだ

112 学校の食堂はなかなかおいしいです。

(A) おいしくない　(B) あまくない
(C) まずい　(D) うまい

113 先生の家をいつ訪ねるつもりですか。

(A) 帰る　(B) 聞いてみる
(C) 訪問する　(D) 出勤する

114 あなたは日本語ができますか。

(A) 私は車の運転ができます。
(B) この机は木でできています。
(C) 駅の近くに新しいお店ができました。
(D) 大型スーパーができてから、商店街は元気がなくなりました。

115 運動場に学生がおおぜいいます。

(A) 雪は降りますが、あまり寒くありません。
(B) 私は日本語と英語ができます。
(C) あなたは日本語が上手ですね。
(D) 先輩が教えてくれました。

116 今日は暖かくて春らしい天気です。

(A) こんなミスをするなんて鈴木さんらしくないですね。
(B) あのアルバイトは思ったより大変らしいです。
(C) 彼は留学のために会社を辞めるらしいです。
(D) 天気予報によると来週から梅雨らしいです。

117 品川で中央線に乗り換えます。

(A) 品川で降りてバスに乗ります
(B) 品川をすぎてから降ります
(C) 品川の次の駅で降ります
(D) 品川で別の電車に乗らなければなりません

118 電車の中で財布をなくしました。

(A) 電車の中で財布を落としました
(B) 電車の中で財布を買いました
(C) 電車の中で財布を売りました
(D) 電車の中で財布を壊しました

119 彼女は甘い物に目がないです。

(A) 彼女は見る目がないです
(B) 彼女はケーキが大好きです
(C) 彼女はケーキを食べません
(D) 彼女はケーキがきらいです

120 私は松村さんを２時間も待たせた。

(A) 私は松村さんを２時間は十分に待てる
(B) 松村さんは私を２時間ぐらい待つことにした
(C) 私は松村さんを２時間以上待った
(D) 松村さんは私を２時間待った

Ⅵ 下の＿＿＿＿線の(A), (B), (C), (D)の言葉の中で正しくない言葉を一つ選びなさい。

121 あの花屋では うつくしいの花をたくさん売っていました。
(A) (B) (C) (D)

122 このジムでは音楽を聞きたり、テレビを見たりしながら楽しく運動することができます。
(A) (B) (C) (D)

123 木村さんは果物の中で、どんな果物を いちばん好きですか。
(A) (B) (C) (D)

124 日本で自転車というのは買い物、通学、通勤に欠かせない便利に乗り物です。
(A) (B) (C) (D)

125 あの二人は顔がよく似ていますから、たぶん兄弟と思います。
(A) (B) (C) (D)

126 昨日はとても疲れていたので、電気をつけるまま寝てしまいました。
(A) (B) (C) (D)

127 これから買い物を行こうと思いますが、何かほしいものはありませんか。
(A) (B) (C) (D)

128 このごろはとても忙しいで友だちに会う時間もありません。
(A) (B) (C) (D)

129 ゆうべ、赤ちゃんが泣かれて一時間しか寝られなかったので、今日はとても大変だった。
(A) (B) (C) (D)

130 お酒の 好きな人にお酒をやめれるのは難しいことです。
(A) (B) (C) (D)

131 親が自分の子どもをかわいいに 思うのはあたりまえだ。
(A) (B) (C) (D)

132 駐車場の出口をしめす矢印が壁に書いています。
(A) (B) (C) (D)

133 そこで ある 新しくて大きいかばんは中村さんのです。
(A) (B) (C) (D)

134 来週、漢字のテストがありますので、学生に漢字を覚えられるつもりです。
(A) (B) (C) (D)

135 あの人はいつも何を考えているのか私にはよく知りません。
(A) (B) (C) (D)

136 あの人は性格がいいとみんなが言われている。
(A) (B) (C) (D)

137 田中さんはねむくのをこらえて先輩の話を聞いていました。
(A) (B) (C) (D)

138 家に帰ると、まず宿題をしってからご飯を食べたりテレビを見たりします。
(A) (B) (C) (D)

139 その箱の中にあるものを全部外に出てください。
(A) (B) (C) (D)

140 今朝７時50分ごろ大阪を中心で関西地方で強い地震がありました。
(A) (B) (C) (D)

Ⅶ 下の＿＿＿線に入る適当な言葉を(A)から(D)の中で一つ選びなさい。

141 今度の試験に受かって＿＿＿＿＿です。
(A) 嬉しかった (B) 楽しかった
(C) 苦しかった (D) 悲しかった

142 この部屋は＿＿＿＿＿広いですが、周囲はうるさいです。
(A) きたないで (B) きれいで
(C) きれくて (D) きたなくて

143 赤ちゃんは母親がいないのを知って、突然＿＿＿＿＿だしました。
(A) 泣き (B) 泣く
(C) 泣け (D) 泣こう

144 朝８時出発ですから、出発の前＿＿＿＿＿集まってください。
(A) など (B) では
(C) からに (D) までに

145 子どもたちは公園で＿＿＿＿＿そうに笑いながら遊んでいる。
(A) さびし (B) たのし
(C) かなし (D) きびし

146 あなたは海で泳ぐこと＿＿＿＿＿できますか。
(A) の (B) や
(C) か (D) が

147 山田さんは会社をやめてからずっと＿＿＿＿＿生活をしています。
(A) 苦しいの (B) 苦しいな
(C) 苦しい (D) 苦しさ

148 学校へ行く途中、忘れ物に気がついて家へ＿＿＿＿＿。
(A) 行った (B) 戻った
(C) 寄った (D) 返した

149 金さんは日本語もできる＿＿＿＿＿英語もできる。
(A) し (B) に
(C) から (D) の

150 人は年をとると、だんだん頭が＿＿＿＿＿なるらしいです。
(A) きつく (B) おもく
(C) かたく (D) せまく

151 ゆうべ、お酒を飲みすぎて胸が＿＿＿＿する。

(A) うきうき　(B) わくわく

(C) むかむか　(D) どきどき

152 友だちの話によると、あの映画は＿＿＿＿そうです。

(A) おもしろ　(B) おもしろく

(C) おもしろい　(D) おもしろければ

153 ホテルには今、＿＿＿＿ばかりです。

(A) 着き　(B) 着いたり

(C) 着く　(D) 着いた

154 山の中で道に迷って、＿＿＿＿山道を３時間以上歩いたことがある。

(A) けわしく　(B) けわしくの

(C) けわしい　(D) けわしいな

155 漢字を覚える＿＿＿＿何かいい方法はありませんか。

(A) のに　(B) ので

(C) のは　(D) のが

156 今日は大事な会議があるから、休む＿＿＿＿にはいかない。

(A) もの　(B) こと

(C) ため　(D) わけ

157 良子が朝早く＿＿＿＿まま、まだ戻ってこないので心配です。

(A) 出かける　(B) 出かけた

(C) 出かけて　(D) 出かけ

158 日本では部屋に＿＿＿＿前に、靴を脱ぎます。

(A) 入った　(B) 入れる

(C) 入る　(D) 入れた

159 風邪であまり食べたくなかったんですが、薬を飲む＿＿＿＿食べました。

(A) ところに　(B) ものに

(C) ことに　(D) ために

160 この本は難しくて、＿＿＿＿にくいです。

(A) わかって　(B) わから

(C) わかろう　(D) わかり

161 ＿＿＿＿＿待っていてもだれも来なかったので、家にかえりました。

(A) いくら　(B) それで
(C) なかなか　(D) もうすぐ

162 申し訳ございません。あいにく田中は今、席＿＿＿＿＿外しております。

(A) か　(B) を
(C) に　(D) が

163 このアニメを＿＿＿＿＿ことがありますか。

(A) 見えた　(B) 拝見した
(C) ご覧になった　(D) おめにかかった

164 お母さんが赤ちゃんにミルクを＿＿＿＿＿ています。

(A) 飲まれ　(B) 飲み
(C) 飲ませ　(D) 飲ん

165 これは無料ですからご自由に＿＿＿＿＿ください。

(A) 取り　(B) お取って
(C) お取り　(D) 取りになって

166 今日は涼しい＿＿＿＿＿いうより寒いぐらいですね。

(A) は　(B) と
(C) も　(D) が

167 先輩の話によると、あのアルバイトは思ったより＿＿＿＿＿らしいです。

(A) 大変　(B) 大変な
(C) 大変で　(D) 大変だ

168 夏休みに旅行に＿＿＿＿＿、沖縄がいいですよ。

(A) 行くなら　(B) 行ったら
(C) 行くと　(D) 行ってから

169 先生のところにはコンピューターが＿＿＿＿＿もありました。

(A) さんまい　(B) さんさつ
(C) さんだい　(D) さんぼん

170 あとのことはあとで心配＿＿＿＿＿いいです。

(A) したり　(B) しようと
(C) しても　(D) しては

PART 8

독해

PART 8은 표면적인 이해력보다는 일상 생활 속에서 문자를 가지고 정보를 얼마나 빨리 그리고 정확하게 파악할 수 있는가를 평가하는 파트입니다. 또한 지문을 읽고 결론을 추론해 낼 수 있는지, 즉 지문의 목적이 무엇인지를 파악할 수 있는 사고력·판단력·분석력을 갖추고 있는지 평가하는 파트랍니다.

지문을 다 읽고 문제를 풀어야 하는 파트이기 때문에 시간이 모자랄 수 있어요. 평소에 시간을 잘 분배해서 푸는 연습을 해 봅시다.

1 PART 8 독해

유형 공략

1 PART 8 독해에서는 지문을 읽고 그 내용을 토대로 질문에 알맞은 답을 고르는 문제가 나옵니다.

2 독해 문제에서 가장 중요한 것은 시간 관리입니다. 수시로 시간을 체크하며 문제를 풀어보고, 모르는 단어가 나오더라도 깊이 생각하지 말고 전체 문맥을 통해 적절한 의미를 유추해 보는 연습을 해 보세요.

3 평소에 생활문, 광고문, 편지글이나 수필 등 다양한 글을 읽어보며 익숙해지도록 해요. 신문 기사나 뉴스의 경우는 쉬운 내용 위주로 접해보는 것이 좋아요.

예제 **下の文を読んで、後の問いにもっとも適した答えを(A)から(D)の中で一つ選びなさい。**

冬休みに、父、母、弟と一緒に一週間の予定で旅行に行きました。北海道の雪祭りが有名なので、今回はそこに決めました。空港から市内まで電車に乗って行きました。ホテルは市内のにぎやかなところにあり、きれいで料金もあまり高くなかったです。

夜、母は風邪を引いてしまったのでホテルで休み、三人で雪祭りを見物しました。人物や動物や建物などの形の氷の彫刻がたくさん並んでいました。とても＿＿①＿＿です。

+해석 겨울 방학 때, 아버지, 어머니, 남동생과 함께 1주일 예정으로 여행을 갔습니다. 홋카이도의 눈 축제가 유명하기 때문에 이번에는 그곳으로 정했습니다. 공항에서 시내까지 전철을 타고 갔습니다. 호텔은 시내의 번화한 곳에 있었고, 깨끗하고 요금도 그다지 비싸지 않았습니다.
밤에 어머니는 감기에 걸렸기 때문에 호텔에서 쉬고, 셋이서 눈 축제를 구경했습니다. 인물이나 동물, 건물 등의 형상을 한 얼음 조각이 많이 늘어서 있었습니다. 매우 ① 멋있었습니다.

+단어 **冬休み** 겨울 방학, 겨울 휴가 **一週間** 1주일간 **予定** 예정 **旅行** 여행 **雪まつり** 눈 축제 **有名だ** 유명하다 **決める** 정하다 **空港** 공항 **市内** 시내 **電車** 전철 **にぎやかだ** 번화하다 **きれいだ** 깨끗하다, 예쁘다 **料金** 요금 **あまり** 그다지 **高い** 높다, 비싸다 **見物する** 구경하다 **彫刻** 조각

어휘 찾기

1 ___①___ に入る適当な言葉を選びなさい。

(A) さびしかった

(B) おいしかった

(C) かなしかった

(D) すばらしかった

1 _①_에 들어갈 적당한 말을 고르세요.

(A) 쓸쓸했다

(B) 맛있었다

(C) 슬펐다

(D) 멋있었다

숫자 계산

2 何人で旅行しましたか。

(A) ふたりで

(B) さんにんで

(C) よにんで

(D) ごにんで

2 몇 명이서 여행했습니까?

(A) 둘이서

(B) 셋이서

(C) 넷이서

(D) 다섯이서

+해설 父、母、弟と一緒に 라고 했으므로 화자까지 합하면 모두 4명이다.

내용 이해

3 どうして北海道に行きましたか。

(A) 母が行きたがっていたので

(B) ホテルがきれいなので

(C) 雪祭りが見たくて

(D) 北海道に行ったことがなくて

3 왜 홋카이도에 갔습니까?

(A) 어머니가 가고 싶어 해서

(B) 호텔이 깨끗해서

(C) 눈 축제를 보고 싶어서

(D) 홋카이도에 간 적이 없어서

+해설 雪まつりが有名なので、今回はそこに決めました。에서 그 이유를 알 수 있다.

내용 이해

4 ホテルはどうでしたか。

(A) ホテルはきたなかったです。

(B) ホテルはきたなくありませんでした。

(C) 宿泊料は高かったです。

(D) 宿泊料はあまり安くなかったです。

4 호텔은 어땠습니까?

(A) 호텔은 더러웠습니다.

(B) 호텔은 더럽지 않았습니다.

(C) 숙박료는 비쌌습니다.

(D) 숙박료는 그다지 싸지 않았습니다.

+해설 きれいで料金があまり高くなかったです。로 보아 깨끗하고 저렴한 호텔이었음을 알 수 있다.

1 일기, 생활문

일기, 생활문 문제는?

1 주로 자신의 일상을 소개하는 글이나 일상과 밀접한 관계가 있는 의식주 문제와 사회 생활(직장이나 학교생활, 대인관계 등) 전반에 걸친 문제가 나옵니다.

2 특히 생활문의 경우 출제 범위가 매우 넓으니 평소에 다양한 내용을 접해 보세요.

3 〈JPT 450〉 레벨에서는 지문에 나타나 있는 단편적인 정보나 내용에 대해 묻는 문제가 대부분이니 크게 걱정할 필요는 없어요.

일기, 생활문 문제를 잘 풀려면?

1 머릿속에 항상 '의문'을 떠올려 보세요. '누가', '누구와', '왜 그 일을', '어떻게 했는지', 혹은 '어떻게 하겠다는 건지', '무엇에 대해 이야기하고자 하는 건지' 등을 파악하는 것이 중요합니다.

2 앞 뒤 문장을 파악하여 부사나 접속사, 적당한 어휘를 선택하고, 밑줄친 부분이 의미하는 것이 무엇인지 등도 신경 쓰면서 문제를 풀어 보세요.

공략 1단계 필수 표현 익히기

- ☐ 学校(がっこう) 학교
- ☐ 教室(きょうしつ) 교실
- ☐ 授業(じゅぎょう) 수업
- ☐ 学校給食(がっこうきゅうしょく) 학교 급식
- ☐ 成績(せいせき) 성적
- ☐ 運動(うんどう) 운동
- ☐ 趣味(しゅみ) 취미
- ☐ 性格(せいかく) 성격
- ☐ 夢(ゆめ) 꿈
- ☐ 夢(ゆめ)を見(み)る 꿈을 꾸다
- ☐ 友(とも)だち 친구
- ☐ 友(とも)だちに会(あ)う 친구와 만나다
- ☐ 映画(えいが)を見(み)る 영화를 보다
- ☐ 留学(りゅうがく)する 유학하다
- ☐ ～に通(かよ)う ~에 다니다
- ☐ 会社(かいしゃ) 회사
- ☐ 仕事(しごと)をする 일을 하다
- ☐ 忙(いそが)しい 바쁘다
- ☐ 年末年始(ねんまつねんし) 연말연시
- ☐ 送別会(そうべつかい) 송별회
- ☐ ～に勤(つと)める ~에 근무하다
- ☐ 出張(しゅっちょう)に行(い)く 출장을 가다
- ☐ 天気(てんき) 날씨
- ☐ 人生(じんせい) 인생
- ☐ 目的(もくてき) 목적
- ☐ 幸(しあわ)せ 행복
- ☐ 感謝(かんしゃ) 감사
- ☐ 夫婦(ふうふ) 부부
- ☐ 花見(はなみ) 꽃구경
- ☐ お正月(しょうがつ) 설, 정월
- ☐ 連休(れんきゅう) 연휴
- ☐ 写真(しゃしん)を撮(と)る 사진을 찍다
- ☐ アルバイトする 아르바이트하다
- ☐ けんかをする 싸우다
- ☐ 山(やま)を登(のぼ)る 등산하다
- ☐ 料理(りょうり)を作(つく)る 요리를 만들다
- ☐ 食事(しょくじ)をする 식사를 하다
- ☐ 引(ひ)っ越(こ)しをする 이사하다
- ☐ 病院(びょういん)に行(い)く 병원에 가다
- ☐ 買(か)い物(もの)に行(い)く 쇼핑을 하다
- ☐ 旅行(りょこう)に行(い)く 여행을 가다
- ☐ ～に乗(の)る ~을 타다
- ☐ ～について～します ~에 대해서 ~ 하겠습니다

공략 2단계 실전 감각 익히기

下の文を読んで、後の問いにもっとも適した答えを(A)から(D)の中で一つ選びなさい。

私は田村ゆりこです。では、私の友だちのけいこさんについてお話しします。
けいこさんは私と一緒に住んでいて、勉強も一緒にします。クラスも同じですし、食堂にも一緒に行きます。
けいこさんは明るいし、親切なので、みんなに愛されています。私もそんなけいこさんが大好きです。＿①＿けいこさんは頭もよくて、成績もクラスで一番です。運動も好きで、特にテニスが上手です。

1 ＿①＿に入る適当な言葉を選びなさい。

(A) それに　(B) しかし

(C) けれど　(D) すると

2 私の友だちの名前は何ですか。

(A) ゆりこ　(B) けいこ

(C) 田村　(D) わからない

3 私の友だちはどんな人ですか。

(A) テニスだけ好きな人　(B) あまりやさしくない人

(C) 親切で運動も好きな人　(D) 勉強が好きじゃない人

4 本文の内容と合っていないものを選びなさい。

(A) 私は成績があまりよくない。

(B) けいこさんは私と一緒に暮している。

(C) けいこさんは人気がある。

(D) 私はけいこさんと一緒に食事をする。

다음 글을 읽고 이어지는 질문에 가장 적당한 답을 (A)~(D) 중 하나를 고르세요.

나는 다무라 유리코입니다. 그럼, 제 친구인 게이코 씨에 대해 이야기하겠습니다. 게이코 씨는 나와 함께 살고 있고, 공부도 같이 합니다. 반도 같고, 식당에도 같이 갑니다.

게이코 씨는 밝고 친절하기 때문에 모두에게 사랑받고 있습니다. 저도 그런 게이코 씨를 아주 좋아합니다. ① 게다가, 게이코 씨는 머리도 좋고, 성적도 반에서 1등입니다. 운동도 좋아하며, 특히 테니스를 잘 칩니다.

1 ____①____에 들어갈 적당한 말을 고르세요.

(A) 게다가　　(B) 그러나

(C) 그렇지만　　(D) 그러자

+해설 친구인 게이코에 대한 칭찬이 계속되는 장면이므로 첨가를 나타내는 접속사가 필요함을 알 수 있다. (B)와 (C)는 역접을 나타내고 (D)는 조건을 나타내므로 첨가를 나타내는 (A)가 정답이 된다.

2 내 친구의 이름은 무엇입니까?

(A) 유리코　　(B) 게이코

(C) 다무라　　(D) 알 수 없다

+해설 첫 번째 줄의 '**私の友だちのけいこさんについてお話しします。**'에서 알 수 있다.

3 내 친구는 어떤 사람입니까?

(A) 테니스만 좋아하는 사람　　(B) 별로 상냥하지 않은 사람

(C) 친절하며 운동도 좋아하는 사람　　(D) 공부를 좋아하지 않는 사람

+해설 친구는 밝고 친절하며, 머리도 좋고 성적도 좋다고 설명하고 있다. 또한 운동도 좋아하는데 그 중에서도 특히 테니스를 잘한다고 말하고 있다.

4 본문의 내용과 맞지 않는 것을 고르세요.

(A) 나는 성적이 별로 좋지 않다.　　(B) 게이코 씨는 나와 함께 지내고 있다.

(C) 게이코 씨는 인기가 있다.　　(D) 나는 게이코 씨와 함께 식사를 한다.

+단어 **～について** ~에 대해　**お～します** ~하겠습니다(겸양 표현)　**～と一緒(いっしょ)に** ~와 함께　**住(す)んでいる** 살고 있다　**食堂(しょくどう)** 식당　**明(あか)るい** 밝다　**親切(しんせつ)だ** 친절하다　**愛(あい)される** 사랑받다　**大好(だいす)きだ** 매우 좋아하다　**頭(あたま)がいい** 머리가 좋다　**成績(せいせき)** 성적　**一番(いちばん)** 가장, 제일　**運動(うんどう)** 운동　**特(とく)に** 특히　**～が上手(じょうず)だ** ~을 잘한다

下の文を読んで、後の問いにもっとも適した答えを(A)から(D)の中で一つ選びなさい。

1~3

互いに信じ合い、互いに愛し合って、少しの疑いもその間にない友だちが一人でもいれば、私たちは、二重に人生を生きることができるのだ。ただ自分ばかりでなく、友だちによっても生きることができるのだ。嬉しい時は友だちによって祝福され、悲しい時は友だちによってなぐさめられ、友だちによって苦しさから救われる。こんな友だちがいたらどんなに幸福なことであろう。いい友だちは人間にとってもっとも感謝すべき幸運なのである。財産に恵まれるよりも、名誉を授けられるよりも、いい友だちのいる人の方がもっと幸せではなかろうか。

1　筆者はだれが一番幸せな人だと思っていますか。

(A) 財産がある人

(B) 名誉がある人

(C) 一人で生きていく人

(D) いい友だちがいる人

2　これは何についての話ですか。

(A) 友だち

(B) 財産

(C) 人生

(D) 名誉

3　本文の内容と合っていないものを選びなさい。

(A) もっとも感謝すべき幸運は愛である。

(B) いい友だちのいる人は幸せだ。

(C) いい友だちがいれば二重に人生が生きられる。

(D) 一人だけで人生を生きていけるとは言えない。

4~6

私たちは、毎日の生活の中でたくさんのゴミを出します。また、ゴミにも、燃やせるゴミや燃やせないゴミ、缶やペットボトルなどのように資源となる資源ゴミなど、さまざまな種類があります。

今、私たちの周りでは、ゴミを少しでも減らそうと、さまざまな取り組みが行われています。___①___、買い物をした時にビニール袋をもらわなかったり、使えるものは捨てずに何回も使ったり、ゴミをきちんと種類別に分けたりすることです。これだけでも、ゴミを減らすことができるのです。

大切なのは、私たち一人一人が、ゴミのことを真剣に考え、減らすためにできることから始めることなのです。

4 何のための取り組みですか。

(A) ゴミを資源エネルギーに変えるための取り組み

(B) 真剣に買い物をするための取り組み

(C) ゴミを減らすための取り組み

(D) 生活を楽しむための取り組み

5 ___①___に入る適切な言葉を選びなさい。

(A) たとえば

(B) しかし

(C) また

(D) そして

6 本文の内容と合っていないものを選びなさい。

(A) ゴミのことを真剣に考えることが大事だ。

(B) 買い物をする時はビニール袋をもらう方がいい。

(C) まずできることから始めることが大事だ。

(D) 使えるものは捨てずに何回使ったらゴミを減らすことができる。

2 편지, 팩스

편지, 팩스 문제는?

1 편지나 팩스는 '첫인사-본론-끝인사' 등의 일정한 규칙이 있는 글입니다.

2 편지 내용 중에 어떤 특정한 사항에 대해 쓴 것이 문제로 나올 확률이 높아요.

편지, 팩스 문제를 잘 풀려면?

1 편지의 종류를 파악한 후, 무엇에 대해 쓴 것인지, 내용 중에서 중심이 되는 직접적인 표현은 무엇인지 찾아내야 해요. 언제, 누가 누구에게 쓴 것인지도 눈여겨 봐 두세요.

2 편지의 양식이나 자주 쓰이는 표현에 대해 알아두는 것이 중요합니다.

3 특히 비지니스 상황에서는 존경어나 겸양어 등의 경어 사용이 많으므로 반드시 경어를 익혀두도록 하세요.

공략 1단계 필수 표현 익히기

□ 拝啓(はいけい) 삼가 아룁니다(첫인사)	□ 敬具(けいぐ) 삼가 말씀드렸습니다(끝인사)
□ さて 다름이 아니라	□ 去(さ)る 지난
□ 来(き)たる 오는	□ 宛先(あてさき) 수신인, 수신인의 주소
□ 弊社(へいしゃ) 폐사(자기 회사를 낮춰서 표현), 저희 회사	□ 貴社(きしゃ) 귀사, 상대의 회사
□ お元気(げんき)ですか。 잘 지내십니까?	□ おかげさまで元気(げんき)です。 덕분에 잘 지냅니다.
□ お変(か)わりありませんか。 별고 없으십니까?	□ 楽(たの)しみにしています。 기대하고 있겠습니다.
□ 返事(へんじ)をする 답장을 하다	□ 迷惑(めいわく)をかける 폐를 끼치다
□ ごちそうになる 대접 받다	□ お礼(れい)を差(さ)し上(あ)げる 감사·사례를 드리다
□ いつもお世話(せわ)になっております。 늘 신세를 지고 있습니다.	□ 心(こころ)よりお礼(れい)を申(もう)し上(あ)げます。 진심으로 감사 드립니다.
□ 心(こころ)よりお詫(わ)び申(もう)し上(あ)げます。 진심으로 사죄 드립니다.	□ 誠(まこと)に申(もう)し訳(わけ)ございません。 대단히 죄송합니다.
□ ご了解(りょうかい)ください。 양해 바랍니다.	□ ご連絡(れんらく)いたします。 연락 드리겠습니다.
□ ～のことを知(し)らせる ～에 대한 것을 알리다	□ ～にもよろしくお伝(つた)えください。 ～에게도 안부 전해 주세요.

2 편지, 팩스

공략 2단계 실전 감각 익히기

下の文を読んで、後の問いにもっとも適した答えを(A)から(D)の中で一つ選びなさい。

金先生、こんにちは。お元気ですか。
今も前と同じ会社で仕事をしていますか。毎日忙しいですか。金先生が３月に国へ帰ってから、私の家は少しさびしくなりました。金先生が使っていた部屋は今はだれも使っていません。母もよく金先生のことを話しています。
私は４月に高校生になりました。高校は家から遠いので、電車に乗って通わなければなりません。１時間もかかるので、少し大変です。勉強はまだそれほど難しくありません。
おととい、金先生と一緒に行った公園へ高校の友だちと行きました。いろいろな花が咲いていて、とてもきれいでした。その時に友だちと撮った写真を一緒に送ります。
それでは、また、手紙を書きます。

4月 29日　さとう えいこ

1　**金先生は日本へ来る前、何をしていましたか。**

(A) 写真を撮っていました。　(B) 高校に通っていました。
(C) 会社で働いていました。　(D) 大学生でした。

2　**手紙と一緒に何の写真を送りますか。**

(A) えいこさんが撮った金さんの写真　(B) えいこさんと両親の写真
(C) えいこさんの高校の写真　(D) えいこさんと友だちの写真

3　**本文の内容と合っているものを選びなさい。**

(A) えいこさんは高校へ行くのに時間がかかります。
(B) えいこさんは今、勉強が難しくて大変です。
(C) えいこさんは去年の４月に高校に入りました。
(D) えいこさんは毎日とても忙しいです。

다음 글을 읽고 이어지는 질문에 가장 적당한 답을 (A)~(D) 중 하나를 고르세요.

> 김 선생님, 안녕하세요. 잘 지내시나요?
> 지금도 예전과 같은 회사에서 일을 하고 있나요? 매일 바쁘세요? 김 선생님이 3월에 고국으로 돌아가고 나서 우리 집은 조금 쓸쓸해졌습니다. 김 선생님이 사용하던 방은 지금은 아무도 사용하지 않습니다. 어머니도 자주 김 선생님에 대해 이야기하고 있어요.
> 저는 4월에 고등학생이 되었습니다. 고등학교는 집에서 멀기 때문에 전철을 타고 다녀야 합니다. 1시간이나 걸리기 때문에 조금 힘듭니다. 공부는 아직 그다지 어렵지 않아요.
> 그제, 김 선생님과 함께 갔던 공원에 고등학교 친구와 갔습니다. 여러 꽃이 피어 있어 매우 예뻤습니다. 그때 친구와 찍은 사진을 함께 보내요.
> 그럼, 또 편지를 쓰겠습니다.
>
> 4월 29일 사토 에이코

1 김 선생님은 일본에 오기 전에 무엇을 하고 있었습니까?

(A) 사진을 찍고 있었습니다.
(B) 고등학교에 다니고 있었습니다.
(C) 회사에서 일하고 있었습니다.
(D) 대학생이었습니다.

+해설 앞부분에 예전과 같은 회사에 다니고 있는지 묻는 내용이 있으므로 회사원이었음을 알 수 있다.

2 편지와 함께 무슨 사진을 보냅니까?

(A) 에이코 씨가 찍은 김 씨의 사진
(B) 에이코 씨와 부모님의 사진
(C) 에이코 씨의 고등학교 사진
(D) 에이코 씨와 친구의 사진

+해설 마지막 부분에 친구와 함께 찍은 사진을 보내겠다는 내용이 나와 있다.

3 본문의 내용과 맞는 것을 고르세요.

(A) 에이코 씨는 고등학교에 가는 데 시간이 걸립니다.
(B) 에이코 씨는 지금 하는 공부가 어려워서 힘듭니다.
(C) 에이코 씨는 작년 4월에 고등학교에 들어갔습니다.
(D) 에이코 씨는 매일 대단히 바쁩니다.

+해설 보기에 나와 있는 내용과 본문의 내용을 대조하며 확인해 볼 것. 본문에 집에서 학교까지 멀어서 다니기 힘들다는 내용이 나와 있으므로 정답은 (A)가 된다.

+단어 **会社(かいしゃ)** 회사 **仕事(しごと)をする** 일을 하다 **~のこと** ~에 관한 것(일) **高校生(こうこうせい)** 고등학생 **電車(でんしゃ)に乗(の)る** 전철을 타다 **通(かよ)う** 다니다 **~なければなりません** ~해야 합니다 **時間(じかん)がかかる** 시간이 걸리다 **送(おく)る** 보내다 **手紙(てがみ)を書(か)く** 편지를 쓰다

공략 3 단계 실전 문제 풀기

下の文を読んで、後の問いにもっとも適した答えを(A)から(D)の中で一つ選びなさい。

1~3

山田さんへ
山田さん、お元気ですか。私は忙しい毎日を過ごしています。
今日は、別に用事がありませんから、天気がよければ、一人で上野公園へ行って、絵の展覧会を見たり、公園を散歩したりするつもりです。それから、東京文化会館へ行こうと思っています。この会館は、上野駅のすぐそばにあって、大変便利です。でも、雨が降ったら、出かけないで、家で本を読むつもりです。明日は日曜日なので、久しぶりに友だちに会って買い物をしたり、映画を見たりするつもりです。
松本さんにもよろしくお伝えください。それでは、また、手紙を書きます。
田村より

1　今日は何曜日ですか。

(A) 月曜日　(B) 金曜日
(C) 土曜日　(D) 日曜日

2　明日は何をするつもりですか。

(A) 上野公園へ行くつもりです。　(B) 東京文化会館へ行くつもりです。
(C) 絵を見るつもりです。　(D) 映画を見るつもりです。

3　もし、雨だったらどうしますか。

(A) 家で寝ます。　(B) 買物をします。
(C) 友だちに会います。　(D) 外出しません。

4~6

宛先：東京物産株式会社
　　　営業部長　高橋様

件名：貴社担当者変更の件

拝啓

いつもお世話になっております。

先日申し上げましたように、弊社の組織変更により、４月１日より従来の木村にかわって竹下が貴社を担当させていただくことになりました。

何かといたらぬ点も多いと存じますが、どうぞよろしくお願いいたします。

まずは、ご案内かたがたお知らせ申し上げます。

敬具

株式会社ソウル物産

東京支社長　林太郎

4 **新しい担当者はだれですか。**

(A) 林　(B) 竹下

(C) 木村　(D) 高橋

5 **どうして担当者が変わりましたか。**

(A) 担当者が本社へ転勤したので　(B) 組織変更があったので

(C) 担当者が退社したので　(D) 担当者が結婚したので

6 **本文の内容と合っているものを選びなさい。**

(A) この件については前に言ったことがある。

(B) 担当者の結婚の件である。

(C) ３月１日から担当者が変わる。

(D) 以前の担当者は問題が多かった。

3 광고, 안내문

광고, 안내문 문제는?

1 신문에 실린 상품에 대한 광고, 새로 개업하는 백화점이나 쇼핑센터 등에 대한 광고, 구인 광고, 전시회 광고, 회사의 제품 설명회 안내나 놀이공원 등의 이용 안내, 임시 휴업 안내나 영업시간 안내 등 종류가 매우 다양해요.

2 한자나 가타카나가 자주 사용되므로 광고문에 자주 등장하는 한자나 가타카나 단어는 반드시 외워 두세요.

광고, 안내문 문제를 잘 풀려면?

1 '누구'에게 알리고자 한 것인지 그 대상과 '무엇'에 대해 말하고자 한 것인지 그 내용을 파악하세요.

2 그 다음은 제시된 시간, 장소, 주의점 등 구체적인 내용을 체크 하세요!

3 대부분 제시된 지문 안에 다 나타나 있으므로 본문을 이해하는 것이 중요합니다.

공략 1단계 필수 표현 익히기

- ☐ お知(し)らせ 알림, 통지
- ☐ 募集(ぼしゅう) 모집
- ☐ 応募(おうぼ) 응모
- ☐ 求人広告(きゅうじんこうこく) 구인 광고
- ☐ 商品(しょうひん) 상품
- ☐ 日時(にちじ) 일시
- ☐ 場所(ばしょ) 장소
- ☐ 主催(しゅさい) 주최
- ☐ 参加費(さんかひ) 참가비
- ☐ 無料(むりょう) 무료
- ☐ 定員(ていいん) 정원
- ☐ 入場券(にゅうじょうけん) 입장권
- ☐ 団体割引(だんたいわりびき) 단체 할인
- ☐ ~階建(かいだ)て ~층 건물
- ☐ 営業時間(えいぎょうじかん) 영업시간
- ☐ 申(もう)し込(こ)み方法(ほうほう) 신청 방법
- ☐ 履歴書(りれきしょ) 이력서
- ☐ 招待状(しょうたいじょう) 초대장
- ☐ 説明書(せつめいしょ) 설명서
- ☐ お問(と)い合(あ)わせ先(さき) 문의처
- ☐ 説明会(せつめいかい) 설명회
- ☐ 講演会(こうえんかい) 강연회
- ☐ 展覧会(てんらんかい) 전람회
- ☐ デパート 백화점
- ☐ オープン記念(きねん) 오픈 기념
- ☐ 文化(ぶんか)センター 문화 센터
- ☐ イベント 이벤트
- ☐ サービス 서비스
- ☐ パーティー 파티
- ☐ ビル 빌딩
- ☐ ようこそ 어서 오세요.
- ☐ すぐにお知(し)らせください。 즉시 알려 주세요.
- ☐ ~ないでください。 ~하지 마세요.
- ☐ ご案内申(あんないもう)し上(あ)げます。 안내 말씀 드립니다.
- ☐ お気軽(きがる)にご利用(りよう)ください。 편하게 이용해 주세요.
- ☐ ~より開催(かいさい)いたします ~부터 개최합니다

3 광고, 안내문

下の文を読んで、後の問いにもっとも適した答えを(A)から(D)の中で一つ選びなさい。

ようこそ動物園へ

◎ 開園時間 : 午前９時30分～午後５時 (入場券の発売は午後４時まで)

	１枚	20枚以上	
一般	500円	400円	20枚以上購入の場合は団体割引料金になります。
中学生	200円	160円	小学生以下と65才以上の方は無料です。

◎ 休園日

毎週月曜日 (月曜日が祝日、都民の日にあたる場合は、その翌日が休園日)

年末年始 (12月29日～翌年１月３日)

◎ 皆様へのお願い

タバコの喫煙は吸いがら入れのある場所でお願いします。歩行中は吸わないでください。

動物にいたずらをしていじめたり、食べ物を与えないでください。

犬や猫、その他のペットを連れての入園はお断りします。

1　**大学生が二人の小学生を連れて入場する場合、入場料はいくらになりますか。**

(A) ５００円　(B) ９００円　(C) ４００円　(D) ７２０円

2　**無料で入場できない人はだれですか。**

(A) ６５才のおじいさん　(B) １０才の小学生

(C) １４才の中学生　(D) ７０才のおばあさん

3　**本文の内容と合っていないものを選びなさい。**

(A) 毎週月曜日は休園日である。

(B) 歩きながらタバコを吸ってはいけない。

(C) 開園時間は午後５時までである。

(D) ペットを連れて入園してもいい。

다음 글을 읽고 이어지는 질문에 가장 적당한 답을 (A)~(D) 중 하나를 고르세요.

어서오세요, 동물원에

◎ 개장시간 : 오전 9시 30분 ~ 오후 5시 (입장권 발매는 오후 4시까지)

	1매	20매 이상	20매 이상 구입하신 경우는 단체 할인 요금이 됩니다. 초등학생 이하와 65세 이상인 분은 무료입니다.
일반	500엔	400엔	
중학생	200엔	160엔	

◎ 휴원일

매주 월요일 (월요일이 경축일, 도민의 날인 경우는 그 다음날이 휴원일)

연말연시 (12월 29일~다음 해 1월 3일)

◎ 여러분께 부탁드립니다

흡연은 재떨이가 있는 장소에서 부탁드립니다. 보행 중에는 피우지 마십시오.

동물에게 장난을 치며 괴롭히거나 음식물을 주지 마십시오.

개나 고양이, 기타 반려동물을 데리고 입장하지 마십시오.

1 대학생이 두 명의 초등학생을 데리고 입장할 경우, 입장료는 얼마가 됩니까?

(A) 500엔 (B) 900엔 (C) 400엔 (D) 720엔

+해설 입장료가 제시되어 있는 부분을 보면서 초등학생 이하는 무료라는 점에 유의한다.

2 무료로 입장할 수 없는 사람은 누구입니까?

(A) 65세 할아버지 (B) 10세 초등학생 (C) 14세 중학생 (D) 70세 할머니

+해설 표에서 초등학생 이하와 65세 이상은 무료라고 하고 있으므로, 그에 해당하지 않는 14세 중학생은 무료로 입장할 수 없다.

3 본문의 내용과 맞지 않는 것을 고르세요.

(A) 매주 월요일은 휴원일이다.
(B) 걸으면서 담배를 피우면 안 된다.
(C) 개장시간은 오후 5시까지이다.
(D) 반려동물을 데리고 입장해도 된다.

+해설 **皆様へのお願い**(여러분께 부탁드립니다)의 마지막 부분에 반려동물을 데리고 입장하지 말라는 내용이 나와 있다.

+단어 **動物園**(どうぶつえん) 동물원 **開園**(かいえん) 개원, 개장 **入場券**(にゅうじょうけん) 입장권 **発売**(はつばい) 발매 **購入**(こうにゅう) 구입 **団体**(だんたい) 단체 **割引**(わりびき) 할인 **料金**(りょうきん) 요금 **休園日**(きゅうえんび) 휴원일 **年末年始**(ねんまつねんし) 연말연시 **喫煙**(きつえん) 흡연 **吸いがら**(す) 담배꽁초 **歩行中**(ほこうちゅう) 보행 중 **吸う**(す) (담배를) 피우다 **与える**(あた) 주다, 부여하다 **連れる**(つ) 데리고 가다 **断る**(ことわ) 거절(사절)하다

공략 3 단계 실전 문제 풀기

下の文を読んで、後の問いにもっとも適した答えを(A)から(D)の中で一つ選びなさい。

1~3

毎度ご来店いただきまして、誠にありがとうございます。「フジカメラ」よりお客様にご案内を申し上げます。7月1日より閉店時間を1時間延長し、9時まで営業いたしております。また、年内は無休で営業いたしておりますので、お気軽にご利用ください。なお、夏の特別大バーゲンは8月1日より開催いたします。当日は混雑が予想されますのでお早めにご来店くださいますようお願いいたします。

1 この店の営業時間はどう変わりましたか。

(A) 開店が8時になった。
(B) 開店が9時になった。
(C) 閉店が8時になった。
(D) 閉店が9時になった。

2 ここはどこですか。

(A) デパート
(B) カメラ店
(C) コンビニ
(D) スーパー

3 今はいつごろですか。

(A) 6月
(B) 7月
(C) 8月
(D) 9月

4~6

1. 本体上部を軽くたたき、コーヒーを下に集めます。フックを①左右に引いてお開けください。
   ※ 強くフック部分を引っ張るとコーヒーの粉がこぼれることがあります。ご注意ください。
2. ドリップコーヒーをカップの中央にセットしてください。
3. まず、少量のお湯を注ぎ２０秒ほどむらしてから、２～３回に分けてお湯を注いでください。
   ※できあがり量の②目安は１２０CCですが、お好みに応じてお湯の量は調整してください。

4　何について説明していますか。

(A) ドリップコーヒーの作り方

(B) 焼きそばの作り方

(C) ラーメンの作り方

(D) フックの開け方

5　①左右と②目安の読み方を選びなさい。

(A) ざゆう，もくやす

(B) ざゆう，めやす

(C) さゆう，もくやす

(D) さゆう，めやす

6　本文の内容と合っているものを選びなさい。

(A) お湯を注いでからすぐ飲んだ方がいいです。

(B) フック部分を強く引っ張らないとコーヒーは出ません。

(C) やけどするおそれがあるので最初はお水を注ぎます。

(D) フック部分を引っ張る時は気をつけた方がいいです。

 下の文を読んで、後の問いにもっとも適した答えを(A)から(D)の中で一つ選びなさい。

171~173

「フリーター」はフリーのアルバイターという意味で、「アルバイター」はアルバイトをする人ということです。「フリーター」は正社員にならないで、アルバイトやパートタイムで生活している人たち___①___をさします。１９８０年代後半にいわゆる「バブル景気」が始まり、それにともなう人手不足から、学校を卒業しても就職しないでアルバイトなどの臨時の仕事につく人が増えはじめました。学生のアルバイトとしては、ファーストフードショップやコンビニの店員、家庭教師、塾の講師などがあげられます。コンビニやファーストフードショップの場合、時給は１０００円から１５００円ほどです。

171 ___①___に入る適当な言葉を選びなさい。

(A) のもの　　(B) のとおり
(C) のまま　　(D) のこと

172 学生たちがしているアルバイトではないのを選びなさい。

(A) コンビニの店員　　(B) 塾の先生
(C) 正社員　　(D) ファーストフードショップの店員

173 本文の内容と合っているものを選びなさい。

(A) 学生たちはみんなアルバイトをしています。
(B) 学生たちは８００円以下の時給をもらっています。
(C) １９８０年代末から臨時の仕事につく人が増えてきました。
(D)「フリーター」は正社員をさす言葉です。

174~176

私は夏休みに日本人の友だちと一緒に友だちの田舎へ行きました。行く時は電車で行ったので、10時間もかかりました。友だちの家族はみんな親切でした。
お父さんは車できれいなみずうみに____①____行ってくれました。友だちが船に乗ろうと言ったので、船に乗りましたが、落ちそうになってちょっと怖かったです。
お母さんが作ってくれた日本の料理もとてもおいしかったです。帰りは一人で飛行機に乗って家に帰りました。今度の夏休みは本当に楽しかったです。

174 ____①____に入る適当な言葉を選びなさい。

(A) みんなで
(B) つれて
(C) おくって
(D) いかせて

175 帰りは何で帰ってきましたか。

(A) 車
(B) 電車
(C) 船
(D) 飛行機

176 本文の内容と合っているものを選びなさい。

(A) 私は友だちと海に行きました。
(B) 田舎へ行く時は車で行きました。
(C) 友だちの家族と一緒に帰ってきました。
(D) 船に乗りましたが、怖かったです。

177~179

スプリング・ジャパンは、「GWは佐賀に行こう!」キャンペーンを4月28日まで開催しています。

【キャンペーン内容】

往復3,000円オフクーポン配布

【クーポン配布期間】

3月11日(金)12時00分から4月28日(木)23時59分まで

※限定500枚。なくなり次第終了。

【搭乗対象期間】

4月23日(土)から5月8日(日)まで

【対象路線】

東京(成田)－佐賀

【運航スケジュール】

・4月23日から

IJ701 成田 08:55 － 佐賀 11:20

IJ702 佐賀 13:40 － 成田 15:30

※4/25～4/27は運休

177 これは何についての内容ですか。

(A) スプリング・ジャパンの求人広告　(B) GWのスケジュール
(C) 航空券のクーポンの案内　(D) 佐賀のご案内

178 スプリング・ジャパンは何の会社ですか。

(A) 建設会社　(B) 航空会社
(C) IT企業　(D) タクシー会社

179 本文の内容と合っていないものを選びなさい。

(A) 成田から佐賀まで3時間もかかりません。
(B) 500枚のクーポンがなくなったら、割引券はもらえません。
(C) 4月29日にもクーポンをもらうことができます。
(D) 4月26日には成田から佐賀までの飛行機に乗れません。

180~182

あなたは日本の居酒屋にある「飲み放題」というシステムを知っていますか。時間制限はあるけれど、決められた飲み物はその時間以内___①___、何杯でも飲むことができるシステムです。飲み物の種類もいろいろな材料から作られたお酒やカクテル、ビールなど、たくさんあるから好きなものを選んで飲むことができます。時間制限があるから、ゆっくりできないけれど、少ないお金でたくさん飲みたい時はいいかもしれません。でも、体のために飲みすぎない方がいいでしょう。

もし、日本に行く機会が___②___、居酒屋に行ってみてください。日本の居酒屋は料理もなかなかおいしいし、日本らしい雰囲気もあるから、一度行くことをおすすめします。

180 ___①___に入る適当な言葉を選びなさい。

(A) だから
(B) と
(C) なら
(D) たら

181 ___②___に入る適当な言葉を選びなさい。

(A) なければ
(B) あると
(C) ないと
(D) あったら

182 本文の内容と合っているものを選びなさい。

(A) 飲み放題では飲みすぎる人は少ないはずです。
(B) 飲み放題では居酒屋にあるお酒なら何時間も飲めます。
(C) 飲み放題では好きなお酒が安く飲めます。
(D) 飲み放題では食べ物に期待しない方がいいです。

183~185

１００円ショップは全ての商品を１００円で販売する店である。１００円という切りのよさと、衝動買いしても後悔しない価格が受けて今や人気の店となった。１００円ショップが登場したころは、洗濯バサミやノートなど値段相応の品物しか扱わず、暇つぶしの客がのぞく程度だった。

___①___現在では大量仕入れにより値段以上の商品を揃えることができるようになり、箸からフライパンまで家のものは全てここで揃える人もいる。しかし、１００円だからといってゆだんしていると、つい買いすぎてしまうので気をつけた方がいい。

183 ___①___に入る適当な言葉を選びなさい。

(A) だから　　(B) しかし

(C) それで　　(D) それに

184 100円ショップで売っていないものは何ですか。

(A) 洗濯バサミ　　(B) 箸

(C) フライパン　　(D) 洗濯機

185 本文の内容と合っていないものを選びなさい。

(A) １００円ショップではノートも箸も売っています。

(B) １００円ショップとは全ての商品を１００円で販売する店です。

(C) １００円ショップでは値段以上の商品は売っていません。

(D) １００円ショップだからといってゆだんしない方がいいです。

186~188

さとみさんへ

さとみさん、お元気ですか。私はおかげさまで元気です。

最近、太ってしまいましたので、ダイエットをしています。___①___、なかなかやせないから、心配です。

ダイエットの時は朝と昼は食べてもいいですが、夜遅く___②___。でも、時々食べてしまいます。昨日も友達に会って、居酒屋でビールを飲みながら、からあげやお好み焼きなどをたくさん食べてしまいました。それで、今日はジムに行って頑張って運動を２時間もしました。ダイエットは前もしたことがありますが、失敗してしまいました。だから今回だけはどうしてもダイエットに成功して、東京ディズニーシーへ遊びに行きたいです。

さとみさん、よかったら一緒に東京ディズニーシーへ遊びに行きませんか。宮本さんも一緒に行くのはどうですか。

それでは、お返事をお待ちしています。宮本さんにもよろしくお伝えください。

すずより

186 ___①___に入る適当な言葉を選びなさい。

(A) それで
(B) たとえば
(C) そして
(D) でも

187 ___②___に入る適当な言葉を選びなさい。

(A) 食べなければなりません
(B) 食べてはいけません
(C) 食べた方がいいです
(D) 食べないでください

188 この人はなぜ今日、２時間も運動をしましたか。

(A) 運動するのが好きだから
(B) 東京ディズニーシーに行きたくないから
(C) 宮本さんが一緒にしようと言ったから
(D) 昨日、ビールを飲みながら食べ物を食べすぎたから

189~191

電話でのビジネス会話は、日本人にとっても難しいことだ。その難しさは、外国人の場合とは異なり、主に、敬語の使い方によるものである。顔が見えない＿＿①＿＿、電話では直接会って話す時よりも、多少改まった言葉使いをする方がいい。また、日本語で電話をかける場合、なるべく柔らかく話すように心がけるのが大事だ。韓国語は日本語に比べて語調が強いため、韓国語を話す時の調子で日本語を話すと、それだけで強引できつい印象を与えてしまうことがあるからだ。

189 ＿＿①＿＿に入る適当な言葉を選びなさい。

(A) のに　　(B) ため

(C) もので　　(D) とにかく

190 どうして電話でのビジネス会話が難しいですか。

(A) 敬語の使い方が難しいから

(B) 顔が見えないから

(C) 語調が強いから

(D) 日本語は外国語だから

191 何について説明していますか。

(A) ビジネスマンの悩み

(B) 電話をかける時のマナー

(C) 日本語と韓国語の語調

(D) 相談する時の話し方

192~194

本日は全日空を＿＿①＿＿利用くださいましてありがとうございます。
この飛行機の機長はわたくし松本です。
副機長は高橋です。
この飛行機のスタッフは8人です。その中に韓国人スタッフは2人います。

この飛行機はただいま高度6，000メートルを飛行しています。
東京までの飛行時間は1時間４５分で、東京には10時5分に到着する予定です。
東京の天気は晴れです。
それではどうぞ＿＿①＿＿ゆっくりおくつろぎください。

192 これは何についての内容ですか。

(A) 東京の天気

(B) 機長の役割

(C) 飛行機のスピード

(D) 飛行機内の案内放送

193 ＿＿①＿＿に入る適切な言葉を選びなさい。

(A) お

(B) ご

(C) ごん

(D) おん

194 本文の内容と合っていないものを選びなさい。

(A) 韓国人ではないスタッフは６人です。

(B) ８時２０分出発の飛行機です。

(C) 東京の天気はよくないです。

(D) 高橋がこの飛行機の副機長です。

195~197

来週の土曜日、３月２８日は私の誕生日です。
誕生日パーティーをするので、どうぞ来てください。
場所は私の家で、時間は１３時からです。
あまり上手ではありませんが、私が料理も作ります。
そして楽しいゲームもたくさん考えておきました。
たくさんの方が来てくださることを楽しみにしています。

３月２０日 木村きよこ

195 これは何ですか。

(A) 日記
(B) 招待状
(C) 広告
(D) ファックス

196 これを書いたのは何曜日ですか。

(A) 水曜日
(B) 木曜日
(C) 金曜日
(D) 土曜日

197 本文の内容と合っているものを選びなさい。

(A) プレゼントを準備しなければならない。
(B) 料理は一緒に作って食べる。
(C) 楽しいゲームもたくさん考えて行った方がいい。
(D) パーティーは午後１時からである。

198~200

健康意識の高まりとともに、全国かくちでタクシーの車内全面禁煙を導入する動きが広がっている。名古屋タクシー協会が名古屋市や近郊で営業する約８千台を２００７年５月からいっせいに禁煙にした。大分、長野、神奈川などでも実施にふみきった。利用者には___①___好評で、予想されたトラブルも少ないという。東京都内も２００８年１月からほぼ全面禁煙となる。

198 ___①___に入る適当な言葉を選びなさい。

(A) たぶん
(B) やっと
(C) だいたい
(D) たちまち

199 何についての説明ですか。

(A) 禁煙の動き
(B) 健康と禁煙
(C) 環境と禁煙
(D) 禁煙タクシー

200 本文の内容と合っているものを選びなさい。

(A) 一般市民は賛成している人が少ない。
(B) 大分、長野などでは実施しにくい。
(C) 利用者は禁煙は自由だと思っている。
(D) 東京では２００８年から実施することにした。

受験番号						
姓　　名						

JPT 실전모의고사

JAPANESE
PROFICIENCY
TEST

次の質問１番から質問１００番までは聞き取りの問題です。
どの問題も１回しか言いませんから、よく聞いて答えを(A), (B), (C), (D)の中から一つ選びなさい。
答えを選んだら、それにあたる答案用紙の記号を黒くぬりつぶしなさい。

Ⅰ. 次の写真を見て、その内容に合っている表現を(A)から(D)の中で一つ選びなさい。

例)

(A) 子どもがテレビを見ています。
(B) 子どもがいすに座っています。
(C) 子どもが本を読んでいます。
(D) 子どもがベッドで寝ています。

■…… 答 (A), (B), (●), (D)

1 

2 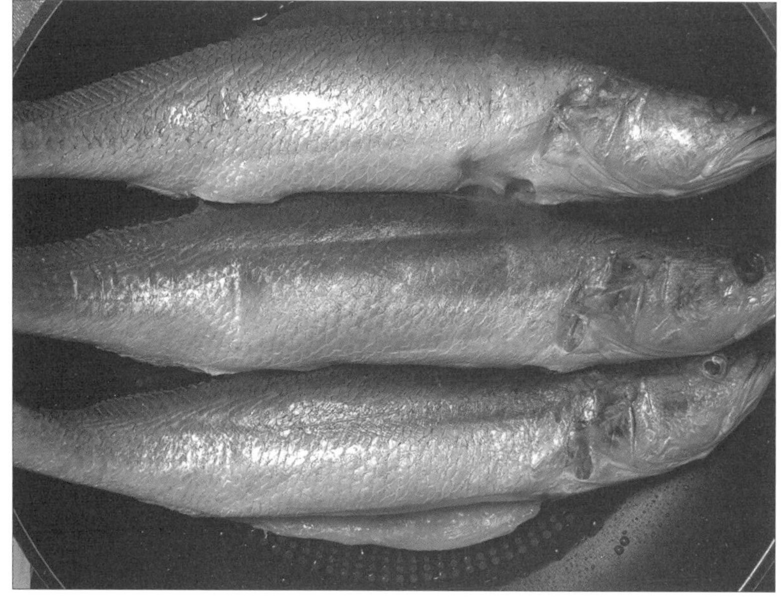

次のページに続く

3

エンジョイエコカード
おとな 1枚
購入金額 800 円
投入金額 1,000 円
おつり 200 円

4

最大料金
駐車後
24時間最大 1600円
通常料金
8:00 - 22:00
30分/200円
22:00 - 8:00
60分/100円
NS
駐車場名
王子2丁目第2
北区王子2-8
緊急連絡先
協和警備保障株式会社
03-3262-8896

5

6

次のページに続く

7

8

9

10

次のページに続く

11

12

13

14

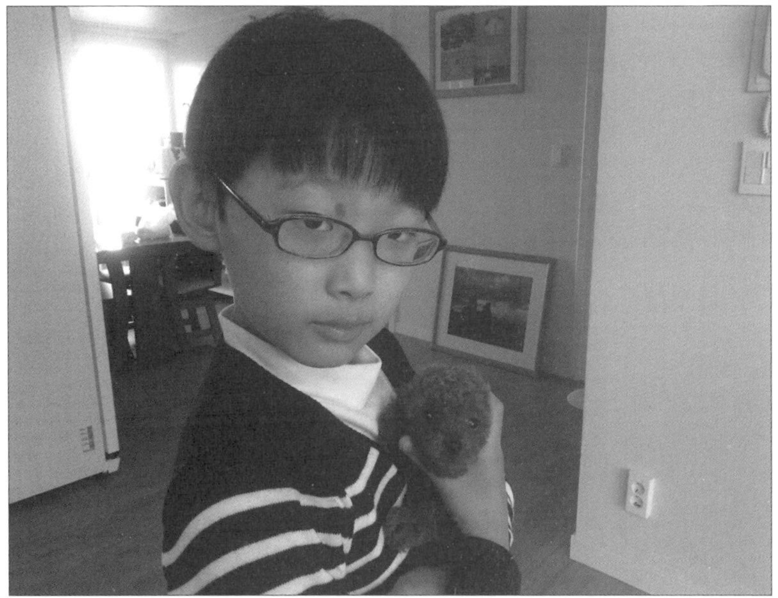

次のページに続く

15

16

17

18

次のページに続く

19

20

Ⅱ. 次の言葉の返事として、もっとも適したものを(A)から(D)の中で一つ選びなさい。

例) きってはどこで買いますか。
(A) 今７時30分です。
(B) 郵便局で買います。
(C) 雨が降っています。
(D) あした、出発します。

■…… 答 (A), (●), (C), (D)

21 答えを答案用紙に書き入れなさい。

22 答えを答案用紙に書き入れなさい。

23 答えを答案用紙に書き入れなさい。

24 答えを答案用紙に書き入れなさい。

25 答えを答案用紙に書き入れなさい。

26 答えを答案用紙に書き入れなさい。

27 答えを答案用紙に書き入れなさい。

28 答えを答案用紙に書き入れなさい。

29 答えを答案用紙に書き入れなさい。

30 答えを答案用紙に書き入れなさい。

31 答えを答案用紙に書き入れなさい。

32 答えを答案用紙に書き入れなさい。

33 答えを答案用紙に書き入れなさい。

34 答えを答案用紙に書き入れなさい。

35 答えを答案用紙に書き入れなさい。

36 答えを答案用紙に書き入れなさい。

37 答えを答案用紙に書き入れなさい。

38 答えを答案用紙に書き入れなさい。

39 答えを答案用紙に書き入れなさい。

40 答えを答案用紙に書き入れなさい。

41 答えを答案用紙に書き入れなさい。

42 答えを答案用紙に書き入れなさい。

43 答えを答案用紙に書き入れなさい。

44 答えを答案用紙に書き入れなさい。

45 答えを答案用紙に書き入れなさい。

46 答えを答案用紙に書き入れなさい。

47 答えを答案用紙に書き入れなさい。

48 答えを答案用紙に書き入れなさい。

49 答えを答案用紙に書き入れなさい。

50 答えを答案用紙に書き入れなさい。

次のページに続く

Ⅲ. 次の会話をよく聞いて、後の問いにもっとも適したものを(A)から(D)の中で一つ選びなさい。

例) 男: 明日の朝ごはんは何にしようか。
女: パンとミルクにしよう。
男: バターとジャムとどちらがいい？
女: ジャムの方がいいよ。

明日の朝ごはんは何ですか。
(A) ごはんとみそしる
(B) パンとコーヒー
(C) パンとミルク
(D) オレンジとコーヒー

■…… 答 (A), (B), (●), (D)

51 天気について正しいのはどれですか。
(A) 明日は雨が降る。
(B) 夜中から天気が回復する。
(C) 今日はすっきりと晴れている。
(D) 夜中から朝方にかけて雨が降る。

52 女の人はどうして眠れませんでしたか。
(A) 仕事で夜更ししたから
(B) 赤ちゃんを泣かせたから
(C) 赤ちゃんが夜泣きしたから
(D) たまった仕事が心配になったから

53 男の人はこれから何をしますか。
(A) 女の人に本を渡す。
(B) 本だなに本を片付ける。
(C) 踏み台を作る。
(D) 女の人から本を受け取って本だなに戻す。

54 田中さんの妹さんについて正しいのはどれですか。
(A) 木陰で木を植えている。
(B) 白いスカートをはいている。
(C) 肩にかばんをかけている。
(D) 前髪をピンで止めている。

55 女の人は何を頼みましたか。
(A) 郵便局に行くこと
(B) 荷物を発送すること
(C) コンビニに立ち寄ること
(D) フェイスパックを買うこと

56 男の人は夜遅くまで何をしましたか。
(A) 仕事
(B) 映画鑑賞
(C) 野球のゲーム
(D) サッカーの試合観戦

57 男の人は女の人に何を頼みましたか。

(A) 英語に訳すこと
(B) 名前を書くこと
(C) 使命感を持つこと
(D) 履歴書を送ること

58 男の人はこれから何をしますか。

(A) 台所に行く。
(B) 箱を持ってくる。
(C) 新しい本だなを買う。
(D) 引き出しの中を整理する。

59 店について正しいのはどれですか。

(A) 店は和風である。
(B) フランス料理店である。
(C) 店の前で商品を売っている。
(D) フランスにあるレストランである。

60 どうして女の人は行けないですか。

(A) 猫を飼うから
(B) 猫の映画だから
(C) 4時に約束があるから
(D) 企画書を作成するから

61 男の人はどうして花火大会に行きたくないのですか。

(A) 昨日、花見に行ってきたから
(B) 花火大会は明日もあるから
(C) 花見スポットの混雑が予想されるから
(D) 花火大会に多くの人出が予想されるから

62 二人はどうやって行きますか。

(A) 歩いて行く。
(B) 電車で行く。
(C) バスで行く。
(D) タクシーで行く。

63 この内容と合っているのはどれですか。

(A) 行き先が決まっていない。
(B) 海外旅行で道に迷ったことがある。
(C) 中村さんは夏休みに海外旅行に行く。
(D) 中村さんは西ヨーロッパに行きたがっている。

64 女の人はこれから何をしますか。

(A) スマホで映画を見る。
(B) 映画の予約を取り消す。
(C) 映画のチケットを予約する。
(D) 映画の時間を1時間遅らせる。

65 渡辺さんはどんな人ですか。

(A) マイペースで口が重い。
(B) 負けず嫌いで口が軽い。
(C) 朗らかでいい人である。
(D) 口数が少なくて信頼できる。

66 女の人はどうして食べないのですか。

(A) 眠いから
(B) 体調が悪いから
(C) 悩みを解決したいから
(D) 思ったより仕事が少ないから

67 会議はいつですか。

(A) 今週の火曜日１時ごろ
(B) 来週の火曜日１時ごろ
(C) 今週の水曜日10時ごろ
(D) 来週の水曜日10時ごろ

次のページに続く

68 二人は何を見ていますか。

(A) 娘が描いた絵

(B) 弟の写真

(C) 娘が撮った写真

(D) 弟のカメラ

69 男の人は何をしようと思っていますか。

(A) カメラを買う。

(B) 字を大きく書く。

(C) 眼鏡をかけて見る。

(D) スマホで写真を撮る。

70 女の人はどうして遅刻しましたか。

(A) ケータイを買ったから

(B) 眼鏡を落としたから

(C) バスにケータイを忘れたから

(D) 子どもの学校に行ってきたから

71 男の人は何を注文しましたか。

(A) 野菜とチーズスパゲッティ

(B) パンとクリームスパゲッティ

(C) 焼肉とクリームスパゲッティ

(D) 焼きトマトと海鮮スパゲッティ

72 女の人が住んでいる所について正しいのはどれですか。

(A) うるさい所である。

(B) 賑やかな所である。

(C) 駅から遠くて不便な所にある。

(D) 楽しくて心地よい所である。

73 女の人はどうしてかおりさんが飲み会を欠席すると思っていますか。

(A) 両親を迎えに行ったから

(B) 先に帰ったから

(C) 別の飲み会に行ったから

(D) 息子のために休暇を取ったから

74 二人はこれから何をしますか。

(A) 買い物に行く。

(B) 足りないものを探す。

(C) 空いている穴を埋める。

(D) 告白に対して返事をする。

75 女の人の妹について正しいのはどれですか。

(A) 犬を飼ったことはない。

(B) 弟からメールが来た。

(C) 犬を連れて公園に遊びに行く。

(D) ペットの飼えるマンションに引っ越した。

76 男の人はどうして休暇を取りましたか。

(A) 連休だから

(B) 病院に行くから

(C) 頭痛かひどいから

(D) 薬を飲みたかったから

77 今は何月ですか。

(A) 2月

(B) 3月

(C) 4月

(D) 5月

78　大学卒業後、女の人はどうするつもりですか。

(A) 保育園に行こうと思っている。
(B) 教師と相談しようと思っている。
(C) 大学院に進学しようと思っている。
(D) 小学生の保護者に会おうと思っている。

79　男の人はどこで買いましたか。

(A) スーパー
(B) 近くの商店
(C) 自動販売機
(D) コンビニ

80　二人は何をしていますか。

(A) 料理をしている。
(B) 家で掃除している。
(C) せっけんで泡を立てている。
(D) パン屋で買い物をしている。

次のページに続く

Ⅳ. 次の文章をよく聞いて、後の問いにもっとも適したものを(A)から(D)の中で一つ選びなさい。

例) 今日の夕方、近所のアパートで火事がありました。今日６時すぎ、野村さんしょゆうの２階だてアパートの１０３号室から火が出て、２階部分の１１３平方メートルが焼けました。

1 火事が起こったのはいつですか。

(A) 昨日の朝
(B) 昨日の夕方
(C) 今日の朝
(D) 今日の夕方

2 火はどこから出ましたか。

(A) 213号
(B) 201号
(C) 113号
(D) 103号

■…… 答 1 (A), (B), (C), (●)
2 (A), (B), (C), (●)

81 ペットと泊まれる場合はどれですか。

(A) ３キロのペット２匹
(B) ４キロのペット４匹
(C) ５キロのペット３匹
(D) ６キロのペット１匹

82 ペットへのサービスはどれですか。

(A) トイレ
(B) トレー
(C) ペットの食事
(D) キャリーバック

83 ペットと一緒にできることは何ですか。

(A) 食事
(B) 水泳
(C) スキー
(D) 運動

84 ペットの宿泊料金について正しいのはどれですか。

(A) 何匹でも無料である。
(B) １匹なら５００円である。
(C) ２匹なら2,２００円である。
(D) ３匹なら2,５００円である。

85 九州地方の天気はどれですか。

(A) 雨
(B) 雪
(C) 曇り
(D) 晴れ

86 関東地方の天気について正しいのはどれですか。

(A) 浸水の危険がある。
(B) 日差しが当たらない。
(C) 海沿いを中心に雨が降る。
(D) 山沿いを中心に通り雨が降る。

87 北海道の明日の天気はどうですか。

(A) 雲る。
(B) 日本晴れになる。
(C) きれいな空が広がる。
(D) 雲一つない天気になる。

88 この人はどうして運動をしていますか。

(A) 入社したから
(B) 体重が増加したから
(C) やけ食いが好きだから
(D) 仕事に慣れてきたから

89 この人はいつ運動をしますか。

(A) 退職してから
(B) 退勤してから
(C) 出勤してから
(D) 早退してから

90 この人はストレスで何をたくさん食べましたか。

(A) 卵
(B) 魚
(C) 果物
(D) ポテト

次のページに続く

91 料理教室の講習時間は普通どのくらいですか。

(A) 約1時間
(B) 約2時間
(C) 約1時間30分
(D) 約2時間30分

92 参加費はいくらですか。

(A) 無料
(B) 180円
(C) 200円
(D) 500円

93 持ち物ではないのはどれですか。

(A) マスク
(B) エプロン
(C) ハンカチ
(D) バスタオル

94 参加できる人の条件はどれですか。

(A) 中学1年生未満
(B) 中学2年生以上
(C) 中学3年生未満
(D) 中学3年生以上

95 スマートフォンで口座を開設するのに必要なのはどれですか。

(A) 通帳
(B) パスポートの写真
(C) キャッシュカード
(D) 運転免許証

96 スマートフォンで口座を開くメリットはどれですか。

(A) いつでも口座の開設ができる。
(B) すぐに通帳が受け取れる。
(C) 自由にダウンロードできる。
(D) 郵便を受け取らなくてもいい。

97 アプリで口座を開く場合、通帳は申し込んでから受け取りまでどれくらいかかりますか。

(A) すぐ
(B) 10日前後
(C) 約1週間前後
(D) 約14日前後

98 この人が育てているのはどれですか。

(A) かめ
(B) 植物
(C) 動物
(D) 人形

99 この人は朝起きると何をしますか。

(A) 挨拶をする。
(B) 人形を見る。
(C) 名前をつける。
(D) かばんを片付ける。

100 育てているものはどこに置いてありますか。

(A) 窓辺
(B) デスク
(C) テーブル
(D) かばんの中

これで聞き取りの問題は終わります。
それでは、次の質問101番から質問200番までの問題に答えなさい。
答案用紙に書き込む要領は聞き取りの場合と同じです。

次のページに続く

V. 下の＿＿＿線の言葉の正しい表現、または同じ意味のはたらきをしている言葉を(A)から(D)の中で一つ選びなさい。

101 先生に「授業中におしゃべりをしてはいけません」と言われました。

(A) じゅぎょう
(B) じゅうぎょう
(C) しゅうぎょう
(D) じゅぎょ

102 つくえの上に新聞や雑誌や辞書などがあります。

(A) じしょう
(B) じてん
(C) じしょ
(D) じびき

103 上野公園には桜の花がたくさん咲いています。

(A) ついて
(B) わいて
(C) あいて
(D) さいて

104 この記録を破ることができるのは田中選手しかいない。

(A) こわす
(B) こわれる
(C) やぶれる
(D) やぶる

105 新宿駅は複雑すぎて、日本人でも道にまようことがあります。

(A) 従う
(B) 迷う
(C) 問う
(D) 歌う

106 今日は5月5日、子どもの日です。

(A) ごかつごにち
(B) ごがついつか
(C) ごかついつか
(D) ごかつごにち

107 私は大学を卒業したらIT業界で働きたいです。

(A) うごき
(B) うこき
(C) はたらき
(D) はだらき

108 バイトの面接に行ったが、「またのきかいによろしくお願いします」と言われた。

(A) 機械
(B) 機会
(C) 気会
(D) 奇怪

109 昨日、近所でかじがありました。

(A) 家事
(B) 火事
(C) 菓子
(D) 火災

110 東京スカイツリーは建設が始まってから、約3年半でたてられました。

(A) 立てられました
(B) 発てられました
(C) 建てられました
(D) 断てられました

111 これから昼ごはんを食べるところです。

(A) 食べました
(B) 食べることがあります
(C) 食べようとしています
(D) 食べたばかりです

112 花子さんのお母さんが一番早く来られました。

(A) 日曜日、友だちに来られて試験勉強ができなかった。
(B) そこからなら、バスでも電車でも来られますよ。
(C) 午前中は困るけど、午後なら来られます。
(D) 社長が韓国へ来られるのは今度が初めてですね。

113 図書館から学生食堂まではそんなに遠くありません。

(A) 私の部屋の窓から漢江が見えます。
(B) 会社からだと、地下鉄で1時間ぐらいかかります。
(C) 豆腐は大豆から作ります。
(D) 明日は日曜日だから学校へ行かなくてもいいです。

114 田中さんの結婚式には山田さんの代りに木村さんを行かせます。

(A) 田中さんが行きます
(B) 木村さんが行きます
(C) 山田さんが行きます
(D) 三人とも行けません

115 子どもにそんな映画を見せてはいけません。

(A) 見せてはだめです
(B) 見せてもいいです
(C) 見せたらいいと思います
(D) 見せなければなりません

116 今日は初雪が降りそうです。

(A) 降るかもしれません
(B) 降るそうです
(C) 降るはずがないです
(D) 必ず降ります

117 英語は日本語ほどやさしくない。

(A) 日本語より英語の方がやさしい
(B) 英語より日本語の方がやさしい
(C) 英語も日本語もむずかしい
(D) 英語も日本語もやさしい

118 私は日本語で手紙を書くことができます。

(A) 私の事務室は新しくできたビルの10階にあります。
(B) この机は木でできています。
(C) 金さんは日本語と英語ができます。
(D) お母さん、ごはん、できましたか。

119 鈴木さんはいつも元気なのに、今日は静かで彼女らしくないですね。

(A) 実はそうではないらしいです。
(B) 自分らしく生きるのが大切です。
(C) 今度の旅行に彼も行くらしいです。
(D) うわさによると、彼は退職するらしいです。

120 台風で道があちこち崩れています。

(A) 学校までバスで1時間ぐらいかかります。
(B) 必ずボールペンで書いてください。
(C) あの人とは銀座で会ったことがあります。
(D) 高校3年生たちは受験の準備で忙しいです。

次のページに続く

Ⅵ. 下の＿＿＿線の(A), (B), (C), (D)の言葉の中で正しくない言葉を一つ選びなさい。

121 昨日、地下鉄を 乗って新宿にある本屋へ行ってきました。
(A) (B) (C) (D)

122 ゆうべは疲れていたので、シャワーもあびなくて すぐ寝てしまいました。
(A) (B) (C) (D)

123 ネットはとても便利ですが、一方でフェイクニュースには注意しないではいけません。
(A) (B) (C) (D)

124 コンビニで飲み物を買ってきますから、ここへ待っていてください。
(A) (B) (C) (D)

125 私は1時間ぐらいテニスを しました。しかし、山口さんとコーヒーを飲みました。
(A) (B) (C) (D)

126 田中君はお母さんが叱られて自分の部屋で 泣いています。
(A) (B) (C) (D)

127 風邪を 引いた時は薬を飲んだり医者にみてもらいたりします。
(A) (B) (C) (D)

128 結婚祝いにそっくりの商品を店員に相談したら、いくつかアドバイスしてくれた。
(A) (B) (C) (D)

129 この本には日本の祭りについて詳しく書いています。
(A) (B) (C) (D)

130 「牛の耳に念仏」ということわざを聞いたことがありますか。
(A) (B) (C) (D)

131 先週、買ったばかりのパソコンが壊れってしまいました。
(A) (B) (C) (D)

132 あのう、すみませんが、その本をしばらくお借りになっても よろしいでしょうか。
(A) (B) (C) (D)

133 私は歌を歌う のが きらいのでカラオケには行きません。
(A) (B) (C) (D)

134 「野菜を大きく切った方がいいよ」と母が言われました。
(A) (B) (C) (D)

135 医者の話によると、林さんはあと２、３日で退院できそうです。
(A) (B) (C) (D)

136 大学に進学すると一人暮らしをしてみたいと思っている人は少なくないだろう。
(A) (B) (C) (D)

137 ゆうべあまりにも疲れていたのでテレビをついたまま 寝てしまった。
(A) (B) (C) (D)

138 この指輪は去年、私の誕生日に彼にもらった ことです。
(A) (B) (C) (D)

139 先生は私が日本語で 書いた手紙の漢字を直して あげました。
(A) (B) (C) (D)

140 昨日、私は温泉に初めて 入りましたが、気持ちがいいでした。
(A) (B) (C) (D)

次のページに続く

VII. 下の______線に入る適当な言葉を(A)から(D)の中で一つ選びなさい。

141 パソコンが苦手な祖父______代わって、僕が通販で購入することになりました。

(A) が
(B) に
(C) と
(D) を

142 テーブルの下にあるあかくて______かばんは誰のですか。

(A) きれい
(B) きれいな
(C) きらい
(D) きらいな

143 毎晩シャワーを______後、寝ます。

(A) あびる
(B) あびて
(C) あびら
(D) あびた

144 学校のとなりに本屋があって、本屋の______に花屋があります。

(A) むこう
(B) どこ
(C) がわ
(D) あと

145 何が言いたいのか、私には______分かりません。

(A) ぜんぜん
(B) そろそろ
(C) すっかり
(D) わざわざ

146 このパソコンは使い______とても人気があります。

(A) なくて
(B) かねて
(C) やすくて
(D) にくくて

147 203号室が＿＿＿＿、そこで会議することにしましょう。

(A) 静かだなら

(B) 静かになら

(C) 静かなら

(D) 静かでなら

148 この本の出版のために多くの人々が協力して＿＿＿＿。

(A) もらいました

(B) くれました

(C) あげました

(D) いただきました

149 昨日家へ帰る途中、雨に＿＿＿＿風邪を引いてしまった。

(A) 降られて

(B) 降って

(C) 降り

(D) 降れて

150 学校＿＿＿＿タバコを吸ったりお酒を飲んだりしてはいけません。

(A) に

(B) で

(C) へ

(D) を

151 今日の失敗は＿＿＿＿忘れられません。

(A) また

(B) かなり

(C) どうぞ

(D) けっして

152 ゆうべ、お酒を飲みすぎて、今朝、＿＿＿＿でした。

(A) 起きない

(B) 起きれません

(C) 起きられません

(D) 起きなかった

次のページに続く

153 朝ねぼうしたので駅まで走っていったら、いつも乗っている電車に_______間に合った。

(A) ぎりぎり

(B) うろうろ

(C) ぶるぶる

(D) わくわく

154 母はいつも私たち_______自由に本を選ばせてくれました。

(A) が

(B) を

(C) に

(D) で

155 車道の真ん中_______歩かないでください。

(A) の

(B) に

(C) を

(D) が

156 木村さんは_______した性格で、細かいことを気にしません。

(A) さっぱり

(B) きっちり

(C) しっかり

(D) がっしり

157 昨日は午後４時ごろ寮を_______。

(A) 出しました

(B) 出ました

(C) 行きました

(D) 来ました

158 このアイスクリームには牛乳と卵と香料がたくさん_______あります。

(A) 入れて

(B) 入って

(C) 入れ

(D) 入り

159 もしお分かりになりにくいことがありましたら、いつでも＿＿＿＿。

(A) 聞きなさい

(B) お聞きなさい

(C) お聞きください

(D) お聞いてください

160 山田さんがそんなことを言う＿＿＿＿がありません。

(A) はず

(B) つもり

(C) よてい

(D) ため

161 先生、ちょっと＿＿＿＿ことがあるのですが。

(A) ご相談したい

(B) ご相談になりたい

(C) 相談にしたい

(D) 相談なさりたい

162 パソコン売り場は＿＿＿＿にありますか。

(A) 何層

(B) 何階

(C) 何本

(D) 何皆

163 戻りましたら、家に電話する＿＿＿＿お伝えください。

(A) ために

(B) ことに

(C) ように

(D) ところに

164 教室が少し暗いですが、電気を＿＿＿＿いいですか。

(A) つくても

(B) つけても

(C) つくしても

(D) ついても

次のページに続く

165 先生、この写真を_______ことがおありでしょうか。

(A) お目にかかった

(B) ご覧になった

(C) 拝見した

(D) 見えた

166 リストラについては_______で幅広く取り上げられていますね。

(A) マナー

(B) マスコミ

(C) デザイン

(D) コーナー

167 父はきげんが悪く、朝から怒って_______います。

(A) ものの

(B) ところ

(C) ばかり

(D) だけ

168 木村さんは結婚式場で_______をしています。

(A) サッカー

(B) 勉強

(C) 運動

(D) アルバイト

169 私は田中さんを上野公園に連れて行って_______。

(A) あげました

(B) くれました

(C) もらいました

(D) くださいました

170 石の上にも_______とは、辛くても辛抱して続ければ、いつかは成功するという意味です。

(A) 一年

(B) 二年

(C) 三年

(D) 四年

Ⅷ. 下の文を読んで、後の問いにもっとも適した答えを(A)から(D)の中で一つ選びなさい。

[171-173]

電車がホームに入ってくる時は、ホームの端に引いてある線から外に出ないように気をつけてください。電車に近づきすぎると危ないです。電車が到着してドアが開いたら＿①＿、中の人が降りるのを待ちましょう。混んでいる電車に乗るときは入り口に立ち止まらないで、中に入りましょう。中の方は意外に空いているものです。特に、ラッシュアワーにはたくさんの人が乗り降りします。お互いにいやな思いをしないためにもマナーを守りましょう。

171 ＿①＿に入る適当な言葉を選びなさい。

(A) また
(B) やっと
(C) ずっと
(D) まず

172 何についての説明ですか。

(A) 電車に乗る時の順番
(B) ラッシュアワー
(C) 日本の電車
(D) 電車に乗る時のマナー

173 本文の内容と合っていないものを選びなさい。

(A) ラッシュアワーにはたくさんの人が電車を利用する。
(B) 混んでいる電車の中では入り口に立っていない方がいい。
(C) 電車に近づきすぎるのは危険なことである。
(D) 電車がホームに入ってくる時は、電車に近づいた方がいい。

次のページに続く

[174-176]

２０１０年に1億２８０６万人だった日本の総人口は、５０年後には3割少ない８６７４万人まで減りそうです。国立社会保障・人口問題研究所が公表した「将来推計人口」によると、１人の女性が一生のうちに産む子どもの数(合計特殊出生率) の５０年後の見通しは1.３５＿①＿、少子高齢化や激しい人口減少が続くことが分かりました。

２０６０年の社会は、10人のうち４人が６５歳以上のお年寄り、5人が学生や大人(１５～６４歳)、１人が子ども(１４歳以下) という世代構成になります。今は1人のお年寄りを 2.8人の働き手＿①＿支えていますが、６０年には1.3人＿①＿支えることになります。

174 何について説明していますか。

(A) 国立社会保障
(B) 日本の人口問題
(C) 少子高齢化
(D) お年寄り

175 ＿①＿に入る適当な言葉を選びなさい。

(A) で
(B) に
(C) か
(D) を

176 本文の内容と合っているものを選びなさい。

(A) 日本の人口は増え続けている。
(B) 現在の日本の総人口は８６７４万人である。
(C) これから１４歳の子どもの割合は総人口の半分になる。
(D) ５０年後は現在の約２倍のお年寄りを大人が支えることになる。

[177-179]

食べるものが決まったら＿①＿、食堂の入り口で食券を買ってください。食券を買ったらカウンターに出して、近くで待ってください。ここのお茶は自由に飲んでもいいですが、外には持っていかないようにしてください。食べ終わったら、食器はカウンターの右に戻してください。
＿②＿食堂内は禁煙ですから、タバコは外でお願いします。

177 何について説明していますか。
(A) 食器の使い方
(B) 食堂の利用方法
(C) お茶の飲み方
(D) 食券の使い方

178 ＿①＿と＿②＿に入る適当な言葉を選びなさい。
(A) ① とりわけ　② ただし
(B) ① それから　② まず
(C) ① まず　② それから
(D) ① ただし　② それから

179 本文の内容と合っているものを選びなさい。
(A) 食堂でタバコを吸ってもいい。
(B) 食券を買ってから食べるものを決める。
(C) 食器は入り口に返す。
(D) 食堂のお茶は無料である。

次のページに続く

[180-182]

木村恵子様

拝啓
おだやかな天気が続いております。みなさまのお元気でお暮らしのよし、何よりです。私たちもみな元気でおります。
さて、この度はみごとなみかんをいただき、家族一同これはもう芸術品などと言いながらいただいております。
いつもお心づかいいただき、心からお礼を申し上げます。
末筆ながらみなさまのご健康をお祈り申し上げます。

敬具
3月28日
佐藤良子

180 この文の種類は何ですか。
(A) 日記
(B) 広告
(C) レポート
(D) 手紙

181 だれがだれに書いたのですか。
(A) 私が佐藤良子に
(B) 佐藤良子が木村恵子に
(C) 佐藤良子が家族に
(D) 木村恵子が佐藤良子に

182 良子がいただいたものは何ですか。
(A) いちご
(B) みかん
(C) 芸術品
(D) 健康

[183-186]

私の夢は看護師になることだ。私は１年前、中学２年生の時に事故にあい、２ヶ月間入院したことがある。あまりにもショックなできごとで、何に対してもやる気が出なかった。そんな私にある看護師さんが言った。「事故にあうのって、そんなに不幸なのかなあ。」私にはその意味が分からなかった。私はいつも笑顔であるその看護師さんに理由を聞いてみた。看護師さんは「楽しいから。ほら、楽しい時、笑うでしょう。」と答えた。「看護師は大変な職業だ」ということは知っていた＿①＿、「楽しい」という発想は思ってもみなかった。私もあの看護師さんのように人の役に立ちたい。そして、そう思える今の自分を大切にしたい。

183 ＿①＿に入る適当なことば言葉を選びなさい。

(A) では
(B) ところで
(C) けれど
(D) のは

184 「私」は今、何年生ですか。

(A) 高校１年生
(B) 中学１年生
(C) 中学２年生
(D) 中学３年生

185 「私」は将来、何になりたがっていますか。

(A) まだ分からない
(B) 看護師
(C) 医者
(D) ショックな職業

186 本文の内容と合っているものを選びなさい。

(A) １年間入院したことがある。
(B) 看護師は大変な職業なので関心がない。
(C) 看護師は不幸な職業である。
(D) 人の役に立ちたくて看護師になるつもりである。

次のページに続く

[187-189]

ひとりカラオケ(ヒトカラ)は、幅広い世代に根強い人気があります。普通のカラオケを一人で利用することもできますが、「ひとりカラオケ専門店」もおすすめです。
部屋の中にはプロも使うヘッドホンやマイク__①__が揃っていて、充実したサービスを受けることができます。そして、何より一人で店に__②__という利点があります。
カラオケは日本発祥の言葉です。空っぽ(カラ)のオーケストラ(オケ)という意味から来ていて、曲の伴奏だけを事前に録音しておいて後で使うことをいいます。また、日本初のカラオケボックスは、倉庫__①__で使われるコンテナを改造して作られました。

187 __①__に入る適当な言葉を選びなさい。

(A) など
(B) や
(C) と
(D) および

188 __②__に入る適当な言葉を選びなさい。

(A) 入りにくい
(B) 入りがたい
(C) 入りがち
(D) 入りやすい

189 本文の内容と合っているものを選びなさい。

(A) 一人ではカラオケに行くことができない。
(B) カラオケは若い世代だけに人気がある。
(C)「カラオケ」は日本で始めて使われた言葉である。
(D) カラオケではプロも満足するようなサービスは期待できない。

[190-192]

2/12 (日) ギガ天神に
リサイクル本登場!!!
エコアジア天神がOPENします。
まんが、小説、雑誌…あれこれ探してみましょう。

フタバ(ギガ天神)：092−739−3820
福岡市中央区天神1−10−13
B1F 24時間営業

190 何についての広告ですか。
(A) ショッピングセンター
(B) まんが
(C) 本屋
(D) デパート

191 ここで買えないものは何ですか。
(A) 小説
(B) マンガ
(C) DVD
(D) 雑誌

192 内容と合っているものを選びなさい。
(A) 月曜日にオープンする。
(B) エアコンも買える。
(C) 探してみたら何でも買える。
(D) 地下１階にある。

次のページに続く

[193-196]

日本は細長い島国です。南北に島が並んでいます。四つの大きい島とたくさんの小さい島があります。これを日本列島と言います。一番大きい島は本州です。本州の北に北海道があります。南に九州と四国があります。九州の南の端は沖縄です。日本は、山が多い国です。平地は３０パーセントだけです。日本のほとんどは温帯に属しています。そして春、夏、秋、冬の四つの季節があります。日本では、学校の新しい年が4月に始まります。明るくて、＿①＿季節です。

193 ＿①＿に入る適当な言葉を選びなさい。

(A) 寒い
(B) 暑い
(C) 涼しい
(D) 暖かい

194 四つの大きい島ではないものは何ですか。

(A) 北海道
(B) 沖縄
(C) 本州
(D) 四国

195 日本では、学校の新しい年はいつ始まりますか。

(A) ３月
(B) ４月
(C) ５月
(D) ６月

196 本文の内容と合っているものを選びなさい。

(A) 日本は山地が７0パーセントぐらいである。
(B) 東西に島が並んでいる。
(C) 一番大きい島は九州である。
(D) 日本は寒い国である。

[197-200]

最近、子どもたちが先生の注意を無視して、授業中にふざけたり、おしゃべりして授業が成り立たない現象が社会問題となっている。なかには注意された生徒が逆に腹をたてて先生に重傷を負わせたこともある。従来、学校においての先生はみんなに尊敬され、まして授業を妨害する生徒は＿①＿いなかった。

最近の子どもたちは自己中心的で忍耐力がなく、自分の思いどおりに行かないとすぐに感情を押えられなくなる。また、学校の授業は聞かなくても勉強は塾でやるからいいと考えている生徒も多いようである。いろいろな意味で、現在学校の存在価値までも考えさせられるようになった。

197 ＿①＿に入る適当な言葉を選びなさい。

(A) まさか
(B) あまり
(C) ぜひ
(D) たまに

198 何についての説明ですか。

(A) 教育の目的
(B) 先生の教え方
(C) 授業の方法
(D) 学級の崩壊

199 最近の子どもたちについての説明ではないものを選びなさい。

(A) 授業中にふざけたり、おしゃべりしたりする。
(B) 先生を尊敬している。
(C) 勉強は塾でやるからいいと考えている。
(D) 先生の注意を無視する。

200 本文の内容と合っていないものを選びなさい。

(A) 生徒が先生に重傷を負わせたことがある。
(B) 最近の子どもたちは自己中心的である。
(C) 最近の子どもたちは塾には通わないで学校で勉強する。
(D) 最近の子どもたちは忍耐力がない。

ANSWER SHEET

NEW JPT 한권으로 끝내기 450 실전모의테스트

聴 解 (Part I~IV)

No.	ANSWER	No.	ANSWER	No.	ANSWER	No.	ANSWER	No.	ANSWER
1	Ⓐ Ⓑ Ⓒ Ⓓ	21	Ⓐ Ⓑ Ⓒ Ⓓ	41	Ⓐ Ⓑ Ⓒ Ⓓ	61	Ⓐ Ⓑ Ⓒ Ⓓ	81	Ⓐ Ⓑ Ⓒ Ⓓ
2	Ⓐ Ⓑ Ⓒ Ⓓ	22	Ⓐ Ⓑ Ⓒ Ⓓ	42	Ⓐ Ⓑ Ⓒ Ⓓ	62	Ⓐ Ⓑ Ⓒ Ⓓ	82	Ⓐ Ⓑ Ⓒ Ⓓ
3	Ⓐ Ⓑ Ⓒ Ⓓ	23	Ⓐ Ⓑ Ⓒ Ⓓ	43	Ⓐ Ⓑ Ⓒ Ⓓ	63	Ⓐ Ⓑ Ⓒ Ⓓ	83	Ⓐ Ⓑ Ⓒ Ⓓ
4	Ⓐ Ⓑ Ⓒ Ⓓ	24	Ⓐ Ⓑ Ⓒ Ⓓ	44	Ⓐ Ⓑ Ⓒ Ⓓ	64	Ⓐ Ⓑ Ⓒ Ⓓ	84	Ⓐ Ⓑ Ⓒ Ⓓ
5	Ⓐ Ⓑ Ⓒ Ⓓ	25	Ⓐ Ⓑ Ⓒ Ⓓ	45	Ⓐ Ⓑ Ⓒ Ⓓ	65	Ⓐ Ⓑ Ⓒ Ⓓ	85	Ⓐ Ⓑ Ⓒ Ⓓ
6	Ⓐ Ⓑ Ⓒ Ⓓ	26	Ⓐ Ⓑ Ⓒ Ⓓ	46	Ⓐ Ⓑ Ⓒ Ⓓ	66	Ⓐ Ⓑ Ⓒ Ⓓ	86	Ⓐ Ⓑ Ⓒ Ⓓ
7	Ⓐ Ⓑ Ⓒ Ⓓ	27	Ⓐ Ⓑ Ⓒ Ⓓ	47	Ⓐ Ⓑ Ⓒ Ⓓ	67	Ⓐ Ⓑ Ⓒ Ⓓ	87	Ⓐ Ⓑ Ⓒ Ⓓ
8	Ⓐ Ⓑ Ⓒ Ⓓ	28	Ⓐ Ⓑ Ⓒ Ⓓ	48	Ⓐ Ⓑ Ⓒ Ⓓ	68	Ⓐ Ⓑ Ⓒ Ⓓ	88	Ⓐ Ⓑ Ⓒ Ⓓ
9	Ⓐ Ⓑ Ⓒ Ⓓ	29	Ⓐ Ⓑ Ⓒ Ⓓ	49	Ⓐ Ⓑ Ⓒ Ⓓ	69	Ⓐ Ⓑ Ⓒ Ⓓ	89	Ⓐ Ⓑ Ⓒ Ⓓ
10	Ⓐ Ⓑ Ⓒ Ⓓ	30	Ⓐ Ⓑ Ⓒ Ⓓ	50	Ⓐ Ⓑ Ⓒ Ⓓ	70	Ⓐ Ⓑ Ⓒ Ⓓ	90	Ⓐ Ⓑ Ⓒ Ⓓ
11	Ⓐ Ⓑ Ⓒ Ⓓ	31	Ⓐ Ⓑ Ⓒ Ⓓ	51	Ⓐ Ⓑ Ⓒ Ⓓ	71	Ⓐ Ⓑ Ⓒ Ⓓ	91	Ⓐ Ⓑ Ⓒ Ⓓ
12	Ⓐ Ⓑ Ⓒ Ⓓ	32	Ⓐ Ⓑ Ⓒ Ⓓ	52	Ⓐ Ⓑ Ⓒ Ⓓ	72	Ⓐ Ⓑ Ⓒ Ⓓ	92	Ⓐ Ⓑ Ⓒ Ⓓ
13	Ⓐ Ⓑ Ⓒ Ⓓ	33	Ⓐ Ⓑ Ⓒ Ⓓ	53	Ⓐ Ⓑ Ⓒ Ⓓ	73	Ⓐ Ⓑ Ⓒ Ⓓ	93	Ⓐ Ⓑ Ⓒ Ⓓ
14	Ⓐ Ⓑ Ⓒ Ⓓ	34	Ⓐ Ⓑ Ⓒ Ⓓ	54	Ⓐ Ⓑ Ⓒ Ⓓ	74	Ⓐ Ⓑ Ⓒ Ⓓ	94	Ⓐ Ⓑ Ⓒ Ⓓ
15	Ⓐ Ⓑ Ⓒ Ⓓ	35	Ⓐ Ⓑ Ⓒ Ⓓ	55	Ⓐ Ⓑ Ⓒ Ⓓ	75	Ⓐ Ⓑ Ⓒ Ⓓ	95	Ⓐ Ⓑ Ⓒ Ⓓ
16	Ⓐ Ⓑ Ⓒ Ⓓ	36	Ⓐ Ⓑ Ⓒ Ⓓ	56	Ⓐ Ⓑ Ⓒ Ⓓ	76	Ⓐ Ⓑ Ⓒ Ⓓ	96	Ⓐ Ⓑ Ⓒ Ⓓ
17	Ⓐ Ⓑ Ⓒ Ⓓ	37	Ⓐ Ⓑ Ⓒ Ⓓ	57	Ⓐ Ⓑ Ⓒ Ⓓ	77	Ⓐ Ⓑ Ⓒ Ⓓ	97	Ⓐ Ⓑ Ⓒ Ⓓ
18	Ⓐ Ⓑ Ⓒ Ⓓ	38	Ⓐ Ⓑ Ⓒ Ⓓ	58	Ⓐ Ⓑ Ⓒ Ⓓ	78	Ⓐ Ⓑ Ⓒ Ⓓ	98	Ⓐ Ⓑ Ⓒ Ⓓ
19	Ⓐ Ⓑ Ⓒ Ⓓ	39	Ⓐ Ⓑ Ⓒ Ⓓ	59	Ⓐ Ⓑ Ⓒ Ⓓ	79	Ⓐ Ⓑ Ⓒ Ⓓ	99	Ⓐ Ⓑ Ⓒ Ⓓ
20	Ⓐ Ⓑ Ⓒ Ⓓ	40	Ⓐ Ⓑ Ⓒ Ⓓ	60	Ⓐ Ⓑ Ⓒ Ⓓ	80	Ⓐ Ⓑ Ⓒ Ⓓ	100	Ⓐ Ⓑ Ⓒ Ⓓ

読 解 (Part V~VIII)

No.	ANSWER	No.	ANSWER	No.	ANSWER	No.	ANSWER	No.	ANSWER
101	Ⓐ Ⓑ Ⓒ Ⓓ	121	Ⓐ Ⓑ Ⓒ Ⓓ	141	Ⓐ Ⓑ Ⓒ Ⓓ	161	Ⓐ Ⓑ Ⓒ Ⓓ	181	Ⓐ Ⓑ Ⓒ Ⓓ
102	Ⓐ Ⓑ Ⓒ Ⓓ	122	Ⓐ Ⓑ Ⓒ Ⓓ	142	Ⓐ Ⓑ Ⓒ Ⓓ	162	Ⓐ Ⓑ Ⓒ Ⓓ	182	Ⓐ Ⓑ Ⓒ Ⓓ
103	Ⓐ Ⓑ Ⓒ Ⓓ	123	Ⓐ Ⓑ Ⓒ Ⓓ	143	Ⓐ Ⓑ Ⓒ Ⓓ	163	Ⓐ Ⓑ Ⓒ Ⓓ	183	Ⓐ Ⓑ Ⓒ Ⓓ
104	Ⓐ Ⓑ Ⓒ Ⓓ	124	Ⓐ Ⓑ Ⓒ Ⓓ	144	Ⓐ Ⓑ Ⓒ Ⓓ	164	Ⓐ Ⓑ Ⓒ Ⓓ	184	Ⓐ Ⓑ Ⓒ Ⓓ
105	Ⓐ Ⓑ Ⓒ Ⓓ	125	Ⓐ Ⓑ Ⓒ Ⓓ	145	Ⓐ Ⓑ Ⓒ Ⓓ	165	Ⓐ Ⓑ Ⓒ Ⓓ	185	Ⓐ Ⓑ Ⓒ Ⓓ
106	Ⓐ Ⓑ Ⓒ Ⓓ	126	Ⓐ Ⓑ Ⓒ Ⓓ	146	Ⓐ Ⓑ Ⓒ Ⓓ	166	Ⓐ Ⓑ Ⓒ Ⓓ	186	Ⓐ Ⓑ Ⓒ Ⓓ
107	Ⓐ Ⓑ Ⓒ Ⓓ	127	Ⓐ Ⓑ Ⓒ Ⓓ	147	Ⓐ Ⓑ Ⓒ Ⓓ	167	Ⓐ Ⓑ Ⓒ Ⓓ	187	Ⓐ Ⓑ Ⓒ Ⓓ
108	Ⓐ Ⓑ Ⓒ Ⓓ	128	Ⓐ Ⓑ Ⓒ Ⓓ	148	Ⓐ Ⓑ Ⓒ Ⓓ	168	Ⓐ Ⓑ Ⓒ Ⓓ	188	Ⓐ Ⓑ Ⓒ Ⓓ
109	Ⓐ Ⓑ Ⓒ Ⓓ	129	Ⓐ Ⓑ Ⓒ Ⓓ	149	Ⓐ Ⓑ Ⓒ Ⓓ	169	Ⓐ Ⓑ Ⓒ Ⓓ	189	Ⓐ Ⓑ Ⓒ Ⓓ
110	Ⓐ Ⓑ Ⓒ Ⓓ	130	Ⓐ Ⓑ Ⓒ Ⓓ	150	Ⓐ Ⓑ Ⓒ Ⓓ	170	Ⓐ Ⓑ Ⓒ Ⓓ	190	Ⓐ Ⓑ Ⓒ Ⓓ
111	Ⓐ Ⓑ Ⓒ Ⓓ	131	Ⓐ Ⓑ Ⓒ Ⓓ	151	Ⓐ Ⓑ Ⓒ Ⓓ	171	Ⓐ Ⓑ Ⓒ Ⓓ	191	Ⓐ Ⓑ Ⓒ Ⓓ
112	Ⓐ Ⓑ Ⓒ Ⓓ	132	Ⓐ Ⓑ Ⓒ Ⓓ	152	Ⓐ Ⓑ Ⓒ Ⓓ	172	Ⓐ Ⓑ Ⓒ Ⓓ	192	Ⓐ Ⓑ Ⓒ Ⓓ
113	Ⓐ Ⓑ Ⓒ Ⓓ	133	Ⓐ Ⓑ Ⓒ Ⓓ	153	Ⓐ Ⓑ Ⓒ Ⓓ	173	Ⓐ Ⓑ Ⓒ Ⓓ	193	Ⓐ Ⓑ Ⓒ Ⓓ
114	Ⓐ Ⓑ Ⓒ Ⓓ	134	Ⓐ Ⓑ Ⓒ Ⓓ	154	Ⓐ Ⓑ Ⓒ Ⓓ	174	Ⓐ Ⓑ Ⓒ Ⓓ	194	Ⓐ Ⓑ Ⓒ Ⓓ
115	Ⓐ Ⓑ Ⓒ Ⓓ	135	Ⓐ Ⓑ Ⓒ Ⓓ	155	Ⓐ Ⓑ Ⓒ Ⓓ	175	Ⓐ Ⓑ Ⓒ Ⓓ	195	Ⓐ Ⓑ Ⓒ Ⓓ
116	Ⓐ Ⓑ Ⓒ Ⓓ	136	Ⓐ Ⓑ Ⓒ Ⓓ	156	Ⓐ Ⓑ Ⓒ Ⓓ	176	Ⓐ Ⓑ Ⓒ Ⓓ	196	Ⓐ Ⓑ Ⓒ Ⓓ
117	Ⓐ Ⓑ Ⓒ Ⓓ	137	Ⓐ Ⓑ Ⓒ Ⓓ	157	Ⓐ Ⓑ Ⓒ Ⓓ	177	Ⓐ Ⓑ Ⓒ Ⓓ	197	Ⓐ Ⓑ Ⓒ Ⓓ
118	Ⓐ Ⓑ Ⓒ Ⓓ	138	Ⓐ Ⓑ Ⓒ Ⓓ	158	Ⓐ Ⓑ Ⓒ Ⓓ	178	Ⓐ Ⓑ Ⓒ Ⓓ	198	Ⓐ Ⓑ Ⓒ Ⓓ
119	Ⓐ Ⓑ Ⓒ Ⓓ	139	Ⓐ Ⓑ Ⓒ Ⓓ	159	Ⓐ Ⓑ Ⓒ Ⓓ	179	Ⓐ Ⓑ Ⓒ Ⓓ	199	Ⓐ Ⓑ Ⓒ Ⓓ
120	Ⓐ Ⓑ Ⓒ Ⓓ	140	Ⓐ Ⓑ Ⓒ Ⓓ	160	Ⓐ Ⓑ Ⓒ Ⓓ	180	Ⓐ Ⓑ Ⓒ Ⓓ	200	Ⓐ Ⓑ Ⓒ Ⓓ

1. 필기도구: 연필, 샤프펜슬, 지우개
2. 답안은 반드시 원안에 진하게 칠하여 주십시오.
3. 본인의 작성 오류로 인한 불이익은 책임지지 않습니다.
4. 답안 기재 요령: GOOD - ● / BAD - ⊙, ⊗, ∅

본 답안지는 컴퓨터로 처리되므로 답을 오독하지 않도록 정확히 기재하십시오.
시험이 끝난 후, 이 답안지는 문제지와 함께 반드시 제출해야 합니다.

ANSWER SHEET

NEW JPT 한권으로 끝내기 450 실전모의고사

聴 解 (Part I~IV)									
No.	ANSWER	No.	ANSWER	No.	ANSWER	No.	ANSWER	No.	ANSWER
1	Ⓐ Ⓑ Ⓒ Ⓓ	21	Ⓐ Ⓑ Ⓒ Ⓓ	41	Ⓐ Ⓑ Ⓒ Ⓓ	61	Ⓐ Ⓑ Ⓒ Ⓓ	81	Ⓐ Ⓑ Ⓒ Ⓓ
2	Ⓐ Ⓑ Ⓒ Ⓓ	22	Ⓐ Ⓑ Ⓒ Ⓓ	42	Ⓐ Ⓑ Ⓒ Ⓓ	62	Ⓐ Ⓑ Ⓒ Ⓓ	82	Ⓐ Ⓑ Ⓒ Ⓓ
3	Ⓐ Ⓑ Ⓒ Ⓓ	23	Ⓐ Ⓑ Ⓒ Ⓓ	43	Ⓐ Ⓑ Ⓒ Ⓓ	63	Ⓐ Ⓑ Ⓒ Ⓓ	83	Ⓐ Ⓑ Ⓒ Ⓓ
4	Ⓐ Ⓑ Ⓒ Ⓓ	24	Ⓐ Ⓑ Ⓒ Ⓓ	44	Ⓐ Ⓑ Ⓒ Ⓓ	64	Ⓐ Ⓑ Ⓒ Ⓓ	84	Ⓐ Ⓑ Ⓒ Ⓓ
5	Ⓐ Ⓑ Ⓒ Ⓓ	25	Ⓐ Ⓑ Ⓒ Ⓓ	45	Ⓐ Ⓑ Ⓒ Ⓓ	65	Ⓐ Ⓑ Ⓒ Ⓓ	85	Ⓐ Ⓑ Ⓒ Ⓓ
6	Ⓐ Ⓑ Ⓒ Ⓓ	26	Ⓐ Ⓑ Ⓒ Ⓓ	46	Ⓐ Ⓑ Ⓒ Ⓓ	66	Ⓐ Ⓑ Ⓒ Ⓓ	86	Ⓐ Ⓑ Ⓒ Ⓓ
7	Ⓐ Ⓑ Ⓒ Ⓓ	27	Ⓐ Ⓑ Ⓒ Ⓓ	47	Ⓐ Ⓑ Ⓒ Ⓓ	67	Ⓐ Ⓑ Ⓒ Ⓓ	87	Ⓐ Ⓑ Ⓒ Ⓓ
8	Ⓐ Ⓑ Ⓒ Ⓓ	28	Ⓐ Ⓑ Ⓒ Ⓓ	48	Ⓐ Ⓑ Ⓒ Ⓓ	68	Ⓐ Ⓑ Ⓒ Ⓓ	88	Ⓐ Ⓑ Ⓒ Ⓓ
9	Ⓐ Ⓑ Ⓒ Ⓓ	29	Ⓐ Ⓑ Ⓒ Ⓓ	49	Ⓐ Ⓑ Ⓒ Ⓓ	69	Ⓐ Ⓑ Ⓒ Ⓓ	89	Ⓐ Ⓑ Ⓒ Ⓓ
10	Ⓐ Ⓑ Ⓒ Ⓓ	30	Ⓐ Ⓑ Ⓒ Ⓓ	50	Ⓐ Ⓑ Ⓒ Ⓓ	70	Ⓐ Ⓑ Ⓒ Ⓓ	90	Ⓐ Ⓑ Ⓒ Ⓓ
11	Ⓐ Ⓑ Ⓒ Ⓓ	31	Ⓐ Ⓑ Ⓒ Ⓓ	51	Ⓐ Ⓑ Ⓒ Ⓓ	71	Ⓐ Ⓑ Ⓒ Ⓓ	91	Ⓐ Ⓑ Ⓒ Ⓓ
12	Ⓐ Ⓑ Ⓒ Ⓓ	32	Ⓐ Ⓑ Ⓒ Ⓓ	52	Ⓐ Ⓑ Ⓒ Ⓓ	72	Ⓐ Ⓑ Ⓒ Ⓓ	92	Ⓐ Ⓑ Ⓒ Ⓓ
13	Ⓐ Ⓑ Ⓒ Ⓓ	33	Ⓐ Ⓑ Ⓒ Ⓓ	53	Ⓐ Ⓑ Ⓒ Ⓓ	73	Ⓐ Ⓑ Ⓒ Ⓓ	93	Ⓐ Ⓑ Ⓒ Ⓓ
14	Ⓐ Ⓑ Ⓒ Ⓓ	34	Ⓐ Ⓑ Ⓒ Ⓓ	54	Ⓐ Ⓑ Ⓒ Ⓓ	74	Ⓐ Ⓑ Ⓒ Ⓓ	94	Ⓐ Ⓑ Ⓒ Ⓓ
15	Ⓐ Ⓑ Ⓒ Ⓓ	35	Ⓐ Ⓑ Ⓒ Ⓓ	55	Ⓐ Ⓑ Ⓒ Ⓓ	75	Ⓐ Ⓑ Ⓒ Ⓓ	95	Ⓐ Ⓑ Ⓒ Ⓓ
16	Ⓐ Ⓑ Ⓒ Ⓓ	36	Ⓐ Ⓑ Ⓒ Ⓓ	56	Ⓐ Ⓑ Ⓒ Ⓓ	76	Ⓐ Ⓑ Ⓒ Ⓓ	96	Ⓐ Ⓑ Ⓒ Ⓓ
17	Ⓐ Ⓑ Ⓒ Ⓓ	37	Ⓐ Ⓑ Ⓒ Ⓓ	57	Ⓐ Ⓑ Ⓒ Ⓓ	77	Ⓐ Ⓑ Ⓒ Ⓓ	97	Ⓐ Ⓑ Ⓒ Ⓓ
18	Ⓐ Ⓑ Ⓒ Ⓓ	38	Ⓐ Ⓑ Ⓒ Ⓓ	58	Ⓐ Ⓑ Ⓒ Ⓓ	78	Ⓐ Ⓑ Ⓒ Ⓓ	98	Ⓐ Ⓑ Ⓒ Ⓓ
19	Ⓐ Ⓑ Ⓒ Ⓓ	39	Ⓐ Ⓑ Ⓒ Ⓓ	59	Ⓐ Ⓑ Ⓒ Ⓓ	79	Ⓐ Ⓑ Ⓒ Ⓓ	99	Ⓐ Ⓑ Ⓒ Ⓓ
20	Ⓐ Ⓑ Ⓒ Ⓓ	40	Ⓐ Ⓑ Ⓒ Ⓓ	60	Ⓐ Ⓑ Ⓒ Ⓓ	80	Ⓐ Ⓑ Ⓒ Ⓓ	100	Ⓐ Ⓑ Ⓒ Ⓓ

読 解 (Part V~VIII)									
No.	ANSWER	No.	ANSWER	No.	ANSWER	No.	ANSWER	No.	ANSWER
101	Ⓐ Ⓑ Ⓒ Ⓓ	121	Ⓐ Ⓑ Ⓒ Ⓓ	141	Ⓐ Ⓑ Ⓒ Ⓓ	161	Ⓐ Ⓑ Ⓒ Ⓓ	181	Ⓐ Ⓑ Ⓒ Ⓓ
102	Ⓐ Ⓑ Ⓒ Ⓓ	122	Ⓐ Ⓑ Ⓒ Ⓓ	142	Ⓐ Ⓑ Ⓒ Ⓓ	162	Ⓐ Ⓑ Ⓒ Ⓓ	182	Ⓐ Ⓑ Ⓒ Ⓓ
103	Ⓐ Ⓑ Ⓒ Ⓓ	123	Ⓐ Ⓑ Ⓒ Ⓓ	143	Ⓐ Ⓑ Ⓒ Ⓓ	163	Ⓐ Ⓑ Ⓒ Ⓓ	183	Ⓐ Ⓑ Ⓒ Ⓓ
104	Ⓐ Ⓑ Ⓒ Ⓓ	124	Ⓐ Ⓑ Ⓒ Ⓓ	144	Ⓐ Ⓑ Ⓒ Ⓓ	164	Ⓐ Ⓑ Ⓒ Ⓓ	184	Ⓐ Ⓑ Ⓒ Ⓓ
105	Ⓐ Ⓑ Ⓒ Ⓓ	125	Ⓐ Ⓑ Ⓒ Ⓓ	145	Ⓐ Ⓑ Ⓒ Ⓓ	165	Ⓐ Ⓑ Ⓒ Ⓓ	185	Ⓐ Ⓑ Ⓒ Ⓓ
106	Ⓐ Ⓑ Ⓒ Ⓓ	126	Ⓐ Ⓑ Ⓒ Ⓓ	146	Ⓐ Ⓑ Ⓒ Ⓓ	166	Ⓐ Ⓑ Ⓒ Ⓓ	186	Ⓐ Ⓑ Ⓒ Ⓓ
107	Ⓐ Ⓑ Ⓒ Ⓓ	127	Ⓐ Ⓑ Ⓒ Ⓓ	147	Ⓐ Ⓑ Ⓒ Ⓓ	167	Ⓐ Ⓑ Ⓒ Ⓓ	187	Ⓐ Ⓑ Ⓒ Ⓓ
108	Ⓐ Ⓑ Ⓒ Ⓓ	128	Ⓐ Ⓑ Ⓒ Ⓓ	148	Ⓐ Ⓑ Ⓒ Ⓓ	168	Ⓐ Ⓑ Ⓒ Ⓓ	188	Ⓐ Ⓑ Ⓒ Ⓓ
109	Ⓐ Ⓑ Ⓒ Ⓓ	129	Ⓐ Ⓑ Ⓒ Ⓓ	149	Ⓐ Ⓑ Ⓒ Ⓓ	169	Ⓐ Ⓑ Ⓒ Ⓓ	189	Ⓐ Ⓑ Ⓒ Ⓓ
110	Ⓐ Ⓑ Ⓒ Ⓓ	130	Ⓐ Ⓑ Ⓒ Ⓓ	150	Ⓐ Ⓑ Ⓒ Ⓓ	170	Ⓐ Ⓑ Ⓒ Ⓓ	190	Ⓐ Ⓑ Ⓒ Ⓓ
111	Ⓐ Ⓑ Ⓒ Ⓓ	131	Ⓐ Ⓑ Ⓒ Ⓓ	151	Ⓐ Ⓑ Ⓒ Ⓓ	171	Ⓐ Ⓑ Ⓒ Ⓓ	191	Ⓐ Ⓑ Ⓒ Ⓓ
112	Ⓐ Ⓑ Ⓒ Ⓓ	132	Ⓐ Ⓑ Ⓒ Ⓓ	152	Ⓐ Ⓑ Ⓒ Ⓓ	172	Ⓐ Ⓑ Ⓒ Ⓓ	192	Ⓐ Ⓑ Ⓒ Ⓓ
113	Ⓐ Ⓑ Ⓒ Ⓓ	133	Ⓐ Ⓑ Ⓒ Ⓓ	153	Ⓐ Ⓑ Ⓒ Ⓓ	173	Ⓐ Ⓑ Ⓒ Ⓓ	193	Ⓐ Ⓑ Ⓒ Ⓓ
114	Ⓐ Ⓑ Ⓒ Ⓓ	134	Ⓐ Ⓑ Ⓒ Ⓓ	154	Ⓐ Ⓑ Ⓒ Ⓓ	174	Ⓐ Ⓑ Ⓒ Ⓓ	194	Ⓐ Ⓑ Ⓒ Ⓓ
115	Ⓐ Ⓑ Ⓒ Ⓓ	135	Ⓐ Ⓑ Ⓒ Ⓓ	155	Ⓐ Ⓑ Ⓒ Ⓓ	175	Ⓐ Ⓑ Ⓒ Ⓓ	195	Ⓐ Ⓑ Ⓒ Ⓓ
116	Ⓐ Ⓑ Ⓒ Ⓓ	136	Ⓐ Ⓑ Ⓒ Ⓓ	156	Ⓐ Ⓑ Ⓒ Ⓓ	176	Ⓐ Ⓑ Ⓒ Ⓓ	196	Ⓐ Ⓑ Ⓒ Ⓓ
117	Ⓐ Ⓑ Ⓒ Ⓓ	137	Ⓐ Ⓑ Ⓒ Ⓓ	157	Ⓐ Ⓑ Ⓒ Ⓓ	177	Ⓐ Ⓑ Ⓒ Ⓓ	197	Ⓐ Ⓑ Ⓒ Ⓓ
118	Ⓐ Ⓑ Ⓒ Ⓓ	138	Ⓐ Ⓑ Ⓒ Ⓓ	158	Ⓐ Ⓑ Ⓒ Ⓓ	178	Ⓐ Ⓑ Ⓒ Ⓓ	198	Ⓐ Ⓑ Ⓒ Ⓓ
119	Ⓐ Ⓑ Ⓒ Ⓓ	139	Ⓐ Ⓑ Ⓒ Ⓓ	159	Ⓐ Ⓑ Ⓒ Ⓓ	179	Ⓐ Ⓑ Ⓒ Ⓓ	199	Ⓐ Ⓑ Ⓒ Ⓓ
120	Ⓐ Ⓑ Ⓒ Ⓓ	140	Ⓐ Ⓑ Ⓒ Ⓓ	160	Ⓐ Ⓑ Ⓒ Ⓓ	180	Ⓐ Ⓑ Ⓒ Ⓓ	200	Ⓐ Ⓑ Ⓒ Ⓓ

1. 필기도구: 연필, 샤프펜슬, 지우개
2. 답안은 반드시 원안에 진하게 칠하여 주십시오.
3. 본인의 작성 오류로 인한 불이익은 책임지지 않습니다.
4. 답안 기재 요령: GOOD - ● / BAD - ⊙, ⊗, ⊘

본 답안지는 컴퓨터로 처리되므로 답을 오독하지 않도록 정확히 기재하십시오.
시험이 끝난 후, 이 답안지는 문제지와 함께 반드시 제출해야 합니다.

JPT 450

한권으로 끝내기

해설

청해·독해
(PART 1~PART 8)

PART 1 사진묘사

① 사람, 동물 공략 3단계 실전 문제 풀기 ▶ 30쪽

정답 1 (C) 2 (C) 3 (A) 4 (B) 5 (A) 6 (B) 7 (B) 8 (A) 9 (B) 10 (C)

스크립트	해석
1	
(A) 浮き輪を売っています。	(A) 튜브를 팔고 있습니다.
(B) 浮き輪を使って海で遊んでいます。	(B) 튜브를 사용해서 바다에서 놀고 있습니다.
(C) 浮き輪につかまって浮かんでいます。	(C) 튜브를 꽉 잡고 떠 있습니다.
(D) 手を振りながら浮き輪を運んでいます。	(D) 손을 흔들면서 튜브를 옮기고 있습니다.

단어 浮き輪 튜브 遊ぶ 놀다 つかまる 꽉 잡다, 붙잡다 浮かぶ 뜨다, 떠오르다 振る 흔들다 運ぶ 옮기다

스크립트	해석
2	
(A) トラが口を開けています。	(A) 호랑이가 입을 벌리고 있습니다.
(B) トラが二本足で立っています。	(B) 호랑이가 두 발로 서 있습니다.
(C) トラが下を向いて歩いています。	(C) 호랑이가 아래를 보며 걷고 있습니다.
(D) トラが石の上に横たわっています。	(D) 호랑이가 돌 위에 누워 있습니다.

단어 トラ 호랑이 開ける 열다 二本足で立つ 두 발로 서다 向く 향하다 歩く 걷다 横たわる 눕다

스크립트	해석
3	
(A) とんかつにソースをかけています。	(A) 돈가스에 소스를 뿌리고 있습니다.
(B) かつ丼の上に野菜をのせています。	(B) 돈가스 덮밥 위에 채소를 올리고 있습니다.
(C) マヨネーズとケチャップを混ぜています。	(C) 마요네즈와 케첩을 섞고 있습니다.
(D) 目玉焼きに塩とこしょうをかけています。	(D) 달걀 프라이에 소금과 후추를 뿌리고 있습니다.

단어 ソース 소스 かける 뿌리다, 끼얹다 のせる 올리다 マヨネーズ 마요네즈 ケチャップ 케첩 混ぜる 섞다
目玉焼き 달걀 프라이 塩 소금 こしょう 후추

스크립트	해석
4	
(A) シーソーに乗っています。	(A) 시소를 타고 있습니다.
(B) ブランコに乗っています。	(B) 그네를 타고 있습니다.
(C) ブランコを揺らしています。	(C) 그네를 흔들고 있습니다.
(D) 砂場で砂遊びをしています。	(D) 모래밭에서 모래놀이를 하고 있습니다.

단어 シーソー 시소 乗る 타다 ブランコ 그네 揺らす 흔들다 砂場 모래밭 砂遊び 모래놀이

5

(A) 子どもが馬に乗っています。
(B) 子どもがくじらを見ています。
(C) 子どもがたぬきを触っています。
(D) 子どもがひよこを買っています。

(A) 아이가 말을 타고 있습니다.
(B) 아이가 고래를 보고 있습니다.
(C) 아이가 너구리를 만지고 있습니다.
(D) 아이가 병아리를 사고 있습니다.

단어 馬 말　乗る 타다　くじら 고래　見る 보다　たぬき 너구리　触る 만지다　ひよこ 병아리　買う 사다

6

(A) なすを取っています。
(B) 白菜を持っています。
(C) だいこんを育てています。
(D) ねぎを味わっています。

(A) 가지를 따고 있습니다.
(B) 배추를 들고 있습니다.
(C) 무를 키우고 있습니다.
(D) 파를 맛보고 있습니다.

단어 なす 가지　取る 따다, 들다, 얻다　白菜 배추　持つ 쥐다, 들다　だいこん 무　育てる 기르다　ねぎ 파　味わう 맛보다

7

(A) シールを集めています。
(B) スタンプを押しています。
(C) シールを貼っています。
(D) スタンプカードを印刷しています。

(A) 스티커를 모으고 있습니다.
(B) 스탬프를 찍고 있습니다.
(C) 스티커를 붙이고 있습니다.
(D) 스탬프 카드를 인쇄하고 있습니다.

단어 シール 스티커　集める 모으다　スタンプ 스탬프, 도장　押す 밀다, 누르다　貼る 붙이다　印刷する 인쇄하다

8

(A) 車に乗ろうとしています。
(B) 車のドアを開けようとしています。
(C) 車を前向きに止めようとしています。
(D) 車にガソリンを入れているところです。

(A) 차를 타려고 합니다.
(B) 차 문을 열려고 합니다.
(C) 차를 전면 주차하려고 합니다.
(D) 차에 기름을 넣고 있는 중입니다.

단어 車 차　ドア 문　前向き 정면으로 향함　ガソリン 가솔린, 휘발유　入れる 넣다

9

(A) 野菜を洗っています。
(B) 鉄板で野菜を焼いています。
(C) 野菜をザクザク切っています。
(D) 調理台で野菜を食べています。

(A) 야채를 씻고 있습니다.
(B) 철판에서 야채를 굽고 있습니다.
(C) 야채를 숭덩숭덩 자르고 있습니다.
(D) 조리대에서 야채를 먹고 있습니다.

단어 野菜 야채　洗う 씻다　鉄板 철판　焼く 굽다　ザクザク 숭숭, 삭둑삭둑　切る 자르다　調理台 조리대

10

(A) 運動場で字を書いています。
(B) 子どもたちが横一列に座っています。
(C) 何人かの子どもがキャップをかぶっています。
(D) 子どもたちは運動場で走っています。

(A) 운동장에서 글씨를 쓰고 있습니다.
(B) 아이들이 한 줄로 나란히 앉아 있습니다.
(C) 아이들 몇 명이 모자를 쓰고 있습니다.
(D) 아이들은 운동장에서 달리고 있습니다.

단어 運動場 운동장 字を書く 글씨를 쓰다 座る 앉다 キャップ 모자 かぶる (모자 등을) 쓰다, 뒤집어 쓰다

② 실내 장면 공략 3단계 실전 문제 풀기 ▶ 47쪽

정답 1 (D) 2 (D) 3 (D) 4 (A) 5 (C) 6 (B) 7 (A) 8 (A) 9 (C) 10 (D)

스크립트	해석

1

(A) 外の温度は32度です。
(B) 靴を脱がないで入場できます。
(C) 冷房の設定温度が書いてあります。
(D) 午後2時から4時までなら利用できます。

(A) 외부 온도는 32도입니다.
(B) 신발을 벗지 않고 입장할 수 있습니다.
(C) 냉방 설정 온도가 쓰여 있습니다.
(D) 오후 2시부터 4시까지라면 이용할 수 있습니다.

단어 外 밖 温度 온도 脱ぐ 벗다 入場する 입장하다 冷房 냉방 設定 설정 午後 오후 利用する 이용하다

2

(A) 出口を案内しています。
(B) 電話をかけてはいけません。
(C) お手洗いを案内しています。
(D) タバコを吸ってはいけません。

(A) 출구를 안내하고 있습니다.
(B) 전화를 걸어서는 안 됩니다.
(C) 화장실을 안내하고 있습니다.
(D) 담배를 피워서는 안 됩니다.

단어 出口 출구 案内する 안내하다 電話をかける 전화를 걸다 お手洗い 화장실 タバコを吸う 담배를 피다

3

(A) コップが割れています。
(B) 皿の上にコップがあります。
(C) 箱の上に四つのコップが並んでいます。
(D) ボックスの上にコップが置いてあります。

(A) 컵이 깨져 있습니다.
(B) 접시 위에 컵이 있습니다.
(C) 상자 위에 컵 4개가 늘어서 있습니다.
(D) 상자 위에 컵이 놓여 있습니다.

단어 コップ 컵 割れる 깨지다 皿 접시 箱 상자 並ぶ 늘어서다 ボックス 박스 置く 두다

4

(A) 家具が置かれています。
(B) カーテンが閉じてあります。
(C) カーテンが掛かっています。
(D) ベッドの上に服が広げてあります。

(A) 가구가 놓여 있습니다.
(B) 커튼이 쳐져 있습니다.
(C) 커튼이 달려 있습니다.
(D) 침대 위에 옷이 펼쳐져 있습니다.

단어 家具 가구 カーテン 커튼 閉じる 닫히다, 닫다 掛かる 걸리다 ベッド 침대 服 옷 広げる 펼치다

5

(A) 新鮮なカットフルーツがあります。
(B) 果物の段ボールが積んであります。
(C) ショーケースに果物が陳列されています。
(D) 色とりどりの野菜が積まれています。

(A) 신선한 컵과일이 있습니다.
(B) 과일 상자가 쌓여 있습니다.
(C) 진열대에 과일이 진열되어 있습니다.
(D) 각양각색의 야채가 쌓여 있습니다.

단어 新鮮だ 신선하다 カットフルーツ 손질된 과일, 컵과일 果物 과일 積む 쌓다 ショーケース 쇼케이스, 진열장 陳列する 진열하다 色とりどり 각양각색

6

(A) 和菓子が並んでいます。
(B) ホールケーキがあります。
(C) いちごパフェがショーケースに入っています。
(D) いちごのショートケーキを買っています。

(A) 일본 과자가 놓여 있습니다.
(B) 홀 케이크가 있습니다.
(C) 딸기 파르페가 진열장에 들어 있습니다.
(D) 딸기 생크림 케이크를 사고 있습니다.

단어 和菓子 일본 과자 並ぶ 늘어서다, 정리되어 놓여 있다 ホールケーキ 홀 케이크 いちごパフェ 딸기 파르페 いちごのショートケーキ 딸기 생크림 케이크

7

(A) タオルが掛けてあります。
(B) ドライヤーがドアに掛けてあります。
(C) 歯ブラシとせっけんが置いてあります。
(D) 洗面器の中にコップが置いてあります。

(A) 수건이 걸려 있습니다.
(B) 드라이어가 문에 걸려 있습니다.
(C) 칫솔과 비누가 놓여 있습니다.
(D) 세면대 안에 컵이 놓여 있습니다.

단어 タオル 수건 掛ける 걸다 ドライヤー 드라이어 歯ブラシ 칫솔 せっけん 비누 洗面器 세면기, 세면대

8

(A) 日傘が閉じてあります。
(B) 日傘が開いてあります。
(C) 細長い傘立てがあります。
(D) 折りたたみ傘が掛けてあります。

(A) 양산이 접혀 있습니다.
(B) 양산이 펴 있습니다.
(C) 가늘고 긴 우산꽂이가 있습니다.
(D) 접이식 우산이 걸려 있습니다.

단어 日傘 양산 開く 열다, 펴다 細長い 길고 가느랗다 傘立て 우산꽂이 折りたたみ傘 접이식 우산

9

(A) 花が枯れています。
(B) 木の枝が伸びています。
(C) 花が植えてあります。
(D) 畑で野菜を育てています。

(A) 꽃이 시들어 있습니다.
(B) 나뭇가지가 뻗어 있습니다.
(C) 꽃이 심겨 있습니다.
(D) 밭에 야채를 키우고 있습니다.

단어 枯れる 마르다, 시들다 枝 가지, 갈래 伸びる 펴지다, 자라다 植える 심다 畑 밭

10

(A) 箱が四つあります。
(B) 箱の中に本があります。
(C) 段ボール製の本だながあります。
(D) 重ねられた段ボール箱があります。

(A) 상자가 4개 있습니다.
(B) 상자 안에 책이 있습니다.
(C) 골판지로 된 책장이 있습니다.
(D) 쌓인 골판지 상자가 있습니다.

단어 箱 상자 本だな 책장 重ねる 포개다, 쌓아 올리다

③ 실외 풍경 공략 3단계 실전 문제 풀기 ▶ 64쪽

정답 1 (D) 2 (A) 3 (D) 4 (A) 5 (A) 6 (B) 7 (C) 8 (A) 9 (D) 10 (B)

스크립트	해석

1

(A) 車が３台止まっています。
(B) 駐車場に消防車があります。
(C) 駐車場の前に看板があります。
(D) 全ての車は同じ方向を向いて止まっています。

(A) 차 3대가 세워져 있습니다.
(B) 주차장에 소방차가 있습니다.
(C) 주차장 앞에 간판이 있습니다.
(D) 모든 차는 같은 방향을 보고 세워져 있습니다.

단어 駐車場 주차장 消防車 소방차 前 앞 看板 간판 全て 모든 同じだ 같다 方向 방향 向く 향하다

2

(A) 運賃は乗る時に払います。
(B) 運賃は降りる時に払います。
(C) バスの後ろのドアから乗ります。
(D) 目的地に着いたら前のドアから降ります。

(A) 요금은 탈 때 지불합니다.
(B) 요금은 내릴 때 지불합니다.
(C) 버스의 뒷문으로 탑니다.
(D) 목적지에 도착하면 앞문으로 내립니다.

단어 運賃 운임 払う 지불하다 降りる 내리다 後ろ 뒤 目的地 목적지 着く 도착하다

3

(A) 缶コーヒーが出てきます。
(B) 取り出し口にゴミがあります。
(C) お金を下ろすことができます。
(D) 電車のホームまで行けるきっぷが買えます。

(A) 캔 커피가 나옵니다.
(B) 음료가 나오는 곳에 쓰레기가 있습니다.
(C) 돈을 찾을 수 있습니다.
(D) 전철 승강장까지 갈 수 있는 표를 살 수 있습니다.

단어 缶コーヒー 캔커피 出る 나오다 取り出し口 (자판기 등의) 음료가 나오는 곳 ゴミ 쓰레기 お金 돈 下す 내리다, (돈을) 찾다 電車 전철 ホーム 플랫폼, 승강장

4

(A) 営業時間は11時間です。
(B) 回転ずし屋は2階にあります。
(C) まぐろが一匹置いてあります。
(D) 応援用の看板が掛かっています。

(A) 영업시간은 11시간입니다.
(B) 회전 초밥집은 2층에 있습니다.
(C) 참치 1마리가 놓여 있습니다.
(D) 응원용 간판이 걸려 있습니다.

단어 営業時間 영업시간 回転ずし 회전 초밥 まぐろ 참치 応援 응원 看板 간판

5

(A) 屋根のない駐輪場です。
(B) オートバイが並んでいます。
(C) 駐車場にバスが止めてあります。
(D) タクシー乗り場に自転車があります。

(A) 지붕이 없는 자전거 거치대입니다.
(B) 오토바이가 나란히 있습니다.
(C) 주차장에 버스가 세워져 있습니다.
(D) 택시 승강장에 자전거가 있습니다.

단어 屋根 지붕 駐輪場 자전거 거치대 オートバイ 오토바이 止める 멈추다, 세우다 タクシー 택시 乗り場 타는 곳 自転車 자전거

6

(A) 郵便物であふれています。
(B) 丸形の郵便ポストがあります。
(C) 郵便ポストのとなりにゴミ箱があります。
(D) 郵便ポストの周りは自転車でいっぱいです。

(A) 우편물로 넘쳐 있습니다.
(B) 원형 우체통이 있습니다.
(C) 우체통 옆에 쓰레기통이 있습니다.
(D) 우체통 주변은 자전거로 가득합니다.

단어 郵便物 우편물 あふれる 넘치다 丸形 원형 郵便ポスト 우체통 となり 옆 ゴミ箱 쓰레기통 周り 주변 いっぱい 가득, 잔뜩

7

(A) 木が倒れています。
(B) 庭に芝生が張られています。
(C) チューリップを育てています。
(D) ユリがきれいに咲いています。

(A) 나무가 쓰러져 있습니다.
(B) 정원에 잔디가 뻗어 있습니다.
(C) 튤립을 키우고 있습니다.
(D) 백합이 예쁘게 피어 있습니다.

단어 倒れる 쓰러지다 庭 정원 芝生 잔디 張る 뻗다, 뻗어나다 チューリップ 튤립 ユリ 백합 きれいだ 예쁘다 咲く (꽃이) 피다

8

(A) 穏やかな海です。
(B) 遠くにみずうみが見えます。
(C) 船が浮かんでいます。
(D) 波がとても大きいです。

(A) 평온한 바다입니다.
(B) 멀리 호수가 보입니다.
(C) 배가 떠 있습니다.
(D) 파도가 매우 큽니다.

단어 穏やかだ 온화하다, 평온하다 海 바다 遠い 멀다 みずうみ 호수 船 배 浮かぶ 뜨다 波 파도 とても 매우

9

(A) クーラーは売り切れです。
(B) 登山道の入り口があります。
(C) 山に囲まれたバス停です。
(D) ながめが楽しめるアトラクションがあります。

(A) 에어컨은 품절입니다.
(B) 등산로의 입구가 있습니다.
(C) 산으로 둘러싸인 버스 정류장입니다.
(D) 전망을 즐길 수 있는 놀이기구가 있습니다.

단어 クーラー 에어컨, 냉방 장치 売り切れ 품절, 매진 登山道 등산로 入り口 입구 囲む 둘러싸다 バス停 버스 정류장 ながめ 경치, 풍경, 전망 楽しむ 즐기다 アトラクション 놀이기구

10

(A) バスの路線図です。
(B) 空港の案内図です。
(C) リムジンバスの時刻表です。
(D) 空港の近所の観光地の案内図です。

(A) 버스 노선도입니다.
(B) 공항 안내도입니다.
(C) 리무진 버스의 시간표입니다.
(D) 공항 근처 관광지의 안내도입니다.

단어 路線図 노선도 空港 공항 案内図 안내도 リムジンバス 리무진 버스 時刻表 시간표 近所 근처 観光地 관광지

PART 1 사진묘사 실전모의테스트 ▶ 69쪽

정답									
1 (B)	2 (C)	3 (B)	4 (A)	5 (C)	6 (B)	7 (B)	8 (D)	9 (D)	10 (B)
11 (C)	12 (A)	13 (D)	14 (B)	15 (A)	16 (D)	17 (C)	18 (C)	19 (B)	20 (A)

스크립트	해석
1	
(A) 交通費(こうつうひ)は８００円(はっぴゃくえん)です。	(A) 교통비는 800엔입니다.
(B) アトラクションは３歳(さんさい)から有料(ゆうりょう)です。	(B) 놀이기구는 3살부터 유료입니다.
(C) フリーパスのチケットがあります。	(C) 프리 패스 티켓이 있습니다.
(D) アトラクションのチケットは３種類(さんしゅるい)あります。	(D) 놀이기구 티켓은 세 종류가 있습니다.

단어 交通費(こうつうひ) 교통비　有料(ゆうりょう) 유료　チケット 티켓, 표　種類(しゅるい) 종류

스크립트	해석
2	
(A) さるが木(き)に登(のぼ)っています。	(A) 원숭이가 나무에 오르고 있습니다.
(B) さるが子(こ)どもと遊(あそ)んでいます。	(B) 원숭이가 아이와 놀고 있습니다.
(C) 一匹(いっぴき)のさるが横(よこ)になっています。	(C) 원숭이 1마리가 누워 있습니다.
(D) ２匹(にひき)のさるが向(む)かい合(あ)っています。	(D) 두 마리의 원숭이가 서로 마주 보고 있습니다.

단어 さる 원숭이　登(のぼ)る 오르다　遊(あそ)ぶ 놀다　横(よこ)になる 눕다　向(む)き合(あ)う 마주 보다

스크립트	해석
3	
(A) だいこんとイカの煮物(にもの)のレシピがあります。	(A) 무와 오징어 조림의 레시피가 있습니다.
(B) テーブルの上(うえ)に駅弁(えきべん)が置(お)いてあります。	(B) 테이블 위에 기차 도시락이 놓여 있습니다.
(C) ごはんの真(ま)ん中(なか)に梅干(うめぼ)しが一(ひと)つあります。	(C) 밥 한가운데 매실 장아찌가 1개 있습니다.
(D) 箱(はこ)の中(なか)にまぐろの握(にぎ)りずしがあります。	(D) 상자 안에 참치 초밥이 있습니다.

단어 イカ 오징어　煮物(にもの) 조림, (음식을) 끓임　レシピ 레시피, 조리법　テーブル 테이블　駅弁(えきべん) 철도 역에서 파는 도시락
真(ま)ん中(なか) 한가운데　梅干(うめぼ)し 우메보시, 매실 장아찌

스크립트	해석
4	
(A) 火事(かじ)の時(とき)に使(つか)います。	(A) 화재 시에 사용합니다.
(B) 洪水(こうずい)の時(とき)に使(つか)います。	(B) 홍수 발생 시에 사용합니다.
(C) 運転(うんてん)する時(とき)に使(つか)います。	(C) 운전할 때에 사용합니다.
(D) 水泳(すいえい)する時(とき)に使(つか)います。	(D) 수영할 때에 사용합니다.

단어 火事(かじ) 화재　洪水(こうずい) 홍수　運転(うんてん)する 운전하다　水泳(すいえい)する 수영하다

5

(A) 信号を待っています。
(B) 電車が着いたばかりです。
(C) バスのドアが開いています。
(D) 運転手が階段を上がっています。

(A) 신호를 기다리고 있습니다.
(B) 전철이 막 도착했습니다.
(C) 버스 문이 열려 있습니다.
(D) 운전 기사가 계단을 오르고 있습니다.

단어 信号 신호　待つ 기다리다　～たばかりだ 막 ～하다　運転手 운전수, 운전 기사　階段 계단　上がる 오르다

6

(A) 紙にのりをぬっています。
(B) 両手で紙を折っています。
(C) ピンポン玉を持っています。
(D) はさみで紙を切っています。

(A) 종이에 풀을 칠하고 있습니다.
(B) 양손으로 종이를 접고 있습니다.
(C) 탁구공을 갖고 있습니다.
(D) 가위로 종이를 자르고 있습니다.

단어 紙 종이　のり 풀　ぬる 칠하다, 바르다　両手 양손　折る 접다　ピンポン玉 탁구공　はさみ 가위　切る 자르다

7

(A) 女の人が新聞を抱えています。
(B) 女の人がメニューを見ています。
(C) 女の人が店員に注文しています。
(D) 女の人がメニュー表を叩いています。

(A) 여성이 신문을 팔에 끼고 있습니다.
(B) 여성이 메뉴를 보고 있습니다.
(C) 여성이 점원에게 주문하고 있습니다.
(D) 여성이 메뉴판을 두드리고 있습니다.

단어 新聞 신문　抱える 팔에 안다, 끼다　メニュー 메뉴　店員 점원　注文する 주문하다　叩く 두드리다

8

(A) この中に入ってはいけません。
(B) 危ないから立ち入り禁止です。
(C) 靴を脱いだまま歩いてはいけません。
(D) この中で自転車に乗ってはいけません。

(A) 이 안에 들어가서는 안 됩니다.
(B) 위험하므로 출입 금지입니다.
(C) 신발을 벗은 채로 걸어서는 안 됩니다.
(D) 이 안에서 자전거를 타면 안 됩니다.

단어 危ない 위험하다　立ち入り禁止 출입 금지　脱ぐ 벗다　自転車 자전거

9

(A) ボールを手に持っています。
(B) ボールを投げています。
(C) ボールを触ろうとしています。
(D) ボールを蹴ろうとしています。

(A) 공을 손에 들고 있습니다.
(B) 공을 던지고 있습니다.
(C) 공을 만지려고 합니다.
(D) 공을 차려고 합니다.

단어 ボール 공　投げる 던지다　触る 만지다　蹴る 차다

10

(A) つららができています。
(B) 様々な種類の味が楽しめます。
(C) コップの中に氷が入っています。
(D) かき氷のシロップを販売しています。

(A) 고드름이 생겼습니다.
(B) 여러 가지 종류의 맛을 즐길 수 있습니다.
(C) 컵 안에 얼음이 들어 있습니다.
(D) 빙수 시럽을 판매하고 있습니다.

단어 つらら 고드름 様々な 다양한 味 맛 氷 얼음 かき氷 빙수 シロップ 시럽 販売する 판매하다

11

(A) 男の子がぼうしをかぶっています。
(B) 男の子が電話をしています。
(C) 男の子は何かを取ろうとしています。
(D) 男の子は縦じまのシャツを着ています。

(A) 남자아이가 모자를 쓰고 있습니다.
(B) 남자아이가 전화를 하고 있습니다.
(C) 남자아이는 뭔가를 따려 하고 있습니다.
(D) 남자아이는 세로 줄무늬 셔츠를 입고 있습니다.

단어 電話 전화 縦じま 세로 줄무늬 シャツ 셔츠 着る 입다

12

(A) 二人はつりをしています。
(B) 二人はけんかをしています。
(C) 海岸でゴミを拾っています。
(D) 海の上でボートに乗っています。

(A) 두 사람은 낚시를 하고 있습니다.
(B) 두 사람은 싸우고 있습니다.
(C) 해안에서 쓰레기를 줍고 있습니다.
(D) 바다 위에서 배를 타고 있습니다.

단어 つり 낚시 けんか 싸움 海岸 해안 拾う 줍다 ボート 배

13

(A) 道が大きく曲がっています。
(B) 道が花々に囲まれています。
(C) 道が二つに分かれています。
(D) 道の両側に木が植えてあります。

(A) 길이 크게 휘어 있습니다.
(B) 길이 꽃들로 둘러싸여 있습니다.
(C) 길이 두 개로 나누어져 있습니다.
(D) 길 양쪽에 나무가 심어져 있습니다.

단어 道 길 曲がる 구부러지다, 굽다 囲む 두르다, 둘러싸다 分かれる 갈라지다, 나뉘다 両側 양쪽 植える 심다

14

(A) 窓を拭いています。
(B) 掃除をしています。
(C) 背広を着ています。
(D) 荷物を運んでいます。

(A) 창문을 닦고 있습니다.
(B) 청소를 하고 있습니다.
(C) 정장을 입고 있습니다.
(D) 짐을 옮기고 있습니다.

단어 窓を拭く 창문을 닦다 掃除 청소 背広 양복, 정장 荷物 짐 運ぶ 운반하다, 옮기다

15

(A) 海産物があります。

(B) タコが泳いでいます。

(C) 貝殻が捨てられています。

(D) エビが勢いよく動いています。

(A) 해산물이 있습니다.

(B) 낙지가 헤엄치고 있습니다.

(C) 조개 껍데기가 버려져 있습니다.

(D) 새우가 기세 좋게 움직이고 있습니다.

단어 海産物 해산물 タコ 낙지 泳ぐ 헤엄치다 貝殻 조개 껍데기 捨てる 버리다 エビ 새우 勢い 기세, 힘, 기운 動く 움직이다

16

(A) 写真立てが飾ってあります。

(B) 伝統楽器が置いてあります。

(C) テーブルの上に食器が並んでいます。

(D) たなにたくさんのぬいぐるみがあります。

(A) 사진 액자가 장식되어 있습니다.

(B) 전통 악기가 놓여 있습니다.

(C) 테이블 위에 식기가 나란히 놓여 있습니다.

(D) 선반에 많은 봉제 인형이 있습니다.

단어 写真立て 사진 액자 飾る 장식하다 伝統楽器 전통 악기 食器 식기 たな 선반 たくさん 많음 ぬいぐるみ 봉제 인형

17

(A) びんが置いてあります。

(B) グラスが割れています。

(C) 空き缶がつぶしてあります。

(D) ペットボトルが転がっています。

(A) 병이 놓여 있습니다.

(B) 유리컵이 깨져 있습니다.

(C) 빈 깡통이 찌부러져 있습니다.

(D) 페트병이 굴러다니고 있습니다.

단어 グラス 유리컵 割れる 갈라지다, 깨지다 空き缶 빈 깡통 つぶす 으깨다, 부수다 ペットボトル 페트병 転がる 구르다

18

(A) 旅行情報誌があります。

(B) カレンダーが置いてあります。

(C) ひもで結ばれた資源ゴミがあります。

(D) ペットショップのパンフレットが重ねられています。

(A) 여행 정보지가 있습니다.

(B) 달력이 놓여 있습니다.

(C) 끈으로 묶인 재활용 쓰레기가 있습니다.

(D) 반려동물 숍 팸플릿이 쌓여 있습니다.

단어 カレンダー 달력 ひも 끈 結ぶ 매다, 묶다 資源ゴミ 재활용 쓰레기 ペット 반려동물 パンフレット 팸플릿, 책자

19

(A) 布団が敷かれています。

(B) 押し入れの中に布団があります。

(C) 畳の上に布団が畳んであります。

(D) 敷かれた布団の上に枕があります。

(A) 이불이 깔려 있습니다.

(B) 벽장 속에 이불이 있습니다.

(C) 다다미 위에 이불이 개어져 있습니다.

(D) 깔아 놓은 이불 위에 베개가 있습니다.

단어 布団 이불 敷く 깔다 押し入れ 벽장 畳 다다미 畳む 개다, 개키다 枕 베개

20

(A) 快速(かいそく)は5時12分(ごじじゅうにふん)に出発(しゅっぱつ)します。
(B) 各駅停車(かくえきていしゃ)の旅(たび)を紹介(しょうかい)しています。
(C) 線路(せんろ)の上(うえ)を電車(でんしゃ)が走(はし)っています。
(D) 快速電車(かいそくでんしゃ)の通過(つうか)を案内(あんない)しています。

(A) 쾌속 열차는 5시 12분에 출발합니다.
(B) 매 역마다 정차하는 여행을 소개하고 있습니다.
(C) 선로 위를 전철이 달리고 있습니다.
(D) 쾌속 열차의 통과를 안내하고 있습니다.

단어 出発(しゅっぱつ) 출발 各駅停車(かくえきていしゃ) 정거장마다 정차함 旅(たび) 여행 紹介(しょうかい)する 소개하다 線路(せんろ) 선로 走(はし)る 달리다 通過(つうか) 통과

PART 2 질의응답

① 의문사가 있는 경우 공략 3단계 실전 문제 풀기 ▶ 97쪽

정답 01 (C) 02 (B) 03 (D) 04 (C) 05 (B) 06 (D) 07 (A) 08 (B) 09 (D) 10 (D)
11 (B) 12 (A) 13 (A) 14 (B) 15 (A)

스크립트	해석
1	
どの人(ひと)がみさこさんの弟(おとうと)ですか。	어느 분이 미사코 씨의 동생입니까?
(A) はい、あの人(ひと)です。	(A) 예, 저 사람입니다.
(B) 弟(おとうと)は親切(しんせつ)な人(ひと)です。	(B) 동생은 친절한 사람입니다.
(C) 青(あお)いシャツを着(き)ている人(ひと)ですよ。	(C) 파란 셔츠를 입고 있는 사람이에요.
(D) いいえ、眼鏡(めがね)をかけていません。	(D) 아니요, 안경을 쓰지 않았습니다.

단어 どの 어느 弟(おとうと)さん (남의) 남동생 親切(しんせつ)だ 친절하다 青(あお)い 파랗다 シャツ 셔츠 着(き)る 입다 眼鏡(めがね)をかける 안경을 쓰다

스크립트	해석
2	
果物屋(くだものや)では何(なに)を売(う)っていますか。	과일 가게에서는 무엇을 팔고 있습니까?
(A) バナナは高(たか)くありません。	(A) 바나나는 비싸지 않습니다.
(B) りんごやいちごなどです。	(B) 사과나 딸기 등입니다.
(C) テーブルの上(うえ)に眼鏡(めがね)があります。	(C) 테이블 위에 안경이 있습니다.
(D) サンドイッチを食(た)べました。	(D) 샌드위치를 먹었습니다.

단어 果物屋(くだものや) 과일 가게 売(う)る 팔다 バナナ 바나나 高(たか)い 비싸다, 높다 いちご 딸기 眼鏡(めがね) 안경 サンドイッチ 샌드위치

스크립트	해석
3	
毎朝(まいあさ)、何時(なんじ)に起(お)きますか。	매일 아침, 몇 시에 일어납니까?
(A) 毎朝(まいあさ)、運動(うんどう)します。	(A) 매일 아침, 운동합니다.
(B) 8時(はちじ)に朝(あさ)ごはんを食(た)べます。	(B) 8시에 아침밥을 먹습니다.
(C) 9時(くじ)ごろ、学校(がっこう)へ行(い)きます。	(C) 9시쯤 학교에 갑니다.
(D) だいたい、7時(しちじ)に起(お)きます。	(D) 대체로 7시에 일어납니다.

단어 毎朝(まいあさ) 매일 아침 何時(なんじ) 몇 시 起(お)きる 일어나다 運動(うんどう)する 운동하다 朝(あさ)ごはん 아침밥 学校(がっこう) 학교 だいたい 대체로, 대개

4

ホン先生、いつごろ韓国に帰りますか。

(A) まだ帰ってきていないんです。

(B) はい、もう終わりましたから帰ります。

(C) 日本で３年間働いてから、帰ろうと思います。

(D) 近いですから、いつか旅行しに行きたいです。

홍 선생님, 언제쯤 한국에 돌아가시나요?

(A) 아직 돌아오지 않았어요.

(B) 예, 이제 끝났으니 돌아갈 겁니다.

(C) 일본에서 3년간 일하고 나서 돌아가려 합니다.

(D) 가까우니 언젠가 여행으로 가고 싶습니다.

단어 いつごろ 언제쯤 韓国 한국(지명) 帰る 돌아가다 まだ 아직 もう 이미, 이제 終わる 끝나다 働く 일하다 いつか 언젠가 旅行 여행 ～に行く ~하러 가다 ～たい ~하고 싶다

5

どうしてアルバイトをするんですか。

(A) アルバイト先で友だちに会いました。

(B) 卒業する前にイタリアに行きたいからです。

(C) 熱があったから、アルバイトを休みました。

(D) 明日、試験があるから友だちと勉強します。

왜 아르바이트를 하는 것입니까?

(A) 아르바이트 하는 곳에서 친구를 만났습니다.

(B) 졸업하기 전에 이탈리아에 가고 싶기 때문입니다.

(C) 열이 있어서 아르바이트를 쉬었습니다.

(D) 내일 시험이 있어서 친구와 공부합니다.

단어 どうして 왜, 어째서 アルバイト先 아르바이트 하는 곳 会う 만나다 卒業する 졸업하다 イタリア 이탈리아(지명) 熱 열 休む 쉬다 試験 시험 勉強する 공부하다

6

お手洗いはどちらですか。

(A) お手洗いは行ってきました。

(B) シャワーを浴びています。

(C) 皿洗いはしなくてもいいですよ。

(D) 廊下の突き当たりにございます。

화장실은 어디입니까?

(A) 화장실은 다녀왔습니다.

(B) 샤워를 하고 있습니다.

(C) 설거지는 하지 않아도 됩니다.

(D) 복도 끝에 있습니다.

단어 お手洗い 화장실 シャワーを浴びる 샤워하다 皿洗い 설거지 廊下 복도 突き当たり 막다른 곳, 끝

7

お子さんはおいくつですか。

(A) ５歳です。

(B) ３００円です。

(C) ４人家族です。

(D) 田中さんを追っています。

자녀분은 몇 살입니까?

(A) 5살입니다.

(B) 300엔입니다.

(C) 4인 가족입니다.

(D) 다나카 씨를 쫓아가고 있습니다.

단어 お子さん 자녀분(타인의 자녀를 높여 부르는 말) ～歳 ~세 家族 가족 追う 좇다, 쫓다

8

昼(ひる)ごはんは何(なに)にしますか。

(A) 12時(じゅうにじ)からです。

(B) カレーにします。

(C) 食堂(しょくどう)で待(ま)ちます。

(D) 友(とも)だちと食(た)べます。

점심은 무엇으로 합니까?

(A) 12시부터입니다.

(B) 카레로 하겠습니다.

(C) 식당에서 기다립니다.

(D) 친구와 먹습니다.

단어 昼(ひる)ごはん 점심 ~にする ~로 하다(정하다) カレー 카레 食堂(しょくどう) 식당 待(ま)つ 기다리다

9

だれのレポートですか。

(A) レポートはありません。

(B) 机(つくえ)の上(うえ)にあります。

(C) だれもいませんでした。

(D) 木村(きむら)さんのレポートです。

누구의 보고서입니까?

(A) 보고서는 없습니다.

(B) 책상 위에 있습니다.

(C) 아무도 없었습니다.

(D) 기무라 씨의 보고서입니다.

단어 レポート 리포트, 보고서 だれも 누구도

10

週末(しゅうまつ)にどこかへ行(い)きましたか。

(A) いいえ、どこでもかまいません。

(B) いいえ、どこかへ行(い)くつもりです。

(C) いいえ、どこかへ行(い)ってください。

(D) いいえ、どこへも行(い)きませんでした。

주말에 어딘가에 갔습니까?

(A) 아니요, 어디라도 상관없습니다.

(B) 아니요, 어딘가에 갈 예정입니다.

(C) 아니요, 어딘가에 가 주세요.

(D) 아니요, 아무 데도 가지 않았습니다.

단어 週末(しゅうまつ) 주말 どこか 어딘가 どこでも 어디라도 どこへも 아무 데도

11

田村課長(たむらかちょう)はどんな方(かた)ですか。

(A) 会議室(かいぎしつ)にいます。

(B) やさしくていい方(かた)です。

(C) 課長(かちょう)はもう帰(かえ)りました。

(D) 課長(かちょう)も部長(ぶちょう)もおりません。

다무라 과장님은 어떤 분입니까?

(A) 회의실에 있습니다.

(B) 상냥하고 좋은 분입니다.

(C) 과장님은 이미 집에 갔습니다.

(D) 과장님도 부장님도 안 계십니다.

단어 課長(かちょう) 과장(님) どんな 어떤 方(かた) 분 会議室(かいぎしつ) 회의실 やさしい 상냥하다 部長(ぶちょう) 부장(님) おる 계시다, 있다(いる의 겸양어)

12

あれはだれのケータイですか。

(A) あれは鈴木(すずき)さんのです。
(B) これは伊藤(いとう)さんの時計(とけい)です。
(C) 鈴木(すずき)さんのは小(ち)さいのです。
(D) 鈴木(すずき)さんは電話(でんわ)をしています。

저것은 누구의 휴대 전화입니까?
(A) 저것은 스즈키 씨의 것입니다.
(B) 이것은 이토 씨의 시계입니다.
(C) 스즈키 씨의 것은 작은 것입니다.
(D) 스즈키 씨는 전화를 하고 있습니다.

단어 ケータイ 휴대 전화　時計(とけい) 시계　小(ち)さい 작다　電話(でんわ)をする 전화를 하다

13

ここまで何(なに)で来(き)ましたか。

(A) 歩(ある)いてきました。
(B) 道(みち)が混(こ)んでいました。
(C) 遅(おそ)くなってすみません。
(D) 動物園(どうぶつえん)に行(い)ってきました。

여기까지 어떻게 왔습니까?
(A) 걸어서 왔습니다.
(B) 길이 막혔습니다.
(C) 늦어서 죄송합니다.
(D) 동물원에 다녀왔습니다.

단어 歩(ある)く 걷다　道(みち)が混(こ)む 길이 막히다　遅(おそ)い 늦다　動物園(どうぶつえん) 동물원

14

チーズケーキはいくらですか。

(A) おいしいです。
(B) １個(いっこ)３００円(さんびゃくえん)です。
(C) チーズケーキは甘(あま)いです。
(D) パン屋(や)で売(う)っています。

치즈 케이크는 얼마입니까?
(A) 맛있습니다.
(B) 1개에 300엔입니다.
(C) 치즈 케이크는 답니다.
(D) 빵집에서 팝니다.

단어 チーズケーキ 치즈 케이크　いくら 얼마　おいしい 맛있다　～個(こ) ～개　甘(あま)い 달다　パン屋(や) 빵집

15

山田(やまだ)さんのかばんはどれですか。

(A) 赤(あか)くて、大(おお)きいのです。
(B) これは少(すこ)し高(たか)いですね。
(C) 小(ち)さなかばんがほしいです。
(D) 昨日(きのう)、デパートで買(か)いました。

야마다 씨의 가방은 어느 것입니까?
(A) 빨갛고 큰 것입니다.
(B) 이것은 조금 비싸군요.
(C) 작은 가방이 갖고 싶습니다.
(D) 어제 백화점에서 샀습니다.

단어 かばん 가방　赤(あか)い 빨갛다　大(おお)きい 크다　少(すこ)し 조금　小(ち)さい 작다　ほしい 원하다, 바라다　デパート 백화점　買(か)う 사다

② 의문사가 없는 경우 공략 3단계 실전 문제 풀기 ▶ 116쪽

정답 1 (B) 2 (D) 3 (A) 4 (B) 5 (C) 6 (B) 7 (C) 8 (C) 9 (C) 10 (D) 11 (A) 12 (D) 13 (B) 14 (C) 15 (A)

스크립트	해석
1	
ただいま。	다녀왔습니다.
(A) いってきます。	(A) 다녀오겠습니다.
(B) お帰(かえ)りなさい。	(B) 어서 오세요.
(C) こんにちは。	(C) 안녕하세요.
(D) いただきます。	(D) 잘 먹겠습니다.

단어 ただいま 외출하고 나서 집에 돌아올 때 쓰는 인사말 お帰(かえ)りなさい 어서 오세요

스크립트	해석
2	
じゃ、また明日(あした)。	그럼, 내일 또 만나.
(A) おはよう。	(A) 안녕.
(B) ありがとう。	(B) 고마워.
(C) ごちそうさま。	(C) 잘 먹었습니다.
(D) 気(き)をつけてね。	(D) 조심해서 가.

단어 また 다시, 또 明日(あした) 내일 気(き)をつける 조심하다

스크립트	해석
3	
ワイシャツのしわがひどいですね。	와이셔츠 구김이 심하네요.
(A) アイロンをかけなくちゃ。	(A) 다림질을 하지 않으면 (안 되겠군).
(B) 笑(わら)ったらしわができるよ。	(B) 웃으면 주름이 생겨요.
(C) まだ、汚(きたな)いようですね。	(C) 아직 더러운 것 같네요.
(D) だから、笑(わら)いましょう。	(D) 그러니까 웃읍시다.

단어 ワイシャツ 와이셔츠 しわ 구김, 주름 ひどい 심하다 アイロンをかける 다림질을 하다 笑(わら)う 웃다 できる 생기다 まだ 아직 汚(きたな)い 더럽다 だから 그러니까

4

お腹が痛いんです。

(A) じゃ、中に入った方がいいですね。

(B) じゃ、薬を飲んだ方がいいですね。

(C) じゃ、早く洗車した方がいいですね。

(D) じゃ、たくさん食べた方がいいですね。

배가 아픕니다.

(A) 그럼, 안으로 들어가는 편이 좋겠군요.

(B) 그럼, 약을 먹는 편이 좋겠군요.

(C) 그럼, 빨리 세차하는 편이 좋겠군요.

(D) 그럼, 많이 먹는 편이 좋겠군요.

단어 お腹が痛い 배가 아프다　～た方がいい ~하는 편이 좋다　早く 빨리　洗車する 세차하다

5

このところ雨の日が続きますね。

(A) はい、寒くありません。

(B) はい、雪も降りました。

(C) はい、梅雨ですからね。

(D) はい、また試験があります。

요즘 비가 계속 오네요.

(A) 예, 춥지 않습니다.

(B) 예, 눈도 내렸습니다.

(C) 예, 장마니까요.

(D) 예, 또 시험이 있습니다.

단어 このところ 요즘　雨の日 비가 오는 날　続く 계속되다　寒い 춥다　雪 눈　降る 내리다　梅雨 장마　試験 시험

6

コーヒーを飲んでもいいですか。

(A) 会議室は４階にあります。

(B) ここで飲んではだめです。

(C) お皿は台所にあります。

(D) たくさん食べてください。

커피를 마셔도 됩니까?

(A) 회의실은 4층에 있습니다.

(B) 여기에서 마셔서는 안 됩니다.

(C) 접시는 부엌에 있습니다.

(D) 많이 먹으세요.

단어 コーヒー 커피　会議室 회의실　だめだ 안 된다　お皿 접시　台所 부엌

7

遅くなりましたが、タクシーをお願いできますか。

(A) 具合が悪いです。

(B) いいえ、速いです。

(C) はい、お呼びします。

(D) それ以上は借りられません。

시간이 늦어졌는데, 택시를 불러 줄 수 있을까요?

(A) 몸 상태가 나쁩니다.

(B) 아니요, 빠릅니다.

(C) 예, 부르겠습니다.

(D) 그 이상은 빌릴 수 없습니다.

단어 遅い 늦다　～くなる ~해지다　タクシー 택시　お願いする 부탁하다　できる 할 수 있다(する의 가능 동사)
具合が悪い 몸 상태가 안 좋다　速い 빠르다　呼ぶ 부르다　それ以上 그 이상　借りる 빌리다

8

結婚記念日(けっこんきねんび)と夫(おっと)の誕生日(たんじょうび)が同(おな)じ日(ひ)です。

(A) 覚(おぼ)えにくくて困(こま)るんですよ。

(B) ホワイトデーなら３月１４日(さんがつじゅうよっか)です。

(C) ではプレゼントは二(ふた)つ用意(ようい)しますか。

(D) 結婚式(けっこんしき)をするかしないか迷(まよ)っています。

결혼기념일과 남편의 생일이 같은 날입니다.

(A) 외우기 어려워서 곤란해요.

(B) 화이트 데이는 3월 14일입니다.

(C) 그럼 선물은 2개를 준비합니까?

(D) 결혼식을 할지 말지 망설이고 있습니다.

단어 結婚記念日(けっこんきねんび) 결혼기념일　夫(おっと) 남편　誕生日(たんじょうび) 생일　覚(おぼ)える 외우다　困(こま)る 곤란하다　ホワイトデー 화이트 데이　プレゼント 선물　用意(ようい)する 준비하다　結婚式(けっこんしき) 결혼식　迷(まよ)う 망설이다

9

セーターが買(か)いたいんだけど、高(たか)すぎて……。

(A) このセーターは少(すこ)し地味(じみ)だよ。

(B) スカートを買(か)いに行(い)くのですか。

(C) 安(やす)く買(か)える店(みせ)があそこにありますよ。

(D) ピンクより黒(くろ)の方(ほう)が流行(はや)っています。

스웨터를 사고 싶은데, 너무 비싸서…….

(A) 이 스웨터는 약간 수수해.

(B) 스커트를 사러 가는 것입니까?

(C) 싸게 살 수 있는 가게가 저기에 있어요.

(D) 분홍색보다 검은색 쪽이 유행하고 있어요.

단어 セーター 스웨터　高(たか)い 비싸다, 높다　～すぎる 너무 ～하다　地味(じみ)だ 수수하다　スカート 스커트, 치마　安(やす)い 싸다　ピンク 분홍색　黒(くろ) 검정　流行(はや)る 유행하다

10

ずいぶん遅(おそ)かったですね。

(A) ええ、遅(おそ)いそうです。

(B) ええ、もう送(おく)りました。

(C) ええ、遅刻(ちこく)したことはありません。

(D) ええ、道(みち)がすごく混(こ)んでいたんです。

꽤 늦었네요.

(A) 예, 느리다고 합니다.

(B) 예, 이미 보냈습니다.

(C) 예, 지각한 적은 없습니다.

(D) 예, 길이 굉장히 막혔습니다.

단어 ずいぶん 꽤　送(おく)る 보내다　遅刻(ちこく) 지각　～たことはない ～한 적은 없다　道(みち)が混(こ)む 길이 붐비다, 길이 막히다

11

先生(せんせい)、鼻水(はなみず)も出(で)るし、熱(ねつ)もあります。

(A) 風邪(かぜ)のようですね。

(B) 花(はな)がきれいですね。

(C) 暑(あつ)いから窓(まど)を開(あ)けて。

(D) 水(みず)をかけてください。

선생님, 콧물도 나오고 열도 있습니다.

(A) 감기인 것 같군요.

(B) 꽃이 예쁘군요.

(C) 더우니까 창문을 열어 줘.

(D) 물을 뿌려 주세요.

단어 鼻水(はなみず) 콧물　出(で)る 나오다　～し ～하고　熱(ねつ) 열　風邪(かぜ) 감기　暑(あつ)い 덥다　窓(まど) 창문　開(あ)ける 열다

12

部屋を予約したいんですが。

(A) 契約はしていません。

(B) 部屋を掃除しました。

(C) 部屋はいくつありますか。

(D) どんな部屋がいいですか。

방을 예약하고 싶은데요.

(A) 계약은 하지 않았습니다.

(B) 방을 청소했습니다.

(C) 방은 몇 개 있습니까?

(D) 어떤 방이 좋습니까?

단어 部屋 방　予約する 예약하다　契約 계약　掃除 청소　いくつ 몇 개　どんな 어떤

13

あの店のうどんはおいしいそうです。

(A) うどんは日本の食べ物です。

(B) 今度、食べに行きましょう。

(C) 必ず薬を飲んでください。

(D) この本はおもしろくありません。

저 가게의 우동은 맛있다고 합니다.

(A) 우동은 일본의 음식입니다.

(B) 다음에 먹으러 갑시다.

(C) 반드시 약을 드세요.

(D) 이 책은 재미있지 않습니다.

단어 食べ物 음식　今度 이번, 다음번　동사의 ます형+～に行く ～하러 가다　必ず 반드시　おもしろい 재미있다

14

日本語が上手にならないんです。

(A) 来週、日本に行きます。

(B) 韓国語で話したいです。

(C) 毎日勉強してください。

(D) 一年前から勉強しました。

일본어가 능숙해지지 않습니다.

(A) 다음 주, 일본에 갑니다.

(B) 한국어로 이야기하고 싶습니다.

(C) 매일 공부하세요.

(D) 1년 전부터 공부했습니다.

단어 日本語 일본어　上手だ 능숙하다　来週 다음 주　韓国語 한국어　話す 이야기하다　毎日 매일　勉強する 공부하다

15

雪がたくさん降っています。

(A) 町が白くなりましたね。

(B) 雨がなかなかやまないね。

(C) 台風が来ているようです。

(D) 雨に降られて風邪を引きました。

눈이 많이 내리고 있습니다.

(A) 마을이 하얗게 되었네요.

(B) 비가 좀처럼 그치지 않네.

(C) 태풍이 온 것 같습니다.

(D) 비를 맞아서 감기에 걸렸습니다.

단어 雪 눈　たくさん 많이　町 마을, 거리　白い 하얗다　なかなか 좀처럼, 꽤　やむ (비나 눈이) 그치다　台風 태풍
雨に降られる 비를 맞다　風邪を引く 감기에 걸리다

③ 시사, 비즈니스 공략 3단계 실전 문제 풀기 ▶ 130쪽

정답 1 (A) 2 (B) 3 (C) 4 (A) 5 (B) 6 (C) 7 (A) 8 (C) 9 (B) 10 (D)
11 (D) 12 (A) 13 (D) 14 (C) 15 (D)

스크립트	해석

1

どこから来(き)ましたか。

(A) 韓国(かんこく)から来(き)ました。

(B) どこにもありません。

(C) 今朝(けさ)、8時(はちじ)に起(お)きました。

(D) デパートで買(か)いました。

어디에서 왔습니까?

(A) 한국에서 왔습니다.

(B) 아무 데도 없습니다.

(C) 오늘 아침 8시에 일어났습니다.

(D) 백화점에서 샀습니다.

단어 来(く)る 오다 韓国(かんこく) 한국(지명) どこにも 어디에도, 아무 데도 今朝(けさ) 오늘 아침 起(お)きる 일어나다

2

会議(かいぎ)の時(とき)は何(なに)をしますか。

(A) 洗濯(せんたく)をしたりします。

(B) 意見(いけん)を聞(き)いたりします。

(C) 買(か)い物(もの)をしたりします。

(D) 公園(こうえん)に行(い)ったりします。

회의 때는 무엇을 합니까?

(A) 빨래를 하거나 합니다.

(B) 의견을 묻거나 합니다.

(C) 쇼핑을 하거나 합니다.

(D) 공원에 가거나 합니다.

단어 会議(かいぎ) 회의 時(とき) 때 洗濯(せんたく) 세탁 意見(いけん) 의견 聞(き)く 묻다, 듣다 買(か)い物(もの) 쇼핑 公園(こうえん) 공원

3

急(いそ)いでください。会議(かいぎ)が始(はじ)まります。

(A) もう契約(けいやく)しました。

(B) 写真(しゃしん)、撮(と)りますよ。

(C) はい、今(いま)、行(い)きます。

(D) これが気(き)に入(い)ったものです。

서둘러 주세요. 회의가 시작됩니다.

(A) 이미 계약했습니다.

(B) 사진, 찍습니다.

(C) 예, 지금 갑니다.

(D) 이것이 마음에 드는 물건입니다.

단어 急(いそ)ぐ 서두르다 始(はじ)まる 시작되다 契約(けいやく)する 계약하다 写真(しゃしん) 사진 撮(と)る (사진을) 찍다 気(き)に入(い)る 마음에 들다

4

消防車(しょうぼうしゃ)が行(い)ったり来(き)たりしています。

(A) 火事(かじ)でもあったかな。

(B) 試験(しけん)でもあったかな。

(C) 試合(しあい)でもあったかな。

(D) 会議(かいぎ)でもあったかな。

소방차가 왔다 갔다 합니다.

(A) 화재라도 일어났나?

(B) 시험이라도 있었나?

(C) 시합이라도 있었나?

(D) 회의라도 있었나?

단어 消防車 소방차　行ったり来たりする 왔다 갔다 하다　火事 화재　～かな ~인가?(가벼운 영탄을 담아 의문을 나타내거나 자기 자신에게 묻는 기분을 나타냄)　試験 시험　試合 시합

5

会社まで何で通いますか。

(A)　小学校は６年間通います。
(B)　バスに乗って通います。
(C)　子ども用の自転車がほしいです。
(D)　会社まで遠い方です。

회사까지 뭐로 다닙니까?
(A) 초등학교는 6년간 다닙니다.
(B) 버스를 타고 다닙니다.
(C) 어린이용 자전거를 갖고 싶습니다.
(D) 회사까지 먼 편입니다.

단어 会社 회사　通う 다니다　小学校 초등학교　～年間 ~년간　～用 ~용　自転車 자전거　ほしい 원하다, 갖고 싶다

6

今の会社に入って、何年ですか。

(A)　私は昭和生まれです。
(B)　明日から出張です。
(C)　もう３年目になります。
(D)　おととし、結婚しました。

지금의 회사는 들어온 지 몇 년 되었습니까?
(A) 저는 쇼와 출생입니다.
(B) 내일부터 출장입니다.
(C) 벌써 3년째가 됩니다.
(D) 재작년에 결혼했습니다.

단어 何年 몇 년　昭和 쇼와(1926~1989, 일본의 연호)　生まれ 출생　出張 출장　～目 ~째　おととし 재작년　結婚 결혼

7

何かいいことでもありましたか。

(A)　ええ、売り上げが上がりました。
(B)　ええ、ちゃんと対応をしておきました。
(C)　ええ、企画書のせいで眠れなかったのです。
(D)　ええ、カートに入れた商品が品切れになったんです。

뭔가 좋은 일이라도 있었습니까?
(A) 예, 매상이 올랐습니다.
(B) 예, 확실히 대응을 해 두었습니다.
(C) 예, 기획서 때문에 못 잤습니다.
(D) 예, 장바구니에 넣은 상품이 품절되었습니다.

단어 売り上げ 매상　ちゃんと 확실히, 충분히　対応 대응　企画書 기획서　眠る 잠자다　商品 상품　品切れ 품절

8

これをコピーしてください。

(A)　さとうも入れますか。
(B)　お茶はいかがですか。
(C)　はい、何枚しますか。
(D)　はい、それはコピー機にあります。

이것을 복사해 주세요.
(A) 설탕도 넣습니까?
(B) 차는 어떻습니까?
(C) 예, 몇 장 합니까?
(D) 예, 그것은 복사기에 있습니다.

단어 コピー 복사　さとう 설탕　入れる 넣다　いかがですか 어떻습니까?　何枚 몇 장　コピー機 복사기

9

このレポートを確認してください。

(A) 企画書はこれです。

(B) すぐ確認しておきます。

(C) もう出しましたけど。

(D) それは中村さんのです。

이 보고서를 확인해 주세요.

(A) 기획서는 이것입니다.

(B) 금방 확인해 두겠습니다.

(C) 벌써 냈는데요.

(D) 그것은 나카무라 씨의 것입니다.

단어 確認する 확인하다 企画書 기획서 すぐ 곧, 금방 ～ておく ~해 두다 出す 내다, 제출하다 ～けど ~만

10

このメモを林さんに渡してください。

(A) メモはしていません。

(B) 道を渡ってください。

(C) また残業するんですか。

(D) 人事課の林さんですね。

이 메모를 하야시 씨에게 전해 주세요.

(A) 메모는 하지 않았습니다.

(B) 길을 건너세요.

(C) 또 야근하는 것입니까?

(D) 인사과의 하야시 씨지요?

단어 メモ 메모 渡す 건네다, 전하다 渡る 건너다 残業する 잔업하다, 야근하다 人事課 인사과

11

この契約書はどうすればいいでしょうか。

(A) 金庫の番号は知りません。

(B) 契約書はメールで送りました。

(C) はい、東京商社と契約しました。

(D) 大事なものだから、金庫に入れてください。

이 계약서는 어떻게 하면 좋을까요?

(A) 금고 번호는 모릅니다.

(B) 계약서는 메일로 보냈습니다.

(C) 예, 도쿄상사와 계약했습니다.

(D) 중요한 것이니까 금고에 넣어 주세요.

단어 契約書 계약서 金庫 금고 番号 번호 知る 알다 メール 메일 送る 보내다 商社 상사 大事だ 중요하다

12

見積書はできましたか。

(A) まだです。

(B) 売り切れです。

(C) 得意なことです。

(D) けっこういいです。

견적서는 다 되었습니까?

(A) 아직입니다.

(B) 매진입니다.

(C) 자신 있는 것입니다.

(D) 꽤 좋습니다.

단어 見積書 견적서 できる 다 되다, 생기다, 가능하다 売り切れ 매진 得意だ 자신 있다 けっこう 꽤

13

仕事はどうですか。

(A) 悲しいです。

(B) うれしいです。

(C) 懐かしいです。

(D) おもしろいです。

일은 어떻습니까?

(A) 슬픕니다.

(B) 기쁩니다.

(C) 그립습니다.

(D) 재미있습니다.

단어 仕事 일 悲しい 슬프다 うれしい 기쁘다 懐かしい 그립다

14

それでは書類を出しに郵便局に行ってきます。

(A) 手紙が届いたよ。

(B) 書類の修正をちゃんとして。

(C) 書留にすることを忘れないで。

(D) 郵便ポストを見つけたね。

그러면 서류를 내러 우체국에 다녀오겠습니다.

(A) 편지가 도착했어.

(B) 서류 수정을 제대로 해.

(C) 등기로 하는 것을 잊지 마.

(D) 우체통을 발견했네.

단어 書類 서류 郵便局 우체국 手紙 편지 届く 닿다, 도달하다 修正 수정 ちゃんと 제대로 書留 등기 忘れる 잊다 郵便ポスト 우체통 見つける 찾다, 발견하다

15

木村さんは残業が多いですね。

(A) もう仕事に慣れました。

(B) 会議はしませんでした。

(C) 土曜日に映画を見ます。

(D) はい、週に3、4回しています。

기무라 씨는 야근이 많군요.

(A) 이제 일에 익숙해졌습니다.

(B) 회의는 하지 않았습니다.

(C) 토요일에 영화를 봅니다.

(D) 예, 일주일에 3~4번 하고 있습니다.

단어 多い 많다 慣れる 익숙해지다 会議 회의 土曜日 토요일 週に 일주일에 ~回 ~번, ~회

PART 2 질의응답 실전모의테스트 ▶ 131쪽

정답									
21 (A)	22 (C)	23 (C)	24 (A)	25 (D)	26 (B)	27 (D)	28 (B)	29 (C)	30 (D)
31 (B)	32 (C)	33 (A)	34 (B)	35 (A)	36 (C)	37 (A)	38 (B)	39 (B)	40 (D)
41 (A)	42 (C)	43 (D)	44 (D)	45 (C)	46 (A)	47 (B)	48 (A)	49 (D)	50 (A)

스크립트	해석

21

水を飲んでもいいですか。

(A) もちろんです。
(B) お先に失礼します。
(C) お腹が痛いです。
(D) 気をつけてください。

물을 마셔도 됩니까?

(A) 물론입니다.
(B) 먼저 실례하겠습니다.
(C) 배가 아픕니다.
(D) 조심해 주세요.

단어 もちろん 물론 お先に 먼저 失礼する 실례하다 お腹が痛い 배가 아프다 気をつける 조심하다

22

お代わりはいかがですか。

(A) それは残念ですね。
(B) お電話変わりました。
(C) いいえ、もうけっこうです。
(D) 全然分かりません。

한 공기 더 어떠신가요?

(A) 그건 유감이군요.
(B) 전화 바꿨습니다.
(C) 아니요, 이제 괜찮습니다.
(D) 전혀 모릅니다.

단어 お代わり 같은 음식을 더 먹음, 한 잔 더, 한 공기 더 いかがですか 어떻습니까 残念 유감 変わる 바뀌다 全然 전혀 分かる 알다

23

それじゃ、どこでお会いしましょうか。

(A) 駅の前で会いました。
(B) 地下鉄なら間に合うと思います。
(C) ホテルのフロントで会いましょう。
(D) レストランで1時間も待ちました。

그러면, 어디에서 만날까요?

(A) 역 앞에서 만났습니다.
(B) 지하철이면 늦지 않을 것이라 생각합니다.
(C) 호텔 프런트에서 만납시다.
(D) 레스토랑에서 1시간이나 기다렸습니다.

단어 会う 만나다 駅 역 地下鉄 지하철 間に合う 시간에 늦지 않다 ～と思う ~라고 생각하다 ホテル 호텔 フロント (호텔의) 프런트 レストラン 레스토랑, 식당 ～も ~이나 待つ 기다리다

24

どんなシャツが買いたいですか。

(A) 半袖の青いシャツです。

(B) シャツ売り場は1階にあります。

(C) デパートでシャツを買いました。

(D) このシャツは姉からもらいました。

어떤 셔츠를 사고 싶습니까?

(A) 파란 반소매 셔츠입니다.

(B) 셔츠 매장은 1층에 있습니다.

(C) 백화점에서 셔츠를 샀습니다.

(D) 이 셔츠는 누나(언니)에게 받았습니다.

단어 どんな 어떤　半袖 반소매　売り場 매장　～階 ~층　姉 누나, 언니　もらう 받다

25

今晩、外にごはんを食べに行きましょう。

(A) 音楽を聞くことです。

(B) 散歩しに行きましょう。

(C) 明日はちょっと無理です。

(D) いいですね。何を食べましょうか。

오늘 밤에 밖으로 밥을 먹으러 갑시다.

(A) 음악을 듣는 것입니다.

(B) 산책하러 갑시다.

(C) 내일은 조금 무리입니다.

(D) 좋아요. 무엇을 먹을까요?

단어 今晩 오늘 밤　外 밖　音楽 음악　聞く 듣다, 묻다　散歩する 산책하다　ちょっと 조금, 잠깐　無理 무리

26

この小説はどうですか。

(A) この本は古本屋で買いました。

(B) おもしろいと評判です。

(C) 歴史小説を探しています。

(D) 片手でも持ちやすくなりました。

이 소설은 어떻습니까?

(A) 이 책은 헌책방에서 샀습니다.

(B) 재미있기로 소문이 자자합니다.

(C) 역사 소설을 찾고 있습니다.

(D) 한 손으로도 들기 쉽게 되었습니다.

단어 小説 소설　古本屋 헌책방　評判 평판, 인기가 있음　歴史 역사　探す 찾다　片手 한 손

27

顔色が悪いですね。

(A) さっぱりした味です。

(B) 化粧品を買いました。

(C) ゆっくり説明してください。

(D) ええ、朝から熱があるんです。

안색이 안 좋네요.

(A) 산뜻한 맛입니다.

(B) 화장품을 샀습니다.

(C) 천천히 설명해 주세요.

(D) 예, 아침부터 열이 있어요.

단어 顔色 안색, 얼굴 색　悪い 나쁘다　さっぱり 산뜻한 맛, 담백한 모양　味 맛　化粧品 화장품　ゆっくり 천천히
説明する 설명하다　朝 아침　熱 열

28

玄関にかさは何本ありますか。

(A) 玄関にだれもいません。
(B) 玄関にかさは6本あります。
(C) 玄関にサンダルもあります。
(D) 玄関にスリッパはありません。

현관에 우산은 몇 개 있습니까?
(A) 현관에 아무도 없습니다.
(B) 현관에 우산은 6개 있습니다.
(C) 현관에 샌들도 있습니다.
(D) 현관에 슬리퍼는 없습니다.

단어 玄関 현관　かさ 우산　何本 몇 자루, 몇 개　～本(ほん·ぼん·ぽん) ~자루, ~개(가늘고 긴 것을 셀 때 쓰는 단위)
サンダル 샌들　スリッパ 슬리퍼

29

息子さんはいつもまじめに勉強していますか。

(A) はい、朝から晩まで仕事をしています。
(B) いいえ、子どもは娘が1人で息子が2人います。
(C) いいえ、いつも遊んでばかりいて心配しています。
(D) 息子はまだ帰ってないですが。

아드님은 항상 성실하게 공부하고 있나요?
(A) 예, 아침부터 밤까지 일을 하고 있습니다.
(B) 아니요, 아이는 딸이 1명, 아들이 2명 있습니다.
(C) 아니요, 항상 놀기만 해서 걱정이에요.
(D) 아들은 아직 집에 오지 않았는데요.

단어 息子 아들　いつも 항상　まじめだ 성실하다　勉強する 공부하다　晩 밤　～から～まで ~부터 ~까지　娘 딸
遊ぶ 놀다　～ばかり ~만, ~뿐　心配する 걱정하다　まだ 아직

30

財布を拾ってくれた人はだれですか。

(A) 日本語が上手になります。
(B) 親切でいい方がいる店です。
(C) ちゃんとお礼を言いました。
(D) 白いワンピースを着ている方です。

지갑을 주워 준 사람은 누구입니까?
(A) 일본어를 잘하게 됩니다.
(B) 친절하고 좋은 분이 있는 가게입니다.
(C) 제대로 감사의 말을 전했습니다.
(D) 하얀 원피스를 입고 있는 분입니다.

단어 財布 지갑　拾う 줍다　～てくれる ~해 주다　上手だ 능숙하다　～になる ~가 되다　親切だ 친절하다　方 분
ちゃんと 제대로　お礼を言う 감사의 인사를 하다　白い 하얗다　ワンピース 원피스　着る 입다

31

このネクタイ、木村さんにぴったりですね。

(A) 私にも買ってください。
(B) 少し派手だと思わない？
(C) そのネクタイは私のですよ。
(D) はい、ネクタイをしめたことがありません。

이 넥타이는 기무라 씨에게 딱 어울리네요.
(A) 제게도 사 주세요.
(B) 조금 화려하다고 생각하지 않아?
(C) 그 넥타이는 제 것입니다.
(D) 예, 넥타이를 맨 적이 없습니다.

단어 ネクタイ 넥타이　ぴったり 딱 맞음　ネクタイをしめる 넥타이를 매다　～たことがない ~한 적이 없다

32

帰りにお酒はどうですか。

(A) 今日は帰りが早いです。

(B) では、気をつけてください。

(C) 残念だけど、今日はちょっと。

(D) きっとまた会えると思います。

집에 갈 때 술 어떻습니까?

(A) 오늘은 집에 일찍 갑니다.

(B) 그럼, 조심히 가세요.

(C) 유감이지만, 오늘은 좀.

(D) 반드시 또 만날 수 있다고 생각합니다.

단어 帰り 귀가, 집에 감　お酒 술　早い 빠르다, 이르다　気をつける 조심하다　きっと 반드시, 꼭

33

まだ雨が降っていますか。

(A) いいえ、もうやみました。

(B) 明日は雨が降るそうです。

(C) かさは持ってきました。

(D) まだ風邪が治らなくて、大変です。

아직 비가 내리고 있습니까?

(A) 아니요, 이미 그쳤습니다.

(B) 내일은 비가 내린다고 합니다.

(C) 우산은 가져 왔습니다.

(D) 아직 감기가 낫지 않아서 힘듭니다.

단어 雨が降る 비가 내리다　やむ 그치다　かさ 우산　持ってくる 가져오다　治る 낫다　大変だ 큰일이다, 힘들다

34

お変わりありませんか。

(A) 新しいものに変えてください。

(B) ええ、おかげさまで、元気です。

(C) 本当につまらないものです。

(D) はい、住んでいる所は東京です。

별고 없으십니까?

(A) 새것으로 바꿔 주세요.

(B) 예, 덕분에 건강합니다.

(C) 정말로 보잘것없는 것이에요.

(D) 예, 살고 있는 곳은 도쿄입니다.

단어 お変わりない 별고 없다　新しい 새롭다　変える 바꾸다　おかげさまで 덕분에　元気だ 건강하다, 기운차다
つまらない 보잘것없다, 하찮다　住む 살다

35

母のプレゼントは何がいいと思いますか。

(A) ハンカチはどうですか。

(B) 両親は海外旅行中です。

(C) 母は台所にいます。

(D) 母の日は５月の第２日曜日です。

어머니 선물은 뭐가 좋다고 생각합니까?

(A) 손수건은 어떻습니까?

(B) 부모님은 해외여행 중입니다.

(C) 어머니는 부엌에 있습니다.

(D) 어머니의 날은 5월 둘째 주 일요일입니다.

단어 プレゼント 선물　ハンカチ 손수건　両親 부모님　海外旅行 해외여행　～中 ～중　台所 부엌　母の日 어머니의 날

36

日曜日(にちようび)は何(なに)をしますか。

(A) 子(こ)どもの日(ひ)です。
(B) 日曜日(にちようび)は3月4日(さんがつよっか)です。
(C) 掃除(そうじ)をしたりします。
(D) 土曜日(どようび)の次(つぎ)は日曜日(にちようび)です。

일요일은 무엇을 합니까?
(A) 어린이날입니다.
(B) 일요일은 3월 4일입니다.
(C) 청소를 하거나 합니다.
(D) 토요일 다음은 일요일입니다.

단어 子(こ)どもの日(ひ) 어린이날 掃除(そうじ) 청소 次(つぎ) 다음

37

どうして会社(かいしゃ)を休(やす)みましたか。

(A) 頭痛(ずつう)がしたからです。
(B) 知(し)り合(あ)いの紹介(しょうかい)でした。
(C) たまには会社(かいしゃ)に行(い)きません。
(D) そんなに忙(いそが)しくはありません。

왜 회사를 쉬었습니까?
(A) 두통이 나서입니다.
(B) 아는 사람의 소개였습니다.
(C) 때로는 회사에 가지 않습니다.
(D) 그렇게 바쁘지는 않습니다.

단어 どうして 왜, 어째서 休(やす)む 쉬다 頭痛(ずつう)がする 두통이 나다 知(し)り合(あ)い 지인, 아는 사람 紹介(しょうかい) 소개 たまに 가끔 そんなに 그렇게 忙(いそが)しい 바쁘다

38

コーヒーいっぱい、お願(ねが)いします。

(A) ふたつに分(わ)けてコピーします。
(B) はい、さとうもミルクも入(い)れますよね。
(C) お腹(なか)がいっぱいですから、もういいです。
(D) コピーしておきましたのでご利用(りよう)ください。

커피 한 잔, 부탁합니다.
(A) 2개로 나누어서 복사하겠습니다.
(B) 예, 설탕도 우유도 넣지요?
(C) 배가 부르니까 이젠 됐어요.
(D) 복사해 두었으니까 이용해 주세요.

단어 いっぱい 한 잔, 가득하다 お願(ねが)いする 부탁하다(お+동사의 ます형+する: 겸양 표현) 分(わ)ける 나누다 コピー 복사 さとう 설탕 ミルク 우유 お腹(なか)がいっぱいだ 배가 부르다 ～ておく ~해 두다 ご利用(りよう)ください 이용해 주세요

39

昨日(きのう)から頭(あたま)が痛(いた)いんです。

(A) 頭(あたま)が悪(わる)いからうまくできません。
(B) 病院(びょういん)に行(い)った方(ほう)がいいですよ。
(C) 早(はや)く美容院(びよういん)に行(い)きなさい。
(D) 豆(まめ)を食(た)べると頭(あたま)がよくなります。

어제부터 머리가 아파요.
(A) 머리가 나빠서 잘할 수 없습니다.
(B) 병원에 가는 편이 좋습니다.
(C) 빨리 미용실에 가세요.
(D) 콩을 먹으면 머리가 좋아집니다.

단어 頭(あたま)が痛(いた)い 머리가 아프다 病院(びょういん) 병원 早(はや)い 빠르다, 이르다 美容院(びよういん) 미용실 豆(まめ) 콩

40

どちらまで行かれますか。

(A) 銀座で会いましょう。

(B) 図書館で本を借りました。

(C) デパートで買い物をしました。

(D) 成田空港まで行ってください。

어디까지 가십니까?

(A) 긴자에서 만납시다.

(B) 도서관에서 책을 빌렸습니다.

(C) 백화점에서 쇼핑을 했습니다.

(D) 나리타 공항까지 가 주세요.

단어 行かれる 가시다(존경어)　銀座 긴자(지명)　図書館 도서관　借りる 빌리다　空港 공항

41

石田さんはいつ結婚しますか。

(A) 来月だと聞きました。

(B) 結婚、おめでとうございます。

(C) 結婚指輪はダイヤモンドがいいです。

(D) 去年、ハワイに新婚旅行に行きました。

이시다 씨는 언제 결혼합니까?

(A) 다음 달이라고 들었습니다.

(B) 결혼, 축하합니다.

(C) 결혼반지는 다이아몬드가 좋습니다.

(D) 작년에 하와이로 신혼여행을 갔습니다.

단어 いつ 언제　結婚 결혼　来月 다음 달　おめでとうございます 축하합니다　指輪 반지　ダイヤモンド 다이아몬드　去年 작년　ハワイ 하와이(지명)　新婚旅行 신혼여행

42

ちょっと味がうすいですね。

(A) おいしそうなにおいがします。

(B) 色がうすくなってしまいました。

(C) しょうゆを入れたらおいしくなります。

(D) 韓国の食べ物は辛いものが多いです。

좀 맛이 싱겁네요.

(A) 맛있는 냄새가 나네요.

(B) 색이 옅어져 버렸습니다.

(C) 간장을 넣으면 맛있어집니다.

(D) 한국의 음식은 매운 것이 많아요.

단어 味 맛　うすい 싱겁다, 옅다　においがする 냄새가 나다　～てしまう ~해 버리다　しょうゆ 간장　辛い 맵다

43

林さん、重そうですね。お持ちしましょうか。

(A) では、買ってあげます。

(B) では、気軽に連絡してください。

(C) では、これをお貸しください。

(D) では、これだけお願いします。

하야시 씨, 무거워 보이네요. 들어 드릴까요?

(A) 그럼, 사 주겠습니다.

(B) 그럼, 편히 연락 주세요.

(C) 그럼, 이것을 빌려 주세요.

(D) 그럼, 이것만 부탁드립니다.

단어 重い 무겁다　お持ちする 가지다(お+동사의 ます형+する : 겸양 표현)　～てあげる (내가 남에게) ~해 주다　気軽に 가볍게, 선선히, 어렵지 않게　連絡する 연락하다　貸す 빌려 주다　～だけ ~만, ~뿐

44

休み(やす)はいつからいつまでですか。

(A) 金曜日(きんようび)は休め(やす)ません。

(B) 10時(じゅうじ)から始まり(はじ)ます。

(C) 駅(えき)から家(いえ)まで歩き(ある)ます。

(D) 8月1日(はちがつついたち)から4日(よっか)までです。

휴가는 언제부터 언제까지입니까?

(A) 금요일은 쉴 수 없습니다.

(B) 10시부터 시작됩니다.

(C) 역에서 집까지 걷습니다.

(D) 8월 1일부터 4일까지입니다.

단어 休み(やす) 휴가 いつ 언제 始まる(はじ) 시작되다 駅(えき) 역 家(いえ) 집 歩く(ある) 걷다

45

そのゴミを拾って(ひろ)ください。

(A) お疲れ(つか)さまでした。

(B) 病院(びょういん)へ行き(い)ますか。

(C) はい、分かり(わ)ました。

(D) 友だち(とも)を待って(ま)います。

그 쓰레기를 주워 주세요.

(A) 수고하셨습니다.

(B) 병원에 갑니까?

(C) 예, 알겠습니다.

(D) 친구를 기다리고 있습니다.

단어 拾う(ひろ) 줍다 お疲れ(つか)さまでした 수고하셨습니다 病院(びょういん) 병원 分かる(わ) 알다 待つ(ま) 기다리다

46

このコップに氷(こおり)を入れて(い)ください。

(A) ごめん、今(いま)、氷(こおり)はないんだ。

(B) コップを洗い(あら)ました。

(C) この花(はな)はいいにおいがします。

(D) ジュースと紅茶(こうちゃ)があります。

이 컵에 얼음을 넣어 주세요.

(A) 미안, 지금 얼음은 없어.

(B) 컵을 닦았습니다.

(C) 이 꽃은 좋은 냄새가 납니다.

(D) 주스와 홍차가 있습니다.

단어 コップ 컵 氷(こおり) 얼음 洗う(あら) 씻다 においがする 냄새가 나다 紅茶(こうちゃ) 홍차

47

いつ韓国(かんこく)に来る(く)予定(よてい)ですか。

(A) 兄(あに)に会い(あ)に行く(い)予定(よてい)です。

(B) 今年(ことし)の3月(さんがつ)に行く(い)つもりです。

(C) 韓国(かんこく)は行った(い)ことがありません。

(D) ソウルで買い物(かいもの)がしたいんです。

언제 한국에 올 예정입니까?

(A) 형을 만나러 갈 예정입니다.

(B) 올해 3월에 갈 생각입니다.

(C) 한국은 간 적이 없습니다.

(D) 서울에서 쇼핑을 하고 싶습니다.

단어 予定(よてい) 예정 兄(あに) 오빠, 형 今年(ことし) 올해 つもり 생각, 작정 ソウル 서울(지명)

48

お風呂にだれか入っていますか。

(A) はい、妹がいます。
(B) お風呂に入ってから洗濯します。
(C) 疲れて早く寝ました。
(D) お風呂に入りたいです。

목욕탕에 누군가 있습니까?
(A) 예, 여동생이 있어요.
(B) 목욕을 하고 나서 빨래를 합니다.
(C) 피곤해서 빨리 잤습니다.
(D) 목욕을 하고 싶습니다.

단어 お風呂 목욕, 목욕탕　妹 여동생　お風呂に入る 목욕하다　洗濯する 빨래하다　疲れる 피곤하다

49

納豆は食べたことがありますか。

(A) 納豆は豆から作ります。
(B) 納豆は日本の食べ物です。
(C) 昼ごはんはもう食べました。
(D) まだありませんが、食べてみたいです。

낫토는 먹어 본 적이 있습니까?
(A) 낫토는 콩으로 만듭니다.
(B) 낫토는 일본의 음식입니다.
(C) 점심은 이미 먹었습니다.
(D) 아직 없지만, 먹어 보고 싶습니다.

단어 納豆 낫토(일본의 발효 식품)　豆 콩　昼ごはん 점심

50

この映画がよさそうですね。

(A) じゃ、この映画にしましょう。
(B) 私の趣味は映画を見ることです。
(C) では、6時に駅前で会いましょう。
(D) 映画のチケットを見せてください。

이 영화가 좋을 것 같습니다.
(A) 그럼, 이 영화로 합시다.
(B) 제 취미는 영화를 보는 것입니다.
(C) 그럼, 6시에 역 앞에서 만납시다.
(D) 영화 티켓을 보여 주세요.

단어 よさそうだ 좋을 것 같다　趣味 취미　駅前 역 앞　チケット 티켓, 표　見せる 보이다

PART 3 회화문

① 일상생활 공략 3단계 실전 문제 풀기 ▶ 146쪽

정답 1 (C) 2 (B) 3 (D) 4 (C) 5 (C) 6 (D) 7 (A) 8 (C) 9 (D) 10 (B)
11 (C) 12 (C) 13 (A) 14 (D) 15 (C)

스크립트	해석
1	
男 何を買いましたか。	남 무엇을 샀습니까?
女 まんがを３冊買いました。	여 만화를 3권 샀습니다.
男 １冊いくらでしたか。	남 1권에 얼마였습니까?
女 １冊３００円でした。	여 1권에 300엔이었습니다.
Q 全部でいくらですか。	**Q** 전부 해서 얼마입니까?
(A) ３００円 (B) ６００円	(A) 300엔 (B) 600엔
(C) ９００円 (D) １２００円	(C) 900엔 (D) 1,200엔

단어 買う 사다 まんが 만화 ～冊 ~권(책 등을 세는 단위) いくら 얼마 全部で 전부 해서

스크립트	해석
2	
女 これは姉の結婚写真です。	여 이것은 언니의 결혼사진이에요.
男 花嫁さんの左に立っている人はだれですか。	남 신부 왼쪽에 서 있는 사람은 누구입니까?
女 私の 妹 です。私は姉の後ろにいます。	여 제 여동생입니다. 저는 언니 뒤에 있어요.
Q 妹 はどこに立っていますか。	**Q** 여동생은 어디에 서 있습니까?
(A) 花嫁の前に立っています。	(A) 신부 앞에 서 있습니다.
(B) 花嫁の左側に立っています。	(B) 신부 왼쪽에 서 있습니다.
(C) 花嫁の後ろに立っています。	(C) 신부 뒤에 서 있습니다.
(D) 花嫁の右側に立っています。	(D) 신부 오른쪽에 서 있습니다.

단어 姉 누나, 언니 結婚写真 결혼사진 花嫁 신부 左 왼쪽 立つ 서다 妹 여동생 後ろ 뒤 前 앞 左側 좌측 右側 우측

스크립트	해석
3	
男 明日、東京駅で９時に会いましょう。	남 내일, 도쿄역에서 9시에 만납시다.
女 ええ？ ９時は早いですよ。	여 예? 9시는 빨라요.
男 10時半はどうですか。	남 10시 반은 어때요?
女 はい、いいです。	여 예, 좋습니다.

Q 何時に会いますか。

(A) 9時　(B) 9時30分

(C) 10時　(D) 10時30分

Q 몇 시에 만납니까?

(A) 9시　(B) 9시 30분

(C) 10시　(D) 10시 30분

단어 会う 만나다　早い 이르다, 빠르다　半 반　いい 좋다

4

女　ずいぶんごはんを残したね。のどが痛くて食べられないの？

男　ううん、お腹が痛くて。

女　何か悪いものでも食べた？

男　ううん、昨日、食べすぎたんだ。

여　꽤 밥을 남겼네. 목이 아파서 못 먹겠어?

남　아니, 배가 아파서.

여　뭔가 상한 것이라도 먹었어?

남　아니, 어제 과식해서 그래.

Q なぜごはんを残しましたか。

(A) のどが痛いから

(B) 食欲がないから

(C) お腹が痛いから

(D) ごはんがくさっているから

Q 왜 밥을 남겼습니까?

(A) 목이 아파서

(B) 식욕이 없어서

(C) 배가 아파서

(D) 밥이 상해서

단어 ずいぶん 꽤　ごはん 밥　残す 남기다　のど 목(구멍)　痛い 아프다　お腹が痛い 배가 아프다　悪い 나쁘다, 안 좋다　～でも ～라도　食べすぎる 과식하다　食欲がない 식욕이 없다　くさる 상하다, 부패하다

5

女　鈴木さん、よかったですね。退院できて。

男　ええ、おかげさまで。

女　これから階段を下りる時は、また落ちないように気をつけてね。

여　스즈키 씨, 다행이네요. 퇴원할 수 있어서.

남　예, 덕분이에요.

여　앞으로 계단을 내려올 때는 또 떨어지지 않도록 조심해요.

Q 鈴木さんはなぜ入院しましたか。

(A) 体がよわいから

(B) 風邪を引いたから

(C) 階段から落ちたから

(D) ストレスがたまったから

Q 스즈키 씨는 왜 입원했습니까?

(A) 몸이 약하기 때문에

(B) 감기에 걸렸기 때문에

(C) 계단에서 떨어졌기 때문에

(D) 스트레스가 쌓였기 때문에

단어 退院 퇴원　おかげさまで 덕분에　階段 계단　下りる 내리다, 내려오다　落ちる 떨어지다　気をつける 조심하다, 주의하다　入院 입원　体 몸　よわい 약하다　風邪を引く 감기에 걸리다　ストレスがたまる 스트레스가 쌓이다

6

男　林さんのスーツケースはどれですか。

女　カートの右側にあるものです。

男　茶色のとみどりのがありますが、両方とも林さんのですか。

女　みどりが林さんのです。

남　하야시 씨의 여행 가방은 어느 것입니까?

여　카트 오른쪽에 있는 것입니다.

남　갈색과 초록색이 있는데 둘 다 하야시 씨의 것입니까?

여　초록색이 하야시 씨의 것입니다.

Q　林さんのスーツケースはどれですか。

(A) 黒いスーツケース

(B) 白いスーツケース

(C) 茶色のスーツケース

(D) みどり色のスーツケース

Q　하야시 씨의 여행 가방은 어느 것입니까?

(A) 검정 여행 가방

(B) 하얀 여행 가방

(C) 갈색 여행 가방

(D) 초록색 여행 가방

단어 スーツケース 슈트 케이스, 여행 가방　右側 오른쪽　茶色 갈색　両方 양쪽　～とも ~모두, ~다　黒い 검다　白い 하얗다

7

男　暇な時、何をしますか。

女　読書をしながら、時間をつぶします。

男　どんな本が好きですか。

女　ラブストーリーが好きです。

남　한가할 때 무엇을 합니까?

여　독서하면서 시간을 보냅니다.

남　어떤 책을 좋아합니까?

여　러브 스토리를 좋아합니다.

Q　暇な時、何をしますか。

(A) 本を読みます。

(B) 買い物をします。

(C) 音楽を聞きます。

(D) じゃがいもをつぶします。

Q　한가할 때 무엇을 합니까?

(A) 책을 읽습니다.

(B) 쇼핑을 합니다.

(C) 음악을 듣습니다.

(D) 감자를 으깹니다.

단어 暇だ 한가하다　読書 독서　時間をつぶす 시간을 보내다　好きだ 좋아하다　ラブストーリー 러브 스토리　買い物をする 쇼핑을 하다　音楽を聞く 음악을 듣다　じゃがいも 감자　つぶす 으깨다, 부수다

8

女　もう、いい加減にしなさい。

男　お母さん、もうちょっと。

女　もう４時間もコンピューターゲームをしているじゃない。

여　이제 정말 적당히 해.

남　엄마, 조금만 더요.

여　벌써 4시간이나 컴퓨터 게임을 하고 있잖아.

Q お母さんはなぜ怒っていますか。

(A) テレビを見すぎたから

(B) お使いに行かなかったから

(C) パソコンをやりすぎたから

(D) パソコンをつけたまま出かけたから

Q 어머니는 왜 화를 내고 있습니까?

(A) 텔레비전을 너무 많이 봐서

(B) 심부름을 가지 않아서

(C) 컴퓨터를 너무 많이 해서

(D) 컴퓨터를 켠 채로 외출해서

단어 いい加減にする 적당히 하다 ちょっと 조금, 잠깐 怒る 화내다 見すぎる 너무 많이 보다 お使いに行く 심부름을 가다 パソコンをつける 컴퓨터를 켜다 ～たまま ～한 채로

9

女 空が少し暗くなってきましたね。

男 天気予報によると、にわか雨が降るそうです。

女 今にも雨が降りそうですね。

男 雨が降る前に早く帰りましょう。

여 하늘이 조금 어두워졌네요.

남 일기 예보에 따르면 소나기가 내린다고 합니다.

여 지금이라도 비가 내릴 것 같네요.

남 비가 내리기 전에 빨리 집에 갑시다.

Q 天気はどうなりそうですか。

(A) 今、雨が降っているが、午後からは晴れます。

(B) だんだん寒くなってきます。

(C) 梅雨だからこれからもずっと雨です。

(D) 雨が降るかもしれませんが、すぐやみます。

Q 날씨는 어떻게 될 것 같습니까?

(A) 지금 비가 내리고 있지만, 오후부터는 맑습니다.

(B) 점점 추워집니다.

(C) 장마라서 앞으로도 계속 비가 내립니다.

(D) 비가 내릴지도 모르지만, 곧 그칠 것입니다.

단어 天気予報 일기 예보 ～によると ～에 따르면 にわか雨 소나기 今にも 지금이라도 ～前に ～하기 전에 早く 빨리 帰る 돌아가다, 귀가하다 午後 오후 晴れる 맑다 だんだん 점점 梅雨 장마(ばいう로도 읽음) これからも 앞으로도 ずっと 쭉, 계속 ～かもしれない ～일지도 모른다 すぐ 금방 やむ 그치다, 멎다

10

男 冬休み、どうするか決めましたか。

女 いいえ、まだです。加藤さんは？

男 友だちとスキーをするつもりです。

女 楽しそうですね。

남 겨울 방학에 어떻게 할지 정했습니까?

여 아니요, 아직입니다. 가토 씨는요?

남 친구와 스키를 탈 생각입니다.

여 재미있겠네요.

Q 加藤さんは冬休みに、何をする予定ですか。

(A) 海へ行きます。

(B) スキーをします。

(C) テニスをします。

(D) まだ決めていません。

Q 가토 씨는 겨울 방학에 무엇을 할 예정입니까?

(A) 바다에 갑니다.

(B) 스키를 탑니다.

(C) 테니스를 칩니다.

(D) 아직 결정하지 않았습니다.

단어 決める 정하다　まだ 아직　スキーをする 스키를 타다　つもり 작정, 생각, 예정　楽しい 즐겁다　予定 예정
海へ行く 바다에 가다　テニスをする 테니스를 치다

11

女　木村さん、今、郵便局に行くんですよね。
男　はい、そうです。
女　ついでに手紙を出してもらえますか。
男　はい、いいですよ。

여　기무라 씨, 지금 우체국에 가는 거죠?
남　예, 그렇습니다.
여　가는 김에 편지를 보내 줄 수 있나요?
남　예, 좋아요.

Q　木村さんに何を頼みましたか。
(A) お金を下ろすこと
(B) きってを買うこと
(C) 手紙を出すこと
(D) きっぷを拾うこと

Q　기무라 씨에게 무엇을 부탁했습니까?
(A) 돈을 찾는 일
(B) 우표를 사는 일
(C) 편지를 보내는 일
(D) 표를 줍는 일

단어 郵便局 우체국　～ついでに ~하는 김에　手紙を出す 편지를 보내다　頼む 부탁하다　お金を下ろす 돈을 찾다
きって 우표　きっぷ 표　拾う 줍다

12

男　誕生日のプレゼントはもらいましたか。
女　はい、鈴木さんには化粧品をもらいました。
男　彼氏からは何をもらいましたか。
女　彼氏にばらの花をもらいました。

남　생일 선물은 받았습니까?
여　예, 스즈키 씨에게는 화장품을 받았어요.
남　남자 친구로부터는 무엇을 받았습니까?
여　남자 친구에게는 장미꽃을 받았습니다.

Q　鈴木さんからは何をもらいましたか。
(A) 財布　(B) 指輪
(C) 化粧品　(D) ばらの花

Q　스즈키 씨에게는 무엇을 받았습니까?
(A) 지갑　(B) 반지
(C) 화장품　(D) 장미꽃

단어 誕生日 생일　プレゼント 선물　もらう 받다　化粧品 화장품　彼氏 남자 친구　ばらの花 장미꽃　財布 지갑　指輪 반지

13

女　熱でもあるの？ 顔が真っ赤だよ。
男　ゆうべ、熱をはかってみたら、３８度だったよ。
女　風邪かな。鼻水は？
男　鼻水は出ないけど、せきが止まらなくて眠れなかったよ。

여　열이라도 있니? 얼굴이 새빨개.
남　어젯밤에 열을 재 봤더니 38도였어.
여　감기인가. 콧물은?
남　콧물은 없지만, 기침이 멈추지 않아서 잠을 잘 수 없었어.

Q　この人の具合はどうですか。

(A) 熱もあるし、せきもします。

(B) 熱はないけど、せきはします。

(C) 熱もあるし、鼻水も出ます。

(D) せきはしないけど、鼻水は出ます。

Q　이 사람의 몸 상태는 어떻습니까?

(A) 열도 있고, 기침도 납니다.

(B) 열은 없지만, 기침은 납니다.

(C) 열도 있고, 콧물도 납니다.

(D) 기침은 나지 않지만, 콧물은 납니다.

단어 熱がある 열이 있다　真っ赤だ 새빨갛다　はかる 재다　風邪 감기　鼻水 콧물　せきが止まる 기침이 그치다　眠る 자다, 잠들다　具合 몸 상태　せきをする 기침이 나다

14

男　鈴木さんの娘さんはどの子ですか。

女　白いズボンをはいている子です。

男　グレーのシャツを着ている子はだれの子ですか。

女　木村さんのお子さんです。

남　스즈키 씨의 따님은 어느 아이입니까?

여　하얀색 바지를 입은 아이입니다.

남　회색 셔츠를 입은 아이는 누구의 아이입니까?

여　기무라 씨의 아이입니다.

Q　木村さんの子どもはどの子ですか。

(A) 白いズボンをはいている子

(B) 赤いズボンをはいている子

(C) 水色のシャツを着ている子

(D) グレーのシャツを着ている子

Q　기무라 씨의 아이는 어느 아이입니까?

(A) 하얀색 바지를 입은 아이

(B) 빨간색 바지를 입은 아이

(C) 푸른색 셔츠를 입은 아이

(D) 회색 셔츠를 입은 아이

단어 娘さん 따님　グレー 회색　シャツ 셔츠　着る 입다　赤い 빨갛다　水色 푸른색

15

女　海外に行く時、何を持っていった方がいいですか。

男　ガイドブックとクレジットカードを持っていった方がいいですよ。

女　そのほかには？

男　会話の本ですね。

여　해외에 나갈 때, 무엇을 가지고 가는 것이 좋습니까?

남　가이드북과 신용카드를 가지고 가는 편이 좋아요.

여　그밖에는요?

남　회화책이지요.

Q　海外に行く時、要らないのはどれですか。

(A) 会話の本

(B) ガイドブック

(C) キャッシュカード

(D) クレジットカード

Q　해외에 나갈 때, 필요 없는 것은 어느 것입니까?

(A) 회화책

(B) 가이드북

(C) 현금카드

(D) 신용카드

단어 海外 해외　～時 ～(할) 때　持っていく 가져가다　～方がいい ～하는 편이 좋다　ガイドブック 가이드북　クレジットカード 신용카드　そのほかに 그밖에　会話 회화　要る 필요하다　キャッシュカード 현금카드

② 관용어, 속담 공략 3단계 실전 문제 풀기 ▶ 157쪽

정답 1 (B) 2 (D) 3 (A) 4 (B) 5 (C) 6 (A) 7 (C) 8 (C) 9 (D) 10 (A)

스크립트	해석
1	
女 どうして落ち込んでいるの？	여 왜 침울해 하고 있어?
男 今日テストがあるから、昨日、夜遅くまで勉強していたんだけど。	남 오늘 시험이 있어서 어제 밤늦게까지 공부했는데.
女 どうだったの？	여 어떻게 되었어?
男 手も足も出なかった。	남 손도 못 댔어.
Q テストはどうでしたか。	Q 시험은 어땠습니까?
(A) やさしかったです。	(A) 쉬웠습니다.
(B) むずかしかったです。	(B) 어려웠습니다.
(C) おもしろかったです。	(C) 재미있었습니다.
(D) おそろしかったです。	(D) 두려웠습니다.

단어 どうして 왜, 어째서 落ち込む 침울해지다 テスト 테스트, 시험 夜遅く 밤늦게 勉強 공부 手も足も出ない 어찌할 도리가 없다, 손도 못 대다 やさしい 쉽다 むずかしい 어렵다 おもしろい 재미있다 おそろしい 두렵다

스크립트	해석
2	
男 お母さんは帰ってきた？	남 엄마는 집에 오셨어?
女 まだ帰ってきてないよ。	여 아직 집에 안 오셨어.
男 お母さん、遅いなあ。	남 엄마가 늦네.
女 たぶんどこかで油を売っているんだと思うよ。	여 아마 어딘가에서 누군가와 이야기하고 있을 것이라고 생각해.
Q 女の人はお母さんが何をしていると思っていますか。	Q 여성은 어머니가 무엇을 하고 있다고 생각합니까?
(A) 店で油を買っている。	(A) 가게에서 기름을 사고 있다.
(B) 掃除をしている。	(B) 청소를 하고 있다.
(C) ごはんを食べながらテレビを見ている。	(C) 밥을 먹으면서 텔레비전을 보고 있다.
(D) 途中でむだ話をして時間をつぶしている。	(D) 도중에 쓸데없는 이야기를 하며 시간을 보내고 있다.

단어 遅い 늦다 たぶん 아마, 대개 油を売る 잡담을 하며 시간을 보내다 油 기름 ～ながら ~하면서 途中で 도중에 むだ話 쓸데없는 이야기, 잡담 時間をつぶす 시간을 보내다

3

男　今日からタバコをやめる。
女　今度はいつまで続くんだろう。
男　今回は本気だよ。
女　信じられない。

남　오늘부터 담배 끊을 거야.
여　이번에는 언제까지 계속되려나.
남　이번에는 진심이야.
여　믿을 수 없어.

Q　男の人はどんなタイプの人ですか。

(A) 三日坊主
(B) かしこい人
(C) 口が重い人
(D) てるてる坊主

Q　남성은 어떤 타입의 사람입니까?

(A) 오래 지속하지 못하는 사람
(B) 현명한 사람
(C) 과묵한 사람
(D) 데루테루보즈(일본의 날씨 인형)

단어　タバコをやめる 담배를 끊다　今回 이번　本気 진심　信じる 믿다　三日坊主 작심삼일, 오래 지속하지 못하는 사람　かしこい 현명하다, 영리하다　口が重い 과묵하다　てるてる坊主 날이 개기를 빌며 처마 끝에 매다는 인형

4

女　木村さんは会社の人をたくさん知っていますね。
男　ええ、知り合いは多いです。
女　うらやましいなあ。

여　기무라 씨는 회사 사람을 많이 알고 있네요.
남　예, 아는 사람이 많습니다.
여　부럽군요.

Q　木村さんはどんな人ですか。

(A) 足が広い
(B) 顔が広い
(C) 鼻が高い
(D) 猫をかぶる

Q　기무라 씨는 어떤 사람입니까?

(A) (신체의) 발이 넓다
(B) 아는 사람이 많다(발이 넓다)
(C) 우쭐댄다
(D) 본성을 숨기고 얌전한 체한다

단어　たくさん 많이　知る 알다　知り合い 아는 사람　うらやましい 부럽다　顔が広い 발이 넓다　鼻が高い 우쭐하다　猫をかぶる 본성을 숨기고 얌전한 체하다

5

男　今回も田中さんが1位ですね。
女　彼はかっこいいし、親切ですよね。
男　女性にも人気があります。
女　でも、短気なのが玉にきずです。

남　이번에도 다나카 씨가 1등이네요.
여　그는 멋지고, 친절해요.
남　여성에게도 인기가 있지요.
여　하지만, 성미가 급한 것이 옥에 티지요.

Q 田中さんの欠点はどれですか。

(A) 口が軽い
(B) 気が多い
(C) 気が短い
(D) 頭がかたい

Q 다나카 씨의 결점은 어느 것입니까?

(A) 입이 가볍다
(B) 변덕스럽다
(C) 성질이 급하다
(D) 고지식하다

단어 今回 이번, 금번 ~位 ~위 かっこいい 멋지다 ~し ~(하)고 親切だ 친절하다 短気 성급함 玉にきず 옥에 티 欠点 결점 口が軽い 입이 가볍다 気が多い 변덕스럽다 気が短い 성급하다 頭がかたい 고지식하다

6

女 これ以上は歩けない。
男 がんばって。もうちょっとだよ。
女 足がぼうになっちゃった。
男 しょうがないな。じゃ、一休みしよう。

여 더 이상은 걸을 수 없어.
남 힘내. 앞으로 얼마 안 남았어.
여 다리가 뻣뻣해졌단 말이야.
남 어쩔 수 없네. 그럼, 잠깐 쉬자.

Q なぜ一休みしますか。

(A) 足が疲れたから
(B) 顔が痛くなったから
(C) 腕が疲れたから
(D) 目が痛くなったから

Q 왜 잠깐 쉽니까?

(A) 다리가 피로해서
(B) 얼굴이 아파서
(C) 팔이 피로해서
(D) 눈이 아파서

단어 これ以上 더 이상 歩く 걷다 がんばる 힘내다 ちょっと 조금, 약간 足がぼうになる 너무 많이 걷거나 오래 서 있어 다리가 뻣뻣해지다 しょうがない 어쩔 수 없다 一休み 잠깐 쉼 顔 얼굴 腕 팔

7

男 木村さんの妹はとてもおとなしいですね。
女 猫をかぶっているだけですよ。
男 へえ、そうなんですか。
女 ふだんはすごいですよ。

남 기무라 씨의 여동생은 아주 얌전하군요.
여 그런 척 하고 있을 뿐이에요.
남 오, 그래요?
여 평소에는 대단하지요.

Q 木村さんの妹はどんな人ですか。

(A) とても美しい人
(B) 猫を飼っている人
(C) 本性を隠している人
(D) おとなしくない人

Q 기무라 씨의 여동생은 어떤 사람입니까?

(A) 매우 아름다운 사람
(B) 고양이를 키우고 있는 사람
(C) 본성을 숨기고 있는 사람
(D) 얌전하지 않은 사람

단어 とても 대단히, 매우 おとなしい 얌전하다 ふだん 평소, 보통 すごい 대단하다 美しい 아름답다, 예쁘다 飼う 기르다 本性 본성 隠す 숨기다

8

男　山田さんは口が重いですね。

女　でも、彼の奥さんはすごいおしゃべりです。

男　へえ、知らなかったです。

남　야마다 씨는 과묵하군요.

여　하지만 그의 부인은 대단한 수다쟁이예요.

남　어, 몰랐어요.

Q　山田さんの奥さんはどんな人ですか。

(A) 口が重い

(B) 口がかたい

(C) 口が軽い

(D) 口がうまい

Q　야마다 씨의 부인은 어떤 사람입니까?

(A) 과묵하다

(B) 입이 무겁다

(C) 입이 가볍다

(D) 말솜씨가 좋다

단어 奥さん 부인　おしゃべり 수다쟁이　口がかたい 입이 무겁다, 해서는 안 될 말을 하지 않는다　口がうまい 말솜씨가 좋다

9

女　林さん、明日の試験勉強した？

男　全然してないよ。

女　どうするつもりなの？

男　今晩、山をかけて勉強するよ。

여　하야시 씨, 내일 시험 공부했어?

남　전혀 안 했어.

여　어떻게 할 생각이야?

남　오늘 밤에 시험에 나올 부분만 공부할 거야.

Q　林さんはどうするつもりですか。

(A) 山に登って勉強する。

(B) 勉強をしないで寝る。

(C) 夜遅くまでいっしょうけんめい勉強する。

(D) 試験に出そうなところだけ勉強する。

Q　하야시 씨는 어떻게 할 생각입니까?

(A) 산에 올라가서 공부한다.

(B) 공부를 하지 않고 잔다.

(C) 밤늦게까지 열심히 공부한다.

(D) 시험에 나올 것 같은 부분만 공부한다.

단어 全然 전혀　つもり 작정, 생각　今晩 오늘 밤　山をかける 요행을 바라다, (시험 등에서) 출제가 예상되는 부분만 공부하다　夜遅くまで 밤늦게까지　いっしょうけんめい(に) 열심히　試験に出る 시험에 나오다

10

男　そんなに高い物をだれにあげる気なの？

女　妹にプレゼントしようと思って。

男　生まれてまだ一ケ月なのに… もったいない。豚に真珠だよ。

女　だって、かわいいんだもん。

남　그렇게 비싼 걸 누구에게 줄 생각이야?

여　여동생에게 선물하려고 생각했어.

남　태어난 지 아직 1개월밖에 안 됐는데…. 아까워. 돼지 목에 진주 목걸이야.

여　하지만, 귀엽잖아.

Q 男の人は何と言いましたか。	**Q** 남자는 뭐라고 말했습니까?
(A) 猫に小判	(A) 고양이한테 금화
(B) 蛙の子は蛙	(B) 부전자전
(C) 月とすっぽん	(C) 하늘과 땅 만큼의 차이
(D) さるも木から落ちる	(D) 원숭이도 나무에서 떨어진다

단어 高い 비싸다, 높다　プレゼント 선물　生まれる 태어나다　もったいない 아깝다, 과분하다　豚に真珠 돼지 목에 진주 목걸이　かわいい 귀엽다

③ 시사, 비즈니스 공략 3단계 실전 문제 풀기 ▶ 167쪽

정답 1 (C)　2 (D)　3 (A)　4 (B)　5 (A)　6 (C)　7 (D)　8 (D)　9 (B)　10 (A)　11 (D)　12 (D)　13 (B)　14 (D)　15 (B)

스크립트	해석
1	
男　パスポートを見せてください。	남　여권을 보여 주세요.
女　はい、どうぞ。	여　예, 여기 있습니다.
男　東京の滞在目的は何ですか。	남　도쿄에 머무르는 목적은 무엇입니까?
女　観光です。	여　관광입니다.
Q ここはどこですか。	**Q** 여기는 어디입니까?
(A) 駅　(B) 病院	(A) 역　(B) 병원
(C) 空港　(D) 学校	(C) 공항　(D) 학교

단어 パスポート 여권　見せる 보이다　どうぞ 여기요(뭔가를 건넬 때)　滞在 체재, 체류　目的 목적　観光 관광　駅 역　病院 병원　空港 공항

스크립트	해석
2	
女　木村さんは入社してから何年がたちましたか。	여　기무라 씨는 입사한 지 몇 년 되었습니까?
男　20年たちました。私はこの会社に骨を埋めるつもりです。	남　20년 지났습니다. 저는 이 회사에 뼈를 묻을 생각입니다.
女　定年になったらどうするつもりですか。	여　정년이 되면 어떻게 할 생각입니까?
男　ボランティア活動をするつもりです。	남　봉사 활동을 할 생각입니다.

Q 会話の内容と合っているのはどれですか。

(A) 木村さんはほかの会社を探しています。

(B) 木村さんは入社してから15年たちました。

(C) 木村さんは会社をやめようと思っています。

(D) 木村さんは定年後にボランティア活動をします。

Q 대화의 내용과 맞는 것은 어느 것입니까?

(A) 기무라 씨는 다른 회사를 찾고 있습니다.

(B) 기무라 씨는 입사한 지 15년 되었습니다.

(C) 기무라 씨는 회사를 그만두려고 합니다.

(D) 기무라 씨는 정년 후 봉사 활동을 할 것입니다.

단어 入社 입사　たつ 시간이 지나다　骨を埋める 뼈를 묻다, 그 일에 일생을 바치다　つもり 작정, 생각, 예정　定年 정년　～になる ~이 되다　ボランティア活動 봉사 활동　探す 찾다　やめる 그만두다

3

女 どうして退勤していないんですか。

男 上司が仕事中なんです。

女 上司がワーカホリックだと毎日大変ですね。

男 もう慣れましたが、早く帰りたいです。

여 왜 퇴근하지 않은 겁니까?

남 상사가 일하고 있는 중입니다.

여 상사가 일벌레면 매일 힘들겠군요.

남 이제 익숙해졌지만, 빨리 집에 가고 싶어요.

Q 上司はどんな人ですか。

(A) 働きすぎる人

(B) お酒の好きな人

(C) 時間にうるさい人

(D) 後輩にやさしい人

Q 상사는 어떤 사람입니까?

(A) 일을 너무 많이 하는 사람

(B) 술을 좋아하는 사람

(C) 시간에 엄격한 사람

(D) 후배에게 상냥한 사람

단어 どうして 왜, 어째서　退勤する 퇴근하다　上司 상사　ワーカホリック 워커홀릭, 일만 아는 사람, 일벌레　毎日 매일　大変だ 큰일이다, 힘들다　慣れる 익숙해지다　早く 빨리　働く 일하다　時間 시간　～にうるさい ~에 까다롭다　後輩 후배　やさしい 상냥하다

4

女 いつ本社に行きますか。

男 明日の午後、行こうと思っていますけど。

女 では、このカードを営業部の渡辺さんに渡してください。

男 はい、分かりました。

여 언제 본사에 갑니까?

남 내일 오후에 가려고 하는데요.

여 그럼, 이 카드를 영업부의 와타나베 씨에게 전해 주세요.

남 예, 알겠습니다.

Q 渡辺さんに何を渡しますか。

(A) ノート　(B) カード

(C) チケット　(D) ガイドブック

Q 와타나베 씨에게 무엇을 전해 줍니까?

(A) 공책　(B) 카드

(C) 표　(D) 가이드북

단어 本社 본사　午後 오후　～けど ~이지만　カード 카드　営業部 영업부　渡す 건네다　分かる 알다　ノート 노트, 공책　チケット 티켓, 표　ガイドブック 가이드북

5

女　毎日会社へ来られますか。	여　매일 회사에 올 수 있습니까?
男　毎日はちょっと無理なんですが。	남　매일은 조금 무리인데요.
女　それでは、何曜日ならいいですか。	여　그럼, 무슨 요일이면 괜찮습니까?
男　月曜日と水曜日なら大丈夫です。	남　월요일과 수요일이라면 괜찮습니다.
Q　会社へ来られる日はいつですか。 (A) 月曜日　(B) 木曜日 (C) 金曜日　(D) 日曜日	Q　회사에 올 수 있는 날은 언제입니까? (A) 월요일　(B) 목요일 (C) 금요일　(D) 일요일

단어 来られる 올 수 있다(来る의 가능 표현)　ちょっと 조금, 약간　無理だ 무리이다　何曜日 무슨 요일　〜なら 〜면　大丈夫だ 괜찮다

6

男　山田さんは外国に行ったことがありますか。	남　야마다 씨는 외국에 간 적이 있습니까?
女　はい、あります。アメリカもオーストラリアも行きました。	여　예, 있습니다. 미국도 호주도 갔었습니다.
男　イギリスへは?	남　영국에는요?
女　イギリスはまだですが、いつか行ってみたいです。	여　영국은 아직 안 가 봤지만, 언젠가 가보고 싶습니다.
Q　山田さんが行ったところはどこですか。 (A) イギリス　(B) ホンコン (C) オーストラリア　(D) シンガポール	Q　야마다 씨가 갔던 곳은 어디입니까? (A) 영국　(B) 홍콩 (C) 호주　(D) 싱가폴

단어 外国 외국　〜たことがある 〜한 적이 있다(경험)　アメリカ 미국(지명)　オーストラリア 호주(지명)　イギリス 영국(지명)　まだ 아직　いつか 언젠가　ホンコン 홍콩(지명)　シンガポール 싱가폴(지명)

7

男　中村さん、ファイルはどこにありますか。	남　나카무라 씨, 파일은 어디에 있습니까?
女　上から3番目の引き出しに入れておきました。	여　위에서부터 3번째 서랍에 넣어 두었습니다.
男　だれの机の引き出しですか。	남　누구의 책상 서랍입니까?
女　山田部長の机です。	여　야마다 부장님의 책상이에요.
Q　ファイルはどこにありますか。 (A) 中村さんの机の上 (B) 山田部長の机の上 (C) 中村さんの机の引き出し (D) 山田部長の机の引き出し	Q　파일은 어디에 있습니까? (A) 나카무라 씨의 책상 위 (B) 야마다 부장님의 책상 위 (C) 나카무라 씨의 책상 서랍 (D) 야마다 부장님의 책상 서랍

단어 ファイル 파일 上(うえ) 위 3番目(さんばんめ) 세 번째 引き出し(ひだし) 서랍 入れておく(い) 넣어 두다

8

女 何名様(なんめいさま)ですか。
男 3人(さんにん)ですが、もう1人(ひとり)来(き)ます。
女 予約(よやく)はなさいましたか。
男 いいえ、しませんでした。

여 몇 분이십니까?
남 세 명인데요, 한 명 더 옵니다.
여 예약은 하셨습니까?
남 아니요, 하지 않았습니다.

Q お客(きゃく)さんは全員(ぜんいん)で何人(なんにん)ですか。

(A) 1人(ひとり) (B) 2人(ふたり)
(C) 3人(さんにん) (D) 4人(よにん)

Q 손님은 전부 몇 명입니까?
(A) 한 명 (B) 두 명
(C) 세 명 (D) 네 명

단어 何名(なんめい) 몇 명 もう1人(ひとり) 한 명 더 予約(よやく) 예약 なさる 하시다(するの 존경 표현) お客(きゃく)さん 손님 全員(ぜんいん) 전원

9

女 先月(せんげつ)に比(くら)べて、よく残業(ざんぎょう)しているようですね。
男 はい。先月(せんげつ)は、週(しゅう)に1回(いっかい)でした。
女 今月(こんげつ)はどうですか。
男 週(しゅう)に3(さん)、4回(よんかい)しています。

여 지난달에 비해서 자주 야근을 하고 있는 것 같네요.
남 예. 지난달은 일주일에 한 번이었습니다.
여 이번 달은 어때요?
남 일주일에 3, 4번 하고 있습니다.

Q 今月(こんげつ)、残業(ざんぎょう)はどれくらいありますか。

(A) 週(しゅう)に1回(いっかい)あります。
(B) 週(しゅう)に3(さん)、4回(よんかい)あります。
(C) 毎日(まいにち)あります。
(D) 全然(ぜんぜん)ありません。

Q 이번 달에 야근은 어느 정도 있습니까?
(A) 일주일에 1번 있습니다.
(B) 일주일에 3, 4번 있습니다.
(C) 매일 있습니다.
(D) 전혀 없습니다.

단어 先月(せんげつ) 지난달 比べる(くら) 비교하다 残業(ざんぎょう) 잔업, 야근 週(しゅう)に 일주일에 今月(こんげつ) 이번 달 どれくらい 어느 정도 全然(ぜんぜん) 전혀

10

男 きゅうりとにんじんはいくらですか。
女 きゅうりは2本(にほん)で100円(ひゃくえん)で、にんじんは1本(いっぽん)で100円(ひゃくえん)です。
男 じゃ、きゅうり4本(よんほん)とにんじん1本(いっぽん)ください。
女 はい、ちょっと待(ま)ってください。

남 오이와 당근은 얼마입니까?
여 오이는 2개에 100엔이고, 당근은 1개에 100엔입니다.
남 그럼, 오이 4개와 당근 1개 주세요.
여 예, 잠깐 기다려 주세요.

Q きゅうりは1本(いっぽん)いくらですか。

(A) 50円(ごじゅうえん) (B) 100円(ひゃくえん)
(C) 200円(にひゃくえん) (D) 300円(さんびゃくえん)

Q 오이는 한 개에 얼마입니까?
(A) 50엔 (B) 100엔
(C) 200엔 (D) 300엔

단어 きゅうり 오이　にんじん 당근　ちょっと 잠시, 잠깐　待つ 기다리다

11

男　宿泊カードにご記入をお願いします。

女　ここには何を書くんですか。

男　名前とパスポートナンバーです。
　　あ、電話番号は書かなくてもいいです。

女　はい、分かりました。

남　숙박 카드에 기입 부탁 드립니다.

여　여기에는 무엇을 씁니까?

남　이름과 여권 번호입니다.
　　아, 전화번호는 쓰지 않아도 됩니다.

여　예, 알겠습니다.

Q　宿泊カードに何を記入しますか。

(A) 名前と住所

(B) 名前と電話番号

(C) 名前と旅行の日程

(D) 名前とパスポート番号

Q　숙박 카드에 무엇을 기입합니까?

(A) 이름과 주소

(B) 이름과 전화번호

(C) 이름과 여행 일정

(D) 이름과 여권 번호

단어 宿泊 숙박　記入 기입　書く 쓰다　名前 이름　パスポートナンバー 여권 번호　電話番号 전화번호　住所 주소　旅行 여행　日程 일정

12

男　２時の東京行きのチケットを予約したいんですが。

女　すみません。１時と２時３０分のしかございません。

男　じゃ、２時３０分でお願いします。

女　はい、かしこまりました。

남　2시 도쿄행 티켓을 예약하고 싶은데요.

여　죄송합니다. 1시와 2시 30분 것밖에 없습니다.

남　그럼, 2시 30분으로 부탁합니다.

여　예, 알겠습니다.

Q　何時のチケットを予約しましたか。

(A) １時　　(B) １時３０分

(C) ２時　　(D) ２時３０分

Q　몇 시 티켓을 예약했습니까?

(A) 1시　　(B) 1시 30분

(C) 2시　　(D) 2시 30분

단어 ～行き ～행　予約する 예약하다　～しか ～밖에　ございません 없습니다(ありませんの 공손한 표현)
かしこまりました 알겠습니다

13

男　社員旅行はいつからですか。

女　４月２日から、３日間ですよ。

男　大阪へ行くんですか。

女　いいえ、奈良だそうです。

남　사원 여행은 언제부터입니까?

여　4월 2일부터 3일간입니다.

남　오사카에 갑니까?

여　아니요, 나라라고 합니다.

Q 社員旅行はどこへ行きますか。

(A) 大阪　(B) 奈良
(C) 東京　(D) 京都

Q 사원 여행은 어디로 갑니까?

(A) 오사카　(B) 나라
(C) 도쿄　(D) 교토

단어 社員旅行 사원 여행　いつ 언제　3日間 3일간　大阪 오사카(지명)　奈良 나라(지명)　명사 だ+そうだ ~라고 한다(전문)
京都 교토(지명)

14

男 次の会議はいつにしますか。
女 今日は2月8日ですから、2日後はどうですか。
男 少し早すぎませんか。5日後はどうですか。
女 その方がいいですね。

남 다음 회의는 언제로 정할까요?
여 오늘은 2월 8일이니까 이틀 뒤는 어떻습니까?
남 좀 너무 이르지 않습니까? 5일 뒤는 어떻습니까?
여 그러는 편이 좋겠군요.

Q 次回の会議はいつですか。

(A) 2月5日
(B) 2月8日
(C) 2月10日
(D) 2月13日

Q 다음 회의는 언제입니까?

(A) 2월 5일
(B) 2월 8일
(C) 2월 10일
(D) 2월 13일

단어 次 다음　会議 회의　少し 조금　早すぎる 너무 이르다　5日後 5일 후　~方がいい ~편이 좋다　次回 다음 번

15

女 ご注文は何になさいますか。今日のおすすめはすしセットとラーメンです。
男 私、すしは苦手なので、うどんをお願いします。
女 飲み物は何になさいますか。
男 お茶をください。

여 주문은 뭘로 하시겠습니까? 오늘의 추천 요리는 초밥 세트와 라면입니다.
남 저 초밥은 못 먹으니까 우동으로 주세요.
여 마실 것은 무엇으로 하시겠습니까?
남 차 주세요.

Q 注文したのはどれですか。

(A) すし　(B) うどん
(C) カツ丼　(D) ラーメン

Q 주문한 것은 어느 것입니까?

(A) 초밥　(B) 우동
(C) 돈가스 덮밥　(D) 라면

단어 注文 주문　おすすめ 추천　セット 세트　苦手だ 잘 못하다, 서투르다　飲み物 마실 것, 음료
なさる 하시다(する의 존경어)　お茶 차　カツ丼 돈가스 덮밥

PART 3 회화문 실전모의테스트 ▶ 169쪽

정답									
51 (C)	52 (D)	53 (B)	54 (C)	55 (A)	56 (B)	57 (D)	58 (A)	59 (D)	60 (A)
61 (D)	62 (D)	63 (C)	64 (A)	65 (D)	66 (D)	67 (B)	68 (D)	69 (B)	70 (B)
71 (A)	72 (D)	73 (D)	74 (A)	75 (B)	76 (C)	77 (A)	78 (D)	79 (A)	80 (C)

스크립트	해석
51	
女 一緒に本屋に行かない？ 私、日本の小説とまんがが買いたいの。	여 같이 서점에 안 갈래? 나 일본 소설책하고 만화책을 사고 싶은데.
男 僕はほしいビジネスの本があるんだ。	남 나는 갖고 싶은 비즈니스 책이 있어.
女 じゃ、早く行こう。	여 그럼 빨리 가자.
Q 男の人が買いたいのはどれですか。	Q 남성이 사고 싶은 것은 어느 것입니까?
(A) まんがの本	(A) 만화책
(B) 日本の小説	(B) 일본 소설
(C) ビジネスの本	(C) 비즈니스 책
(D) 英語のガイドブック	(D) 영어 가이드북

단어 本屋 서점 小説 소설 まんが 만화 ほしい 원하다 ビジネス 비즈니스 英語 영어 ガイドブック 가이드북

스크립트	해석
52	
男 何をお探しですか。	남 무엇을 찾으십니까?
女 ハイヒールが買いたいですけど。	여 하이힐을 사고 싶은데요.
男 どのようなデザインがよろしいですか。	남 어떤 디자인이 좋으십니까?
女 特にないですが、ヒールの高さは５センチくらいがいいです。	여 딱히 없지만, 구두 굽은 5cm 정도가 좋습니다.
Q どんなハイヒールを探していますか。	Q 어떤 하이힐을 찾고 있습니까?
(A) 安いハイヒール	(A) 싼 하이힐
(B) デザインのいいハイヒール	(B) 디자인이 좋은 하이힐
(C) 今流行っているハイヒール	(C) 지금 유행하고 있는 하이힐
(D) ５センチぐらいの高さのハイヒール	(D) 5cm 정도 높이의 하이힐

단어 探す 찾다 ハイヒール 하이힐 デザイン 디자인 よろしい 좋다(いい의 공손한 표현) 特に 특히, 딱히 高さ 높이 センチ 센티미터 流行る 유행하다

53

男　飲み物はもう買いましたか。

女　いいえ、まだです。コーラしかありません。

男　じゃ、私が買いに行きます。ウイスキーとビール、どちらがいいですか。

女　ウイスキーはちょっと。ビールだけ買ってきてください。

남　마실 것은 이미 샀습니까?

여　아니요, 아직입니다. 콜라밖에 없습니다.

남　그럼 제가 사러 가겠습니다. 위스키와 맥주 중에 어느 것이 좋습니까?

여　위스키는 좀(그러네요). 맥주만 사다 주세요.

Q　男の人は何を買いに行きますか。

(A) ワイン　(B) ビール

(C) コーラ　(D) ウイスキー

Q　남자는 무엇을 사러 갑니까?

(A) 와인　(B) 맥주

(C) 콜라　(D) 위스키

단어 飲み物 음료, 마실 것　もう 이미, 벌써　まだ 아직　~しかない ~밖에 없다　~に行く ~하러 가다(목적)　~だけ ~만, ~뿐　ワイン 와인

54

女　鈴木さん、どこへ行きますか。

男　本を借りに図書館へ行きます。

女　何を借りるんですか。

男　日本文化の本です。

여　스즈키 씨, 어디에 갑니까?

남　책을 빌리러 도서관에 갑니다.

여　무엇을 빌리는 것입니까?

남　일본 문화 책입니다.

Q　鈴木さんは何をしに図書館へ行きますか。

(A) 勉強しに行きます。

(B) 本を返しに行きます。

(C) 本を借りに行きます。

(D) 友だちに会いに行きます。

Q　스즈키 씨는 무엇을 하러 도서관에 갑니까?

(A) 공부하러 갑니다.

(B) 책을 반납하러 갑니다.

(C) 책을 빌리러 갑니다.

(D) 친구를 만나러 갑니다.

단어 借りる 빌리다　図書館 도서관　文化 문화　勉強する 공부하다　返す 돌려주다, 반납하다　会う 만나다

55

女　日本語の勉強を始めて何年になりましたか。

男　5年になりました。最初はカタカナを覚えるのに時間がかかりました。

女　今は何が一番難しいですか。

男　今は、何よりも漢字で書くのが一番難しいです。

여　일본어 공부를 시작한 지 몇 년이 되었습니까?

남　5년이 되었습니다. 처음에는 가타카나를 외우는 데 시간이 걸렸습니다.

여　지금은 무엇이 가장 어렵습니까?

남　지금은 무엇보다도 한자로 쓰는 것이 제일 어렵습니다.

Q 今一番難しいのはどれですか。

(A) 漢字を書くこと

(B) カタカナを書くこと

(C) ひらがなを覚えること

(D) カタカナを覚えること

Q 지금 가장 어려운 것은 어느 것입니까?

(A) 한자를 쓰는 것

(B) 가타카나를 쓰는 것

(C) 히라가나를 외우는 것

(D) 가타카나를 외우는 것

단어 ~になる ~이 되다 最初 처음, 최초 覚える 외우다, 암기하다 一番 가장 難しい 어렵다 漢字 한자 ずっと (다른 것과 비교해서) 훨씬

56

男 ゆみこさんの電話番号を知ってる？

女 知らないけど、たぶんたかしさんは知っていると思うよ。

男 たかしさんの電話番号は何番？

女 3325－7812だよ。

남 유미코 씨의 전화번호 알아?

여 모르지만, 아마 다카시 씨는 알고 있을 거라고 생각해.

남 다카시 씨의 전화번호는 몇 번이야?

여 3325-7812야.

Q たかしさんの電話番号はどれですか。

(A) 3220－0012

(B) 3325－7812

(C) 3399－7819

(D) 1225－0812

Q 다카시 씨의 전화번호는 어느 것입니까?

(A) 3220-0012

(B) 3325-7812

(C) 3399-7819

(D) 1225-0812

단어 電話番号 전화번호 知る 알다 たぶん 아마 ~と思う ~라고 생각하다 何番 몇 번

57

女 私は日本の大学に入りたいです。

男 そのために、何をしていますか。

女 英語の勉強もしなければなりませんが、今は日本語の勉強をしています。

男 そうですか。がんばってください。

여 저는 일본에 있는 대학에 들어가고 싶습니다.

남 그러기 위해서 무엇을 하고 있습니까?

여 영어 공부도 해야 하지만, 지금은 일본어 공부를 하고 있습니다.

남 그렇습니까? 열심히 하세요.

Q 日本の大学に入るために何をしていますか。

(A) 経済の勉強をしています。

(B) 貿易の勉強をしています。

(C) 英語の勉強をしています。

(D) 日本語の勉強をしています。

Q 일본 대학에 들어가기 위해서 무엇을 하고 있습니까?

(A) 경제 공부를 하고 있습니다.

(B) 무역 공부를 하고 있습니다.

(C) 영어 공부를 하고 있습니다.

(D) 일본어 공부를 하고 있습니다.

단어 大学 대학교 ~ために ~위해서, 때문에 英語 영어 日本語 일본어 がんばる 힘내다, 응원하다 経済 경제 貿易 무역

58

男　映画は何時から始まるんですか。
女　1時からですが、どうしてですか。
男　お腹がすいたから、映画を見る前に何か食べたらどうですか。
女　いいですよ。

남　영화는 몇 시부터 시작됩니까?
여　1시부터인데요, 왜요?
남　배가 고프니까 영화를 보기 전에 무언가 먹는 게 어때요?
여　좋아요.

Q　2人は映画を見る前に何をしますか。
(A) 食事をします。
(B) 家に帰ります。
(C) 買い物をします。
(D) 飲み物を買います。

Q　두 사람은 영화를 보기 전에 무엇을 합니까?
(A) 식사를 합니다.
(B) 집에 갑니다.
(C) 쇼핑을 합니다.
(D) 마실 것을 삽니다.

단어 映画 영화　始まる 시작되다　お腹がすく 배가 고프다　～前に ～전에　食事をする 식사를 하다　買い物 쇼핑

59

女　このラーメン屋はいつも混んでいるね。
男　そうですね。値段も安いし、味もいいからです。
女　人もたくさん並んで待っているね。
男　はい、お昼の時はこの2倍です。

여　이 라면집은 항상 붐비네.
남　그러네요. 가격도 싸고, 맛도 좋기 때문이지요.
여　사람들도 많이 줄 서서 기다리네.
남　예, 점심 때는 이 2배입니다.

Q　このラーメン屋はなぜいつも混んでいますか。
(A) 量が多いから
(B) 駅から近いから
(C) 家から遠いから
(D) 値段が安いから

Q　이 라면집은 왜 항상 붐빕니까?
(A) 양이 많기 때문에
(B) 역에서 가깝기 때문에
(C) 집에서 멀기 때문에
(D) 가격이 싸기 때문에

단어 ラーメン屋 라면 가게　いつも 항상　混む 붐비다　値段 가격　安い 싸다　味 맛　たくさん 많이, 많은　並ぶ 줄지어 있다, 늘어서다　待つ 기다리다　昼 점심　2倍 2배　量 양　多い 많다　近い 가깝다　遠い 멀다

60

男　鈴木さん、いつも車で出勤していますか。
女　いいえ、時々電車にも乗ります。
男　それはどんな時ですか。
女　それは決まっていませんが、渋滞のある金曜日は電車に乗ることが多いです。

남　스즈키 씨, 항상 차로 출근합니까?
여　아니요, 때때로 전철도 탑니다.
남　그것은 어떨 때입니까?
여　그건 정해져 있지 않지만, 막히는 금요일에는 전철을 타는 경우가 많습니다.

Q 金曜日にはなぜ電車に乗りますか。

(A) 道が混むから

(B) 旅行に行くから

(C) 飲み会があるから

(D) デパートに行くから

Q 금요일에는 왜 전철을 탑니까?

(A) 길이 막히기 때문에

(B) 여행을 가기 때문에

(C) 술자리가 있기 때문에

(D) 백화점에 가기 때문에

단어 出勤する 출근하다 時々 때때로 電車に乗る 전철을 타다 決まる 정하다 渋滞 정체 道が混む 길이 막히다 旅行 여행 飲み会 술자리, 회식

61

女 すばらしい温泉ですね。日本には温泉が多いですか。

男 はい、多いです。このあたりにも500箇所あるそうですよ。

女 日本には温泉がいくつありますか。

男 2,000個以上だそうです。

여 훌륭한 온천이군요. 일본에는 온천이 많나요?

남 예, 많습니다. 이 근방에도 오백 군데 있다고 합니다.

여 일본에는 온천이 몇 개 있습니까?

남 2000개 이상이라고 합니다.

Q 日本国内には温泉がいくつありますか。

(A) 500箇所以下　(B) 1,000箇所以下

(C) 1,500箇所以下　(D) 2,000箇所以上

Q 일본 국내에는 온천이 몇 개 있습니까?

(A) 500개 이하　(B) 1,000개 이하

(C) 1,500개 이하　(D) 2,000개 이상

단어 すばらしい 훌륭하다 温泉 온천 あたり 근방, 근처 以上 이상 国内 국내 以下 이하

62

女 キムさんは一人っ子ですか。

男 いいえ、兄と姉がいます。

女 では、3人で住んでいますか。

男 いいえ、父と母も一緒です。

여 김 씨는 외아들입니까?

남 아니요, 형과 누나가 있습니다.

여 그러면, 셋이서 사나요?

남 아니요, 아버지와 어머니도 함께예요.

Q キムさんは何人家族ですか。

(A) 2人　(B) 3人

(C) 4人　(D) 5人

Q 김 씨의 가족은 몇 명입니까?

(A) 두 명　(B) 세 명

(C) 네 명　(D) 다섯 명

단어 一人っ子 형제가 없는 아이 兄 오빠, 형 姉 누나, 언니 住む 살다 何人 몇 명 家族 가족

63

女 私のかばん、取ってくれませんか。

男 水色のと茶色のがありますが、茶色のかばんですか。

女 いいえ、私のは茶色のではありません。

여 제 가방을 집어 주지 않겠습니까?

남 푸른색과 갈색이 있는데요, 갈색 가방입니까?

여 아니요, 제 것은 갈색이 아닙니다.

Q 女の人のかばんは何色ですか。

(A) 黄色 (B) 茶色
(C) 水色 (D) 紺色

Q 여자의 가방은 무슨 색입니까?

(A) 노란색 (B) 갈색
(C) 푸른색 (D) 감색

단어 取る 집다, 취하다 水色 푸른색 茶色 갈색 何色 무슨 색 黄色 노란색 紺色 감색

64

男 ああ、寝不足だ！
女 昨日、何かあったんですか。
男 夜遅くまでDVDを見ていたんだ。

남 아아, 수면 부족이야!
여 어제 무슨 일 있었습니까?
남 밤늦게까지 DVD를 봤거든.

Q 男の人は夜遅くまで何をしましたか。

(A) DVDを見ました。
(B) ゲームをしました。
(C) ラジオを聞きました。
(D) 掃除をしました。

Q 남성은 밤늦게까지 무엇을 했습니까?

(A) DVD를 보았습니다.
(B) 게임을 했습니다.
(C) 라디오를 들었습니다.
(D) 청소를 했습니다.

단어 寝不足 잠이 부족함 夜遅く 밤늦게 ラジオ 라디오

65

男 あそこの眼鏡をかけた人が加藤さんのお姉さんですか。
女 いいえ、私の姉はフリルワンピースを着ています。
男 あ、分かった。

남 저기 안경을 쓴 사람이 가토 씨의 언니입니까?
여 아니요, 우리 언니는 프릴 원피스를 입고 있습니다.
남 아, 알겠다.

Q 加藤さんのお姉さんはどの人ですか。

(A) 眼鏡をかけた人
(B) かばんを持っている人
(C) 派手なワンピースを着ている人
(D) フリルワンピースを着ている人

Q 가토 씨의 언니는 어느 분입니까?

(A) 안경을 쓴 사람
(B) 가방을 들고 있는 사람
(C) 화려한 원피스를 입고 있는 사람
(D) 프릴 원피스를 입고 있는 사람

단어 眼鏡をかける 안경을 쓰다 フリルワンピース 프릴 원피스 着る 입다 持つ 가지다, 들다 派手だ 화려하다

66

男　高木さんが入院したらしいです。

女　いつ入院したんですか。

男　先々月だそうです。

女　へえ、知りませんでした。

남　다카기 씨가 입원했다고 합니다.

여　언제 입원했습니까?

남　지지난달이라고 합니다.

여　에, 몰랐습니다.

Q　高木さんはいつ入院しましたか。

(A) １週間前　(B) ２週間前

(C) １ヶ月前　(D) ２ヶ月前

Q　다카기 씨는 언제 입원했습니까?

(A) 1주일 전　(B) 2주일 전

(C) 1개월 전　(D) 2개월 전

단어　入院する 입원하다　～らしい ~인 듯하다, ~라고 한다　先々月 지지난달　～週間前 ~주일 전　～ヶ月前 ~개월 전

67

男　予約をお願いしたいんですが。

女　お泊まりのご予定はいつでしょうか。

男　１２月２４日から３泊です。ツインルームはありますか。

女　はい、ございます。

남　예약을 하고 싶은데요.

여　숙박 예정일은 언제이십니까?

남　12월 24일부터 3박입니다. 트윈룸 있습니까?

여　예, 있습니다.

Q　帰りは何月何日ですか。

(A) 12月24日　(B) 12月27日

(C) 12月30日　(D) 12月31日

Q　돌아오는 날은 몇 월 며칠입니까?

(A) 12월 24일　(B) 12월 27일

(C) 12월 30일　(D) 12월 31일

단어　予約 예약　お泊まり 숙박, 머무름　予定 예정　３泊 3박　ツインルーム 트윈룸　帰り 귀가, 돌아옴

68

男　最近のベストセラーは何ですか。

女　「犬と家族」という小説です。

男　どんな内容ですか。

女　犬が家族の一員となっていくという話です。

남　최근 베스트셀러는 무엇입니까?

여　『개와 가족』이라는 소설입니다.

남　어떤 내용입니까?

여　개가 가족의 일원이 되어 간다는 이야기입니다.

Q　会話の内容と合っているのはどれですか。

(A) いろいろな動物の生活を描いた作品です。

(B) ペットショップを紹介しています。

(C) ベストセラーは「犬の家族」です。

(D) 犬が家族の一員となっていく様子が描かれている本です。

Q　대화의 내용과 맞는 것은 어느 것입니까?

(A) 다양한 동물의 생활을 그린 작품입니다.

(B) 펫숍을 소개하고 있습니다.

(C) 베스트셀러는 『개의 가족』입니다.

(D) 개가 가족의 일원이 되어 가는 모습이 그려져 있는 책입니다.

단어 ベストセラー 베스트셀러 犬 개 家族 가족 小説 소설 内容 내용 一員 일원 動物 동물 生活 생활 描く 그리다 作品 작품 紹介 소개 様子 모습

69

女 渡辺さん、今度の金曜日、遊びに来ませんか。
男 はい、ありがとうございます。パクさんの家はここから遠いですか。
女 いいえ、遠くはありません。歩いて10分くらいです。
男 では、金曜日に電話します。

여 와타나베 씨, 이번 주 금요일에 놀러 오지 않겠습니까?
남 예, 감사합니다. 박 씨의 집은 여기에서 멉니까?
여 아니요, 멀지는 않습니다. 걸어서 10분 정도입니다.
남 그럼, 금요일에 전화하겠습니다.

Q 男の人は今度の金曜日に何をしますか。
(A) パクさんを招待します。
(B) パクさんの家を訪問します。
(C) 遠いからどこへも行きません。
(D) 渡辺さんの家でパーティーをします。

Q 남성은 이번 주 금요일에 무엇을 합니까?
(A) 박 씨를 초대합니다.
(B) 박 씨의 집을 방문합니다.
(C) 멀기 때문에 아무 데도 가지 않습니다.
(D) 와타나베 씨의 집에서 파티를 합니다.

단어 今度 이번 遊ぶ 놀다 동사의 ます형+に来る ~하러 오다 遠い 멀다 歩く 걷다 電話する 전화하다 招待 초대 訪問する 방문하다 パーティー 파티

70

女 ようこそ!
男 迎えに来てくださって、ありがとうございます。
女 みなさん、お疲れになったでしょう。
男 ええ、でも、一日休んだら疲れがとれると思います。

여 잘 오셨습니다!
남 마중 나와 주셔서 감사합니다.
여 모두들, 피곤하시지요.
남 예, 하지만 하루 쉬면 피로가 풀릴 거라고 생각합니다.

Q 疲れをとるために何をしますか。
(A) ゆっくり話します。
(B) ゆっくり休みます。
(C) ゆっくり歩きます。
(D) ゆっくり食べます。

Q 피로를 풀기 위해 무엇을 합니까?
(A) 느긋하게 이야기합니다.
(B) 느긋하게 쉽니다.
(C) 느긋하게 걷습니다.
(D) 느긋하게 먹습니다.

단어 ようこそ 잘 오셨습니다, 어서오세요(환영 인사) 迎える 마중나오다 みなさん 여러분 お+동사의 ます형+になる ~하시다(존경 표현) 休む 쉬다 疲れがとれる 피로가 풀리다 ゆっくり 느긋하게, 천천히 話す 이야기하다

71

女　鈴木さん、どうしましたか。
男　熱もあるし、風邪みたいです。
女　薬は飲みましたか。
男　ええ、ぐっすり寝たらよくなると思います。

여　스즈키 씨, 왜 그러세요?
남　열도 있고, 감기인 것 같습니다.
여　약은 먹었습니까?
남　예, 푹 자면 좋아질 거라고 생각합니다.

Q　鈴木さんの具合はどうですか。

(A) 熱があります。
(B) のどが痛いです。
(C) 目が痛いです。
(D) 吐き気がします。

Q　스즈키 씨의 몸 상태는 어떻습니까?

(A) 열이 있습니다.
(B) 목이 아픕니다.
(C) 눈이 아픕니다.
(D) 토할 것 같습니다.

단어　熱 열　風邪 감기　～みたいだ ~인 것 같다　薬を飲む 약을 먹다　ぐっすり 푹　寝る 자다　具合 몸 상태　のど 목　痛い 아프다　吐き気がする 구역질이 나다, 토할 것 같다

72

女　私、結婚することになりました。
男　その話はみんなもう知っています。
女　だれから聞いたんですか。
男　電話で話しているのをだれかが聞いたみたいです。

여　저, 결혼하게 되었어요.
남　그 이야기는 모두 이미 알고 있어요.
여　누구에게 들은 건가요?
남　전화로 이야기하고 있는 것을 누군가가 들은 것 같아요.

Q　会話の内容と合うことわざはどれですか。

(A) 青は藍より出でて藍より青し
(B) ちりも積もれば山となる
(C) 捨てる神あれば拾う神あり
(D) かべに耳あり、しょうじに目あり

Q　대화의 내용과 맞는 속담은 어느 것입니까?

(A) 청출어람
(B) 티끌 모아 태산
(C) 하늘이 무너져도 솟아날 구멍이 있다
(D) 낮말은 새가 듣고, 밤말은 쥐가 듣는다

단어　結婚する 결혼하다　みんな 모두　もう 이미, 벌써　知る 알다　～みたいだ ~인 듯하다

73

女　小田急線に乗り換えたいんですが、どこで降りればいいですか。
男　下北沢で降りればいいです。
女　下北沢はいくつ目の駅ですか。
男　３つ目です。

여　오다큐선으로 갈아타고 싶은데, 어디에서 내리면 됩니까?
남　시모키타자와에서 내리면 됩니다.
여　시모키타자와는 몇 번째 역입니까?
남　세 번째입니다.

Q　何線に乗り換えますか。

(A) JR線　(B) 京王線

(C) 都営線　(D) 小田急線

Q　무슨 선으로 갈아탑니까?

(A) JR선　(B) 게이오선

(C) 도에이선　(D) 오다큐선

단어 小田急線 오다큐선(일본의 전철 노선)　乗り換える 환승하다, 갈아타다　降りる 내리다　下北沢 시모키타자와(지명)　いくつ目 몇 번째　3つ目 세 번째　何線 무슨 선　JR線 JR선(일본의 전철 노선)　京王線 게이오선(일본의 전철 노선)　都営線 도에이선(일본의 전철 노선)

74

男　財布を落としちゃった。

女　どんな財布なの？

男　丸くて茶色の財布なんだけどね。

女　これじゃない？ベッドの上にあったよ。

남　지갑을 잃어버렸어.

여　어떤 지갑이야?

남　둥글고 갈색인 지갑인데.

여　이거 아냐? 침대 위에 있었어.

Q　落とした財布はどんなものですか。

(A) 丸くて茶色の財布

(B) 長くて赤い財布

(C) 大きくて黒い財布

(D) 小さくて金色の財布

Q　잃어버린 지갑은 어떤 것입니까?

(A) 둥글고 갈색인 지갑

(B) 길고 빨간 지갑

(C) 크고 검은 지갑

(D) 작고 금색의 지갑

단어 財布 지갑　落とす 떨어뜨리다, 잃어버리다　丸い 둥글다　茶色 갈색　ベッド 침대　黒い 검다　金色 금색

75

男　ファッション雑誌はありますか。

女　はい、すぐにお持ちします。

男　コーヒーもお願いできますか。

女　はい。コーヒーですね。

남　패션 잡지는 있습니까?

여　예, 곧 가져오겠습니다.

남　커피도 부탁드려도 될까요?

여　예, 커피 말이죠.

Q　何を頼みましたか。

(A) ファッション新聞とコーヒー

(B) ファッション雑誌とコーヒー

(C) ファッション新聞とジュース

(D) ファッション雑誌とジュース

Q　무엇을 부탁했습니까?

(A) 패션 신문과 커피

(B) 패션 잡지와 커피

(C) 패션 신문과 주스

(D) 패션 잡지와 주스

단어 ファッション雑誌 패션 잡지　すぐに 곧　お+동사의 ます형+する ~하다(겸양 표현)　持つ 가지다　コーヒー 커피　頼む 부탁하다　新聞 신문　ジュース 주스

76

女　加藤さん、今住んでいる所はどうですか。
男　少しうるさいですが、安くて広いです。
女　駅からは遠いですか。
男　ええ、だから安いんです。

여　가토 씨, 지금 살고 있는 곳은 어떻습니까?
남　조금 시끄럽지만, 싸고 넓습니다.
여　역에서는 멉니까?
남　예, 그래서 싼 것입니다.

Q　加藤さんの住んでいる所について正しくないのはどれですか。

(A) 値段が安い
(B) 部屋が広い
(C) 駅から近い
(D) 少しうるさい

Q　가토 씨가 살고 있는 곳에 대해 옳지 않은 것은 어느 것입니까?

(A) 가격이 싸다
(B) 방이 넓다
(C) 역에서 가깝다
(D) 조금 시끄럽다

단어 住む 살다　所 곳, 장소　少し 조금　うるさい 시끄럽다　安い 싸다　広い 넓다　遠い 멀다　だから 그래서　値段 가격

77

男　送別会をしたいと思いますが、明日はどうですか。
女　明日はちょっと。金曜日か土曜日ならいいですが。
男　じゃ、金曜日の６時はどうですか。
女　はい、いいです。

남　송별회를 하고 싶은데요, 내일은 어떻습니까?
여　내일은 좀. 금요일이나 토요일이면 좋은데요.
남　그럼, 금요일 6시는 어떻습니까?
여　예, 좋습니다.

Q　金曜日に何をしますか。

(A) 送別会をします。
(B) 同窓会をします。
(C) デパートで会います。
(D) 駅前で本を買います。

Q　금요일에 무엇을 합니까?

(A) 송별회를 합니다.
(B) 동창회를 합니다.
(C) 백화점에서 만납니다.
(D) 역 앞에서 책을 삽니다.

단어 送別会 송별회　同窓会 동창회　デパート 백화점　会う 만나다　駅前 역 앞

78

女　日本の夏はむし暑いですね。
男　ええ、韓国はどうですか。
女　韓国も夏は暑いですが、日本の方が湿気が多いです。
男　あ、そうですか。

여　일본의 여름은 무덥네요.
남　예, 한국은 어떻습니까?
여　한국도 여름은 덥지만, 일본이 습기가 많습니다.
남　아, 그렇습니까?

Q 日本の夏の天気はどうですか。

(A) 寒い (B) 涼しい
(C) 暖かい (D) 湿気が多い

Q 일본의 여름 날씨는 어떻습니까?

(A) 춥다 (B) 시원하다
(C) 따뜻하다 (D) 습기가 많다

단어 夏 여름 むし暑い 무덥다 湿気 습기 寒い 춥다 涼しい 시원하다, 선선하다 暖かい 따뜻하다

79

男 中村さん、いつ引っ越しますか。
女 来週の木曜日です。
男 ところで、そんなに急いでどこへ行くんですか。
女 お金を下ろしに行きます。

남 나카무라 씨, 언제 이사합니까?
여 다음 주 목요일입니다.
남 그런데, 그렇게 서둘러 어디에 갑니까?
여 돈을 찾으러 갑니다.

Q 中村さんはどこへ行きますか。

(A) 銀行 (B) 花屋
(C) スーパー (D) デパート

Q 나카무라 씨는 어디에 갑니까?

(A) 은행 (B) 꽃가게
(C) 슈퍼마켓 (D) 백화점

단어 引っ越す 이사하다 来週 다음 주 ところで 그런데 そんなに 그렇게 急ぐ 서두르다 お金を下ろす 돈을 찾다 銀行 은행 花屋 꽃가게 スーパー 슈퍼마켓

80

男 ゆうこさん、夏と冬と、どちらの方が好きですか。
女 冬の方が好きですが、一年の中で秋が一番好きです。
男 なぜですか。
女 涼しいからです。

남 유코 씨, 여름과 겨울 중 어느 쪽을 좋아합니까?
여 겨울이 좋지만, 일 년 중에 가을을 가장 좋아합니다.
남 왜요?
여 시원하기 때문입니다.

Q ゆうこさんは一年の中でどの季節が一番好きですか。

(A) 春 (B) 夏
(C) 秋 (D) 冬

Q 유코 씨는 일 년 중 어느 계절을 가장 좋아합니까?

(A) 봄 (B) 여름
(C) 가을 (D) 겨울

단어 冬 겨울 好きだ 좋아하다 一年 1년 ～の中で ～가운데에, ～중에 秋 가을 一番 제일 なぜ 왜 涼しい 시원하다 春 봄

PART 4 설명문

1 일상생활 공략 3단계 실전 문제 풀기 ▶ 185쪽

정답 1 (A) 2 (C) 3 (C) 4 (C) 5 (C) 6 (A) 7 (D) 8 (C) 9 (C) 10 (B)

[1~3]

스크립트	해석
石田さんは私の友だちです。石田さんは韓国語の勉強のために韓国に来ていますが、石田さんの家族はみんな日本に住んでいます。 石田さんの家族はお父さん、お母さん、そして弟さんが２人います。女兄弟は１人もいません。 石田さんは東京生まれですが、東京よりこの町が好きだといつも言っています。	이시다 씨는 제 친구입니다. 이시다 씨는 한국어를 공부하기 위해 한국에 와 있지만, 이시다 씨 가족은 모두 일본에 살고 있습니다. 이시다 씨의 가족은 아버지, 어머니, 그리고 남동생이 둘 있습니다. 여자 형제는 한 명도 없습니다. 이시다 씨는 도쿄 태생이지만, 도쿄보다 이 도시를 좋아한다고 늘 말합니다.
1 石田さんは今、どこに住んでいますか。 (A) 韓国 (B) 日本 (C) 東京 (D) 中国	**1** 이시다 씨는 지금 어디에 살고 있습니까? (A) 한국 (B) 일본 (C) 도쿄 (D) 중국
2 石田さんの家は何人家族ですか。 (A) ３人 (B) ４人 (C) ５人 (D) ６人	**2** 이시다 씨 집은 가족이 몇 명입니까? (A) 3명 (B) 4명 (C) 5명 (D) 6명
3 石田さんは何のために来ていますか。 (A) 観光 (B) 運動 (C) 勉強 (D) 見学	**3** 이시다 씨는 무엇 때문에 와 있습니까? (A) 관광 (B) 운동 (C) 공부 (D) 견학

단어 韓国語 한국어 ～ために ～위해, ～때문에 家族 가족 住む 살다, 거주하다 お父さん (남의) 아버지 お母さん (남의) 어머니 弟さん (남의) 남동생 兄弟 형제 ～生まれ ～출신, ～태생 ～より ～보다 町 도시, 마을 好きだ 좋아하다 いつも 항상 観光 관광 運動 운동 見学 견학

[4~7]

스크립트	해석
本日は新幹線をご利用いただきまして、ありがとうございます。この列車は「ひかり18号」東京行きです。途中、大阪、京都、名古屋の各駅に停車いたします。	오늘은 신칸센을 이용해 주셔서 감사 드립니다. 이 열차는 '히카리18호' 도쿄행입니다 도중에 오사카, 교토, 나고야 각 역에 정차하겠습니다.
到着時刻をご案内いたします。新大阪9時、京都には9時15分、名古屋9時50分、終点の東京には10時45分に到着いたします。 自由席は1号車から6号車までで、8号車からは指定席です。	도착 시간을 안내해 드리겠습니다. 신오사카 9시, 교토에는 9시 15분, 나고야 9시 50분, 종점인 도쿄에는 10시 45분에 도착하겠습니다. 자유석은 1호차부터 6호차까지이고, 8호차부터는 지정석입니다.
4 この人は何に乗っていますか。 (A) 電車　(B) バス (C) 新幹線　(D) 飛行機	**4** 이 사람은 무엇을 타고 있습니까? (A) 전철　(B) 버스 (C) 신칸센　(D) 비행기
5 途中で止まる駅はいくつですか。 (A) 一つ　(B) 二つ (C) 三つ　(D) 四つ	**5** 도중에 서는 역은 몇 군데입니까? (A) 한 군데　(B) 두 군데 (C) 세 군데　(D) 네 군데
6 終点はどこですか。 (A) 東京　(B) 京都 (C) 新大阪　(D) 名古屋	**6** 종점은 어디입니까? (A) 도쿄　(B) 교토 (C) 신오사카　(D) 나고야
7 3号車はどんな車両ですか。 (A) 禁煙席　(B) 指定席 (C) 食堂車　(D) 自由席	**7** 3호차는 어떤 차량입니까? (A) 금연석　(B) 지정석 (C) 식당차　(D) 자유석

단어 本日 오늘　新幹線 신칸센 (일본의 고속 열차)　利用 이용　ご利用いただく 이용해 주시다　列車 열차　～行き ～행　途中 도중(에)　新大阪 신오사카(지명)　名古屋 나고야(지명)　各駅 각 역　停車 정차　いたす 하다(する의 겸양어)　到着 도착　時刻 시각　案内 안내　終点 종점　自由席 자유석　～号車 ～호차　指定席 지정석　車両 차량　禁煙席 금연석　食堂車 식당차

[8~10]

스크립트	해석
先月(せんげつ)、今井(いまい)さんがマンションに引(ひ)っ越(こ)しました。そして、先週(せんしゅう)は引(ひ)っ越(こ)しパーティーもしました。私(わたし)はマンションより一戸建(いっこだ)ての方(ほう)が好(す)きですが、今井(いまい)さんの新(あたら)しいマンションはとてもすてきでした。ベランダからは横浜(よこはま)の港(みなと)と海(うみ)が見(み)えました。ながめがとてもよかったです。	지난달, 이마이 씨가 아파트로 이사했습니다. 그리고 지난주에는 집들이도 했습니다. 나는 아파트보다 단독 주택을 좋아하지만, 이마이 씨의 새 아파트는 매우 멋졌습니다. 베란다에서는 요코하마 항구와 바다가 보였습니다. 전망이 매우 좋았습니다.
8 今井(いまい)さんが引(ひ)っ越(こ)しをしたのはいつですか。 (A) 先週(せんしゅう) (B) 今週(こんしゅう) (C) 先月(せんげつ) (D) 今月(こんげつ)	**8** 이마이 씨가 이사를 한 것은 언제입니까? (A) 지난주 (B) 이번 주 (C) 지난달 (D) 이번 달
9 今井(いまい)さんはどこへ引(ひ)っ越(こ)しましたか。 (A) 東京(とうきょう) (B) 神戸(こうべ) (C) 横浜(よこはま) (D) 福岡(ふくおか)	**9** 이마이 씨는 어디로 이사했습니까? (A) 도쿄 (B) 고베 (C) 요코하마 (D) 후쿠오카
10 この人(ひと)はどんな家(いえ)が好(す)きですか。 (A) マンション (B) 一戸建(いっこだ)て (C) アパート (D) 二階建(にかいだ)て	**10** 이 사람은 어떤 집을 좋아합니까? (A) 아파트 (B) 단독 주택 (C) 공동 주택 (D) 2층집

단어 先月(せんげつ) 지난달 マンション 아파트 引(ひ)っ越(こ)す 이사하다 先週(せんしゅう) 지난주 引(ひ)っ越(こ)し 이사 パーティー 파티 ~より~の方(ほう)が ~보다 ~쪽이 一戸建(いっこだ)て 단독 주택 新(あたら)しい 새롭다 とても 대단히, 매우 すてきだ 멋지다 ベランダ 베란다 横浜(よこはま) 요코하마(지명) 港(みなと) 항구 ながめがいい 전망이 좋다 神戸(こうべ) 고베(지명) 福岡(ふくおか) 후쿠오카(지명) 二階建(にかいだ)て 2층집

② 시사, 비즈니스 공략 3단계 실전 문제 풀기 ▶ 197쪽

정답 1 (A) 2 (D) 3 (D) 4 (D) 5 (A) 6 (D) 7 (C) 8 (B) 9 (A) 10 (D)

[1~3]

스크립트	해석
それでは、あすの天気です。今日は一日中晴れましたが、あすは午前中からくもりがちで、午後からは雨が降るでしょう。しかし、この雨は夜のうちにはやみそうです。気温は最高が２１度、最低が１３度で今日よりだいぶ下がるでしょう。	그럼, 내일의 날씨입니다. 오늘은 하루 종일 맑았지만, 내일은 오전 중부터 흐려져서, 오후부터는 비가 오겠습니다. 그러나 이 비는 밤중에는 그칠 것 같습니다. 기온은 최고 21도, 최저 13도로 오늘보다 꽤 내려가겠습니다.
1 これは何について話していますか。 (A) 天気予報 (B) 求人広告 (C) 車内放送 (D) 観光案内	1 이것은 무엇에 대해 이야기하고 있습니까? (A) 일기 예보 (B) 구인 광고 (C) 차내 방송 (D) 관광 안내
2 明日の天気はどうですか。 (A) 雨 (B) 晴れ (C) くもり (D) くもりのち雨	2 내일 날씨는 어떻습니까? (A) 비 (B) 맑음 (C) 흐림 (D) 흐린 뒤 비
3 明日は今日と比べてどうですか。 (A) 暑い (B) 暖かい (C) 気温が高い (D) 気温が低い	3 내일은 오늘과 비교해서 어떻습니까? (A) 덥다 (B) 따뜻하다 (C) 기온이 높다 (D) 기온이 낮다

단어 あす 내일 晴れる 날씨가 맑다 午前 오전 くもる 흐리다 ～がち ～하기 쉬움(がち는 명사나 동사의 ます형에 접속하여 '그런 경향이 있음, 그렇게 되기 쉬움, 그런 일이 많음'을 나타냄) 午後 오후 雨が降る 비가 내리다 夜 밤 ～うち ～동안 やむ 그치다 気温 기온 最高 최고 最低 최저 ～より ～보다(비교) だいぶ 꽤 下がる 내려가다 天気予報 일기 예보 求人広告 구인 광고 車内放送 차내 방송 観光案内 관광 안내 くもりのち雨 흐린 뒤 비 比べる 비교하다 暑い 덥다 暖かい 따뜻하다 気温 기온 高い 높다 低い 낮다

[4~7]

스크립트	해석
佐藤さんへ お元気ですか。私は元気です。韓国は今、とても寒いです。春はまだ遠いようです。私は昨日、セーターを買いにデパートへ行きました。でも、高かったので、デパートの近くにある小さい店に行って買いました。明日、韓国文化テストがあるので、これから勉強です。韓国に来てからもう2年になりましたが、韓国語がうまく話せません。では、お元気で。	사토 씨에게 잘 지내세요? 저는 잘 지냅니다. 한국은 지금 매우 춥습니다. 봄은 아직 먼 것 같습니다. 저는 어제 스웨터를 사러 백화점에 갔습니다. 하지만 비쌌기 때문에 백화점 근처에 있는 작은 가게에 가서 샀습니다. 내일, 한국 문화 시험이 있어서 이제부터 공부할 겁니다. 한국에 온 지 벌써 2년이 되었지만 한국어를 잘 못합니다. 그럼, 잘 지내요.
4 今、韓国の季節はどれですか。 (A) 春 (B) 夏 (C) 秋 (D) 冬	**4** 지금 한국의 계절은 어느 것입니까? (A) 봄 (B) 여름 (C) 가을 (D) 겨울
5 男の人はどうしてデパートでセーターを買いませんでしたか。 (A) 高かったので (B) 忙しかったので (C) あまりにも安かったので (D) 気に入らなかったので	**5** 남자는 왜 백화점에서 스웨터를 사지 않았습니까? (A) 비쌌기 때문에 (B) 바빴기 때문에 (C) 너무나도 쌌기 때문에 (D) 마음에 들지 않았기 때문에
6 男の人はなぜこれから勉強しますか。 (A) 韓国語が難しいから (B) 韓国語のテストがあるから (C) 韓国語がうまく話せないから (D) 韓国文化のテストがあるから	**6** 남자는 왜 이제부터 공부합니까? (A) 한국어가 어려워서 (B) 한국어 시험이 있어서 (C) 한국어를 잘 말하지 못해서 (D) 한국 문화 시험이 있어서
7 セーターはいつ買いましたか。 (A) おととい (B) 今日 (C) 昨日 (D) 明日	**7** 스웨터는 언제 샀습니까? (A) 그저께 (B) 오늘 (C) 어제 (D) 내일

단어 寒い 춥다 春 봄 遠い 멀다 ～ようだ ～것 같다 セーター 스웨터 買う 사다 デパート 백화점 高い 높다, 비싸다 近く 근처 小さい 작다 店 가게 文化 문화 勉強 공부 季節 계절 夏 여름 秋 가을 冬 겨울 忙しい 바쁘다 気に入る 마음에 들다 おととい 그저께

[8~10]

스크립트	해석
韓国では男性同士が会うと、初対面でも知り合いでも握手をします。しかし、日本ではあいさつの方法として一般的ではありません。日本では、お辞儀だけで済ませるのがいいです。	한국에서는 남자끼리 만나면, 초면이든 아는 사이이든 악수를 합니다. 그러나 일본에서는 인사법으로서 일반적이지 않습니다. 일본에서는 머리 숙여 인사하는 것만으로 끝내는 것이 좋습니다.
8 何についての説明ですか。 (A) 初対面 (B) あいさつ (C) 韓国と日本 (D) 韓国人と日本人	**8** 무엇에 대한 설명입니까? (A) 첫 대면 (B) 인사 (C) 한국과 일본 (D) 한국인과 일본인
9 韓国では男性と男性が会った時どうしますか。 (A) 握手をする。 (B) 何にも言わない。 (C) ただ笑っている。 (D) 初対面ならお辞儀だけで済ませる。	**9** 한국에서는 남자와 남자가 만났을 때 어떻게 합니까? (A) 악수를 한다. (B) 아무 말도 하지 않는다. (C) 그냥 웃는다. (D) 첫 대면이라면 인사만으로 끝낸다.
10 日本では男性と男性が会った時どうしますか。 (A) 握手をする。 (B) かたを叩く。 (C) 手を上げる。 (D) お辞儀だけで済ませる。	**10** 일본에서는 남자와 남자가 만났을 때 어떻게 합니까? (A) 악수를 한다. (B) 어깨를 친다. (C) 손을 든다. (D) 고개 숙여 인사하는 것만으로 끝낸다.

단어 同士 한패, 동아리, (접미어적으로) 끼리, 사이 会う 만나다 初対面 첫 대면 知り合い 아는 사람 握手 악수 しかし 그러나 あいさつ 인사 方法 방법 ～として ～로서 一般的 일반적 お辞儀 머리를 숙여 인사함 ～だけ ～뿐, ～만 済ませる 끝내다 ～について ～에 대해서 ただ 그냥, 단지 笑う 웃다 かたを叩く 어깨를 치다

PART 4 설명문 실전모의테스트 ▶ 198쪽

정답									
81 (C)	82 (C)	83 (A)	84 (B)	85 (C)	86 (B)	87 (D)	88 (C)	89 (C)	90 (B)
91 (C)	92 (B)	93 (A)	94 (D)	95 (D)	96 (D)	97 (A)	98 (A)	99 (D)	100 (D)

[81~83]

스크립트

最初は朝ごはん抜きのダイエットなんて、やせないと思っていた。でも、今朝、体重を量ってみたら3キロもやせていてびっくりした。もともと朝ごはんはあまり食べない方だったし、昼と夜は好きなものをたくさん食べることができて、こんなに楽なダイエットはないと思う。これからも続けようと思っている。

해석

처음에는 '아침 거르기 다이어트' 같은 건 살이 빠지지 않을 거라 생각했다. 하지만, 오늘 아침 체중을 재 보았더니 3킬로그램이나 빠져서 깜짝 놀랐다. 원래 아침 식사는 그다지 먹지 않은 편이기도 했고, 점심과 저녁은 좋아하는 것을 많이 먹을 수 있으니 이렇게 편한 다이어트는 없다고 생각한다. 앞으로도 계속하려고 생각한다.

81 この人はなぜおどろきましたか。

(A) 1キロもやせたから
(B) 2キロもやせたから
(C) 3キロもやせたから
(D) 4キロもやせたから

81 이 사람은 왜 놀랐습니까?

(A) 1킬로그램이나 빠졌기 때문에
(B) 2킬로그램이나 빠졌기 때문에
(C) 3킬로그램이나 빠졌기 때문에
(D) 4킬로그램이나 빠졌기 때문에

82 この人はダイエットのために何をしましたか。

(A) 毎朝、運動をしました。
(B) りんごだけを食べました。
(C) 朝ごはんを食べませんでした。
(D) 夕ごはんを食べませんでした。

82 이 사람은 다이어트를 위해서 무엇을 했습니까?

(A) 매일 아침 운동을 했습니다.
(B) 사과만 먹었습니다.
(C) 아침을 먹지 않았습니다.
(D) 저녁을 먹지 않았습니다.

83 この人はこれからどうしようと思っていますか。

(A) 楽なので続けていこうと思っています。
(B) やせたけど、もうやりたくないと思っています。
(C) あまりやせないけど、続けていこうと思っています。
(D) いやではないけど、もうやりたくないと思っています。

83 이 사람은 앞으로 어떻게 하려고 생각하고 있습니까?

(A) 편하기 때문에 계속하려고 생각하고 있습니다.
(B) 살이 빠졌지만, 더 이상 하고 싶지 않다고 생각하고 있습니다.
(C) 그다지 살이 빠지지 않지만, 계속하려고 생각하고 있습니다.
(D) 싫지는 않지만, 더 이상 하고 싶지 않다고 생각하고 있습니다.

단어 最初 처음, 최초 抜き 생략, 뺌 ダイエット 다이어트 ～なんて ~같은 건, ~따위 やせる 마르다, 살이 빠지다 体重 체중 量る 재다 たら ~했더니,~하면 も ~이나, ~도 びっくりする 놀라다 もともと 원래 あまり 그다지 楽だ 편하다, 쉽다 これからも 앞으로도 続ける 계속하다 おどろく 놀라다 ～のために ~을/를 위해서 毎朝 매일 아침 運動 운동 いやだ 싫다

[84~87]

스크립트	해석
林さん、明日からよろしくお願いします。林さんの好きなプリンを買っておきました。れいぞうこにあるから食べてください。台所にある食べ物も自由に食べてください。こいぬのえさはパントリーの中にあります。朝と夜にやってください。何かあったら遠慮なく連絡してください。電話番号を書いておいたメモはテーブルの上にあります。	하야시 씨, 내일부터 잘 부탁합니다. 하야시 씨가 좋아하는 푸딩을 사 두었습니다. 냉장고에 있으니까 드세요. 부엌에 있는 음식도 자유롭게 드세요. 강아지 먹이는 팬트리 안에 있습니다. 아침과 저녁에 주세요. 무슨 일이 있으면 사양 말고 연락 주세요. 전화번호를 써 둔 메모는 테이블 위에 있습니다.

84 林さんの好きなプリンはどこにありますか。

(A) テレビの上
(B) れいぞうこの中
(C) テーブルの上
(D) 引き出しの中

84 하야시 씨가 좋아하는 푸딩은 어디에 있습니까?

(A) 텔레비전 위
(B) 냉장고 안
(C) 테이블 위
(D) 서랍 안

85 こいぬのえさはどこにありますか。

(A) れいぞうこの中
(B) テーブルの上
(C) パントリーの中
(D) 自動えさやり機

85 강아지 먹이는 어디에 있습니까?

(A) 냉장고 안
(B) 테이블 위
(C) 팬트리 안
(D) 자동 먹이 급여기

86 1日何回こいぬにえさをやりますか。

(A) 1回 (B) 2回
(C) 3回 (D) 4回

86 하루에 몇 번 강아지에게 먹이를 줍니까?

(A) 한 번 (B) 두 번
(C) 세 번 (D) 네 번

87 何かあったら、どうしますか。

(A) 家に帰ります。
(B) メールを送ります。
(C) メモしておきます。
(D) 電話をします。

87 무슨 일이 있으면 어떻게 합니까?

(A) 집에 갑니다.
(B) 메일을 보냅니다.
(C) 메모해 둡니다.
(D) 전화를 합니다.

단어 好きだ 좋아하다 プリン 푸딩 ～ておく ~해 두다 れいぞうこ 냉장고 ～にある ~에 있다 台所 부엌 食べ物 음식 ～も ~도 自由に 자유롭게 えさ (동물의) 먹이 パントリー 팬트리, 식품 저장실 朝 아침 夜 밤 やる 주다, 하다 遠慮なく 사양 말고 連絡する 연락하다 電話番号 전화번호 書く 쓰다 メモ 메모 テーブル 테이블

[88~90]

스크립트

日本人は景気がよい時期に、テレビや車などを古くなったらすぐ捨てて、新しいものを買ってきた。その結果、ゴミが増えつづけ、今はゴミ問題で困っている。
このようなゴミ問題を解決するためにリサイクルという方法がある。ペットボトルやビンや缶などはリサイクルできるが、ビニール袋はできない。ペットボトルやビンや缶などはほかのものに変えて使うこともできる。

해석

일본인은 경기가 좋은 시기에 텔레비전이나 자동차 등을 오래되면 바로 버리고 새로운 것을 샀다. 그 결과, 쓰레기가 계속해서 늘어나 지금은 쓰레기 문제로 어려움을 겪고 있다.
이런 쓰레기 문제를 해결하기 위해서 재활용이라는 방법이 있다. 페트병, 병, 캔 등은 재활용 가능하지만, 비닐 봉지는 불가능하다. 페트병, 병, 캔 등은 다른 것으로 바꿔서 사용할 수도 있다.

88 なぜゴミが増えつづけているのですか。

(A) 車がないから
(B) 景気がよくないから
(C) 古くなったらすぐ捨てるから
(D) 物をたくさん作ったから

88 왜 쓰레기가 계속 증가하고 있는 것입니까?

(A) 자동차가 없기 때문에
(B) 경기가 좋지 않기 때문에
(C) 오래되면 금방 버리기 때문에
(D) 물건을 많이 만들었기 때문에

89 リサイクルができないのはどれですか。

(A) 缶 (B) ビン
(C) ビニール袋 (D) ペットボトル

89 재활용을 할 수 없는 것은 어느 것입니까?

(A) 캔 (B) 병
(C) 비닐 봉지 (D) 페트병

90 ゴミ問題を解決するためにやっていることはどれですか。

(A) 物を買わないこと
(B) リサイクルすること
(C) 新しいものを買うこと
(D) きれいに掃除すること

90 쓰레기 문제를 해결하기 위해서 하고 있는 것은 어느 것입니까?

(A) 물건을 사지 않는 것
(B) 재활용하는 것
(C) 새로운 물건을 사는 것
(D) 깨끗하게 청소하는 것

단어 景気がよい 경기가 좋다　時期 시기　古い 낡다, 오래되다　捨てる 버리다　〜てくる ~해 오다　結果 결과　増えつづける 계속해서 늘어나다　問題 문제　困る 어려움을 겪다, 곤란하다　解決する 해결하다　リサイクル 재활용　ペットボトル 페트병　ビン 병　缶 캔　ビニール袋 비닐 봉지　変える 바꾸다　〜ことができる ~할 수 있다

[91~94]

스크립트	해석
世界には科学では説明されていないことがある。たとえば、紀元前27～23世紀に作られたエジプトのピラミッドがそうだ。その中でももっとも大きいピラミッドは高さ147メートルあるクフ王のものである。ピラミッドの内部にはいくつかの部屋と通路があるが、絵や文字はないそうだ。ピラミッドの多くは、いつごろ、だれが作ったかは専門家の調査により分かっているが、何のために作られたかは分かっていない。	세계에는 과학으로는 설명되지 않은 것이 있다. 예를 들어, 기원전 27~23세기에 만들어진 이집트의 피라미드가 그렇다. 그 중에서도 가장 큰 피라미드는 높이 147미터인 쿠푸왕의 것이다. 피라미드의 내부에는 몇 개의 방과 통로가 있는데, 그림이나 문자는 없다고 한다. 피라미드의 대부분은 언제쯤, 누가 만들었는지는 전문가의 조사에 의해 알려졌지만, 무엇 때문에 만들어졌는지는 알지 못한다.

91 ピラミッドは、いつ作られましたか。

(A) 紀元前21～18世紀に
(B) 紀元前24～21世紀に
(C) 紀元前27～23世紀に
(D) 紀元前33～30世紀に

91 피라미드는 언제 만들어졌습니까?

(A) 기원전 21~18세기에
(B) 기원전 24~21세기에
(C) 기원전 27~23세기에
(D) 기원전 33~30세기에

92 もっとも大きいピラミッドの高さは何メートルですか。

(A) 高さ127メートル
(B) 高さ147メートル
(C) 高さ172メートル
(D) 高さ174メートル

92 가장 큰 피라미드의 높이는 몇 미터입니까?

(A) 높이 127미터
(B) 높이 147미터
(C) 높이 172미터
(D) 높이 174미터

93 クフ王のピラミッドについてまだ分かっていないことはどれですか。

(A) ピラミッドがなぜ作られたのか
(B) ピラミッドがどこに作られたのか
(C) ピラミッドはだれが作ったのか
(D) ピラミッドがいつごろ作られたのか

93 쿠푸왕의 피라미드에 관해서 아직 알려지지 않은 것은 어느 것입니까?

(A) 피라미드가 왜 만들어졌는지
(B) 피라미드가 어디에 만들어졌는지
(C) 피라미드는 누가 만들었는지
(D) 피라미드가 언제쯤 만들어졌는지

94 クフ王のピラミッドの内部にあるのはどれですか。

(A) 絵　(B) 文字
(C) 飾り　(D) 通路

94 쿠푸왕의 피라미드의 내부에 있는 것은 어느 것입니까?

(A) 그림　(B) 문자
(C) 장식　(D) 통로

단어 世界 세계　科学 과학　説明 설명　たとえば 예를 들어　紀元前 기원전　～世紀 ~세기　作る 만들다　エジプト 이집트　ピラミッド 피라미드　もっとも 가장, 제일　高さ 높이　王 왕　内部 내부　通路 통로　絵 그림　文字 글자　多く 많음, 다수, 대부분　専門家 전문가　調査 조사　～により ~에 의해　～について ~에 대해서　飾り 장식

[95~97]

스크립트	해석
私は大学入試に失敗した。高校３年間、毎日、夜遅くまでいっしょうけんめい勉強してきたので、すごくショックだった。そのため自分の部屋から出られなくなってしまった。食べ物もほとんど食べられなくなり、私は入院した。入試は２月の寒い日だったが、今は暖かくなり、窓から桜が見える。	나는 대학 입시에 실패했다. 고등학교 3년간, 매일 밤늦게까지 열심히 공부해 왔기 때문에 굉장히 충격이었다. 그 때문에 내 방에서 나갈 수 없게 되어 버렸다. 음식도 거의 먹을 수 없게 되어 나는 입원했다. 입시는 2월의 추운 날이었는데, 지금은 따뜻해져서 창문을 통해 벚꽃이 보인다.
95 この人のショックの原因は何ですか。 (A) 卒業式の写真 (B) 恋人と別れたこと (C) 高校時代の成績 (D) 大学入試の失敗	**95** 이 사람의 충격의 원인은 무엇입니까? (A) 졸업식 사진 (B) 연인과 헤어진 것 (C) 고등학교 시절의 성적 (D) 대학 입시의 실패
96 この人はなぜ入院しましたか。 (A) ３年間遊びすぎたから (B) 部屋が暗くなったから (C) 夜遅くまで勉強したから (D) 食べ物が食べられなくなったから	**96** 이 사람은 왜 입원했습니까? (A) 3년간 지나치게 놀았기 때문에 (B) 방이 어두워졌기 때문에 (C) 밤늦게까지 공부했기 때문에 (D) 음식을 먹을 수 없게 되었기 때문에
97 今の季節は何ですか。 (A) 春　(B) 夏 (C) 秋　(D) 冬	**97** 지금의 계절은 무엇입니까? (A) 봄　(B) 여름 (C) 가을　(D) 겨울

단어 大学入試 대학 입시　失敗する 실패하다　高校 고등학교　毎日 매일　夜遅く 밤늦게　いっしょうけんめい 열심히　すごく 꽤, 굉장히　ショック 쇼크, 충격　自分 자기, 자신　ほとんど 거의　入院 입원　寒い 춥다　暖かい 따뜻하다　窓 창문　見える 보이다　原因 원인　卒業式 졸업식　写真 사진　恋人 연인　別れる 헤어지다　時代 시대, 시절　成績 성적　遊びすぎる 지나치게 놀다　暗い 어둡다　季節 계절

[98~100]

스크립트	해석
明日はクリスマスです。サンタさんは毎年１２月になるとプレゼントを準備するのに忙しいです。ロボットはイギリスに住んでいるジョンさんに、日本語の教科書はブラジルに住んでいるアンナさんに、人形は日本に住んでいるゆきさんにあげるつもりです。サンタさんの袋にはプレゼントがいっぱいです。	내일은 크리스마스입니다. 산타 할아버지는 매년 12월이 되면 선물을 준비하느라 바쁩니다. 로봇은 영국에 살고 있는 존 씨에게, 일본어 교과서는 브라질에 살고 있는 안나 씨에게, 인형은 일본에 살고 있는 유키 씨에게 주려 합니다. 산타 할아버지의 주머니에는 선물이 가득합니다.
98 今日は何月何日ですか。 (A) 12月24日　(B) 12月25日 (C) 12月30日　(D) 12月31日	**98** 오늘은 몇 월 며칠입니까? (A) 12월 24일　(B) 12월 25일 (C) 12월 30일　(D) 12월 31일
99 なぜサンタさんは毎年12月になると忙しくなりますか。 (A) プレゼントを売るから (B) プレゼントを拾うから (C) プレゼントをもらうから (D) プレゼントを準備するから	**99** 왜 산타 할아버지는 매년 12월이 되면 바빠집니까? (A) 선물을 팔기 때문에 (B) 선물을 줍기 때문에 (C) 선물을 받기 때문에 (D) 선물을 준비하기 때문에
100 サンタさんは日本語の教科書をだれにおくる予定ですか。 (A) 日本に住んでいるゆきさん (B) 韓国に住んでいるイさん (C) イギリスに住んでいるジョンさん (D) ブラジルに住んでいるアンナさん	**100** 산타 할아버지는 일본어 교과서를 누구에게 보낼 예정입니까? (A) 일본에 살고 있는 유키 씨 (B) 한국에 살고 있는 이 씨 (C) 영국에 살고 있는 존 씨 (D) 브라질에 살고 있는 안나 씨

단어 クリスマス 크리스마스　毎年 매년　～になる ～이 되다　プレゼント 선물　準備する 준비하다　～のに ～하는데　忙しい 바쁘다　ロボット 로봇　イギリス 영국(지명)　住む 살다　教科書 교과서　ブラジル 브라질(지명)　人形 인형　あげる 주다　つもり 예정, 작정, 생각　袋 주머니　いっぱいだ 가득하다　売る 팔다　拾う 줍다　もらう 받다　予定 예정

PART 5~7 정답찾기 · 오문정정 · 공란메우기

① い형용사

***공략 3단계 실전 문제 풀기 1회**

PART 5 정답찾기

▶ 220쪽

정답 **1** (D) **2** (C) **3** (B) **4** (A) **5** (C)

1

해석 나는 뜨거운 것을 잘 못 마시기 때문에 뜨거운 차는 질색입니다.

단어 猫舌(ねこじた) 뜨거운 음식을 잘 먹지 못하는 일 또는 그런 사람
苦手(にがて)だ 서툴다, 질색하다 厚(あつ)い 두껍다 熱(あつ)い 뜨겁다

체크 똑같이 발음하지만 한자에 따라 의미가 달라지는 단어를 주의할 것.

2

해석 이 사진을 보면 옛날이 그리워집니다.

단어 写真(しゃしん) 사진 昔(むかし) 옛날, 예전 懐(なつ)かしい 그립다 優(やさ)しい 상냥하다, 다정하다 すばらしい 훌륭하다, 굉장하다

3

해석 이 펜은 가는 선을 그릴 수 있어서 좋습니다.

단어 ペン 펜 細(ほそ)い 가늘다 線(せん) 선 書(か)ける 쓸 수 있다
濃(こ)い 진하다 太(ふと)い 굵다 長(なが)い 길다

4

해석 원하는 건 없지만, 보고 싶은 영화는 있습니다. (없다)
(A) 별로 시간이 없으니까 서둘러 주세요. (없다)
(B) 이곳은 어린이들에게는 위험합니다.
(C) 담배는 몸에 해로우니까 피우지 않는 게 좋겠지요. (동사의 부정형)
(D) 더워서 뜨거운 커피는 마시고 싶지 않습니다. (동사의 부정형)

단어 ほしい 바라다 ～たい ～하고 싶다 映画(えいが) 영화 時間(じかん) 시간 急(いそ)ぐ 서두르다 ～たち ～들 危(あぶ)ない 위험하다 タバコ 담배 体(からだ)に悪(わる)い 몸에 해롭다 ～方(ほう)がいい ～(하는) 쪽이 좋다 ～でしょう ～이겠지요

체크 ない가 '없다'라는 의미로 쓰인 것 찾기.

5

해석 형은 화가처럼 그림을 잘 그립니다.
(A) 그림을 싫어합니다
(B) 그림을 못 그립니다
(C) 그림을 잘 그립니다
(D) 그림을 좋아합니다

단어 画家(がか) 화가 ～ように ～처럼 絵(え) 그림 うまい 솜씨가 뛰어나다, 맛있다

PART 6 오문정정

정답 **6** (B) **7** (C) **8** (D) **9** (D) **10** (B) **11** (C) **12** (C) **13** (B) **14** (A) **15** (D)

6

해석 어제까지는 더웠습니다만, 오늘은 놀러 가기에는 좋은 날씨입니다.

단어 ～まで ～까지 遊(あそ)びに行(い)く 놀러 가다 天気(てんき) 날씨

체크 暑いでした → 暑かったです 더웠습니다(い형용사의 과거형)

7

해석 친구와 여행을 하려고 생각하고 있는데, 바빠서 갈 수 있을 것 같지 않다.

단어 旅行(りょこう) 여행 ～(よ)うと思(おも)う ～하려고 생각하다
忙(いそが)しい 바쁘다 ～そうもない ～할 것 같지 않다

체크 忙しいで → 忙しくて 바빠서(い형용사의 て형은 い를 く로 고치고 て를 붙인다)

8

해석 비가 내릴 것 같으니까 빨리 돌아가는 게 낫다고 생각합니다.

단어 雨(あめ) 비 ～だす ～(하)기 시작하다 동사의 ます형+そうだ ～것 같다(양태) 帰(かえ)る 돌아가다 ～た方(ほう)がいい ～하는 쪽이 좋다 ～と思(おも)う ～라고 생각하다

체크 いいだと → いいと (い형용사의 기본형 + と思う)

9

해석 올 겨울도 춥지만, 작년 겨울만큼 춥지 않습니다.

단어 冬(ふゆ) 겨울 寒(さむ)い 춥다 ～ほど ～정도, 만큼

체크 寒いではありません → 寒くありません 춥지 않습니다(い형용사의 부정형)

10

해석 당신과 본 영화, 정말로 재미있었습니다. 한 번 더 보고 싶습니다.

단어 ～と ～와/과 映画(えいが) 영화 本当(ほんとう)に 정말로 面白(おもしろ)い 재미있다 もう一度(いちど) 한 번 더

체크 **面白いでした → 面白かったです** 재미있었습니다(い형용사의 과거형)

11

해석 또 만나 뵙기를 기대하고 있겠습니다.

단어 また 또 お会(あ)いする 만나 뵙다(お+동사의 ます형+する: 겸양 표현) ～ておる ～하고 있다(～ている의 겸양 표현)

체크 **楽しくにする → 楽しみにする** 기대하다

12

해석 길을 잃으면, 근처에 있는 사람에게 물어 보세요.

단어 道(みち)に迷(まよ)う 길을 잃다 近(ちか)く 근처 聞(き)く 묻다

체크 **近いの人 → 近くの人** 근처에 있는 사람
近い는 **近く**의 형태로 명사형을 나타낸다.

13

해석 파티는 즐거웠지만, 요리는 그다지 맛있지 않았습니다.

단어 パーティー 파티 料理(りょうり) 요리 あまり 그다지

체크 **楽しいでした → 楽しかったです** 즐거웠습니다(い형용사의 과거형)

14

해석 병이 심해지기 전에 빨리 병원에 가세요.

단어 病気(びょうき) 병 ふかい 깊다 ～ないうちに ～하기 전에 病院(びょういん) 병원

체크 **ふかく → ひどく**
'병이 깊어지다'는 표현은 **ひどい**를 써서 **ひどくなる**(심해지다)라고 해야 한다.

15

해석 졸업 시즌이 되면, 고향 친구가 그리워진다.

단어 卒業(そつぎょう) 졸업 ふるさと 고향 なつかしい 그립다

체크 **なつかしいになる → なつかしくなる** 그리워지다

PART 7 공란메우기 ▶ 221쪽

정답 16 (C) 17 (D) 18 (B) 19 (B) 20 (C)

16

해석 후지산의 높이는 3,776m입니다.

단어 富士山(ふじさん) 후지산(일본의 산) 高(たか)さ 높이

체크 **高い**(높다)의 명사형은 **高さ**(높이)이다.

17

해석 어제 시험은 쉬웠는데, 오늘 시험은 매우 어려웠다.

단어 試験(しけん) 시험 とても 대단히, 매우 難(むずか)しい 어렵다

체크 **やさしい**(쉽다)의 과거형은 **やさしかった**(쉬웠다)이다.

18

해석 저는 상황이 안 좋아서 (사정이 있어서) 갈 수 없습니다.

단어 都合(つごう)が悪(わる)い 상황이 안 좋다, 사정이 있다

체크 い형용사 **悪い**(나쁘다)의 て형은 **悪くて**(나빠서)이다.

19

해석 축구에 관한 것이라면 이 반에서 그가 가장 잘 압니다.

단어 サッカー 축구 ～のこと ～에 관한 것(일) ～なら ～라면 クラス 반 彼(かれ) 그 一番(いちばん) 가장, 제일 詳(くわ)しい 상세하다, 잘 알다 うれしい 기쁘다 苦(くる)しい 괴롭다

20

해석 이 교실은 그다지 어둡지 않으니까 불은 꺼도 괜찮아요.

단어 教室(きょうしつ) 교실 電気(でんき)を消(け)す 전깃불을 끄다 ～てもいい ～해도 된다, ～해도 괜찮다

*공략 3단계 실전 문제 풀기 2회

PART 5 정답찾기 ▶ 222쪽

정답 1 (C) 2 (C) 3 (B) 4 (C) 5 (A)

1

해석 한약은 매우 써서 먹기 힘듭니다.

단어 漢方薬(かんぽうやく) 한약 とても 매우 苦(にが)い 쓰다

체크 동사의 **ます**형+**にくい** ～하기 어렵다, ～하기 불편하다

2

해석 사토 씨는 파란 셔츠를 입고 있습니다.

단어 青(あお)い 파랗다 シャツ 셔츠 着(き)る 입다 ～ている ～(하)고 있다 赤(あか)い 빨갛다 白(しろ)い 하얗다 黄色(きいろ)い 노랗다

3

해석 다나카 선생님은 아침부터 험악한 얼굴을 하고 있습니다.

단어 ～から ~부터　険(けわ)しい 험하다, 험상궂다　顔(かお) 얼굴
はげしい 심하다, 세차다　きびしい 엄하다

4

해석 저 사람은 항상 어두운 얼굴을 하고 있습니다.
(A) 남에게 보여 주지 않는 나쁜 면이 있습니다
(B) 어두워서 잘 안 보입니다
(C) 슬퍼 보입니다
(D) 얼굴을 꾸미고 있습니다

단어 いつも 늘, 항상　暗(くら)い 어둡다　悪(わる)い 나쁘다　面(めん) 면
悲(かな)しい 슬프다　顔(かお)を作(つく)る 얼굴을 꾸미다, 치장하다

체크 **暗い顔をする**는 '어두운 표정을 하고 있다'는 의미의 관용어이다.

5

해석 이것은 (가격이) 쌀 뿐만 아니라 질도 좋아요.
(A) 이 가게는 가격도 싸고 맛도 좋아요.
(B) 공부나 일할 때도 편리하고 쓰기 편한 펜을 소개해 주세요.
(C) 사토 선생님의 설명은 알기 쉽습니다.
(D) 이 책은 글씨가 커서 읽기 편합니다.

단어 ～だけではなく ~뿐만 아니라　質(しつ) 질　値段(ねだん) 가격
味(あじ) 맛　勉強(べんきょう) 공부　仕事(しごと) 일　便利(べんり)だ 편리하다　紹介(しょうかい) 소개　説明(せつめい) 설명　동사 ます형 + やすい ~하기 쉽다, ~하기 편하다

체크 '싸다'의 「**やすい**」와 '~하기 쉽다'의 「**～やすい**」를 구별해서 사용해야 한다.

PART 6 오문정정

정답				
6 (D)	7 (C)	8 (A)	9 (D)	10 (D)
11 (A)	12 (C)	13 (B)	14 (D)	15 (A)

6

해석 그곳까지 가려면 차보다 고속버스 쪽이 빠르다고 합니다.

단어 ～まで ~까지　～には ~하는 데는, ~하려면　～より～(の)方(ほう)が ~보다 ~쪽이　高速(こうそく)バス 고속버스　早(はや)い (시간적으로) 이르다, 빠르다

체크 **早い → 速い** (속도가) 빠르다
똑같이 발음하지만, 한자에 따라 의미가 달라지는 단어를 잘 알아 두자.

7

해석 이 방은 창문을 열면 멀리 바다가 보입니다.

단어 窓(まど)を開(あ)ける 창문을 열다

체크 **遠くで → 遠くに** 멀리

8

해석 다나카 군은 키가 크고 잘생겨서 분명히 여자에게 인기가 있겠지요.

단어 ハンサムだ 잘생기다　きっと 꼭, 반드시　人気(にんき) 인기

체크 '키가 크다'는 **背が高い**이므로, **大きくて → 高くて**로 바꿔야 한다.

9

해석 지난주는 날씨가 굉장히 좋았지만 오늘 날씨는 별로 좋지 않습니다.

단어 先週(せんしゅう) 지난주　天気(てんき) 날씨　とても 매우　あまり 그다지, 별로

체크 **いくない → よくない** (いい의 부정형)

10

해석 일본어는 한자도 읽는 법도 매우 어렵다고 생각합니다.

단어 漢字(かんじ) 한자　難(むずか)しい 어렵다　～と思(おも)う ~라고 생각하다

체크 **難しいだと → 難しいと** 어렵다고

11

해석 집 근처 서점을 찾아 보았지만, 그 책은 팔고 있지 않았다.

단어 近(ちか)く 근처　本屋(ほんや) 서점　探(さが)す 찾다　～てみる ~해 보다　売(う)る 팔다

체크 **近い本屋 → 近くの本屋** 근처 서점(명사를 수식할 때 **近い**는 「**近くの** + 명사」 형태가 된다.)

12

해석 그 벚나무는 별로 굵지 않습니다. 가늡니다.

단어 細(ほそ)い 가늘다

체크 **ふといではない → ふとくない** 굵지 않다(い형용사의 부정형)

13

해석 이 가게는 깨끗하고 서비스도 좋아서 이웃들에게 인기가 있어요.

단어 サービス 서비스　～から ~때문에　近所(きんじょ) 근처　人気(にんき) 인기

체크 **いいだから → いいから**

14

해석 냉방을 켰는데도 방 안은 좀처럼 시원해지지 않았습니다.

단어 クーラーをつける 냉방 장치를 켜다 ～のに ～인데도 なかなか～ない 좀처럼 ～하지 않다

체크 すずしいに → すずしく(い형용사 어간 + くなる ～이 되다, ～해지다)

15

해석 이 문제는 쉬우니까 아마도 10분 정도면 할 수 있겠지요.

단어 問題(もんだい) 문제 たぶん 아마도 できる 할 수 있다

체크 やすい 싸다 → やさしい 쉽다

PART 7 공란메우기 ▶ 223쪽

정답 16 (D) 17 (C) 18 (A) 19 (D) 20 (D)

16

해석 이 초콜릿은 달지 않아서 칼로리도 낮은 것 같아요.

단어 チョコレート 초콜릿 甘(あま)い 달다 カロリー 칼로리 少(すく)ない 적다 ～らしい ～인 것 같다

체크 甘い(달다)의 부정형 甘くない(달지 않다)를 て형인 甘くなくて(달지 않아서)로 바꾸는 것이 적당하다.

17

해석 이곳에서 공부를 하고 있는 많은 학생은 일본 문화에 관심이 있습니다.

단어 文化(ぶんか) 문화 関心(かんしん)がある 관심이 있다 みんな 모두 たくさん 많이

체크 명사를 수식할 때 多い는「多くの + 명사」형태가 된다.

18

해석 방이 지저분하니 청소하세요.

단어 部屋(へや) 방 掃除(そうじ) 청소 きびしい 엄하다 くるしい 힘들다 しぶい 떫다

19

해석 쉬운 질문이었는데 대답을 못해서 매우 창피했습니다.

단어 質問(しつもん) 질문 答(こた)える 대답하다 まずい 맛없다 はずかしい 창피하다

20

해석 이 방의 넓이는 6조 정도입니다.

단어 広(ひろ)さ 넓이 帖(じょう) 조(다다미를 세는 말) ぐらい 정도, 쯤

체크 広い(넓다)의 명사형은 広さ(넓이)이다.

② な형용사

*공략 3단계 실전 문제 풀기

PART 5 정답찾기 ▶ 233쪽

정답 1 (B) 2 (D) 3 (B) 4 (B) 5 (B) 6 (C) 7 (B) 8 (D) 9 (C) 10 (C)

1

해석 최근 오디션 방송이 한창 유행입니다.

단어 最近(さいきん) 최근 盛(さか)んだ 성하다, 한창이다

2

해석 일본 유학에 대해서는 진지하게 생각할 필요가 있습니다.

단어 留学(りゅうがく) 유학 ～については ～에 대해서는 真面目(まじめ)だ 진지하다, 성실하다 考(かんが)える 생각하다 必要(ひつよう) 필요

3

해석 이 동네는 도쿄만큼 번화하지 않습니다.

단어 町(まち) 동네, 거리 東京(とうきょう) 도쿄(지명) 華(はな)やかだ 화려하다 健(すこ)やかだ 건강하다

4

해석 밥을 먹을 때는 싫어하는 것도 먹어야 한다.

단어 ～時(とき) ～(할) 때 嫌(きら)いなもの 싫어하는 것 ～なくてはいけない ～해야 한다

5

해석 이 컴퓨터는 굉장히 편리해서 사용하기 편합니다.

단어 パソコン 컴퓨터 とても 굉장히 便利(べんり)だ 편리하다 使(つか)う 사용하다 ～やすい ～하기 쉽다, 편하다

6

해석 저는 요리를 잘 못해서 만들 수 있는 것은 샐러드밖에 없습니다.

단어 料理(りょうり) 요리 下手(へた)だ 서툴다, 못하다 サラダ 샐러드 ～しかない ～밖에 없다

7

해석 나는 음악을 좋아해서 하루 종일 음악만 듣고 있습니다.

단어 音楽(おんがく) 음악 ～ので ～라서, ～이기 때문에 ～ばかり ～만 聞(き)く 듣다

8

해석 이 주변은 별로 북적거리지 않습니다.
(A) 이 주변은 솔직합니다
(B) 이 주변은 풍부합니다
(C) 이 주변은 시끄럽습니다
(D) 이 주변은 조용합니다

단어 辺(へん) 주변, 근처 あまり~ない 그다지 ~지 않다 すなおだ 솔직하다 ゆたかだ 풍부하다 うるさい 시끄럽다

9

해석 싸고 편하게 갈 거라면 비행기보다 전철 쪽이 좋겠지요.
(A) 비행기 쪽이 편합니다
(B) 전철은 비싸고 불편합니다
(C) 전철 쪽이 비싸지 않습니다
(D) 비행기가 편리하고 쌉니다

단어 楽(らく)に 편하게 ~なら ~라면 飛行機(ひこうき) 비행기 ~より~の方(ほう)がいい ~보다 ~쪽이 좋다

10

해석 당신이 싫어하는 음식은 무엇입니까?

단어 きらいだ 싫어하다 いやだ 싫어하다 このみ 취향

PART 6 오문정정

▶ 234쪽

정답 11 (D) 12 (C) 13 (C) 14 (B) 15 (B) 16 (C) 17 (B) 18 (B) 19 (B) 20 (C)

11

해석 사토 씨의 여동생은 성격도 좋고, 매우 예쁜 사람입니다.

단어 性格(せいかく) 성격 ~し ~이고 きれいだ 예쁘다, 깨끗하다

체크 きれい人 → きれいな人 예쁜 사람(な형용사의 명사 수식)

12

해석 깨지기 쉬운 그릇이니까 안전한 곳에 놓아 두세요.

단어 割(わ)れる 깨지다 동사의 ます형+やすい ~하기 쉽다 食器(しょっき) 식기 安全(あんぜん)だ 안전하다 置(お)く 두다

체크 安全に所 → 安全な所 안전한 곳(な형용사의 명사 수식)

13

해석 이 근처 호텔은 어디나 조용하고 깨끗합니다.

단어 辺(あた)り 근처, 주변 ホテル 호텔

체크 静かに → 静かで 조용하고(な형용사의 중지형)

14

해석 조금 비싸도 내가 좋아하는 것이 있으면, 사서 돌아갈 생각입니다.

단어 少(すこ)し 조금, 약간 ~ても ~해도 ~ば ~면 買(か)う 사다 帰(かえ)る 돌아가다 つもり 생각, 작정, 예정

체크 好きもの → 好きなもの 좋아하는 것(な형용사의 명사 수식형)

15

해석 읽기 쉽게 깔끔한 글씨로 써서 제출해 주세요.

단어 読(よ)む 읽다 字(じ) 글씨 書(か)く 쓰다 出(だ)す 내다, 제출하다

체크 きれい字 → きれいな字(な형용사의 명사 수식형)

16

해석 무엇이든 숨기지 말고 정직하게 이야기해 주세요.

단어 何(なに)もかも 무엇이든 隠(かく)す 숨기다 ~ずに ~하지 말고 正直(しょうじき)だ 정직하다, 솔직하다

체크 正直を → 正直に 정직하게(な형용사의 부사형)

17

해석 이것이 말로 할 만큼 간단한 일인지 어떤지 우선 자신이 직접 해 볼 일이다.

단어 ~ほど ~만큼 簡単(かんたん)だ 간단하다 ~かどうか ~인지 어떤지 まず 우선 自分(じぶん)で 스스로 ~てみる ~해 보다

체크 簡単にこと → 簡単なこと 간단한 일(な형용사의 명사 수식형)

18

해석 제 꿈은 좋아하는 일을 하면서 사는 것입니다.

단어 夢(ゆめ) 꿈 ~ながら ~하면서 生(い)きる 살다

체크 好きに → 好きな 좋아하는(な형용사의 명사 수식형)

19

해석 커피를 좋아하는 사람에게 커피를 마시지 않도록 하는 것은 어렵다.

단어 ~ないようにする ~하지 않도록 하다 難(むずか)しい 어렵다

체크 好きの人 → 好きな人 좋아하는 사람(な형용사의 명사 수식형)

20

해석 기무라 씨는 누구에게나 친절하게 대해 주어서 인기가 있습니다.

단어 ~にでも ~에게라도/에게나 親切(しんせつ)だ 친절하다 人気(にんき)がある 인기가 있다

체크 親切で → 親切に 친절하게(な형용사의 부사형)

PART 7 공란메우기

▶ 235쪽

정답 21 (A) 22 (D) 23 (B) 24 (A) 25 (B) 26 (A) 27 (B) 28 (D) 29 (B) 30 (D)

21

해석 저기에 있는 당신과 똑같은 옷을 입고 있는 사람이 기무라 씨입니까?

단어 同(おな)じだ 똑같다 服(ふく) 옷 着(き)る 입다

체크 おなじ服 똑같은 옷(な형용사의 명사 수식 : 同じだ는 예외적으로 な를 붙이지 않으므로 주의한다.)

22

해석 저곳은 유명한 백화점이라서 평일도 사람들로 북적입니다.

단어 有名(ゆうめい)だ 유명하다 デパート 백화점 平日(へいじつ) 평일 賑(にぎ)やかだ 떠들썩하다, 활기차다

체크 な형용사의 명사 수식 형태인 ゆうめいな(유명한)가 적당하다.

23

해석 자, 자유롭게 견학하세요.

단어 自由(じゆう)に 자유롭게 見学(けんがく) 견학 なさる 하시다 楽(らく)だ 편하다 大層(たいそう) 매우, 몹시

24

해석 일본 차는 비싸지만 매우 튼튼합니다.

단어 車(くるま) 차 高(たか)い 비싸다 丈夫(じょうぶ)だ 튼튼하다

25

해석 교통이 편리하지 않아도 괜찮으니까 빨리 내 집을 갖고 싶다.

단어 交通(こうつう) 교통 ～てもかまいません ~해도 괜찮습니다, ~해도 상관없습니다 自分(じぶん) 자기, 자신 ～がほしい ~을 원하다, 갖고 싶다

체크 의미상 **便利だ**의 부정형이 들어가야 하며, 뒤에 **～てもかまいません**이 이어지므로 **便利で(は)ない**의 **て**형인 **便利でなく**가 정답이다.

26

해석 작은 소리로 이야기합시다. 주위가 조용해서 잘 들려요.

단어 小声(こごえ) 작은 목소리 ～ましょう ~합시다(권유, 의지) 周(まわ)り 주위, 주변 聞(き)こえる 들리다

체크 しずかなので 조용해서

27

해석 당신에게 받은 진주 목걸이는 소중히 보관해 두었습니다.

단어 もらう 받다 しんじゅ 진주 ネックレス 목걸이 大事(だいじ)だ 소중하다

체크 だいじに 소중하게(な형용사의 부사형)

28

해석 최근 한가해서 넷플릭스를 즐겨 보고 있습니다.

단어 最近(さいきん) 최근 ネットフリックス 넷플릭스 楽(たの)しむ 즐기다

체크 な형용사와 명사는 ～なので로 접속한다.

29

해석 어제 벚꽃으로 유명한 메구로강에 갔었어요. 벚꽃이 정말로 아름다웠어요.

단어 桜(さくら) 벚꽃 有名(ゆうめい)だ 유명하다 目黒川(めぐろがわ) 메구로강(지명) 本当(ほんとう)に 정말로

체크 きれいでした 아름다웠습니다(な형용사의 정중 과거형)

30

해석 사토 씨는 영어도 중국어도 능숙하게 말합니다.

단어 英語(えいご) 영어 中国語(ちゅうごくご) 중국어 ～も～も ~도 ~도 上手(じょうず)だ 능숙하다 話(はな)す 말하다, 이야기하다

체크 じょうずに 능숙하게(な형용사의 부사형)

③ 동사 1

*공략 3단계 실전 문제 풀기

PART 5 정답찾기

▶ 245쪽

정답 1 (B) 2 (D) 3 (A) 4 (C) 5 (D)

1

해석 하루 종일 비가 내리고 있는 것을 보니, 오늘 일기 예보는 맞는 것 같다.

단어 一日中(いちにちじゅう) 하루 종일 天気予報(てんきよほう) 일기 예보 当(あた)る 들어맞다

2

해석 돈을 주우면 가까운 파출소에 신고합시다.

단어 拾(ひろ)う 줍다 交番(こうばん) 파출소 届(とど)ける 신고하다, 보내다

3

해석 입학식은 온라인으로 10시부터 진행됩니다.

단어 入学式(にゅうがくしき) 입학식 行(おこな)う 행하다, 시행하다

4

해석 하고 싶은 말은 분명히 말해야 한다.
(A) 말하지 않는 편이 좋은 일은 말하면 안 된다
(B) 하고 싶은 말이라도 굳이 말하지 않아도 된다
(C) 하고 싶은 말이라면 말해야 한다
(D) 말해도 되고 안 해도 되는 일은 말을 안 하는 게 좋다

단어 はっきり 분명히 ～なければならない ～해야(만) 한다 ～ない方(ほう)がいい ～하지 않는 편이 좋다

5

해석 작년 일이지만, 기억하고 있습니다.
(A) 처음 만났지만, 그녀에게 친밀감을 느꼈다.
(B) 컴퓨터라면 금방 배울 수 있습니다.
(C) 간신히 일을 배웠습니다.
(D) 그 레스토랑, 기억하고 있습니까?

단어 去年(きょねん) 작년 ～けど ～이지만(역접) 覚(おぼ)える 기억하다, 느끼다, 배우다, 익히다 はじめて 처음 親(した)しみ 친밀감 すぐ 곧, 즉시 やっと 겨우, 간신히

체크 '기억하다'의 의미로 사용된 것 고르기

PART 6 오문정정

정답 06 (B) 07 (D) 08 (D) 09 (D) 10 (A) 11 (B) 12 (D) 13 (B) 14 (D) 15 (D)

6

해석 이제 곧 대학교 입학 시험을 보기 때문에 밤에도 자지 않고 공부하고 있습니다.

단어 もうすぐ 이제 곧 入学(にゅうがく) 입학 試験(しけん)を受(う)ける 시험을 보다 夜(よる) 밤 寝(ね)る 자다 ～ないで ～하지 않고

체크 見る → 受ける (시험에 응시함을 나타낼 때는 동사 受ける를 쓴다)

7

해석 이곳은 위험하니까 이곳에서 놀지 마세요.

단어 危(あぶ)ない 위험하다 遊(あそ)ぶ 놀다 ～ないでください ～하지 마세요

체크 遊ぶないでください → 遊ばないでください 놀지 마세요 (동사의 ない형에 접속)

8

해석 아직 시간이 있으니까 그렇게 서두르지 않아도 시간에 맞게 갈 수 있어요.

단어 まだ 아직 時間(じかん) 시간 急(いそ)ぐ 서두르다 間(ま)に合(あ)う 시간에 늦지 않고 가다

체크 急いでも → 急がなくても 서두르지 않아도(의미상 '서두르지 않아도'가 적당함)

9

해석 빨리 먹으면 배탈이 나니 천천히 먹어라.

단어 お腹(なか)をこわす 배탈이 나다 ゆっくり 천천히

체크 食べりなさい → 食べなさい(～なさい는 동사 ます형에 접속한다.)

10

해석 노래를 부르는 것은 할 수 있지만, 피아노는 능숙하게 칠 수 없습니다.

단어 できる 할 수 있다 ピアノを弾(ひ)く 피아노를 치다

체크 歌をする → 歌を歌う 노래를 부르다

11

해석 오늘 아침, 일찍 일어나지 않아서 학교에 지각하고 말았습니다.

단어 早(はや)く 일찍 起(お)きる 일어나다 ～ないで ～하지 않고 ～なくて ～하지 않아서 遅刻(ちこく)する 지각하다 ～てしまう ～해버리다

체크 起きないで 일어나지 않고 → 起きなくて 일어나지 않아서(이유)

12

해석 아버지가 엄해서 9시까지는 귀가하지 않으면 안 됩니다.

단어 厳(きび)しい 엄하다 ～までに ～까지는 ～なければなりません ～해야 합니다

체크 帰りなければなりません → 帰らなければなりません(동사의 부정형에 접속)

13

해석 외국어라고 하는 것은 공부하면 할수록 어려워진다고 생각합니다.

단어 外国語(がいこくご) 외국어 ～という ～라고 한다 ～ば～ほど ～하면 ～할수록

체크 ～とするのは → ～というのは ～라고 하는 것은

14

해석 지금 좀 추워서 뜨거운 커피를 마시고 싶습니다.

단어 寒(さむ)い 춥다 ホットコーヒー 뜨거운 커피

체크 飲むたい → 飲みたい (동사의 ます형에 접속)

15

해석 내일은 중요한 시험이 있어서 몸 상태가 안 좋아도 학교를 가야합니다.

단어 重要(じゅうよう)だ 중요하다 テスト 테스트, 시험 具合(ぐあい)が悪(わる)い 몸 상태가 안 좋다 ～ても ～해도 ～なければなりません ～하지 않으면 안 됩니다

체크 行きなければなりません → 行かなければなりません (동사의 부정형에 접속)

PART 7 공란메우기 ▶ 246쪽

정답 16 (B) 17 (C) 18 (D) 19 (B) 20 (A)

16

해석 어딘가에 스마트폰을 떨어뜨렸는데 그게 어딘지 모르겠어요.

단어 スマホ 스마트폰 落(お)とす 떨어뜨리다 落(お)ちる 떨어지다 移(うつ)す 옮기다 動(うご)かす 움직이다

17

해석 나는 오늘 아침 늦잠을 잤기 때문에, 얼굴도 씻지 않고 학교에 왔습니다.

단어 今朝(けさ) 오늘 아침 あさねぼうをする 늦잠을 자다 ～ので ～때문에(이유, 원인) 顔(かお)を洗(あら)う 세수하다

체크 洗わないで 씻지 않고(동사의 ない형)

18

해석 어쩌면 좋아요. 커피에 설탕을 너무 많이 넣었습니다.

단어 さとう 설탕 入(い)れる 넣다

체크 入(い)れすぎる 너무 많이 넣다(동사의 ます형 + すぎる: 너무 ～하다)

19

해석 이 구두는 저에게는 좀 작아서 걷기 불편합니다.

단어 ちょっと 조금, 잠깐 小(ちい)さい 작다 歩(ある)く 걷다

체크 あるきにくい 걷기 불편하다(동사의 ます형 + にくい: ～하기 어렵다, ～하기 불편하다)

20

해석 그건 선생님에 따라 가르치는 방법이 다르기 때문이겠죠.

단어 ～によって ～에 따라, ～에 의해 教(おし)える 가르치다 違(ちが)う 다르다

체크 教え方 가르치는 법(동사의 ます형 + 方: ～하는 법)

④ 동사 2

***공략 3단계 실전 문제 풀기**

PART 5 정답찾기 ▶ 253쪽

정답 1 (B) 2 (C) 3 (C) 4 (A) 5 (D)

1

해석 형은 버스로 회사에 다니고 있습니다.

단어 バス 버스 会社(かいしゃ) 회사 通(かよ)う 다니다 むかう 향하다 もどる 되돌아가다 わたる 건너다

2

해석 외출하기 전에 꼭 불을 꺼 주세요.

단어 出(で)かける 외출하다, 집을 나서다 ～前(まえ)に ～전에 必(かなら)ず 반드시, 꼭 電気(でんき)を消(け)す 전깃불을 끄다

3

해석 아직 쓸 만하니 버리는 것은 아까워.

단어 まだまだ 아직도, 더욱 捨(す)てる 버리다 惜(お)しい 아깝다, 아쉽다

4

해석 수업 중에 모르는 것이 있을 때는 선생님에게 물어보는 것이 어떻습니까?

(A) 질문하는 것이 (B) 만나는 것이
(C) 가는 것이 (D) 방문하는 것이

단어 授業中(じゅぎょうちゅう) 수업 중 時(とき) 때 聞(き)いてみる 물어 보다 ～たらどうですか ～(하는) 것이 어때요?

5

해석 여권 번호를 알려 주세요.

(A) 여권 번호를 정해 주세요
(B) 여권 번호를 고쳐 주세요
(C) 여권 번호를 옮겨 적어 주세요
(D) 여권 번호를 가르쳐 주세요

단어 パスポート番号(ばんごう) 여권 번호 知(し)らせる 알리다, 통보하다 決(き)める 정하다 直(なお)す 고치다 写(うつ)す 베끼다 教(おし)える 가르치다

PART 6 오문정정

정답 06 (C) 07 (A) 08 (D) 09 (D) 10 (B)
11 (C) 12 (A) 13 (C) 14 (D) 15 (B)

6

해석 이 거리에는 새로 생긴 빌딩이 많이 늘어서 있습니다.

단어 通(とお)り 길, 거리 新(あたら)しく 새롭게 できる 생기다
ビル 건물, 빌딩 並(なら)ぶ 늘어서다 자동사 + ている
~하여져 있다(상태)

체크 できった → できた 생긴(동사의 た형)

7

해석 해 버린 후에 그런 말을 해 봤자 이제 와서 어떻게 할 수 없어요.

단어 やる 하다 ~てしまう ~해 버리다 ~たあとで ~한 후에 ~たって ~해도, ~해 보았자 いまさら 이제 와서, 새삼스럽게 どうにもならない 어찌할 도리가 없다

체크 やってしまうあとで → やってしまったあとで 해 버린 후에(동사의 た형 구문)

8

해석 학교 앞에 있는 공원에 예쁜 꽃이 피어 있습니다.

단어 公園(こうえん) 공원 花(はな)が咲(さ)く 꽃이 피다

체크 咲きています → 咲いています(동사의 て형)

9

해석 걱정거리라도 있는 건지 아버지는 집 안을 왔다 갔다 하고 있다.

단어 心配(しんぱい)ごと 걱정거리 ~でも ~라도

체크 来たり行ったりする → 行ったり来たりする 왔다 갔다 하다(우리말과 순서가 반대인 표현)

10

해석 저는 역까지 걸어서 10분 정도 걸리는 공동 주택에 살고 있습니다.

단어 駅(えき) 역 かかる (시간이) 걸리다, (비용이) 들다
暮(く)らす 하루를 보내다, 지내다

체크 歩くて → 歩いて 걸어서 (歩く는 음편 현상에 의해 て형은 歩いて로 활용한다)

11

해석 일본 후쿠오카에 있는 친구에게 편지를 써서 보냈지만, 아직 답장이 안 옵니다.

단어 福岡(ふくおか) 후쿠오카(지명) 手紙(てがみ)を書(か)く 편지를 쓰다 出(だ)す 보내다, 부치다 まだ 아직 返事(へんじ)が来(く)る 답장이 오다

체크 書きて → 書いて 써서(동사의 て형)

12

해석 이 일이 끝난 후, 집에 가서 푹 쉬고 싶다고 생각합니다.

단어 仕事(しごと) 일 終(お)わる 끝나다 ゆっくり 푹, 천천히
休(やす)む 쉬다 동사의 ます형+たい ~하고 싶다

체크 終わって後 → 終わった後 끝난 후(동사의 た형 구문)

13

해석 나는 보통 오전 6시쯤 일어나 아침밥을 먹고 나서 회사로 향합니다.

단어 午前(ごぜん) 오전 ~ごろ ~쯤, 경 起(お)きる 일어나다
向(む)かう 향하다

체크 食べってから → 食べてから 먹고 나서(동사의 て형 구문)

14

해석 요시코 씨는 착각하여 내 우산을 가지고 가 버렸다.

단어 間違(まちが)える 착각하다, 잘못 알다

체크 行きしまった → 行ってしまった 가 버렸다(동사의 て형 + しまう : ~해 버리다)

15

해석 매일 2시간이나 걸려 회사에 다니고 있습니다.

단어 毎日(まいにち) 매일 かける (시간이나 비용을) 들이다
~に通(かよ)う ~에 다니다, ~에 왕래하다

체크 かかりて→ かけて

PART 7 공란메우기

▶ 254쪽

정답 16 (B) 17 (C) 18 (C) 19 (D) 20 (B)

16

해석 한 번 더 생각하고 나서 다시 쓰세요.

단어 もう一度(いちど) 한 번 더 考(かんが)える 생각하다 ~てから ~하고 나서 동사의 ます형+なおす 다시 ~하다
書(か)きなおす 다시 쓰다

체크 考えてから 생각하고 나서(동사의 て형 구문)

17

해석 큰일 났다! 겨울 방학에 계속 집에 있었더니 5킬로나 쪄 버렸다.

단어 しまった 아차, 아뿔싸 ずっと 계속 太(ふと)る 살이 찌다
やせる 살이 빠지다 おくれる 늦다 なくす 잃다

18

해석 지난주에 막 산 컴퓨터가 고장 나 버렸습니다.

단어 先週(せんしゅう) 지난 주 買(か)う 사다 ～たばかりだ 막~하다 壊(こわ)れる 고장 나다, 부서지다

체크 **買ったばかり** 막 산, 산 지 얼마 안 된(동사의 **た**형 구문)

19

해석 저는 오사카에서 유명한 연예인을 만난 적이 있습니다.

단어 大阪(おおさか) 오사카(지명) 有名(ゆうめい)だ 유명하다 芸能人(げいのうじん) 연예인 ～たことがある ~한 적이 있다(과거의 경험)

체크 **会ったことがあります** 만난 적이 있습니다 (동사의 **た**형 구문)

20

해석 차가 갑자기 멈춰 버려서 깜짝 놀랐습니다.

단어 車(くるま) 차, 자동차 急(きゅう)に 갑자기 びっくりする 깜짝 놀라다 止(と)まる 멈추다

체크 **止まってしまって** 멈춰 버려서(동사의 **て**형 구문)

5 동사 3

***공략 3단계 실전 문제 풀기 1회**

PART 5 정답찾기

▶ 270쪽

정답 1 (D) 2 (B) 3 (A) 4 (B) 5 (D)

1

해석 손님이 오기 때문에 엄마는 요리를 만들고 있습니다.

단어 お客(きゃく)さん 손님 来(く)る 오다 料理(りょうり) 요리 作(つく)る 만들다

2

해석 죄송하지만 잠시만 기다려 주세요.

단어 少々(しょうしょう) 잠시 待(ま)つ 기다리다

체크 **お待ちください** 기다려 주세요 (**お** + 동사의 **ます**형 + **ください**: 존경 표현)

3

해석 가스 요금은 편의점에서 지불(납부)할 수 있어요.

단어 ガス代(だい) 가스 요금 コンビニ 편의점 払(はら)う 지불하다

4

해석 이것은 깨지기 쉬운 물건이니 조심해서 옮겨 주세요.

단어 割(わ)れる 깨지다 ます형+やすい ~하기 쉽다, 편하다 気(き)をつける 조심하다 運(はこ)ぶ 옮기다

5

해석 마당에는 꽃도 많이 피어 있습니다. (상태)

(A) 선생님께 편지를 쓰고 있습니다. (진행)

(B) 어린 아이가 울고 있습니다. (진행)

(C) 나카무라 씨는 누군가와 이야기하고 있습니다. (진행)

(D) 오른쪽 서랍은 크고 열쇠가 달려 있습니다. (상태)

단어 庭(にわ) 마당, 정원 咲(さ)く (꽃 등이) 피다 手紙(てがみ) 편지 小(ちい)さな 어린 泣(な)く 울다 話(はな)す 이야기하다 右(みぎ) 오른쪽 鍵(かぎ) 열쇠 つく 붙다, 달리다

체크 예문과 같이 **～ている**가 '상태'를 나타내는 표현 찾기.

PART 6 오문정정

정답 6 (D) 7 (C) 8 (D) 9 (D) 10 (B) 11 (D) 12 (D) 13 (A) 14 (D) 15 (B)

6

해석 나는 사토 씨에게 한국어 책을 빌려 주었습니다.

단어 韓国語(かんこくご) 한국어 貸(か)す 빌려주다 ～てくれる (남이 나에게) ~해 주다 ～てあげる (내가 남에게) ~해 주다

체크 **貸してくれました → 貸してあげました** (내가 남에게) 빌려 주었습니다

7

해석 이 전골 요리, 맛있을 것 같은데 어떤 맛이 나는지 먹어 봅시다.

단어 すきやき 일본의 전골 요리 どんな 어떤 味(あじ)がする 맛이 나다 ～てみる ~해 보다(시도)

체크 **味が出るか → 味がするか** 맛이 나는지

8

해석 당신이 손에 들고 있는 사진을 보여 주세요.

단어 写真(しゃしん) 사진 見(み)える 보이다(자동사) 見(み)せる 보게 하다, 보여 주다(타동사)

체크 **見えてください → 見せてください** 보여 주세요, 보게 해 주세요

9

해석 아직 일이 남아 있어서 컴퓨터가 켜져 있습니다.

단어 まだ 아직 残(のこ)る 남다 つける 켜다

체크 **つけています → つけてあります** 켜져 있습니다 (**～が** + 타동사 + **てある**: 상태)

독해편

10

해석 선생님은 여러 가지 예를 들어 우리들이 이해할 때까지 설명해 주셨습니다.

단어 いろんな 여러　例(れい)をあげる 예를 들다　説明(せつめい) 설명　～てくださる (남이 나에게) ～해 주시다

체크 앞에 조사 **を**가 있으므로 타동사인 **あげる**가 와야 한다.

11

해석 이번 휴가에는 일본에 여행 갈 계획을 세웠다.

단어 今度(こんど) 이번, 다음 번　休(やす)み 휴일, 휴가　旅行(りょこう) 여행　計画(けいかく)を立(た)てる 계획을 세우다　計画(けいかく)が立(た)つ 계획이 서다

체크 앞에 **計画を**(계획을)가 왔으므로 타동사 **立てた**가 와야 한다.

12

해석 올해는 휴일이 많아서 이틀 연속으로 노는 날도 많을 것입니다.

단어 今年(ことし) 올해, 금년　休(やす)みの日(ひ) 쉬는 날, 휴일　続(つづ)ける 계속하다(타동사)　続(つづ)く 계속되다(자동사)　遊(あそ)ぶ 놀다

체크 타동사 **つづけて**가 와야 한다.

13

해석 아직 읽지 않았는데 좀 더 이 책을 빌려도 될까요?

단어 まだ～ていない 아직 ～하지 않았다　もう少(すこ)し 좀 더　借(か)りる 빌리다　～てもいいですか ～해도 됩니까?

체크 **読まない → 読んでいない** 읽지 않았다

14

해석 저의 생일 선물로 남자 친구가 지갑을 사 주었습니다.

단어 誕生日(たんじょうび) 생일　プレゼント 선물　彼氏(かれし) 남자 친구　財布(さいふ) 지갑　買(か)う 사다

체크 **もらいました → くれました(～が～てくれる** ～가 ～해 주다)

15

해석 이런 더운 날에는 웃옷을 벗고 있는 쪽이 시원해요.

단어 暑(あつ)い 덥다　上着(うわぎ)を脱(ぬ)ぐ 웃옷을 벗다　はずす (안경을) 벗다, (넥타이를) 풀다　涼(すず)しい 시원하다

체크 '옷을 벗다'를 나타낼 때는 동사 **脱ぐ**를 쓴다.

PART 7 공란메우기

▶ 271쪽

정답 16 (B)　17 (A)　18 (B)　19 (A)　20 (D)

16

해석 부자라고 해서 행복하다고는 말할 수 없습니다.

단어 金持(かねも)ち 부자　～からといって ～라고 해서　幸(しあわ)せだ 행복하다

체크 **～とは言えない** ～라고는 (말)할 수 없다

17

해석 감기에 걸려서 1주일이나 약을 먹었지만, 아직 낫지 않았습니다.

단어 風邪(かぜ)を引(ひ)く 감기에 걸리다　1週間(いっしゅうかん) 일주일　～も ～(씩)이나　まだ 아직　治(なお)る 낫다, 고쳐지다

체크 '약을 먹는다'고 할 때는 동사 **飲む**를 쓴다.

18

해석 슈퍼에서 받은 영수증을 보면 뭐를 샀는지 알 수 있습니다.

단어 もらう 받다　レシート 영수증　買(か)う 사다　～か ～인지　あげる (내가 남에게) 주다　くれる (남이 나에게) 주다

19

해석 자신이 있으니 그 일을 저에게 시켜 주세요.

단어 自信(じしん) 자신　仕事(しごと) 일　させる 시키다(する의 사역형)

체크 사물이나 식물 등의 존재를 나타낼 때는 동사 **ある**를 쓴다.

20

해석 당신은 자전거를 탈 수 있습니까?

단어 自転車(じてんしゃ)に乗(の)る 자전거를 타다

체크 동사의 기본형 + **ことができる** ～할 수 있다(가능)

*공략 3단계 실전 문제 풀기 2회

PART 5 정답찾기

▶ 272쪽

정답 1 (A)　2 (C)　3 (D)　4 (B)　5 (C)

1

해석 중국인은 세계 인구의 약 20프로를 차지하고 있습니다.

단어 中国人(ちゅうごくじん) 중국인　世界人口(せかいじんこう) 세계 인구　約(やく) 약　占(し)める 점하다, 차지하다　絞(し)める 조르다　閉(し)める 닫다

2

해석 다른 사람과의 약속을 쉽게 어겨서는 안 된다고 생각합니다.

단어 約束(やくそく) 약속　簡単(かんたん)に 간단히, 쉽게　破(やぶ)る 어기다, 부수다
～てはいけない ～해서는 안 된다

3

해석 저 선배들은 전혀 말을 하지 않기 때문에 사이가 나쁠지도 모른다.
(A) 사이가 나쁘지 않다
(B) 사이가 좋다
(C) 사이가 좋은 것 같다
(D) 사이가 나쁠 가능성이 있다

단어 先輩(せんぱい) 선배　全然(ぜんぜん) 전혀　話(はな)す 이야기하다　～かも知(し)れない ～일지(도) 모르다　可能性(かのうせい) 가능성

4

해석 당신은 왜 이 옷이 마음에 안 드는 겁니까?

단어 どうして 어째서, 왜　気(き)に入(い)らない 마음에 들지 않다
いやだ 싫다　すばらしい 멋지다　すてきだ 멋지다

5

해석 신주쿠에서 주오센으로 갈아탈 수 있습니다.
(A) 신주쿠에서 버스를 탑니다
(B) 신주쿠에서 버스는 탈 수 없습니다
(C) 주오센으로 갈아탈 수 있습니다
(D) 주오센은 비싸지 않습니다

단어 新宿(しんじゅく) 신주쿠(지명)　中央線(ちゅうおうせん) 주오센(일본의 전철 노선명)
乗(の)り換(か)える 갈아타다, 환승하다

PART 6 오문정정

정답 6 (D)　7 (D)　8 (D)　9 (B)　10 (D)
11 (D)　12 (C)　13 (D)　14 (D)　15 (C)

6

해석 옆방에서 소리가 난 것 같은데 무슨 소리가 들리지 않습니까?

단어 となり 옆, 이웃　物音(ものおと)がする (무슨) 소리가 나다
～ようだ ～인 것 같다　聞(き)こえる 들리다

체크 音が聞きませんか → 音が聞こえませんか

7

해석 이 헬스장에서는 음악을 듣거나 텔레비전을 보거나 하면서 즐겁게 운동할 수 있어요.

단어 ジム 헬스장, 체육관　音楽(おんがく) 음악　聞(き)く 듣다
～ながら ～하면서　運動(うんどう)する 운동하다

체크 もの → こと(동사의 기본형 + ことができる: ～할 수 있다)

8

해석 어제, 언니는 나를 미술관에 데려가 주었습니다.

단어 美術館(びじゅつかん) 미술관　つれて行(い)く 데려가다

체크 やりました → くれました
언니가 나에게 해 준 것이므로 ～てくれる를 써야 한다.

9

해석 빨간 미니 스커트를 입고, 그녀는 애인을 만나러 나갔습니다.

단어 ミニスカート 미니 스커트　着(き)る (상의를) 입다　はく (하의를) 입다　恋人(こいびと) 애인　出(で)かける 나가다, 외출하다

체크 着て → はいて

10

해석 다나카 씨의 남편은 키도 크고 잘생기고 영어도 프랑스어도 잘합니다.

단어 ご主人(しゅじん) (남의) 남편　背(せ) 키, 등　ハンサムだ 잘생기다
英語(えいご) 영어　フランス語(ご) 프랑스어

체크 します → できます
よくする는 '자주 하다'라는 뜻이다.

11

해석 어제 백화점에서 친구가 내 생일 선물을 사 주었습니다.

단어 デパート 백화점　誕生日(たんじょうび) 생일　プレゼント 선물

체크 あげました → くれました
내가 남에게 해 주는 경우 ～てあげる를 쓰고, 남이 나에게 해 주는 경우 ～てくれる를 쓴다.

12

해석 죄송하지만 잠깐 전화를 빌려주실 수 없나요?

단어 ちょっと 잠깐　電話(でんわ) 전화　貸(か)す 빌려주다
借(か)りる 빌리다

체크 借りて → 貸して
貸す는 '빌려 주다'는 의미이고, 借りる는 '빌리다'는 의미로, 수수동사와 함께 써서 「～に貸してもらう(～에게 빌려줌을 받다 = ～가 빌려주다)」의 형태로도 나타낼 수 있다.

13

해석 올해 겨울은 작년보다 더 춥고 바람도 강한 기분이 듭니다.

단어 冬(ふゆ) 겨울　風(かぜ) 바람　強(つよ)い 강하다, 세다

체크 気にします → 気がします
気がする는 '기분이 들다'라는 의미를 나타낸다.

14

해석 이 거리는 밤에 조용하고 사람이 한 명도 없습니다.

단어 街(まち) 거리 夜(よる) 밤 静(しず)かだ 조용하다

체크 **ありません → いません**
사람이나 동물의 존재를 나타내는 동사는 **いる・いない**이다. **いない**의 정중형은 **いません**이므로 **ありません**을 **いません**으로 고쳐야 한다.

15

해석 개점 시간 전, 가게 앞에 많은 사람이 늘어서 있습니다.

단어 開店(かいてん) 개점 前(まえ) 앞 並(なら)ぶ 늘어서다 並(なら)べる 늘어놓다

체크 並べて → 並んで

PART 7 공란메우기

▶ 273쪽

정답 16 (A) 17 (D) 18 (A) 19 (B) 20 (B)

16

해석 당신 얼굴은 아버지와 어머니 중 어느 쪽을 닮았습니까?

단어 顔(かお) 얼굴 似(に)る 닮다

체크 **似る**는 항상 **似ている**의 형태로 쓰여서 '을/를 닮다'의 의미를 나타낸다.

17

해석 집에 도착했을 때 비가 내려 주어서 빨래가 젖지 않았다.

단어 洗濯物(せんたくもの) 세탁물, 빨래 濡(ぬ)れる 젖다 ～ないですむ ～지 않고 끝나다, 해결되다

체크 **降ってくれて** 내려 주어서 (타인이나 그에 해당되는 어떤 일이 나에게 ～해 주다)

18

해석 삐- 하는 소리가 날 때까지 움직이지 마세요.

단어 動(うご)く 움직이다 ～ないでください ～하지 마세요

체크 **音がする** 소리가 나다

19

해석 집에서 2시간이나 걸리는 회사에서 매일 일하고 있습니다.

단어 毎日(まいにち) 매일 かかる (시간이나 비용이) 걸리다, 들다
とおる 지나가다, 통과하다 かよう 다니다, 왕래하다
つうじる 연결되다, 개통되다

체크 **～ではたらく** ～에서 일하다

20

해석 뚱뚱한 사람은 더위에 약하다고 합니다.

단어 暑(あつ)さ 더위 弱(よわ)い 약하다 기본형+そうだ ～라고 한다

체크 **太っている** 뚱뚱한(**～ている**로 표현함에 주의)

⑥ 조사 1

***공략 3단계 실전 문제 풀기 1회**

PART 5 정답찾기

▶ 282쪽

정답 1 (D) 2 (D) 3 (B)

1

해석 이 책상은 나무로 만들어져 있습니다. (재료, 원료)
(A) 차로 가는 거라면, 30분이면 충분합니다. (수단, 방법)
(B) 매일, 일 때문에 바쁘다. (이유)
(C) 어제, 병 때문에 학교를 쉬었습니다. (이유)
(D) 얼음으로 작품을 만들다니 대단하네요. (재료)

단어 できる 생기다, 되다, 잘하다 十分(じゅうぶん)だ 충분하다
病気(びょうき) 병 氷(こおり) 얼음 作品(さくひん) 작품 ～なんて ～하다니

체크 조사 **で**가 예문과 같이 '재료'의 용법으로 쓰인 것 찾기.

2

해석 내일, 영화를 보러 가지 않을래요? (목적)
(A) 책상 위에 휴대 전화가 있습니다. (장소)
(B) 역 앞에서 오후 3시에 만납시다. (시간)
(C) 어제 선생님께 편지를 썼습니다. (대상)
(D) 같이 쇼핑하러 갑시다. (목적)

단어 映画(えいが) 영화 駅(えき) 역 午後(ごご) 오후 手紙(てがみ) 편지 書(か)く 쓰다
買(か)い物(もの) 쇼핑, 장보기

체크 조사 **に**가 예문과 같이 '목적'의 용법으로 쓰인 것 찾기.

3

해석 학교까지 버스로 옵니다. (수단, 방법)
(A) 아이들이 마당에서 놀고 있습니다. (장소)
(B) 차로 어느 정도 걸립니까? (수단, 방법)
(C) 다나카 씨는 책을 읽고 있습니다. (~하고)
(D) 이것은 잡지이고, 저것은 교과서입니다. (~이고)

단어 庭(にわ) 마당 どのくらい 어느 정도 雑誌(ざっし) 잡지
教科書(きょうかしょ) 교과서

체크 조사 **で**가 예문과 같이 '수단, 방법'의 용법으로 쓰인 것 찾기.

PART 6 오문정정

정답 4 (C) 5 (D) 6 (C) 7 (A) 8 (C) 9 (C) 10 (B) 11 (D) 12 (A) 13 (B)

4

해석 저도 결혼 전, 은행에서 근무한 적이 있습니다.

단어 結婚(けっこん) 결혼 銀行(ぎんこう) 은행 ～に勤(つと)める ～에 근무하다

체크 で → に

5

해석 제가 좋아하는 빵집은 역 근처에 있습니다.

단어 好(す)きだ 좋아하다 パン屋(や) 빵 가게 駅(えき) 역 近(ちか)く 근처

체크 で → に ～에

6

해석 지금은 바쁘니까 나중에 천천히 이야기합시다.

단어 忙(いそが)しい 바쁘다 ゆっくり 천천히 話(はな)す 이야기하다
～ましょう ～합시다(권유, 의지)

체크 あとに → あとで 나중에

7

해석 백화점 앞에서 길을 잃었는데요, 여기서부터는 어떻게 가면 됩니까?

단어 道(みち)に迷(まよ)う 길을 잃다 ～から ～부터 どう 어떻게

체크 に → で ～에서

8

해석 열이 있으니까 오늘은 목욕하지 마세요.

단어 熱(ねつ)がある 열이 있다 お風呂(ふろ)に入(はい)る 목욕하다
～ないでください ～하지 마세요

체크 お風呂で入らないでください → お風呂に入らないでください 목욕하지 마세요

9

해석 저는 4월부터 일본 회사에서 근무하게 되었습니다.

단어 ～に勤(つと)める ～에서 근무하다, ～에 다니다
～ことになる ～하게 되다

체크 で → に
「～で働く ～에서 일하다」도 같이 외워 두자.

10

해석 라디오 뉴스에서 들은 이야기로는 그는 자살이 아니라고 한다.

단어 ラジオ 라디오 ニュース 뉴스 話(はなし) 이야기
自殺(じさつ) 자살 ～という ～라고 한다

체크 に → で ～에서

11

해석 이번 여름 방학에는 열심히 공부하려고 생각하고 있습니다.

단어 今度(こんど) 이번, 다음 번 夏休(なつやす)み 여름 방학, 여름휴가
いっしょうけんめいに 열심히 ～(よ)うと思(おも)う
～하려고 생각하다

체크 に → と

12

해석 이렇게 된 이상, 모두 힘을 합쳐 하는 수밖에 없다.

단어 みんなで 모두, 다같이 力(ちから)を合(あ)わせる 힘을 합치다
やる 하다 ～しかない ～(수)밖에 없다

체크 ～よりには → ～からには ～한 이상

13

해석 지금 110호 강의실에서 일본 문화를 가르치고 있는 사람이 나카무라 선생님입니다.

단어 講義室(こうぎしつ) 강의실 文化(ぶんか) 문화 教(おし)える 가르치다

체크 に → で ～에서(장소)

PART 7 공란메우기

▶ 283쪽

정답 14 (C) 15 (D) 16 (A) 17 (A) 18 (D) 19 (C) 20 (B)

14

해석 저기요, 따뜻한 커피와 딸기 케이크를 주세요.

단어 ホットコーヒー 따뜻한 커피 いちごケーキ 딸기 케이크 ～をください ～(을/를) 주세요

15

해석 일본어는 재미있고 간단해서 좋아합니다.

단어 日本語(にほんご) 일본어 簡単(かんたん)だ 간단하다 好(す)きだ 좋아하다

체크 이유나 원인을 나타내는 **～から**[～(이)기 때문에]는 **な**형용사의 보통형에 접속한다.

16

해석 몸 상태가 나빠서 내일 학교에 갈 수 있을지 어떨지 걱정입니다.

단어 体(からだ) 몸 調子(ちょうし)が悪(わる)い 상태가 나쁘다 心配(しんぱい) 걱정

체크 ～かどうか ～일지 어떨지

17

해석 일이 끝나고(나서), 술집에 가서 맥주나 소주라도 마십시다.

단어 終わる 끝나다　~てから ~하고 나서　飲み屋 술집

ビール 맥주　しょうちゅう 소주

체크 ~か ~이나(선택)

18

해석 일본에서는 전철에서 전화를 걸어서는 안 됩니다.

단어 電車 전철　~で ~에서　電話をかける 전화를 걸다

~てはいけません ~해서는 안 됩니다

체크 장소를 나타내는 조사 で가 와야 한다.

19

해석 용돈은 식비나 교통비 등으로 써 버렸다.

단어 こづかい 용돈　食費 식비　交通費 교통비

~てしまう ~해 버리다

체크 ~とか~とか ~라던가 ~라던가

20

해석 다나카 씨는 기타도 칠 수 있고 노래도 잘 부르는 사람입니다.

단어 ギター 기타　歌が上手だ 노래를 잘 부른다

체크 접속 조사 ~し는 종지형에 접속하여 '~(하)고'를 나타낸다.

*공략 3단계 실전 문제 풀기 2회

PART 5 정답찾기

▶ 284쪽

정답 **1** (C)　**2** (C)

1

해석 집에서 학교까지 1시간 걸립니다. (출발)

(A) 창문을 통해 바다가 보입니다. (경과 지점)

(B) 두부는 콩으로 만듭니다. (재료, 원료)

(C) 도쿄 타워에서라면 멀지 않아요? (출발)

(D) 내일은 모처럼의 휴일이니까 드라이브라도 갑시다. (이유)

단어 ~から~まで ~부터 ~까지　豆腐 두부　大豆 콩

せっかくの 모처럼의　ドライブ 드라이브　~でも ~라도

체크 조사 から가 문제와 같이 '출발'의 용법으로 쓰인 것 찾기.

2

해석 한가할 때는 산책이나 드라이브를 합니다. (선택)

(A) 나는 왜 그가 그런 것을 말했는지 이해가 안 된다. (불확실)

(B) 그 사람이 정말로 좋은 사람인지 아닌지 모르겠다. (불확실)

(C) 식후에는 커피나 홍차를 마십니다. (선택)

(D) 일본에 간 적이 있습니까? (의문)

단어 暇だ 한가하다　散歩 산책　どうして 어째서, 왜

~かどうか ~일지 어떨지　食後 식후　紅茶 홍차

~たことがある ~한 적이 있다

체크 조사 か가 문제와 같이 '선택'의 용법으로 쓰인 것 찾기

PART 6 오문정정

정답 **3** (B)　**4** (A)　**5** (C)　**6** (A)　**7** (C)　**8** (C)　**9** (B)　**10** (B)　**11** (C)　**12** (A)

3

해석 여기는 주말이 되면 붐비니까 평일이 더 좋을 것 같아요.

단어 週末 주말　~になる ~이 되다　混む 붐비다

平日 평일　~と思う ~일 것 같다, ~라고 생각하다

체크 が → に

(명사·な형용사 + になる, い형용사 + くなる ~이 되다, ~해지다)

4

해석 엊그제, 친구와 함께 무서운 영화를 보러 갔습니다.

단어 おととい 엊그제　一緒に 함께　怖い 무섭다

見に行く 보러 가다

체크 は → と (~와/과)

5

해석 어렸을 때부터 공원에서 노는 것을 좋아했습니다.

단어 ~のころ ~일 때(무렵)　公園 공원　遊ぶ 놀다

체크 に → で

6

해석 나리타 공항에 도착하면 바로 체크인하세요.

단어 空港 공항　~に着く ~에 도착하다　すぐに 곧, 즉시

チェックインする 체크인하다, 탑승 수속을 하다

체크 ~で着いたら → ~に着いたら ~에 도착하면

7

해석 오사카까지 싸게 갈 거라면 전철을 타면 좋습니다.

단어 大阪 오사카(지명)　~まで ~까지　~なら ~라면

電車に乗る 전철을 타다

체크 ~を乗る → ~に乗る ~을/를 타다

8

해석 두 번째 모퉁이를 오른쪽으로 돌아 주세요. 여기에서 됐습니다.

단어 二つ目 두 번째　かど 모퉁이　～に曲がる ～으로 돌다, 방향을 바꾸다　けっこうだ 괜찮다, 이제 됐다

체크 ～を曲がる → ～に曲がる ～으로 돌다

9

해석 우리 회사에서는 여러 가지 전자 제품을 만들고 있습니다.

단어 わがしゃ 우리 회사　いろいろだ 여러 가지이다
電気製品 전자 제품, 가전제품

체크 ～には → ～では ～에서는

10

해석 전에는 생선회를 싫어했지만, 지금은 좋아졌습니다.

단어 さしみ 생선회　好きになる 좋아지다

체크 を → が

11

해석 회의는 301호실에서 10시에 시작됩니다.

단어 会議 회의　～号室 ~호실

체크 で → に ~에(구체적인 시간)

12

해석 보통(은) 택시를 타지 않습니다. 일본의 택시는 비싸니까요.

단어 ふつう 보통　～から ~이니까(이유, 원인)

체크 を → に (タクシーに乗る 택시를 타다)

PART 7 공란메우기 ▶ 285쪽

정답 13 (C)　14 (D)　15 (A)　16 (C)　17 (A)
18 (C)　19 (B)　20 (A)

13

해석 우리 회사의 점심 시간은 12시부터 1시까지입니다.

단어 昼休み 점심 시간　～から ~부터　～まで ~까지

14

해석 그곳에서 가려면 버스를 타는 수밖에 없다.

단어 ～には ~하려면　～しかない ~밖에 없다

15

해석 최근 카페에서 일을 하고 있는 사람을 자주 봅니다.

단어 最近 최근　カフェ 카페　よく 자주, 잘
見かける 눈에 띄다

체크 장소 + で ~에서

16

해석 버블 밀크티는 한 잔에 350엔입니다.

단어 一杯 한 잔

17

해석 올해 크리스마스까지는 여자 친구를 갖고 싶습니다(여자 친구가 생겼으면 좋겠습니다).

단어 今年 올해　クリスマス 크리스마스　彼女 여자 친구

체크 ～がほしい ~을/를 갖고 싶다

18

해석 저는 신칸센을 탈 때는 반드시 도시락을 삽니다.

단어 新幹線 신칸센(일본의 고속 철도)　時 때　必ず 반드시
駅弁 철도역이나 기차 안에서 파는 도시락

체크 ～に乗る ~을/를 타다

19

해석 매일 나는 전철로 학교에 다니고 있습니다.

단어 毎日 매일　電車 전철　通う 다니다

체크 ～に通う ~에 다니다

20

해석 이 요리, 뭔가 이상한 맛이 나지 않습니까?

단어 料理 요리　なんだか 뭔가　変だ 이상하다

체크 味がする 맛이 나다

7 조사 2

***공략 3단계 실전 문제 풀기**

PART 5 정답찾기 ▶ 293쪽

정답 1 (C)　2 (D)　3 (D)

1

해석 이 지갑은 나카무라 씨의 것입니까? (소유물)
(A) 그것은 저의 가방입니다. (소유)
(B) 일본어 선생님인 사토 씨입니다. (동격)
(C) 그 차는 내 것이 아니라 아버지 것입니다. (소유물)
(D) 기무라 씨가 만들어 준 아이스크림은 정말로 맛있었습니다. (주격 조사 が 대신)

단어 財布 지갑　かばん 가방　～ではなくて ~가 아니라
アイスクリーム 아이스크림

체크 조사 の가 예문과 같이 '소유물'의 용법으로 쓰인 것 찾기.

2

해석 나는 매일 아침 커피를 마십니다. (동작, 작용의 대상)
(A) 비행기는 하늘을 납니다. (이동 장소)
(B) 매일 7시쯤 집을 나섭니다. (이동 장소)
(C) 전철이 선로를 달리고 있습니다. (이동 장소)
(D) 친구에게 메일을 보냈습니다. (동작, 작용의 대상)

단어 毎朝(まいあさ) 매일 아침　飛行機(ひこうき) 비행기　空(そら) 하늘　飛(と)ぶ 날다
毎日(まいにち) 매일　電車(でんしゃ) 전철　線路(せんろ) 선로　走(はし)る 달리다
メールを送(おく)る 메일을 보내다

체크 조사 を가 '동작, 작용의 대상'의 용법으로 쓰인 것 찾기.

3

해석 그렇게 멀지도 않고 택시를 탈 것까지도 없다.
(A) 택시를 타는 편이 좋다
(B) 택시를 탄 적이 있다
(C) 택시를 타도 된다
(D) 택시를 탈 필요가 없다

단어 そんなに 그렇게　～し ~고　必要(ひつよう)がない 필요가 없다

체크 ～までもない ~할 필요도 없다, ~할 것까지도 없다

PART 6 오문정정

정답 4 (A)　5 (C)　6 (D)　7 (A)　8 (C)
9 (B)　10 (B)　11 (B)　12 (B)　13 (A)

4

해석 비가 내리는 날에는 누군가와 데이트라도 하고 싶네요.

단어 だれか 누군가　デート 데이트　～でも ~라도

체크 に → の(주격 조사 が 대신)

5

해석 일요일인데도 나는 도서관에 가야 한다.

단어 日曜日(にちようび) 일요일　～のに ~인데도(명사/な형용사 어간＋なのに)　図書館(としょかん) 도서관　～なければならない ~해야 한다

체크 で → に 또는 へ ~에, ~로

6

해석 창가에 서 있는 머리가 긴 사람은 누구입니까?

단어 窓(まど)ぎわ 창가　立(た)つ 서다　髪(かみ) 머리카락　長(なが)い 길다

체크 が → は ~은/는

7

해석 전철에서 내려 역에서 역무원에게 길을 물어 보았습니다.

단어 降(お)りる 내리다　駅員(えきいん) 역무원　道(みち)を聞(き)く 길을 묻다
～てみる ~해 보다

체크 で → を 또는 から (～を·から降りる ~에서 내리다)

8

해석 신문은 자주 읽습니다만 잡지는 별로 안 읽습니다.

단어 新聞(しんぶん) 신문　よく 자주　読(よ)む 읽다　雑誌(ざっし) 잡지
あまり～ない 별로 ~하지 않다

체크 も → は ~은/는

9

해석 가끔은 하늘을 나는 새처럼 자유로운 삶을 꿈꾼다.

단어 たまには 가끔은　鳥(とり) 새　～のように ~와 같이, ~처럼
自由(じゆう)だ 자유롭다　生(い)き方(かた) 삶의 방식　夢見(ゆめみ)る 꿈꾸다

체크 で → を (空を飛ぶ 하늘을 날다 : 이동하는 장소)

10

해석 아이들은 횡단보도를 건널 때, 손을 드는 것이 좋습니다.

단어 横断歩道(おうだんほどう) 횡단보도　渡(わた)る 건너다　～時(とき) ~때
～た方(ほう)がいい ~하는 것이 좋다

체크 で → を (～を渡る ~을/를 건너다 : 이동하는 장소)

11

해석 중국어와 일본어는 물론이고, 한국어도 한자를 익히지 않으면 안 됩니다.

단어 中国語(ちゅうごくご) 중국어　韓国語(かんこくご) 한국어　漢字(かんじ) 한자
覚(おぼ)える 배우다, 익히다

체크 ～はもちろんでこと → ～はもちろんのこと ~은/는 물론이고

12

해석 이 지갑은 선생님 것입니까, 나카무라 씨의 것입니까?

단어 財布(さいふ) 지갑

체크 先生もの → 先生の(=先生のもの) 선생님 것

13

해석 이 비밀을 당신에게만 이야기하는 건데, 아무에게도 말하지 않도록 해요.

단어 秘密(ひみつ) 비밀　～だけ ~뿐, ~만　話(はな)す 이야기를 하다
～ないように ~하지 않도록

체크 ～よりだけ → ～にだけ ~에게만

PART 7 공란메우기 ▶ 294쪽

정답 14 (C) 15 (C) 16 (B) 17 (D) 18 (A) 19 (D) 20 (C)

14

해석 선생님이 만들어 주신 스파게티는 정말로 맛있었다.

단어 作る(つくる) 만들다 ~てくださる ~해 주시다 スパゲッティ 스파게티 本当に(ほんとうに) 정말로

체크 ~の ~이/가(주격 조사 が 대신)

15

해석 그 원피스, 멋지네요. 나도 그런 것을 입어 보고 싶습니다.

단어 ワンピース 원피스 すてきだ 멋지다 着る(きる) 입다 ~てみたい ~해 보고 싶다

16

해석 한 달 동안 분발해서 다이어트 했는데도 살이 전혀 빠지지 않았습니다.

단어 一ヶ月間(いっかげつかん) 한 달 동안 頑張る(がんばる) 분발하다 ダイエット 다이어트 全然(ぜんぜん) 전혀 やせる 살이 빠지다, 마르다

체크 내용상 ~のに(~데도, 임에도 불구하고)가 적당하다.

17

해석 시험은 1시부터입니다. 12시 50분까지는 꼭 교실로 들어 오세요.

단어 テスト 테스트, 시험 ~から ~부터 教室(きょうしつ) 교실 入る(はいる) 들어오다

체크 ~までに ~까지는 꼭

18

해석 아침부터 눈이 계속해서 내려 30센티나 쌓였습니다.

단어 동사의 ます형＋つづける 계속해서 ~하다 つもる 쌓이다

체크 ~も ~이나, ~씩이나

19

해석 야마다 씨는 어제부터 아무것도 먹지 않고 울고만 있다.

단어 ~ないで ~(하)지 않고 泣く(なく) 울다 ~てばかりいる ~만 하고 있다

20

해석 컴퓨터 사용법에 관한 것이라면 기무라 씨에게 물어보는 편이 좋을 것 같아요.

단어 パソコン 컴퓨터 使い方(つかいかた) 사용법 ~なら ~라면 ~と思う(おもう) ~라고 생각하다

⑧ 조동사

***공략 3단계 실전 문제 풀기 1회**

PART 5 정답찾기 ▶ 303쪽

정답 1 (B) 2 (D) 3 (D)

1

해석 다나카 씨는 최근 결혼해서 행복하다고 합니다. (전문)

(A) 이 가게의 케이크는 맛있을 것 같아요. (양태)

(B) K-POP은 전세계에서 인기가 있다고 합니다. (전문)

(C) 금방이라도 비가 내릴 것 같습니다. (양태)

(D) 사토 씨는 머리가 좋을 것 같습니다. (양태)

단어 最近(さいきん) 최근 結婚する(けっこんする) 결혼하다 幸せだ(しあわせだ) 행복하다 世界中(せかいじゅう) 전세계 人気がある(にんきがある) 인기가 있다 今にも(いまにも) 금방이라도 頭(あたま) 머리

체크 조동사 そうだ가 '전문'의 용법으로 사용된 것 찾기.

2

해석 그 커피숍에서 나는 마쓰무라 씨를 2시간이나 기다리게 했다.

(A) 나는 마쓰무라 씨를 2시간은 충분히 기다릴 수 있다

(B) 마쓰무라 씨는 나를 2시간 정도 기다리기로 했다

(C) 나는 마쓰무라 씨를 2시간 이상 기다렸다

(D) 마쓰무라 씨는 나를 2시간 기다렸다

단어 待たせる(またせる) 기다리게 하다 十分に(じゅうぶんに) 충분히 ~ことにする ~하기로 하다 以上(いじょう) 이상

3

해석 주위에는 이미 봄기운이 느껴진다. (자발)

(A) 모기에 물려서 빨개졌다. (수동)

(B) 그는 100미터를 10초에 달릴 수 있다고 한다. (가능)

(C) 선생님은 늘 상냥하게 가르치신다. (존경)

(D) 추운 날에는 고향에 계신 어머니가 걱정된다. (자발)

단어 あたり 주위, 주변 もう 이미, 벌써 気配(けはい) 기운, 기색 感じる(かんじる) 느끼다 蚊(か) 모기 刺す(さす) 찌르다, 물다 メートル 미터 教える(おしえる) 가르치다 ふるさと 고향 心配する(しんぱいする) 걱정하다

체크 조동사 ~(ら)れる가 '자발'의 용법으로 사용된 것 찾기.

PART 6 오문정정

정답 4 (C) 5 (A) 6 (D) 7 (D) 8 (D) 9 (D) 10 (D) 11 (C) 12 (D) 13 (D)

4

해석 태연한 얼굴로 사람을 기다리게 하는 것은 실례이지요.

단어 平気な顔 태연한 얼굴 待つ 기다리다 失礼 실례

체크 **待たされる → 待たせる** 기다리게 하다(**待つ**의 사역형)

5

해석 비쌀 것 같은 레스토랑이었기 때문에 들어가려고 했지만, 결국 들어가지 않았습니다.

단어 レストラン 레스토랑, 식당 入る 들어가다 ～(よ)うとする ～하려고 하다 けっきょく 결국

체크 **高いそうな → 高そうな** 비쌀 것 같은(い형용사의 어간+**そうだ** : ～인 것 같다)

6

해석 감기에 걸렸으니 내일 수업을 쉬게 해 주시지 않겠습니까?

단어 風邪を引く 감기에 걸리다 授業 수업 休む 쉬다

체크 **やすみして → やすませて** 쉬게 해(**休む**의 사역형)

7

해석 나는 이상한 말을 해서 모두에게 웃음거리가 되었습니다.

단어 変だ 이상하다 みんな 모두 笑う 웃다

체크 **笑いられました → 笑われました** 웃음거리가 되었습니다(**笑う**의 수동형)

8

해석 일이 안정되면 여행 가고 싶은 곳은 일본입니다.

단어 落ち着く 안정되다 旅行 여행

체크 **行くたい → 行きたい** 가고 싶다(동사의 **ます**형 + **たい**: ～하고 싶다)

9

해석 죄송합니다. 배가 아파서 (그런데) 화장실을 사용하게 해 주세요.

단어 お腹が痛い 배가 아프다 トイレ 화장실

체크 **使われて → 使わせて**

10

해석 항상 싱글벙글하고 있기 때문에 그녀는 행복한 것 같습니다.

단어 いつも 항상 にこにこする 싱글벙글하다

체크 **幸せなみたいです → 幸せみたいです**(**な**형용사 어간 + **みたいだ** ～인 것 같다)

11

해석 과일에는 비타민C가 많이 포함되어 있어서 건강에 좋습니다.

단어 果物 과일 ビタミンC 비타민C 含む 포함하다 健康にいい 건강에 좋다

체크 **含まられて → 含まれて** 포함되어(**含む**의 수동형)

12

해석 도시에는 양식 화장실이 많지만, 시골에서는 일본식 화장실도 사용되고 있습니다.

단어 とかい 도시 洋式 양식 トイレ 화장실 和式 일본식

체크 **使わられて → 使われて** 사용되고(**使う**의 수동형)

13

해석 내일은 좀 바빠서 저 대신 김 씨를 보내겠습니다.

단어 ちょっと 조금, 약간 ～の代わりに ～대신에

체크 **行かさせます → 行かせます** 가게 하다, 보내다 (**行く**의 사역형)

PART 7 공란메우기

▶ 304쪽

정답 14 (C) 15 (A) 16 (D) 17 (B) 18 (D) 19 (A) 20 (C)

14

해석 전에는 싫어했던 채소를 최근 먹을 수 있게 되었습니다.

단어 前 앞, 전 最近 최근 ～ようになる ～하게 되다

체크 **食べられる** 먹을 수 있다(**食べる**의 가능형)

15

해석 어제는 봄다운 따뜻한 날이었는데, 오늘은 춥다.

단어 ～らしい ～답다 暖かい 따뜻하다

16

해석 급한 볼일이 생겼으므로 오늘은 일찍 돌아가게 해 주십시오(퇴근하게 해 주세요).

단어 急用 급한 볼일 早く 일찍 帰る 집에 가다

체크 사역형 + **ください** ～하게 해주세요

17

해석 나는 남동생에게 읽게 하려고 이 책을 샀습니다.

단어 弟 남동생 買う 사다

체크 **読ませようと** 읽게 하려고(**読ませる+ようと**)

18

해석 초콜릿 같은 단 것이 먹고 싶어요.

단어 チョコレート 초콜릿 甘い物 단 것

체크 명사 + **のような** ~같은

19

해석 언제나 형이 동생을 때려서 울린다.

단어 いつも 언제나, 늘 たたく 때리다, 치다 泣く 울다

체크 **泣かせる** 울리다(**泣く**의 사역형)

20

해석 어제 막 산 컴퓨터를 남동생이 고장 내서 울고 싶어졌다.

단어 ~たばかり 막 ~함 こわす 부수다, 고장 내다

체크 **~にこわされる** ~가 고장 내다 (~에게 고장 냄을 당하다)

*공략 3단계 실전 문제 풀기 2회

PART 5 정답찾기

▶ 305쪽

정답 1 (D) 2 (A)

1

해석 내일은 눈이 올 것 같습니다.

(A) 내린다고 합니다 (B) 꼭 내립니다

(C) 반드시 내립니다 (D) 내릴지도 모릅니다

단어 必ず 반드시 ぜったい 꼭, 절대로 ~かもしれない ~일지도 모른다

체크 **降りそうだ** 내릴 것 같다(동사의 **ます**형 + **そうだ**)

2

해석 오늘은 집에서 쉬고 싶습니다. (희망)

(A) 여름 방학에 도쿄 디즈니씨로 놀러 가보고 싶습니다. (희망)

(B) 요즘 그녀는 행복한 것 같아요. (조동사 **みたいだ**)

(C) 뭔가 시원한 거 없나요? (형용사 **冷たい**)

(D) 저기서 사고가 난 것 같아요. (조동사 **みたいだ**)

단어 休む 쉬다 夏休み 여름 방학, 여름휴가 遊ぶ 놀다 最近 최근 幸せだ 행복하다 冷たい 차갑다 事故 사고 ~みたいだ ~인 것 같다

체크 희망의 조동사 **~たい**(~하고 싶다)의 용법 찾기

PART 6 오문정정

정답 3 (D) 4 (D) 5 (D) 6 (B) 7 (D) 8 (D) 9 (B) 10 (D) 11 (B) 12 (D)

3

해석 한국과 일본의 축구 결승전이 드디어 내일 열린다.

단어 決勝戦 결승전 いよいよ 드디어 開く 열리다

체크 **開かられる → 開かれる** 열리다, 개최되다(**開く**의 수동형)

4

해석 이것은 작년에 우리 회사에 의해 지어진 빌딩입니다.

단어 去年 작년 わが社 우리 회사 ~によって ~에 의해 建てる 짓다, 세우다 ビル 빌딩

체크 **建てれた → 建てられた** 지어진(**建てる**의 수동형)

5

해석 전에는 한자를 쓸 수 없었지만, 지금은 쓸 수 있게 되었습니다.

단어 漢字 한자

체크 **しました → なりました**(**~ようになる** ~하게 되다)

6

해석 최근에는 남성도 여성도 똑같이 승진시키는 회사가 늘어났다.

단어 最近 최근 男性 남성 女性 여성 同じだ 똑같다 昇進させる 승진시키다 増える 늘다, 증가하다 ~てくる ~해 오다, ~하게 되다

체크 **同じくように → 同じように** 똑같이

7

해석 저도 놀러 가고 싶지만 시간이 별로 없을 것 같아요.

단어 遊ぶ 놀다 あまり 그다지 時間 시간

체크 **ないそうです → なさそうです**(**い**형용사의 어간 + **そうだ** 형태로 양태를 나타낼 때 **ない**는 **なさそうだ**로 접속)

8

해석 일본에 온 지 1년이 되기 때문에 이제 일본어로 이야기할 수 있게 되었습니다.

단어 ~になる ~이/가 되다 話す 이야기하다

체크 **~のようになる → ~ようになる** ~하게 되다(동사의 기본형 + **ようになる**)

9

해석 다나카 씨는 어렸을 때 아버지를 여의어서 매우 힘들었다고 했습니다.

단어 ～頃(ころ) ～일 때, ～일 무렵　～に死(し)なれる ～가 돌아가시다
困(こま)る 곤란하다, 힘들다　～と言(い)う ～라고 (말)하다

체크 を → に

10

해석 제가 만약 부모라면, 아이에게 피아노를 배우게 하고 싶습니다.

단어 もし 만약　親(おや) 부모　ピアノ 피아노　習(なら)う 배우다

체크 **習いたいです → 習わせたいです**(배우게 하고 싶습니다 (명사 **に** 명사 **を** + 사역형의 형태로 '~에게~을/를~하게 하다'를 나타낸다.)

11

해석 안색이 나쁘네요. 열도 있는 것 같으니까 회사를 쉬는 게 좋겠습니다.

단어 顔色(かおいろ)が悪(わる)い 안색이 나쁘다　熱(ねつ) 열

체크 **あってそうだから → ありそうだから** 있는 것 같으니까(동사의 **ます**형 + **そうだ**: ~인 것 같다)

12

해석 나에게는 작아진 원피스를 아이에게 입혀 보았습니다.

단어 小(ちい)さくなる 작아지다　ワンピースを着(き)せる 원피스를 입히다　～てみる ~해 보다

체크 **着らせて → 着せて** 입혀(**着せる**는 '입히다'라는 뜻으로 예외적으로 쓰이는 동사이다. **着させて**는 틀린 표현)

PART 7 공란메우기

▶ 306쪽

정답 13 (A)　14 (B)　15 (A)　16 (D)　17 (D)　18 (B)　19 (A)　20 (C)

13

해석 나는 맛있을 것 같은 요리를 보면 먹고 싶어집니다.
(A) 먹고 싶어집니다　(B) 먹지 마세요
(C) 먹으면 안 됩니다　(D) 먹을지도 모릅니다

단어 料理(りょうり) 요리　～たくなる ~하고 싶어지다

14

해석 여자아이는 나에게 받은 장난감이 마음에 든 것 같다.

단어 もらう 받다　おもちゃ 장난감　気(き)に入(い)る 마음에 들다

체크 ～(た)ようだ ~(한) 것 같다

15

해석 배가 불러서 하나밖에 먹지 못했습니다.

단어 お腹(なか)がいっぱいだ 배가 부르다　～しか ~밖에

체크 **食べられませんでした** 먹지 못했습니다(가능의 용법)

16

해석 이 드라마의 최종화가 어떻게 될지 많은 사람들이 알고 싶어합니다.

단어 最終話(さいしゅうわ) 최종화　どうなる 어떻게 되다　多(おお)くの人(ひと) 많은 사람

체크 **知りたがっています** 알고 싶어합니다(제 3자의 희망 조동사 **～たがる**)

17

해석 남자아이는 여자아이에게 벌레를 보여 주어 여자아이를 깜짝 놀라게 했다.

단어 虫(むし) 벌레　見(み)せる 보여주다, 보게 하다

체크 **びっくりさせる** 깜짝 놀라게 하다 (**びっくりする**의 사역형)

18

해석 하야시 씨는 어제도 지각해서 선생님께 주의 받았는데, 오늘도 지각했습니다.

단어 遅刻(ちこく)する 지각하다　注意(ちゅうい) 주의

체크 앞에 과거를 나타내는 **昨日**(어제)가 있으므로 뒤에도 과거형으로 대답해야 한다.

19

해석 비를 맞아서 감기에 걸리고 말았습니다.

단어 風邪(かぜ)を引(ひ)く 감기에 걸리다　～てしまう ~해 버리다

체크 **雨に降られる** 비를 맞다(**雨が降る**의 수동형)

20

해석 인스타그램을 좋아하는 친구는 항상 밥 사진을 찍고 싶어 합니다.

단어 インスタ好(ず)き 인스타그램을 좋아함　いつも 항상
写真(しゃしん) 사진　撮(と)る 찍다

체크 **撮りたがっています** 찍고 싶어 합니다(제 3자의 희망을 나타내는 조동사 **～たがる**)

⑨ 형식명사와 명사

***공략 3단계 실전 문제 풀기**

PART 5 정답찾기

▶ 320쪽

정답 1 (B)　2 (C)　3 (B)　4 (B)　5 (C)

1

해석 내일은 볼일이 있기 때문에 회식에는 참가할 수 없어요.

단어 用事(ようじ) 볼일, 용무　飲(の)み会(かい) 회식　参加(さんか) 참가　幼児(ようじ) 유아

2

해석 저 식당의 주차장은 넓어서 매우 편리합니다.

단어 食堂 식당　駐車場 주차장　広い 넓다　便利だ 편리하다

3

해석 어떤 약에도 부작용이 있으니 조심하는 것이 좋습니다.

단어 薬 약　副作用 부작용　気をつける 조심하다

4

해석 요즘 맑은 날이 계속되고 있습니다.

단어 このごろ 최근, 요즘　晴れの日 맑은 날　続く 계속되다

5

해석 지금, 아침밥을 먹고 있는 중입니다. (~하고 있는 중)

(A) 지금까지 어떤 곳을 여행했습니까? (곳, 장소)

(B) 하마터면 부딪칠 뻔 했어요. (~뻔하다)

(C) 지금 청소하고 있는 중입니다. (~하고 있는 중)

(D) 오늘 배운 부분을 복습 잘 해 두세요. (부분, 데)

단어 もうちょっとで 자칫하면　ぶつかる 부딪히다　掃除 청소　習う 배우다　復習 복습

체크 ~ているところ ~하고 있는 중

PART 6 오문정정

정답 6 (D)　7 (B)　8 (D)　9 (A)　10 (C)　11 (D)　12 (C)　13 (D)　14 (A)　15 (D)

6

해석 저는 아침잠이 많아서 아침 일찍 일어날 수 없습니다.

단어 朝が弱い 아침잠이 많다　朝早く 아침 일찍　起きる 일어나다

체크 もの → こと (동사의 기본형 + ことができる ~할 수 있다)

7

해석 기무라 씨가 그런 짓(일)을 하다니, 믿을 수 없습니다.

단어 そんな 그런　~なんて ~하다니　信じる 믿다

체크 もの → こと 일(추상적)

8

해석 그 사고에 관한 것이라면 다나카 씨도 알고 있을 겁니다.

단어 事故 사고　~なら ~라면　つもり 생각, 작정, 예정

체크 つもり → はず ~일 것(당연함)

9

해석 선배님이 말한 대로 공부했더니 정말 시험에 합격할 수 있었어요.

단어 先輩 선배　試験に合格する 시험에 합격하다

체크 言いとおりに → 言ったとおりに 말한 대로

10

해석 무엇이 원인이었는지 지금으로서는 확실히 모르겠습니다.

단어 原因 원인　~である ~이다　~のか ~인지　はっきり 확실히, 분명히

체크 はずでは → ところでは

11

해석 내일은 애인과 함께 영화를 보러 갈 생각입니다.

단어 恋人 애인, 연인　~と一緒に ~와/과 함께

체크 とおり → つもり 생각, 작정, 예정

12

해석 이 공원에 오면 늘 옛날 일이 생각납니다.

단어 公園 공원　昔のこと 옛날 일　思い出される 생각나다(思い出す의 자발 표현)

체크 の → のこと

13

해석 이번 주 금요일, 일본에서 손님이 올 예정입니다.

단어 今週 이번 주　お客さん 손님　予定 예정

체크 つもり → 予定 예정(つもり는 말하는 사람의 의지를 나타내므로 틀림)

14

해석 옛날에 제가 살던 곳은 조용하고 아름다운 마을이었습니다.

단어 住む 살다　ところ 곳, 장소　きれいだ 아름답다　町 마을

체크 もの → ところ 곳(장소)

15

해석 최근 살이 쪄서 살을 빼기 위해 헬스장에 다니기로 했습니다.

단어 最近 최근　太る 살이 찌다　やせる 살을 빼다　~ために ~(하)기 위해　ジム 헬스장, 체육관　通う 다니다　~ことにする ~하기로 하다

체크 もの → こと

PART 7 공란메우기 ▶ 321쪽

정답 16 (D) 17 (C) 18 (A) 19 (D) 20 (D)

16

해석 꼭 시험에 합격한다고 약속했으니 여기서 포기할 수는 없어요.

단어 絶対に 절대로 試験に合格する 시험에 합격하다 約束 약속 あきらめる 포기하다 ~わけにはいかない ~할 수는 없다

체크 형식 명사 **わけ**에 관한 문제이다. '**~わけにはいかない**(~할 수는 없다)'를 하나의 구문처럼 외워 두자.

17

해석 제 꿈은 유명한 유튜버가 되는 것입니다.

단어 夢 꿈 有名だ 유명하다 ユーチューバー 유튜버 ~になる ~이 되다

18

해석 저는 노래를 잘 부르지 못하지만, 노래방은 즐겁습니다.

단어 カラオケ 노래방 楽しい 즐겁다 アンケート 앙케트, 설문 조사 エレベーター 엘리베이터

19

해석 저도 지금 막 왔기 때문에 잘 모르겠습니다.

단어 よく 잘 分かる 알다, 이해하다

체크 ~たところだ 막 ~하다

20

해석 새로 생긴 공동 주택에 살고 있습니다.

단어 できる 생기다 ~に住んでいる ~에 살고 있다 デパート 백화점 カレンダー 달력, 캘린더

10 부사, 접속사

***공략 3단계 실전 문제 풀기**

PART 6 오문정정 ▶ 330쪽

정답 1 (B) 2 (C) 3 (D) 4 (A) 5 (B)
6 (B) 7 (D) 8 (B) 9 (C) 10 (D)

1

해석 우리들을 위해 그녀는 일부러 공항까지 마중 나와 주었습니다.

단어 ~のために ~을 위하여 空港 공항 迎える 마중하다 ~てくれる (남이 나에게) ~해 주다

체크 긍정적인 의미이므로 **わざと**를 **わざわざ**(일부러)로 고쳐야 한다.

2

해석 그는 키도 크고, 스타일도 좋아 마치 모델 같습니다.

단어 背が高い 키가 크다 スタイル 스타일 まるで 마치 モデルのようだ 모델 같다

체크 そこで → まるで 마치

3

해석 저는 술은 조금 마시지만 담배는 전혀 피우지 않습니다.

단어 お酒 술 少し 조금, 약간 タバコ 담배 吸う 피우다

체크 やはり 역시 → 全然 전혀

4

해석 설마 그가 시험에 떨어지리라고는 상상도 할 수 없는 일이지요.

단어 試験 시험 落ちる 떨어지다 ~とは ~라고는 想像 상상 できない 할 수 없다

체크 わずか 불과 → まさか 설마

5

해석 죄송합니다. 공교롭게도 다나카는 지금 자리에 없습니다.

단어 申し訳ございません 면목없습니다, 죄송합니다 席を外す 자리를 비우다

체크 まるで 마치 → あいにく 공교롭게도, 마침

6

해석 기무라 씨는 미인이고 게다가 성격도 좋아서 모두에게 인기가 있습니다.

단어 美人 미인 ~し ~이고 性格 성격 人気 인기

체크 さて 그런데 → それに 게다가

7

해석 어릴 때의 추억은 어른이 되어서도 결코 잊을 수 없습니다.

단어 思い出 추억 大人 어른 忘れる 잊다

체크 どうぞ 부디 → けっして 결코

8

해석 커피는 마십니다. 하지만 홍차는 좋아하지 않아서 마시지 않습니다.

단어 飲む 마시다 紅茶 홍차 好きだ 좋아하다

체크 それで 그래서 → しかし 하지만

9

해석 마지막 문제는 꽤 어려워서 아무리 생각해도 모르겠습니다.

단어 最後(さいご) 마지막 問題(もんだい) 문제 なかなか 제법, 꽤(긍정 표현) いくら～ても 아무리 ~해도 考(かんが)える 생각하다

체크 あまり 그다지 → いくら 아무리

10

해석 어젯밤, 우리집에서 멀지 않은 곳에서 또 지진이 있었습니다.

단어 遠(とお)い 멀다 地震(じしん) 지진

체크 まだ 아직 → また 또

PART 7 공란메우기

▶ 331쪽

정답 11 (B) 12 (B) 13 (C) 14 (A) 15 (D) 16 (B) 17 (C) 18 (D) 19 (A) 20 (A)

11

해석 10년 만에 시골(고향)에 갔더니 동네가 완전히 변해 있었습니다.

단어 田舎(いなか) 시골 帰(かえ)る 돌아가다 町(まち) 동네, 거리 すっかり 완전히 変(か)わる 바뀌다 ぜひ 꼭 わざと 고의로, 일부러 せめて 적어도, 하다못해

12

해석 이 약을 먹으면 반드시 낫습니다.

단어 必(かなら)ず 반드시 治(なお)る 낫다 ぜひ 꼭 たまに 가끔

체크 ぜひ 뒤에는 말하는 사람의 의뢰나 희망 표현이 온다.

13

해석 벌써 시간이 이렇게 되었네요. 슬슬 돌아갑시다.

단어 時間(じかん) 시간 そろそろ 슬슬(시간이 다 되어가는 모양) すっかり 완전히 まったく 전혀 わざと 고의로

14

해석 저는 일본어를 그다지 잘하지 못 하니 좀 더 천천히 말해 주세요.

단어 あまり 별로 上手(じょうず)だ 잘하다, 능숙하다 もっと 좀 더 ゆっくり 천천히 たとえ 설령 けっして 결코 ちっとも 조금도

15

해석 그런데 그 사건은 어떻게 되었습니까?

단어 ところで 그런데, 그건 그렇다 치고 事件(じけん) 사건 やがて 이윽고 あらかじめ 미리 ほとんど 거의

16

해석 그는 부모님 말을 조금도 듣지 않기 때문에 항상 혼납니다.

단어 親(おや) 부모(님) ちっとも 조금도 いつも 항상 怒(おこ)られる 혼나다(怒る의 수동형) もっとも 가장 かなり 꽤

17

해석 어린 동생과 게임을 할 때는 일부러 져줄 때가 있다.

단어 ゲーム 게임 わざと 일부러 負(ま)ける 지다 わりあい 비교적 さて 그건 그렇고 しっかり 제대로

18

해석 지난 시험은 너무 쉬웠으니까 다음 시험은 꼭(분명히) 어려워지겠지.

단어 試験(しけん) 시험 簡単(かんたん)だ 간단하다 次(つぎ) 다음 わずか 불과 けっして 결코 まったく 전혀

19

해석 캐나다에 있는 친구에게 편지를 썼습니다. 그러자 즉시 답장이 왔습니다.

단어 手紙(てがみ) 편지 すると 그러자 すぐ 곧, 즉시 返事(へんじ) 답장

20

해석 아무리 연습해도 능숙해지지 않습니다.

단어 いくら～ても 아무리 ~해도 練習(れんしゅう)する 연습하다 たちまち 금세 やっと 겨우

⑪ 경어, 의성어·의태어

***공략 3단계 실전 문제 풀기**

PART 5 정답찾기

▶ 341쪽

정답 1 (C) 2 (D)

1

해석 사토 선생님은 지금 연구실에 계십니까?
(A) 부장님은 매일 7시에 회사에 오십니다.
(B) 여기까지는 멀었지요? 잘 오셨습니다.
(C) 댁에 어머니는 계실까요?
(D) 다음 주 토요일, 출장 가십니다.

단어 研究室(けんきゅうしつ) 연구실 部長(ぶちょう) 부장(님) 毎日(まいにち) 매일 来週(らいしゅう) 다음 주 出張(しゅっちょう) 출장

체크 いらっしゃる : 계시다, 오시다, 가시다

2

해석 커피도 홍차도 있습니다. 선생님께서는 무엇을 드시겠습니까? (존경)
(A) 이제부터 점점 추워집니다. (변화)

(B) 지금까지 정말 신세 많았습니다. (관용구)

(C) 저의 꿈은 유튜버가 되는 것입니다. (~이/가 되다)

(D) 이것은 요시다 선생님께서 쓰신 책입니다. (존경)

단어 紅茶(こうちゃ) 홍차　これから 앞으로　だんだん 점점
お世話(せわ)になる 신세를 지다　ユーチューバー 유튜버

체크 [お＋ます형＋になる: 존경 표현] 용법 찾기

PART 6 오문정정

정답				
3 (D)	4 (A)	5 (D)	6 (B)	7 (C)
8 (A)	9 (D)	10 (B)	11 (D)	12 (D)
13 (C)	14 (D)	15 (D)		

3

해석 죄송합니다. 여기에 성함과 주소를 적어 주세요.

단어 こちら 이쪽　名前(なまえ) 이름　住所(じゅうしょ) 주소

체크 **お書いて → お書き(お＋ます형＋ください** ~해주세요)

4

해석 선생님께서 말씀하시는 것은 주의해서 듣는 편이 좋을 것 같습니다.

단어 申(もう)す 말하다(言う의 겸양어)　注意(ちゅうい)する 주의하다

체크 **申す → おっしゃる** 말씀하시다 (言う의 존경어)

5

해석 이거 제가 출장 가서 찍은 사진인데요, 봐 주세요.

단어 出張(しゅっちょう)に行(い)く 출장 가다　撮(と)る 찍다　写真(しゃしん) 사진
拝見(はいけん)する 보다(見る의 겸양어)

체크 **拝見してください → ご覧ください** 봐 주세요(**拝見する**는 겸양어이므로 존경어로 바꿔야 한다.)

6

해석 과장님의 가방은 여기에 있으니까 걱정하지 마세요.

단어 課長(かちょう) 과장(님)　心配(しんぱい)する 걱정하다　~ないでください ~하지 마세요

체크 **まいります → ございます** 있습니다(**あります**의 공손한 표현)

7

해석 처음 뵙겠습니다. 저는 다나카라고 합니다. 잘 부탁합니다.

단어 おっしゃる 말씀하시다(言う의 존경어)　申(もう)す 말하다 (言う의 겸양어)

체크 **~とおっしゃいます → ~と申します** ~라고 합니다 (겸양 표현)

8

해석 또 만나 뵙기를 기대하고 있겠습니다.

단어 また 또　楽(たの)しみにする 기대하다

체크 **お会いになる → お会いする** 만나 뵙다(겸양 표현)

9

해석 죄송합니다. 여기는 금연이므로 담배는 삼가 주세요.

단어 申(もう)し訳(わけ)ございません 죄송합니다　禁煙(きんえん) 금연

체크 **ご遠慮してください → ご遠慮ください** 삼가 주세요 (ご＋한자어＋ください : 존경 표현)

10

해석 그곳에 도착하시면 즉시 체크인 하세요.

단어 向(む)こう 저쪽, 맞은편, 행선지　~に着(つ)く ~에 도착하다
すぐに 바로, 즉시　チェックインする 체크인하다, 수속을 밟다

체크 **お着きしたら → お着きになりましたら** 도착하시면 (존경 표현)

11

해석 졸업 후의 진로에 대해서 선생님의 의견을 듣고 싶다고 생각합니다.

단어 卒業後(そつぎょうご) 졸업 후　進路(しんろ) 진로　~について ~에 대하여
意見(いけん) 의견　伺(うかが)う 듣다, 묻다(겸양어)　ご存(ぞん)じだ 생각하시다(존경어)　存(ぞん)じる 생각하다(겸양어)

체크 **ご存じます → 存じます** 생각합니다(**思う・知る**의 겸양어)

12

해석 저도 보고 싶었는데, 선생님은 그 영화를 이미 보셨습니까?

단어 映画(えいが) 영화　拝見(はいけん)する 보다(겸양어)　ご覧(らん)になる 보시다(존경어)

체크 **拝見しましたか → ご覧になりましたか** 보셨습니까? (**見る**의 존경어)

13

해석 식사는 양식으로 하시겠습니까, 일식으로 하시겠습니까?

단어 食事(しょくじ) 식사　洋食(ようしょく) 양식　いたす 하다(겸양어)
和食(わしょく) 일식　なさる 하시다(존경어)

체크 **いたしますか → なさいますか** 하시겠습니까(**する**의 존경어)

14

해석 선생님은 여러 가지 예를 들어 우리들이 이해할 때까지 설명해 주십니다.

단어 いろんな 여러 가지의 例(れい)をあげる 예를 들다
～まで ～까지 説明(せつめい)する 설명하다

체크 **説明してあげます → 説明してくださいます**
설명해 주십니다 (**～てくださる** : 남이 나에게 해 주시다)

15

해석 고향에 돌아가면 부모님께 안부 전해 주세요.

단어 両親(りょうしん) 부모님 伝(つた)える 전하다

체크 **お伝えして → お伝え** (**お**+동사의 **ます형**+**ください**: 존경 표현)

PART 7 공란메우기

▶ 342쪽

정답 16 (C) 17 (A) 18 (C) 19 (D) 20 (A)
21 (B) 22 (D) 23 (B) 24 (C) 25 (C)
26 (B) 27 (D) 28 (A) 29 (B) 30 (D)

16

해석 휴일이었기 때문에 텅 빈 버스를 타고 돌아왔습니다.

단어 休日(きゅうじつ) 휴일 명사+なので ～ 때문에 がらがら 텅텅 비어 있는 모양 とぼとぼ 터벅터벅 ぴかぴか 번쩍번쩍 がんがん 지끈지끈

17

해석 어서오세요. 자, 들어오세요.

단어 どうぞ 자, 부디 あがる (방에) 들어오다

체크 **おあがりください** 들어오세요(**お** + 동사의 **ます형** + **ください** : 존경 표현)

18

해석 이 일본어 책은 제가 선생님께 받은 것입니다.

체크 **いただく** 받다(**もらう**의 겸양 표현)

19

해석 사실은 다나카 사장님을 만나 뵙고 여쭙고 싶은 것이 있는데요.

단어 実(じつ)は 실은 社長(しゃちょう) 사장(님) 伺(うかが)う 여쭙다(겸양어)

체크 **お目にかかる** 만나 뵙다 (**会う**의 겸양 표현)

20

해석 그녀는 오늘 그와 데이트를 하는지 들떠 있네.

단어 デート 데이트 うきうき 들뜬 기분 ぎりぎり 아슬아슬 くよくよ 끙끙 つるつる 매끈매끈

21

해석 먼 곳을 일부러 와 주셔서 감사합니다.

단어 わざわざ 일부러 おいでくださる 와 주시다

22

해석 기무라는 지금 자리에 없습니다.

단어 ただいま 지금, 현재 席(せき)を外(はず)す 자리를 비우다

체크 **～ておる** ～해 있다(나의 동료이므로 **～ている**의 겸양 표현을 써야 함)

23

해석 자, 자유롭게 견학하세요.

단어 ご自由(じゆう)に 자유롭게 見学(けんがく) 견학

체크 **見学なさる** 견학하시다(**なさる**는 **する**의 존경어)

24

해석 선생님, 벌써 점심은 드셨습니까?

단어 もう 이미, 벌써 ご覧(らん)になる 보시다(존경어)
いただく 받다(겸양어)

체크 **召(め)し上(あ)がる** 드시다 (**食べる**의 존경어)

25

해석 어제 머리가 아파서 약을 먹고 일찍 잤더니 오늘 아침은 개운하게 일어났다.

단어 頭(あたま)が痛(いた)い 머리가 아프다 早(はや)く 일찍 今朝(けさ) 오늘 아침 すっきり 말끔한 모양 ざあざあ 비가 몹시 오는 소리 さらさら 술술, 졸졸 すやすや 새근새근

26

해석 선생님, 내일 시간이 있으시면 만나 뵙고 싶은데요.

단어 時間(じかん) 시간 お目(め)にかかる 만나 뵙다(겸양 표현)

체크 **おありでしたら** 있으시면 (**お** + 동사의 **ます형** + **です** : 존경 표현)

27

해석 하시모토 선생님, 최근에 선생님께서 쓰신 책에 대해 여쭙고 싶습니다.

단어 最近(さいきん) 최근 ～のこと ～에 관한 일 お伺(うかが)いする 여쭙다(겸양 표현)

체크 **お書きになった** 쓰신(**お** + 동사의 **ます형** + **になる** : 존경 표현)

28

해석 저희 부모님은 나중에 올 겁니다.

단어 両親(りょうしん) 부모님 後(あと)で 나중에 まいる 오다, 가다(겸양어)

체크 부모님은 내 쪽에 속한 사람이므로 상대방에게 말할 때는 겸양어를 써야 한다.

29

해석 올해 대학을 졸업한 아들은 일자리를 구하지 못해 집에서 빈둥거리고 있다.

단어 今年 올해 卒業する 졸업하다 見つかる 찾게 되다 ぶらぶら 빈둥빈둥 わくわく 두근두근 すやすや 새근새근 ぎりぎり 아슬아슬하게

30

해석 선생님은 무엇을 드시겠습니까?

단어 先生 선생님 飲む 마시다

체크 お+ます형+になる: ~하시다(존경 표현)

⑫ 관용구, 속담

***공략 3단계 실전 문제 풀기**

PART 5 정답찾기

▶ 349쪽

정답 1 (D)

1

해석 두 사람은 하루 종일 말을 하지 않았다.

(A) 말싸움을 했다

(B) 아무것도 먹지 않았다

(C) 아무것도 마시지 않았다

(D) 이야기 하지 않았다

단어 一日中 하루 종일 口を利く 말을 걸다(하다) 口げんかをする 말싸움을 하다 話す 이야기하다

PART 6 오문정정

정답 2 (A) 3 (A) 4 (A) 5 (D)

2

해석 김 부장님은 성질이 급해서 너무 기다리게 하면 불호령이 떨어져요.

단어 気が短い 성질이 급하다 待たせる 기다리게 하다 かみなりが落ちる 불호령이 떨어지다

체크 ほそい → 短い

3

해석 목에서 손이 나올 만큼 갖고 싶은 것이 있지만 비싸서 살 수 없습니다.

단어 のどから手が出る 너무 갖고 싶어서 참기 힘들다 ~ほど ~만큼

체크 口 → のど

4

해석 선생님은 정말 발이 넓군요. 이 마을에서 선생님을 모르는 사람은 없겠지요.

단어 顔が広い 발이 넓다, 아는 사람이 많다 ~でしょう ~이겠지요

체크 足 → 顔

5

해석 일본 음식 중 낫토만큼은 입에 맞지 않습니다.

단어 ~の中で ~의 중에서 ~だけは ~만큼은 口に合う 입에 맞다

체크 はし → 口

PART 7 공란메우기

정답 6 (C) 7 (C) 8 (B) 9 (D)

6

해석 그는 언제나 회사에 지각해서 해고당했다.

단어 いつも 언제나, 늘 遅刻 지각 首になる 해고되다 ~てしまう ~해 버리다

7

해석 저 선생님은 항상 여자 편을 들어서 남자에게 미움받고 있다.

단어 いつも 항상 肩を持つ 편을 들다 嫌う 싫어하다 足 발, 다리 口 입 肩 어깨 目 눈

8

해석 야마모토 씨는 사람이 너무 좋아서 누구에게나 겸손합니다.

단어 ~すぎる 너무 ~하다 ~に対しても ~에 대해서도 頭が低い 겸손하다

9

해석 원숭이도 나무에서 떨어진다더니, 그 사람을 두고 하는 말이 아닐까?

단어 さるも木から落ちる 원숭이도 나무에서 떨어진다 ~って ~라고

⑬ 조건 표현 と・ば・たら・なら
***공략 3단계 실전 문제 풀기**

PART 5 정답찾기 ▶ 356쪽

정답 1 (B) 2 (D)

1

해석 차가 있다면, 가겠지만.

(A) 차가 있어도 갈 수 없다
(B) 차가 없어서 갈 수 없다
(C) 차는 고장 났다
(D) 차가 없어도 된다

단어 車(くるま) 차 ~ば ~면 ~けど ~지만 ~ても ~해도 故障(こしょう)する 고장 나다

2

해석 나는 술만 있으면 그 밖에는 아무것도 필요 없습니다.

(A) 술은 그다지 좋아하지 않습니다
(B) 술은 마시고 싶지 않습니다
(C) 같이 술을 마십시다
(D) 술만 필요합니다

단어 お酒(さけ) 술 ~さえ~ば ~만 ~하면 ほかには 그 밖에는 何(なに)も 아무것도 ~だけ ~만 必要(ひつよう) 필요

PART 6 오문정정

정답 3 (B) 4 (A) 5 (D) 6 (C)

3

해석 점수가 좀 더 높으면, 그 대학에 합격할 수 있었을 텐데.

단어 点数(てんすう) 점수 もうちょっと 좀 더 合格(ごうかく) 합격 できる 할 수 있다

체크 高いたら → 高かったら 높으면 (たら는 た형에 접속함)

4

해석 전자 제품을 살 거라면 도쿄 아키하바라가 제일 좋은 것 같아요.

단어 電気製品(でんきせいひん) 전자 제품 秋葉原(あきはばら) 아키하바라(지명) 一番(いちばん) 제일

체크 買ったら → 買うなら 살 거라면 (~なら~方がいい ~라면 ~쪽이 좋다)

5

해석 여행을 가고 싶지만, 지금의 나에게는 돈도 없거니와 시간도 없다.

단어 旅行(りょこう)に行(い)く 여행을 가다 お金(かね) 돈 時間(じかん) 시간

체크 お金もなくて → お金もなければ 돈도 없거니와 (~も~ば~も 구문)

6

해석 빨간 버튼을 누르면 커피가 나옵니다.

단어 ボタン 버튼 押(お)す 누르다 出(で)る 나오다

체크 押すなら → 押すと 누르면[~と ~하면 (자연히 ~한다)]

PART 7 공란메우기

정답 7 (C) 8 (A)

7

해석 만약 당신이 일본에 유학할 거라면 오사카보다 도쿄 쪽이 좋다고 생각해요.

단어 もし 만약, 만일 留学(りゅうがく) 유학 ~なら ~라면 ~より ~の方(ほう)がいい ~보다 ~쪽이 좋다 ~と思(おも)う ~라고 생각하다

체크 조언을 할 때는 ~なら가 쓰인다.

8

해석 가족이 식사를 할 거라면 저 가게가 싸고 맛있습니다.

단어 家族(かぞく) 가족 食事(しょくじ)をする 식사를 하다 ~なら ~라면

⑭ '수'와 관련된 표현
***공략 3단계 실전 문제 풀기**

PART 5 정답찾기 ▶ 366쪽

정답 1 (C)

1

해석 오늘은 24일이니까, 결혼식까지는 앞으로 3일이네요(3일 남았네요).

(A) 결혼식은 24일입니다
(B) 결혼식은 21일입니다
(C) 결혼식은 27일입니다
(D) 결혼식은 오늘입니다

단어 結婚式(けっこんしき) 결혼식 あと 앞으로 3日(みっか) 3일

PART 6 오문정정

정답 2 (A) 3 (D) 4 (C)

2

해석 우산을 2개 가지고 왔으니까 필요한 사람은 말하세요.

단어 ～枚(まい) ～장(얇은 것을 세는 단위) 持(も)つ 가지다, 들다
必要(ひつよう)だ 필요하다

체크 2枚 2장 → 2本 2개(本은 가늘고 긴 것을 셀 때 쓴다.)

3

해석 오늘 서점에서 영어책과 일본어책을 2권씩 샀습니다.

단어 本屋(ほんや) 서점 英語(えいご)の本(ほん) 영어책 ～台(だい) ～대 ～ずつ ～씩

체크 2台 2대 → 2冊 2권(冊는 책, 노트 등을 셀 때 쓴다.)

4

해석 필통 안에 볼펜과 연필이 3자루 들어 있습니다.

단어 筆箱(ふでばこ) 필통 ボールペン 볼펜 えんぴつ 연필

체크 3杯 3잔 → 3本 3자루

PART 7 공란메우기

정답 5 (D) 6 (B) 7 (C) 8 (B)

5

해석 작년 바다의 날은 7월 19일이었습니다.

단어 去年(きょねん) 작년 海(うみ)の日(ひ) 바다의 날

6

해석 저는 고양이를 한 마리 키우고 있습니다.

단어 猫(ねこ) 고양이 一匹(いっぴき) 한 마리 飼(か)う 키우다

체크 조수사는 숫자(특히1, 3, 6, 8)에 따라 음이 바뀌는 경우가 있으므로 주의해야 한다.

7

해석 죄송하지만, 맥주 3병 주세요.

단어 ビール 맥주 3本(さんぼん) 3병

8

해석 이 가게는 손님이 한 명도 없네요.

단어 お客(きゃく)さん 손님 一人(ひとり) 한 명 いない (사람, 동물 등이) 없다

PART 5~7 실전모의테스트 ▶ 367쪽

정답									
101 (C)	102 (B)	103 (B)	104 (D)	105 (B)	106 (C)	107 (C)	108 (C)	109 (C)	110 (A)
111 (A)	112 (D)	113 (C)	114 (A)	115 (D)	116 (A)	117 (D)	118 (A)	119 (B)	120 (D)
121 (C)	122 (A)	123 (C)	124 (D)	125 (D)	126 (C)	127 (B)	128 (B)	129 (A)	130 (C)
131 (B)	132 (D)	133 (A)	134 (D)	135 (D)	136 (D)	137 (A)	138 (B)	139 (D)	140 (C)
141 (A)	142 (B)	143 (A)	144 (D)	145 (B)	146 (D)	147 (C)	148 (B)	149 (A)	150 (C)
151 (C)	152 (C)	153 (D)	154 (C)	155 (A)	156 (D)	157 (B)	158 (C)	159 (D)	160 (D)
161 (A)	162 (B)	163 (C)	164 (C)	165 (C)	166 (B)	167 (A)	168 (A)	169 (C)	170 (C)

101

해석 할머니는 눈이 나빠서 렌즈가 두꺼운 안경을 끼고 있습니다.

단어 祖母(そぼ) 할머니　目(め)が悪(わる)い 눈이 나쁘다, 눈이 안 좋다　厚(あつ)い 두껍다　レンズ 렌즈　眼鏡(めがね)をかける 안경을 끼다　暑(あつ)い 덥다　熱(あつ)い 뜨겁다　浅(あさ)い 얕다

체크 같은 음으로 읽히는 단어를 주의해서 알아 둘 것.

102

해석 나는 사진을 찍는 것을 좋아합니다.

단어 写真(しゃしん)を撮(と)る 사진을 찍다　～が好(す)きだ ~을/를 좋아하다　取(と)る 집다, 취하다

103

해석 다나카 씨는 지금 피아노를 치면서 노래를 부르고 있습니다.

단어 ピアノを弾(ひ)く 피아노를 치다　～ながら ~하면서　歌(うた)を歌(うた)う 노래를 부르다

104

해석 이 채소는 신선하지 않았기 때문에 사지 않았습니다.

단어 野菜(やさい) 채소　新鮮(しんせん)だ 신선하다　～ではなかった ~하지 않았다　買(か)う 사다　親善(しんぜん) 친선　親切(しんせつ)だ 친절하다

105

해석 다카하시 씨는 볼일이 있어서 출석하지 않는다고 합니다.

단어 用事(ようじ) 볼일　出席(しゅっせき) 출석　기본형+そうだ ~라고 한다　幼児(ようじ) 유아

106

해석 이 도로는 좁아서 운전하기 힘듭니다.

단어 道路(どうろ) 도로　狭(せま)い 좁다　運転(うんてん)する 운전하다

동사의 ます형+にくい ~하기 어렵다, ~하기 불편하다　細(ほそ)い 가늘다　小(ちい)さい 작다　広(ひろ)い 넓다

107

해석 그의 방은 늘 더럽습니다.

단어 いつも 언제나, 늘　汚(きたな)い 더럽다, 지저분하다　きれいだ 깨끗하다　少(すく)ない 적다　危(あぶ)ない 위험하다

108

해석 지금 공부중이니 조용히 해 주세요.

단어 静(しず)かだ 조용하다　～てください ~해 주세요　賑(にぎ)やかだ 떠들썩하다　穏(おだ)やかだ 온화하다　豊(ゆた)かだ 풍부하다

109

해석 내일은 휴일이니까 모레까지는 꼭 돌려 주세요.

단어 休日(きゅうじつ) 휴일　～だから ~이니까　～までに ~까지는 꼭　返(かえ)す 돌려주다

110

해석 저는 외국어 중에서 일본어에 흥미가 있습니다.

단어 外国語(がいこくご) 외국어　日本語(にほんご) 일본어　興味(きょうみ) 흥미, 관심

111

해석 내일은 아침 일찍 나가기 때문에 지금 돌아가야 합니다.

(A) 빨리 나간다　(B) 늦게 나간다

(C) 바쁘지 않다　(D) 힘들다

단어 早(はや)い 이르다　帰(かえ)る 돌아가다, 돌아오다　出(で)る 나가다, 나오다

112

해석 학교 식당은 상당히 맛있습니다.

(A) 맛있지 않다

(B) 달지 않다

(C) 맛없다

(D) 맛있다

단어 食堂(しょくどう) 식당　なかなか 상당히　あまい 달다　まずい 맛없다, 서투르다　うまい 맛있다, 잘한다

체크 なかなか는 뒤에 긍정적인 표현이 오면 '상당히, 꽤', 부정적인 표현이 오면 '좀처럼'이라는 뜻이 된다.

113

해석 선생님 집을 언제 방문할 생각입니까?

(A) 돌아가다　　(B) 물어보다

(C) 방문하다　　(D) 출근하다

단어 いつ 언제　訪(たず)ねる 방문하다　つもり 생각, 작정, 예정　訪問(ほうもん) 방문　出勤(しゅっきん) 출근

114

해석 당신은 일본어를 할 수 있습니까? (가능)

(A) 저는 차를 운전할 수 있습니다. (가능)

(B) 이 책상은 나무로 만들어져 있습니다. (만들어지다)

(C) 역 근처에 새로운 가게가 생겼습니다. (생기다)

(D) 대형 슈퍼가 생기고 나서 상점가는 활기를 잃었습니다. (생기다)

단어 運転(うんてん) 운전　新(あたら)しい 새롭다　大型(おおがた)スーパー 대형 슈퍼　商店街(しょうてんがい) 상점가　元気(げんき) 기운, 건강한 모양

체크 문제와 같이 '가능'의 의미로 쓰인 것 찾기

115

해석 운동장에 학생이 많이 있습니다. (주격)

(A) 눈은 내리지만, 별로 춥지 않습니다. (역접)

(B) 저는 일본어와 영어를 할 수 있습니다. (대상)

(C) 당신은 일본어를 잘 하네요. (대상)

(D) 선배가 가르쳐 주었습니다. (주격)

단어 運動場(うんどうじょう) 운동장　先輩(せんぱい) 선배　教(おし)える 가르치다　～てくれる (남이 나에게) ~해 주다

체크 조사 が가 문제와 같이 '~이/가'의 뜻을 가진 주격의 용법으로 쓰인 것 찾기

116

해석 오늘은 따뜻하고 봄다운 날씨입니다. (~답다)

(A) 이런 실수를 하다니 스즈키 씨답지 않네요. (~답다)

(B) 그 아르바이트는 생각보다 힘든 것 같아요. (추측)

(C) 그는 유학 때문에 회사를 그만둔다고 합니다. (~라고 한다)

(D) 일기 예보에 의하면 다음주부터 장마라고 합니다. (~라고 한다)

단어 ミス 실수　アルバイト 아르바이트　思(おも)ったより 생각보다　留学(りゅうがく) 유학　辞(や)める 그만두다　天気予報(てんきよほう) 날씨 예보　来週(らいしゅう) 다음 주　梅雨(つゆ) 장마

체크 らしい의 용법 중 문제와 같이 '~답다'의 의미로 쓰인 것 찾기

117

해석 시나가와에서 주오센으로 갈아탑니다.

(A) 시나가와에서 내려 버스를 탑니다

(B) 시나가와를 지난 다음 내립니다

(C) 시나가와 다음 역에서 내립니다

(D) 시나가와에서 다른 전철을 타야 합니다

단어 品川(しながわ) 시나가와(지명)　中央線(ちゅうおうせん) 주오센(일본의 전철 노선명)　～に乗(の)り換(か)える ~으로 갈아타다　降(お)りる 내리다　過(す)ぎる 지나다　～なければなりません ~하지 않으면 안 됩니다, ~해야 합니다

118

해석 전철 안에서 지갑을 잃어버렸습니다.

(A) 전철 안에서 지갑을 잃어버렸습니다

(B) 전철 안에서 지갑을 샀습니다

(C) 전철 안에서 지갑을 팔았습니다

(D) 전철 안에서 지갑을 부수었습니다

단어 電車(でんしゃ) 전철　なくす 잃다　落(お)とす 잃다, 분실하다　売(う)る 팔다　壊(こわ)す 부수다, 허물다

119

해석 그녀는 단 것에 사족을 못 씁니다.

(A) 그녀는 보는 눈이 없습니다

(B) 그녀는 케이크를 아주 좋아합니다

(C) 그녀는 케이크를 먹지 않습니다

(D) 그녀는 케이크를 싫어합니다

단어 甘(あま)い 달다　目(め)がない 아주 좋아하다, 사족을 못 쓰다

120

해석 나는 마쓰무라 씨를 2시간이나 기다리게 했다.

(A) 나는 마쓰무라 씨를 2시간은 충분히 기다릴 수 있다

(B) 마쓰무라 씨는 나를 2시간 동안 기다리기로 했다

(C) 나는 마쓰무라 씨를 2시간 이상 기다렸다

(D) 마쓰무라 씨는 나를 2시간 기다렸다

단어 待(ま)たせる 기다리게 하다　待(ま)てる 기다릴 수 있다　～ことにする ~하기로 하다(자신의 의지)

체크 동사의 사역형을 제대로 알고 있는지 묻는 문제이다.

121

해석 저 꽃집에서는 아름다운 꽃을 많이 팔고 있었습니다.

단어 花屋(はなや) 꽃가게, 꽃집　たくさん 많이

체크 うつくしいの花 → うつくしい花 아름다운 꽃(い형용사의 명사 수식형)

122

해석 이 헬스장에서는 음악을 듣거나 TV를 보면서 즐겁게 운동할 수 있습니다.

단어 ジム 헬스장, 체육관 音楽(おんがく) 음악 聞(き)く 듣다 テレビ 텔레비전 ～ながら ～하면서 楽(たの)しい 즐겁다 運動(うんどう)する 운동하다

체크 聞きたり → 聞いたり 듣거나

123

해석 기무라 씨는 과일 중에서 어떤 과일을 가장 좋아합니까?

단어 果物(くだもの) 과일 一番(いちばん) 가장 ～が好(す)きだ ～을/를 좋아하다

체크 を → が
好きだ(좋아하다) 앞에는 대상을 나타내는 조사 を대신 が가 온다.

124

해석 일본에서 자전거라고 하는 것은 쇼핑, 통학, 통근에 빠뜨릴 수 없는 편리한 교통수단입니다.

단어 自転車(じてんしゃ) 자전거 通学(つうがく) 통학 通勤(つうきん) 통근 ～に欠(か)かせない ～에 빼놓을 수 없다

체크 便利に → 便利な 편리한 (な형용사의 명사 수식형)

125

해석 저 두 사람은 얼굴이 많이 닮았기 때문에 아마 형제일거라 생각합니다.

단어 顔(かお)が似(に)ている 얼굴이 닮다 たぶん 아마 兄弟(きょうだい) 형제

체크 兄弟 → 兄弟だ (명사+だと思う: ～라고 생각하다)

126

해석 어제는 너무 피곤했기 때문에 불을 켜 놓은 채 잠이 들어 버렸습니다.

단어 疲(つか)れる 피곤하다 電気(でんき)をつける 전깃불을 켜다 ～てしまう ～해 버리다

체크 つけるまま → つけたまま 켜 놓은 채(동사의 た형 구문)

127

해석 지금부터 쇼핑을 가려고 하는데, 혹시 뭔가 갖고 싶은 것은 없습니까?

단어 これから 지금부터 ～(う)と思(おも)う ～하려고 하다 ほしい 원하다

체크 を → に [동작성 명사+に行く: ～을/를 (하러) 가다]

128

해석 요즈음은 너무 바빠서 친구를 만날 시간도 없습니다.

단어 このごろ 요즈음 とても 너무, 매우

체크 忙しいで → 忙しくて 바빠서(い형용사의 중지형)

129

해석 어젯밤 아기가 울어서 한 시간밖에 못 잤더니 오늘은 너무 힘들었다.

단어 泣(な)く 울다 寝(ね)る 자다

체크 が → に (동사의 수동형을 쓸 때, 앞에는 조사 に가 와야 한다.)

130

해석 술을 좋아하는 사람에게 술을 끊게 하는 것은 어려운 일입니다.

체크 やめれる → やめさせる 끊게 하다(やめる의 사역형)

131

해석 부모가 자기 자식을 귀엽게 생각하는 것은 당연하다.

단어 親(おや) 부모 自分(じぶん) 자기, 자신 あたりまえ 당연함

체크 かわいいに → かわいく 귀엽게(い형용사의 부사형)

132

해석 주차장 출구를 가리키는 화살표가 벽에 그려져 있습니다.

단어 駐車場(ちゅうしゃじょう) 주차장 出口(でぐち) 출구 しめす 가리키다, 나타내다 矢印(やじるし) 화살표 壁(かべ) 벽

체크 書いている → 書いてある 쓰여 있다, 그려져 있다
(～が + 타동사 + てある: 상태)

133

해석 거기에 있는 새롭고 큰 가방은 나카무라 씨의 것입니다.

체크 で → に ～에

134

해석 다음 주에 한자 시험이 있으니 학생에게 한자를 외우게 할 생각입니다.

단어 来週(らいしゅう) 다음 주 漢字(かんじ) 한자 覚(おぼ)える 외우다, 암기하다 つもり (속)셈, 예정, 생각

체크 覚えられる → 覚えさせる 외우게 시키다 (覚える의 사역형)

135

해석 그 사람은 늘 무슨 생각을 하고 있는 것인지 저는 잘 모르겠습니다.

단어 いつも 언제나, 늘 考(かんが)える 생각하다 知(し)る 알다(지식) 分(わ)かる 알다(이해)

체크 知りません → 分かりません 모르겠습니다, 이해가 안 됩니다(知る와 分かる의 차이를 알아둘 것)

136

해석 그 사람은 성격이 좋다고 모두가 말한다.

단어 性格(せいかく)がいい 성격이 좋다　みんな 모두　～に言(い)われる ~에게 말해지고 있다, ~가 말을 한다

체크 みんなが → みんなに 모두에게(동사의 수동형 앞에는 조사 に가 온다.)

137

해석 다나카 씨는 졸린 것을 참아가며 선배의 이야기를 듣고 있었습니다.

단어 こらえる 참다, 견디다　先輩(せんぱい) 선배

체크 ねむくの → ねむいの 졸린 것(い형용사의 명사 수식형)

138

해석 집에 돌아오면 우선 숙제를 하고 나서 밥을 먹거나 텔레비전을 보거나 합니다.

단어 まず 우선, 먼저　宿題(しゅくだい) 숙제　～てから ~하고 나서　～たり～たりする ~하기도 하고 ~하기도 하다

체크 宿題をしってから → 宿題をしてから 숙제를 하고 나서(する의 て형)

139

해석 그 상자 안에 있는 것을 전부 밖으로 꺼내 주세요.

단어 箱(はこ) 상자　中(なか) 안　全部(ぜんぶ) 전부　外(そと)に出(だ)す 밖으로 꺼내다　出(で)る 나가다, 나오다

체크 外に出て → 外に出して 밖으로 꺼내(타동사 出す를 써야 함)

140

해석 오늘 아침 7시 50분쯤 오사카를 중심으로 간사이 지방에서 강한 지진이 있었습니다.

단어 今朝(けさ) 오늘 아침　中心(ちゅうしん) 중심　関西地方(かんさいちほう) 간사이 지방(일본 오사카를 중심으로 한 지방)　地震(じしん) 지진

체크 中心で → 中心に 중심으로

141

해석 이번 시험에 붙어서 기뻤습니다.

단어 今度(こんど) 이번　試験(しけん)に受(う)かる 시험에 붙다　苦(くる)しい 괴롭다　悲(かな)しい 슬프다

체크 문장의 의미상 가장 적당한 표현을 생각해 볼 것.

142

해석 이 방은 깨끗하고 넓지만, 주위는 시끄럽습니다.

단어 周囲(しゅうい) 주위　うるさい 시끄럽다

체크 의미상 적절한 단어 고르기와 な형용사의 연결형을 묻는 문제이다.

143

해석 아기는 엄마가 없는 것을 알고는 갑자기 울기 시작했습니다.

단어 突然(とつぜん) 갑자기　泣(な)く 울다　동사의 ます형+だす ~하기 시작하다

체크 동사의 ます형에 접속하는 문형을 알고 있는지 묻는 문제이다.

144

해석 아침 8시 출발이니 출발 전까지는 꼭 모여 주세요.

단어 出発(しゅっぱつ) 출발　前(まえ) 전　～までに ~까지는 꼭, ~안으로　集(あつ)まる 모이다

체크 ～までに는 '~까지는 꼭, ~안으로'라는 뜻이다.

145

해석 아이들은 공원에서 즐거운 듯이 웃으면서 놀고 있다.

단어 公園(こうえん) 공원　笑(わら)いながら 웃으면서　遊(あそ)ぶ 놀다

체크 い형용사의 어간+そうだ는 '~한 것 같다'라는 뜻이다.

146

해석 당신은 바다에서 수영을 할 수 있습니까?

체크 동사 기본형+ことができる는 '~할 수 있다'는 가능의 의미를 나타낸다.

147

해석 야마다 씨는 회사를 그만둔 뒤로 쭉 어려운 생활을 하고 있습니다.

단어 やめる 그만두다　ずっと 쭉, 훨씬　苦(くる)しい 괴롭다, (살림이) 어렵다　生活(せいかつ) 생활

체크 い형용사의 명사 수식형 문제

148

해석 학교에 가는 도중에 잊은 물건이 생각나서 집으로 되돌아왔다.

단어 途中(とちゅう) 도중(에)　忘(わす)れ物(もの) 잊은 물건　気(き)がつく 생각나다, 알아차리다　戻(もど)る 되돌아오다

149

해석 김 씨는 일본어도 할 수 있고 영어도 할 수 있다.

단어 ～も ~도　できる 할 수 있다　～し ~이고(열거)

150

해석 사람은 나이를 먹으면 점점 고지식해지는 것 같습니다.

단어 年(とし)をとる 나이를 먹다, 늙다　だんだん 점점

체크 頭がかたい (생각이) 완고하다, 고지식하다

151

해석 어젯밤, 술을 너무 마셔서 속이 메슥거린다.

단어 飲みすぎる 과음하다 胸 가슴, 속 むかむか 메슥메슥 うきうき 마음이 들뜬 모양 わくわく (기대 등으로) 두근두근 どきどき (걱정, 공포로) 두근두근

152

해석 친구 말에 의하면 그 영화는 재미있다고 합니다.

체크 기본형 + **そうだ** ~라고 한다(전문)

153

해석 호텔에는 지금 막 도착했습니다.

단어 ホテル 호텔 着く 도착하다

체크 **着いたばかり** 막 도착함(동사의 **た**형+**ばかり** 막 ~함)

154

해석 산 속에서 길을 잃어 험한 산길을 3시간 이상 걸은 적이 있다.

단어 道に迷う 길을 잃다 けわしい 험하다 山道 산길 ~たことがある ~한 적이 있다(경험)

체크 **けわしい山道** 험한 산길(**い**형용사의 명사 수식 형태는 기본형과 같다)

155

해석 한자를 외우는 데 뭔가 좋은 방법이 없을까요?

단어 漢字 한자 覚える 외우다 いい方法 좋은 방법

체크 **~のに** ~하는데

156

해석 오늘은 중요한 회의가 있으니 쉴 수는 없다.

단어 会議 회의 休む 쉬다 ~わけにはいかない ~할 수는 없다

체크 형식 명사 **わけ**에 관한 문제이다. '**~わけにはいかない**(~할 수는 없다)'를 하나의 구문처럼 외워 두자.

157

해석 요시코는 아침 일찍 나간 채로 아직 돌아오지 않아서 걱정입니다.

단어 ~たまま ~인 채(로) まだ 아직 ~てくる ~해 오다 心配 걱정

체크 **出かけたまま** 나간 채(로)

158

해석 일본에서는 방에 들어가기 전에 신발을 벗습니다.

단어 ~前に ~(하)기 전에 脱ぐ 벗다

체크 **入る前に** 들어가기 전에

159

해석 감기 때문에 별로 먹고 싶지 않았지만, 약을 먹기 위해 먹었습니다.

단어 あまり~ない 별로 ~않다 ~ために ~을/를 위해서

체크 **飲むために** 먹기(마시기) 위해서

160

해석 이 책은 어려워서 이해하기 힘듭니다.

단어 難しい 어렵다 分かる 알다, 이해하다

체크 동사의 **ます**형+**にくい** ~하기 어렵다

161

해석 아무리 기다려도 아무도 안 와서 집에 돌아갔습니다.

단어 いくら~ても 아무리 ~해도 帰る 돌아가다, 돌아오다

162

해석 죄송합니다. 공교롭게도 다나카는 지금 자리를 비웠습니다.

단어 あいにく 마침, 공교롭게도 席を外す 자리를 비우다

163

해석 이 애니메이션을 보신 적이 있으십니까?

단어 見える 보이다 拝見する 보다(겸양어) ご覧になる 보시다(존경어) お目にかかる 만나 뵙다(겸양어)

164

해석 어머니가 아기에게 우유를 먹이고 있습니다.

체크 **飲ませる** 마시게 하다, 먹이다(**飲む**의 사역형)

165

해석 이것은 무료이니 자유롭게 가져 가세요.

단어 無料 무료 ご自由に 자유롭게 取る 집다, 취하다

체크 「**お** + 동사의 **ます**형 + **ください**」 존경 표현

166

해석 오늘은 시원하다기보다 추울 정도네요.

단어 涼しい 시원하다 ~というより ~라기보다 ぐらい 정도

167

해석 선배의 말에 의하면, 그 아르바이트는 생각보다 힘들다고 합니다.

단어 先輩 선배 話し 말, 이야기 ~によると ~에 의하면 アルバイト 아르바이트 思ったより 생각보다

체크 **大変らしいです** 힘들다고 합니다 (**な**형용사 어간+**らしい**)

168

해석 여름 방학에 여행을 갈 거라면(간다면) 오키나와가 좋아요.

단어 夏休み(なつやすみ) 여름 방학, 여름휴가 旅行(りょこう)に行(い)く 여행을 가다

체크 조건 **なら**의 용법 중 조언하는 용법이다.

169

해석 선생님 댁에는 컴퓨터가 세 대나 있었습니다.

단어 ～のところ ～가 있는 곳 コンピューター 컴퓨터

170

해석 나중 일은 나중에 걱정해도 됩니다.

단어 あとのこと 나중 일 あとで 나중에

체크 **～てもいい**(～해도 된다) 구문

PART 8 독해

① 일기, 생활문 공략 3단계 실전 문제 풀기 ▶ 382쪽

정답 1 (D) 2 (A) 3 (A) 4 (C) 5 (A) 6 (B)

[1~3]

지문	해석
互いに信じ合い、互いに愛し合って、少しの疑いもその間にない友だちが一人でもいれば、私たちは、二重に人生を生きることができるのだ。ただ自分ばかりでなく、友だちによっても生きることができるのだ。嬉しい時は友だちによって祝福され、悲しい時は友だちによってなぐさめられ、友だちによって苦しさから救われる。こんな友だちがいたらどんなに幸福なことであろう。いい友だちは人間にとってもっとも感謝すべき幸運なのである。財産に恵まれるよりも、名誉を授けられるよりも、いい友だちのいる人の方がもっと幸せではなかろうか。	서로 믿고, 서로 사랑하고, 사소한 의심도 그 사이에 없는 친구가 한 사람이라도 있다면, 우리들은 이중으로 인생을 살 수 있을 것이다. 단지 자신뿐만이 아니라, 친구에 의해서도 살아갈 수 있는 것이다. 기쁠 때는 친구에 의해 축복 받고, 슬플 때는 친구에 의해 위로 받고, 친구에 의해 고통에서 구원 받는다. 이런 친구가 있다면 얼마나 행복한 일일까? 좋은 친구는 인간에게 있어 가장 감사할 만한 행운인 것이다. 재산을 가진 것보다도, 명예를 얻은 것보다도, 좋은 친구가 있는 사람 쪽이 더욱 행복하지 않을까?

1 필자는 누가 가장 행복한 사람이라고 생각하고 있습니까?
(A) 재산이 있는 사람
(B) 명예가 있는 사람
(C) 혼자 살아가는 사람
(D) 좋은 친구가 있는 사람

2 이것은 무엇에 대한 이야기입니까?
(A) 친구 (B) 재산
(C) 인생 (D) 명예

3 본문의 내용과 맞지 않는 것을 고르세요.
(A) 가장 감사해야 할 행운은 사랑이다.
(B) 좋은 친구가 있는 사람은 행복하다.
(C) 좋은 친구가 있으면 이중으로 인생을 살 수 있다.
(D) 혼자서만 인생을 살아갈 수 있다고는 할 수 없다.

단어 互いに 서로 간에 信じ合う 서로 믿다 愛し合う 서로 사랑하다 疑い 의심 間 사이, 관계 二重に 이중으로 人生 인생 生きる 살다 ただ 다만, 단지 ～ばかりでなく ～뿐만이 아니라 ～によっても ～에 의해서도 祝福される 축복받다 なぐさめられる 위로받다 苦しさ 괴로움, 고통 救われる 구원 받다 幸福だ 행복하다 人間 인간 ～にとって ～에(게) 있어서 もっとも 가장 感謝する 감사하다 ～べき ～할만한, ～해야 할 幸運 행운 財産 재산 恵まれる 혜택을 받다, 혜택을 입다 名誉 명예 授けられる 하사 받다 幸せだ 행복하다

[4~6]

지문	해석
私たちは、毎日の生活の中でたくさんのゴミを出します。また、ゴミにも、燃やせるゴミや燃やせないゴミ、缶やペットボトルなどのように資源となる資源ゴミなど、さまざまな種類があります。	우리는 매일 생활 속에서 많은 쓰레기를 배출합니다. 또한 쓰레기에도 타는 쓰레기나 타지 않는 쓰레기, 캔이나 페트병 등과 같이 자원이 되는 재활용 쓰레기 등 다양한 종류가 있습니다.

今、私たちの周りでは、ゴミを少しでも減らそうと、さまざまな取り組みが行われています。 ①たとえば、買い物をした時にビニール袋をもらわなかったり、使えるものは捨てずに何回も使ったり、ゴミをきちんと種類別に分けたりすることです。これだけでも、ゴミを減らすことができるのです。 大切なのは、私たち一人一人が、ゴミのことを真剣に考え、減らすためにできることから始めることなのです。	지금 우리 주변에서는 쓰레기를 조금이라도 줄이려고 다양한 노력이 이루어지고 있습니다. ①예를 들어 장을 봤을 때 비닐봉지를 받지 않거나 쓸 수 있는 것은 버리지 않고 여러 번 사용하거나 쓰레기를 제대로 종류별로 나누거나 하는 것입니다. 이것만으로도 쓰레기를 줄일 수 있는 것입니다. 중요한 것은 우리 한 사람 한 사람이 쓰레기에 대해 진지하게 생각하여 줄이기 위해 할 수 있는 것부터 시작하는 것입니다.

4 무엇을 위한 노력입니까?
(A) 쓰레기를 자원 에너지로 바꾸기 위한 노력
(B) 진지하게 장을 보기 위한 노력
(C) 쓰레기를 줄이기 위한 노력
(D) 생활을 즐기기 위한 노력

5 ______①______ 들어갈 적당한 말을 고르세요.
(A) 예를 들면 (B) 하지만
(C) 또 (D) 그리고

6 본문의 내용과 맞지 않는 것을 고르세요.
(A) 쓰레기에 대해 진지하게 생각하는 것이 중요하다.
(B) 장을 볼 때는 비닐봉지를 받는 편이 좋다.
(C) 우선 할 수 있는 것부터 시작하는 것이 중요하다.
(D) 쓸 수 있는 것은 버리지 않고 여러 번 쓰면 쓰레기를 줄일 수 있다.

단어 毎日(まいにち) 매일 生活(せいかつ) 생활 ゴミを出(だ)す 쓰레기를 배출하다 燃(も)やせるゴミ 타는 쓰레기 燃(も)やせないゴミ 타지 않는 쓰레기 缶(かん) 캔 ペットボトル 페트병 資源(しげん) 자원 資源(しげん)ゴミ 재활용 쓰레기 さまざまだ 다양하다 種類(しゅるい) 종류 周(まわ)り 주변 少(すこ)しでも 조금이라도 減(へ)らす 줄이다 取(と)り組(く)み 노력, 대처 たとえば 예를 들면 ビニール袋(ぶくろ) 비닐봉지 もらう 받다 使(つか)える 사용할 수 있다 捨(す)てる 버리다 ～ずに ～지 않고 何回(なんかい) 여러 번 きちんと 정확히, 제대로 分(わ)ける 나누다, 구분하다 大切(たいせつ)だ 중요하다 真剣(しんけん)に 진지하게 考(かんが)える 생각하다 始(はじ)める 시작하다

② 편지, 팩스 공략 3단계 실전 문제 풀기 ▶ 388쪽

정답 1(C) 2(D) 3(D) 4(B) 5(B) 6(A)

[1~3]

지문	해석
山田(やまだ)さんへ 山田(やまだ)さん、お元気(げんき)ですか。私(わたし)は忙(いそが)しい毎日(まいにち)を過(す)ごしています。 今日(きょう)は、別(べつ)に用事(ようじ)がありませんから、天気(てんき)がよければ、一人(ひとり)で上野公園(うえのこうえん)へ行(い)って、絵(え)の展覧会(てんらんかい)を見(み)たり、公園(こうえん)を散歩(さんぽ)したりするつもりです。それから、東京(とうきょう)	야마다 씨에게 야마다씨, 잘 지내시나요? 저는 바쁜 하루하루를 보내고 있습니다. 오늘은 딱히 용무가 없기 때문에 날씨가 좋으면 혼자 우에노 공원에 가서 그림 전시회를 보거나 공원을 산책하거나 할 생각입니다. 그리고 나서, 도쿄 문화회관에 가려고 생각하고 있습니다. 이 회관

文化会館へ行こうと思っています。この会館は、上野駅のすぐそばにあって、大変便利です。でも、雨が降ったら、出かけないで、家で本を読むつもりです。明日は日曜日なので、久しぶりに友だちに会って買い物をしたり、映画を見たりするつもりです。松本さんにもよろしくお伝えください。それでは、また、手紙を書きます。

田村より

은 우에노 역 바로 옆에 있어서 매우 편리합니다. 그렇지만, 비가 오면 외출하지 않고 집에서 책을 읽을 생각입니다. 내일은 일요일이니까 오랜만에 친구를 만나 쇼핑을 하거나 영화를 보거나 할 생각입니다.

마쓰모토 씨에게도 안부 전해 주세요. 그럼, 또 편지 쓰겠습니다.

다무라 올림

1 오늘은 무슨 요일입니까?

(A) 월요일 (B) 금요일

(C) 토요일 (D) 일요일

2 내일은 무엇을 할 생각입니까?

(A) 우에노 공원에 갈 생각입니다.

(B) 도쿄 문화회관에 갈 생각입니다.

(C) 그림을 볼 생각입니다.

(D) 영화를 볼 생각입니다.

3 만일, 비가 오면 어떻게 할 것입니까?

(A) 집에서 잘 것입니다.

(B) 쇼핑을 할 것입니다.

(C) 친구를 만날 것입니다.

(D) 외출하지 않을 것입니다.

단어 別に 별로, 딱히 用事 볼일, 용무 天気 날씨 上野公園 우에노 공원(지명) 展覧会 전람회, 전시회 ～たり～たりする ～하기도 하고 ～하기도 하다 つもり 생각, 작정, 예정 それから 그리고 나서 文化会館 문화회관 すぐ 바로 そば 옆 大変 매우 便利だ 편리하다 出かける 나가다, 외출하다 久しぶりに 오랜만에 ～に会う ～을/를 만나다

[4~6]

宛先：東京物産株式会社
　　　営業部長　高橋様
件名：貴社担当者変更の件

拝啓

いつもお世話になっております。

先日申し上げましたように、弊社の組織変更により、4月1日より従来の木村にかわって竹下が貴社を担当させていただくことになりました。

何かといたらぬ点も多いと存じますが、どうぞよろしくお願いいたします。

まずは、ご案内かたがたお知らせ申し上げます。

수신처 : 도쿄물산 주식회사
　　　영업부장 다카하시 님
건명 : 귀사 담당자 변경 건

배계(첫인사)

늘 신세를 지고 있습니다.

지난번에 말씀드린 바와 같이 폐사의 조직 변경에 의해, 4월 1일부터 종래의 기무라를 대신하여 다케시타가 귀사를 담당하게 되었습니다.

여러모로 부족한 점도 많으리라 생각됩니다만, 부디 잘 부탁 드립니다.

우선은 안내를 겸해 알려 드립니다.

敬具 株式会社ソウル物産 東京支社長　林太郎	경구(끝인사) 주식회사 서울물산 도쿄지사장 하야시 타로

4　새로운 담당자는 누구입니까?
(A) 하야시　(B) 다케시타
(C) 기무라　(D) 다카하시

5　왜 담당자가 바뀌었습니까?
(A) 담당자가 본사로 전근했기 때문에
(B) 조직 변경이 있었기 때문에
(C) 담당자가 퇴사했기 때문에
(D) 담당자가 결혼했기 때문에

6　본문의 내용과 맞는 것을 고르세요.
(A) 이 건에 대해서는 이전에 말한 적이 있다.
(B) 담당자의 결혼에 관한 건이다.
(C) 3월 1일부터 담당자가 바뀐다.
(D) 이전의 담당자는 문제가 많았다.

단어 宛先 수신처, 수신인　貴社 귀사(상대의 회사를 높임)　担当者 담당자　変更 변경　件 건　拝啓 삼가 아룁니다(편지 첫머리에 쓰는 말)　いつも 항상　お世話になる 신세를 지다　先日 지난번　申し上げる 말씀 드리다(겸양어)　弊社 폐사(자신의 회사를 낮춤)　組織 조직　従来 종래　～にかわって ～을/를 대신하여　～させていただく ～하다, ～하겠다(정중한 표현)　～ことになる ～하게 되다　何かと 여러모로　いたらぬ 미흡한, 부족한　存じる 알다, 생각하다(겸양어)　かたがた 겸하여, 아울러　お知らせ 알림, 통지　敬具 편지 끝부분에 쓰는 말　転勤する 전근하다　退社する 퇴사하다, 퇴근하다

③ 광고, 안내문 공략 3단계 실전 문제 풀기 ▶ 394쪽

정답 1(D)　2 (B)　3 (B)　4 (A)　5 (D)　6 (D)

[1~3]

지문	해석
毎度ご来店いただきまして、誠にありがとうございます。「フジカメラ」よりお客様にご案内を申し上げます。７月１日より閉店時間を１時間延長し、９時まで営業いたしております。また、年内は無休で営業いたしておりますので、お気軽にご利用ください。なお、夏の特別大バーゲンは８月１日より開催いたします。当日は混雑が予想されますのでお早めにご来店くださいますようお願いいたします。	매번 찾아 주셔서 진심으로 감사드립니다. '후지카메라'에서 손님 여러분께 안내 말씀 드립니다. 7월 1일부터 폐점 시간을 1시간 연장하여 9시까지 영업하고 있습니다. 또한, 연중무휴로 영업하고 있사오니 부담 없이 이용해 주십시오. 더욱이, 여름 특별 대바겐 세일은 8월 1일부터 개최합니다. 당일은 혼잡이 예상되오니 서둘러 내점해 주시기 바랍니다.

1　이 가게의 영업시간은 어떻게 변했습니까?
(A) 개점이 8시가 되었다.　(B) 개점이 9시가 되었다.
(C) 폐점이 8시가 되었다.　(D) 폐점이 9시가 되었다.

2　여기는 어디입니까?
(A) 백화점　(B) 카메라 가게
(C) 편의점　(D) 슈퍼마켓

3 지금은 어느 시기입니까?

(A) 6월 (B) 7월

(C) 8월 (D) 9월

단어 毎度(まいど) 매번 来店(らいてん) 내점 ご(お)～いただく ~해 주시다 誠(まこと)に 진심으로 申(もう)し上(あ)げる 말씀 드리다(겸양어) 閉店(へいてん) 폐점 延長(えんちょう)する 연장하다 ～ておる ~하고 있다(겸양어) 年内(ねんない) 연내 無休(むきゅう) 무휴 気軽(きがる)に 부담 없이 利用(りよう) 이용 ご(お)～ください ~해 주세요 なお 더욱이 特別(とくべつ) 특별 開催(かいさい) 개최 当日(とうじつ) 당일 予想(よそう)される 예상되다 早(はや)めに 일찌감치, 서둘러

[4~6]

1. 本体上部(ほんたいじょうぶ)を軽(かる)くたたき、コーヒーを下(した)に集(あつ)めます。フックを①左右(さゆう)に引(ひ)いてお開(あ)けください。
   ※ 強(つよ)くフック部分(ぶぶん)を引(ひ)っ張(ぱ)るとコーヒーの粉(こな)がこぼれることがあります。ご注意(ちゅうい)ください。
2. ドリップコーヒーをカップの中央(ちゅうおう)にセットしてください。
3. まず、少量(しょうりょう)のお湯(ゆ)を注(そそ)ぎ20秒(にじゅうびょう)ほどむらしてから、2～3回(にさんかい)に分(わ)けてお湯(ゆ)を注(そそ)いでください。
   ※ できあがり量(りょう)の②目安(めやす)は120ccですが、お好(この)みに応(おう)じてお湯(ゆ)の量(りょう)は調整(ちょうせい)してください。

1. 본체 상부를 가볍게 두드려서 커피를 아래쪽으로 모읍니다. 훅을 ①좌우로 잡아당겨서 열어 주세요.
   ※ 힘을 주어 훅 부분을 잡아당기면 커피 가루가 쏟아지는 경우가 있습니다. 주의하세요.
2. 드립 커피를 컵 중앙에 올려 놓으세요.
3. 먼저 소량의 뜨거운 물을 부어 20초 정도 잠시 원두를 적시고 2~3번에 나누어 뜨거운 물을 부으세요.
   ※물 붓는 양의 ②기준은 120cc이지만, 기호에 따라 뜨거운 물의 양은 조절하세요.

4 무엇에 대해 설명하고 있습니까?

(A) 드립 커피를 만드는 방법

(B) 야키소바를 만드는 방법

(C) 라면을 끓이는 방법

(D) 훅을 따는 방법

5 ①좌우와 ②기준의 읽는 법을 고르세요.

(A) ざゆう, もくやす

(B) ざゆう, めやす

(C) さゆう, もくやす

(D) さゆう, めやす

6 본문의 내용과 맞는 것을 고르세요.

(A) 뜨거운 물을 붓고 나서 곧바로 마시는 편이 좋습니다.

(B) 훅 부분을 힘차게 잡아당기지 않으면 커피는 안 나옵니다.

(C) 화상 입을 수 있기 때문에 처음에는 찬물을 붓습니다.

(D) 훅 부분을 잡아당길 때는 주의하는 편이 좋습니다.

단어 本体(ほんたい) 본체 上部(じょうぶ) 상부 軽(かる)く 가볍게 たたく 두드리다, 때리다 集(あつ)める 모으다 左右(さゆう) 좌우 引(ひ)く 잡아당기다, 끌다 開(あ)ける (문, 뚜껑, 책 등을) 열다, 펴다 部分(ぶぶん) 부분 引(ひ)っ張(ぱ)る 잡아끌다, 끌어당기다 粉(こな) 가루 こぼれる 흘러내리다, 넘쳐흐르다 注意(ちゅうい) 주의 カップ 컵 中央(ちゅうおう) 중앙 セット 사용할 수 있게 준비·설치함 まず 우선, 맨 먼저 少量(しょうりょう) 소량 お湯(ゆ) 뜨거운 물 注(そそ)ぐ 붓다 ほど 정도, 만큼 むらす 뜸 들이다 ～てから ~고 나서 分(わ)ける 나누다, 구분하다 できあがり 완성 量(りょう) 양 目安(めやす) 표준, 기준, 목표 好(この)み 취향, 기호 ～に応(おう)じて ~에 따라 調整(ちょうせい)する 조정하다

PART 8 독해 실전모의테스트 ▶ 396쪽

정답									
171 (D)	172 (C)	173 (C)	174 (B)	175 (D)	176 (D)	177 (C)	178 (B)	179 (C)	180 (C)
181 (D)	182 (C)	183 (B)	184 (D)	185 (C)	186 (D)	187 (B)	188 (D)	189 (B)	190 (A)
191 (B)	192 (D)	193 (B)	194 (C)	195 (B)	196 (C)	197 (D)	198 (C)	199 (D)	200 (D)

[171~173]

지문

「フリーター」はフリーのアルバイターという意味で、「アルバイター」はアルバイトをする人ということです。「フリーター」は正社員にならないで、アルバイトやパートタイムで生活している人たち①のことをさします。1980年代後半にいわゆる「バブル景気」が始まり、それにともなう人手不足から、学校を卒業しても就職しないでアルバイトなどの臨時の仕事につく人が増えはじめました。学生のアルバイトとしては、ファーストフードショップやコンビニの店員、家庭教師、塾の講師などがあげられます。コンビニやファーストフードショップの場合、時給は1,000円から1,500円ほどです。

해석

'프리터'는 '프리 아르바이터'라는 의미로, '아르바이터'는 아르바이트를 하는 사람을 말합니다. '프리터'는 정규 사원이 되지 않고, 아르바이트나 파트타임으로 생활하고 있는 사람들 ①에 관한 것을 가리킵니다. 1980년대 후반에 소위 '버블 경제'가 시작되고, 그에 동반하여 일손이 부족하게 되자 학교를 졸업해도 취직하지 않고 아르바이트 등 임시직 일을 하는 사람이 늘기 시작했습니다. 학생 아르바이트로는 패스트푸드점이나 편의점 직원, 가정교사, 학원 강사 등을 들 수 있습니다. 편의점이나 패스트푸드점의 경우, 시급은 1,000엔에서 1,500엔 정도입니다.

171 ___①___에 들어갈 적당한 말을 고르세요.

(A) ~의 것　(B) ~대로
(C) ~인 채　(D) ~에 관한 것

172 학생들이 하고 있는 아르바이트가 아닌 것을 고르세요.

(A) 편의점 직원　(B) 학원 선생님
(C) 정사원　(D) 패스트푸드점 직원

173 본문의 내용과 맞는 것을 고르세요.

(A) 학생들은 모두 아르바이트를 하고 있습니다.
(B) 학생들은 800엔 이하의 시급을 받고 있습니다.
(C) 1980년대 말부터 임시직으로 일하는 사람이 늘기 시작했습니다.
(D) '프리터'는 정사원을 가리키는 말입니다.

단어 意味 의미 正社員 정사원 パートタイム 파트타임 さす 가리키다 後半 후반 いわゆる 소위 バブル景気 버블 경제 始まる 시작되다 ともなう 동반하다 人手不足 일손 부족 卒業 졸업 就職 취직 臨時 임시 仕事につく 일을 하다 増える 늘다 ~はじめる (하)기 시작하다 ファーストフードショップ 패스트푸드점 コンビニ 편의점 家庭教師 가정교사 塾 학원 講師 강사 あげる (예 등을) 들다 場合 경우 時給 시급

[174~176]

私は夏休みに日本人の友だちと一緒に友だちの田舎へ行きました。行く時は電車で行ったので、10時間もかかりました。友だちの家族はみんな親切でした。

나는 여름 방학 때 일본인 친구와 함께 친구의 고향에 갔습니다. 갈 때는 전철로 갔기 때문에 10시간이나 걸렸습니다. 친구네 가족은 모두 친절했습니다.

お父さんは車できれいなみずうみに①つれて行ってくれました。友だちが船に乗ろうと言ったので、船に乗りましたが、落ちそうになってちょっと怖かったです。

お母さんが作ってくれた日本の料理もとてもおいしかったです。帰りは一人で飛行機に乗って家に帰りました。今度の夏休みは本当に楽しかったです。

아버지는 차로 아름다운 호수에 ①데리고 가 주었습니다. 친구가 배를 타자고 해서 배를 탔지만, 떨어질 것 같아서 조금 무서웠습니다.

어머니가 만들어 준 일본 요리도 매우 맛있었습니다. 돌아올 때는 혼자서 비행기를 타고 집에 돌아갔습니다. 이번 여름 방학은 정말로 즐거웠습니다.

174 ___①___에 들어갈 적당한 말을 고르세요.

(A) 모두가 (B) 데리고
(C) 보내 (D) 가게 해

175 돌아오는 길에는 무엇으로 돌아왔습니까?

(A) 차 (B) 전철
(C) 배 (D) 비행기

176 본문의 내용과 맞는 것을 고르세요.

(A) 나는 친구와 바다에 갔습니다.
(B) 고향에 갈 때는 차로 갔습니다.
(C) 친구의 가족과 함께 돌아왔습니다.
(D) 배를 탔지만 무서웠습니다.

단어 夏休み 여름 방학, 여름휴가 田舎 시골, 고향 親切だ 친절하다 きれいだ 예쁘다, 깨끗하다 みずうみ 호수 つれて行く 데리고 가다 船に乗る 배를 타다 落ちる 떨어지다 ～になる ～(해)지다 怖い 무섭다 作る 만들다 料理 요리 おいしい 맛있다 飛行機 비행기 楽しい 즐겁다

[177~179]

スプリング·ジャパンは、「GWは佐賀に行こう！」キャンペーンを4月28日まで開催しています。

【キャンペーン内容】

往復3,000円オフクーポン配布

【クーポン配布期間】

3月11日(金)12時00分から4月28日(木)23時59分まで

※限定500枚。なくなり次第終了。

【搭乗対象期間】

4月23日(土)から5月8日(日)まで

【対象路線】

東京(成田)－佐賀

【運航スケジュール】

・4月23日から

IJ701 成田08：55－ 佐賀11：20

IJ702 佐賀13：40－ 成田15：30

※4/25～27は運休

스프링 재팬은 「황금 연휴에는 사가에 가자!」 캠페인을 4월 28일까지 개최하고 있습니다.

【캠페인 내용】

왕복 3,000엔 할인 쿠폰 배포

【쿠폰 배포 기간】

3월 11일(금) 12시 00분부터 4월 28일(목) 23시 59분까지

※ 500장 한정. 수량 소진 시 종료.

【탑승 대상 기간】

4월 23일(토)부터 5월 8일(일)까지

【대상 노선】

도쿄(나리타) – 사가

【운항 스케줄】

・4월 23일부터

IJ701 나리타 08:55 – 사가 11:20

IJ702 사가 13:40 – 나리타 15:30

※ 4/25~27일은 운행 휴무

177 이것은 무엇에 대한 내용입니까?

(A) 스프링 재팬의 구인 광고

(B) 황금 연휴 스케줄

(C) 항공권 쿠폰 안내

(D) 사가 안내

178 스프링 재팬은 무슨 회사입니까?

(A) 건설사 (B) 항공사

(C) IT기업 (D) 택시 회사

179 본문의 내용과 맞지 않는 것을 고르세요.

(A) 나리타에서 사가까지 3시간도 안 걸립니다.

(B) 500장의 쿠폰이 소진되면 할인권은 받을 수 없습니다.

(C) 4월 29일에도 쿠폰을 받을 수 있습니다.

(D) 4월 26일에는 나리타에서 사가까지의 비행기를 탈 수 없습니다.

단어 GW 황금 연휴, 골든 위크 佐賀 사가(일본 규슈 지방에 있는 현) キャンペーン 캠페인 開催 개최 内容 내용 往復 왕복 オフ 할인 クーポン 쿠폰 配布 배포 期間 기간 限定 한정 ～次第 ～하는 대로 終了 종료 搭乗 탑승 対象 대상 路線 노선 東京 도쿄(지명) 成田 나리타(지명) 運航 운항 スケジュール 스케줄 運休 운휴

[180~182]

あなたは日本の居酒屋にある「飲み放題」というシステムを知っていますか。時間制限はあるけれど、決められた飲み物はその時間以内①なら、何杯でも飲むことができるシステムです。飲み物の種類もいろいろな材料から作られたお酒やカクテル、ビールなど、たくさんあるから好きなものを選んで飲むことができます。時間制限があるから、ゆっくりできないけれど、少ないお金でたくさん飲みたい時はいいかもしれません。でも、体のために飲みすぎない方がいいでしょう。

もし、日本に行く機会が②あったら、居酒屋に行ってみてください。日本の居酒屋は料理もなかなかおいしいし、日本らしい雰囲気もあるから、一度行くことをおすすめします。

당신은 일본의 이자카야(일본식 선술집)에 있는 '술 무한 리필'이라는 시스템을 알고 있습니까? 시간 제한은 있지만, 정해진 음료는 그 시간 이내 ①라면 몇 잔이라도 마실 수 있는 시스템입니다. 음료의 종류도 여러 가지 재료로 만들어진 술이나 칵테일, 맥주 등 많이 있기 때문에 좋아하는 것을 골라서 마실 수 있습니다. 시간 제한이 있기 때문에 천천히는 마실 수 없지만, 적은 돈으로 많이 마시고 싶을 때는 괜찮을지도 모릅니다. 하지만 몸을 위해서는 과음하지 않는 편이 좋겠지요.

만약에 일본에 갈 기회가 ②있다면 이자카야에 한번 가 보세요. 일본의 이자카야는 요리도 상당히 맛있는데다가 일본다운 분위기도 있기 때문에 한 번 가 보는 것을 추천합니다.

180 ＿①＿에 들어갈 적당한 말을 고르세요.

(A) 따라서 (B) ～면

(C) ～라면 (D) ～라면

181 ＿②＿에 들어갈 적당한 말을 고르세요.

(A) 없으면 (B) 있으면

(C) 없으면 (D) 있다면

182 본문의 내용과 맞는 것을 고르세요.

(A) 술 무한 리필 가게에서는 과음하는 사람은 적을 겁니다.

(B) 술 무한 리필 가게에서는 이자카야에 있는 술이라면 몇 시간이고 마실 수 있습니다.

(C) 술 무한 리필 가게에서는 좋아하는 술을 싸게 마실 수 있습니다.

(D) 술 무한 리필 가게에서는 음식을 기대하지 않는 편이 좋습니다.

단어 居酒屋 이자카야(일본식 선술집) 飲み放題 술·음료 무한 리필 システム 시스템 時間制限 시간 제한 決める 정하다 飲み物 마실 것 以内 이내 ～なら ~라면 何杯 몇 잔 飲む 마시다 ～ことができる ~할 수 있다 種類 종류 いろいろだ 여러가지다 材料 재료 お酒 술 カクテル 칵테일 ビール 맥주 たくさん 많이 選ぶ 고르다 ゆっくり 천천히 少ない 적다 お金 돈 ～かもしれない ~일지도 모른다 でも 하지만 体 몸 ～のために ~을/를 위해 飲みすぎる 과음하다 ～ない方がいい ~하지 않는 편이 좋다 もし 만약 機会 기회 行ってみる 가 보다 料理 요리 なかなか 상당히 おいしい 맛있다 ～し ~(하)고 명사 + らしい ~답다 雰囲気 분위기 一度 한번 すすめる 추천하다

[183~185]

100円ショップは全ての商品を100円で販売する店である。100円という切りのよさと、衝動買いしても後悔しない価格が受けて今や人気の店となった。100円ショップが登場したころは、洗濯バサミやノートなど値段相応の品物しか扱わず、暇つぶしの客がのぞく程度だった。

①しかし現在では大量仕入れにより値段以上の商品を揃えることができるようになり、箸からフライパンまで家のものは全てここで揃える人もいる。しかし、100円だからといってゆだんしていると、つい買いすぎてしまうので気をつけた方がいい。

100엔 숍은 모든 상품을 100엔에 판매하는 가게이다. 100엔이라는 딱 떨어지는 가격과 충동구매 하더라도 후회하지 않을 가격이 호평을 얻어 지금은 인기가 있는 가게가 되었다. 100엔 숍이 등장했을 때는 빨래집게나 노트 등 가격에 상응하는 제품 밖에 취급하지 않아 시간 떼우는 손님이나 들여다볼 정도였다.

①그러나 현재는 대량 구입에 의해 가격이 비싼 상품을 구비할 수 있게 되어, 젓가락에서부터 프라이팬까지 가정용품은 전부 여기에서 준비하는 사람도 있다. 그러나 100엔이라고 해서 방심하면 무심코 많이 사게 되기 때문에 조심하는 것이 좋다.

183 ＿①＿에 들어갈 적당한 말을 고르세요.

(A) 그러므로 (B) 그러나
(C) 그래서 (D) 게다가

184 100엔 숍에서 팔지 않는 것은 무엇입니까?

(A) 빨래집게 (B) 젓가락
(C) 프라이팬 (D) 세탁기

185 본문의 내용과 맞지 않는 것을 고르세요.

(A) 100엔 숍에서는 노트도 젓가락도 팔고 있습니다.
(B) 100엔 숍이란 모든 상품을 100엔에 판매하는 가게입니다.
(C) 100엔 숍에서는 가격이 비싼 상품은 팔지 않습니다.
(D) 100엔 숍이라고 해서 방심하지 않는 것이 좋습니다.

단어 100円ショップ 100엔 숍 全ての 모든 商品 상품 販売する 판매하다 切りがいい 딱 떨어지다 衝動買い 충동구매 後悔 후회 価格 가격 受ける 호평을 얻다, 받다 登場 등장 洗濯バサミ 빨래집게 値段 가격 相応 상응, 상당 品物 물건 扱う 다루다, 취급하다 ～ず ~하지 않고 暇つぶし 심심풀이 のぞく 들여다보다 程度 정도 現在 현재 大量 대량 仕入れ 매입, 구입 揃える 갖추다 ～ようになる ~하게 되다 箸 젓가락 フライパン 프라이팬 ～からといって ~라고 해서 ゆだんする 방심하다 つい 그만, 무심코 ～すぎる 너무 ~하다 気をつける 조심하다, 주의하다

[186~188]

さとみさんへ

さとみさん、お元気ですか。私はおかげさまで元気です。

最近、太ってしまいましたのでダイエットをしています。①でも、なかなかやせないから、心配です。

ダイエットの時は朝と昼は食べてもいいですが、夜遅く②食べてはいけません。でも、時々食べてしまいます。昨日も友だちに会って、居酒屋でビールを飲みながら、からあげやお好み焼きなどをたくさん食べてしまいました。それで、今日はジムに行って頑張って運動を2時間もしました。ダイエットは前もしたことがありますが、失敗してしまいました。だから今回だけはどうしてもダイエットに成功して、東京ディズニーシーへ遊びに行きたいです。

さとみさん、よかったら一緒に東京ディズニーシーへ遊びに行きませんか。宮本さんも一緒に行くのはどうですか。

それでは、お返事をお待ちしています。宮本さんにもよろしくお伝えください。

すずより

사토미 씨에게

사토미 씨 잘 지내세요? 저는 덕분에 잘 지냅니다.

최근에 살이 쪄서 다이어트를 하고 있습니다. ① 하지만, 좀처럼 살이 빠지지 않아서 걱정입니다.

다이어트를 할 때는 아침과 점심은 먹어도 되지만, 밤늦게 ② 먹으면 안됩니다. 하지만 가끔 먹고 맙니다. 어제도 친구를 만나서 이자카야에서 맥주를 마시면서 가라아게와 오코노미야키 등을 많이 먹어 버렸습니다. 그래서 오늘은 헬스장에 가서 열심히 운동을 2시간이나 했습니다. 다이어트는 전에도 한 적이 있지만, 실패하고 말았습니다. 그러니 이번만큼은 어떻게든 다이어트에 성공해서 도쿄 디즈니씨에 놀러 가고 싶습니다.

사토미 씨, 괜찮다면 함께 도쿄 디즈니씨에 놀러 가지 않겠습니까? 미야모토 씨도 같이 가는 건 어떨까요?

그럼, 답장 기다리고 있겠습니다. 미야모토 씨에게도 안부 전해 주세요.

스즈 올림

186 __①__에 들어갈 적당한 말을 고르세요.

(A) 그래서 (B) 예를 들면
(C) 그리고 (D) 하지만

187 __②__ 에 들어갈 적당한 말을 고르세요.

(A) 먹지 않으면 안 됩니다
(B) 먹으면 안 됩니다
(C) 먹는 편이 좋습니다
(D) 먹지 마세요

188 이 사람은 왜 오늘 2시간이나 운동을 했습니까?

(A) 운동하는 것을 좋아하니까
(B) 도쿄 디즈니씨에 가고 싶지 않으니까
(C) 미야모토 씨가 같이 하자고 했으니까
(D) 어제 맥주를 마시면서 음식을 너무 많이 먹었으니까

단어 最近 최근 太る 살찌다 ダイエット 다이어트 なかなか 좀처럼 やせる 살이 빠지다, 마르다 心配だ 걱정이다 ~てもいい ~해도 좋다, 해도 괜찮다 夜遅く 밤늦게 ~てはいけない ~해서는 안 된다 時々 가끔 それで 그래서 ジム 헬스장, 체육관 頑張る 노력하다, 힘내다 運動 운동 前 전 ~たことがある ~한 적이 있다 失敗 실패 だから 따라서, 그러니까 今回 이번 どうしても 어떻게든, 꼭 成功 성공 遊びに行く 놀러 가다 よかったら 괜찮다면 一緒に 함께 返事 답장 ~より ~(로)부터, ~올림

[189~191]

電話でのビジネス会話は、日本人にとっても難しいことだ。その難しさは外国人の場合とは異なり、主に、敬語の使い方によるものである。顔が見えない①ため、電話では直接会って話す時よりも、多少改まった言葉使いをする方がいい。また、日本語で電話をかける場合、なるべく柔らかく話すように心がけるのが大事だ。韓国語は日本語に比べて語調が強いため、韓国語を話す時の調子で日本語を話すと、それだけで強引できつい印象を与えてしまうことがあるからだ。

전화상의 비즈니스 회화는 일본인에게 있어서도 어려운 일이다. 그 어려움은 외국인의 경우와는 달리, 주로 경어 사용법에 따른 것이다. 얼굴이 보이지 않기 ①때문에 전화로는 직접 만나서 이야기할 때보다도 다소 격식을 차린 말씨를 쓰는 편이 좋다. 또한 일본어로 전화를 걸 경우, 되도록 부드럽게 이야기하도록 신경 쓰는 것이 중요하다. 한국어는 일본어에 비해 어조가 강하기 때문에 한국어로 이야기 하듯이 일본어로 이야기 하면 그것만으로도 강하고 딱딱한 인상을 주게 되기 때문이다.

189 __①__에 들어갈 적당한 말을 고르세요.

(A) ~인 데도　(B) ~이기 때문에

(C) ~것으로　(D) 어쨌든

190 왜 전화상의 비즈니스 회화가 어렵습니까?

(A) 경어 사용법이 어려워서

(B) 얼굴이 보이지 않아서

(C) 어조가 강해서

(D) 일본어는 외국어라서

191 무엇에 대해 설명하고 있습니까?

(A) 비즈니스맨의 고민

(B) 전화를 걸 때의 매너

(C) 일본어와 한국어의 어조

(D) 상담할 때의 말투

단어 ビジネス会話 비즈니스 회화　難しさ 어려움　外国人 외국인　～とは異なり ~와는 달리　主に 주로　敬語 경어　使い方 사용법　～による ~에 의한, ~에 따른　直接 직접　多少 다소　改まる 격식을 차리다　言葉使い 말씨, 말투　電話をかける 전화를 걸다　なるべく 되도록　柔らかい 부드럽다　心がける 명심하다　～に比べて ~에 비해　語調 어조　調子 상태, 정도　強引だ 막무가내다, 억지가 세다　きつい 과격하다, 심하다　印象を与える 인상을 주다　～てしまう ~해 버리다　悩み 고민

[192~194]

本日は全日空を__ご__利用くださいましてありがとうございます。

この飛行機の機長はわたくし松本です。

副機長は高橋です。

この飛行機のスタッフは８人です。その中に韓国人が２人います。

오늘도 전일본항공을 이용해주셔서 감사합니다.

이 비행기의 기장은 저 마쓰모토입니다.

부기장은 다카하시입니다.

이 비행기의 스태프는 8명입니다. 그중에 한국인이 두 명 있습니다.

この飛行機はただいま高度６０００メートルを飛行しています。東京までの飛行時間は1時間４５分で、東京には１０時５分に到着する予定です。
東京の天気は晴れです。
それではどうぞ、＿ご＿ゆっくりおくつろぎください。

이 비행기는 지금 고도 6천미터 상공에서 비행하고 있습니다.
도쿄까지의 비행 시간은 1시간 45분으로, 도쿄에는 10시 5분에 도착할 예정입니다.
도쿄 날씨는 맑습니다.
그럼 부디 편안한 여행 되십시오.

192 이것은 무엇에 대한 내용입니까?
(A) 도쿄의 날씨 (B) 기장의 역할
(C) 비행기의 속도 (D) 비행기 안내 방송

193 ＿①＿에 들어갈 적당한 말을 고르세요.
(A) お (B) ご
(C) ごん (D) おん

194 본문의 내용과 맞지 않는 것을 고르세요.
(A) 한국인이 아닌 스태프는 6명입니다.
(B) 8시 20분 출발 비행기입니다.
(C) 도쿄의 날씨는 좋지 않습니다.
(D) 다카하시가 이 비행기의 부기장입니다.

단어 本日 오늘, 금일 全日空 전일본항공(일본의 항공사) 利用 이용 飛行機 비행기 機長 기장 副機長 부기장 スタッフ 스태프, 직원 韓国人 한국인 飛行時間 비행 시간 到着 도착 予定 예정 天気 날씨 晴れ 맑음 くつろぐ 심신을 편안하게 하다, 느긋하게 하다

[195~197]

来週の土曜日、３月２８日は私の誕生日です。
誕生日パーティーをするので、どうぞ来てください。
場所は私の家で、時間は１３時からです。
あまり上手ではありませんが、私が料理も作ります。
そして楽しいゲームもたくさん考えておきました。
たくさんの方が来てくださることを楽しみにしています。

3月20日 木村きよこ

다음 주 토요일 3월 28일은 제 생일입니다.
생일 파티를 하니 부디 와 주세요.
장소는 저희 집이고, 시간은 13시부터입니다.
그다지 잘하지는 못하지만, 제가 요리도 만들 겁니다.
그리고 즐거운 게임도 많이 생각해 두었습니다.
많은 분이 와 주시기를 기대하고 있겠습니다.

3월 20일 기무라 기요코

195 이것은 무엇입니까?
(A) 일기 (B) 초대장
(C) 광고 (D) 팩스

196 이것을 쓴 날은 무슨 요일입니까?
(A) 수요일 (B) 목요일
(C) 금요일 (D) 토요일

197 본문의 내용과 맞는 것을 고르세요.
(A) 선물을 준비해야 한다.
(B) 요리는 함께 만들어 먹는다.
(C) 즐거운 게임도 많이 생각해서 가는 것이 좋다.
(D) 파티는 오후 1시부터이다.

단어 来週 다음 주 誕生日 생일 パーティー 파티 場所 장소 料理 요리 作る 만들다 楽しい 즐겁다 ゲーム 게임 ～ておく ~해 두다 ～てくださる ~해 주시다(존경어) 楽しみにする 기대하다 招待状 초대장

[198~200]

健康意識の高まりとともに、全国かくちでタクシーの車内全面禁煙を導入する動きが広がっている。名古屋タクシー協会が名古屋市や近郊で営業する約８千台を２００７年５月からいっせいに禁煙にした。大分、長野、神奈川などでも実施にふみきった。利用者には<u>①だいたい</u>好評で、予想されたトラブルも少ないという。東京都内も２００８年１月からほぼ全面禁煙となる。

건강 의식이 높아짐에 따라 전국 각지에서 택시의 차내 전면 금연을 도입하는 움직임이 확대되고 있다. 나고야 택시 협회가 나고야 시나 근교에서 영업하는 약 8천 대에서 2007년 5월부터 일제히 흡연을 금지하기로 하였다. 오이타, 나가노, 가나가와 등지에서도 실시를 단행하였다. 이용자에게는 <u>①대체로</u> 호평 받았고, 예상했던 충돌도 적다고 한다. 도쿄 도내에서도 2008년 1월부터 거의 전면 금연을 실시한다.

198 ___①___에 들어갈 적당한 말을 고르세요.

(A) 아마도　　(B) 겨우

(C) 대체로　　(D) 순식간에

199 무엇에 대한 설명입니까?

(A) 금연에 대한 움직임

(B) 건강과 금연

(C) 환경과 금연

(D) 금연 택시

200 본문의 내용과 맞는 것을 고르세요.

(A) 일반 시민은 찬성하는 사람이 적다.

(B) 오이타, 나가노 등에서는 실시하기 어렵다.

(C) 이용자는 금연은 자유라고 생각한다.

(D) 도쿄에서는 2008년부터 실시하기로 하였다.

단어 健康 건강　意識 의식　高まり 높아짐, 고조　～とともに ～와/과 함께　全国 전국　車内 차 안, 차내　全面 전면　禁煙 금연　導入する 도입하다　動き 움직임　広がる 확대되다　協会 협회　近郊 근교　営業する 영업하다　いっせいに 일제히　大分 오이타(지명)　長野 나가노(지명)　神奈川 가나가와(지명)　実施 실시　ふみきる 단행하다　利用者 이용자　好評 호평　予想 예상　トラブル 트러블, 문제　～という ～라고 하다　ほぼ 거의　環境 환경　一般 일반　賛成 찬성

JPT 450

한권으로 끝내기

해설

실전모의고사

실전모의고사 ▶407쪽

청해 (100문항)

1 (B)	2 (D)	3 (A)	4 (B)	5 (C)	6 (A)	7 (A)	8 (A)	9 (B)	10 (B)
11 (B)	12 (B)	13 (D)	14 (B)	15 (A)	16 (B)	17 (D)	18 (B)	19 (A)	20 (C)
21 (D)	22 (A)	23 (B)	24 (D)	25 (C)	26 (C)	27 (C)	28 (D)	29 (B)	30 (D)
31 (B)	32 (A)	33 (C)	34 (D)	35 (D)	36 (D)	37 (B)	38 (A)	39 (D)	40 (A)
41 (D)	42 (D)	43 (B)	44 (D)	45 (A)	46 (D)	47 (B)	48 (D)	49 (C)	50 (B)
51 (D)	52 (C)	53 (A)	54 (D)	55 (B)	56 (D)	57 (B)	58 (B)	59 (B)	60 (D)
61 (D)	62 (A)	63 (A)	64 (B)	65 (D)	66 (B)	67 (D)	68 (A)	69 (D)	70 (D)
71 (B)	72 (C)	73 (B)	74 (A)	75 (D)	76 (C)	77 (B)	78 (C)	79 (C)	80 (A)
81 (A)	82 (B)	83 (A)	84 (C)	85 (A)	86 (D)	87 (A)	88 (B)	89 (B)	90 (D)
91 (C)	92 (D)	93 (D)	94 (D)	95 (D)	96 (A)	97 (B)	98 (B)	99 (A)	100 (A)

독해 (100문항)

101 (A)	102 (C)	103 (D)	104 (D)	105 (B)	106 (B)	107 (C)	108 (B)	109 (B)	110 (C)
111 (C)	112 (D)	113 (B)	114 (B)	115 (A)	116 (A)	117 (B)	118 (C)	119 (B)	120 (D)
121 (A)	122 (B)	123 (D)	124 (C)	125 (D)	126 (A)	127 (D)	128 (A)	129 (D)	130 (A)
131 (D)	132 (C)	133 (C)	134 (C)	135 (D)	136 (A)	137 (C)	138 (D)	139 (D)	140 (D)
141 (B)	142 (B)	143 (D)	144 (A)	145 (A)	146 (C)	147 (C)	148 (B)	149 (A)	150 (B)
151 (D)	152 (C)	153 (A)	154 (C)	155 (C)	156 (A)	157 (B)	158 (A)	159 (C)	160 (A)
161 (A)	162 (B)	163 (C)	164 (B)	165 (B)	166 (B)	167 (C)	168 (D)	169 (A)	170 (C)
171 (D)	172 (D)	173 (D)	174 (B)	175 (A)	176 (D)	177 (B)	178 (C)	179 (D)	180 (D)
181 (B)	182 (B)	183 (C)	184 (D)	185 (B)	186 (D)	187 (A)	188 (D)	189 (C)	190 (C)
191 (C)	192 (D)	193 (D)	194 (B)	195 (B)	196 (A)	197 (B)	198 (D)	199 (B)	200 (C)

스크립트	해석

1

(A) 男の人が歩いています。
(B) 男の人が料理をしています。
(C) 男の人は料理をしながら走っています。
(D) 男の人は料理を食べているところです。

(A) 남성이 걷고 있습니다.
(B) 남성이 요리를 하고 있습니다.
(C) 남성은 요리를 하면서 달리고 있습니다.
(D) 남성은 요리를 먹고 있는 중입니다.

단어 歩く 걷다　料理 요리　～ながら ~하면서　走る 뛰다　食べる 먹다　～ているところ ~하는 중

2

(A) 魚を油で揚げています。
(B) 魚が川で泳いでいます。
(C) 魚をフライ返しで返しています。
(D) 魚がフライパンに入っています。

(A) 생선을 기름에 튀기고 있습니다.
(B) 물고기가 강에서 헤엄치고 있습니다.
(C) 생선을 뒤집개로 뒤집고 있습니다.
(D) 생선이 프라이팬에 담겨 있습니다.

단어 魚 물고기　油 기름　揚げる 튀기다　川 강　泳ぐ 헤엄치다　フライ返し 뒤집개　フライパン 프라이팬

3

(A) おつりは２００円です。
(B) 投入金額は８００円です。
(C) 子どもの回数券は1枚で８００円です。
(D) エンジョイエコカードは１０００円です。

(A) 거스름돈은 200엔입니다.
(B) 투입 금액은 800엔입니다.
(C) 아이의 회수권은 1장에 800엔입니다.
(D) 엔조이 에코 카드는 1000엔입니다.

단어 おつり 거스름돈　投入金額 투입 금액　回数券 회수권

4

(A) 洗車するための所です。
(B) 車を止めておくための所です。
(C) ガソリンを給油するための所です。
(D) 車のタイヤを交換するための所です。

(A) 세차하기 위한 곳입니다.
(B) 차를 세워 두기 위한 곳입니다.
(C) 휘발유를 주유하기 위한 곳입니다.
(D) 차의 타이어를 교환하기 위한 곳입니다.

단어 洗車する 세차하다　～ため ~(하기) 위함　止める 멈추다, 세우다　ガソリン 가솔린, 휘발유　給油 주유　タイヤ 타이어　交換する 교환하다

5

(A) ケーキ１ピースとコーヒーがあります。
(B) 食べ終わった皿が重ねられています。
(C) 皿の上には三角形のケーキがあります。
(D) ２本のフォークがコーヒーカップの中にあります。

(A) 케이크 한 조각과 커피가 있습니다.
(B) 다 먹은 접시가 포개져 있습니다.
(C) 접시 위에는 삼각형의 케이크가 있습니다.
(D) 2개의 포크가 커피 컵 안에 있습니다.

단어 ケーキ 케이크　ピース 조각　食べ終わる 다 먹다　皿 접시　重ねる 포개다, 겹치다　三角形 삼각형　フォーク 포크

6

(A) パンダが横たわっています。
(B) パンダが草を食べています。
(C) パンダが階段の下で寝ています。
(D) パンダが木に登ろうとしています。

(A) 판다가 누워 있습니다.
(B) 판다가 풀을 먹고 있습니다.
(C) 판다가 계단 아래에서 자고 있습니다.
(D) 판다가 나무에 오르려고 합니다.

단어 パンダ 판다　横たわる 눕다　草 풀　階段 계단　寝る 자다　登る 오르다

7

(A) バスに乗っています。
(B) 車を運転しています。
(C) タクシーを拾っています。
(D) バス停のベンチに座っています。

(A) 버스를 타고 있습니다.
(B) 차를 운전하고 있습니다.
(C) 택시를 잡고 있습니다.
(D) 버스 정류장의 벤치에 앉아 있습니다.

단어 バス 버스　乗る 타다　運転する 운전하다　タクシーを拾う 택시를 잡다　バス停 버스 정류장　ベンチ 벤치　座る 앉다

8

(A) ごまをすっています。
(B) ごまを植えています。
(C) ごまを炒っています。
(D) ごまを蒸しています。

(A) 깨를 빻고 있습니다.
(B) 깨를 심고 있습니다.
(C) 깨를 볶고 있습니다.
(D) 깨를 찌고 있습니다.

단어 ごまをする 깨를 빻다　植える 심다　炒る 볶다　蒸す 찌다

9

(A) 炭火で串だんごを焼いています。
(B) パックにだんごが入っています。
(C) 串にさしただんごを作っています。
(D) たれをつけただんごを食べています。

(A) 숯불로 경단 꼬치를 굽고 있습니다.
(B) 팩에 경단이 들어 있습니다.
(C) 꼬치에 끼운 경단을 만들고 있습니다.
(D) 소스를 바른 경단을 먹고 있습니다.

단어 炭火 숯불　串 꼬치　だんご 경단　焼く 굽다　作る 만들다　たれをつける 소스를 바르다

10

(A) 頭を触っています。

(B) あくびをしています。

(C) 両手を広げています。

(D) 足に手を当てています。

(A) 머리를 만지고 있습니다.

(B) 하품을 하고 있습니다.

(C) 양손을 벌리고 있습니다.

(D) 다리에 손을 대고 있습니다.

단어 頭 머리　触る 만지다　あくび 하품　両手 양손　広げる 펴다　足 다리

11

(A) 動物のえさを販売しています。

(B) 動物に食べ物を与えてはいけません。

(C) 動物にお菓子をあげなければなりません。

(D) 動物のためのおもちゃが用意してあります。

(A) 동물의 먹이를 판매하고 있습니다.

(B) 동물에게 먹이를 줘서는 안 됩니다.

(C) 동물에게 과자를 주지 않으면 안 됩니다.

(D) 동물을 위한 장난감이 준비되어 있습니다.

단어 動物 동물　えさ 먹이　販売する 판매하다　与える 주다　お菓子 과자　おもちゃ 장난감　用意する 준비하다

12

(A) 床の間のある和室です。

(B) 押入れの戸が閉まっています。

(C) 押入れの戸が開いたままです。

(D) 畳の上にカーペットがあります。

(A) 도코노마가 있는 일본식 방입니다.

(B) 벽장 문이 닫혀 있습니다.

(C) 벽장 문이 열린 채로 있습니다.

(D) 다다미 위에 카펫이 있습니다.

단어 床の間 도코노마(일본식 방에 바닥을 한 층 높게 만들어 벽에는 족자를 걸고 바닥에는 꽃이나 장식물 등을 두는 공간)
和室 일본식 방　押入れ 일본식 벽장, 붙박이장　閉まる 닫다　カーペット 카펫

13

(A) 電車を待つ所です。

(B) きってを売る所です。

(C) お金を下ろす所です。

(D) きっぷが買える所です。

(A) 전철을 기다리는 곳입니다.

(B) 우표를 파는 곳입니다.

(C) 돈을 찾는 곳입니다.

(D) 표를 살 수 있는 곳입니다.

단어 電車 전철　待つ 기다리다　きって 우표　売る 팔다　お金を下ろす 돈을 찾다, 돈을 인출하다　きっぷ 표

14

(A) 犬の頭をなでています。

(B) 子どもが犬を抱いています。

(C) 子どもが犬をおんぶしています。

(D) 犬に眼鏡をかけさせています。

(A) 개의 머리를 쓰다듬고 있습니다.

(B) 아이가 개를 안고 있습니다.

(C) 아이가 개를 업고 있습니다.

(D) 개에게 안경을 씌우고 있습니다.

단어 犬 개　頭 머리　なでる 쓰다듬다　抱く 안다　おんぶする 업다　眼鏡をかける 안경을 쓰다

15

(A) しろくまが泳いでいます。
(B) あらいぐまが手を洗っています。
(C) イルカが顔を出して笑っています。
(D) アザラシが水の中から顔を出しています。

(A) 북극곰이 헤엄치고 있습니다.
(B) 라쿤이 손을 씻고 있습니다.
(C) 돌고래가 얼굴을 내밀고 웃고 있습니다.
(D) 바다표범이 물 속에서 얼굴을 내밀고 있습니다.

단어 しろくま 북극곰　あらいぐま 라쿤　手を洗う 손을 씻다　イルカ 돌고래　アザラシ 바다표범

16

(A) 営業時間が書いてあります。
(B) 店の前に人が立っています。
(C) 店員が店の中へ案内しています。
(D) 入り口の前にモニターが置かれています。

(A) 영업시간이 적혀 있습니다.
(B) 가게 앞에 사람이 서 있습니다.
(C) 점원이 가게 안으로 안내하고 있습니다.
(D) 입구 앞에 모니터가 놓여 있습니다.

단어 営業時間 영업시간　書く 쓰다　店 가게　前 앞　立つ 서다　店員 점원　案内 안내　入り口 입구

17

(A) 窓越しにソファーが見えます。
(B) 空いている席は一つだけです。
(C) テーブルの上には眼鏡があります。
(D) ホワイトボードには何も書いてありません。

(A) 창문 너머 소파가 보입니다.
(B) 비어 있는 자리는 하나뿐입니다.
(C) 테이블 위에는 안경이 있습니다.
(D) 화이트 보드에는 아무것도 쓰여 있지 않습니다.

단어 窓越し 창 너머　ソファー 소파　席 자리　テーブル 테이블　ホワイトボード 화이트 보드, 칠판　何も 아무것도

18

(A) 喫茶店は人で混んでいます。
(B) 後ろ向きに立っている人がいます。
(C) 女の人はカフェの前に立っています。
(D) 一列に並んで順番待ちをしています。

(A) 찻집은 사람들로 붐비고 있습니다.
(B) 뒤돌아 서 있는 사람이 있습니다.
(C) 여성은 카페 앞에 서 있습니다.
(D) 한 줄로 나란히 순서를 기다리고 있습니다.

단어 喫茶店 찻집　混む 붐비다　後ろ向きに立つ 뒤돌아 서다　カフェ 카페　順番待ちをする 순서를 기다리다

19

(A) 花柄の浴衣があります。
(B) 無地のワンピースがあります。
(C) しま模様のセーターがあります。
(D) 水玉模様のアウターがあります。

(A) 꽃무늬 유카타가 있습니다.
(B) 무늬 없는 원피스가 있습니다.
(C) 줄무늬 스웨터가 있습니다.
(D) 물방울 모양의 겉옷이 있습니다.

단어 花柄 꽃무늬　浴衣 유카타(일본에서 목욕을 한 뒤 또는 여름철에 입는 무명 홑옷)　無地 무늬가 없음　しま模様 줄무늬　水玉模様 물방울 무늬

20

(A) すしを握(にぎ)っています。

(B) 店員(てんいん)にすしを注文(ちゅうもん)しています。

(C) すしをはしで取(と)ろうとしています。

(D) すしを食(た)べ終(お)わったところです。

(A) 초밥을 만들고 있습니다.

(B) 점원에게 초밥을 주문하고 있습니다.

(C) 초밥을 젓가락으로 집으려고 합니다.

(D) 초밥을 이제 막 다 먹었습니다.

단어 握(にぎ)る 쥐다, 손으로 쥐어 일정한 모양으로 굳히다 注文(ちゅうもん)する 주문하다 食(た)べ終(お)わる 다 먹다

21

会議(かいぎ)は何時(なんじ)からですか。

(A) 会議室(かいぎしつ)でしています。

(B) 会議(かいぎ)は水曜日(すいようび)でした。

(C) 1時間(いちじかん)だったと思(おも)います。

(D) 会議(かいぎ)は午後(ごご)3時(さんじ)からです。

회의는 몇 시부터입니까?

(A) 회의실에서 하고 있습니다.

(B) 회의는 수요일이었습니다.

(C) 1시간이었다고 생각합니다.

(D) 회의는 오후 3시부터입니다.

단어 会議(かいぎ) 회의 何時(なんじ) 몇 시 会議室(かいぎしつ) 회의실 水曜日(すいようび) 수요일 午後(ごご) 오후 ～から ～부터

22

このお茶(ちゃ)を飲(の)んでもいいですか。

(A) ええ、どうぞ。

(B) 紅茶(こうちゃ)がいいと思(おも)います。

(C) 休憩室(きゅうけいしつ)で飲(の)んでいます。

(D) お茶会(ちゃかい)は初(はじ)めてなんです。

이 차를 마셔도 됩니까?

(A) 예, 드세요(그러세요).

(B) 홍차가 좋다고 생각합니다.

(C) 휴게실에서 마시고 있습니다.

(D) 차 모임은 처음입니다.

단어 お茶(ちゃ) 차 飲(の)む 마시다 紅茶(こうちゃ) 홍차 休憩室(きゅうけいしつ) 휴게실 初(はじ)めて 처음(으로)

23

山田(やまだ)さんの妹(いもうと)はどの子(こ)ですか。

(A) 妹(いもうと)は8歳(はっさい)で、小学生(しょうがくせい)になりました。

(B) 白(しろ)いぼうしをかぶった子(こ)です。

(C) おもちゃをほしがっています。

(D) 彼女(かのじょ)は私(わたし)のかわいい妹(いもうと)です。

야마다 씨의 여동생은 어느 아이입니까?

(A) 여동생은 8살이고, 초등학생이 되었습니다.

(B) 하얀 모자를 쓴 아이입니다.

(C) 장난감을 갖고 싶어합니다.

(D) 그녀는 나의 귀여운 여동생입니다.

단어 小学生(しょうがくせい) 초등학생 ぼうしをかぶる 모자를 쓰다

24

どんな浴衣が買いたいんですか。

(A) 浴衣デートをしようと思っています。

(B) 浴衣を着て、花火大会に行きます。

(C) デパートで買おうと思っていますが。

(D) レトロなデザインのものを考えています。

어떤 유카타를 사고 싶습니까?

(A) 유카타 데이트를 하려고 합니다.

(B) 유카타를 입고 불꽃 축제에 갑니다.

(C) 백화점에서 사려고 생각하고 있는데요.

(D) 복고풍 디자인의 유카타를 생각하고 있습니다.

단어 デート 데이트 思う 생각하다 着る 입다 花火大会 불꽃 축제, 불꽃놀이 デパート 백화점 レトロ 레트로, 복고풍 デザイン 디자인 考える 생각하다

25

顔色が悪いですね。どうしたんですか。

(A) 顔は悪くないんじゃないかな。

(B) どんな色がいいか迷っているんです。

(C) 毎日残業しているから、体の調子が悪いんです。

(D) ほかの色に変えようと思っていますが、どうですか。

안색이 안 좋네요. 무슨 일 있어요?

(A) 얼굴은 나쁘지 않지 않나?

(B) 어떤 색이 좋을지 고민하고 있습니다.

(C) 매일 야근하고 있어서 몸 상태가 나쁩니다.

(D) 다른 색으로 바꾸려고 생각하고 있는데, 어떻습니까?

단어 顔色 안색 悪い 나쁘다, 안 좋다 顔 얼굴 迷う 갈피를 못 잡다, 헤매다 毎日 매일 残業 잔업, 야근 体 몸 調子 상태 変える 바꾸다

26

ケータイの充電が切れそうです。

(A) よく切れる物を持ってきて。

(B) 予備バッテリーを借りてもいい？

(C) モバイルバッテリーがあるけど、貸そうか。

(D) 私は新型モデルの発売を待っていました。

휴대폰 전원이 끊길 것 같아요.

(A) 잘 잘리는 것을 가져 와.

(B) 예비 배터리를 빌려도 돼?

(C) 보조 배터리가 있는데, 빌려줄까?

(D) 저는 신형 모델 발매를 기다리고 있었습니다.

단어 充電 충전 切れる 끊어지다 予備 예비 バッテリー 배터리 借りる 빌리다 モバイルバッテリー 보조 배터리 貸す 빌려주다 新型 신형 発売 발매

27

今日は一日中雨で寒かったですね。

(A) ええ、あめはもう食べました。

(B) ええ、雪合戦でもしましょうか。

(C) ええ、空気が冷え冷えとしていました。

(D) ええ、クーラーをつけてもしょうがなかったです。

오늘은 하루 종일 내렸던 비로 추웠지요.

(A) 예, 사탕은 이미 먹었습니다.

(B) 예, 눈싸움이라도 할까요?

(C) 예, 공기가 쌀쌀해졌습니다.

(D) 예, 냉방을 켜도 어쩔 수가 없었습니다.

단어 一日中 하루 종일 雨 비 寒い 춥다 あめ 사탕 雪合戦 눈싸움 空気 공기 冷え冷え 냉랭하고 쌀쌀한 모양 クーラーをつける 냉방·에어컨을 켜다

28

あ、借りたかさ、持ってくるのを忘れちゃった。

(A) 借りたことないですよ。
(B) かさを差せないほどです。
(C) 一緒に探してみましょう。
(D) ああ、今度でもいいです。

아, 빌렸던 우산을 가져오는 것을 잊어 버렸어.

(A) 빌린 적이 없었습니다.
(B) 우산을 펴지 않을 정도입니다.
(C) 함께 찾아 봅시다.
(D) 아, 다음이라도 괜찮습니다.

단어 借る 빌리다 忘れる 잊다 かさを差す 우산을 쓰다 一緒に 같이, 함께 探す 찾다 今度 이번, 이 다음

29

もうお昼行ける？

(A) うん、もう昼寝をしたよ。
(B) まだ、終わらなくて無理です。
(C) 本当についていない日でした。
(D) 今日、お汁粉はなかったそうです。

이젠 점심 먹으러 갈 수 있어?

(A) 응, 이미 낮잠 잤어.
(B) 아직 끝나지 않아서 안 되겠습니다.
(C) 정말로 잘 안 되는 날이었습니다.
(D) 오늘 단팥죽은 없었다고 합니다.

단어 昼寝 낮잠 終わる 끝나다 無理だ 무리다, 곤란하다 本当に 정말로 お汁粉 단팥죽

30

学校まで何で通っていますか。

(A) ６時に起きて学校に行きます。
(B) 朝の電車はいつも混んでいます。
(C) 新宿駅で電車に乗り換えます。
(D) いつもは徒歩ですが、時々自転車で行っています。

학교까지 어떻게 다니고 있습니까?

(A) 6시에 일어나서 학교에 갑니다.
(B) 아침 전철은 늘 혼잡합니다.
(C) 신주쿠역에서 전철로 갈아 탑니다.
(D) 평소엔 걸어서 가지만, 가끔 자전거로 다닙니다.

단어 通う 다니다 起きる 일어나다 電車 전철 混む 붐비다 乗り換る 갈아타다 徒歩 도보 時々 가끔 自転車 자전거

31

この中に入っている材料は何ですか。

(A) お風呂に入りました。
(B) キャベツとだいこんです。
(C) 箱の中に入っています。
(D) コップと皿とはしです。

이 안에 들어 있는 재료는 무엇입니까?

(A) 목욕탕에 들어갔습니다.
(B) 양배추와 무입니다.
(C) 상자 안에 들어 있습니다.
(D) 컵과 접시와 젓가락입니다.

단어 材料 재료 お風呂に入る 목욕을 하다, 목욕탕에 들어가다 キャベツ 양배추 だいこん 무 箱 상자 コップ 컵

32

昼ごはん、どうしようかな。

(A) 出前はどう？

(B) ラーメンの麺が伸びたよ。

(C) お昼ごろには晴れそうです。

(D) じゃ、デリバリーしてくるよ。

점심, 어떻게 할까?

(A) 배달은 어때?

(B) 라면의 면이 불었어.

(C) 점심 때는 맑을 것 같습니다.

(D) 그럼, 배달하고 올게.

단어 昼ごはん 점심밥 出前 배달 伸びる 펴지다, 증가하다 晴れる 날이 개다, 맑다 デリバリー 배달

33

これを木村さんに渡してくれない？

(A) 木村さんはいかがですか。

(B) 線路を渡ってはいけません。

(C) 営業課の木村さんですね。

(D) 木村さんに渡したことはありません。

이것을 기무라 씨에게 전해 줄래?

(A) 기무라 씨는 어떻습니까?

(B) 선로를 건너서는 안 됩니다.

(C) 영업부의 기무라 씨지요?

(D) 기무라 씨에게 건넨 적은 없습니다.

단어 渡す 건네주다 線路 선로 渡る 건너다 営業課 영업부

34

花粉がすごいですね。

(A) そうだね。花瓶に花がさしてある。

(B) どちらかというと花見は近場派です。

(C) アレルギーの原因はやはり卵だったよ。

(D) だから、くしゃみが止まらないんだよね。

꽃가루가 심하군요.

(A) 그렇네. 화병에 꽃이 꽂혀 있어.

(B) 어느 쪽인가 하면 꽃구경은 근처 파입니다.

(C) 알레르기의 원인은 역시 계란이었어.

(D) 그러니까 재채기가 끊이지 않았던 거야.

단어 花粉 꽃가루 花瓶 화병 花見 꽃구경 近場 근처 アレルギー 알레르기 原因 원인 卵 계란 くしゃみ 재채기 止まる 멈추다

35

昨日、終電で寝過ごして終点の駅まで行ってきたよ。

(A) 終電、間に合ってよかったね。

(B) 仕事帰りで始発電車に乗ったの？

(C) 電車が遅れて乗り換えできなかったよ。

(D) とんでもないところまで行っちゃったんだね。

어제, 막차에서 자서 종점 역까지 갔다 왔어.

(A) 막차에 맞게 갈 수 있어서 다행이야.

(B) 일 끝나고 집에 가는 길에 첫차를 탄 거야?

(C) 전철이 늦어서 환승을 할 수 없었어.

(D) 어처구니 없는 곳까지 가 버렸던 거네.

단어 終電 막차, 마지막 전철 寝過ごす 시간이 지나도록 자다, 늦잠 자다 終点 종점 間に合う 시간에 대다 始発電車 첫차 遅れる 늦다, 더디다 乗り換え 환승 とんでもない 어처구니 없다

36

急いでいるので、コピー機を使わせてください。

(A) はい、どうぞお入りください。

(B) はい、どうぞお座りください。

(C) はい、ゆっくり休んでください。

(D) はい、どうぞ。もう終わったから、ごゆっくり。

바빠서 그런데요, 복사기를 쓰겠습니다.

(A) 예, 어서 들어오세요.

(B) 예, 어서 앉으세요.

(C) 예, 천천히 쉬세요.

(D) 예, 그러세요. 전 이미 끝났으니까 편안히(쓰세요).

단어 急ぐ 서두르다 コピー機 복사기 使う 사용하다 座る 앉다 休む 쉬다 終わる 끝나다 ゆっくり 천천히, 마음 편히

37

書類の作成を少し手伝ってくださいませんか？

(A) じゃ、また後でまいります。

(B) 今、手がはなせないんですが…。

(C) お忙しいところ、申し訳ございません。

(D) はい、どうもありがとうございました。

서류 작성을 좀 도와주시겠습니까?

(A) 그럼, 나중에 또 오겠습니다.

(B) 지금 일에서 손을 뗄 수가 없는데요….

(C) 바쁘신데 죄송합니다.

(D) 예, 대단히 감사합니다.

단어 書類 서류 作成 작성 少し 조금 手伝う 도와주다 手がはなせない 손을 뗄 수 없다 忙しい 바쁘다

38

報告書はどうなっていますか。

(A) 今のところ順調です。

(B) 報告書は読みました。

(C) 報告書をお願いします。

(D) 遠慮なく何でも聞いてください。

보고서는 어떻게 되었습니까?

(A) 지금 단계에서는 순조롭습니다.

(B) 보고서는 읽었습니다.

(C) 보고서를 부탁합니다.

(D) 거리낌 없이 뭐든지 물어 보세요.

단어 報告書 보고서 順調だ 순조롭다 読む 읽다 遠慮 사양, 겸손

39

これ、配達していただけますか。

(A) 配達料はかかりますか。

(B) 宅配をお願いしたいのですが。

(C) 大至急、家まで配達してほしいんですが。

(D) お届け先のご住所とお電話番号をご記入ください。

이것을 배달해 주시겠습니까?

(A) 배달 요금은 듭니까?

(B) 택배를 부탁하고 싶은데요.

(C) 몹시 급한데, 집까지 배달해 주셨으면 하는데요.

(D) 도착지의 주소와 전화번호를 기입해 주세요.

단어 配達料 배달료 宅配 택배 大至急 매우 급함 届け先 보낼 곳 住所 주소 電話番号 전화번호 記入 기입

40

新しいノートパソコンですね。

(A) うん、昨日、買ってきたの。
(B) 最近人気があるタブレットだよ。
(C) うん、ノートパソコンは要らないよ。
(D) ポイントを使うためにパソコンを持ってきたの。

새로운 노트북이군요.

(A) 응, 어제 사 왔어.
(B) 최근에 인기 있는 태블릿 PC야.
(C) 응, 노트북은 필요 없어.
(D) 포인트를 쓰기 위해서 컴퓨터를 갖고 왔어.

단어 新しい 새롭다 ノートパソコン 노트북 最近 최근 人気がある 인기가 있다

41

悪いけど、２万円ぐらい貸してもらえないかな。

(A) 借りられて助かったよ。
(B) １か月の食費は２万と決めたよ。
(C) 銀行で働いたことがないの。
(D) ごめん。お金の貸し借りは絶対だめって親に言われているんだ。

미안하지만, 2만엔 정도 빌려줄 수 있을까?

(A) 빌려줘서 도움이 됐어.
(B) 한 달 식비는 2만으로 하기로 했어.
(C) 은행에서 일한 적이 없어.
(D) 미안해. 돈을 빌리고 빌려주는 것은 절대로 안 된다고 부모님께서 말씀하셨어.

단어 助かる 도움이 되다 食費 식비 決める 정하다 銀行 은행 働く 일하다 絶対 절대 親 부모(님)

42

このごろ、木村さんを見かけませんね。

(A) 見かけによらず、頑張り屋です。
(B) 見た目とは違って真面目な人です。
(C) 木村さんが何かを見つけたようです。
(D) 引退して田舎に引っ越したそうです。

요즘 기무라 씨를 뵌 적이 없네요.

(A) 겉보기와 다르게 노력가입니다.
(B) 보기와 달리 성실한 사람입니다.
(C) 기무라 씨가 뭔가 찾은 것 같습니다.
(D) 은퇴해서 시골로 이사했다고 합니다.

단어 見かけによらず 겉보기와 다르게 頑張り屋 노력가 見た目 겉보기 違う 다르다 引退 은퇴 引っ越す 이사하다

43

今日も徹夜ですか。

(A) はい、徹夜したことはありません。
(B) ええ、今夜も徹夜になりそうです。
(C) 一日中寝ても睡眠不足なんですよ。
(D) いいえ、今日は夜更かしするかもしれません。

오늘도 밤샘합니까?

(A) 예, 밤샘한 적은 없습니다.
(B) 예, 오늘도 밤샘할 것 같습니다.
(C) 하루 종일 자도 수면 부족입니다.
(D) 아니요, 오늘은 밤샐지도 모릅니다.

단어 徹夜 철야, 밤샘 今夜 오늘 밤 睡眠不足 수면 부족 夜更かし 밤샘 ～かもしれない ～일지도 모르다

44

いつもお世話になっております。大したものではございませんが…。

(A) お待ちしておりました。

(B) つまらないものは要りません。

(C) お招きいただきましてありがとうございます。

(D) そんなに気を使ってくださらなくてもいいのに…。

항상 신세지고 있습니다. 대단한 것은 아닙니다만….

(A) 기다리고 있었습니다.

(B) 하찮은 것은 필요 없습니다.

(C) 초대해주셔서 감사합니다.

(D) 그렇게 신경 쓰지 않으셔도 괜찮은데….

단어 お世話になる 신세를 지다　大した 대단한　つまらない 하찮다, 시시하다　招く 초대하다　気を使う 신경 쓰다

45

子どものおこづかいはいくらにしていますか。

(A) 月に5千円程度です。

(B) お正月にお年玉をあげました。

(C) 子どもに3千円くらい貸しました。

(D) 月末に親から仕送りをもらいました。

아이 용돈은 얼마나 줍니까?

(A) 한 달에 5천엔 정도입니다.

(B) 설날에 세뱃돈을 주었습니다.

(C) 아이에게 3천엔 정도 빌려주었습니다.

(D) 월말에 부모님께 생활비를 받았습니다.

단어 おこづかい 용돈　程度 정도　お年玉 세뱃돈　月末 월말　仕送り 생활비나 학비의 일부를 보내줌

46

やっぱり花よりだんごですよね。

(A) 兄と比べたことはないよ。

(B) なんでそんなに驚いているの。

(C) 石橋をたたいて渡る性格なんだね。

(D) そうそう。これを食べてから行くことにしよう。

역시 금강산도 식후경이지요.

(A) 형과 비교한 적은 없어.

(B) 왜 그렇게 놀란 거야.

(C) 돌다리도 두들겨 보고 건너는 성격인 거네.

(D) 맞아 맞아. 이것을 먹고 나서 가는 걸로 하자.

단어 比べる 비교하다　驚く 놀라다　石橋をたたいて渡る 돌다리도 두들겨 보고 건너라　性格 성격

47

眼鏡のレンズを変えたいんです。

(A) こちらはいかがですか。安くておいしいですよ。

(B) こちらはいかがですか。薄いし、軽いし、丈夫ですよ。

(C) 眼鏡のフレームが柔らかくていいです。

(D) ワンデータイプのコンタクトレンズです。

안경 렌즈를 바꾸고 싶어요.

(A) 이것은 어떠신가요? 싸고 맛있어요.

(B) 이것은 어떠신가요? 얇고 가볍고 튼튼해요.

(C) 안경 프레임이 유연하고 좋습니다.

(D) 원데이 타입의 콘택트렌즈입니다.

단어 眼鏡 안경　レンズ 렌즈　薄い 얇다　軽い 가볍다　丈夫だ 튼튼하다　柔らかい 부드럽다, 유연하다　コンタクトレンズ 콘택트렌즈

48

いつごろ韓国に帰りますか。

(A) 韓国で日本語の勉強をしてから来ました。

(B) 韓国を１０日に出発して、１５日に帰ります。

(C) 毎週水曜日に韓国語の会話の授業があります。

(D) 日本の会社で３年ぐらい働いてから帰ろうと思います。

언제 한국에 돌아갑니까?

(A) 한국에서 일본어 공부를 하고 나서 왔습니다.

(B) 한국에서 10일에 출발해서 15일에 귀국합니다.

(C) 매주 수요일에 한국어 회화 수업이 있습니다.

(D) 일본 회사에서 3년 정도 일하고 나서 귀국하려고 합니다.

단어 帰る 돌아가다　日本語 일본어　勉強 공부　出発 출발　毎週 매주　会話 회화　授業 수업

49

神社にでもお参りに行くか。

(A) 神社行きのバス、行っちゃった。

(B) お寺と神社、どっちに行ってる？

(C) いやだ。すごく混んでるんでしょ？

(D) 家族そろって神社へ行ってきたよ。

신사에라도 참배하러 갈까?

(A) 신사로 가는 버스, 가 버렸어.

(B) 절과 신사, 어디에 다녀?

(C) 싫어. 굉장히 붐비잖아?

(D) 가족 모두 신사에 다녀왔어.

단어 神社 신사　お参り 참배　～行き ~행　寺 절　家族 가족　そろう 갖추어지다, (모두 한 곳에) 모이다

50

髪の毛を切った方がいいんじゃないですか。

(A) きれいに染まったでしょう？

(B) どのくらいの長さがいいのかな。

(C) シャンプーしたみたいに気持ちがいい。

(D) 髪の毛がサラサラしていていい香りがする。

머리카락을 자르는 편이 좋지 않겠습니까?

(A) 예쁘게 염색 되었죠?

(B) 어느 정도의 길이가 좋을까?

(C) 샴푸한 것처럼 기분이 좋아.

(D) 머리카락이 찰랑찰랑하고 좋은 향기가 나.

단어 髪の毛 머리카락　切る 자르다　きれいだ 예쁘다　染まる 물들다　長さ 길이　シャンプーする 샴푸하다, 머리 감다　気持ち 기분　サラサラ 찰랑찰랑　香りがする 향기가 나다

스크립트	해석

51

女 雨が降ったりやんだりして、すっきりしませんね。
男 天気予報によると、明日は晴れだそうです。
女 でも、空を見ると雨はやみそうにないですよ。
男 一晩中、激しい雨が降りますが、あけがたから雨は上がるそうです。

여 비가 오락가락하고 개운치 않네요.
남 일기 예보에 의하면 내일은 맑다고 합니다.
여 하지만, 하늘을 보면 비가 그칠 것 같지도 않아요.
남 밤새 심한 비가 내리지만, 새벽녘부터 비가 그친다고 합니다.

Q 天気について正しいのはどれですか。
(A) 明日は雨が降る。
(B) 夜中から天気が回復する。
(C) 今日はすっきりと晴れている。
(D) 夜中から朝方にかけて雨が降る。

Q 날씨에 관해 옳은 것은 어느 것입니까?
(A) 내일은 비가 내린다.
(B) 밤부터 날씨가 회복된다.
(C) 오늘은 깨끗하고 맑은 날씨이다.
(D) 밤중부터 새벽녘에 걸쳐 비가 내린다.

단어 雨が降る 비가 오다 雨がやむ 비가 그치다 すっきり 산뜻하고 말끔한 모양 天気予報 일기 예보 一晩中 밤새 激しい 세차다, 격심하다 あけがた 새벽녘 雨が上がる 비가 그치다 夜中 밤중 回復する 회복하다 朝方 새벽녘

52

男 疲れているみたいだね。
女 うん、昨日は真夜中に子どもに泣かれて、眠れなかったんだ。
男 急ぎの仕事だけやって、早く帰ったらどう。
女 ありがとう。そうさせてもらうね。

남 피곤해 보이네.
여 응, 어제는 한밤중에 아이가 울어 잠을 못 잤어.
남 급한 일만 끝내고 빨리 집에 가면 어때?
여 고마워. 그렇게 할게.

Q 女の人はどうして眠れませんでしたか。
(A) 仕事で夜更ししたから
(B) 赤ちゃんを泣かせたから
(C) 赤ちゃんが夜泣きしたから
(D) たまった仕事が心配になったから

Q 여자는 왜 잠을 잘 수 없었습니까?
(A) 일 때문에 밤을 샜기 때문에
(B) 아기를 울렸기 때문에
(C) 아기가 밤에 울었기 때문에
(D) 밀린 일이 걱정되었기 때문에

단어 疲れる 지치다 真夜中 한밤중 泣く 울다 眠る 잠들다 夜更し 밤늦도록 자지 않음 夜泣き 아기가 밤 중에 욺 たまる 모이다, 쌓이다

53

女 あのう、本だなの高いところに手が届かないんですが、踏み台はありますか。
男 私がします。どんな本を探していますか。

여 저기요, 책장의 높은 곳에 손이 닿지 않는데 발판이 있나요?
남 제가 하겠습니다. 어떤 책을 찾고 있습니까?

女　では悪いんですけど、一番上の段にある『料理が好き』という本を取ってもらえませんか。
男　はい、分かりました。

여　그럼 죄송하지만, 제일 윗칸에 있는 「요리가 좋아」라는 책을 꺼내 주지 않겠습니까?
남　예, 알겠습니다.

Q　男の人はこれから何をしますか。

(A) 女の人に本を渡す。
(B) 本だなに本を片付ける。
(C) 踏み台を作る。
(D) 女の人から本を受け取って本だなに戻す。

Q　남성은 이후에 무엇을 합니까?

(A) 여성에게 책을 건넨다.
(B) 책장에 책을 넣어 정리한다.
(C) 발판을 만든다.
(D) 여성에게서 책을 받아 책장에 돌려 놓는다.

단어 本だな 책장　高い 높다　届く 닿다　踏み台 발 받침대　探す 찾다　一番 제일　片付ける 정리하다

54

男　この写真の中で、田中さんの妹はどの人ですか。
女　木の下に白いシャツを着ている人たちがいるでしょう?
男　あ、いますね。
女　その中で前髪をピンで止めて眼鏡をかけている人が私の妹です。

남　이 사진 속에서 다나카 씨의 여동생은 어느 분입니까?
여　나무 아래에 하얀 셔츠를 입고 있는 사람들이 있지요?
남　아, 있네요.
여　그중에 앞머리에 핀을 꽂고 안경을 쓴 사람이 제 여동생입니다.

Q　田中さんの妹さんについて正しいのはどれですか。

(A) 木陰で木を植えている。
(B) 白いスカートをはいている。
(C) 肩にかばんをかけている。
(D) 前髪をピンで止めている。

Q　다나카 씨의 여동생에 관해 옳은 것은 어느 것입니까?

(A) 나무 그늘에서 나무를 심고 있다.
(B) 하얀 치마를 입고 있다.
(C) 어깨에 가방을 메고 있다.
(D) 앞머리에 핀을 꽂고 있다.

단어 写真 사진　妹 여동생　シャツ 셔츠　前髪 앞머리　木陰 나무 그늘　植える 심다　肩 어깨

55

女　ひろしくん、今からコンビニに行くの?
男　はい。
女　ついでに宅配便でこの荷物を送ってくれる?
男　はい、分かりました。

여　히로시 군, 지금 편의점에 가는 거야?
남　예.
여　가는 김에 택배로 이 짐을 보내 줄래?
남　예, 알겠습니다.

Q　女の人は何を頼みましたか。

(A) 郵便局に行くこと
(B) 荷物を発送すること
(C) コンビニに立ち寄ること
(D) フェイスパックを買うこと

Q　여성은 무엇을 부탁했습니까?

(A) 우체국에 가는 것
(B) 짐을 발송하는 것
(C) 편의점에 들르는 것
(D) 얼굴 팩을 사는 것

단어 コンビニ 편의점　宅配 택배　荷物 짐　送る 보내다　頼む 부탁하다　郵便局 우체국　発送 발송　立ち寄る 들르다

56

女　目がすごく赤いですね。もしかして花粉症ですか。
男　ううん、寝不足。
女　昨日、何かあったんですか。
男　夜遅くまでサッカーの試合を見ていたんだ。

여　눈이 굉장히 빨갛네요. 혹시 꽃가루 알레르기입니까?
남　아니, 수면 부족.
여　어제 무슨 일 있었습니까?
남　밤늦게까지 축구 시합을 봤어.

Q　男の人は夜遅くまで何をしましたか。

(A) 仕事
(B) 映画鑑賞
(C) 野球のゲーム
(D) サッカーの試合観戦

Q　남성은 밤늦게까지 무엇을 했습니까?

(A) 일
(B) 영화 감상
(C) 야구 게임
(D) 축구 시합 관전

단어 花粉症 꽃가루 알레르기　寝不足 수면 부족　夜遅く 밤늦게　試合 시합　鑑賞 감상　野球 야구　観戦 관전

57

男　先ほど送ってくれた書類のことなんですけど…。
女　何か問題がありましたか。
男　氏名のところを漢字とローマ字で記入して送ってくれませんか。
女　はい、分かりました。

남　아까 보내준 서류 말인데요….
여　뭔가 문제가 있습니까?
남　성명 부분을 한자와 로마자로 기입해서 보내주시겠습니까?
여　예, 알겠습니다.

Q　男の人は女の人に何を頼みましたか。

(A) 英語に訳すこと
(B) 名前を書くこと
(C) 使命感を持つこと
(D) 履歴書を送ること

Q　남성은 여성에게 무엇을 부탁했습니까?

(A) 영어로 번역하는 것
(B) 이름을 쓰는 것
(C) 사명감을 갖는 것
(D) 이력서를 보내는 것

단어 先ほど 아까, 조금 전　問題 문제　氏名 성명　漢字 한자　英語 영어　訳す 번역하다　名前 이름　使命感 사명감　履歴書 이력서

58

女　本だなと引き出しの中を整理することにした。
男　何か手伝いましょうか。
女　じゃ、リビングにあるダンボール箱を２つ持ってきてくれない？
男　はい、分かりました。

여　책장과 서랍 안을 정리하기로 했어.
남　뭔가 도와드릴까요?
여　그럼, 거실에 있는 종이 상자를 2개 가져와 줄래?
남　예, 알겠습니다.

Q　男の人はこれから何をしますか。

(A) 台所に行く。

(B) 箱を持ってくる。

(C) 新しい本だなを買う。

(D) 引き出しの中を整理する。

Q　남성은 이제부터 무엇을 합니까?

(A) 부엌에 간다.

(B) 상자를 들고 온다.

(C) 새 책장을 산다.

(D) 서랍 안을 정리한다.

단어 引き出し 서랍　整理する 정리하다　手伝う 돕다　リビング 거실　ダンボール箱 종이 상자　台所 부엌

59

男　あのフレンチレストラン、量は多いのに、値段は安くて、しかもおいしいんです。

女　だからお店の前で並んでいる人が多いんですね。

男　そうなんですよ。インテリアもヨーロッパスタイルで、おしゃれでいいです。

女　私も一度行ってみたいです。

남　저 프렌치 레스토랑, 양은 많은데 가격도 싸고, 게다가 맛있어요.

여　그래서 가게 앞에 줄 서있는 사람이 많군요.

남　맞아요. 인테리어도 유럽 스타일로 멋지고 좋아요.

여　저도 한번 가 보고 싶습니다.

Q　店について正しいのはどれですか。

(A) 店は和風である。

(B) フランス料理店である。

(C) 店の前で商品を売っている。

(D) フランスにあるレストランである。

Q　가게에 관해 옳은 것은 어느 것입니까?

(A) 가게는 일본풍이다.

(B) 프랑스 요리점이다.

(C) 가게 앞에서 상품을 팔고 있다.

(D) 프랑스에 있는 식당이다.

단어 量 양　値段 가격　おいしい 맛있다　インテリア 인테리어　ヨーロッパスタイル 유럽 스타일　おしゃれだ 멋지다

60

男　伊藤さん、映画のチケットがあるんだけど、一緒に見に行かない？

女　いつのチケット？

男　明日の午後４時なんだけど。

女　あさってまでに企画書を提出するため、今は猫の手も借りたいほど忙しくて、明日は行けそうにないなあ。

남　이토 씨, 영화 티켓이 있는데 함께 보러 가지 않을래?

여　티켓 날짜는 언제야?

남　내일 오후 4시인데.

여　모레까지 기획서를 제출해야 되기 때문에 오늘은 고양이 손이라도 빌리고 싶을 정도로 바빠서 내일은 갈 수 없을 것 같아.

Q　どうして女の人は行けないですか。

(A) 猫を飼うから

(B) 猫の映画だから

(C) ４時に約束があるから

(D) 企画書を作成するから

Q　여성은 왜 갈 수 없습니까?

(A) 고양이를 키우기 때문에

(B) 고양이 영화이기 때문에

(C) 4시에 약속이 있기 때문에

(D) 기획서를 작성하기 때문에

단어 映画 영화 チケット 티켓, 표 いつ 언제 あさって 내일모레 企画書 기획서 提出 제출 飼う 기르다 約束 약속 作成する 작성하다

61

女 花火大会って、今日だった？

男 うん、昨日と今日。

女 あ、花火見に行きたいな。

男 え、そう？僕は行きたくないなあ。昨日、すごい人出だったらしいよ。今日もきっとすごく混むはずだよ。

여 불꽃 축제, 오늘이었어?

남 응, 어제랑 오늘.

여 아, 불꽃 축제 보러 가고 싶다.

남 어, 그래? 나는 가고 싶지 않아. 어제 인파가 굉장했다고 해. 오늘도 분명 굉장히 붐빌거야.

Q 男の人はどうして花火大会に行きたくないのですか。

(A) 昨日、花見に行ってきたから

(B) 花火大会は明日もあるから

(C) 花見スポットの混雑が予想されるから

(D) 花火大会に多くの人出が予想されるから

Q 남성은 왜 불꽃 축제 구경을 가고 싶지 않은 것입니까?

(A) 어제 꽃구경을 다녀와서

(B) 불꽃 축제는 내일도 하니까

(C) 벚꽃 명소의 혼잡이 예상되니까

(D) 불꽃 축제에 많은 인파가 예상되니까

단어 花火大会 불꽃 축제, 불꽃놀이 人出 인파 きっと 꼭, 반드시 混雑 혼잡 予想 예상

62

男 バス、なかなか来ませんね。

女 ラッシュだから、道が混んでいますね。

男 タクシーも拾えないし、もし乗っても遅刻しそうだし、歩いて行きましょうか。

女 そうしましょう。

남 버스가 좀처럼 안 오네요.

여 차 막힐 시간이라서 길이 막히네요.

남 택시도 잡히지 않고, 만약 타더라도 지각할 것 같은데 걸어서 갈까요?

여 그렇게 합시다.

Q 二人はどうやって行きますか。

(A) 歩いて行く。

(B) 電車で行く。

(C) バスで行く。

(D) タクシーで行く。

Q 둘은 어떻게 갑니까?

(A) 걸어간다.

(B) 전철로 간다.

(C) 버스로 간다.

(D) 택시로 간다.

단어 バス 버스 なかなか 꽤, 좀처럼 ラッシュ 러시아워의 준말, 교통 혼잡 遅刻 지각 歩く 걷다

63

女　中村さん、冬休みに何か予定ありますか。	여　나카무라 씨, 겨울 휴가 때 뭔가 계획이 있습니까?
男　はい、家族と海外旅行に行こうと思っています。	남　예, 가족과 해외여행을 가려고 합니다.
女　いいですね。行き先は決めましたか。	여　좋네요. 갈 곳은 정했습니까?
男　私はアメリカに行きたいんですが、両親は西ヨーロッパに行きたがっているので、どうしようか迷っています。	남　저는 미국에 가고 싶은데, 부모님은 서유럽에 가고 싶어 하셔서 어떻게 할까 고민하고 있습니다.

Q　この内容と合っているのはどれですか。	**Q**　이 내용과 맞는 것은 어느 것입니까?
(A) 行き先が決まっていない。	(A) 갈 곳이 정해져 있지 않다.
(B) 海外旅行で道に迷ったことがある。	(B) 해외여행에서 길을 헤맨 적이 있다.
(C) 中村さんは夏休みに海外旅行に行く。	(C) 나카무라 씨는 여름휴가 때 해외여행을 간다.
(D) 中村さんは西ヨーロッパに行きたがっている。	(D) 나카무라 씨는 서유럽에 가고 싶어 한다.

단어 冬休み 겨울 방학, 겨울 휴가　予定 예정　海外旅行 해외여행　行き先 행선지　決める 정하다　アメリカ 미국(지명)　両親 부모님　西ヨーロッパ 서유럽(지명)　道に迷う 길을 헤매다　夏休み 여름 방학, 여름휴가

64

男　今日も会議が長引きそうだね。	남　오늘도 회의가 길어질 것 같군.
女　そうですね。私、今日、映画館に行こうと思ってチケットをネットで予約したんですけど…。	여　맞아요. 저는 오늘 영화관에 가려고 표를 인터넷으로 예약했는데….
男　僕は友だちと飲み会があるんだよ。約束の時間、一時間遅らせてもらおうかな…。	남　나는 친구와 술 약속이 있어. 약속 시간을 한 시간 늦춰 달라고 할까….
女　私はキャンセルするしかなさそうです。	여　저는 취소할 수 밖에 없을 것 같습니다.

Q　女の人はこれから何をしますか。	**Q**　여자는 지금부터 무엇을 합니까?
(A) スマホで映画を見る。	(A) 스마트폰으로 영화를 본다.
(B) 映画の予約を取り消す。	(B) 영화 예약을 취소한다.
(C) 映画のチケットを予約する。	(C) 영화 표를 예약한다.
(D) 映画の時間を1時間遅らせる。	(D) 영화 시간을 1시간 늦춘다.

단어 会議 회의　長引く 길게 끌다　映画館 영화관　予約 예약　飲み会 술 모임, 회식　遅らせる 늦추다　キャンセル 취소　スマホ 스마트폰　取り消す 취소하다

65

女　田中さんは朗らかでいい人ですね。

男　そうですか。私はマイペースで負けず嫌いだと思っていました。

女　ふーん。人によって感じる印象が違いますね。じゃあ、渡辺さんの印象は？

男　彼は口が重くて、頼りになる人だと思います。

Q　渡辺さんはどんな人ですか。

(A) マイペースで口が重い。

(B) 負けず嫌いで口が軽い。

(C) 朗らかでいい人である。

(D) 口数が少なくて信頼できる。

여　다나카 씨는 명랑하고 좋은 사람이네요.

남　그렇습니까? 저는 그가 남을 신경 쓰지 않고, 지기 싫어한다고 생각하고 있었습니다.

여　흠, 사람에 따라 느끼는 인상이 다르군요. 그럼, 와타나베 씨의 인상은요?

남　그는 입이 무겁고 믿을 수 있는 사람이라고 생각합니다.

Q　와타나베 씨는 어떤 사람입니까?

(A) 남을 신경 쓰지 않고 입이 무겁다.

(B) 지기 싫어하고 입이 가볍다.

(C) 명랑하고 좋은 사람이다.

(D) 말수가 적고 신뢰할 수 있다.

단어 朗らかだ 명랑하다　マイペース 남을 신경쓰지 않음　負けず嫌い 지기 싫어함　印象 인상　口が重い 입이 무겁다　頼りになる 의지가 되다　口が軽い 입이 가볍다　口数が少ない 말수가 적다　信頼 신뢰

66

男　あまり食べてないね。

女　調子が悪くて…。最近よく眠れないんです。

男　何か悩みでもあるの？

女　仕事が多すぎて、思いどおりに進まないんです。

Q　女の人はどうして食べないのですか。

(A) 眠いから

(B) 体調が悪いから

(C) 悩みを解決したいから

(D) 思ったより仕事が少ないから

남　그다지 안 먹네.

여　몸 상태가 안 좋아서…. 최근에 잠을 잘 못 자요.

남　뭔가 고민이라도 있어?

여　일이 너무 많고 생각한 대로 진행되지 않아요.

Q　여성은 왜 먹지 않습니까?

(A) 졸려서

(B) 몸 상태가 안 좋아서

(C) 고민을 해결하고 싶어서

(D) 생각보다 일이 적어서

단어 調子が悪い (몸·기계 등의) 상태가 좋지 않다　最近 최근　悩み 고민　進む 나아가다　眠い 졸리다　体調が悪い 몸 상태가 나쁘다　解決 해결

67

女　来週の会議なんですけど、火曜日の1時ごろはどうですか。

男　うーん、火曜日は取引先を訪問する予定が入っていますので、午前中はどうですか。

女　午前中は研究所のセミナーがあるんです。それでは水曜日の午前10時ごろはどうですか。

男　あ、いいですよ。その日は一日中空いていますから。

여　다음주 회의 말인데요, 화요일 1시쯤은 어떻습니까?

남　음, 화요일은 거래처를 방문할 예정이니까 오전 중은 어떻습니까?

여　오전 중에는 연구소 세미나가 있어요. 그러면 수요일 오전 10시쯤은 어떻습니까?

남　아, 괜찮습니다. 그 날은 하루 종일 다른 일정이 없으니까요.

Q　会議はいつですか。

(A) 今週の火曜日１時ごろ
(B) 来週の火曜日１時ごろ
(C) 今週の水曜日10時ごろ
(D) 来週の水曜日10時ごろ

Q　회의는 언제입니까?

(A) 이번 주 화요일 1시쯤
(B) 다음 주 화요일 1시쯤
(C) 이번 주 수요일 10시쯤
(D) 다음 주 수요일 10시쯤

단어 来週 다음 주　取引先 거래처　訪問 방문　午前中 오전 중　研究所 연구소　セミナー 세미나

68

男　この絵、いいですね。

女　娘が描いてくれたんです。

男　すごいですね。まるで写真みたいです。

女　弟がカメラで撮った写真を見本に描いたそうです。

남　이 그림, 좋네요.

여　딸이 그려준 것입니다.

남　굉장하네요. 마치 사진같아요.

여　동생이 카메라로 찍은 사진을 바탕으로 그렸다고 합니다.

Q　二人は何を見ていますか。

(A) 娘が描いた絵
(B) 弟の写真
(C) 娘が撮った写真
(D) 弟のカメラ

Q　두 사람은 무엇을 보고 있습니까?

(A) 딸이 그린 그림
(B) 남동생의 사진
(C) 딸이 찍은 사진
(D) 남동생의 카메라

단어 絵 그림　描く 그리다　カメラ 카메라　撮る 찍다　見本 견본

69

男　この案内文、読みにくいですね。

女　そうですね。文字が小さすぎますよね。

男　全然読めないからスマホで写真を撮って、拡大して読むしかないな。

女　それはいい方法ですね。

남　이 안내문은 읽기 힘드네요.

여　그렇네요. 글씨가 너무 작지요.

남　전혀 읽을 수 없으니까 스마트폰으로 찍고 확대해서 읽을 수밖에 없군.

여　그건 좋은 방법이네요.

Q 男の人は何をしようと思っていますか。

(A) カメラを買う。
(B) 字を大きく書く。
(C) 眼鏡をかけて見る。
(D) スマホで写真を撮る。

Q 남성은 무엇을 하려고 합니까?

(A) 카메라를 산다.
(B) 글씨를 크게 쓴다.
(C) 안경을 쓰고 본다.
(D) 스마트폰으로 사진을 찍는다.

단어 案内文 안내문 ~にくい ~하기 어렵다, 힘들다 文字 문자 全然 전혀 拡大 확대 しか ~밖에 方法 방법

70

女 遅くなってすみません。
男 どうしたんですか。
女 子どもがケータイと眼鏡を家に置いて行ったので、学校に届けて来たんです。

여 늦어서 죄송합니다.
남 무슨 일인가요?
여 아이가 휴대 전화와 안경을 집에 두고 가서 학교에 전해주고 왔습니다.

Q 女の人はどうして遅刻しましたか。

(A) ケータイを買ったから
(B) 眼鏡を落としたから
(C) バスにケータイを忘れたから
(D) 子どもの学校に行ってきたから

Q 여성은 왜 지각했습니까?

(A) 휴대 전화를 샀기 때문에
(B) 안경을 잃어 버렸기 때문에
(C) 버스에 휴대 전화를 두고 내렸기 때문에
(D) 아이의 학교에 다녀왔기 때문에

단어 置く 두다 学校 학교 届ける 보내다 遅刻 지각

71

男 すみません。何かおすすめのメニューはありますか。
女 焼きたてのパンとクリームスパゲッティのセットメニューはいかがですか。
男 ああ、いいですね。じゃあ、それをお願いします。
女 はい、かしこまりました。

남 저기요, 무언가 추천할 만한 메뉴가 있습니까?
여 갓 구운 빵과 크림 스파게티 세트 메뉴는 어떻습니까?
남 아, 좋네요. 그럼, 그걸로 부탁합니다.
여 예, 알겠습니다.

Q 男の人は何を注文しましたか。

(A) 野菜とチーズスパゲッティ
(B) パンとクリームスパゲッティ
(C) 焼肉とクリームスパゲッティ
(D) 焼きトマトと海鮮スパゲッティ

Q 남성은 무엇을 주문했습니까?

(A) 야채와 치즈 스파게티
(B) 빵과 크림 스파게티
(C) 숯불 구이와 크림 스파게티
(D) 구운 토마토와 해산물 스파게티

단어 おすすめのメニュー 추천 메뉴 焼きたて 갓 구운 パン 빵 注文 주문 野菜 야채 海鮮 해산물

72

男　一人暮らしをしていると聞きましたが、どうですか。
女　楽しんでいます。
男　そうですか。住んでいる所はどうですか。
女　静かですが、駅から遠くて不便です。

남　혼자 산다고 들었는데요, 어떻습니까?
여　즐기며 지내고 있어요.
남　그렇습니까. 살고 있는 곳은 어떻습니까?
여　조용하지만, 역에서 멀어서 불편합니다.

Q　女の人が住んでいる所について正しいのはどれですか。

(A) うるさい所である。
(B) 賑やかな所である。
(C) 駅から遠くて不便な所にある。
(D) 楽しくて心地よい所である。

Q　여성이 살고 있는 곳에 대해 올바른 것은 어느 것입니까?

(A) 시끄러운 곳이다.
(B) 번화한 곳이다.
(C) 역에서 멀고 불편한 곳에 있다.
(D) 즐겁고 마음이 편한 곳이다.

단어 一人暮らし 혼자 삶　住む 살다　うるさい 시끄럽다　賑やかだ 번화하다, 북적이다　心地よい 편안하다

73

女　かおりさんは今日の飲み会、来ないかもしれない。
男　え？何で？
女　さっき、娘さんを迎えに行くって言って早退したんだ。
男　じゃあ、しかたないね。

여　가오리 씨는 오늘 회식에 오지 않을지도 몰라.
남　어? 왜?
여　아까 딸을 데리러 간다고 말하고 조퇴했거든.
남　그럼 어쩔 수 없군.

Q　女の人はどうしてかおりさんが飲み会を欠席すると思っていますか。

(A) 両親を迎えに行ったから
(B) 先に帰ったから
(C) 別の飲み会に行ったから
(D) 息子のために休暇を取ったから

Q　여성은 왜 가오리 씨가 회식에 참석하지 않는다고 생각합니까?

(A) 부모님을 마중하러 갔기 때문에
(B) 먼저 집에 갔기 때문에
(C) 다른 회식에 갔기 때문에
(D) 아들을 위해 휴가를 썼기 때문에

단어 娘 딸　迎えに行く 마중가다　早退 조퇴　しかたない 어쩔 수 없다　両親 부모님　息子 아들　休暇を取る 휴가를 내다

74

女　今日、空いてる？
男　うん、どうして？
女　買いたいものがあるんだけど、ちょっと付き合ってくれない？
男　いいけど、何時ごろ？

여　오늘 시간 있어?
남　응, 왜?
여　사고 싶은 물건이 있는데, 잠깐 같이 가줄래?
남　괜찮은데, 몇 시쯤?

Q 二人はこれから何をしますか。

(A) 買い物に行く。

(B) 足りないものを探す。

(C) 空いている穴を埋める。

(D) 告白に対して返事をする。

Q 두 사람은 지금부터 무엇을 합니까?

(A) 쇼핑하러 간다.

(B) 부족한 것을 찾는다.

(C) 비어있는 구멍을 메꾼다.

(D) 고백에 대해 대답한다.

단어 買い物 쇼핑　足りない 부족하다　探す 찾다　穴 구멍　埋める 메우다　告白 고백　～に対して ～에 대해　返事 답장

75

男 佐藤さん、スマホ！メール来たみたいだよ。

女 ありがとう。あ、妹からだ。今日、犬を連れてうちに遊びに来るって。

男 あれ？そのマンションはペット禁止じゃなかった?

女 前のマンションは禁止だったから、ペットを飼うことができるマンションに引っ越ししたんだ。

남 사토 씨, 휴대폰! 문자 온 것 같아.

여 고마워. 아, 여동생이다. 오늘 개를 데리고 우리 집에 놀러 오겠대.

남 어? 그 아파트는 반려동물 금지 아냐?

여 전에 살던 아파트는 금지여서 동물을 키울 수 있는 아파트로 이사했어.

Q 女の人の妹について正しいのはどれですか。

(A) 犬を飼ったことはない。

(B) 弟からメールが来た。

(C) 犬を連れて公園に遊びに行く。

(D) ペットの飼えるマンションに引っ越した。

Q 여성의 여동생에 대해 옳은 것은 어느 것입니까?

(A) 개를 키운 적은 없다.

(B) 남동생에게서 문자가 왔다.

(C) 개를 데리고 공원에 놀러 간다.

(D) 반려동물을 키울 수 있는 아파트로 이사했다.

단어 連れる 데리고 오(가)다　遊ぶ 놀다　マンション 아파트　禁止 금지　飼う 기르다　引っ越す 이사하다

76

男 今日、午後から半休を使いたいのですが…。

女 かまいませんが、どうかしましたか。

男 今朝から頭痛がひどくて薬も飲んだんですが、あまり効かないんです。

女 それは困りましたね。じゃあ、お大事に。

남 오늘 오후부터 반차를 쓰고 싶은데요….

여 상관없지만, 무슨 일 있어요?

남 오늘 아침부터 두통이 심해서 약도 먹었지만, 그다지 듣지 않아요.

여 그건 힘들겠네요. 그럼, 몸조리 잘하세요.

Q 男の人はどうして休暇を取りましたか。

(A) 連休だから

(B) 病院に行くから

(C) 頭痛かひどいから

(D) 薬を飲みたかったから

Q 남성은 왜 휴가를 썼습니까?

(A) 연휴라서

(B) 병원에 가서

(C) 두통이 심해서

(D) 약을 먹고 싶어서

단어 半休 반차 かまわない 상관없다 今朝 오늘 아침 頭痛 두통 ひどい 심하다 薬を飲む 약을 먹다 あまり 별로 効く 효과가 있다 困る 곤란하다 お大事に 몸조심하세요, 몸조리 잘하세요 連休 연휴

77

女	来月、特別な予定はありますか。	여	다음 달에 특별한 계획은 있습니까?
男	ええ、4月の初めに友だちと北海道に旅行に行く計画を立てています。	남	예, 4월 초에 친구와 홋카이도로 여행을 갈 계획을 세우고 있습니다.
女	4月だとセーターを着る方がいいかもしれません。5月でも寒いですよ。	여	4월이라면 스웨터를 입는 편이 좋을지도 모릅니다. 5월도 추워요.
男	え、本当ですか。	남	어, 정말입니까?

Q 今は何月ですか。

(A) 2月　(B) 3月
(C) 4月　(D) 5月

Q 지금은 몇 월입니까?

(A) 2월　(B) 3월
(C) 4월　(D) 5월

단어 来月 다음 달 特別だ 특별하다 計画を立てる 계획을 세우다 セーター 스웨터 寒い 춥다

78

男	大学を卒業したら、何をするか決めましたか。	남	대학을 졸업하고 무엇을 할지 정했습니까?
女	研究者になりたいので、大学院に進学しようと思っています。	여	연구자가 되고 싶어 대학원에 진학하려고 합니다.
男	それは、高校生の時から考えていたことですか。	남	그건 고등학생 때부터 생각하던 것입니까?
女	いいえ、高校の時には保育園の先生になりたいと思っていました。	여	아니요, 고등학생 때는 어린이집 선생님이 되고 싶다고 생각했습니다.

Q 大学卒業後、女の人はどうするつもりですか。

(A) 保育園に行こうと思っている。
(B) 教師と相談しようと思っている。
(C) 大学院に進学しようと思っている。
(D) 小学生の保護者に会おうと思っている。

Q 대학 졸업 후 여성은 어떻게 할 생각입니까?

(A) 어린이집에 가려고 한다.
(B) 교사와 상담하려고 한다.
(C) 대학원에 진학하려고 한다.
(D) 초등학생의 보호자와 만나려고 한다.

단어 卒業 졸업 研究者 연구자 大学院 대학원 進学 진학 高校生 고등학생 考える 생각하다 保育園 보육원, 어린이집 教師 교사 相談 상담 小学生 초등학생 保護者 보호자

79

女　それ、どこで買(か)ったの？コンビニを何軒(なんげん)も回(まわ)ったのに、どこにも置(お)いてなかったんだけど…。

男　近(ちか)くにある自販機(じはんき)だよ。

女　え？どこの自販機(じはんき)？

男　ほら、あそこにスーパーがあるよね。スーパーの手前(てまえ)の曲(ま)がり角(かど)を曲(ま)がったところにあるよ。

여　그거 어디서 샀어? 편의점을 몇 집이나 돌아다녔는데도 아무 데도 없던데….

남　근처에 있는 자판기야.

여　응? 어디의 자판기?

남　자, 저쪽에 슈퍼마켓이 있지? 슈퍼마켓 바로 앞의 모퉁이를 돌면 있어.

Q　男(おとこ)の人(ひと)はどこで買(か)いましたか。

(A) スーパー

(B) 近(ちか)くの商店(しょうてん)

(C) 自動販売機(じどうはんばいき)

(D) コンビニ

Q　남성은 어디에서 샀습니까?

(A) 슈퍼마켓

(B) 근처 상점

(C) 자동판매기

(D) 편의점

단어　何軒(なんげん) 몇 집, 몇 군데　回(まわ)る 돌다　自販機(じはんき) 자판기　スーパー 슈퍼마켓　手前(てまえ) 바로 앞　曲(ま)がり角(かど) 길모퉁이　商店(しょうてん) 상점

80

男　あっ！ごめん。手(て)がすべった…。

女　大丈夫(だいじょうぶ)です。これは丈夫(じょうぶ)で割(わ)れないから。

男　あ、よかった。

女　じゃあ、次(つぎ)は生(なま)クリームを泡立(あわだ)てましょう。まず、さとうを入(い)れて軽(かる)く混(ま)ぜてください。

남　앗! 미안. 손이 미끄러졌다….

여　괜찮습니다. 이건 튼튼하고 깨지지 않으니까.

남　아, 다행이다.

여　그럼, 다음은 생크림을 만들어 봅시다. 먼저 설탕을 넣고 가볍게 섞어 주세요.

Q　二人(ふたり)は何(なに)をしていますか。

(A) 料理(りょうり)をしている。

(B) 家(いえ)で掃除(そうじ)している。

(C) せっけんで泡(あわ)を立(た)てている。

(D) パン屋(や)で買(か)い物(もの)をしている。

Q　두 사람은 무엇을 하고 있습니까?

(A) 요리를 하고 있다.

(B) 집에서 청소하고 있다.

(C) 비누로 거품을 내고 있다.

(D) 빵집에서 쇼핑을 하고 있다.

단어　すべる 미끄러지다　丈夫(じょうぶ)だ 튼튼하다　割(わ)れる 깨지다　次(つぎ) 다음　生(なま)クリーム 생크림　泡立(あわだ)てる 거품을 내다　まず 우선　さとう 설탕　混(ま)ぜる 섞다　掃除(そうじ) 청소　せっけん 비누　パン屋(や) 빵집

[81~84]

스크립트	해석
大好きなペットと一緒の部屋に泊まれる人気の旅館を紹介します。この旅館では食事やお風呂も一緒に楽しめます。部屋にはケージやトイレシーツやトレーなどが用意してあります。ただし、ペットの食事はお客様にご用意をお願いしております。 ペットは５キロ未満、３匹まで宿泊可能です。ロビーでのペットの移動は必ずキャリーバックをご利用ください。ペットの宿泊料金は１匹までは無料ですが、２匹目から2,200円で、１匹増しにつき500円追加となります。	매우 좋아하는 반려동물과 함께 방에 머물 수 있는 인기 여관을 소개하겠습니다. 이 여관에서는 식사나 목욕도 함께 즐길 수 있습니다. 방에는 케이지나 배변 패드와 배변판 등이 준비되어 있습니다. 다만, 반려동물의 식사는 고객님께서 준비하실 것을 부탁 드리고 있습니다. 반려동물은 5킬로그램 미만, 3마리까지 숙박 가능합니다. 로비에서 이동 시 반드시 이동장 등을 이용해 주세요. 반려동물의 숙박 요금은 1마리까지는 무료이지만 두 마리부터 2,200엔으로, 한 마리당 500엔이 추가됩니다.

81 ペットと泊まれる場合はどれですか。

(A) ３キロのペット２匹
(B) ４キロのペット４匹
(C) ５キロのペット３匹
(D) ６キロのペット１匹

81 반려동물과 묵을 수 있는 경우는 무엇입니까?

(A) 3킬로그램의 반려동물 2마리
(B) 4킬로그램의 반려동물 4마리
(C) 5킬로그램의 반려동물 3마리
(D) 6킬로그램의 반려동물 1마리

82 ペットへのサービスはどれですか。

(A) トイレ　(B) トレー
(C) ペットの食事　(D) キャリーバック

82 반려동물을 위한 서비스는 어느 것입니까?

(A) 화장실　(B) 배변판
(C) 반려동물의 식사　(D) 이동장

83 ペットと一緒にできることは何ですか。

(A) 食事　(B) 水泳
(C) スキー　(D) 運動

83 반려동물과 함께 할 수 있는 것은 무엇입니까?

(A) 식사　(B) 수영
(C) 스키　(D) 운동

84 ペットの宿泊料金について正しいのはどれですか。

(A) 何匹でも無料である。
(B) １匹なら500円である。
(C) ２匹なら2,200円である。
(D) ３匹なら2,500円である。

84 반려동물의 숙박 요금에 관해서 옳은 것은 어느 것입니까?

(A) 몇 마리라도 무료이다.
(B) 1마리라면 500엔이다.
(C) 2마리라면 2,200엔이다.
(D) 3마리라면 2,500엔이다.

단어 大好きだ 매우 좋아하다　部屋 방　人気 인기　旅館 여관　紹介 소개　食事 식사　用意する 준비하다　未満 미만　宿泊 숙박　可能 가능　移動 이동　必ず 반드시　利用 이용　料金 요금　無料 무료　増し 증가　追加 추가

[85~87]

스크립트	해석
あすは東日本を中心に晴れるところが多いですが、西日本では次第に雲が広がる見込みです。九州地方では激しい雨が降るおそれがあり、浸水などに警戒が必要です。関東地方では日差しが届きますが、午後は山沿いを中心ににわか雨の可能性があります。北海道では雲が広がり、すっきりしない空模様ですが、段々と日差しが届く見込みです。	내일은 동일본을 중심으로 맑은 곳이 많습니다만, 서일본에서는 차차 구름이 껴 흐려질 전망입니다. 규슈 지방에는 강한 비가 내릴 우려가 있어 침수 등에 유의해야 합니다. 관동 지방에는 해가 나겠지만, 오후는 산지를 중심으로 소나기가 내릴 가능성이 있습니다. 홋카이도는 구름이 많아져 흐려지나, 점차 맑아지겠습니다.

85 九州地方の天気はどれですか。

(A) 雨
(B) 雪
(C) 曇り
(D) 晴れ

85 규슈 지방의 날씨는 어느 것입니까?

(A) 비
(B) 눈
(C) 흐림
(D) 맑음

86 関東地方の天気について正しいのはどれですか。

(A) 浸水の危険がある。
(B) 日差しが当たらない。
(C) 海沿いを中心に雨が降る。
(D) 山沿いを中心に通り雨が降る。

86 관동 지방의 날씨에 관해서 옳은 것은 어느 것입니까?

(A) 침수 위험이 있다.
(B) 햇볕이 들지 않는다.
(C) 바닷가를 중심으로 비가 내린다.
(D) 산지를 중심으로 소나기가 내린다.

87 北海道の明日の天気はどうですか。

(A) 雲る。
(B) 日本晴れになる。
(C) きれいな空が広がる。
(D) 雲一つない天気になる。

87 홋카이도의 내일 날씨는 어떻습니까?

(A) 흐려진다.
(B) 구름 한 점 없이 쾌청해진다.
(C) 깨끗한 하늘이 펼쳐진다.
(D) 구름 하나 없는 날씨가 된다.

단어 中心(ちゅうしん) 중심 晴(は)れる (날이) 개다, 맑다 次第(しだい)に 차츰, 차차 雲(くも) 구름 広(ひろ)がる 넓어지다 見込(みこ)み 전망 地方(ちほう) 지방 激(はげ)しい 세차다, 격심하다 おそれがある 우려가 있다 浸水(しんすい) 침수 警戒(けいかい) 경계 必要(ひつよう) 필요 日差(ひざ)し 햇볕 届(とど)く 닿다, 도달하다 山沿(やまぞ)い 산지, 산간 지역 にわか雨(あめ) 소나기 可能性(かのうせい) 가능성 すっきり 산뜻한 모양, 말끔한 모양 空模様(そらもよう) 날씨 段々(だんだん)と 점점, 차차 雪(ゆき) 눈 曇(くも)り 흐림 危険(きけん) 위험 海沿(うみぞ)い 해안, 바닷가 通(とお)り雨(あめ) 지나가는 비, 소나기 日本晴(にほんば)れ 구름 한 점 없이 쾌청함

[88~90]

스크립트	해석
最近、運動をし始めました。入社して3か月で体重が5キロ増えたからです。ストレスでハンバーガーとポテトやお菓子のやけ食いが止まらなかったからだと思います。ということで、会社が終わってから、いつもジムに行きます。運動したらストレスが軽くなり、気分もよくなり、よく眠ることができます。また、健康のために、バランスの取れた食事をすることにしました。今日もごはん、野菜、果物、卵などバランスのいい食事をしました。	최근에 운동을 하기 시작했습니다. 입사하고 3개월만에 체중이 5킬로그램 늘었기 때문입니다. 스트레스 때문에 햄버거와 감자튀김이나 과자를 계속 폭식했기 때문이라고 생각합니다. 그런 이유로, 회사가 끝나면 항상 체육관에 갑니다. 운동하면 스트레스가 줄어들고, 기분도 좋아지고, 잠이 잘 옵니다. 또, 건강을 위해서 균형 잡힌 식사를 하기로 했습니다. 오늘도 밥, 채소, 과일, 계란 등으로 균형 잡힌 식사를 했습니다.

88 この人はどうして運動をしていますか。

(A) 入社したから
(B) 体重が増加したから
(C) やけ食いが好きだから
(D) 仕事に慣れてきたから

88 이 사람은 왜 운동을 하고 있습니까?

(A) 입사했기 때문에
(B) 체중이 증가했기 때문에
(C) 폭식을 좋아하기 때문에
(D) 일에 적응했기 때문에

89 この人はいつ運動をしますか。

(A) 退職してから
(B) 退勤してから
(C) 出勤してから
(D) 早退してから

89 이 사람은 언제 운동을 합니까?

(A) 퇴직하고 나서
(B) 퇴근하고 나서
(C) 출근하고 나서
(D) 조퇴하고 나서

90 この人はストレスで何をたくさん食べましたか。

(A) 卵
(B) 魚
(C) 果物
(D) ポテト

90 이 사람은 스트레스 때문에 무엇을 많이 먹었습니까?

(A) 계란
(B) 생선
(C) 과일
(D) 감자튀김

단어 運動 운동 始める 시작하다 入社 입사 体重 체중 ストレス 스트레스 ハンバーガー 햄버거 ポテト 감자튀김 やけ食い 폭식 ジム 체육관 健康 건강 バランスが取れる 균형이 잡히다 果物 과일 卵 계란 増加 증가 退職 퇴직 退勤 퇴근 早退 조퇴 魚 생선

[91~94]

스크립트	해석
手づくり料理教室のレッスン時間は９０分です。ただし、ケーキは約２時間、パンは約２時間３０分です。中学３年生以上の方から参加できますが、１８歳未満の方は保護者の同伴が必要です。参加費は税込みで500円です。当日はエプロン、キッチンタオル、ハンカチ、マスクをお持ちください。	수제 요리 교실 레슨 시간은 90분입니다. 다만 케이크는 약 2시간, 빵은 약 2시간 30분입니다. 중학교 3학년 이상부터 참가할 수 있지만, 18세 미만이신 분은 보호자가 동반해야 합니다. 참가비는 세금 포함 500엔입니다. 당일은 앞치마, 키친 타월, 손수건, 마스크를 가져와 주세요.

91 料理教室の講習時間は普通どのくらいですか。

(A) 約１時間
(B) 約２時間
(C) 約１時間３０分
(D) 約２時間３０分

91 요리 교실의 강습 시간은 보통 어느 정도입니까?

(A) 약 1시간
(B) 약 2시간
(C) 약 1시간 30분
(D) 약 2시간 30분

92 参加費はいくらですか。

(A) 無料
(B) １８０円
(C) ２００円
(D) ５００円

92 참가비는 얼마입니까?

(A) 무료
(B) 180엔
(C) 200엔
(D) 500엔

93 持ち物ではないのはどれですか。

(A) マスク
(B) エプロン
(C) ハンカチ
(D) バスタオル

93 준비물이 아닌 것은 어느 것입니까?

(A) 마스크
(B) 앞치마
(C) 손수건
(D) 목욕 수건

94 参加できる人の条件はどれですか。

(A) 中学１年生未満
(B) 中学２年生以上
(C) 中学３年生未満
(D) 中学３年生以上

94 참가할 수 있는 사람의 조건은 무엇입니까?

(A) 중학교 1학년 미만
(B) 중학교 2학년 이상
(C) 중학교 3학년 미만
(D) 중학교 3학년 이상

단어 手づくり 수제　レッスン 레슨, 개인 교습　ただし 다만　ケーキ 케이크　約 약, 대략　以上 이상　参加 참가　同伴 동반　税込み 세금 포함　当日 당일　エプロン 앞치마　キチンタオル 키친 타월　ハンカチ 손수건　マスク 마스크　講習 강습　普通 보통　参加費 참가비　無料 무료　条件 조건　中学生 중학생　未満 미만

[95~97]

스크립트	해석
口座を開く方法です。運転免許証を持っている方なら、ホームページやスマホのアプリからいつでもどこでもスピーディーに口座を開設できます。 スマートフォンアプリをダウンロードし、アプリを開いて運転免許証を撮影して必要な情報とともに送信します。申し込みから１０日前後で通帳が郵送で届きます。通帳を受け取った後、２週間前後でキャッシュカードが郵送で届きます。すぐに通帳を受け取りたいなら、印鑑と運転免許証やパスポートなどの本人確認書類を準備して銀行を訪問してください。	계좌를 개설하는 방법입니다. 운전면허를 갖고 있는 분이라면 홈페이지나 스마트폰 앱에서 언제 어디서든 신속하게 계좌를 개설할 수 있습니다. 스마트폰 앱을 다운로드하고, 앱을 열어 운전면허증을 촬영해서 필요한 정보와 함께 송신합니다. 신청일부터 10일 전후로 통장이 우편으로 배달됩니다. 통장을 받은 후, 2주 전후로 현금 인출 카드가 우편으로 배달됩니다. 즉시 통장을 수령하고 싶다면, 인감과 운전면허증이나 여권 등 본인 확인 서류를 준비해서 은행을 방문해 주세요.

95 スマートフォンで口座を開設するのに必要なのはどれですか。

(A) 通帳
(B) パスポートの写真
(C) キャッシュカード
(D) 運転免許証

95 스마트폰으로 계좌를 개설할 때 필요한 것은 어느 것입니까?

(A) 통장
(B) 여권의 사진
(C) 현금 인출 카드
(D) 운전면허증

96 スマートフォンで口座を開くメリットはどれですか。

(A) いつでも口座の開設ができる。
(B) すぐに通帳が受け取れる。
(C) 自由にダウンロードできる。
(D) 郵便を受け取らなくてもいい。

96 스마트폰으로 계좌를 개설하는 이점은 어느 것입니까?

(A) 언제든지 계좌 개설이 가능하다.
(B) 바로 통장을 수령할 수 있다.
(C) 자유롭게 다운로드할 수 있다.
(D) 우편을 수령하지 않아도 된다.

97 アプリで口座を開く場合、通帳は申し込んでから受け取りまでどれくらいかかりますか。

(A) すぐ
(B) １０日前後
(C) 約１週間前後
(D) 約１４日前後

97 앱으로 계좌를 개설할 경우, 통장은 신청부터 수령까지 어느 정도 걸립니까?

(A) 바로
(B) 10일 전후
(C) 약 1주일 전후
(D) 약 14일 전후

단어 口座を開く 계좌를 개설하다　運転免許証 운전면허증　アプリ (스마트폰) 애플리케이션　開設する 개설하다　ダウンロード 다운로드　撮影する 촬영하다　情報 정보　～とともに ~와/과 함께　送信 송신　申し込み 신청　通帳 통장　郵送 우편　すぐ 바로　受け取る 받다　印鑑 인감　パスポート 여권　確認 확인　準備 준비　訪問する 방문하다　メリット 이점　自由に 자유롭게　郵便 우편　場合 경우, 때

[98~100]

스크립트	해석
最近サボテンを育てはじめました。名前もつけました。毎朝起きると、小さな声で挨拶もしています。窓辺にかわいらしく並んでいるのを見ると幸せな気持ちになります。あまりにもかわいいので、ハンドメイドでサボテンのブローチを作って、かばんに付けたいと思っています。	최근 선인장을 키우기 시작했습니다. 이름도 지었습니다. 매일 아침 일어나면 작은 소리로 인사도 합니다. 창가에 사랑스럽게 나란히 놓여 있는 것을 보면 행복한 기분이 듭니다. 너무나도 귀여워서 수제 선인장 브로치를 만들어 가방에 달고 싶다고 생각합니다.

98 この人が育てているのはどれですか。

(A) かめ
(B) 植物
(C) 動物
(D) 人形

98 이 사람이 키우고 있는 것은 어느 것 입니까?

(A) 거북이
(B) 식물
(C) 동물
(D) 인형

99 この人は朝起きると何をしますか。

(A) 挨拶をする。
(B) 人形を見る。
(C) 名前をつける。
(D) かばんを片付ける。

99 이 사람은 아침에 일어나면 무엇을 합니까?

(A) 인사한다.
(B) 인형을 본다.
(C) 이름을 붙인다.
(D) 가방을 정리한다.

100 育てているものはどこに置いてありますか。

(A) 窓辺
(B) デスク
(C) テーブル
(D) かばんの中

100 키우고 있는 것은 어디에 두고 있습니까?

(A) 창가
(B) 책상
(C) 테이블
(D) 가방 속

단어 最近 최근　サボテン 선인장　育てる 키우다　～はじめる ～(하기) 시작하다　名前 이름　毎朝 매일 아침　起きる 일어나다　声 목소리　挨拶 인사　窓辺 창가　幸せだ 행복하다　気持ち 기분　あまりにも 너무나도　ブローチ 브로치　作る 만들다　かばん 가방　かめ 거북이　植物 식물　動物 동물　人形 인형　片付ける 정리하다　置く 두다

101

해석 선생님께서 "수업 중에 수다를 떨면 안 돼요"라고 말씀하셨습니다.

단어 授業中(じゅぎょうちゅう) 수업 중 おしゃべりをする 수다를 떨다 ～てはいけません ～해서는 안 됩니다 ～に～と言(い)われる ～가 ～라고 말하다

102

해석 책상 위에 신문이랑 잡지랑 사전 등이 있습니다.

단어 新聞(しんぶん) 신문 雑誌(ざっし) 잡지 辞書(じしょ) 사전 ～や～や～など ～랑 ～랑 ～등 (나열)

103

해석 우에노 공원에는 벚꽃이 많이 피어 있습니다.

단어 上野(うえの) 우에노(지명) 公園(こうえん) 공원 桜(さくら)の花(はな) 벚꽃 たくさん 많이

체크 咲(さ)いている 피어 있다(자동사+ている:상태)

104

해석 이 기록을 깰 수 있는 것은 다나카 선수밖에 없다.

단어 記録(きろく) 기록 破(やぶ)る 깨다 ～ことができる ～할 수 있다 選手(せんしゅ) 선수 ～しか ～밖에 壊(こわ)す 부수다 壊(こわ)れる 부서지다 破(やぶ)れる 찢어지다

105

해석 신주쿠역은 너무 복잡해서 일본인이라도 길을 잃을 때가 있습니다.

단어 新宿駅(しんじゅくえき) 신주쿠역(일본의 전철역) 複雑(ふくざつ)だ 복잡하다 ～すぎる 너무 ～하다 道(みち)に迷(まよ)う 길을 잃다 従(したが)う 따르다 問(と)う 묻다 歌(うた)う 노래를 부르다

106

해석 오늘은 5월 5일, 어린이날입니다.

단어 5月(ごがつ) 5월 5日(いつか) 5일 子(こ)どもの日(ひ) 어린이날

107

해석 저는 대학을 졸업하면 IT업계에서 일하고 싶습니다.

단어 大学(だいがく) 대학 卒業(そつぎょう) 졸업 業界(ぎょうかい) 업계 働(はたら)く 일하다

108

해석 아르바이트 면접을 보러 갔는데 "다음 기회에 잘 부탁한다"는 말을 들었다.

단어 面接(めんせつ) 면접 またの機会(きかい) 다음 기회 ～と言(い)われる ～라고 듣다 機械(きかい) 기계

109

해석 어제, 근처에서 화재가 있었습니다.

단어 近所(きんじょ) 근처 火事(かじ) 화재 家事(かじ) 가사, 집안일 火災(かさい) 불·화재로 인한 재난

110

해석 도쿄 스카이트리는 건설이 시작된 지 약 3년 반만에 지어졌습니다.

단어 東京(とうきょう)スカイツリー 도쿄 스카이트리 建設(けんせつ) 건설 始(はじ)まる 시작되다 ～てから ～(하)고 나서 約(やく) 약 半(はん) 반 建(た)てられる 건설되다, 지어지다

체크 건물이나 다리 등을 세울 때는 동사 **建てる**를 쓴다.

111

해석 지금부터 점심을 먹으려는 참입니다.

(A) 먹었습니다

(B) 먹는 일이 있습니다

(C) 먹으려고 합니다

(D) (좀 전에) 막 먹었습니다

단어 これから 지금부터 昼(ひる)ごはん 점심밥 기본형+ところ ～하려던 참 ～たばかりだ 막 ～했다

112

해석 하나코 씨의 어머니가 제일 먼저 오셨습니다.

(A) 일요일에 친구가 와서 시험 공부를 못 했다.

(B) 거기서부터라면, 버스로도 전철로도 올 수 있습니다.

(C) 오전 중은 곤란하지만, 오후라면 올 수 있습니다.

(D) 사장님께서 한국에 오시는 것은 이번이 처음이지요.

단어 一番(いちばん) 가장, 제일 ～に来(こ)られる ～가 오다(수동 표현) 試験(しけん) 시험 ～でも～でも ～든 ～든, ～로도 ～로도 午前中(ごぜんちゅう) 오전 중 困(こま)る 곤란하다 午後(ごご) 오후 社長(しゃちょう) 사장(님) 今度(こんど) 이번 初(はじ)めて 처음

체크 문제가 '존경'의 의미로 쓰였으므로 보기에서 '존경'의 의미로 쓰인 문장을 찾으면 된다. (A)는 '수동'으로 쓰였으며 (B)와 (C)는 '가능', (D)는 '존경'의 의미로 쓰였다.

113

해석 도서관에서 학생 식당까지는 그렇게 멀지 않습니다.

(A) 내 방 창문에서 한강이 보입니다.

(B) 회사에서부터라면 지하철로 1시간 정도 걸립니다.

(C) 두부는 콩으로 만듭니다.

(D) 내일은 일요일이니까 학교에 가지 않아도 됩니다.

단어 図書館(としょかん) 도서관 学生食堂(がくせいしょくどう) 학생 식당 見(み)える 보이다 地下鉄(ちかてつ) 지하철 かかる (시간이) 걸리다 豆腐(とうふ) 두부 大豆(だいず) 콩 作(つく)る 만들다 ～しなくてもいい ～하지 않

아도 된다

체크 문제는 '출발'의 의미를 나타내므로 보기에서 '출발'의 의미로 쓰인 (B)가 정답이다. (A)는 '경과(통과) 지점', (C)는 '재료, 원료', (D)는 '이유'를 나타낸다.

114

해석 다나카 씨의 결혼식에는 야마다 씨 대신에 기무라 씨를 보내겠습니다.

(A) 다나카 씨가 갈 겁니다

(B) 기무라 씨가 갈 겁니다

(C) 야마다 씨가 갈 겁니다

(D) 세 사람 모두 갈 수 없습니다

단어 結婚式(けっこんしき) 결혼식 代(かわ)りに 그 대신에 行(い)かせる 가게 하다, 보내다 三人(さんにん)とも 셋 다, 세 사람 모두

115

해석 어린이에게 그런 영화를 보여 주면 안 됩니다.

(A) 보여 주면 안 됩니다

(B) 보여 줘도 됩니다

(C) 보여 주면 좋겠다고 생각합니다

(D) 보여 주어야 합니다

단어 見(み)せる 보여 주다 ～てはいけない ～하면 안 된다 だめだ 안 된다 ～てもいい ～해도 된다 ～なければならない ～하지 않으면 안 된다, ～해야 한다

116

해석 오늘은 첫눈이 올 것 같습니다.

(A) 올지도 모릅니다 (B) 온다고 합니다

(C) 올 리가 없습니다 (D) 반드시 올 겁니다

단어 初雪(はつゆき) 첫눈 降(ふ)りそうだ 올 것 같다, 내릴 것 같다 ～かもしれない ～일지도 모른다 降(ふ)るそうだ 온다고 한다 ～はずがない ～(할)리가 없다 必(かなら)ず 반드시

117

해석 영어는 일본어만큼 쉽지 않다.

(A) 일본어보다 영어 쪽이 쉽다

(B) 영어보다 일본어 쪽이 쉽다

(C) 영어도 일본어도 어렵다

(D) 영어도 일본어도 쉽다

단어 英語(えいご) 영어 日本語(にほんご) 일본어 ～ほど ～만큼 ～より ～보다 ～の方(ほう) ～쪽

118

해석 나는 일본어로 편지를 쓸 수 있습니다.

(A) 내 사무실은 새로 생긴 빌딩의 10층에 있습니다.

(B) 이 책상은 나무로 만들어져 있습니다.

(C) 김 씨는 일본어와 영어를 할 수 있습니다.

(D) 어머니, 밥(식사) 다 되었어요?

단어 手紙(てがみ) 편지 書(か)く 쓰다 ～ことができる ～할 수 있다 事務室(じむしつ) 사무실 新(あたら)しく 새롭게 ビル 빌딩

체크 '가능'의 의미로 쓰인 것을 찾는 문제이다. (A)는 '생기다', (B)는 '만들어지다', (C)는 '가능,' (D)는 '다 되다'의 의미로 사용되었다.

119

해석 スズキ 씨는 항상 활기찬데 오늘은 조용해서 그녀답지 않네요. (～답다)

(A) 사실은 그렇지 않은 것 같아요. (～인 것 같다)

(B) 나 답게 살아가는 것이 중요합니다. (～답다)

(C) 이번 여행에 그도 간다고 합니다. (～고 한다)

(D) 소문에 의하면 그는 퇴직한다고 합니다. (～고 한다)

단어 元気(げんき) 활기참 静(しず)かだ 조용하다 彼女(かのじょ) 그녀 実(じつ)は 실은 そうではない 그렇지 않다 今度(こんど) 이번 旅行(りょこう) 여행 彼(かれ) 그 うわさ 소문 ～によると ～에 의하면 退職(たいしょく) 퇴직

체크 예문처럼 ～らしい(～답다)구문을 찾는 문제이다.

120

해석 태풍으로 길이 여기저기 무너졌습니다. (이유, 원인)

(A) 학교까지 버스로 1시간 정도 걸립니다. (수단, 방법)

(B) 반드시 볼펜으로 쓰세요. (수단, 방법)

(C) 그 사람과는 긴자에서 만난 적이 있습니다. (장소)

(D) 고등학교 3학년은 수험 준비로 바쁩니다. (이유, 원인)

단어 台風(たいふう) 태풍 あちこち 여기저기 崩(くず)れる 무너지다 銀座(ぎんざ) 긴자(지명) ～たことがある ～한 적이 있다(경험) 受験(じゅけん) 수험 準備(じゅんび) 준비

체크 같은 용법을 찾는 문제로, 문제의 문장이 '이유, 원인'을 나타내는 문장이므로 정답은 (D)가 된다.

121

해석 어제, 지하철을 타고 신주쿠에 있는 서점에 다녀왔습니다.

단어 ～に乗(の)る ～을/를 타다 新宿(しんじゅく) 신주쿠(지명) 本屋(ほんや) 서점

체크 を → に

122

해석 어젯밤은 피곤해서 샤워도 하지 않고 바로 잠들어 버렸습니다.

단어 疲(つか)れる 피곤하다, 지치다 シャワーをあびる 샤워를 하다 ～なくて ～하지 않아서 すぐ 곧, 즉시 ～てしまう ～해 버리다

체크 あびなくて → あびないで 하지 않고

123

해석 인터넷은 매우 편리하지만, 한편으로 가짜 뉴스에 주의하지 않으면 안 됩니다(주의해야만 합니다).

단어 とても 매우 便利(べんり)だ 편리하다 一方(いっぽう)で 한편으로 フェイクニュース 가짜 뉴스 注意(ちゅうい) 주의 ～なくてはいけません ～하지 않으면 안됩니다

체크 ～しないでは → ～しなくては ～(하)지 않으면

124

해석 편의점에서 마실 것을 사 올 테니 여기서 기다려 주세요.

단어 コンビニ 편의점 飲(の)み物(もの) 마실 것, 음료

체크 へ → で

125

해석 나는 1시간 정도 테니스를 쳤습니다. 그러고 나서 야마구치 씨와 커피를 마셨습니다.

단어 テニスをする 테니스를 치다

체크 しかし 하지만 → それから 그러고 나서

126

해석 다나카 군은 어머니께 야단맞고 자기 방에서 울고 있습니다.

단어 ～に叱(しか)られる ～에게 야단맞다 自分(じぶん) 자기, 자신 泣(な)く 울다 ～ている ～하고 있다

체크 が → に

127

해석 감기에 걸렸을 때는 약을 먹거나 의사에게 진찰 받거나 합니다.

단어 風邪(かぜ)を引(ひ)く 감기에 걸리다 薬(くすり)を飲(の)む 약을 먹다 医者(いしゃ) 의사 ～てもらう ～해 받다 ～たり～たりする ～하거나 ～하거나 하다

체크 みてもらいたり → みてもらったり 진찰 받거나

128

해석 결혼 축하 선물로 딱 맞는 상품을 점원에게 상담했더니 몇 가지 조언을 해줬다.

단어 結婚祝(けっこんいわ)い 결혼 축하 선물 ぴったり 딱 맞음 商品(しょうひん) 상품 店員(てんいん) 점원 相談(そうだん) 상담 いくつか 몇 가지 アドバイス 조언 ～てくれる ～해 주다 そっくり 꼭 닮음

체크 そっくり → ぴったり

129

해석 이 책에는 일본의 축제에 대해 자세히 쓰여 있습니다.

단어 祭(まつ)り 축제 ～について ～에 대해 詳(くわ)しい 자세하다

체크 います → あります(～が + 타동사 + てある : 상태)

130

해석 '쇠귀에 경 읽기'라는 속담을 들어본 적이 있나요?

단어 牛(うし) 소 耳(みみ) 귀 念仏(ねんぶつ) 염불 ことわざ 속담

체크 牛 소 → 馬 말

131

해석 지난 주에 막 구입한 컴퓨터가 고장 나 버렸습니다.

단어 先週(せんしゅう) 지난 주 ～たばかりだ 막 ～했다 壊(こわ)れる 고장 나다 ～てしまう ～해 버리다

체크 壊れって → 壊れて

132

해석 저, 죄송하지만 그 책을 잠시 빌려도 되겠습니까?

단어 しばらく 잠시 동안 借(か)りる 빌리다 ～てもいいでしょうか ～해도 될까요?

체크 お借りになっても(존경 표현) → お借りしても (お + 동사의 ます형 + する : 겸양 표현)

133

해석 저는 노래 부르는 것을 싫어하기 때문에 노래방에는 가지 않습니다.

단어 歌(うた)を歌(うた)う 노래를 부르다 カラオケ 노래방

체크 きらいので → きらいなので 싫어하기 때문에

134

해석 "야채를 크게 자르는 것이 좋아"라고 어머니께서 말씀하셨습니다.

단어 野菜(やさい) 야채 大(おお)きく 크게 切(き)る 자르다 ～た方(ほう)がいい ～(하는) 편이 좋다 ～に～と言(い)われる ～가 ～라고 말하다

체크 が → に

135

해석 의사의 이야기에 의하면, 하야시 씨는 앞으로 2, 3일이면 퇴원할 수 있다고 합니다.

단어 ～によると ～에 의하면 あと 앞으로 退院(たいいん) 퇴원

체크 できそうです → できるそうです ～할 수 있다고 합니다(전문의 そうだ)

136

해석 대학에 진학하면 혼자 살아보고 싶어하는 사람이 적지 않을 것이다.

단어 進学する 진학하다 一人暮し 혼자 삶 少ない 적다 ~だろう ~이겠지

체크 すると → したら 하면(조건 가정을 나타내는 たら 용법)

137

해석 어젯밤 너무 피곤해서 TV를 켠 채 자 버렸다.

단어 あまりにも 너무나도 テレビをつける TV를 켜다 ~たまま ~한 채(로) 寝る 자다

체크 ついたまま → つけたまま 켠 채로

138

해석 이 반지는 작년 내 생일에 그에게 받은 것입니다.

단어 指輪 반지 去年 작년 誕生日 생일 もらう 받다

체크 こと → もの(물건이므로 もの가 와야 한다. こと는 추상적인 '것'을 의미한다.)

139

해석 선생님은 내가 일본어로 쓴 편지의 한자를 고쳐 주었습니다.

단어 手紙 편지 漢字 한자 直す 고치다 ~てくれる (남이 나에게) ~해 주다

체크 あげました → くれました (남이 나에게) 주었습니다

140

해석 어제 나는 온천에 처음 들어갔는데, 기분이 좋았습니다.

단어 温泉 온천 気持ち 기분

체크 いいでした → よかったです 좋았습니다

141

해석 컴퓨터가 서툰 할아버지를 대신하여 제가 인터넷 쇼핑으로 구입하게 되었습니다.

단어 パソコン 컴퓨터 苦手だ 서툴다 祖父 할아버지 通販 통판, 인터넷 쇼핑 購入 구입 ~ことになる ~하게 되다

체크 ~に代わる ~을/를 대신하다

142

해석 테이블 아래에 있는 빨갛고 예쁜 가방은 누구의 것입니까?

단어 テーブル 테이블 下 아래

체크 きれいな 예쁜(きれいだ의 명사 수식형)

143

해석 매일 밤 샤워를 한 후에 자요.

단어 毎晩 매일 밤 シャワーを浴びる 샤워를 하다

체크 ~た後 ~한 후

144

해석 학교 옆에 서점이 있고 서점 맞은편에 꽃집이 있습니다.

단어 本屋 서점 むこう 맞은편, 건너편 花屋 꽃집

145

해석 무슨 말을 하고 싶은 것인지 나는 전혀 모르겠습니다.

단어 ~のか ~것인지 全然 전혀 そろそろ 슬슬 すっかり 완전히 わざわざ 일부러

146

해석 이 컴퓨터는 사용하기 쉬워서 매우 인기가 있습니다.

단어 使う 사용하다 とても 매우 人気がある 인기가 있다 ~かねる ~하기 어렵다 ~にくい ~하기 어렵다

체크 동사의 ます형 + やすい : ~하기 쉽다, ~하기 편하다

147

해석 203호실이 조용하다면, 거기에서 회의하기로 합시다.

단어 ~号室 ~호실 静かだ 조용하다 会議する 회의하다 ~ことにする ~하기로 하다

체크 な형용사의 어간+なら ~라면

148

해석 이 책의 출판을 위해 많은 사람들이 협력해 주었습니다.

단어 出版 출판 ~のために ~을/를 위해 多くの人々 많은 사람들 協力 협력 ~てくれる ~해 주다

149

해석 어제 집으로 돌아오는 도중에 비를 맞아서 감기에 걸리고 말았다.

단어 帰る 돌아오다 途中 도중 雨に降られる 비를 맞다 風邪を引く 감기에 걸리다

150

해석 학교에서 담배를 피우거나 술을 마시거나 하면 안 됩니다.

단어 タバコを吸う 담배를 피우다 お酒を飲む 술을 마시다 ~てはいけません ~하면 안 됩니다

체크 ~で ~에서(장소)

151

해석 오늘의 실패는 결코 잊을 수 없습니다.

단어 失敗 실패, 실수　けっして 결코　また 또한
かなり 꽤　どうぞ 부디

152

해석 어젯밤에 술을 너무 많이 마셔서 오늘 아침에 일어나지 못했습니다.

단어 동사의 ます형+すぎる 너무 ~하다　今朝 오늘 아침
起きる 일어나다

153

해석 아침에 늦잠을 자서 역까지 달려갔더니 늘 타고 다니는 전철 시간에 간신히 맞추었다.

단어 朝ねぼう 늦잠　いつも 항상　乗る 타다　電車 전철
ぎりぎり 간신히, 빠듯함　間に合う 늦지 않다, 시간에 맞다　うろうろ 어슬렁어슬렁　ぶるぶる 부들부들
わくわく (기쁨·기대·걱정 따위로) 가슴이 설레는 모양, 울렁울렁, 두근두근

154

해석 어머니께서는 항상 우리에게 책을 자유롭게 선택하게 해 주셨습니다.

단어 いつも 항상　自由に 자유롭게　選ばせる 고르게 하다

155

해석 차도 한가운데를 걷지 마세요.

단어 車道 차도　真ん中 한가운데　歩く 걷다　~ないでください ~하지 마세요

체크 を ~을/를(이동하는 장소를 나타냄)

156

해석 기무라 씨는 쿨한 성격이라 세세한 것에 신경 쓰지 않습니다.

단어 さっぱり 시원시원한　性格 성격　細かい 세세하다
気にする 신경 쓰다　きっちり 꼭, 딱　しっかり 확실히　がっしり 단단히

157

해석 어제는 오후 4시경 기숙사를 나왔습니다.

단어 ~ごろ ~경, ~쯤　寮 기숙사　出す 내놓다, 부치다

158

해석 이 아이스크림에는 우유와 계란과 향료가 많이 넣어져 있습니다.

단어 アイスクリーム 아이스크림　牛乳 우유　卵 계란
香料 향료　入れる 넣다　入る 들어오다

체크 入れてあります 넣어져 있습니다(타동사 + てある)
=入っています 들어 있습니다(자동사 + ている)

159

해석 만일 모르는 게 있으시다면 언제든지 물어 보세요.

단어 もし 만일　お分かりになる 아시다(존경 표현)
いつでも 언제든지　お聞きください 물어 보세요(존경 표현)　聞きなさい 들으세요, 들어라

160

해석 야마다 씨가 그런 것을 말할 리가 없습니다.

단어 ~はずがない ~(할) 리가 없다　ため 위함

161

해석 선생님, 잠시 상의 드리고 싶은 일이 있는데요.

단어 ちょっと 잠시　ご相談する 상의 드리다(겸양 표현)
ご相談になる 상담하시다(존경 표현)

162

해석 컴퓨터 매장은 몇 층에 있습니까?

단어 売り場 매장　何階 몇 층

163

해석 돌아오시면 집으로 전화하라고 전해 주세요.

단어 戻る 돌아오다　電話する 전화하다　~ように ~하도록　伝える 전하다

164

해석 교실이 조금 어두운데 불을 켜도 될까요?

단어 少し 조금, 약간　暗い 어둡다　電気をつける 불을 켜다　~てもいいですか ~해도 됩니까?　電気がつく 불이 켜지다

165

해석 선생님, 이 사진을 보신 적이 있으십니까?

단어 写真 사진　ご覧になる 보시다(존경어)　~たことがある ~한 적이 있다(경험)　お目にかかる 만나 뵙다(겸양어)　拝見する 보다(겸양어)

166

해석 정리해고에 대해서는 언론에서 폭넓게 다루어지고 있네요.

단어 リストラ 구조조정, 정리해고　~について ~에 대해

マスコミ 매스컴, 언론　幅広く 폭넓게　取り上げられる 다루어지다, 거론되다　マナー 매너　デザイン 디자인　コーナー 코너

167

해석 아버지는 심기가 좋지 않아 아침부터 화만 내십니다.

단어 きげんが悪い 심기가 좋지 않다, 기분이 나쁘다　怒る 화내다　ものの ~했지만, 그렇지만

체크 ~てばかり ~(하)기만 함

168

해석 기무라 씨는 결혼식장에서 아르바이트를 하고 있습니다.

단어 結婚式場 결혼식장　アルバイト 아르바이트　サッカー 축구　運動 운동

169

해석 저는 다나카 씨를 우에노 공원에 데리고 가 주었습니다.

단어 連れて行く 데리고 가다　~てあげる (내가 남에게) ~해 주다

170

해석 '돌 위에도 3년'이란 힘들어도 참고 계속하면 언젠가는 성공한다는 의미입니다.

단어 石 돌　辛い 괴롭다　辛抱 참음　続ける 계속하다　いつかは 언젠가는　成功 성공　意味 의미

[171~173]

지문	해석
電車がホームに入ってくる時は、ホームの端に引いてある線から外に出ないように気をつけてください。電車に近づきすぎると危ないです。電車が到着してドアが開いたら①まず、中の人が降りるのを待ちましょう。混んでいる電車に乗るときは入り口に立ち止まらないで、中に入りましょう。中の方は意外に空いているものです。特に、ラッシュアワーにはたくさんの人が乗り降りします。お互いにいやな思いをしないためにもマナーを守りましょう。	전철이 플랫폼에 들어올 때는 플랫폼 가장자리에 그어져 있는 선에서 밖으로 나가지 않도록 주의하세요. 전철에 너무 가까이 가면 위험합니다. 전철이 도착하여 문이 열리면 ①우선 안에 있는 사람이 내리기를 기다립시다. 붐비는 전철을 탈 때는 입구에 서 있지 말고, 안쪽으로 들어갑시다. 안 쪽은 의외로 비어 있는 법입니다. 특히 출퇴근 시간에는 많은 사람이 타고 내립니다. 서로 불쾌한 경험을 하지 않기 위해서라도 매너를 지킵시다.

171 ＿①＿에 들어갈 적당한 말을 고르세요.
(A) 또한　(B) 간신히
(C) 쭉　(D) 우선

172 무엇에 대한 설명입니까?
(A) 전철을 탈 때의 순서　(B) 출퇴근 시간
(C) 일본의 전철　(D) 전철을 탈 때의 매너

173 본문의 내용과 맞지 않는 것을 고르세요.
(A) 출퇴근 시간에는 많은 사람이 전철을 이용한다.
(B) 붐비는 전철 안에서는 입구에 서 있지 않는 것이 좋다.
(C) 전철에 너무 가까이 다가서는 것은 위험한 일이다.
(D) 전철이 플랫폼에 들어올 때는 전철에 가까이 가는 것이 좋다.

단어 ホーム 플랫폼, 승강장　端 가장자리　引く 긋다　線 선　外に出る 밖으로 나오다　近づく 가까이 가다　危ない 위험하다　到着する 도착하다　混む 붐비다　入り口 입구　立ち止まる 멈추어 서다　意外に 의외로　空く 틈이 나다, 비다　特に 특히　ラッシュアワー 러시아워, (출퇴근의) 교통 혼잡 시간　乗り降り 타고 내림　お互いに 서로 간에　いやな思いをする 불쾌한 경험을 하다　~ためにも ~위해서도　マナー 매너　守る 지키다

[174~176]

2010年に1億2806万人だった日本の総人口は、50年後には3割少ない8674万人まで減りそうです。国立社会保障・人口問題研究所が公表した「将来推計人口」によると、1人の女性が一生のうちに産む子どもの数(合計特殊出生率)の50年後の見通しは1.35①で、少子高齢化や激しい人口減少が続くことが分かりました。

2060年の社会は、10人のうち4人が65歳以上のお年寄り、5人が学生や大人(15～64歳)、1人が子ども(14歳以下)という世代構成になります。

今は1人のお年寄りを2.8人の働き手①で支えていますが、60年には1.3人①で支えることになります。

2010년에 1억 2806만 명이었던 일본의 총인구는 50년 후에는 30% 감소한 8674만 명까지 줄어들 것 같습니다. 국립 사회보장·인구문제연구소가 공표한 「장래 추계 인구」에 의하면, 1명의 여성이 일생 중에 낳는 아이의 수(합계 특수 출산율)의 50년 후의 전망은 1.35 ① 로, 저출산 고령화나 급격한 인구 감소가 계속되는 것을 알 수 있었습니다.

2060년의 사회는 10명 중 4명이 65세 이상의 노인, 5명이 학생이나 성인(15~64세), 1명이 어린이(14세 이하)인 세대로 구성될 겁니다. 지금은 1명의 노인을 2.8명의 노동자 ①로 지탱하고 있지만, 60년에는 1.3명 ① 으로 부양하게 됩니다.

174 무엇에 대해 설명하고 있습니까?

(A) 국립사회보장 (B) 일본의 인구 문제

(C) 저출산 고령화 (D) 노인

175 __①__에 들어갈 적당한 단어를 고르세요.

(A) 으로, 이고 (B) 에

(C) 가, 이 (D) 을, 를

176 본문의 내용과 맞는 것을 고르세요.

(A) 일본 인구는 계속해서 증가하고 있다.

(B) 현재 일본의 총인구는 8674만 명이다.

(C) 앞으로 14세 어린이의 비율은 총인구의 반이 된다.

(D) 50년 후에는 현재의 약 2배의 노인을 장년층이 부양하게 된다.

단어 人口 인구 減る 줄다, 감소하다 国立 국립 社会保障 사회 보장 人口問題研究所 인구문제연구소 公表 공표 将来 장래 推計 추계, 추산 一生 평생 ～のうちに ~동안에 産む 낳다 合計 합계 特殊 특수 出生率 출산율, 출생률 見通し 예측, 전망 少子高齢化 저출산 고령화 激しい 심하다, 격렬하다 お年寄り 노인 世代 세대 構成 구성 働き手 일꾼, 노동 인력 支える 떠받치다, 지탱하다 ～ことになる ~하게 되다

[177~179]

食べるものが決まったら①まず、食堂の入り口で食券を買ってください。食券を買ったらカウンターに出して、近くで待ってください。ここのお茶は自由に飲んでもいいですが、外には持っていかないようにしてください。食べ終わったら、食器はカウンターの右に戻してください。②それから食堂内は禁煙ですから、タバコは外でお願いします。

먹을 것을 정했다면 ①우선 식당 입구에서 식권을 사세요. 식권을 사셨으면 카운터에 내고 근처에서 기다려 주세요. 이곳의 차는 자유롭게 마셔도 되지만, 외부로 가져가지 않도록 해 주세요. 다 드시면 식기는 카운터 우측으로 가져다 주세요. ②그리고 식당 안은 금연이므로 담배는 밖에서 피워 주세요.

177 무엇에 대한 설명입니까?

(A) 식기 사용법　(B) 식당 이용법

(C) 차 마시는 법　(D) 식권 사용법

178 ＿①＿과 ＿②＿에 들어갈 적당한 말을 고르세요.

(A) 특히 – 다만　(B) 그리고 – 우선

(C) 우선 – 그리고　(D) 다만 – 그리고

179 본문의 내용과 맞는 것을 고르세요.

(A) 식당에서 담배를 피워도 된다.

(B) 식권을 구입한 후 먹을 것을 정한다.

(C) 식기는 입구 쪽에 갖다 놓는다.

(D) 식당의 차는 무료이다.

단어 決まる 정해지다 ～たら ～했으면, ～했다면 まず 우선, 먼저 食堂 식당 入り口 입구 食券 식권 ～てください ～하세요 カウンター 카운터 出す 내다, 제출하다 待つ 기다리다 自由に 자유롭게 ～ないように ～하지 않도록 ～終わる 다～하다 食器 식기 戻す 되돌려 놓다 それから 그리고 禁煙 금연

[180~182]

木村恵子様

拝啓

おだやかな天気が続いております。みなさまのお元気でお暮らしのよし、何よりです。私たちもみな元気でおります。

さて、この度はみごとなみかんをいただき、家族一同これはもう芸術品などと言いながらいただいております。

いつもお心づかいいただき、心からお礼を申し上げます。

末筆ながらみなさまのご健康をお祈り申し上げます。

敬具

3月28日

佐藤良子

기무라 게이코님

배계(첫 인사)

온화한 날씨가 이어지고 있습니다. 무엇보다 모두 건강하신 것 같아 다행입니다. 저희도 모두 잘 지내고 있습니다.

다름이 아니라, 이번에 좋은 귤을 받아 가족 모두 이것은 예술품이라고들 하면서 먹고 있습니다.

항상 마음을 써 주셔서 진심으로 감사드립니다.

끝으로 여러분의 건강을 기원합니다.

경구(끝 인사)

3월 28일

사토 요시코

180 이 글의 종류는 무엇입니까?

(A) 일기　(B) 광고

(C) 보고서　(D) 편지

181 누가 누구에게 쓴 것입니까?

(A) 내가 사토 요시코에게

(B) 사토 요시코가 기무라 게이코에게

(C) 사토 요시코가 가족에게

(D) 기무라 게이코가 사토 요시코에게

182 요시코가 받은 것은 무엇입니까?

(A) 딸기　(B) 귤

(C) 예술품　(D) 건강

단어 おだやか 온화함 続く 계속되다, 이어지다 何よりだ 제일이다, 무엇보다도 귀중하다 みごとだ 훌륭하다, 멋지다 芸術品 예술품 心づかい 마음 씀씀이, 배려 末筆ながら 끝으로(편지의 끝에 쓰는 문구) 健康 건강 祈る 빌다, 기원하다

[183~186]

私の夢は看護師になることだ。私は1年前、中学2年生の時に事故にあい、2ヶ月間入院したことがある。あまりにもショックなできごとで、何に対してもやる気が出なかった。そんな私にある看護師さんが言った。「事故にあうのって、そんなに不幸なのかなあ。」私にはその意味が分からなかった。私はいつも笑顔であるその看護師さんに理由を聞いてみた。看護師さんは「楽しいから。ほら、楽しい時、笑うでしょう。」と答えた。「看護師は大変な職業だ」ということは知っていた①けれど、「楽しい」という発想は思ってもみなかった。私もあの看護師さんのように人の役に立ちたい。そして、そう思える今の自分を大切にしたい。

내 꿈은 간호사가 되는 것이다. 나는 1년 전, 중학교 2학년 때 사고를 당해 두 달간 입원한 적이 있다. 너무나도 충격적인 일이어서 무엇에 대해서든 의욕이 일지 않았다. 그런 나에게 어느 간호사 선생님이 말했다. "사고를 당했다는 게 그렇게 불행한 일일까?". 나는 그 의미를 이해하지 못했다. 나는 언제나 웃는 얼굴인 그 간호사 선생님에게 이유를 물어보았다. 간호사 선생님은 "즐거우니까. 봐요, 즐거울 때 웃죠?"라고 대답했다. '간호사는 힘든 직업이다'라는 것은 알고 있었①지만, '즐겁다'라는 발상은 생각도 못 해 봤다. 나도 그 간호사 선생님처럼 남에게 도움이 되고 싶다. 그리고 그렇게 생각할 수 있는 지금의 나를 소중히 여기고 싶다.

183 ___①___에 들어갈 적당한 말을 고르세요.

(A) 그러면　　(B) 그런데

(C) ~지만　　(D) ~것은

184 '나'는 지금 몇 학년입니까?

(A) 고등학교 1학년　　(B) 중학교 1학년

(C) 중학교 2학년　　(D) 중학교 3학년

185 '나'는 장래에 무엇이 되고 싶어 합니까?

(A) 아직 모르겠다　　(B) 간호사

(C) 의사　　(D) 충격적인 직업

186 본문의 내용과 맞는 것을 고르세요.

(A) 1년간 입원한 적이 있다.

(B) 간호사는 힘든 직업이기 때문에 관심이 없다.

(C) 간호사는 불행한 직업이다.

(D) 다른 사람에게 도움이 되고 싶어 간호사가 될 생각이다.

단어 看護師 간호사　事故にあう 사고를 당하다　入院する 입원하다　できごと 일, 사건　~に対しても ~에 대해서도　やる気 할 마음, 의욕　不幸 불행함　笑顔 웃는 얼굴　理由 이유　ほら 급히 주의를 환기시킬 때 내는 소리, 이봐, 자　大変だ 힘들다, 큰일이다　職業 직업　発想 발상　役に立つ 도움이 되다　大切だ 중요하다, 소중하다　関心 관심

[187~189]

ひとりカラオケ(ヒトカラ)は、幅広い世代に根強い人気があります。普通のカラオケを一人で利用することもできますが、「ひとりカラオケ専門店」もおすすめです。部屋の中にはプロも使うヘッドホンやマイク①などが揃っていて、充実したサービスを受けることができます。そして、何より一人で店に②入りやすいという利点があります。

나 홀로 노래방(히토카라)은 폭넓은 세대에 꾸준한 인기가 있습니다. 일반 노래방을 혼자서 이용할 수도 있지만 '나홀로 노래방 전문점'도 추천합니다.

방 안에는 전문가도 사용하는 헤드폰과 마이크 ①등이 갖추어져 있어 만족스러운 서비스를 받을 수 있습니다. 그리고 무엇보다 혼자서 가게에 ②들어가기 쉽다는 장점이 있습니다.

カラオケは日本発祥の言葉です。空っぽ(カラ)のオーケストラ(オケ)という意味から来ていて、曲の伴奏だけを事前に録音しておいて後で使うことをいいます。また、日本初のカラオケボックスは、倉庫<u>①などで</u>使われるコンテナを改造して作られました。

가라오케는 일본에서 시작된 말입니다. 텅 빈(가라) 오케스트라(오케)라는 뜻에서 왔고, 곡의 반주만을 미리 녹음해 두었다가 나중에 사용하는 것을 말합니다. 또한 일본 최초의 노래방은 창고 <u>①등</u>에서 사용되는 컨테이너를 개조하여 만들어졌습니다.

187 ＿①＿에 들어갈 적당한 말을 고르세요.

(A) 등　(B) 이나

(C) 와, 과　(D) 및

188 ＿②＿에 들어갈 적당한 말을 고르세요.

(A) 들어가기 힘들다　(B) 들어가기 어렵다

(C) 들어가기 십상　(D) 들어가기 쉽다

189 본문의 내용과 맞는 것을 고르세요.

(A) 혼자서는 노래방에 갈 수 없다.

(B) 노래방은 젊은 세대에게만 인기가 있다.

(C) '노래방'은 일본에서 처음 쓰여진 말이다.

(D) 노래방에서는 전문가도 만족할 만한 서비스는 기대할 수 없다.

단어 幅広い 폭넓다　世代 세대　根強い 뿌리 깊다　人気 인기　普通 보통　利用 이용　専門店 전문점　すすめる 추천하다　プロ 프로, 전문가　ヘッドホン 헤드폰　マイク 마이크　揃う 갖추어지다　充実 충실　サービスを受ける 서비스를 받다　何より 무엇보다　利点 이점　発祥 발상　言葉 말　空っぽ 텅 빔　オーケストラ 오케스트라　意味 뜻, 의미　曲 곡　伴奏 반주　事前に 사전에　録音 녹음　後で 나중에　また 또, 또한　日本初 일본 최초　倉庫 창고　コンテナ 컨테이너　改造 개조　満足する 만족하다　期待する 기대하다

[190~192]

2/12(日)　ギガ天神に
リサイクル本登場!!!
エコアジア天神がOPENします。
まんが、小説、雑誌… あれこれ探してみましょう。
フタバ(ギガ天神)：092－739－3820
福岡市中央区天神１－10－13
B1F ２４時間営業

2/12(일) 기가텐진에
재활용 책 등장!!!
에코아시아 텐진이 오픈합니다.
만화, 책, 잡지…이것 저것 찾아봅시다.
후타바(기가텐진) : 092-739-3820
후쿠오카시 주오구 텐진 1-10-13
지하 1층 24시간 영업

190 무엇에 대한 광고입니까?

(A) 쇼핑센터　(B) 만화

(C) 서점　(D) 백화점

191 이곳에서 살 수 없는 것은 무엇입니까?

(A) 소설　(B) 만화

(C) DVD　(D) 잡지

192 내용과 맞는 것을 고르세요.

(A) 월요일에 오픈한다.

(B) 에어컨도 살 수 있다.

(C) 찾아보면 무엇이든 살 수 있다.

(D) 지하 1층에 있다.

단어 リサイクル 재활용　登場 등장　雑誌 잡지　あれこれ 이것 저것　探す 찾다　営業 영업

[193~196]

日本は細長い島国です。南北に島が並んでいます。四つの大きい島とたくさんの小さい島があります。これを日本列島と言います。一番大きい島は本州です。本州の北に北海道があります。南に九州と四国があります。九州の南の端は沖縄です。日本は山が多い国です。平地は３０パーセントだけです。日本のほとんどは温帯に属しています。そして春、夏、秋、冬の四つの季節があります。日本では、学校の新しい年が４月に始まります。明るくて、①暖かい季節です。

일본은 가늘고 긴 섬나라입니다. 남북으로 섬이 늘어서 있습니다. 4개의 큰 섬과 많은 작은 섬이 있습니다. 이것을 일본 열도라고 합니다. 가장 큰 섬은 혼슈입니다. 혼슈의 북쪽에 홋카이도가 있습니다. 남쪽에 규슈와 시코쿠가 있습니다. 규슈의 남쪽 끝은 오키나와입니다. 일본은 산이 많은 나라입니다. 평지는 30%뿐입니다. 일본의 대부분은 온대 기후에 속해 있습니다. 그리고 봄, 여름, 가을, 겨울 4개의 계절이 있습니다. 일본에서는 학교의 새 학기가 4월에 시작됩니다. 밝고, ①따뜻한 계절입니다.

193 ____①____에 들어갈 적당한 말을 고르세요.

(A) 춥다 (B) 덥다

(C) 서늘하다 (D) 따뜻하다

194 4개의 큰 섬이 아닌 것은 무엇입니까?

(A) 홋카이도 (B) 오키나와

(C) 혼슈 (D) 시코쿠

195 일본에서 학교의 새 학기는 언제 시작합니까?

(A) 3월 (B) 4월

(C) 5월 (D) 6월

196 본문의 내용과 맞는 것을 고르세요.

(A) 일본은 산지가 70% 정도이다.

(B) 동서로 섬이 늘어서 있다.

(C) 가장 큰 섬은 규슈이다.

(D) 일본은 추운 나라이다.

단어 細長い 가늘고 길다 島国 섬나라 南北 남북 並ぶ 늘어서다 日本列島 일본 열도 平地 평지 ～だけ ~뿐, ~만 ほとんど 거의, 대부분 温帯 온대 属する 속하다 春 봄 夏 여름 秋 가을 冬 겨울 季節 계절 山地 산지 東西 동서

[197~200]

最近、子どもたちが先生の注意を無視して、授業中にふざけたり、おしゃべりして授業が成り立たない現象が社会問題となっている。なかには注意された生徒が逆に腹をたてて先生に重傷を負わせたこともある。従来、学校においての先生はみんなに尊敬され、まして授業を妨害する生徒は①あまりいなかった。

最近の子どもたちは自己中心的で忍耐力がなく、自分の思いどおりに行かないとすぐに感情を押えられなくなる。また、学校の授業は聞かなくても勉強は塾でやるからいいと考えている生徒も多いようである。いろいろな意味で、現在学校の存在価値までも考えさせられるようになった。

최근에 아이들이 선생님의 주의를 무시하고, 수업 중에 장난을 치거나 수다를 떨거나 해서 수업이 이루어지지 않는 현상이 사회 문제가 되고 있다. 그 중에는 주의를 받은 학생이 반대로 화를 내며 선생님에게 중상을 입힌 경우도 있다. 종래, 학교에 있어서의 선생님은 모두에게 존경받았고, 하물며 수업을 방해하는 학생은 ①별로 없었다.

최근의 아이들은 자기중심적이고 인내력이 없으며, 자기 생각대로 되지 않으면 바로 감정을 주체하지 못 하게 된다. 또한 학교 수업은 듣지 않아도 공부는 학원에서 하니까 괜찮다고 생각하는 학생도 많은 것 같다. 여러 의미에서 현재 학교의 존재 가치까지도 생각하게 되었다.

197 ＿①＿에 들어갈 적당한 말을 고르세요.

(A) 설마 (B) 별로

(C) 꼭 (D) 가끔

198 무엇에 대한 설명입니까?

(A) 교육의 목적 (B) 선생님의 교육법

(C) 수업 방법 (D) 학급 붕괴

199 요즘 아이들에 대한 설명이 아닌 것을 고르세요.

(A) 수업 중에 장난치거나 수다 떨거나 한다.

(B) 선생님을 존경하고 있다.

(C) 공부는 학원에서 하니까 괜찮다고 생각하고 있다.

(D) 선생님의 주의를 무시한다.

200 본문의 내용과 맞지 않는 것을 고르세요.

(A) 학생이 선생님에게 중상을 입힌 적이 있다.

(B) 요즘 아이들은 자기중심적이다.

(C) 요즘 아이들은 학원에는 다니지 않고 학교에서 공부한다.

(D) 요즘 아이들은 인내력이 없다.

단어 注意(ちゅうい) 주의 無視(むし)する 무시하다 ふざける 장난치다 しゃべる 수다 떨다 成(な)り立(た)つ 성립되다 現象(げんしょう) 현상 逆(ぎゃく)に 거꾸로, 반대로 腹(はら)をたてる 화를 내다 重傷(じゅうしょう)を負(お)わせる 중상을 입히다 従来(じゅうらい) 종래 ～において(の) ～에 있어서(의) 尊敬(そんけい)される 존경 받다 まして 하물며 妨害(ぼうがい)する 방해하다 自己中心的(じこちゅうしんてき) 자기중심적 忍耐力(にんたいりょく) 인내력 感情(かんじょう)を押(おさ)える 감정을 누르다 塾(じゅく) 학원 存在(そんざい) 존재 価値(かち) 가치 ～ようになる ～하게 되다 教育(きょういく) 교육 学級(がっきゅう) 학급 崩壊(ほうかい) 붕괴

NEW JPT
한권으로
끝내기 450

지은이 이최여희, 양정순, 사토 요코, 송경주
펴낸이 정규도
펴낸곳 (주)다락원

책임편집 이지현, 임혜련, 손명숙, 송화록
디자인 장미연, 최영란

다락원 경기도 파주시 문발로 211
내용문의: (02)736-2031 내선 460~465
구입문의: (02)736-2031 내선 250~252
Fax: (02)732-2037
출판등록 1977년 9월 16일 제 406-2008-000007호

ISBN 978-89-277-1274-9 14730
978-89-277-1273-2 (SET)

http://www.darakwon.co.kr

- 다락원 홈페이지를 방문하시면 상세한 출판 정보와 함께 동영상 강좌, MP3 자료 등 다양한 어학 정보를 얻으실 수 있습니다.
- 다락원 홈페이지를 방문하거나 QR코드를 스캔하면 MP3 파일 및 관련 자료를 다운로드 할 수 있습니다.

NEW

JPT 한권으로 끝내기 BASIC 450

3단계 공략법으로 JPT 450점을 따자!

청해 공략 3단계

짧은 표현을 듣고 채워 넣으며 **표현 다지기**
듣고 받아쓰며 **실전 감각 익히기**
실전 같은 미니 테스트, **실전 문제 풀기**

독해 공략 3단계

어휘나 기본 문법을 정리하는 **필수 표현 익히기**
시험에 자주 나오는 주요 구문 보며 **실전 감각 익히기**
실전 같은 미니 테스트, **실전 문제 풀기**